王亚晖 著

中国游戏风云

GAMES IN CHINA

人民邮电出版社
北京

图书在版编目(CIP)数据

中国游戏风云 / 王亚晖著. -- 北京：人民邮电出版社，2022.9
ISBN 978-7-115-59354-2

Ⅰ.①中… Ⅱ.①王… Ⅲ.①电子游戏－产业发展－研究－中国 Ⅳ.①G898.3

中国版本图书馆CIP数据核字(2022)第094098号

内 容 提 要

本书是系统梳理中国游戏发展史的通俗读物。书中以时间为序，生动讲述了中国早期游戏市场、单机游戏、网络游戏、网页游戏、手机游戏及中国电子竞技行业的发展历程，描绘了中国游戏产业的演进趋势和发展脉络。此外，作者还分析了游戏产业的环境变化及其影响因素，披露了大量不为大众所知的行业故事和行业数据，并结合当前市场对未来游戏世界的趋势做了预测。本书既为游戏开发者、投资人、玩家，抑或想了解游戏的人，提供了一个理性的梳理，同时也为中国游戏研究提供了丰富的资料。本书可作为游戏从业者的资料性读物，也适合一般游戏玩家阅读参考。

◆ 著　　王亚晖
　　责任编辑　武晓宇
　　责任印制　彭志环

◆ 人民邮电出版社出版发行　北京市丰台区成寿寺路11号
　　邮编　100164　　电子邮件　315@ptpress.com.cn
　　网址　https://www.ptpress.com.cn
　　雅迪云印（天津）科技有限公司印刷

◆ 开本：720×960　1/16
　　印张：44　　　　　　　2022年9月第1版
　　字数：604千字　　　　2022年9月天津第1次印刷

定价：199.80元

读者服务热线：(010)84084456-6009　印装质量热线：(010)81055316
反盗版热线：(010)81055315
广告经营许可证：京东市监广登字20170147号

再版序

2015年,在北京长安街上的一家烤鸭店里,我和某家出版公司的编辑在聊我的第一本书的选题。我说我想写一本中国电子游戏史,她说,你没有写作经验,写不出来这么大的选题。当时的我真信了,所以换了个小一点儿的选题。从店里出来以后,我把这个结论告诉了一个朋友,朋友问我是不是被PUA了。

那顿饭后,我乘着夜风,顺着长安街散步。夜色下的北京显得工整又冷漠。从晚上十点多一直走到凌晨,除了我自己的脚步,只有偶尔出现的汽车呼啸而过,走得越远车越少。仿佛上千年来的北京从未如此安静。累了,我打了一辆车,回到五道口。这时已经凌晨两点多,五道口的酒吧门口还有零星几个人,有男有女,与他们擦肩而过的我仿佛并不存在。比起他们,我更像是孤魂野鬼。

凌晨三点的办公室里,我创建了个Word文档,名为"中国游戏简史"。之后一年多的时间里,我再也没有打开过它。它才是真的孤魂野鬼,停在我的硬盘里。但它总是时不时出现一下,提醒我它是真实存在的。我有过几次冲动想直接删掉,但最终放下了颤巍巍的手指。万一有一天真的写完了呢?我安慰自己。

到了2016年底,在北京芍药居的一家烤鸭店里,我和另一家出版公司的编辑范老师又一次聊到了这个选题。我们一拍即合,就开始了"中国游戏简史"的创作,但名字改为"中国游戏风云"。

这本书一写就是一年多。写作期间我买了几百本杂志用来查资料,还走访了一批游戏从业者,整理材料的时间远远多于写作本身,铺天盖地的资料一度让我无从下手。当然,写作的过程也是煎熬,我时常想起最早那个编辑对我说的话：你没有写作经验，写不出来这么大的选题。基本上每天我都会肯定一遍这句话，然后又用一腔热血将其掩盖掉。我告诉自己：凭什么？

2018年初，我终于写完了。

这本书出版后的销量不算多好，但也都卖完了，二级市场的价格被炒到了三四百块一本，经常有人私信问我还有没有存货可以卖。每次我只能无奈地回复，我也没了。

于是就有了这一版。出版方换到了人民邮电出版社的图灵公司。

早在2012年，我刚回国做游戏时，在中关村的一家咖啡厅里参加了一场页游的技术交流，当时就见过图灵的老师们。只是那会儿我根本没有写书的打算，一心只想做游戏。当时的我肯定想不到10年后自己会在图灵公司出一本书。

这一版和旧版相比调整了很多内容，比如删减了一些海外游戏的介绍，更加专注于中国本土游戏；旧版出版后发现的大小错误也得以修正；此外还加入了近两年的新内容，同时调整了一些内容结构。印刷也由旧版的黑白印刷改成了彩色印刷，漂亮了很多。

写完上面这些，我出去转了转，没有星星，不是满月，并不浪漫。但还是北京，还是凌晨两点多，还是安静得看不出这是一个有2000万人口的城市。当我们熟悉了喧嚣，冷静就变得异常陌生。就像我们已经熟悉了热热闹闹的中国游戏产业后，再回头看中国游戏产业的伊始，也不一定能感受到那份悲凉。

夜深了，我要睡了。读者们，开始阅读吧。

引言

时代的车轰轰地往前开,我们坐在车上,经过的也许不过是几条熟悉的街衢,可是在漫天的火光中也自惊心动魄。就可惜我们只顾忙着在一瞥即逝的店铺的橱窗里,找寻我们自己的影子——我们只看见自己的脸,苍白,渺小;我们的自私与空虚,我们恬不知耻的愚蠢——谁都像我们一样,然而我们每人都是孤独的。

——张爱玲

《游戏机实用技术》第 400 期典藏版的第一页上,有稀饭老师的一句话,这句话让我在写这本书期间感同身受:"时间若是稻草,那我们便是骆驼,要不是回首细数,恐怕只有被压垮的那一瞬间,才能察觉到它的分量。"

电子游戏是一种很特殊的产品。它的特殊在于其本质是一种需要高水平艺术表现形式的科技产品,是科技和艺术两个大跨度门类的完美交集,而从电子游戏发展至今的几十年来看,也很难三言两语阐述清楚其自身的变革以及对社会的影响,于是就有了这本书。

2019 年,中国游戏用户规模约 6.5 亿人,游戏市场实际销售收入达到 2308.8 亿元,和美国游戏市场产值相当。[①] 此外还有近 200 家上市游戏公司,总市值数万亿元。毋庸置疑,这是个足够庞大的产业,因此,梳理中国游戏产业 30 年以来究竟经历了怎样的风云变幻便颇具价值,也很有必要。本书正是对此进行的一次微小尝试。

本书共有五部分内容,分别讨论了中国游戏产业在早期电子游戏时代、

---

① 引自《2019 年度中国游戏产业报告》(中国书籍出版社,2019 年)。

单机游戏时代、网游时代、页游和手游时代的发展状况，同时还对其未来发展前景进行了一定展望，大体按时间顺序叙述。虽然内容相对独立，但我建议读者阅读时尽量按顺序读下去，这样能更好地体会我国游戏产业发展至今的变革，更重要的是能体会到从业者这些年的不易。

最后我要强调一下，关于本书的母题——中国游戏产业，我最想说的三件事，也是我觉得游戏从业者最应该关心的三件事是：中国游戏产业过去在拓荒时期走过的弯路、现今繁荣下的隐患和未来我们究竟何去何从。这些内容我会在书里详细梳理和反复提及。

好了，stay a while and listen!

目录

1 黑铁时代——早期游戏市场

- 003 一、一切的开始
  - 003 （一）计算机和电子游戏的诞生
  - 007 （二）雅达利的诞生和崛起
  - 013 （三）雅达利冲击

- 017 二、主机大战时代的大公司们
  - 017 （一）任天堂
  - 021 （二）世嘉
  - 028 （三）索尼
  - 033 （四）微软

- 041 三、中国的早期游戏市场
  - 041 （一）曙光初现
  - 044 （二）国产游戏机的起步
  - 045 （三）国产游戏机：小霸王和裕兴
  - 052 （四）任天堂的中国代理：神游
  - 053 （五）主机游戏时代的国产游戏

- 061 四、游戏媒体
  - 061 （一）世界游戏媒体的起步

062	（二）中国的游戏媒体
066	（三）游戏杂志的合法化
072	（四）《大众软件》和中国游戏杂志的黄金期
089	（五）游戏杂志的陨落

2　青铜时代——单机游戏

107	**一、PC 单机游戏**
107	（一）PC 的诞生
109	（二）PC 进入中国
111	（三）PC 游戏
114	（四）PC 游戏进入中国
116	**二、游戏的开发成本和盗版**
116	（一）盗版在中国游戏市场
118	（二）盗版做错了什么
122	（三）盗版带来的改变
125	（四）为什么低价游戏是不可行的？
139	（五）盗版的今天和未来
141	**三、最早的中国游戏公司：金盘和前导软件**
141	（一）金盘
146	（二）前导软件
159	**四、最早和海外接轨的中国游戏公司：目标和像素**

159	（一）目标软件
172	（二）像素软件

174	**五、一些不容忽视的国产单机游戏公司**
174	（一）腾图
176	（二）尚洋
182	（三）鹰翔

189	**六、来自宝岛的游戏**
189	（一）宝岛游戏的起步
196	（二）宝岛游戏的没落

201	**七、最具代表性的三款单机游戏**
201	（一）《仙剑奇侠传》
232	（二）《轩辕剑》
243	（三）《剑侠情缘》和西山居

259	**八、中国游戏的代表性符号**
259	（一）四大名著
269	（二）金庸小说和武侠

275	**九、最早进入中国的海外游戏公司和育碧中国**

3 白银时代——网络游戏

287	一、早期互联网游戏
287	（一）MUD
293	（二）图形化的网络游戏
302	（三）韩国网游所奠定的成熟商业模式

311	二、中国网络游戏的商业化起步
311	（一）盛大的诞生
321	（二）盛大和 Wemade 的矛盾
327	（三）盛大上市
335	（四）盛大盒子
339	（五）盛大求变

344	三、备受争议的渠道：网吧
344	（一）早期网吧
349	（二）蓝极速

353	四、中国原创网络游戏崛起前的日韩游戏
353	（一）《石器时代》
356	（二）《魔力宝贝》
361	（三）《仙境传说》

363	五、中国原创网络游戏的起步
363	（一）网易的诞生
370	（二）中国原创网络游戏的常青树

六、改变中国网络游戏市场格局的海外游戏:《魔兽世界》 — 379
(一)《魔兽世界》的第一家代理:第九城市 — 379
(二)《魔兽世界》代理权易主 — 383

七、中国网络游戏本土商业模式的起点 — 390
(一)巨人网络的诞生 — 390
(二)"免费游戏"模式的集大成者:《征途》 — 395

八、中国网络游戏的没落身影 — 408
(一)胎死腹中的新浪游戏业务 — 408
(二)错失好局的搜狐畅游 — 419

九、中国网络游戏市场中的异类:休闲网游 — 427
(一)《泡泡堂》《跑跑卡丁车》和世纪天成 — 427
(二)劲舞团和非主流文化 — 431

十、中国网络游戏的巅峰之作:《剑侠情缘网络版》 — 437
(一)金山游戏业务的探索 — 437
(二)中流砥柱:《剑网叁》 — 448

十一、中国网络游戏的活化石:完美世界 — 452

十二、中国网络游戏的巨无霸:腾讯 — 461

461	（一）腾讯的创业和QQ
470	（二）腾讯在网络游戏市场的初期尝试
477	（三）腾讯的调整与巅峰的到来
479	（四）腾讯在网游市场的"功臣"：《穿越火线》《地下城与勇士》
482	（五）有史以来最成功的电竞游戏：《英雄联盟》
491	**十三、网络游戏时代的主要曝光渠道**
491	（一）世界上的游戏展会
493	（二）中国的游戏展会与ChinaJoy
504	**十四、网络游戏内的黑色及灰色地带**
504	（一）盗号
507	（二）私服
510	（三）外挂
517	（四）游戏公会和工作室

4 黄金时代——网页游戏和手机游戏

527	**一、游戏市场的美好意外：网页游戏**
527	（一）早期网页游戏
530	（二）网页游戏社交化的开始：《开心农场》
531	（三）网页游戏商业模式的确立
539	**二、中国游戏产业的黄金时代：手机游戏**
539	（一）手机游戏的初级阶段：Symbian时代

543	（二）iPhone 和 Android 带来的新智能手机时代	
547	（三）手机游戏时代的灰色地带："刷榜"和不稳定的市场	

551	三、早期中国手机游戏成功的创业者	
551	（一）中国手机游戏最早的服务者：CocoaChina 和触控	
558	（二）中国卡牌游戏的风靡与争议：《我叫MT》和《刀塔传奇》	

569	四、中国手机游戏走过的一条弯路：棋牌游戏	
569	（一）从联众到 QQ 游戏	
572	（二）棋牌游戏的涉赌问题	

574	五、中国手机游戏时代的里程碑式作品	
574	（一）"大制作式"的手机游戏：《阴阳师》	
579	（二）"腾讯式"的手机游戏：微信游戏和《王者荣耀》	
587	（三）"吃鸡"游戏：《绝地求生》《和平精英》	

5 未来世界

595	一、中国游戏的新市场：出海	
595	（一）游戏出海	
599	（二）资金出海	

603	二、电子游戏的全新时代：电子竞技
603	（一）早期的电子竞技
608	（二）电子竞技进入中国
624	（三）DotA 和《英雄联盟》的大时代
628	（四）电子竞技的未来
631	三、电子游戏进入大众视野的催化剂：游戏直播
631	（一）电视台主导下的游戏节目
633	（二）网络技术带来的个人直播时代
643	四、主机游戏市场在中国的命运
643	（一）早期主机游戏在中国市场留下的空白
647	（二）中国本土公司的失败尝试
655	五、中国游戏产业的未来在哪里
655	（一）风险投资在中国游戏市场扮演的角色
659	（二）中国游戏产业取得了什么成绩？
662	（三）未来做什么游戏？
663	（四）独立游戏和 3A 游戏的前景
666	（五）技术革新：VR 和 AR 市场
668	（六）中国会有雅达利冲击吗？
670	六、我们做错了什么
679	**后记**

01

第 一 章

黑铁时代

早期游戏市场

一、一切的开始

(一)计算机和电子游戏的诞生

1937年,物理学家约翰·文森特·阿塔纳索夫(John Vincent Atanasoff)在爱荷华州立大学(Iowa State University)设计了阿塔纳索夫-贝瑞计算机(Atanasoff-Berry Computer,简称ABC)。这台机器重320千克,装配了约1.6千米的电线、280个双三极真空管、31个闸流管,而这台"庞然大物"的运算能力如今已经比不上在便利店花20元钱买的计算器。

1946年2月14日,美国宾夕法尼亚大学公布了他们设计的电子计算机ENIAC(Electronic Numerical Integrator And Computer,电子数字积分计算机)。这台机器长30.48米,宽6米,高2.4米,有30个操作台,重达30吨,占地面积约170平方米。当时它的造价高达48万美元,相当于2020年的700万美元。

这两台早期计算机引发了一场对未来电子计算机行业影响重大的官司。原因在于ENIAC申请了专利,当时的电子巨头霍尼韦尔[1]希望法院判定阿塔纳索夫-贝瑞计算机为第一台电子计算机,进而裁定ENIAC的专利无效,以使其可以放心进入这个领域。最终,1973年10月19日,美国明尼苏达州地方法院宣布第一台电子计算机为阿塔纳索夫-贝瑞计算机。法官明确表示:"埃克特和莫齐利[2]并非他们自己首先发明了自动电子数字计算机,而是继承了约翰·文森特·阿塔纳索夫的发明。"[3]

这两台计算机的相继问世标志着电子计算机时代的来临,也标志着游戏(Game)从纸牌等早期实体产品开始进入看得见摸不着的电子游戏时代。这

---

[1] 霍尼韦尔,英文名Honeywell,是一家有超过百年历史的美国大型多元化高科技和制造企业。
[2] 埃克特和莫齐利是ENIAC的主要设计者。
[3] 这句话的原文:Eckert and Mauchly did not themselves first invent the automatic electronic digital computer, but instead derived that subject matter from one Dr. John Vincent Atanasoff.

种特殊的艺术形式在发展过程中经历了众多坎坷和曲折,甚至我们回看电子游戏产生的历史,也会发出感叹:"是万千机缘巧合造就了现今的电子游戏产业。"电子游戏,就像人类文明一样,是一种偶然且迷人的馈赠。

1958年,人类的第一款电子游戏诞生于美国布鲁克海文国家实验室。这款名为《双人网球》的游戏在当时并未引起足够的重视,却缓缓拉开了电子游戏产业的帷幕。

图1-1 《双人网球》
图片来源:布鲁克海文国家实验室
注:当时运行《双人网球》的设备,由一台巨大的机器和一个极小的示波器组成。

科技行业的历史可以说是由一群"离经叛道者"撰写的,他们不安于现状,渴望改变,对打破规则有着深入骨髓的冲动。游戏行业也是如此。

1966年9月到1967年2月间,犹太人拉尔夫·亨利·贝尔(Ralph Henry Baer)带队开发出人类第一台商业游戏机"Brown Box"(棕盒子),这个产品引起了美国不少电子厂的关注。1972年,Magnavox公司和贝尔合作开发了第一代游戏主机米罗华奥德赛(Magnavox Odyssey),6年后米罗华奥德赛第二代上市。贝尔因其在游戏产业的巨大贡献,被后人称为"电子游戏之父",并获得美国国家技术奖的奖章,入选美国发明家名人堂。

图 1-2 "棕盒子"原型机

图片来源:Flickr;拍摄者:Philip Steffan;基于 CC BY-SA 2.0 协议

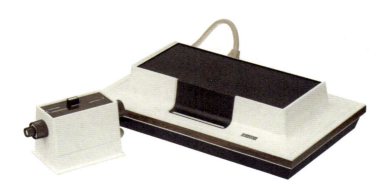

图 1-3 米罗华奥德赛

图片来源:维基百科;拍摄者:Evan Amos;已进入公共领域

在计算机行业的发展历史上,有两所学校从未缺席,一所是孕育了惠普、苹果甚至整个硅谷的斯坦福大学,另一所便是美国科技皇冠上最耀眼的宝石——麻省理工学院。20世纪60年代,麻省理工学院里Hack文化风靡一时。Hack文化指敢于用天才头脑挑战传统的想法,一些学生也自诩为Hacker,就是中文所说的"黑客"。其中最早一批工学院的学生组成了世界上最早的黑客组织——"铁路模型社"。

1962年,"铁路模型社"的成员史蒂夫·拉塞尔(Steve Russell)受到美国知名科幻作家爱德华·艾默·史密斯(Edward Elmer Smith)的作品《透镜人》①和《云雀》的启发,在马丁·格雷茨(Martin Graetz)和韦恩·威特恩(Wayne Wiitanen)等人的帮助下设计了一款叫作《太空大战》的游戏。

图 1-4　存放在美国加州计算机历史博物馆的 PDP-1 和《太空大战》
图片来源:维基百科;拍摄者:Joi Ito;基于 CC BY 2.0 协议

这款游戏的运行平台是 PDP-1② 小型机,之所以以这个机型为平台,主要

---

① 《透镜人》里面的很多设定远远超越了那个时代,这部作品在 20 世纪 80 年代被改编成日本动画《兰斯曼》。

② Programmed Data Processor-1,程序数据处理机 1 号。

是因为当时其他平台基本都用打孔机和磁带作为交互设备，没有真正意义上的视觉表现能力，而 PDP-1 是当时市面上不多的有显示设备的早期计算机之一。麻省理工学院的这台机器，是由 DEC 公司创始人肯·奥尔森（Ken Olsen）[①] 捐赠的。因为 PDP-1 有视频交互这一功能，所以这款游戏做了很多奠定未来游戏行业基调的设计，比如加入了游戏背景——游戏里用星图作为背景；比如有资源限制——游戏里的鱼雷和燃料的数量都是固定的；比如加入了很多增强游戏性的小设计——游戏里有空间跳跃功能和针对不同星球的引力区别。

只不过当时主要作为科研用途的 PDP-1 售价高达 12 万美元，相当于现在的 70 万～80 万美元，远不是一般人能够消费得起的，因此这款游戏只是在大学和科研机构内部小范围流传。现在世界上唯一一台仍然可以使用的 PDP-1 被存放在美国加州山景城的计算机历史博物馆，这台机器同时也在展示着《太空大战》这款游戏。

（二）雅达利的诞生和崛起

1962 年，一位同样来自麻省理工学院的学生诺兰·布什内尔（Nolan Bushnell）玩到了《太空大战》，这给他留下了极其深刻的印象。布什内尔大学期间一直在弹珠机房打工，并对此有着非常强烈的热情，在那时他就想："如果把《太空大战》做成类似弹珠机的机器应该很受欢迎。" 1968 年，布什内尔进入录像带的发明公司 Ampex，但没多久就选择自己创业。

1969 年，伴随着美国的创造力从东海岸逐步转移到西海岸，硅谷开始成为世界科技行业中心。布什内尔和自己的前同事泰德·达布尼（Ted Dabney）也投身硅谷，创建了一家名叫 Syzygy[②] 的小工作室。但是这个所谓的工作室，其实就在他拥挤不堪的家里。因为家里条件实在太差，布什内尔不得不把自

[①] 肯·奥尔森有一句名言，他在 1977 年曾说过："没有任何证据能够证明，人人都想在家里拥有一台计算机。"

[②] Syzygy 是一个天文学词语，意思是地球、太阳和月球的朔望排列方式。

己年幼的女儿送到姐姐家暂时托管,而女儿腾出来的房间就是布什内尔事业的起点。是的,这并不是一个标准的车库故事①,这个故事的源头是婴儿房。很快,布什内尔就和加州的游戏机生产厂 Nutting Associates 合作开发了自己的游戏机产品《电脑空间》(Computer Space)——一款模仿《太空大战》的街机,这也是世界上第一批商业电子游戏街机。更重要的是,这款产品开创了电子游戏商业化的开端,让电子游戏成为一种商品,比米罗华奥德赛更早一点。可是《电脑空间》没能复制米罗华奥德赛在家用机市场的成功,上市后销量并不尽如人意,很多玩家都认为这款游戏太复杂了,当然,是相比弹珠机来说。

1972 年,布什内尔和泰德·达布尼花了 500 美元正式注册了自己的公司 Atari,中文被称作雅达利。取这个名字是因为当时工作室的名字 Syzygy 已经被人注册了,而布什内尔是个十足的围棋迷,Atari 是日语"当たり"(叫吃)的音译。②

图 1-5　Atari 的商标

---

① 因为美国大部分家庭都有车库,所以早期硅谷创业者的办公室都在车库里。经常有科技媒体调侃是车库孕育了硅谷的创业潮。
② 那个时代聂卫平还没有拿到第一个世界冠军,在西方世界的眼里日本就是围棋的代表国家,或许如果布什内尔再晚几年创业,可能这家电子游戏行业的鼻祖名字就是"Jiao Chi"了。

这一年后来也被认为是电子游戏产业的起点,但距离中国电子游戏产业的起步依然很遥远。

在公司化运作的同时,布什内尔和员工艾伦·奥尔康(Allan Alcorn)一同开发了里程碑式的街机游戏作品 *Pong*。1972年是中美"乒乓外交"后的第一年,因此,这款以乒乓球为背景、操作简单且最多可以四人参与的街机游戏,在短期内便受到了极大的关注,取得了改变游戏行业历史的恢宏成就。

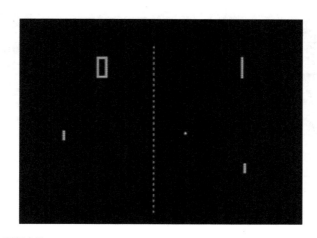

图 1-6　雅达利版本的 *Pong*

当时,第一款运行 *Pong* 的机器被放在加州森尼韦尔(Sunnyvale)的一家叫作 Andy Capp's 的酒吧里。在机器放到这家酒吧的两天后,酒吧老板给雅达利打电话说机器无法运转了。等到工作人员过去查看的时候才发现,机器故障居然是因为硬币塞满了整个机器——超过1200枚25美分的硬币!这件事让布什内尔的团队对未来充满了信心,他们先从银行拿到了5万美元的贷款,并用这笔钱租下一个废弃的溜冰场。这个溜冰场便成为雅达利最早的工厂。

图 1-7　Andy Capp's 酒吧

注：现在 Andy Capp's 酒吧已经改换门庭，地址为 Rooster T Feathers Comedy Club 157 W El Camino Real Sunnyvale，CA 94087。

　　Pong 为雅达利带来了极其丰厚的利润。这台机器的售价达到了 1200 美元，虽然相比当时大部分桌上游戏机，它属于绝对的奢侈品，但其销量却极好。1973 年，*Pong* 的销量达到 2500 台，1974 年则达到 8000 台，这些利润足以让他们招募更多工程师来开发更多的新产品。在 *Pong* 的整个生命周期里，雅达利一共销售了约 10 万台 *Pong* 街机，这在游戏史上留下了浓墨重彩的一笔。

　　不满足于现状的雅达利后续又开发了《小行星》（*Asteroids*）、《坦克》（*Tank*）、《登月者》（*Lunar Lander*）等街机游戏，口碑都不差。1975 年，雅达利推出了家用版本的 *Pong*，称为 *Home Pong*，这款游戏仅仅在圣诞节假期就卖出了 15 万套。如果说 *Pong* 是雅达利事业的起点，那 *Home Pong* 就是雅达利"开启印钞机"的起点,野心勃勃的雅达利显然不会满足于此。

1976年,布什内尔以2800万美元把自己的公司卖给华纳集团,以获得资金支持新款家用主机 Atari VCS(Video Computer System)的开发。自此,雅达利成了华纳旗下的游戏事业部。在华纳的帮助下,在烧掉了1亿美元后,这台机器在1977年最终上市,正式名称为雅达利2600,定价为199美元。雅达利2600的出现可以视为电子游戏产业的分界线,在这台机器的影响下,电子游戏产业的重心开始从街机向家用游戏机转移。日后有很多评论家认为,布什内尔把公司卖给华纳是毁掉公司的源头,但从另外一个角度来说,如果不"卖身",雅达利也基本不可能筹措到上亿美元的资金来支持雅达利2600的开发,进而开创一个新的时代。

雅达利2600配备了一个功能完整的CPU——6507,而6507就是知名的6502的简版,之后出现的 Apple II 和任天堂 Famicom 使用的都是6502。这种可编程的处理器在游戏机上使用的意义,在于开发者可以在这个平台上持续贡献大量新鲜内容,而不需要像以往一样把游戏内容固化在芯片中。通过这一创举,足可见当时雅达利的前瞻性和野心。

在此期间,还有过一段差点改变历史的插曲。当时的知名芯片巨头仙童半导体赶在雅达利2600上市的前一年(1976年8月)推出了被称为VES(Video Entertainment System)的娱乐产品,后改名为 Channel F。这台比雅达利2600上市早一年的机器的各项指标非常接近雅达利2600,而且是历史上第一款引入了成熟"卡带"概念的游戏机。在这之前,游戏机无非两种,一种是类似 Pong 的专业目的游戏机,一台机器只能玩一款游戏,偶尔有的游戏机会多几款游戏,也只是通过开闭合电路把几款游戏的硬件做到一起而已。另一种就是像米罗华奥德赛这种名义上可以更换游戏的游戏机,但实际上,在这种机器上开发单款游戏的成本极高,依然需要软件和硬件结合才能设计一款游戏。而所谓成熟卡带的概念,其实是区分了游戏软件和游戏硬件。硬件层面统一了开发标准,所有游戏都使用一样或者近似规格的卡带

（这种卡带也被称作 ROM[①] 卡带）存储游戏。这样一来，软件工程师只需要在固定的规格下用现代计算机语言开发游戏，多数情况下不需要参与电路板等底层内容的设计。也是因为这个改变，游戏行业开始区分游戏软件和游戏硬件的概念，之后的雅达利 2600 也延续了这个设计。[②]

虽说 VES 早于雅达利 2600 上市，但因为仙童公司的业务中心并不在于此，所以公司本身对这个产品不够重视，从而给了雅达利机会。到 1992 年，雅达利 2600 正式退出市场时，总销量达 3000 万台，是游戏史上最成功的主机之一，后来的任天堂和世嘉都从这款主机里获得了不少启发。从这个角度来说，没有雅达利 2600 可能就不会有未来的游戏机市场。

图 1-8　雅达利 2600

图片来源：维基百科；拍摄者：Evan Amos；已进入公共领域
注：雅达利 2600 当时有两个版本，分别为早期在美国加州森尼维尔生产的较厚重的"Heavy Sixers"，以及图片上这个在中国香港生产的较轻的"Light Sixers"。

雅达利是成功的，但布什内尔却黯淡退场。1978 年，布什内尔被华纳认为工作能力不足，继而被踢出了公司，其继任者为商人雷·凯萨（Ray Kassar）。在日后美国的商学院案例里，雷·凯萨被认为是一个非常明显的功

[①] Read-Only Memory，只读存储器。
[②] 事实上即便到了任天堂 Famicom，卡带也不只是纯粹地存储数据，而是一部分外置的扩展硬件。雅达利 2600 的意义在于尽最大可能地拆分出了"什么事情需要主机做"和"什么事情需要卡带做"。

过两开的企业家：短期内扭转公司经营状况的能力极强，但是缺乏长远的眼光。到次年的圣诞节，雅达利 2600 在雷·凯萨一年的经营下卖出了上百万台，成了市场上当之无愧的冠军主机。这一年，雅达利带来的利润占了整个华纳集团的近一半。

（三）雅达利冲击

ROM 卡带的出现让游戏产业正式分为两部分：包括游戏机在内的硬件；重要性日益凸显的软件。相比几乎纯粹靠技术推进的硬件市场，软件市场的确立和经营模式的健全，都经历过比硬件坎坷得多的过程，面对过大量道德、法律、政治和文化层面的挑战。

1982 年 1 月，美国《时代周刊》的封面模拟了一个游戏机的封面，并且配了一句话："电子游戏闪击世界！"[1] 这是电子游戏第一次登上《时代周刊》的封面。在那期杂志里有一句话："每年有几百款游戏问世，但绝大多数是失败的作品，只有极少数能成功。"其中还提到了成功者更像是在"撞大运"，只是当时完全没有人在意这个观点。

1982 年是电子游戏史上的第一个辉煌期，这一年全美游戏销售额约为 32 亿美元，其中雅达利的全年销售额就超 20 亿美元，成为有史以来最快完成这个目标的科技公司。但仅仅 4 年后，全美游戏销售额就跌破 1 亿美元，游戏公司成了美国商界的笑话。整个产业崩盘的背后，是无数质量低下的游戏和盗版游戏流向市场。玩家们大失所望，逐渐丧失了耐心。

与此同时，雅达利曾经引以为傲的街机市场，也受到来自大洋彼岸公司的冲击。如今的很多玩家，尤其是国内玩家可能对前文提到的美国街机产品并没有太深的印象，对街机的印象可能大都和日本游戏有关。从第二次世界大战结束后开始，善于利用空间的日本人就在城市内商场的屋顶上修建了大

---

[1] 这句话的原文是：Video Games Are Blitzing the World。

量的屋顶游乐园。对于带着孩子逛商场的大人来说，这些游乐园就是抚慰吵闹小孩的最佳场所，而这个场所也是日本街机的起源地。不同于美国的街机发源于酒吧，日本的街机从一开始就是针对小孩子的，这个特殊的群体让日本的游戏公司花了更多的时间研究怎么吸引儿童和家长，包括设计更绚丽的游戏界面和街机本身的外观。当时的美国人并没有意识到这些花哨的东西有什么实际意义，等到发现时已经追悔莫及。

1978年，日本街机时代的王者TAITO的《太空侵略者》（Space Invaders）上市，很快就进入美国市场，并且风头瞬间赶超了雅达利的街机，销量达到了36万台；1979年南梦宫的《吃豆人》（Pac-Man）上市，第二年进入美国市场，到了1982年销量就达到40万台，是有史以来销量最高的街机，至今无人超越；就连为了迎合女性市场而推出的《吃豆人小姐》（Ms. Pac-Man）销量也达到12.5万台，是游戏史上销量第五高的街机。

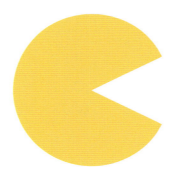

图1-9 《吃豆人》

在以TAITO和南梦宫为代表的日本企业进入美国的几年后，一系列日本街机厂商陆续登陆北美，让雅达利几乎丧失了整个街机市场。那是一个日本经济和文化最为强盛的时代，日本电子产品彻底统治了美国市场。

压垮雅达利和北美游戏产业的两款游戏是《吃豆人》和《E.T. 外星人》（E.T. The Extra-Terrestrial）。

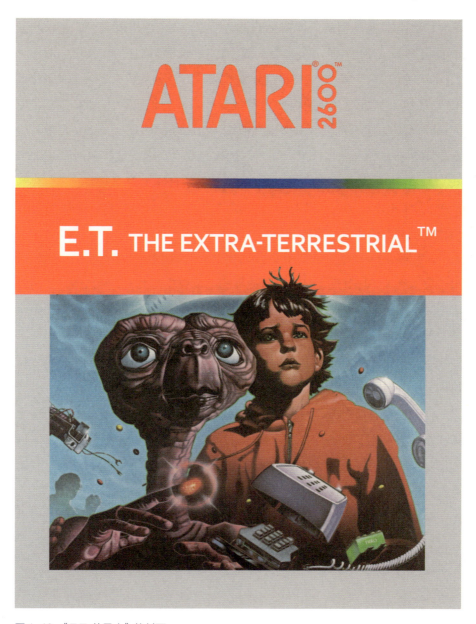

图 1-10 《E.T. 外星人》的封面

1981年，雅达利从南梦宫买下《吃豆人》的家用机改编权，并生产了1200万套，最终至少有400万套积压。1982年，雅达利的母公司华纳耗费2100万美元买下了斯皮尔伯格导演的电影《E.T.外星人》的游戏改编权。《E.T.外星人》是当时改编权使用费最贵的游戏，但因为工期太短等客观问题，游戏品质没有很好的保证。最终，该游戏的销量仅有150万套，远低于400万套的卡带生产量。同时，这款游戏也因为质量实在低下被玩家戏称为"游戏史上最烂的游戏"。后来，几乎所有评比游戏史上最烂游戏的榜单上，《E.T.外星人》都是雷打不动的座上宾，甚至经常"勇夺榜首"，堪称游戏史上最让人失望的游戏之一。

这两件事后续发展带来的恶劣影响超出了很多人的想象，市面上的大量卡带被像垃圾一样处理，玩家面对成堆的垃圾游戏失去了消费兴趣，公司则因为赚不到钱而不敢研发新游戏，整个市场在几个月内就彻底崩盘。甚至一些美国游戏杂志还有过"美国的游戏市场实质上已经消失了"的言论①。这次事件就是游戏史上著名的"雅达利冲击"（Atari Shock）②。故事的主角雅达利也因为一系列的问题背负了巨额的债务，逐步走向崩溃。

在雅达利崩溃之后，世界游戏产业格局随之发生改变：游戏产业的接力棒和主导权交到了日本游戏企业手上。之后的十几年里，以任天堂为首的日本游戏厂商为了应对雅达利留下的烂摊子付出了非常多的努力，才拯救了这个濒临破产的产业。

雅达利冲击除了让日本游戏企业在之后20年的时间内占领游戏市场以外，更重要的是让游戏产业终于确立了一套基本规则。在这套规则之下，无论是硬件公司还是软件公司，都能相对稳定地生存下去。

---

① 这一言论是1985年任天堂在美国销售NES主机（也就是美国Famicom主机）时出现的，美国的一些媒体认为任天堂的决定极其愚蠢并对其发出了警告。

② 2014年，有一部叫作《雅达利：游戏结束》（Atari: Game Over）的纪录片讲述了关于雅达利的没落和挖掘埋在新墨西哥州的《E.T.外星人》卡带的故事。

图 1-11　从新墨西哥州阿拉莫戈多挖出的《E.T. 外星人》
图片来源：维基百科；拍摄者：Taylor Hatmaker；基于 CC BY 2.0 协议

二、主机大战时代的大公司们

（一）任天堂

　　1889 年 9 月 23 日，任天堂成立，当时还仅仅是一家日本传统纸牌游戏花札（Hanafuda）的生产公司，在之后几十年的时间里逐渐成为日本最大的纸牌生产厂。

图 1-12　任天堂商标

从 1969 年开始，任天堂迎来了自己的辉煌。那一年任天堂成立了游戏部门，但并不是电子游戏，按照现在的说法应该是玩具。直到游戏部门成立两年后，总裁山内溥的女婿荒川实建议"可以考虑进入电子游戏领域"，山内溥才同意发展电子游戏事业。但任天堂的电子游戏事业一开始就遇到了阻碍，受国际形势和公司经营的影响，任天堂的第一台游戏主机到 1977 年才顺利面世。

这台游戏机基本模仿雅达利的 *Pong*，机型分为两种：9800 日元的 Color TV-Game 6 和 15 000 日元的 Color TV-Game 15。对于这两款游戏机，任天堂用了一个略显投机的销售思路。其首先推出的 Color TV-Game 6 本身就是亏损销售的产品，售价已经低于制造成本，但上市后口碑相当不错，一时间吸引了大量的消费者。在获得极好的市场反馈后，任天堂立刻推出有更多游戏功能的 Color TV-Game 15，虽然价格较高但也成了多数消费者的第一选择。也就是说，Color TV-Game 6 只是任天堂争取市场口碑的一个略微昂贵的广告而已。

图 1-13　Color TV-Game 15

图片来源：Flickr；拍摄者：Greg Dunlap；基于 CC BY 2.0 协议

注：Color TV-Game 6 和 Color TV-Game 15 的创新性其实并不高，主要是靠着销售方式和在日本本土的影响力取得的胜利。

在那个时代，日本市场真正赚钱的还不是家用机。街机时代的王者TAITO在1978年6月推出了《太空侵略者》，这款游戏火爆到让日本的硬币一度紧缺。一年后南梦宫制作了《小蜜蜂》(Galaxian)，同样获得了巨大成功，并为南梦宫带来了洪水般的现金流。街机这块甜美的蛋糕，让任天堂有些心痒难耐。

1979年，刚进入任天堂不久的宫本茂制作了游戏史上的经典作品《大金刚》(Donkey Kong)。这款街机的总销量达到了惊人的6.5万台，为任天堂北美公司创造了1.8亿美元的收入。任天堂用这笔钱在华盛顿的雷德蒙德买了一块地，这块地也就是日后的任天堂美国总部的所在地。

《大金刚》创造了游戏史上的很多第一，比如它是第一款使用了跳跃键的游戏，还是第一款系列化的游戏。另外，这款游戏的Game & Watch版也是游戏史上第一次使用了十字键手柄的游戏，这为日后的游戏操作方式奠定了基础。因为《大金刚》，任天堂还和环球影业打过一场官司。环球影业起诉任天堂的《大金刚》对其影视作品《金刚》中"金刚"的形象构成侵权，要其交出《大金刚》的收益并且停止侵权行为。然而结果出乎意料，任天堂胜诉，环球影业反而赔偿了任天堂180万美元。这是因为任天堂发现，环球影业其实也没有"金刚"这个形象的版权。

1983年7月，任天堂发布了Famicom主机，全称为Family Computer，有些地方也简称为FC，在欧美市场被称作Nintendo Entertainment System，简称NES。这款产品的外观是经典的红白色，更具科技感，也被称为红白机。

上市初期，Famicom卖得并不好，一度打折处理，其间还出现过严重的硬件质量问题。此时，"雅达利冲击"已经发生，任天堂必须重新找回市场。在这个过程中，任天堂做了一件颇有争议的事，即大幅度提高游戏的开发门槛，希望借此控制游戏的品质，重新吸引玩家。从结果上来说这一策略是成功的，任天堂和为其开发游戏的公司都赚到了钱，还让玩家重拾对电子游戏的信心。

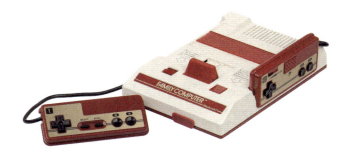

图 1-14　Famicom

图片来源：维基百科；拍摄者：Evan Amos，已进入公共领域

图 1-15　NES

图片来源：维基百科；拍摄者：Evan Amos，已进入公共领域

　　南梦宫和哈德森在任天堂平台赚得盆满钵满，这也吸引其他游戏公司陆续加入了任天堂阵营。此时，任天堂也兑现了 Famicom 销量上 300 万台的承诺，这使得任天堂在主机市场的霸主地位变得牢不可破。当时多数媒体断言，日本人主导游戏的时代已经来临。

　　1989 年，任天堂推出的 Game Boy 收割掌机市场，一举成为这个领域的王者，在之后很长时间里没有遇到任何对手。到 1990 年，任天堂的利润已经超过整个好莱坞，但任天堂并没有因此停止前进的脚步。

第一章　黑铁时代——早期游戏市场　021

图 1-16　Game Boy
图片来源：维基百科；拍摄者：Evan Amos，已进入公共领域
注：在很长时间里，Game Boy 都是"掌上游戏机"的代名词。

除了贡献了数之不尽的好游戏和重新建立游戏市场以外，任天堂给游戏行业带来的改变也是显而易见的。任天堂对第三方游戏实施鼓励和限制并行的政策，这使得第一方游戏的占比越来越低，一批高质量的第三方游戏公司甚至小公司进入这个行业，一系列游戏厂商走上了快速崛起的道路。20 世纪 90 年代中后期，第三方游戏已经成为游戏行业的主力军。在游戏主机后来的发展道路上，第三方游戏的数量和质量甚至决定了游戏主机的生死。

（二）世嘉

世嘉由美国人大卫·罗森（David Rosen）创办于 1954 年，当时它的名字还是 Service Game Company。1960 年，Service Game Company 的日本本土团队开发了日本第一台弹珠机 SEGA-1000，这也是世嘉（SEGA）这个名字第一次出现。不过这台弹珠机因为设计和质量都存在问题,所以销售情况并不好。为了解决这个问题,大卫收购了一家日本本土的机械制造公司,并且将原有业务重组,公司也改名为 SEGA,就是我们所熟悉的世嘉。

图1-17　世嘉商标

1966年,世嘉推出了名为 Periscope(潜望镜)的弹珠机,这款弹珠机让世嘉成为世界上最大的弹珠机公司之一,进而开创了日本的弹珠机文化。

20世纪60年代,欧美非常流行一种叫作 Claw Crane[①] 的街头游戏机,就是用机械爪子抓取物品。1965年,日本太东贸易(TAITO 的前身)将其引进并加以改造,命名为 Crown 602。没过多久,世嘉就制作了 Crown 602 的竞品 Skill Diga,这款产品立刻成了市面上最火爆的抓玩具游戏机。当时,抓玩具游戏机抓取的主要是一些廉价塑料玩具,在吸引力上还有很大的提升空间。抓玩具游戏机的重要拐点在1978年,世嘉选择了毛绒玩具作为抓取物,并且开创了新的产品线 UFO Catcher。这批游戏机在推向市场的第一时间就大获成功,成为世嘉史上销量最高的抓玩具游戏机,让世嘉在早期有了不错的资本积累。很多日本人知道世嘉这个品牌,都是因为抓娃娃机。时至今日,日本街头依然有大量的世嘉店面,里面除了街机外就是一排一排的抓娃娃机。

---

① 抓娃娃机的标准英文翻译。

图 1-18 日本商场里的 UFO Catcher

　　世嘉在之后的发展过程中，一直寄希望于通过更高的配置和技术标准打败任天堂，但现实并不遂人愿。在游戏行业里，技术是必要的组成部分，却从来不是决定性的那一块拼图。

　　1983 年，任天堂推出 Famicom 的同一天，世嘉推出了 SG-1000，但因为控制器难用而失败；1985 年，世嘉推出了 Mark 3，但因为游戏太少而失败；1987 年，世嘉推出 Sega Master System，但因为销售渠道太差而失败。1988 年，世嘉终于推出了一款可以和任天堂正面较量的产品 Sega Genesis。这款产品更为人所知的名字是 Mega Drive，简称 MD，是第一款 16 位家用游戏主机。

图 1-19　SG-1000

图片来源：维基百科；拍摄者：Evan Amos，已进入公共领域

图 1-20　Sega Master System

图片来源：维基百科；拍摄者：Evan Amos，已进入公共领域

　　MD 上市初期在美国市场取得了相当不错的成绩，一度拿下了销量冠军。这件事让任天堂明白不能一辈子"躺"在 Famicom 上，于是很快就推出了后续机型 Super Famicom，开启了第四次主机大战。但从当时来看，Super Famicom 是一款相当糟糕的产品，在日本的上市时间是 1990 年底，而在美国的上市时间更是到了 1991 年 8 月，比 MD 晚了近三年。更重要的一点是，

Super Famicom 的配置与 MD 相比毫无优势，这让所有评论家都认为任天堂想复制上个世代的成功实在是难上加难，甚至根本不可能实现。那时有媒体预言，任天堂时代即将结束。

媒体能看出来的问题，游戏从业者当然会看得更清楚。任天堂的第三方游戏开发优势开始渐渐消失，尤其是以 EA 为主的北美游戏开发商，全都转投到了世嘉的怀抱。当时的游戏开发商，将大量对画质要求更高的体育游戏都放到了 MD 上。

但是，尽管世嘉吸引了大量第三方游戏开发商，现实对于世嘉而言还是残酷的。玩家对任天堂第一方游戏的兴趣远远大于第三方游戏，这让任天堂成了最终的胜者。最终，Super Famicom 的销量为 4910 万台，MD 的销量为 3075 万台，世嘉惜败，这也是世嘉距离胜利最近的一次。

图 1-21　Mega Drive
图片来源：维基百科；拍摄者：Evan Amos，已进入公共领域

1994 年是游戏史上神奇的一年。那一年世嘉推出了 32 位主机 "土星"（Saturn）。在此之前，世嘉一共推出过 5 款主机，对于第六款产品，世嘉就用了太阳系的第六颗行星——土星为其命名。上市前，"土星"靠着同时推出的《VR 战士》（*Virtua Fighter*）获得了大量关注，在当时的市场中几乎无人能

敌。不过,此时的世嘉却连续出了一系列昏着儿,这真是让人意想不到。为了让竞争对手措手不及,世嘉临时决定把主机的上市时间提早 4 个月,但这一行为非但没有打击到竞争对手,反而打击了世嘉自己的第三方游戏开发商。在主机上市的时候,"土星"几乎没有什么第三方游戏。同时,因为提早上市打乱了原有的首发部署,世嘉在北美市场被迫只选择了可以立刻配合工作的四家零售商作为首发商家,这使得玩家的购买渠道突然变少。更严重的是,世嘉的这一决定得罪了计划进行首发部署的其他零售商。包括沃尔玛在内的许多零售商,后续都放弃了与世嘉的合作。最让人无法理解的是,世嘉为了提振主机销量,一度允许甚至鼓励自己的开发商制作成人游戏,然而这种行为非但没有提高销量,反而让大量家长拒绝给孩子买"土星",进而使得"土星"的销量一落千丈。即便后期制作了《樱花大战》(*Sakura Wars*)这种超高质量的游戏,世嘉也无法挽回败局。最终,"土星"的销量仅为 926 万台,而同时代主要的竞争对手索尼的 PlayStation 为 1.0249 亿台,更晚推出的任天堂 64 也有 3293 万台,世嘉依然惨败。

图 1-22 土星

图片来源:维基百科;拍摄者:Evan Amos,已进入公共领域

1998 年,被市场竞争打乱了步伐的世嘉又推出了新主机 Dreamcast,期

望正面对抗索尼的 PlayStation。Dreamcast 推出时间点的选择非常像 Mega Drive，都是竞争对手的上一款主机的辉煌期的末期，希望通过时间差获得成功。Dreamcast 在销售初期确实获得了不错的反响，但随着两年后 PlayStation 2 上市，世嘉的美梦再次破灭。最终，PlayStation 2 卖了 1.55 亿台，成为当时游戏史上销量最高的主机，而 Dreamcast 的销量只有 913 万台，这也是世嘉的最后一款主机。

图 1-23　Dreamcast

图片来源：维基百科；拍摄者：Evan Amos，已进入公共领域

　　世嘉最大的问题是过度重视技术，而不耕耘生态。一方面，更早进入市场的任天堂在主机保有量上有绝对优势，加之大家长式的"权利金"制度将很多公司绑定在了自己的生态系统里，大部分厂商对任天堂的态度是既不想走，也不敢走。在这种大前提下，世嘉要想聚拢新的支持者可谓是难上加难。另一方面，世嘉没有索尼深厚的技术积累和现金储备，陷入了腹背受敌的困境。同时，不可忽视的是世嘉在经营中也存在复杂的股权问题，经营策略难以长时间稳定运行，为公司埋下了隐患。

　　世嘉在游戏行业的境遇有点像《超级马力欧兄弟》(*Super Mario Bros.*) 里每一关关底城堡中的蘑菇小人，它不停地出现在玩家眼前，但始终不是对的那一个。

Thank you Mario! But our Princess is in another castle!

（谢谢你马力欧，但我们的公主在另一座城堡！）

虽然世嘉在和任天堂的博弈中败下阵来，但任天堂并非从此高枕无忧。一家公司就成功地将任天堂从王座上赶了下来，那就是电子大厂——索尼。

（三）索尼

和其他游戏公司相比，索尼在技术上有明显的优势。在20世纪八九十年代，全世界没有任何一家公司敢说自己在电子行业的技术实力比索尼更高。在娱乐行业的硬件上，索尼也一直是世界上技术储备最完善的公司。在这种前提下，索尼进入游戏市场无疑是给行业注入了一针强心剂，但也直接刺激了行业内的其他公司。

SONY

图1-24　索尼商标

索尼决定大规模进入游戏机市场是在20世纪90年代初期，那时除了任天堂以外的游戏公司都已经引入CD作为游戏的存储介质，这种容量大且轻便的存储方式毫无疑问将成为以后的主流。这时的游戏行业霸主任天堂和CD的发明者索尼也清楚地知道彼此的价值，任天堂需要一个CD的技术提供方，而索尼需要向一家有市场基础的公司推广其CD技术，于是双方一拍即合。索尼方面负责提供CD的相关技术，任天堂则需要授权允许索尼生产

Super Famicom 的兼容设备，这次合作的产品就是前文提到的 PlayStation。

但这次合作没有持续多久，任天堂北美分公司的法律顾问林肯就发现合同里有一个巨大的漏洞，即索尼有权自己改进和分发 Super Famicom 的兼容设备，同时可以不授权给任天堂。也就是说，索尼完全可以使用 Super Famicom 的一切资源，同时可以借自己的技术水平直接压倒任天堂。事实证明，合同里面的这一条确实是当时索尼的管理者故意使的一个"坏心眼"。

一贯强势的任天堂肯定不允许这种事情的发生，荒川实和山内溥研究后，决定悄悄和另一家公司——同样是 CD 发明者的飞利浦合作。同时，任天堂也没有点破索尼的阴谋，表面上继续和索尼合作，拖住索尼防止其找别的合作者。索尼知道任天堂和飞利浦合作后为时已晚，气急败坏的索尼一度打算起诉任天堂，但发现合同里面并没有排他条款，最终只能作罢，而这次事件也为索尼和任天堂的矛盾埋下了伏笔。因为技术缺陷，Super Famicom 的 CD 化没有成功，所以这起争端本质上没有赢家。

任天堂和索尼合作的失败引发了一系列连锁反应，当时人们并没有意识到这种看起来只不过是换家供应商的行为会有什么不妥，但如今回顾这次事件，可以发现它几乎影响了游戏行业的整体发展。正是因为这件事，日本游戏巨头出现了第一次权力交接，进而引发了全世界游戏行业的第二次大洗牌，第一次大洗牌是"雅达利冲击"。首先，任天堂和飞利浦的合作并不成功，这导致 Super Famicom 的 CD 化始终没有进展。其次，这件事让索尼明白了一个重要道理，别人是靠不住的，路只能自己走。索尼被迫终止了这个 PlayStation 计划。

当时以技术为导向的索尼坚信一个道理，游戏市场肯定会有 3D 化的一天，但 3D 时代什么时候来临并被用户接受，没人知道，索尼也一直在观望。事实上，索尼没有观望多久，市场就出现了转机。

1993 年 8 月，世嘉的《VR 战士》上市，迅速在全世界掀起了一阵 3D 游戏的热潮。当时就有游戏公司找到索尼，问他们能不能做一台支持 3D 技术的主机。面对这个从天而降的机会,索尼当然不会放过。1993年11月6日,索尼计算机娱乐公司成立,由索尼总公司和索尼音乐娱乐公司各出资50%组建,索尼音乐娱乐公司总裁小泽敏雄出任社长。对于技术实力强大到可以傲视全世界的索尼来说,研发一台主机从来不存在任何技术问题,只需要考虑怎么经营。经过讨论,索尼内部确定了和任天堂相似的优先考虑软件厂商的思路:"主机加两款游戏的总价格绝对不能超过5万日元,其中软件价格绝不能超过1万日元。单款游戏5000日元的定价既可以让大量用户够买,畅销的话也能让设计者有钱赚,我们也有利可图。如果买两款游戏的话就需要1万日元,那么主机价格应控制在4万日元以内,因此新主机定价39000日元。"

1994年10月27日,索尼宣布将推出一款游戏机PlayStation,简称PS。是的,索尼继续使用了和任天堂合作时的名称。在当时的人看来,一方面,索尼要证明自己曾经的努力没有白费,这个项目是延续之前的努力;另一方面,这是索尼对任天堂的挑衅,赤裸裸的挑衅。

图 1-25 PlayStation
图片来源:维基百科;拍摄者:Evan Amos,已进入公共领域

PlayStation 除了众所周知的高配置带来的超高画质以外,还有一点对游

戏行业影响深远。全世界卡带游戏的销售，从雅达利时代开始，都是计划销售模式。意思是，如果一家公司想要生产游戏，要先联系卡带生产厂估算一个大概的销量，之后付给生产厂全款，让生产厂生产这些数量的卡带，然后再去联系销售渠道。这种销售模式有两个非常明显的缺点，一是游戏开发商必须事先估算市场上需要的卡带数量，如果估算多了，剩下的部分销售不出去就增加了成本；如果估算少了，再次找工厂生产又要等很久。而在当时，估算卡带销量这件事除了需要对游戏市场和游戏本身有深刻的理解外，更像是一种玄学。另外，卡带本身的成本就很高，加上还要现款交易，所以生产环节占用了大量资金，而索尼彻底改变了这种模式。

和任天堂相比，索尼的 PlayStation 有两个巨大的优势。一是用 CD 作为载体，成本只有卡带的十分之一，生产速度也快得多，从下厂到进入零售店，CD 比传统卡带至少要快两倍以上。二是索尼有着全世界最庞大的 CD 流通渠道，PlayStation 就直接用上了这个渠道，而索尼音乐娱乐公司的参与就是为了方便地使用销售渠道。所以索尼采取了如下行动：首先，帮助所有厂商解决 CD 的生产问题，从一个较小的数字开始销售，不必占用大量资金；其次，负责把 CD 推广到音像店和电子商店等场所，要知道在索尼之前，包括任天堂在内，大部分游戏机其实并不是在电子商店销售，而是在玩具店；最后，索尼凭借自身经济实力实现给游戏厂商快速结款。

这一系列做法让索尼迅速吸引了大量新兴的游戏开发商，但真正让索尼阵营获得胜利的是，任天堂阵营的一家重要的游戏公司——史克威尔倒戈了。索尼最早的一批合作方包括当时日本最出名的 RPG（Role-Playing Game，角色扮演游戏）开发公司史克威尔，而任天堂认为同时为两家公司制作游戏是一种背叛，于是选择低价抛售史克威尔的游戏，这让其蒙受巨额亏损，甚至濒临破产。愤怒的史克威尔选择了反击。1997 年，原定于任天堂 N64 平台的《最终幻想 7》（*Final Fantasy VII*）转换阵营到 PlayStation。上市三天就在日本本土创造了 230 万套的销量，并且收获了几乎所有媒体的满分评价。之后，全世界的游戏公司像推倒的多米诺骨牌，开始一窝蜂地为 PlayStation 开发游戏。此时全世界玩家都清楚，任天堂在这一轮竞争中尝到了失败的滋味。

图 1-26　游戏史上的杰作《最终幻想 7》

1999 年 9 月 13 日，索尼在东京举办了一场发布会，宣布将要推出下一代主机，命名为 PlayStation 2，简称 PS2。在索尼生产 PS 时对索尼能干成什么样子有所疑虑的人，这时对待索尼的态度彻底转了个弯，不再对这台主机能不能成功有任何怀疑，而是期待它能给玩家呈现什么更新颖的东西。

2000 年 3 月 4 日，索尼如约推出了 PlayStation 2，市场也给出了最积极的反馈，最终 PlayStation 2 累计卖出了 1.55 亿台，成为有史以来销量最高的游戏主机。

图 1-27　两个版本的 PlayStation 2
图片来源：维基百科；拍摄者：Evan Amos；已进入公共领域

当我们回顾那段历史，其实在世纪之交的那次世代游戏主机大战中，索尼在推出主机前基本就已经确定了自己是最大的赢家，同时间的世嘉被自己的 Dreamcast 搞得几乎放弃了游戏机市场，而任天堂依然在挣扎于新主机的开发，即便 2001 年推出了 NGC（Nintendo GameCube）也没有掀起丝毫波澜。此时，唯一能撼动索尼地位的只有另一家本来并不属于这个行业的公司——微软。

（四）微软

1990 年，微软在推出 Windows 3.0 版的同时推出了游戏《纸牌》（*Solitaire*）。这款游戏在短时间内迅速成为世界上最受欢迎的游戏之一，和之后的《红心大战》（*Microsoft Hearts*）、《空当接龙》（*FreeCell*）、《扫雷》（*Minesweeper*）并称为 Windows 的"老四强"。从微软的角度来说，在 Windows 里面做这几款游戏除了进军游戏行业，更重要的是让计算机用户适应鼠标时代的一些操作，要知道在此之前大部分计算机靠键盘控制。其中《纸牌》是为了让用户练习点击、双击和拖曳操作；《扫雷》是为了让用户适应右键操作和精确的点击；《红心大战》是为了让用户适应联网功能；《空当接龙》是微软自身要测试 32 位系统的处理能力。

图 1-28　微软商标

虽然我们都玩过微软做的游戏，但在相当长的时间里，微软都是一家看起来和游戏无关的软件巨头。直到 1997 年，人们才意识到只要微软想做，它也可以成为一家游戏巨头。这一年，微软发行了由全效工作室（Ensemble Studios）制作的《帝国时代》（*Age of Empires*），这款游戏一经推出就受到了极大的关注。除了游戏设定为古代文明让人感觉十分新颖外，游戏本身的质量在那个时代也是数一数二的，其中游戏的平衡性更是让人津津乐道。这款游戏拿下了当年 E3 游戏展（The Electronic Entertainment Expo）的"最佳即时战略游戏"大奖。即便在二十多年后的今天，《帝国时代》和日后推出的《帝国时代 2》（*Age of Empires II*）依然有大量核心玩家。

2001 年，微软买下了全效工作室，让《帝国时代》从自己合作伙伴的游戏变成了自己的游戏。在那个时代，微软还先后制作了《微软模拟飞行》（*Microsoft Flight Simulator*）、《近距离作战》（*Close Combat*）、《微软高尔夫》

（*Microsoft Golf*）等口碑极好的游戏。不过，微软的雄心远不止于此。

1999 年，微软曾经先后表示要收购世嘉和史克威尔，但受种种因素影响没有成功。之后，微软一度把收购的矛头指向了任天堂。这一年，微软报价 250 亿美元企图收购这家游戏行业的巨头。这个报价让当时任天堂的董事会十分感兴趣，一方面，250 亿美元这个价格溢价极高，很难不让人心动；另一方面，凭借微软在软件市场的影响力，这次收购也能给任天堂勾勒出一个美好的发展前景。但这件事最终不了了之，主要原因是微软当时提倡将影音效果作为游戏卖点，而山内溥认为这种观念脱离了游戏发展的应有道路。如今来看，那可能只是山内溥怄不过这口气。当时任天堂的 NGC 不仅被 PlayStation 2 打得节节败退，甚至在欧美市场也落后于微软的 Xbox。被微软这种后来者打败，并且其经营理念还和自己相悖，这种收购是山内溥无法接受的。

很多年以后，山内溥在接受《日经商业》（*Nikkei Business*）采访时提到过："微软对游戏主机的理解停留在'商业活动'的认识上，这样的想法自然会导致失败；微软把 Windows 系统在 PC 操作系统领域的'幸运性'成功理解为必然，并试图将这些经验移植到游戏主机的'商场'，这是完全没有胜算的；Xbox 在日本已是完败的状态，翻身的机会几乎等于零；微软虽然一直期待着能在这场游戏主机大战中取得胜利，但其实他们现在的状况苦不堪言。"

微软虽然没有成功收购任天堂，但没有停下收购的脚步。2000 年，微软收购了曾开发《自由枪骑兵》（*Freelancer*）的游戏工作室 Digital Anvil。2000 年，微软以仅仅数千万美元的价格收购了美国游戏开发商 Bungie，未来 Bungie 所开发的《光环》（*Halo*）系列给微软带来了数十亿美元的收入。2002 年，微软以 3.75 亿美元收购了曾帮助任天堂开发了《超级大金刚》（*Super Donkey Kong*）的英国游戏开发商 Rare。不过，Rare 被微软收购之后并没有制作什么太让人瞩目的游戏。

几年间,财大气粗的微软陆续收购了十几家游戏公司,来扩充自己的游戏开发团队。这种做法也让微软在短期内成了世界上最大的游戏开发公司之一。

2000 年 3 月 10 日,比尔·盖茨在 GDC(Game Developers Conference,游戏开发者大会)2000 上正式公布 Xbox,当时的 Xbox 尚未完成造型设计,现场也只有一台 X 型的概念机,已经确定了主机的绿色色调。之所以用绿色,是因为有调查结果表明人们经常把绿色和科技关联到一起。当然,还有一个更重要的原因,其他几家游戏机公司,从雅达利到任天堂、索尼、世嘉,居然没有一家用过绿色。

2001 年 11 月 14 日深夜,比尔·盖茨亲自来到时代广场,在午夜时分将第一台 Xbox 交给了一位来自新泽西的 20 岁年轻人爱德华·格拉克曼,后者在回忆时曾说:"比尔·盖茨就是上帝。"

截至 2009 年 Xbox 停产,Xbox 的总销量达到了 2400 万台。虽然和其他竞争对手相比并不突出,但 Xbox 也足够让微软做后续产品。

图 1-29 Xbox
图片来源:维基百科;拍摄者:Evan Amos,已进入公共领域

2005 年 11 月 22 日,微软开始发售 Xbox 360 作为 Xbox 后继机型。上市

后,比尔·盖茨在接受媒体采访时说道:"圣诞假期,我在 Xbox 360 上花了 100 多个小时,那东西实在太有趣了。"几个月后,微软为了扩充游戏内容,又收购了曾经开发了《神鬼寓言》(Fable)和《黑与白》(Black & White)的英国知名游戏工作室 Lionhead,其为微软开发的《神鬼寓言》至今都是微软第一方游戏里销量最高的 RPG。

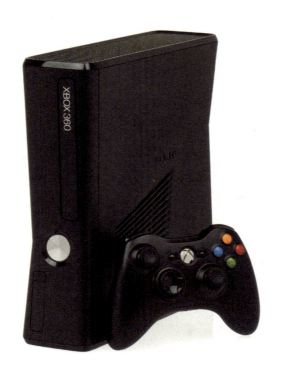

图 1-30　Xbox 360 主机与手柄
图片来源:维基百科;拍摄者:Evan Amos,已进入公共领域

Xbox 360 给游戏行业带来了两个非常积极的影响。一是其深度集成 Xbox Live 联网功能,让主机玩家开始逐渐习惯游戏联网操作,憋在家里的主机玩家也能够和全世界建立联系。二是在 2009 年上市的 Kinect 体感设备成为世界上最成功的体感设备,它让主机游戏多了一个手柄以外的选择,而

配套游戏《Kinect 大冒险》(Kinect Adventures!)的销量也达到了惊人的 2189 万套，成为 Xbox 360 上销量最高的游戏。

Xbox 360 毫无疑问是一款非常有野心的主机，即便在最难攻占的日本市场也花费了一番心血。微软曾经尝试收购经济上出现严重问题的史克威尔，但在谈判接近完成的最后一刻，史克威尔突然大幅提价，这种行为让微软非常气愤并放弃了收购。这次收购失败也导致史克威尔和艾尼克斯两大日本 RPG 巨头的合并。当然，财大气粗的微软对于收购失败早就有预案，拿不到你的品牌，至少可以挖你的人。在彼得·摩尔（微软负责全球市场和发行的副总裁）的劝说下，《最终幻想》系列的知名制作人坂口博信带领部分下属离开了史克威尔，成立了 MistWalker。这家公司为微软 Xbox 360 连续制作了两款精品大作，分别是和鸟山明合作的《蓝龙》(Blue Dragon)，以及和井上雄彦合作的《失落的奥德赛》(Lost Odyssey)。这两款作品还请到了游戏作曲大师植松伸夫亲自操刀配乐。明眼人都能看出来，这两款游戏对应的就是艾尼克斯的《勇者斗恶龙》和史克威尔的《最终幻想》。只是这两款纯粹的日系 RPG 在欧美受众极少，而在日本 Xbox 360 也没有足够的装机量，最终两款游戏的销量都十分平淡。但大多玩过这两款游戏的玩家会认同一个观点：这两款游戏都是那一时期最好的日系 RPG。

2007 年，南梦宫为微软制作了《偶像大师》(The Idolmaster)。这款偶像成长类游戏本身是 2005 年南梦宫制作的街机游戏，在日本口碑相当不错，但当时谁都没有想到这么一款非常日本本土化的游戏竟然放在了 Xbox 360 上销售，而且取得了意想不到的成功。游戏发售后，在日本本土销量突破 10 万套，微软的虚拟货币微软积分在日本的销量激增了 4 倍。虽然这一战果还是没有让 Xbox 360 在日本获得真正意义上的成功，但至少不至于像 Xbox 一样在日本毫无存在感。2008 年，《偶像大师》的续作《偶像大师：为你而唱！》(The Idolmaster Live For You!)在日本发售，首周销量达到 4.4 万套。

除此以外，原本由 PlayStation 3 独占的《最终幻想 13》(Final Fantasy

XIII）以及《合金装备崛起》（Metal Gear Rising）也被微软做成了顶级跨平台大作。知名的"拍肩跨平台事件"就发生在那两年的 E3 上。2008 年，史克威尔艾尼克斯的社长和田洋一拍了拍微软娱乐副总裁唐·马特里克（Don Mattrick）的肩膀，然后宣布《最终幻想 13》跨平台发布 Xbox 360 版本。第二年，在同一个地方，小岛秀夫又拍了拍唐·马特里克的肩膀，然后宣布《合金装备崛起》跨平台。这些合作，让 Xbox 360 在日本之外的其他国家取得了引以为傲的成绩。

Xbox 360 的最终销量达到了 8400 万台，至今依然是微软销量最高的主机，虽然略低于同时期的 PlayStation 3 和 Wii，但微软成功在两家传统游戏机大厂之间赢得了自己的生存空间，在游戏史上书写了一段主机时代三足鼎立的佳话。

对于 Xbox 系列的成功，最受打击的是任天堂。早在 Xbox 时代，任天堂就以为可以通过 Nintendo GameCube 阻击微软这个外来者，并且直接砸下 13 亿美元用于研发，但最终销量只有 2174 万台。进入 Xbox 360 时代后，山内溥终于开始正视一个非常残酷的事实：钱和技术的差距都是巨大的。这让任天堂日后把更多的精力放在了游戏性上，也算是找到了真正适合自己的跑道。

除了 Xbox 系列主机对游戏市场的影响，微软在主机游戏上的贡献也不容忽视。首先是前文提到的 Bungie 最早开发的《光环》系列，成为微软最成功的第一方游戏。《光环》系列曾先后由四家工作室制作，除了开发时间最长的 Bungie 以外，还有 Ensemble Studios、343 Industries 和 Creative Assembly。至 2017 年，《光环》系列的 10 部作品累计销量突破 7000 万套，为微软赚取了 40 亿美元的收入，而"士官长"的形象也成了微软游戏的代表。

另一款奠定 Xbox 地位的游戏就是《战争机器》（Gears of War）。

Epic Games 成立于 1991 年，创始人为蒂姆·斯威尼（Tim Sweeney）。Epic Games 早期不过是个在公寓里的小作坊而已。1994 年，Epic 开始开发《虚幻》（*Unreal*），1998年这款游戏上市后，一年就卖了100万套，让这个小作坊一跃成为游戏行业举足轻重的公司，而其后续开发的"虚幻引擎"也是行业最好的引擎之一。

Epic Games作为一家纯粹的技术导向公司，一定少不了离经叛道的年轻人，其中的佼佼者就是克里夫·布来森斯基（Cliff Bleszinski），游戏行业一般叫他Clify B。随着在Epic Games的时间越来越长，对恐怖游戏有执着热爱的克里夫就想要做点儿不一样的东西。在看到Capcom制作的《生化危机4》的演示后，克里夫激动不已，他知道这就是他想要的效果："就这么定了！我们必须采用这样的视角！从这样的角度来看，游戏太爽了！"而克里夫所谓的"这样的角度"就是现今已经被玩家所熟知的跃肩视角。这种特殊的视角创造了一种特殊的临场感，一种非常适合克里夫所追求的恐怖临场感。

克里夫带领只有30多人的团队，开发了一款包含硬汉、外星怪兽以及满屏幕血液等元素的重口味游戏《战争机器》。这款游戏获得了几乎所有媒体的超高评价，上市仅10个星期销量就达到了300万，取得了惊人的成绩。在很长一段时间内，《战争机器》一直是Xbox Live上最受欢迎的联机游戏，一直到《光环3》上市才被挤下榜首。到《战争机器2》发售时，第一作的累计销量已经达到588万套，而《战争机器2》首日销量210万套，这是Xbox 360游戏销售历史上第二好的数字，仅次于《光环3》。之后，《战争机器3》和《战争机器4》的销量也均在500万套以上，毫无疑问《战争机器》是游戏史上最成功的系列之一。

2012年7月，腾讯以3.3亿美元收购Epic Games 48.4%的股份，成为其最大的股东。

至此，我们简单回顾了电子游戏行业发展的源流，现在，终于等来了我们自己的故事。

三、中国的早期游戏市场[①]

（一）曙光初现

1978 年，改革开放的大幕拉开后，这个有十几亿人的国家焕然一新，从这时开始，一系列经济奇迹开始生根发芽。

1980 年 10 月 23 日，在北京等离子学会常务理事会上，一位来自中科院物理研究所的人做了一次题为《技术扩散与新兴产业》的发言，介绍了美国硅谷的发展现状，这位发言人叫陈春先，日后也被称为"中关村第一人"。在这次发言中，陈春先提到"高速度的原因在于技术转化为产品特别快，科学家、工程师有一种强烈的创业精神，总是急于把自己的发明、专有技术、知识变成产品""这里已经形成了几百亿元产值的新兴产业，得益的显然是社会、国家、地区"。[②] 就是这篇 1381 字的发言稿，为中国科技产业日后的辉煌打开了一扇大门。

会议后，以陈春先为首的 15 名中科院研究员从北京市科协的官员处借到 200 元钱，在中关村的一个仓库里面成立了中关村第一家民营科技公司——先进技术发展服务部。先进技术发展服务部的第一单生意是由中国计量院高级工程师于百江带来的"高精度稳流稳压电源"研究，为服务部带来了 65 000 元的收入。

当时社会上对这件事没有半点儿关注度，以至于一篇报道都找不到，关于陈春先的故事基本都是由人们口口相传的。另外，陈春先他们的这种经营模式在当时也颇有争议。

---

① 这部分和后面游戏媒体的内容推荐去看 Dagou 老师发表在《家用电脑与游戏》2009 年第 3 期上的《沉默的人：中国电视游戏业往事》，里面有很多一手资料，本书很多信息都来源于此，而且 Dagou 老师写得要好得多。另外，如果读完这部分，对开发 Famicom 游戏感兴趣的话，可以参考 NesDev 网，里面的开发资料非常详细，如果看得仔细，还能找到当时为了在配置极低的主机上达到某些效果而采用的各种奇异技巧。

② 引自陈春先的《技术扩散与新兴产业》（1980 年 10 月 23 日）。

图 1-31　陈春先
图片来源：cnsphoto；拍摄者：赖海隆

回顾历史，我们曾经其实有很多机会可以更早起步，只是均没有把握住。其中最重要的一次是在 1982 年，抗日名将叶佩高之子、美国华裔学者叶祖尧回到中国，希望能够把自己开创的"软件工程学"带到中国。在他的建议下，国家科委中国软件技术开发中心成立，并计划推进"软件工程学"计划。计划分为 3 部分：一是全部使用美国化资源在北京大学、复旦大学每年培养 50 名软件研究生；二是在北京和上海分别成立两个"软件工厂"；三是召集 16 所大学研发"软件工程环境"。只是刚刚到 1985 年，计划也戛然而止。日后叶祖尧在接受采访时说道："也许再坚持几年就好了。"而这个急刹车，也被人称为"中国软件业发展方向一错 20 年"。

1983 年，中国有了自己最早的软件项目。这一年，严援朝[①]在长城机上

---

① 严援朝还开发了人民大会堂的电子表决系统，同时参与创办了四通利方，日后担任新浪网的总工程师。

开发了 CCDOS① 软件，解决了汉字在计算机内存储和显示的问题。同年，王永民历时 5 年发明的"五笔字型"面世，在一段时间里解决了中文输入法的问题，被认为是新时代的印刷术。

1984 年 9 月 6 日，中国软件行业协会正式成立，行业协会成立的最大意义是区分了软件和硬件，把软件行业看作一个单独的产业去发展，这在当时是非常先进的想法。这时，"中关村电子一条街"已经初具雏形，联想、四通、科海等企业已经开始步入正轨，有些人已经意识到，但历史的洪流已经势不可挡。二十世纪八九十年代做过软件或者相关工作，不只是游戏，包括其他软件类型的从业人员，大都在感慨大环境仍需改善。当时人们的普遍共识是，中国科技行业，尤其是软件行业，要到 20 世纪 90 年代中后期才能形成一个真正良性的市场。

1986 年 3 月 3 日，王大珩、王淦昌、陈芳允、杨嘉墀 4 位科学家提出《关于跟踪研究外国战略性高技术发展的建议》，同年 11 月，《高技术研究发展计划纲要》正式出台，这就是"863 计划"。这个计划日后推动了我国一批科技行业的创新步伐，其中计算机行业受益颇深。

1987 年 1 月，关于"放活科研机构，放宽科技人员"的相关规定出台，这个被称为"双放"的政策使得科技行业终于挣脱了束缚。同年，杭州高等工业专科学校计算机程序设计课的助教老师谭启仁去中国香港，第一次看到了任天堂的红白机（Famicom），他花 1200 港币买了一台主机和两盘卡带，这笔巨款相当于他 10 个月的工资。

对于我国的科技行业而言，1988 年是非常特殊的一年。吴晓波的《激荡三十年》里这么评价这一年："在此之前，中国民间公司的出现和发展是无意识的，他们更多的是为了让自己免于饥饿。而在此之后，对资产的追求成了新的主题。那些先觉者开始把目光放得更远，他们思考企业的归属与命运。

---

① CCDOS 中的"CC"是 ChangCheng 的缩写。

日后的事实将证明,这些先觉者最终因为超前的远见得到了回报,而那些回避或没有思及这一问题的创业者们将付出惨重的代价。"终于,科技人员通过自身努力和商业手段改善了自己的条件。

(二)国产游戏机的起步

1988年5月,中国游戏的先驱谭启仁注册成立了浙江现代微电子技术公司,由于当时的条件限制,这家公司挂靠在了浙江省科技开发总公司名下,公司的目标为开发动漫游戏、制造家用游戏机,以及创办游戏杂志。

然而不幸的是,还没等谭启仁宏图大展,他的公司就遭遇了挫折。幸运的是挫折没有击垮谭启仁,认定游戏产业有光明未来的谭启仁转而来到宁波天马游戏公司,主攻任天堂兼容机的研发。宁波天马游戏公司是中国最早的Famicom兼容机生产公司之一[①]。

Famicom,也就是红白机深深影响了一代中国游戏人,在他们的少年时代,那几乎是最梦寐以求的玩具。然而,红白机从来没有被正式引进,那时都是通过各种水货渠道(走私)进行销售,加之任天堂定价本来就高,这使得红白机成为仅有少数群体能够消费得起的奢侈品。尽管如此,当时红白机的销售利润依然相当惊人。

在这种情况下,很多厂商发现了商机,开创了租赁游戏机等经营模式,有些公司甚至打算直接开发国人的原创主机。这个想法很美好,但这显然是不切实际的,彼时的市场尚不具备支持主机生存下去所需要的资金和技术,中国的游戏公司仅靠自己的力量也无法自主搭建起游戏机的生态系统。在当时原创主机的尝试中,小有名气的可能只有敦煌科技和联华电子制作的F16主机[②]。知名游戏写手叶伟曾称这台主机是"中国的次世代",并且抨击了那些不看好这台主机的言论,只是叶伟说完这些言论以后,这台主机也

---

① 不含港澳台地区。
② F16也被叫作A'CAN。

没了音信。

在意识到自主研发本土游戏主机的时机尚未成熟后,一批厂商开始模仿Famicom,这也在一定程度上带动了中国最早的一批电子厂发展起来。在众多Famicom仿制机中,中国电子器件公司深圳公司(NEDC)开发的科特学习机非常有前瞻性,直接跳过了游戏机的环节而制造学习机,但因为产品有不少瑕疵,所以销售情况并不理想。之后还有很多公司做过类似的产品,比较有意义的是1992年飞梭电脑部推出的FS-800、FS-801、FS-802,以及金字塔的PEC-9488、PEC-586、PEC-9588。在这些公司中,有一家在中山市的小公司,就是后来众所周知的小霸王。

(三)国产游戏机:小霸王和裕兴

小霸王的前身隶属于中山市怡华集团。中山市怡华集团成立于1987年,最初的主营业务为教育类电子产品的开发,公司成立前两年,每年都亏损上百万元。1989年,一个名叫段永平的年轻人进入公司,扭转了这个小工厂的命运。

段永平毕业于浙江大学无线电系,大学毕业后进入北京电子管厂,工作后又攻读了中国人民大学计量经济学专业的硕士学位,毕业后选择南下淘金。来到这家摇摇欲坠的小工厂后,段永平做了两个重要的决定:一是公司未来的发展方向是游戏机,二是公司发展过程中要突出品牌的重要性。1991年,小霸王电子工业公司成立,同年6月,小霸王耗资40万元在中央电视台播出了第一则广告,推广自己生产的小霸王游戏机的比赛"小霸王大赛",并提出了公司的第一个口号:"拥有一台小霸王,打出一个万元户。"很快,小霸王就成了国产游戏机的代名词,那一年全中国一共卖出了300万台游戏机,而小霸王是游戏机的销量冠军。

1993年,小霸王推出第一款学习机。这款学习机在游戏手柄以外还加入了键盘、鼠标等非纯粹游戏功能的配件。学习机在20世纪80年代的欧美市场有过不错的销量,但随着家用计算机时代来临,这种相对鸡肋的产品逐渐被主力市场淘汰。在欧美市场,比较知名的学习机就是微软主导开发的MSX[①],这款产品提供了一个类似PC的通用框架,于1983年上市,之后索尼和雅马哈等公司都为MSX框架开发过产品。与MSX同一年上市的还有世嘉的SC-3000,也是类似学习机的产品,有传统的游戏功能,同时附带了键盘等配件。最重要的学习机产品是为Commodore开发的Amiga系列产品,而这款产品上市本身是为了和苹果以及IBM在个人计算机领域竞争。虽然在竞争中败下阵来,但是为日后的学习机厂商提供了一个可以参考的技术框架,很多中国的学习机公司都依托于其技术。小霸王学习机多少也借鉴了之前几款学习机的设计,比如都应用了F-BASIC[②]。不过因为对F-BASIC的使用,1995年珠海市飞梭电脑中心技术开发部起诉小霸王,要求其停止侵权行为。最终,小霸王因为抄袭程序被判败诉。

图1-32 索尼生产的MSX机型

图片来源:维基百科;拍摄者:Ubcule,已进入公共领域

[①] MSX上出现过一个很重要的游戏系列的第一版,就是知名游戏制作人小岛秀夫制作的《合金装备》,科乐美公司曾经在小岛秀夫的反对下在FC上移植过一个版本的《合金装备》,但质量远不如MSX的版本。

[②] F-BASIC指的是Famicom上使用的Family Basic。

相较于欧美快速发展的 PC 市场，我国的转型期市场环境给了小霸王机会。1994 年，小霸王推出了第二版学习机，这款产品在后来几年卖了超过 2000 万台，成了 Famicom 销量最高的第三方机型。由此，小霸王在国内的影响力迅速扩大，甚至在一部分人眼中，小霸王就是游戏机，游戏机就是小霸王，对任天堂反而知之甚少。

裕兴是一家和小霸王同时代的非常重要的公司，成立于 1991 年，一开始的主要业务就是游戏机研发，只是纯粹靠着游戏机业务并没有开拓出太大的市场，从 1995 年开始进入学习机领域，并以此为发展方向。

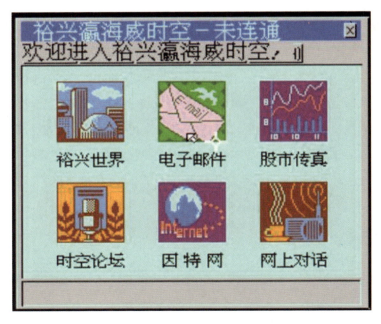

图 1-33　裕兴学习机的上网功能

从产品角度来说，裕兴的学习机称得上是集"黑科技"于一身。首先是裕兴创造性地在学习机上做了一个 WPS，更重要的是这个 WPS 的文件系统和 PC 上的完全可以互通。虽然使用起来比较麻烦，但在两种截然不同的系统下实现文件的互通，在当时的技术条件下，难度是相当大的。除此以外，裕兴还在学习机上装有软驱接口和打印机接口等 PC 的常见接口，也就是裕兴一下子模糊了学习机和计算机的界限，毕竟在那个时代大家使用计算机无非三件事：玩游戏、打字和写程序，而裕兴都能做到。裕兴 VCD 是裕兴最重要的产品，它巧妙地把 Famicom 和 VCD 机结合在了一起，抛弃了 Famicom 的卡带，转而使用 CD 作介质，很大程度上提高了裕兴产品的普及率。

当时很多人断言裕兴会成为一家把小霸王拉下游戏王座的公司，而且裕兴的财务状况也更好，但裕兴却没有那么幸运。

1995 年，第 9 期《电子游戏软件》上刊登了一篇中国软件行业协会电子游戏机分会秘书长钱海光的文章，名为《我国电子游戏机市场及其发展》，这是那个时代唯一能找到的一份数据来源相对可靠的报告。文中提到，到 1992 年，电子游戏机及其配套产品的销量已经超过了 1000 万台；到 1994 年，电子游戏机（包括学习机）年产量已经突破了 600 万台，对电子游戏机及其配套产品的需求量已达 1400 万台；1995 年，家用电视游戏机市场规模大约为 15 亿元，其中 8 位机已基本退出市场，游戏卡的产量也明显下降，估计市场销量约为 150 万块，市场销售额约 2 亿元。[①]16 位游戏机的销量稳定增长，产品以世嘉的 Mega Drive 及其兼容机为主，估计市场销量已超过 100 万台，销售额约 8 亿元。32 位游戏机进入市场，销售势头强劲，1995 年，市场销量估计在 3 万台左右（其中世嘉公司的"土星"约 1.5 万台，索尼公司

---

① 这里的数据其实和结论并不匹配，应该说是用正确的数据推导出了一个不严谨的结论。那个时期销量完全没有明显的下降，而之所以一些生产厂出现了数据下滑，是因为任天堂 Famicom 已经结束了生命周期，新游戏很少，所以占据市场的全是旧游戏的卡带，这部分卡带重复生产的价值不大，而游戏机的普及率也已非常高，销量增长放缓并不代表存量也要被淘汰，从其他数据可以得知中国红白机兼容机市场真的大规模下跌是从 1998 年才出现的。这些错误数据，其实直接导致了一批游戏公司错误地估计了日后 16 位和 32 位机在中国的普及趋势。事实上作为游戏公司来说，当时真正好的选择还是继续稳定投资 8 位机游戏，毕竟存量数字在那里。这篇报告里也提供了存量数字，约为 3000 万台，日后任何一款主机在中国市场都没有再能触及这个数字。

PlayStation 约 7000 台，其他 8000 台）。①

1995 年 5 月 30 日，北京裕兴电子技术公司将小霸王送上了被告席，认为其在 4 月 10 日印制的内刊《小霸王人》上发表的两篇文章《要么买真正的电脑，要么买名牌的学习机》和《走出利用磁盘驱动器的误区》是对裕兴公司新产品的污蔑，已经构成不正当竞争行为。11 月 28 日，法院做出二审判决，判定小霸王败诉。

裕兴虽然赢了官司，但是并没有赢得市场。在学习机市场，裕兴确实举足轻重，但游戏机市场的王者还是小霸王。小霸王的成功之处在于，学习机的核心还是玩游戏，当裕兴把宣传重点，甚至公司开发重点都放在办公上时，已经偏离了游戏这一主题。这就导致小霸王的竞争对手只有裕兴，但裕兴的竞争对手除了小霸王以外，还有家用计算机。

当然，在学习机和游戏机这件事上，也反映出了一个问题：为什么对于很多人而言，纯粹的娱乐设备都必须被赋予积极意义才能得到认可，而不能因为"能让人开心"而被接纳？

裕兴在技术布局上非常出色，一直不甘心只是做一家游戏机公司，他们在网络技术上做了很多尝试，还通过资本运作尝试了很多新鲜行业。但现实并不如裕兴所愿。2002 年 1 月，"气功大师"出身的张海通过浙江国投收购了健力宝 75% 的股权，而为其提供资金的就包括裕兴的董事长祝维沙。2002 年 3 月，祝维沙向张海提供 2 亿元左右的借款，使其完成了收购健力宝的初期付款。张海完全控制了健力宝董事会席位，但迟迟无法归还借款。2004 年 8 月，祝维沙联合叶红汉等人罢免了张海的董事长和总裁职务，接管了健力宝董事会。2004 年 10 月，祝维沙把健力宝转让给李志达控制的汇天中恒。2005 年 3 月 24 日，张海被拘，祝维沙也被佛山市公安局拘留。裕兴因此一落千丈。

---

① 这篇报告还提到了一个数字，即当时 PC 游戏在中国市场的全年总销售额不到 3000 万元，大家可以与后文对比一下最近 20 年的增长。在 2017 年底，这 3000 万元相当于腾讯游戏业务 2 个小时的收入。

在裕兴逐渐走下坡路时，小霸王也遭遇了"阿喀琉斯之踵"。

1995 年 8 月，段永平离开了小霸王。段永平离开时小霸王公司已经更名为"中山霸王电子工业公司"，当年产值超过 10 亿元，是中国最大的电子厂之一。

关于段永平的离开，没有清晰的线索，只能从零零星星的碎片中拼凑出一些细节。大抵是当时段永平希望公司进行股份制改革，让包括自己在内的实际运营者成为公司的股东，但怡华集团不认可这种改革方式，最终双方"和平分手"。在那个年代，公司所有权问题是企业家身上最大的痛楚之一，这里面有改革成功的，比如联想；有改革失败的，比如健力宝；还有折腾了很多年最终成功的，比如 TCL。段永平没有在明面上，至少没有对媒体表达过自己想要改革的强烈诉求，最终为彼此都留了点儿颜面，但现在看来，这点儿颜面留的不一定是好事。

段永平离开小霸王后创建了中国另一个家喻户晓的品牌"步步高"，同时，小霸王的一大批中层也陆续随其而去，由此小霸王迅速衰落，当时留下的员工说："当时连要做什么都不知道了。"

2004 年，怡华集团将小霸王陆续拆分成 4 家公司：中山市小霸王教育电子有限公司、中山市小霸王数码音响有限公司、深圳市小霸王电器有限公司、中山市小霸王卫厨电器有限公司。此后小霸王还陆续推出过各种类型的游戏主机和掌机，但早已不复当年的风光。小霸王未死，小霸王游戏机已死。

回首那个特殊时代，做游戏机的工厂并不少，整个广东当时能做的基本都在做。然而只有小霸王既不是做得最早的，也不是做得最好的，却做到了中国第一。如今总结起来，其原因包括以下四点。

第一，专注于游戏机领域。在那个特殊年代，多数电子厂做的事情都不太专注，做 VCD 机赚钱就一窝蜂地做 VCD 机，做游戏机赚钱就一窝蜂地做游戏机，而小霸王相对稳定地做了很多年游戏机，这相较其他工厂，已经是一个产品层面的优势。熟悉市场、熟悉用户，对自己做的东西和市场都有更加深刻的理解，专注的公司总是更容易做成事。

第二，质量好。这是很多经历过那个时代的玩家对小霸王的评价。事实上绝大多数小霸王游戏机的玩家不曾为质量问题所困扰，但对其他品牌有许多抱怨。这种对品控的坚持也是小霸王收获市场的最重要的先决条件。

第三，注重品牌经营。传统中国企业不注重对品牌的经营，而从企业的角度来说，小霸王既是一个成功的游戏机企业，同时也是一个成功的品牌经营的案例。包括《小霸王拍手歌》和"小霸王其乐无穷"都已经成了一代人对于那个时代的记忆。

第四，研究了消费环境与心理。小霸王在公司发展过程中，最灵光一现甚至是神来之笔的决策就是1993年上市的小霸王学习机，它让大量学生可以理直气壮地以学习为借口让父母掏钱，小霸王当年的热销与这一决策有直接关系。

图1-34　任天堂推出的Basic配件Family BASIC
图片来源：维基百科；拍摄者：Evan Amos，已进入公共领域

在那个时代，以小霸王为代表的公司，可以说是中国游戏产业的一个缩影：快速捕捉热点，快速学习，想尽一切办法快速占领市场。

自那以后，中国的游戏机市场萧条了很多很多年，其中原因除了游戏机禁令的限制以外，还有技术方面的限制。早期 Famicom 在设计时使用的都是市面上可以直接买到的通用芯片，其加密手段也极其简单，但后来绝大多数游戏机开始使用专门设计的芯片，同时结合软硬件辅助的技术手段防止自己的产品被人模仿。

（四）任天堂的中国代理：神游

2003 年 9 月 23 日的东京电玩展上，时任任天堂社长的岩田聪亲自公布了坊间谣传已久的中国特制游戏主机计划。而这是 20 世纪 90 年代 Game Boy 正式进军中国以后，任天堂的产品第一次真正出现在中国市场。

2002 年，先后于 SGI 和宏碁等数家知名公司担任要职的颜维群和任天堂以对等投资的方式成立了神游科技公司（iQue，后文简称为神游），进而通过这家公司引进任天堂的游戏机。第一款产品就是用 N64（Nintendo 64）框架的"神游机"。

图 1-35　神游机

图片来源：维基百科；拍摄者：Evan Amos，已进入公共领域神游机上市之后遇到了非常尴尬的问题，一个月的销量只有一两千台，令人咋舌。不少人觉得神游机的销量可能不会太好，但也没想到会这么差。神游机脱胎于 N64，但做了一个非常尴尬的修改。任天堂本来对于家庭游戏机就非常执着，尤其 N64 更是支持 4 个手柄，可神游机居然不支持多人游戏，上市几个月以后才发售了支持多人游戏的盒子和附加手柄，但为时已晚。不过，神游机销售惨淡和 N64 本身就是一台相对失败的主机不无关系。

因为神游机的失败，神游取消了后续产品"神游盒子"的开发，把引进重点放在了掌机上。2004 年 6 月推出小神游 GBA。一直到 3DS 时代，神游依然在引进任天堂的掌机产品，但销量一直十分凄惨。

神游的彻底失败，很大程度是因为自己对产品用户的定位过于低龄。神游主机主要的购买客户大都是 20~30 岁的青年人，这部分人是为了支持正版市场而支持神游，是真正有情怀有消费能力的核心用户群。但神游的推广宣传却一直集中在少儿群体，而少儿群体几乎没有购买能力，或者说他们的父母为他们买什么玩具也不会去买一台游戏机。在这种社会背景下，神游注定失败。至于为什么神游这么执着于少儿群体，可能和最早任天堂在美国的全年龄向的成功直接相关，只是中国市场不同，只要文化背景没有明显的变动，纯少儿群体的游戏机市场甚至根本不会存在。

更重要的是，当时水货游戏机产品依然存在，这就让神游面临一个非常尴尬的局面：要想有市场，就必须依靠政策一竿子打死任天堂的主机，但打死以后谁会知道神游？①

（五）主机游戏时代的国产游戏

雅达利时代，中国刚刚改革开放，在这样的大环境下，国内并没有成熟

---

① 对神游的故事感兴趣的读者可以看一下 Dagou 老师在触乐网上发表的文章：《神游中国》。

的游戏机市场，而家用计算机价格高昂，我国大部分消费者还负担不起，所以对于我们的游戏产业来说，起点可以认为是任天堂的 Famicom 出现在中国市场上。

1984 年，全国掀起了一阵学习计算机的热潮。响应号召的福州十六中学采购了 14 台 Apple II 的兼容机，并且派遣物理老师傅瓒去福州大学学习计算机，他在学成归来后任学校电教组组长。10 月，在傅瓒的建议下，福州十六中学成立了电脑服务部，挂靠在校属企业福州电力设备厂。次年 5 月，学校在电脑服务部的基础上注册成立了一家独立的公司——烟山软件技术服务中心，后于 1987 年改名烟山软件技术服务部（简称烟山软件）。作为中国最早的游戏公司之一，烟山软件在中国游戏史上留下了浓墨重彩的一笔，意义重大。

和那个年代很多所谓的计算机软件公司一样，烟山软件早期的业务就是销售汉卡。因为当时的计算机存储空间小且读写效率极低，所以汉字字库以独立硬件的方式销售，就是所谓的汉卡。联想及后来的脑白金、巨人游戏的创始人史玉柱都是靠汉卡发家的，但烟山软件没有像他们做得这么成功，甚至销售情况十分惨淡。

1988 年，因为汉卡的销售业绩不好，傅瓒研究过后决定尝试开发游戏。第一款游戏是针对雅达利 2600 的《新运河大战》，这款游戏就是把 Activision 的《运河大战》(*River Raid*)[①] 修改了部分内容后重新包装销售。《新运河大战》是雅达利 2600 主机在国内不多的"原创"游戏之一，虽然有明显的"山寨"嫌疑，但也符合雅达利 2600 的历史背景。《新运河大战》让烟山软件赚到了第一桶金，但让他们挖到金矿的是另一款在中国家喻户晓的游戏。

---

① 《运河大战》在美国的销量突破了百万套，是雅达利销量最好的第三方游戏之一。同时值得一提的是，制作人卡罗尔·肖（Carol Shaw）是一名女性，也是游戏史上第一位有百万销量作品的女性制作人，2017 年被 TGA 授予了行业标志奖（industry icon），以感谢她在这一艺术领域所做的贡献。

雅达利街机版的 Pong 进入日本较早，但当时日本社会对于电子游戏的接受程度不高，同时雅达利对日本市场重视度不足，所以雅达利一系列街机产品在日本的销量并不好。当时已经打算进入家用机市场的雅达利，就直接把在日本积压的一些基板卖给了一家叫作中村制作所的公司，这家公司在 1976 年改名为南梦宫（Namco）。南梦宫在雅达利淘汰的基板的基础上陆续做出了一系列知名的游戏，包括《小蜜蜂》《大蜜蜂》（Galaga）和《吃豆人》，与 TAITO 同为日本街机时代最重要的两家游戏公司。这些从雅达利基板改来的游戏里，有一款作品对于南梦宫可能并不重要，但对中国玩家却有着重要意义，它就是 Tank Battalion。1985 年，这款作品被移植到 FC 上，被称作 Battle City，即中国玩家所熟知的《坦克大战》。我国多数玩家玩的版本就是烟山软件做的。

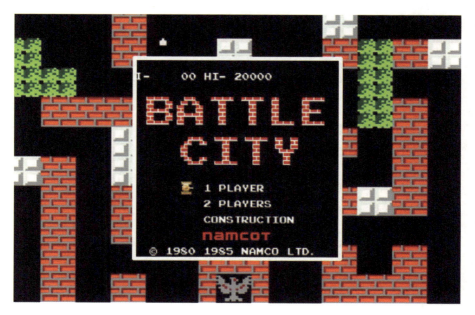

图 1-36　风靡一时的《坦克大战》

在 NEC 尝试给哈德森的游戏主机 PC Engine 制作一款光驱配件前[①]，卡带是主要的游戏存储介质，相较光盘，卡带最明显的缺点就是贵。20 世纪 80 年代末到 90 年代初期，一盘日本产游戏卡带的最低生产成本就能达到 50 元人民币，一些自带 GPU 的卡带成本甚至能达到 200 元，加上游戏厂商和渠道商的加价，很多游戏卡带的售价都在 300 元甚至 400 元人民币以上，这个价格很难让城镇居民月收入 100 元左右的中国大众所接受。在这个大背景下，出现了大批的"国产游戏"卡带生产商，他们的主业就是提取海外公司的游戏并进行一定程度的修改，之后再次烧录销售。当时普遍的做法是花 20 元左右从台湾买入空白的卡带，然后再找人提供技术烧录内容。作为较早进场且有佳作问世的烟山软件，当然不甘于只是做一款雅达利 2600 的游戏，于是就有了《坦克大战》。《坦克大战》对之后游戏行业的影响，可能连当年的傅瓒自己也没有想到。

对于我国的红白机玩家来说，《坦克大战》的历史地位并不会比《超级马力欧》和《魂斗罗》低多少，亲朋好友一起打一把《坦克大战》是很多玩家对红白机时代最重要的记忆之一。而对于"山寨"这个事情，傅瓒在自己编写的《电视游戏一点通》里面写道："阻碍中国游戏发展的一个重要因素，就是买得起游戏机但买不起卡带。"道理没错，但方法值得商榷。

因为烟山版《坦克大战》的火爆，烟山软件吸引了一批员工的加入，其人员规模达到了 16 人，并且基于《坦克大战》开发了《坦克 7》《坦克 14》《坦克 28》《89 坦克》《90 坦克》和《导弹坦克》等诸多版本，公司的营业额也达到了数百万元，成为当时中国市场最大的"原创游戏"公司之一。但好日子没过几天，就发生了一件非常讽刺的事情——大量盗版的《坦克大战》流入市场，一点一点蚕食了烟山软件的市场空间。烟山软件因此成了盗版的

[①] 这个配件叫作 CD-ROM2 System，是一个在游戏主机上使用光盘的设备，一套售价达 59 800 日元，十分昂贵。PC Engine 上相对出名的游戏包括原创的《恶魔城 Dracula X：血之轮回》《梦幻模拟战：光辉之末裔》和移植的《大战略》系列、《热血》系列、《英雄传说》系列。

受害者，经营状况每况愈下。1993 年，烟山软件推出了最后一款游戏《93超级魂》，因画面和《魂斗罗》过于相似且第一关在水下进行，还被戏称为《魂斗罗》的水下第八关。在此期间，谭启仁拜访过烟山游戏，但他很快认定这么做游戏没有出路："改完又会被盗版，直接造游戏机才是好生意。"

结束烟山软件事业的傅瓒加入了另一家游戏公司——外星科技。外星科技的早期广告上经常出现一句话："优秀的企业必将造就优秀的产品。"这个所谓的"优秀的产品"究竟指的是什么鲜有人知，因为在那个时代它做的事情好像和"优秀"毫无关系。

盗版游戏公司分为两类。一类是纯粹烧录别人的游戏再次销售的公司，这一类基本都是小作坊，成规模的很少，因为设备价格逐渐降低，几千元就可以攒一套盗版设备，甚至渐渐演化成夫妻店的小规模经营模式。另一类是会对游戏加以更改的公司，烟山软件和外星科技都属于后者。

外星科技打响的第一枪就是铺天盖地的广告。在杂志《电子游戏软件》上有一个名为"电子游戏万花筒"的板块，这是外星科技专门用来介绍自己制作的国产中文游戏的阵地。

傅瓒在外星科技的职务是高级顾问和总监制，经手的项目中最出名的是外星科技早期为数不多的独立开发的游戏《英烈群侠传》，这款游戏模仿了智冠的 PC 游戏《金庸群侠传》，在红白机游戏里属于非常难得的高质量原创作品。围绕这款游戏，一场关于中国游戏知识产权的著名的官司发生了。虽然外星科技的所作所为处于法律的灰色地带，但它非常善于保护自己的利益，给每款作品都做了计算机软件著作权登记。1999 年，外星科技起诉了一家盗版《英烈群侠传》《楚汉争霸》《战国群雄传》《魔域英雄传》《水浒传》《魔法门》《隋唐演义》《三十六计》《创世纪英雄》《绝代英雄》等游戏的公司，并于 2001 年 12 月 30 日胜诉。这是我国保护游戏软件著作权的重要参考案例之一。

在外星科技等公司把中国第一批游戏人带入游戏行业之后，红白机基本结束了其在行业内的历史使命，但其实在红白机淡出大部分玩家的视野后，依然有公司在坚持做着红白机游戏。

深圳市南晶科技有限公司（简称南晶科技）是外星科技后最重要的红白机游戏公司，这家公司最大的特色是制作其他平台的游戏的山寨版，并将其放到红白机上。被"山寨"的作品包括《侍魂 RPG》《仙剑奇侠传》《最终幻想 7》《无尽的任务》《暗黑破坏神》《拳皇》《梦幻之星 4》《古墓丽影》《数码宝贝》《盟军敢死队》《异形》《黄金太阳》等。南晶科技的所有游戏都附带说明书，包装精美，只是制作质量平平，甚至某些游戏的漏洞极多。相比日本和美国公司制作的游戏，南晶科技的游戏从来就没有一个开发者名单，可想而知这是公司知道自己的所作所为并不合法，怕被别人发现。不过南晶科技也并非一无是处，其制作的红白机版《最终幻想 7》游戏质量相当不错，甚至有欧美玩家认为如果这款游戏能够在 Famicom 鼎盛时期做出来，那南晶科技就是另一家"史克威尔"。①

南晶科技这家 2001 年才成立的公司，在红白机基本告别主流市场以后重新进入这块死地，却取得了意想不到的成功，这个成功并不只是因为一些玩家猎奇收藏的需求而已。

时至今日，我国的乡村地区仍然是个经常被忽视的市场。我国的科技行业有个很现实的情况是出过国的人比下过乡的多，这使得有几亿人的乡村市场成了一个巨大的蓝海。在宽带和 3G 网络大规模普及前，红白机的兼容机依然是乡村地区的重要娱乐形式之一。即便进入 21 世纪，除了小霸王以外，市面上还有大量公司换个外壳生产红白机兼容机。一台游戏机加上一盘几百合一的卡带，售价 100～200 元，也能有几十元的利润。同时，因为 Famicom 涉及的专利已经到期，生产硬件的行为甚至并不完全违法②，所以只要能保证游戏原创性，这其实是一个非常理想的生意，南晶科技一直在瞄准

---

① 当然，南晶科技如果没有借鉴也做不出来。
② 当然，生产涉及 Famicom 专利的产品也并不完全合法。

这部分市场。

南晶科技的山寨行为影响范围极大，在欧美玩家市场都有不小的影响力，很多游戏卡带在 eBay 上能卖到几十美元。有些欧美玩家甚至因为南晶科技的山寨游戏而搞错了游戏历史，误以为一些出现在红白机上的游戏是原作。

一位曾就职于南晶科技的程序员说："当时公司一共几十人，大概一半人是做开发的，一年能做十来款游戏，一些资源能够用以往游戏的就用，不能用就想办法用相似的凑合一下，尤其是美术资源借用得比较多，音乐基本点到哪个是哪个。因为项目比较赶，很多游戏公司自己都没人完整玩过，都是开发的时候测试的而已。"

盗版商家为了让自己的产品顺利过关，可谓费了不少心思。第一批做盗版游戏卡带的商家基本不碰结构太复杂的卡带，这就是为什么盗版游戏里很少有卡带结构复杂的 RPG——盗版成本太高，玩家购买的动力较小。[①] 另外，厂家还会在很多小细节上偷工减料，比如绝大多数红白机卡带的外包装是黄色的，而使用黄色塑料最主要的原因是那时在常规塑料颜色品类里，黄色是最便宜的。[②] 在这些盗版卡带商的通力合作下，盗版游戏卡带的价格很快就做到了 100 元以下，同时为了让玩家觉得物超所值，卡带商推出了大量的多合一的游戏卡带，甚至是几十合一、几百合一的游戏卡带。在硬件成本相对固定的情况下，让玩家能够以一份卡带的价格玩到更多的游戏，也是间接降低单款游戏价格的好办法。而正版卡带商一般不会做此类事情，在整个 Famicom 生命周期内，任天堂官方只出过两次合集形式的游戏卡带，分别是《打鸭子》《超级马力欧兄弟》的二合一合集，以及《打鸭子》《超级马力欧

---

① 当时盗版卡带的容量基本上只有 64 KB，很多 RPG 的容量都在 128 KB 以上，而 128 KB 存储芯片的价格数倍于 64KB 芯片，这使得即便盗版基础成本也极高。另外，Famicom 本身机型其实理论上只支持 40 KB 的内容，超过的部分需要在卡带里面加入专有芯片支持，而这个芯片当时以国内技术无法仿制，这也是很多 Famicom 游戏一直没有被盗版的另一个原因。

② 台湾的盗版卡带的颜色以蓝、绿、红为主。

兄弟》《世界田径运动会》的三合一合集。

那时的盗版游戏里有一些非常有趣的细节，比如在红白机生命周期后期出的游戏对游戏机的性能要求极高，造成没有足够的内存支撑中文字库，进而使得很多中文版游戏文字内容删减严重；比如很多游戏的美版和日版有明显的差异，美版会故意加入一些增加难度的细节，而日版的游戏表现尺度更大，当时有些国内盗版商会在日版游戏的基础上，将游戏难度调整到美版的难度；比如很多游戏的翻译直接照抄了台湾的华泰攻略本等手册的内容，很多翻译质量不错的游戏，其破解团队里可能并没有懂日语的人。

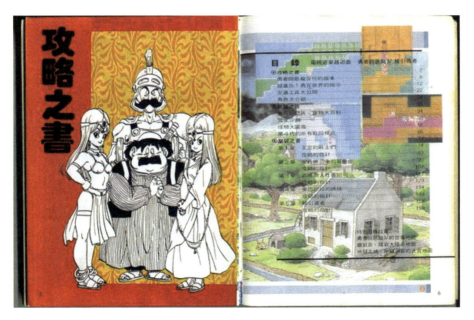

图 1-37 《勇者斗恶龙 4：被引导的人们》必胜攻略手册

注：华泰出的《勇者斗恶龙 4：被引导的人们》的攻略书，从制作质量上来讲完全不逊色于日本的攻略出版物。

在中国游戏产业的这个阶段，"山寨"是很多游戏公司为自己赢得生存空间的途径，其他事情只能暂且被抛诸脑后。然而时至今日，从业者们应该都能清醒地意识到，无论是吸引投资还是赢得市场，尊重知识产权对于行业而言都是一件非常重要的事情。同时，这又是难以完全做好的事情，很多人仍在做盗版，也有人不怀好意地放大知识产权的概念，做所谓的"维权生意"。在尊重知识产权这一点上能做到多好与多恰当，决定了未来我们能走多远。

四、游戏媒体

（一）世界游戏媒体的起步

1967年6月21日，美国 Computerworld 杂志创刊，这是世界上最早的计算机杂志。1980年，我国相关部门与IDG（美国国际数据集团）合作在中国发行 Computerworld 中文版《计算机世界》，《计算机世界》由刊改报，成了中国计算机与信息产业领域的第一份行业报纸，也是中国最早的计算机专业出版物，很长时间内也是唯一的专业计算机出版物。包括史玉柱在内，最早一批互联网创业者都是靠拼了身家在《计算机世界》上打广告成功的。

1984年，日本出版社德间书店创刊 Family Computer Magazine，这是日本第一份正式的游戏杂志。因为得到任天堂官方的大力支持，这份杂志也成了Famicom时代绝对的王者，到1987年单刊发行量突破了100万册。1985年，日本另一家出版巨头ASCII在自己的杂志 LOGiN 上开辟了一个名为"Famicom通信"的版块。1986年6月6日，《Famicom通信》杂志正式创刊，只是因为ASCII涉足游戏和游戏机行业，和任天堂存在竞争关系，所以杂志早期运作十分困难，但到20世纪80年代中后期发行量也达到了40万册。

1986年1月，《Famicom通信》把曾经用来填充版面的天气预报栏目改成了 Cross View（新作评分），打分方式为由4名编辑打分，每人最高可打10

分，总分最高 40 分。游戏的评分如果超过 30 分，则进入"游戏殿堂"。这个打分方式后来成为全世界游戏媒体的参考。

1991 年 7 月，《Famicom 通信》改成周刊，成为日本最早的周刊游戏杂志。

1996 年 1 月，《Famicom 通信》改名为《Fami 通》，发行量突破 100 万册，成为日本游戏媒体的新一代王者。

在互联网并不发达的二十世纪八九十年代，玩家选择游戏只能通过 3 个渠道：一是到店挑选，二是口口相传，三是媒体广告。其中能够精确定位到核心群体的游戏杂志是游戏厂商的必争之地，包括《火焰之纹章》在内，相当多的游戏都是通过在游戏杂志上的海量推广获得成功的。所以从历史角度来看，游戏媒体和游戏产业本身就是相辅相成共同前进的，中国市场亦是如此。

（二）中国的游戏媒体

1987 年 7 月，福建科学技术出版社出版了一本书，叫《电子游戏机》，作者是沃尔特·H. 布克斯鲍姆和罗伯特·莫罗，译者是陈尔绍和夏闽友，定价 1.55 元，共 273 页，这是中国能找到的最早的关于电子游戏的正式出版物。一个月后，电子工业出版社又出版了一本《电视游戏机的业余制作》，作者为 D.L. 赫斯曼。但是这两本书都是对英文内容的粗略翻译，译者甚至根本不清楚什么是游戏机。

1989 年 4 月，《家用电器》杂志上刊登了一篇介绍任天堂电视游戏机的文章，题目是《任天堂电视游戏机及其派生产品》，作者为闵谊，这是国内杂志上刊登的第一篇有关电子游戏的文章。[①]

[①] 1989 年 2 月，《家用电器》上有一篇讲怎么制作简易电子游戏机的文章，同样在"娱乐器具"栏目下，但内容和电子游戏本身还是有些差距，只是个小娱乐道具。

图 1-38 《软体世界》创刊号

只是因为信息相对闭塞，这篇最早的游戏文章有很多常识性错误，比如把雅达利和 2600 并列放在了一起，比如里面提到的任天堂 VHC 游戏机其实应该是 HVC-001，这是 Famicom 的型号。文章最后还提供了一个邮购服务的说明，销售最早的 Famicom 兼容机，价格为整机 600 元，送 A 卡一盒。

与此同时，台湾出版了华语区第一本正式的游戏杂志《软体世界》，在这之前的游戏杂志基本都是昙花一现，最终只有这份做出了规模，而《软体世界》也影响了一代台湾游戏人。

1989 年 8 月，《家用电器》刊登了一篇日本科乐美的《七宝奇谋》(The Goonies)[①] 的短攻略，这是中国正式出版物上的第一篇游戏攻略，作者为艾思。同一期还有另外一篇文章《国产红白 616 游戏机面市》，作者为白河。

1989 年 9 月，烟山软件的傅瓒在《家用电器》上发表了一篇《任天堂游戏秘诀集锦》，那会儿还没有游戏秘籍的说法。这篇文章应该就是正式出版物上最早的游戏秘籍，里面提到的游戏包括《魂斗罗》《沙罗曼蛇》《超级玛丽》[②]《冒险岛》《坦克战》《B 计划》[③]《兵蜂》[④]《魔界村》《七宝奇谋》《打砖块》等。

那时，国内涉及游戏相关内容的纸媒除了《家用电器》，还有一份叫作《学生计算机世界》的报纸，而这份报纸就是为了响应计算机普及的指示而创办的。1991 年，这份报纸上发布了我国第一条电子游戏广告，来自一家叫作"广大电脑"的公司。这家公司的主营业务按照现在的理解就是盗版，复制其他软件然后进行再次销售。一年后，这家公司对外宣称会员超过 1 万人，又过一年，这家公司因为销售违禁软件被责令整顿后就没了音信。

1990 年，傅瓒以"福州烟山软件特约"的名义在《家用电器》上开设了

---

① 《七宝奇谋》是一部由理查德·唐纳导演、斯皮尔伯格编剧的同名电影。电影是北美非常知名的儿童探险片，游戏是 Famicom 上销量极高的作品。
② 即《超级马力欧兄弟》，《任天堂游戏秘诀集锦》的原文用的是《超级玛丽》这个名称翻译，后面还备注了一个"采蘑菇"。
③ 《B 计划》的制作公司叫 Data East Corporation（データイースト株式会社），简称 DECO，是日本街机时代重要的游戏公司之一，最知名的游戏品牌为《重装机兵》(Metal Max)，这家公司已于 2003 年 7 月破产。
④ 《兵蜂》在国内并不是特别出名，但它是科乐美在 FC 时代销量最高的游戏之一。

"攻关秘诀"栏目，并在文章末尾表示可以提供邮购服务，而这是当时烟山软件主要的销售渠道之一。同时，另一家红白机时代的"游戏巨头"宁波天马电子公司也在《家用电器》上开设了一个叫作"电视游戏乐园"的栏目，主要作者为赵晓叶，天马也靠着这个不大的版块成了当时最出名的Famicom兼容机公司之一。1990年10月，一本叫作《任天堂——游戏攻关秘诀》的书籍出版，这本书的内容多抄袭《家用电器》上的文章。后来经过协商，该书之后的印刷版本上便加上了傅瓒、赵晓叶和《家用电器》编辑孙百英的名字。这本书最终销售了近10万册。进入主流视野的游戏行业引起了很多出版商的注意，福建科学技术出版社通过《家用电器》杂志联系到傅瓒，希望他写一本专门的游戏书籍，这次联系直接促成了中国销量最高的游戏类书籍。傅瓒的《电视游戏一点通》于1991年8月出版，定价3.5元，一年再版5次，销量高达23.25万册。受此鼓舞，福建科学技术出版社又出版了这本书的续一、续二和续三，但这3本内容扩充书因为更换作者，质量极差，导致这个系列的书也没了后文。

1990年6月1日，《电子游戏入门》出版，作者是上海交通大学工学博士，后来到华东师范大学当教授的黄佶。1991年12月，两名在校生叶伟和张弦写了一本叫作《电视游戏玩法200问》的书，在偶然看到《电子游戏入门》以后发现里面有些错误，便联系到黄佶一起做了《电子游戏入门》第二版，于1992年3月上市。

几乎同时，叶伟和张弦又开始为《电子游戏指南》供稿，《电子游戏指南》的"出品人"是上海一家电玩店的老板，即曾经创业做游戏机的谭启仁。这家电玩店是我国最早的世嘉MD店面之一。叶伟和张弦的稿酬不是现金，而是可以第一时间玩到这些新游戏。要知道，在这之前张弦买第一台游戏机的钱里甚至有自己献血换来的180元，能免费玩到游戏对他而言比稿酬更能让他心动。

1992年，《电子游戏指南》改名为《游戏机世界》，后改名为《电玩迷》。

《电玩迷》共出版了两期。不过,这两期《电玩迷》影响较为深远,以至于《电玩迷》这个名字的影响力远大于《电子游戏指南》。

1992~1995年,市面上出现了大量游戏出版物,比如海南出版社的《电视游戏乐园》、湖南科学技术出版社的《家庭电子游戏机》、中国广播电视出版社的《电子游戏机》[1]、广西人民出版社的《最新电子游戏机攻关诀窍》、江苏科学技术出版社的《电子游戏机攻关秘诀》、天津科技翻译出版公司的《家用电脑游戏机用户指南》、沈阳出版社的《电子游戏攻关新秘诀》、内蒙古文化出版社的《家庭游戏机指南》、机械工业出版社的《家庭电视游戏机使用维修指南》、长春出版社的《电子游戏万事通》、中国人事出版社的《最新游戏攻关秘技》……还有很多和游戏内容相关的出版物,比如广西美术出版社的《电子游戏机连环画故事丛书》(收录《金刚葫芦娃与魂斗罗》),以及中国连环画出版社的《电脑神童连环画丛书》(收录《超级金K魂斗罗》),这种原创也是那个时代中国整个动漫和游戏产业的缩影。在那几年,至少有50本游戏相关出版物上市。

这些出版物的出现证明我国游戏产业已经初具规模,一个崭新的时代正向我们招手。

(三)游戏杂志的合法化

1993年8月,《Game集中营》的第一辑试刊号问世,书的第一页写着:

有歌星、影星就有追星族,有电子游戏就有闯关族,天经地义。

中国到底有多少台家用游戏机,恐怕无人知晓,据说有几千万台!粗粗算来,也就有几千万闯关族!而闯关族们至今没有个属于自己的舞台,本系列专辑便应运而生。一位十六岁的中学生赐名"Game集中营",妙极。

---

[1] 中国广播电视出版社出版的《电子游戏机》和1987年那本仅仅是名字一样。

电子游戏有三个要素：好玩、趣味、创新。"Game 集中营"这个名字挺好玩，有趣味，不拘一格，就让它作为闯关族的舞台，给诸位高手搭一个场子。不过有一句题外话致家长们，此"集中营"里绝对都是 Game，不必太较真了。①

现在，让我们杀进"Game 集中营"。

《Game 集中营》是我国第一本游戏杂志，从这篇文章中可以看出当时的游戏媒体还没有游戏玩家这个概念，游戏玩家被称作"闯关族"。

1994 年 6 月，《Game 集中营》正式发行，改名为大家更熟悉的《电子游戏软件》，主要成员包括熏风（刘文雨）、田松、老 D（刘儒德）、龙哥（邱兆龙）、特工黄（黄昌星）、King（索冰）、软体动物（汪寅）、赤军（王歆）、叶展、叶丁以及前导软件的老板边晓春。虽然那时我国整体经济水平不高，游戏市场并不像现在这么繁荣，但因为信息获取渠道比较单一，这些游戏媒体很吃香，那是个只要印字就赚钱的年代，只是有人欢喜有人愁。

创刊后，叶伟给《电子游戏软件》的一封信里面写道："你们受到读者如此热烈的欢迎，心里一定非常得意。作为《电玩迷》的编辑，我们多年来创立一份正式杂志的梦想一次次破灭，而你们轻易就成功了。我知道我们已经不战自败，但我决不服气，因为这不是一场公平的挑战，如若换一下角色，我们一定做得更出色。"而叶伟所提到的"轻易就成功了"，其实并不轻易。

---

① 这个给"Game 集中营"提供名字的中学生叫叶丁，是叶展的弟弟，后来就读于清华大学，其间进入过中国微软研究院，毕业以后留学美国罗切斯特理工学院，之后在 THQ 参与过 3A 游戏的开发，2003 年和哥哥叶展撰写了《游戏的设计与开发：梦开始的地方》，现在兄弟两人在做手游。对于叶丁，大家更熟悉的可能还是他早期在《电子游戏软件》上写的文章。

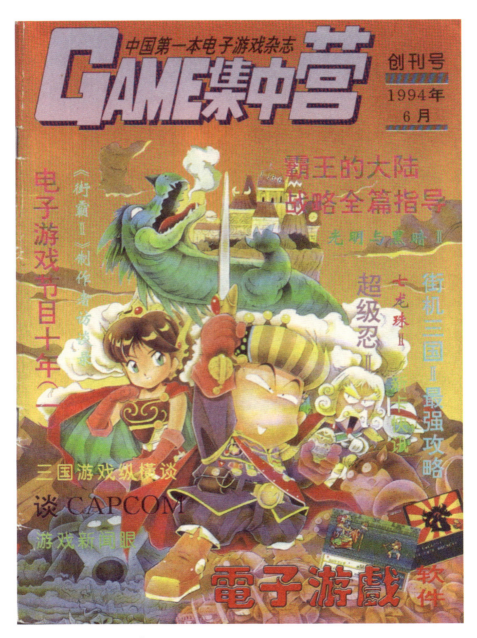

图1-39 《Game集中营》的创刊号

1992年，以财务软件起家的先锋软件成立先锋卡通，最先做的事情是投资动画，但动画做出来根本无人问津，公司便打算进军当时已经红红火火的游戏产业，他们首先想到的就是引进和翻译红白机游戏。1992年底，先锋卡通招聘了一批北京的大学生参与翻译工作，第一款面世的游戏是在国内十分火爆的《吞食天地2》，但游戏的火爆没有换来公司的成功。1994年，在先锋卡通被盗版打败后，边晓春获得IDG的投资，创建了前导软件。这家公司后来成为20世纪90年代我国最重要的游戏公司之一，而那些招聘进来做翻译的学生就是后来《电子游戏软件》的核心班底。在我国游戏历史上，前导软件并没有坚持多久，但《电子游戏软件》却成了我国游戏市场最美丽的意外。

《电子游戏软件》从第2期起正式从先锋卡通脱离，开始独立运作，另一位重要的编辑S.P（萧腾）也是在这时加入的。之后，《电子游戏软件》的内容编辑工作逐渐有了专门的分工：软体动物主打PC游戏，包括《魔兽争霸》在内很多重要的PC游戏最早都是由他在国内介绍的；特工黄主要介绍硬件知识；龙哥和King除了撰写攻略以外还贡献了很多行业内的新闻。1994年底，叶伟和张弦也成了《电子游戏软件》的特邀作者。当时的主编熏风在答复叶伟时写了这么一段话："我们确实做得并不够好，而且我们也从《电玩迷》中吸取了很多营养。这确实是一场不公平的比赛，但我们不是胜利者，你们也不是失败者，因为《电软》[①]不是哪一个人和哪几个人的，我们从一开始就不认为《电软》是一本同人杂志，它是属于整个电玩迷的，因此在创刊号上我们写了五个大字，闯关族的家。希望大家泯弃地域、门户、主客、先后之陋习，精诚合作，开创中国游戏业的新生面。"

---

① 即《电子游戏软件》。

图1-40 《电子游戏软件》早期的征稿广告

那是个信息匮乏甚至称得上贫瘠的时代，在 1996 年之前，甚至没有一家国际游戏公司在中国设立办事机构，获取游戏信息只能依赖一些通过特殊渠道搞来的海外游戏杂志。而《电子游戏软件》为了让自己的内容看起来更加丰富且吸引人，把精力放在了讨论游戏文化和游戏对于中国本土的影响上。

在那期间，《电子游戏软件》曾经引导过游戏主机行业里一场非常知名的论战——任天堂和世嘉孰优孰劣。日后，有人把这场论战称为游戏主机行业的"潘多拉魔盒"，让玩家站队主机成了常态。也是从那之后，《电子游戏软件》成为众所周知的"世嘉吹"，一直到世嘉退出游戏机市场，《电子游戏软件》都在不停地夸奖世嘉并寄予厚望。像叶伟和张弦就在 1994 年 11 月的《电子游戏软件》中的《世嘉五代与超级任天堂比较报告》中写道："世界街机有 70% 是 SEGA（世嘉）的，另 20% 是 NAMCO 的，任天堂几乎为零。从这点来说，SEGA 的潜力是巨大的——单是这些软件移植下来就有多少？这是任天堂无法比拟的。"[①] 叶伟在 1997 年 5 月的《天下统一？诸侯割据？——游戏业最终的战争》中也写道："以移植街机游戏为主要战略基础的'土星'，其用户层集中在年龄较大的'玩家'身上，软件的销售非常顺畅……每台'土星'能连带销售的软件数量差不多是 PS（PlayStation）的 2～3 倍，收益丰厚，而且奠定了主机在玩家层中的霸主地位。世嘉的方案是可行的，'土星'的基础是扎实的。至于 SS（SEGA Saturn，世嘉土星）与 PS 在主机销量上的差距，除了名义上的好看之外，很难再说明其他问题。业界风起云涌，变化飞快。再过两年，由谁来担当老大，现在难说

---

① 街机和家用机在游戏设计理念上截然不同。街机有 3 点非常重要：一是观赏性很重要，观赏性好的街机在玩的过程中会引来更多的人围观，这些围观的人就是潜在消费者；二是街机必须要有足够的难度，如果太简单了，失去挑战性，玩的人少了，街机厅的收入就减少了；三是街机是个纯粹的头部市场游戏，街机厅面积有限，能摆下的机子也屈指可数，在这种情况下，大部分街机厅愿意找最火爆的几款游戏，其他的则不敢轻易引进。所以，把街机和家用机拿来比较一开始就是错误的方向。当然对于世嘉来说，以街机的形式引进游戏还是最好的选择，至少能够吸引一批街机厅的玩家，但这不会让决定性用户群体动摇。

得清。"1998 年 7 月，Ken 在《新闻分析——通往胜利的一步！》中写道："SEGA 此次定然孤注一掷，将毕生的经验和技术力都花费在这台白色的主机上，以求得称霸家用游戏市场的地位。[①]17 年的风水，这次总也得转一次。这是人类历史上最近乎完美的游戏主机，这是世嘉新主人决不妥协的产物。在尝尽 17 年的酸甜苦辣之后，世嘉终于想要成为家用游戏的主人。尽管在那个晚上，没有一个人能够亲眼看到它的实力，但是与会的每一个人都深信不疑：世嘉这一次一定会获得成功。因为这几乎可以被称作计算机科技史上的里程碑，或是全新的一页。这是人类历史上第一次试图创造出一个远远超出现时科技水平的产品，无论它最终成功与否，这一壮举都可载入史册。早就说过，以世嘉目前在电视娱乐界的技术水平，竭尽全力创造出来的产品足可让其他人狂奔好几年。"

这些言论日后都成了游戏玩家圈子里批判《电子游戏软件》的"罪证"，当然，是站在现在的立场往回看，而在当时，信息相对闭塞，无从谈论对错，只是给自己将来的经营挖了一个不大不小的坑。

（四）《大众软件》和中国游戏杂志的黄金期

1995 年，《电子游戏软件》遇到了一个不太像游戏杂志会碰到的问题：被停刊两个月。面对这突如其来的处罚，很多编辑措手不及，担心《电子游戏软件》会就此停刊。其实，这次停刊并没有对杂志造成太大的影响。至于停刊的原因，据说是"不够严肃"。

在这之前，《电子游戏软件》还贡献了一篇知名的文章。1995 年第 4 期（总第 9 期）上刊登了一篇名为《乌鸦·乌鸦·叫》（简称《乌鸦叫》）的文章，作者署名"本刊评论员"。[②]

---

① 文中所指是世嘉 Dreamcast。
② 杂志里没有写明作者是谁，我在写本书时咨询了汪寅（软体动物）老师，他的答复是主编。

这篇文章的源头是《电子游戏软件》编辑部收到了一封读者来信，里面写道："你们写的攻略好是好，但那是日本的游戏！你们登的彩页美是美，但那是日本的广告！究竟哪一天我们能在贵刊上见到中国人自己制作的游戏！我从十岁等到二十岁，还会等第二个十年、第三个十年吗？"以这封信为源头，《乌鸦·乌鸦·叫》分析了我国游戏行业的种种问题，包括盗版情况恶劣、游戏业的社会影响不好、缺乏行业性协调和管理、缺乏人才等问题。这可能是第一篇在正式媒体上讨论中国游戏产业的深度文章，并且在一定程度上改变了中国游戏产业的格局，大量有识之士看到《乌鸦叫》后，开始投入原创游戏的开发，才使得在21世纪前后国产游戏出现了繁荣的景象。如果要评对中国游戏产业最重要的几篇文章，这篇应该当之无愧地排在榜首。

只是在当时的大环境下，游戏行业的未来并不明朗，文章结尾也以悲观的口吻写道："至于振兴中国游戏业的回天良药，我们开不出；游戏业的光明前途，我们看不到。"

时至今日，我们再看这篇文章，颇有一语成谶的味道。

1994年6月，更加侧重PC游戏的《家用电脑与游戏机》正式创刊，只比《电子游戏软件》正式的第一期晚了一点儿。其实，《家用电脑与游戏机》早在1993年10月就获得了国家科委的批准，只是因为一些筹办工作晚了几个月才出刊。第一期《家用电脑与游戏机》正文48页，定价2.8元，发行2.5万册，主旨是："提倡积极健康的电子游戏方式和内容，探讨计算机进入家庭的道路，指导计算机在家庭的使用，丰富大众的娱乐生活。"从第二期开始，就打出了日后更被人熟知的口号："电子游戏是通往计算机世界的捷径。"当年运作这本杂志的就是前文提到过的《家用电器》杂志的孙百英。1994年底，几乎无处不在的叶伟和张弦也开始为《家用电脑与游戏机》撰写文章，共用笔名"养由基"。《家用电脑与游戏机》的早期编辑有禾志勇、刘管乐、阿魔（王越鹏）、Dan（单非）、Benny（杜滨）等。其中日后的主编刘威（小马/AWEI）于1996年正式加入。

1995年8月,《家用电脑与游戏机》刊登了一篇题为《乌鸦,别叫了》的文章,作者是被称为中国游戏第一人的杨南征,正面回复了《电子游戏软件》的《乌鸦·乌鸦·叫》。《乌鸦,别叫了》中提到,"我们的电子游戏业方兴未艾,一片热气腾腾,黄金时代正在到来,何有'死水一潭'""我们想劝劝那位玩友,您的'血泪'如果不仅仅流在杂志上,也分一点儿流在计算机上,也许您能创造比他们更多的奇迹,让中国游戏创造者排行榜里也有您的一席之地,这不比空喊斥责来得更惬意些吗""希望游戏评论家们少泼些冷水,以便祖国游戏业能够更快地起飞"。

这一答复也引发了我国游戏媒体早期最出名的站队事件。

当我们回忆《家用电脑与游戏机》时,经常想到其浓浓的人文色彩,事实上从办刊初期,《家用电脑与游戏机》就一直很有"性格"。1996年,EA公司副总裁麦可一行三人曾拜访《家用电脑与游戏机》编辑部,而对于这次拜访,编辑部并没有选择唱高调,高呼和国外游戏公司建交,反而在最后评论道:"在新游戏软件的高下之分的评价尺度上,这位程序设计出身的副总裁突出强调的是可玩性,显然这种认知是浅显又深刻。"

到了1996年3月,《家用电脑与游戏机》的发行量超过10万册,成为市面上发行量最高的计算机杂志,也是中国第一本发行量突破10万册的游戏杂志,而到了1997年10月,发行量更是突破了15万册。

在《家用电脑与游戏机》创刊号最后一页的《迎接信息社会的曙光》一文里,孙百英这么写道:"近年来,舆论界对电子游戏普遍持批评态度,但电子游戏市场却如野火春风,发展异常迅猛。面对这个巨大的矛盾,我们最好借鉴历史:电影在刚刚诞生时,一度被蔑称为'魔鬼';二十多年前,美国部分学生家长曾署名要求政府取缔电视,因为他们认为,电视使学生偏离了传统的教育轨道。时至今日,电影与电视的功过已无须评论,而历史对今天却有所启示:科技的进步不断提供新的教育手段和艺术形式,社会的责任是运用这些成果发展教育和文化以造福人民,而无论出于何种动机,都不应盲目消极地抵制。"

即便到了今天,这些关于游戏的误解依然存在,游戏公司依然任重道远。

1995年,前导软件又参与筹备了另一家举足轻重的计算机媒体——《大众软件》。因为前导软件,《电子游戏软件》和《大众软件》有着千丝万缕的联系,除了资本上是兄弟关系外,《大众软件》早期也从《电子游戏软件》获得了很多帮助,甚至《大众软件》的商标都是《电子游戏软件》的前编辑软体动物和朋友设计的。

提到《大众软件》,就不得不提曾经的《大众软件》杂志社副社长刘贫和。刘贫和年轻时是空军飞行员,不做飞行员后留在了空军的指挥机关里。其间他参与了一些军用系统的开发,写过程序,1982年还获得过空军科技进步奖。1994年,刘贫和从空军退役,决定创办《大众软件》。很多年后他回忆说:"那时我认为计算机一定会普及到大众手中,普及计算机就需要一本计算机普及杂志,这样就有了办刊的想法。"

1995年初,刘贫和在受聘于中国科技情报学会的同时,向中国科协提出创办《大众软件》的请求,很快就获得批准。与此同时,刘贫和与包括前导软件总裁边晓春在内的几人创建了晶合公司,全称北京晶合顺达软件技术有限公司,一起进来的还有来自前导软件的20万元资金支持。同年4月,在崇文门西大街4号楼8门的地下室,召开了第一次《大众软件》筹备会。第一任社长边晓春把杂志定位为:"抓住学、用、玩这三个主要内容做文章,把自己定位于中级水平,既不做阳春白雪,也不做小学ABC,而是服务于数量最为庞大的中级读者群体。"在创刊号扉页上,这句话被浓缩为:"您想精通实用软件吗?《大众软件》将做您得利的助手。您爱玩PC游戏吗? Popsoft将与您结成朋友。"

图 1-41 《大众软件》创刊号

1995年8月，《大众软件》的创刊号出现在了各地的大小书报亭里，这期创刊号的发行量达到了10万册，震惊了整个媒体和出版行业。而其影响力最大的是第3期封面专题的《仙剑奇侠传》攻略，这份攻略既为游戏的火爆添了一把柴火，也为自己赚了个开门红。

关于早期采访时的情形，编辑黑暗在《大众软件》第200期的时候回忆过："国内的第一个制作组群专访是骑着自行车完成的。当时国内的游戏制作小组不多，很多都在北京，所以我们骑着自行车就完成了这项任务。最远的小组在上地，骑了得有2个小时才到。当时游戏小组的办公环境很多和我们杂志社类似，到了后一看就倍感亲切。做专访结识了很多朋友，那些早期游戏人对自己所从事的事情满怀激情，虽然其中不少人沉默寡语不善表达，但是眼神和语气都能让你感受到一种很难描述的情绪，这种情绪在现在的游戏从业人员身上已经很难看到了。"

《大众软件》遇到过两次非常严重的盗版事件。第一次是1996年在南方市场上出现了《大众软件1995年合订本》的大量盗版；第二次是在1997年5月底，市面上出现了一份印刷粗糙、漏洞百出的《大众软件》伪正版杂志，因为比正版还要早出版一周，所以部分不明真相的邮局甚至拒收了正版的杂志。

1996年对于中国游戏媒体行业而言，是非常重要的一年。这一年，包括EA和育碧在内的大量游戏公司在中国设立了办事处，也就是从这时开始，游戏媒体有了正式的海外游戏公司的广告，在这之前的广告赞助基本都来自国内兼容机公司或者电玩店。

1996年，针对当时我国游戏产业的诸多问题，《电子游戏软件》率先有了动作。1996年第9期第一页的文章《雄关漫道真如铁，而今迈步从头越》里提到："一是电子游戏作为一种有一定社会影响和巨大经济效益的商品，还未受到我国产业界尤其是高科技企业足够的重视。虽然近一两年来清华金盘公司、金山公司、前导公司等公司不畏艰难，陆续推出一批游戏节目，但势单力薄，其艺术水准、生产规模、销售渠道、经济效益与世界先进国家相比还有不小的差距，比起国内的台湾和香港地区，差距也很明显，可以说是大市场与小市场的反差。另一方面，我国目前还没有一部比较完善、正规、便于操作的电子游戏管理法规。一些游戏街厅老板见利忘义，以赌博、色情游戏引诱青少年堕落，甚至犯罪，理所当然地引起社会舆论和家长的强烈反对。围剿之声四起，影响了游戏业健康、正常、有秩序地发展。可以说是很高的经济效益和很低的社会评价之间的反差。"在文章最后，《电子游戏软件》确立组建编委会，人员包括清华大学教授吴文虎[①]、中国电子游戏机协会秘书长钱海光、中国计算机学会秘书长陈树楷、《电子游戏软件》杂志社主编叶宗林、《电子游戏软件》杂志社副社长刘文雨等。《电子游戏软件》也成了当时游戏公司和玩家之间最重要的沟通渠道。

20世纪90年代中期是游戏杂志行业的第一个黄金期，有统计显示，在1995—1998年，市面上陆续出现了超过30种游戏相关的出版物，但多数是昙花一现，那个时代真正懂游戏的编辑就那么几个，后来者要想超越并不容易。同时，这些早期媒体之间的比拼除了拼内容以外，还在拼印刷。谁的页码多，谁的彩页多，谁在玩家那里的口碑就相对更好。

表1-1　1996年主要游戏杂志概况

名称	性质	出版单位	总页码	1996年定价（元）
电子游戏软件	杂志	杂志社	92	5.40
大众软件	杂志	杂志社	88	6.00
家用电脑与游戏机	杂志	杂志社	76	4.90

---

① 参加过信息学竞赛的可能对这个名字比较熟悉，吴文虎老师除了在清华大学当了半个世纪的教授以外，还是国际信息学奥林匹克竞赛中国队总教练，培养了一批顶尖的信息学竞赛选手，其中大部分后来成了优秀的计算机科学家和互联网公司的技术主干力量。除此以外，很多参加过信息学竞赛的学生应该都听过吴文虎老师的讲座或看过吴文虎老师的书。吴文虎老师还是一位非常有奥运精神的老者，我上中学时在一次活动上找吴文虎老师要过一个签名，老师直接写了一个"更高、更快、更强"。

(续)

名称	性质	出版单位	总页码	1996年定价（元）
软件发烧友	图书	四川工业大学出版社	68	5.00
电玩一族	图书	航空工业出版社	68	5.50
GAME 玩家	图书	中华工商联出版社	72	5.50
游戏世界	图书	四川科技出版社	84	6.80
游戏攻略	图书	山东文化音像出版社	72	6.80

数据来源：《电子游戏软件》，1996年第3期

虽然出版物多，但基本就是3份杂志在垄断市场，《电子游戏软件》主攻游戏机市场，《家用电脑与游戏机》兼顾游戏机游戏、PC游戏和计算机实用技术，而《大众软件》更大而全，除了游戏以外还有些计算机相关的资讯。这种三足鼎立的格局维持了几年，直到一本叫《电子游戏与电脑游戏》的杂志横空出世，而这本杂志的执行主编就是前《电子游戏软件》的编辑King。对于这种行为，很多玩家称其为"叛离"，而这一"叛离"行为的背后就是当时游戏媒体甚至未来游戏媒体行业的核心矛盾：是要做好的内容，还是要赚钱？希望坚持自己理想的King选择了离开。

在《电子游戏与电脑游戏》创刊号里，King写道：

给所有读到这本杂志的人
给所有进出电玩世界的人
——年龄不论、性别不论、生死不论
每个时代的人，都有着自己了解世界、寄托梦想的不同途径与方式。
生在今天的你和我，是十分幸运的。
雄心壮志，有无数的机会去实现；美好梦想，也有它栖身的乐园。
缤纷宇宙中，我们放出自己的一份光彩，

图 1-42 《电子游戏与电脑游戏》创刊号

方寸荧幕间，我们拥有自己的一片天地。

而这本《电子游戏与电脑游戏》的诞生，将为更多的同好提供更多的咨讯和攻略。

同时，亦将会把我们之间的距离再拉近一点。

这便是我们最大的希望。

《电子游戏与电脑游戏》早期的编辑有 Blue（陈振宇）、Fox（付可）、Angel（张志）、Snake（尹龙）、Beak（白松涛）。

随着《电子游戏与电脑游戏》的创刊，一批游戏媒体也陆续出现，《电子·电脑 GAME 之家》《游戏同志》《电脑游戏攻略》《游戏时代》等，都是在那之后一段时间陆续出现的。其中的佼佼者是由《CBI 游戏天地》的光头、阿猪和《家用电脑与游戏机》的 CY 等人创立的《新浪潮》，这是中国最早关注电子竞技的杂志，更重要的是，这是中国第一本全彩的游戏周刊，为后来的游戏杂志树立了一个标杆。

从 1996 年到 1997 年，不少游戏编辑和写手离开了出版行业，进军一线游戏的制作行列，包括《电子游戏软件》的软体动物和《电子游戏与电脑游戏》的 Snake 都加入了前导软件。人员流失加之同行之间的竞争越来越激烈，这期间几家游戏媒体都或多或少遇到了经营问题。直到 1997 年，几家游戏媒体发现必须要吸引新鲜血液进来，于是 Perfect（杨柯来）和天师（李胜）加入《电子游戏软件》，ET（郑桐）和绯雨焱（刘炎焱）加入了《电子游戏与电脑游戏》，这几人都是未来中国游戏和动漫行业最重要的写手。

关于《大众软件》最大的争议来自 1997 年，那一年的 4 月 27 日，国产游戏《血狮》上市，但口碑极其惨淡。因为在之前刊登过《血狮》的广告和介绍文章，所以《大众软件》迅速成为众矢之的，不仅玩家骂声一片，一些媒体上也出现了对《大众软件》冷嘲热讽的文章，但好在并没有影响其运作。

图1-43 《大众软件》的E3专题报道封面

图1-44 《大众软件》在很长一段时间里使用的封面版式

2000 年前后，各家游戏媒体开始意识到第一手消息的重要性。1998 年，《大众软件》前往法国采访育碧，1999 年前往美国采访 3DO，同年还前往 E3，是国内最早派驻记者到现场报道 E3 的媒体。之后不仅是《大众软件》，去海外游戏展会报道成了大部分媒体的固有内容。

那几年，游戏杂志也陆续推出了很多有特色的刊物。1999 年 3 月，《电子游戏软件》推出动漫主题刊物《MAGIC 地带》，而几乎同时《电子游戏与电脑游戏》也推出了主题相似的刊物《梦幻总动员》。没多久，《电子游戏软件》又做了两本刊物，包括以行业评论为主的《游戏批评》和做游戏入门介绍的《菜鸟通》。其中《游戏批评》的一些内容翻译自日本同名杂志，贡献了很多深度内容，在游戏核心玩家圈子里口碑极好，而《菜鸟通》口碑平平。除此以外，《电子游戏软件》也推出过《95 秘籍宝典》《97 秘籍宝典》《99 秘籍宝典》《格斗天书》《格斗天书 3D 版》《SEGA 特辑》等知名出版物，很多都被游戏玩家奉为圭臬。这期间也陆续有其他游戏杂志出现，但无论是行业资源还是写手质量都不能和《电子游戏软件》相提并论，这时的《电子游戏软件》在国内纯游戏刊物中已经称得上是独孤求败。

1999 年下半年，《电子游戏与电脑游戏》遇到了严重的经营问题。当时杂志的投资方非常短视和功利，严重干预公司管理，拖欠编辑工资也是常事，致使大量编辑离职。人员流失对《电子游戏与电脑游戏》造成了毁灭性打击。1999 年底，King 离开了《电子游戏与电脑游戏》，Blue 接替了他执行主编的工作。之后一年时间里，ET、Mars、绯雨留由于各种原因陆续离职，驰骋与鸿鹄离职创办了动漫杂志《新干线》，而以 Dragon、Laser 为首的一批编辑集体离开并创建了游戏杂志《游戏日》，这份杂志的攻略质量基本代表了当时国内媒体的最高水准。2003 年，坚持不下去的 Blue 也选择了离开。2003 年 5 月，《电子游戏与电脑游戏》停刊。

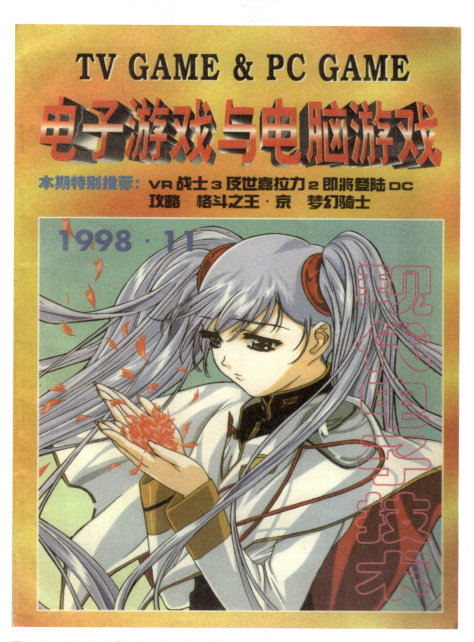

图 1-45　1998 年的《电子游戏与电脑游戏》

那段时间，《电子游戏软件》的日子也不好过。2000 年，龙哥保留了"龙哥热线"栏目，但主要精力放在了一家由好友创立的游戏公司上，而 S.P 和软体动物办了名为《玩具新时代》的模玩杂志。《电子游戏软件》的老一批编辑除了主编以外均选择了离开。除了内部因素外，杂志还面临 3 个明显的冲击：一是杂志本身主要针对的游戏机游戏在中国市场的表现并不好，玩家受众群体有限；二是互联网媒体初露锋芒，开始侵占传统纸媒市场；三是他们又遇到了一个强大的竞争对手——《游戏机实用技术》。

1998 年 6 月，《游戏机实用技术》第一期出版，但不同于杂志名称所表达的意思，这本杂志主要介绍街机游戏，内容也相对粗糙和冷门。创刊初期的《游戏机实用技术》对行业的影响力小到可以忽略不计，但还是非常有特色，除了全彩印刷以外，早期还翻译了大量海外游戏媒体的文章，这么做在当时可能只是因为自己没有太多好的写手，却成为和国内其他游戏媒体最大的不同之处。靠着这些特色，《游戏机实用技术》在之后几年时间里快速崛起，成了和《电子游戏软件》影响力不相上下的游戏杂志。

进入 21 世纪后，游戏媒体也迎来了一轮变革。

首先是一个重要的参与者入局，当时国内最早的网游《万王之王》里有一个公会，公会成员寒风创建了一个主页，叫"天国主页"。几个月后，福建网龙在制作了游戏《幻灵游侠》后，决定做一个游戏的行业网站，就联系了寒风，于是寒风就在天国主页的基础上做了一个综合的游戏媒体网站，这个网站就是 17173。17173 成功的原因总结起来有两点：一是以专区的形式聚拢了每款游戏的文章，玩家可以方便地查找自己玩的游戏内容，这和杂志的专题是一样的；二是时效性非常强，这点是传统杂志比不了的。

2000 年，《家用电脑与游戏机》删掉了最后一个字，改为《家用电脑与游戏》，内容上也删减了大量关于游戏机游戏的部分，主攻 PC 游戏。与此同时，还确立了自己的风格——强烈的人文色彩，主要关注游戏文化和时事，甚至把关注点集中在普通游戏玩家的喜怒哀乐上，日后以 Dagou 为首的一批编辑也成了我国游戏媒体人文派的代表人物。凭借这一特色，进入21世纪以后的《家用电脑与游戏》依然保留了大量的核心粉丝。在2009年第三期的特别策划《沉默的人——中国电视游戏业往事》里，作者Dagou在第一页留下了一句李宗盛的话："这世界是如此喧哗，让沉默的人显得有点傻。这些人是不能小看的啊，如果，你给他一把吉他。"

2001年，《大众软件》做了知名的第100期。让玩家津津乐道的是，这一期是中国第一本全彩印刷的游戏杂志，不过因为成本过高，杂志社陷入了卖一本赔一本的窘境。为了不影响杂志社正常运作，这期杂志只限量发行30万本，进而成了我国纸媒历史上一次知名的饥饿营销事件。这次事件，也让《大众软件》日后坚定地走上了全彩印刷的道路。

2002年，《大众软件》除了改为全彩，还先后制作了《中国电脑游戏产业报告》和次年的《年度读者调查统计分析报告》。这两份报告每年都会给读者深度分析一次中国游戏和IT两大产业的发展状况，是同类报告中公认的专业性最强的，甚至还有政府官员致电杂志社希望看到报告的全文。这时的《大众软件》在计算机综合媒体中近乎一骑绝尘，那一年单期发行量最高达到了38万册，是历史高点，最低也接近30万册，这个数字让其他同行羡慕不已。《大众软件》在那时究竟有多大的影响力，从两个例子中就能看出来：一是在EA制作的《模拟城市2000》中文版里，有一座叫作"大众软件大厦"的建筑物；二是在那几年影响力最大的国产游戏《秦殇》里，薛城小酒馆有个"大软老巢"的彩蛋。这时的《大众软件》俨然是中国计算机和游戏文化中重要的精神图腾。

与此同时，随着网游时代的来临，《大众软件》又发现了一个无法拒绝的盈利点——软文。从这时候开始，《大众软件》里网游公司的软文越来越多，而迫使他们这么做的原因是，虽然发行量越来越高，但维持杂志出版的各种费用依然是个巨大的负担。

图 1-46　进入网络游戏时代后的《家用电脑与游戏》

（五）游戏杂志的陨落

2003 年，DRAGON、laser、星辰、CLOUD 等人将《游戏日》改版为一本纯粹的游戏攻略杂志。在这之前《游戏日》经历过好几年的挣扎，无论深度还是信息渠道都是比上不足比下有余，而这次大胆改版，反而使其成了独树一帜的游戏杂志。除了《游戏日》以外，可能全世界都找不出第二本杂志能给一篇游戏攻略留出 80 页的篇幅，而这在《游戏日》里是常态。因为这种对游戏内容本身近乎癫狂的关注度，《游戏日》成了游戏玩家中口碑最好的杂志之一。

进入 21 世纪后，《电子游戏软件》和《游戏机实用技术》也迎来了转折。《电子游戏软件》在玩家群体中的影响力开始逐渐低于《游戏机实用技术》，其中最明显的体现是发行量。从 2005 年开始，《游戏机实用技术》的发行量超过《电子游戏软件》，2008 年以后，《电子游戏软件》每一期的发行量为 10 万册出头，最高到过 13 万册，已经有明显的下降趋势，而《游戏机实用技术》的发行量在 16 万册到 18 万册之间徘徊。造成这一结果的核心原因有三点。

第一，《电子游戏软件》早期强烈推崇世嘉严重伤害了一些核心读者的感情，很多读者因为《电子游戏软件》的推荐而购买了世嘉的主机，一些读者甚至认为自己"被骗了"。受此影响，纵然《电子游戏软件》历史积淀极好，却没有在玩家圈子里树立一个好的口碑。相比较而言，《游戏机实用技术》就聪明得多，几乎不明确表露立场，尽可能站在一个中立的角度去写内容，虽然会被很多读者批评没主见，但至少没有得罪人。

第二，《电子游戏软件》作为一家北方媒体非常注重"交朋友"，每期杂志都有大量和读者交互的内容，这也是《电子游戏软件》从一开始就在做的事情。而《游戏机实用技术》把精力放在了第一手消息上，尤其在获得《Fami通》内容和消息来源授权后，文章更新的速度和质量突飞猛进。从2003年开始，两家杂志的内容质量已拉开差距，到2006年差距已经非常明显。而更注重和读者交流的《电子游戏软件》也一度给自己挖了一条护城河，不让自己陨落得太快。很长时间里，叶子答复读者来信的"闯关族的家"都是整本杂志最受欢迎的版块，当然，从游戏杂志的角度来说，这并不是一件多么值得炫耀的事情。①

第三，与《游戏机实用技术》相比，《电子游戏软件》显得有些寒酸，进入21世纪以后，无论纸质、印刷质量还是页数，《游戏机实用技术》都略胜一筹。其间，《电子游戏软件》曾经靠着赠送CD碟片扳回一局，但《游戏机实用技术》很快跟进。而实际上在那个时代，两家的资金实力并没有太大差距，甚至《电子游戏软件》应该更有钱一些。它给人以寒酸气的主要原因是随着信息越来越多，管理者依托现有团队创建了次世代传媒联盟，其间做了大量其他刊物，包括《电玩新势力》《动感新势力》《掌机迷》《口袋迷》《SO COOL》等，这些杂志除了严重分散编辑和整个团队的精力外，也占用了大量资金，而这些刊物本身经营得也并不好，大都没有坚持几年。虽然《游戏机实用技术》也有《游戏·人》《掌机王》《GAME HALO》等副刊，但制作上一直以主刊为核心，无论内容还是印刷都以保证《游戏机实用技术》为主。

---

① 我当年买《电子游戏软件》的全部动力就是"闯关族的家"，别的内容甚至不太去看。

第一章 黑铁时代——早期游戏市场　091

图1-47 《游戏·人》的封面

图1-48 《游戏·人》的封底上写着"汇聚游戏人的力量"

2004—2008 年，因掌机（任天堂的 NDS 和索尼的 PSP）在国内市场火爆，网络游戏正处在高速上升期且网络媒体内容没有跟上，客观上消费水平上涨等因素，部分游戏纸媒有过一段相对不错的好日子，不少游戏杂志社的编辑团队都达到了几十人的规模，这在 20 世纪 90 年代是完全不敢想象的。但现在回过头看，那几年其实不过是回光返照而已，以后的日子就是游戏媒体的"诸神的黄昏"。随着互联网条件越来越完善，传统纸媒受到的冲击也越来越大。

从 2005 年开始，网络游戏媒体异常发达，除了 17173 以外，多玩网、游侠网、游民星空、3DM 都做出了规模。

2005 年，《计算机与生活》停刊。这本杂志的前身是 2000 年 3 月创刊的《eG@mer 新娱乐时代》，那是中国第一本全彩、全铜版纸印刷的杂志，曾经靠着《暗黑破坏神 2》的专题爆红，发行量一度也达到过 10 万册。

2006 年，美国游戏杂志 Ziff Davis 媒体集团的《电脑游戏世界》（Computer Gaming World）停刊，这本创立于 1981 年的游戏杂志是英文世界最重要的游戏媒体之一，也是早期中国游戏媒体获得英语世界游戏消息最重要的渠道之一，停刊前几年的发行量稳定在 30 万册左右。《电脑游戏世界》的编辑则进入了和微软合作出版的 Windows 游戏官方杂志《视窗游戏：官方杂志》，该杂志主要发布 Windows 平台游戏的消息，于 2006 年 12 月出版第一期，只是也没有坚持多久，2008 年 4 月出版最后一期，共 17 期。

2008 年，《游戏日》在毫无征兆的情况下停刊，有编辑透漏，当年编辑为了写攻略，很多游戏都是自己掏钱买的，而 1500 元的基本工资很多年都没有涨过。而坊间也有很多关于压垮《游戏日》最后那几根稻草的传言，比如 2008 年初的雪灾影响了物流；比如因为杂志社在成都，而汶川地震导致纸价飞涨、成本激增。

2010 年 9 月，《软件与光盘》停刊。这本杂志于 1998 年创刊，由《现代化》杂志和台湾的智冠合作制作。大家对这本杂志印象更深的可能是这是国内最早做杂志和光盘搭售的游戏刊物，其中最出名的就是销售智冠的《风云》，这种通过光盘来发售刊物的做法日后也被很多媒体借鉴学习。《软件与光盘》在单机游戏甚至整个单机软件市场发展不好的情况下，虽然发行量曾稳居第一阵营，甚至一度成为国内发行量最高的 PC 游戏杂志，但最后几年杂志的发行量一直不温不火，到 2008 年《软件与光盘》就只是靠着 3 名编辑在勉强维持。

2011 年 12 月，隶属于哥伦比亚广播集团的 CBS Interactive 已经运作了 9 年的《游戏基地》刊号到期，母公司觉得市场不景气，继续投入毫无意义，便没有续约刊号，正式停刊。同时停刊的还有同公司的《网友世界》。《游戏基地》因为有美国游戏网站 GameSpot 的授权，所以在游戏消息上一直是国内最快和最准确的媒体之一，其《魔兽世界》手册更是让中国游戏玩家津津乐道。《游戏基地》还曾推出过《游戏魂》和《爱游志》两本副刊，但都没有活过两期。与此同时，在大洋彼岸的美国，IDG 也停掉了下属游戏杂志 *GamePro*。

2012 年 2 月 27 日，《电子游戏软件》的官方微博发了一条消息："这本杂志，从 1994 年创刊一路走到现在，有过辉煌也有低谷。感谢一直支持这本杂志的人，同样感谢那些曾经支持我们的人。这几年《电子游戏软件》着实不易，衷心感谢在最低谷陪伴我们的人。也许结束并不是什么坏事。我们也是今早刚得到的消息，这算是一个时代的结束吗？我爱你们，我爱电软。——宇多田敬上。"之后他自己又转发了这条消息，加了一句："我们也是今早得到的消息，所以 319 并没有相关告别的内容，这样也好，省得大家太伤感。"不过这条微博很快就被领导要求删掉。

大家都能猜到长期深陷泥沼的《电子游戏软件》早晚有结束的一天，但谁也没有想到这一天来得如此之快，甚至连道别都来不及。

念念不忘，必有回响。

2013 年 4 月，《游戏机实用技术》制作了游戏媒体史上最有人情味的专题之一，这期专题的对象是《电子游戏软件》，名为《电软纪念特辑——与青春有关的日子》。在特辑第一页有一句话："十年恩怨，一笑释然。"这一期也是《游戏机实用技术》的第 320 期，用这个特殊的期号弥补了《电子游戏软件》没有做出第 320 期来给大家道别的一个遗憾，小沛、蔬菜汁、汤米、宇多田等很多前"电软人"或者和《电子游戏软件》有关系的人留下了关于这本杂志的记忆。

在这一期《游戏机实用技术》里，《电子游戏软件》的最后一任主编小沛谈到了从 2003 年加入之后的经济问题："第一年有 14 个月的工资，一次公费旅游。第二年有 13 个月的工资，一次京郊度假村 2 日休假。第三年 12 个月工资加年底奖金，一次度假村休假。第四年 12 个月工资，然后去公园玩。最后，连公园都不去了……"

当时在微博上发了《电子游戏软件》停刊说明的宇多田也提到了那天的心情："我们这些编辑是最后被告知的人，上午通知停刊下午必须离开，走得可以说没什么尊严，这使我愤怒，但对《电子游戏软件》我是深爱，一直都是深爱，包括现在也是，因为即使环境再不好也只是其他原因，与这本杂志无关。"

在玩家群中持续了十年的《电子游戏软件》和《游戏机实用技术》孰优孰劣的争论终于告一段落，而《电子游戏软件》的背影也给中国这 18 年的游戏媒体时代加上了一个关键的注脚。

2012 年 5 月，创刊 28 年的日本游戏杂志 Game Magazine（ゲーマガ）宣布停刊，这本杂志曾经专门报道世嘉主机游戏，也是世嘉系最重要的出版物，曾用名 Beep Mega Drive、Sega Saturn Magazine、Dreamcast Magazine，随着世嘉的没落，杂志一同跌入谷底。

同年，创刊于 1988 年，一度全世界销量最高的游戏杂志《任天堂力量》（Nintendo Power）宣布停刊，最后发行量为 47.5 万册。两年后，《任天堂力量》在英国授权的游戏杂志 Official Nintendo Magazine 也选择停刊。至此，

《任天堂力量》把和玩家沟通的重心放在了社交媒体上，而索尼和微软的第一方杂志也在这前后停刊。

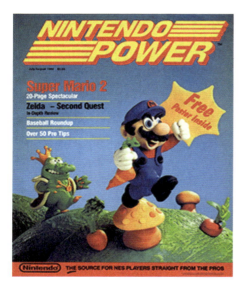
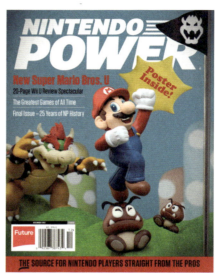

图 1-49 《任天堂力量》的第一期与最后一期

2013 年 7 月，美国游戏期刊《游戏开发者》（*Game Developer*）宣布停刊，这本创建于 1994 年的游戏杂志吸引了大量知名游戏制作人发表文章，很多中国游戏从业者都曾深受其影响。

2013 年，《家用电脑与游戏》表示这一年不会制作 ChinaJoy 官方刊物，坊间开始传言《家用电脑与游戏》要停刊了。两个月后，《家用电脑与游戏》对外宣布，将把 11 月刊和 12 月刊做成合刊，也是杂志的最后一期。宣布这个决定的微博配图上写道："二十年世事变幻沧海桑田，被遗忘的时光如潮汐退远。纵然青春杳无踪影，理想烟消云散，我们还记得那些快乐游戏的日子。请为坚持到底的人们点燃一束焰火，让这场告别的聚会明亮温暖。"早在 2009 年，《家用电脑与游戏》的编辑已开始陆续离开，内容质量也明显下降，很多读者喜闻乐见的社会化内容也越来越少，曾经引以为傲的"魂"丢了。

当时很多读者都不相信这个决定，直到最后一期杂志拿到手上后，大家才明白原来现实就是现实，生活的残酷是生活的一部分。

主编刘威（小马 / AWEI）在最后一期合刊出版后发了一条长微博：

终于，结束了。

终于，结束了。《家用电脑与游戏》2013 年 11 ~ 12 月合刊，总第 231 期，在这个晴朗的冬日制作完成最后一期。

1996 年 6 月号《家用电脑与游戏机》中《盛夏、发烧与中暑》（编者的话）是我在杂志上写下的第一篇文字，那年 5 月我刚刚应聘成为一名游戏杂志编辑；而这期合刊上的《图说简明游戏杂志史》则是最后一篇，在这个专题里我简单介绍了从 1981 年 11 月至今全球约 120 种游戏杂志的概况。17 年，除去 2007 ~ 2008 年主编《印象》杂志期间，我大致参与和负责制作了近 200 本《家游》。

15 年前我开始上网，2000 年做个人主页，2004 年写博客，2007 年用 Twitter，始终是互联网的重度用户。最近 5 年，我在手机上装过不计其数的游戏和应用，又成了智能手机的重度用户。我早就不怎么看纸质出版物了，当然清楚传统平面媒体的处境和趋势。我也一直在观察思考平媒的转型与出路，但最终觉得，大部分传统媒体无法实现"转型"，只会或快或慢地消亡。

即便如此，我还是在坚持做杂志，不为别的，我只是喜欢做杂志而已。"在资讯海量化和碎片化的时代，杂志作为一种相对有限、封闭和滞后的信息产品，其缺陷显而易见。但杂志同时还是一种相对完整、精致和特别的文化产品，在一段时间内必然有其存在的价值；只是，每个人都不知道这段时间的长度。"（摘自最后的专题）

如今，我用自己17年的"后青春期"岁月丈量完了一本杂志的生命长度，并在这个过程中收获了无限的快乐和满足。感谢所有曾经支持和关注《家用电脑与游戏》的读者、作者及业内同仁，感谢所有在这段漫长日子里陪伴过我的人，感谢所有知道我名字的人。

之后有人问过编辑，为什么最后一期的封面还是广告，答复为："如果不登广告，最后一期出版的钱都没有了。"

2014年6月，美国《计算机世界》(Computerworld)杂志宣布停刊，这本于1967年6月21日创刊的杂志是有史以来生存时间最长的一本计算机期刊。

2014年12月，创刊于1999年5月的《电脑游戏攻略》停刊。《电脑游戏攻略》也被称为"电脑乐园"或者"电脑乐园游戏攻略"，其副刊《电攻Online》一度也是国内销量最高的纯网络游戏刊物之一。停刊后，《电脑游戏攻略》转向线上，但也没有坚持过一年。

无论是《电子游戏软件》《家用电脑与游戏》还是《电脑游戏攻略》，都没有撑到自己的20岁生日，而《大众软件》也仅仅勉强坚持到20周年。

《大众软件》在2012年就已经出现亏损，亏损数额比较夸张且逐年增大。意识到危机的杂志社决定对外融资，保住这个中国计算机期刊最重要的品牌，但最终未能实现。

早在2004年，《大众软件》便拿到日本游戏《大航海时代OL》的国内运营方盛宣鸣母公司丰元信集团的投资，但由于种种原因钱款一直没有到位。而杂志社曾经尝试扩充团队做出来的《大众游戏》和"大众游戏网"也均是昙花一现。

2013年7月，《大众软件》的大批编辑离职，只剩不到10人在维持这份曾经在中国所向披靡的计算机杂志。

2014年2月，《大众软件》获得了已经停刊的游戏杂志《ePlay电脑游戏新干线》的刊号，半月刊改回月刊。

  2014年4月21日，《大众软件》决定向社会众筹，期望能在6月20日前获得至少100万元的资金维持运作，主要用于支持移动端的开发和运营。最终，《大众软件》筹到了200多万元资金，但这对整个杂志的长期运作来说依然是杯水车薪。

  2016年12月，《大众软件》又发起了一次众筹，以制作2016年的最后一期，并且明确表示之后至少会停刊一年，未来能不能复刊暂时无法确定。

  游戏纸媒的时代至此终于落下帷幕。

  总结游戏纸媒的没落原因，大致有以下4点。

  第一，时效性、准确性无法与互联网媒体抗衡。互联网对纸媒的冲击是全方位的，不只是游戏媒体，所有纸质媒体都面临着巨大的压力。在新闻的时效性和获取成本上，纸媒有先天的劣势，这是几乎无解的难题。即便在内容的准确性上，纸媒也并没有太大的优势。我在写作本书查资料时，能够明显地发现在互联网普及前，某些杂志上的信息错得非常离谱。

  第二，单机游戏市场萎靡，广告收入低。我国主机游戏和单机游戏市场极其萎靡，在这种前提下，这两类游戏杂志不能吸引足够的广告主投放广告，严重影响了收入来源，而如果我国一直没有主机游戏和单机游戏市场，那这类杂志也就一直没有这部分收入来源，只能依靠微薄的发行收入。

  第三，玩家群体结构发生变化。社交游戏、页游和手游的相继崛起在一定程度上改变了玩家的结构，这部分玩家对内容的消费更加轻量级，根本不是杂志的消费群体。

  第四，广告投放效果难以统计，对网游客户吸引力低。那些针对网游的杂志，即便可以卖出广告，因为纸媒广告的投放效果很难统计，广告收入也高不成低不就，大部分网游广告主还是更加倾向于能够看得到实际效果的在线投放。

《家用电脑与游戏》在2003年第12期做过一篇《中国游戏杂志10年》的报道，里面摘录了一些游戏媒体人的观点，这些观点放在今天依然十分受用。

在满足读者的基本需求和追求游戏文化之间摇摆，所有的杂志不过是这两个极端中间的某一个点，有的靠前面近些，有的靠后面近些。

——毕波（SALALA），*POPGAMER* 编辑

我所幻想的这本刊物，它应当与目前国内的游戏刊物都有所区别，而又有所继承。区别是在于其更强烈的娱乐性和读者本位思想，而继承，则是继承目前媒体所已有的栏目结构。

——汪铁，《大众软件》前首席记者

我们唯一能做的就是：把内容做好，用内容真正赢得消费者。要办好一本杂志，这不就是最根本、最重要的吗！而不是靠一些手段或是靠某棵大树的庇荫。

——徐人强，《电脑玩家》杂志社社长

我理想中的游戏媒体没有攻略、秘籍之类的实用内容。她应该比较成熟，应该有很浓的游戏文化品位。

——汪岱，《大众软件》执行主编

曾经认为最理想的杂志就是登我最喜欢游戏的杂志，不过其实最理想的杂志应该是登读者最喜欢看的内容的杂志。

——张然，《游戏基地 GAMESPOT》主编

游戏媒体应该办得活泼、轻松、互动性强。

——钟以山，原《计算机与生活》发行人

我觉得对杂志来说，现在比过去更需要对读者需求与市场的敏感度，不然很容易被淘汰。

——谢松霖，《电脑玩家》总编辑

同时，一本完美的游戏杂志，必定是广告页很厚的游戏杂志，但事情的确是这样的。

——牧童，原《互动软件》编辑、寰宇之星媒体专员

我觉得编辑应该多用些心，现在的杂志我觉得并不是矛盾不好解决，而是大家是不是真的用心去解决，想办法去解决。

——方杖，原《电脑爱好者》《软件与光盘》编辑

做游戏媒体也是一种信仰。

——田震，《大众软件》编辑部主任

到这里，我们重新回顾了游戏媒体的整个纸媒时代，可以发现市场其实给足了传统媒体转型的时间，至少从20世纪末开始有10年左右的时间让传统纸媒去做调整。当然，这期间一些媒体也有过在线转型的尝试，也就是大家都意识到了这个问题，但都没能做下去。其中很多纸媒因为复杂的经营问题，包括人员结构和盈利模式等，不敢也不想转型新媒体，这种"放不下架子"的行为毁了自己，以至于最终输掉了这场博弈。虽然有人看不上17173等互联网媒体，但他们的日子至少过得红红火火。

《家用电脑与游戏》的编辑杨筱卿（藤子）在腾讯微博上写道："其实也没什么啊，每个事物都有自己的时代，平媒的时代过去了。"

时代可以过去，但老兵不死。

2012年，网易游戏频道与Dagou推出了名为"见证"的游戏专题，讨论游戏行业的文化现象。第一期于2012年1月5日上线，题目为《一本游戏杂志的消亡》，讲的就是《游戏基地》停刊的台前幕后。只是这个专题一共只更新了87期。专题封面有一句话，来自已故美国知名纪实摄影师玛

丽·艾伦·马克（Mary Ellen Mark）："我愿成为一种声音，对于那些失去声音的人。"

2013年，离开《大众软件》的COMMANDO创建了触乐网，在网站的"关于我们"里有这么一段话："我们以向移动游戏玩家提供真正有价值的内容为最终目的。我们都厌倦了在一百篇低质量的文章中寻找真正有价值的内容，而且长期以来，我们总觉得目前游戏媒体的整体品质尚有很大提升余地。所以，当有了这个机会，我们就希望能够发挥我们真正的热情，做出优秀的东西，那些吸引人的、无愧于心的内容。当许多年以后，回望往事，我们至少可以对自己的孩子说出自己的作品而不必感到羞愧。"

2015年，泰坦、GOUKI、ACE飞行员、雷电等《游戏机实用技术》的"电玩老兵"成立了VGtime，主打主机游戏。在介绍里有这么一段话："你的游戏生涯有限，但你的游戏时光可以更完整。你和小伙伴们会经历很多动人的故事，大多数作品更重视创意和感触而非拖延游戏时间。游戏通常会在恰当的时候结束，以便你开始新的旅程。你会记得这些充满真情实感的片段，忘掉无尽的数值。"

人生何处不相逢。我们还有"机核网"，有"游研社"……有很多坚信好的内容能够创造价值的游戏媒体，有很多对游戏行业足够坚持的媒体人和游戏人。

我们都会有光明的前途。

参考文献

[1] Ralph，H. Baer. Videogames: In the Beginning[M]. NJ: Rolenta Press，2005.

[2] 前田寻之. 家用游戏机简史 [M]. 北京：人民邮电出版社，2015.

[3] 大众软件杂志社. 写在杂志边上——大众软件五周年 [M]. 吉林：吉林科学技术出版社，2000.

[4] Jeff，Ryan. 超级马里奥——任天堂美国市场风云录 [M]. 北京：人民邮电出版社，2013.

[5] 吴晓波. 激荡三十年：中国企业 1978 ~ 2008（上）[M]. 北京：中信出版社，2014.

[6] 吴晓波. 激荡三十年：中国企业 1978 ~ 2008（下）[M]. 北京：中信出版社，2014.

[7] 沃尔特·艾萨克森. 创新者 [M]. 北京：中信出版社，2017.

[8] 刘健. 电玩世纪：奇炫的游戏世界 [M]. 天津：百花文艺出版社，2006.

[9] Lancer. 擎天巨神的霸业——微软的游戏软件王国. 游戏人 [J]，2006（20）：2-13.

[10] 台湾尖端出版社. 任天堂的阴谋——连载之三. 电子游戏软件 [J]，1996（4）：68-70.

[11] 常春. 世嘉帝国的崛起——世嘉的秘密之二. 电子游戏软件 [J]，1995（5）：47-48.

[12] 常春. 世嘉帝国的崛起——世嘉的秘密之二. 电子游戏软件 [J]，1995（6）：46-48.

[13] 本刊评论员. 丧钟为谁而鸣. 电子游戏软件 [J]，1995（5）：1-1.

[14] 家用电脑与游戏机编辑. 征人归路许多长. 家用电脑与游戏机 1994 ~ 1999. 创

刊五周年白金典藏本 [J]，1999.

[15] RAIN. Xbox 五周年纪念——Xbox 之父的绿色奇机（下）. 游戏人 [J]，2007（1）：29-37.

[16] 本刊编辑部. 明天你是否依然爱我——中国游戏杂志 10 年. 家用电脑与游戏 [J]，2003（12）：29-39.

[17] 乔沛等. 电软纪念特辑——与青春有关的日子. 游戏机实用技术 [J]，2013（4）：10-27.

[18] Dagou. 沉默的人——中国电视游戏业往事. 家用电脑与游戏 [J]，2009（3）：60-73.

[19] Racer.《家游》，加油！——《家游》创办人孙百英细说家谱. 家用电脑与游戏 [J]，2002（12）：84.

[20] 高庆生等. 杂志背后的故事——我们的十年亲历记. 大众软件 [J]，2005（15）：122-129.

[21] 钱海光. 我国电子游戏机市场极其发展. 电子游戏软件 [J]，1996（9）：2.

[22] 生铁，司马平安. 大众软件十年史. 大众软件 [J]，2005（15）：25-31.

02

第 二 章

青铜时代

单机游戏

一、PC 单机游戏

（一）PC 的诞生

游戏市场长期以来都是两条线并行，一是主机游戏市场，二是 PC 游戏市场。在我国早期的游戏媒体中，明确把两者区分为"电子游戏"和"PC 游戏"。前文故意模糊了这两点，毕竟早期游戏在我国甚至谈不上是个完整的行业。事实上，仅仅"PC 游戏"就有很多种解释方法，本书把在个人计算机和早期那些在通用可编程硬件框架上运行的游戏都称为 PC 游戏，那些在游戏专用设备上运行的游戏则称为主机游戏。[1]

1962 年 11 月 3 日，《纽约时报》的报道里第一次使用了个人计算机的概念[2]，而第一款被称为个人计算机的产品是 1968 年惠普的 Hewlett-Packard 9100A；第一款批量生产的个人计算机是 1971 年 Kenbak Corporation 的 Kenbak-1；第一台使用英特尔处理器的商业个人计算机是 1973 年法国工程师 François Gernelle 和 André Truong Trong Thi 开发的 Micral。第一台被广为关注的使用英特尔处理器的个人计算机是 MITS 公司在 1974 年推出的牵牛星，1975 年 1 月这台计算机登上了《大众电子》（*Popular Electronics*）的封面，也是这个封面让还在哈佛念书的比尔·盖茨走上了创业之路。

在比尔·盖茨成功之前，让家用机走入普通家庭的是另外一位科技行业的巨匠史蒂夫·乔布斯。1975 年，乔布斯和沃兹在车库里研发了 Apple I 型个人计算机，并且以 666.6 美元的价格对外销售，这在市场上引起了不小的轰动。

1976 年，苹果又推出了 Apple II 型个人计算机，被认为是个人计算机时

---

[1] 如果深究的话，其实这么划分也很不严谨，比如 PS3 时代就有很多公司用 PS3 做科学运算，并不是完全的纯游戏设备。所以，定性游戏平台更多是靠公司的宣传口径，在这种问题上读者就不需要深究了。

[2] 原文为："There is no reason to suppose the average boy or girl cannot be master of a personal computer."（没有理由认为普通的男孩或女孩不能精通个人计算机。）

代开始的分割线。其内置的 Basic 可以说培养了一代新锐人才,包括游戏行业内大量计算机从业者都是通过 Apple II 上的 Basic 来学习编程的。

图 2-1　Apple II 型个人计算机

图片来源:维基百科;拍摄者:FozzTexx,基于 CC BY-SA 4.0 协议

因为苹果计算机的封闭性和内部的管理问题,这家公司没能垄断个人计算机市场,甚至一度濒临破产。个人计算机概念的真正普及是由 IBM PC 带动的。

1981 年,IBM 针对 Apple II 推出了 IBM PC,3 年后升级为 IBM Personal Computer/AT,也就是后来成为个人计算机行业标准的 PC/AT。直到微软先后推出 MS-DOS 和 Windows,开启了整个个人计算机时代。

（二）PC 进入中国

1984 年，苹果推出了 Macintosh 个人计算机，并投入高额费用极力推广这台计算机，真正意义上开启了个人计算机的时代。这一年，北京四通和日本三井株式会社合作开发中文文字处理机，这台后来被称为"MS-2400"的文字处理机成了中国最早大规模批量生产的中文文字处理机。

同样是在这一年，柳传志在时任中科院计算所所长曾茂朝的支持下创办北京新技术发展公司，即联想公司的前身。联想公司成立早期，公司内部对于要做大型计算机还是小型计算机有过一轮争论。从外部来看，虽然海外市场个人计算机已经开始普及，但是利润最高的还是大型计算机，并且中国当时的情况是小型计算机什么时候可以普及没人说得准；从内部来看，联想的大部分技术人员是中科院计算机所出来的，大型计算机更符合研发的方向。这个争论持续了几年，联想最终还是决定走发展小型计算机的道路。

1990 年，我国取消了计算机产品的进口许可证，并大幅度下调关税。这致使海外的计算机产品大量进入中国，严重影响了国内公司的效益，给了包括联想在内的企业当头一棒。但这也刺激了他们，使他们下决心去创新。

1992 年初，联想成为第一家在中国提出家用计算机概念的公司，并且推出了"联想 1+1"的品牌，本来只是想试探市场，但万万没想到直接点燃了市场。从上市一直到 1993 底年，几乎每个月都能保持几千台的销量，这非常不可思议，要知道，那时一台计算机的价格比普通人家里一年的生活费还要高，但这依然无法阻止那些希望买到计算机的人。这批人先是去联想堵着拿货，之后干脆去工厂堵着拿货，能卖多少台完全取决于能生产多少台。

"联想 1+1"成功的背后是对市场的精准定位，在此之前，市场已经存在很多做小型计算机的公司，但是这些公司的产品严重缺乏目的性，只是堆砌配置，然后想办法卖出去。"联想 1+1"则把产品明确定位在家用计算机这个市场上，并且为此做了很多调整，比如更符合家庭审美的产品外观、相对较低的价格、完善的入门教学和售后渠道等。1994 年，联想就在全国超过 30 个城市建立了服务渠道；1995 年，联想承诺为家用客户提供 1 天免费培训；1996 年，联想承诺为客户提供上门维修服务。这时联想的服务网络已经覆盖上百个城市。联想紧接着还推出了一款"联想 1+1 星座系列计算机"，这款计算机针对的是正在学计算机的学生群体，主打文字处理和计算机教学功能，销量也相当不错。

看到联想赚钱，其他公司也按捺不住了，跟着一起做起了家用计算机。很快，国内就出现了几十家家用计算机公司，伴随着这批公司的出现，一条完整的家用计算机产业链也开始形成。因为有买计算机的需求，就出现了一批卖计算机的商店，各个城市都出现了"电脑城"，也就有了那句知名的"北有中关村，中有珠江路，南有华强北"；大家买了计算机以后肯定需要装软件，就又有了专门卖软件的店家；计算机坏了要维修，就有了专门维修的店家……短短三四年后，家用计算机就变成了我国的一个重要产业。

这一时期的家用计算机因为使用了英特尔的 80386 处理器，被称为"386 电脑"，有时也简称"80386"或"386"。1995 年，80486 在国内普及，计算机的处理能力得到了显著的提升，开始支持多媒体的播放。很快在 1996 年，几乎所有的家用计算机公司都一窝蜂地改变宣传方式，这时的计算机就不再是单纯供打字和学习使用，还需要增加听音乐、看电影和玩游戏的功能。在这期间，中国家用计算机市场保持着 50% 以上的年增长率，长城、方正、同方先后进入家用计算机领域，成为后来我国主要的计算机品牌。联想的三个品牌"天蝎""天琴""天鹤"先后上市，奠定了其中国家用计算机老大的地位。其中，"天蝎"第一次使用了图形化操作系统和流线型的主机设计；"天琴"大量借鉴了家电的外形；"天鹤"突出了多媒体和游戏功能。

1998 年，带有多媒体扩展功能的奔腾处理器开始在国内普及，中国的 PC 游戏玩家也开始跃跃欲试，这时买计算机的目的之一也变成了玩游戏，游戏玩家成了计算机市场最重要的消费者。

中国的 PC 游戏时代已经来临。

(三) PC 游戏

个人计算机上的游戏是从 1984 年前后开始发展的。

1977 年上市的 TRS-80 并不是有多大影响力的一台个人计算机，但从游戏行业角度来说，影响却十分深远。除了 TRS-80 上未经授权移植了大量雅达利和街机游戏以外，更重要的是，这个平台上出现了最早的 PC 游戏，这款游戏叫作《冒险岛》，上市于 1978 年。

这款文字冒险游戏日后又陆续登录了 Apple II、Atari 800、IBM PC 等平台。其设计者 Scott Adams 是早期最主要的游戏开发者之一，在那个时代开发了大量的冒险类游戏，除了《冒险岛》以外，比较知名的还有 Questprobe 系列[①]，包括《绿巨人》《蜘蛛侠》以及《石头人和霹雳火》，这也是世界上最早的漫威系超级英雄游戏。

每当回顾 20 世纪 80 年代游戏行业的发展时，不禁让人由衷地感叹那是个群星闪耀的年代。众多繁星中苹果是不容忽视的一颗，毕竟 Apple II 是真正意义上第一款火爆全世界的个人计算机，而 Apple II 上最不容忽视的一款游戏就是《巫术》(*Wizardry*)。

1981 年，Sir-Tech 公司在 Apple II 上发行了游戏《巫术》。这款游戏被普遍认为是游戏史上第一款 RPG，虽然受到了机能限制和开发理念的影响，游戏过程中甚至需要玩家用纸笔记录一些内容，但是依然不妨碍其对游戏史的影响，它也被认为是最优秀的游戏系列之一。因为经营问题，在 2001 年 8 月制作了系列最后一款《巫术 8》后，这个曾经的金字招牌也结束了其历史使命。

---

① 游戏名分别为 *Questprobe featuring The Hulk*、*Questprobe featuring Spider-Man*、*Questprobe featuring Human Torch and Thing*。

也是在 1981 年，欧美 RPG 的代表作《创世纪》的第一部作品上市，这个系列之后成了欧美 RPG 的典范，更重要的是，其衍生出了第一款大型网络游戏《网络创世纪》。1983 年，一名刚刚走出加州大学洛杉矶分校的学生写了一款奇幻 RPG——《魔法门》。自此，被称为欧美三大 RPG 的《巫术》《创世纪》和《魔法门》都完成了首秀，虽然之后命运各不相同，但这几款游戏对市场的影响不可否认，要知道，这些 30 年前的星光依然照耀着今天全世界的游戏玩家和游戏从业者。

1984 年，随着 Commodore 64、IBM PC 和 Apple II 的市场占有率越来越高，PC 游戏也迎来了一个辉煌期，其中最主要的作品是 Epyx 的《夏季奥运会》(*Summer Games*)，靠着洛杉矶奥运会的影响力，这款游戏在那一年卖了 10 万套。同年，优秀的女性游戏制作人 Dan Bunten 制作的《七座金城》(*The Seven Cities of Gold*) 卖了 15 万套，成为当时销量最高的 PC 游戏，而她在早一年制作的 *M.U.L.E.* 虽然销量只有 3 万套，却是公认的被盗版次数最多的游戏。在 20 世纪 80 年代中期，*M.U.L.E.* 被普遍认为是玩家人数最多的 PC 游戏之一，并且对之后一代游戏人产生了深远的影响。尤其是日后的沙盒和模拟经营游戏，很多设计都来源于 *M.U.L.E.*。

1985 年，在家用机和街机领域十分发达的日本终于出现了一家优秀的 PC 游戏公司。这一年，光荣株式会社开发了最早的历史题材策略游戏，根据中国的史书名著《三国志》改编，进而开创了光荣株式会社和这一特殊游戏类型的大时代。而除了游戏本身销售不错外，《三国志》也给游戏开发者提供了一个非常好的游戏立项思路：当想不到游戏背景时，就抓本名著来。这种改编名著的做法也成为日后中国游戏商的惯例。

1987 年，威尔·莱特（Will Wright）和杰夫·布朗（Jeff Braun）共同成立了游戏公司 Maxis，并制作了第一款游戏《模拟城市》(*SimCity*)，此后模拟系列的游戏就成了 PC 游戏中最重要的一个品类。

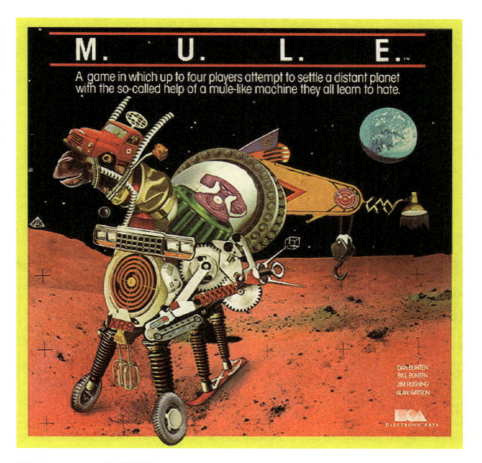

图 2-2　*M.U.L.E.* 的封面设计

1989 年，一家叫作 Broderbund 的游戏公司根据《一千零一夜》的故事制作了一款名为《波斯王子》的游戏，制作人为乔丹·麦其纳（Jordan Mechner）。这款游戏首先在 Aplle II 上发售，之后又移植在了包括 MS-DOS 在内的十几个平台上，总销量超过 200 万套，成为当时世界上最成功的 PC 动作游戏。这个系列也一直在制作续作，是游戏史上最长盛不衰的游戏系列之一。

1991年,游戏行业的传奇人物席德·梅尔(Sid Meier)主持开发的《文明》(Civilization)上市,这款游戏创造性地把政治、军事和经济等纷繁复杂的元素融合到一起,为日后的策略类游戏树立了一个标杆。席德·梅尔也被认为是游戏史上最伟大的游戏制作人之一。

(四)PC游戏进入中国

从20世纪90年代开始,就陆续有中国公司参与到PC游戏的研发当中,而在谈中国早期游戏市场前,先要讲一下中国市场的特殊性。

对比其他游戏大国的消费数据,比如美国、日本、德国、英国、法国等,会发现中国游戏玩家的消费习惯截然不同,在中国市场几乎没有游戏机的消费,至少跟PC网络游戏和手机游戏相比少到可以忽略不计。即便游戏机市场相对弱势的韩国,主流机型的保有量依然能够在百万台以上,一款3A游戏销量到几十万也很正常,然而就算是这个数字中国市场也难以企及。事实上,无论从哪个角度来看,主机都是一个更优秀的游戏平台,原因有以下四点。

第一,主机游戏相对投入较低。一台主机售价为2000元上下,能够稳定运行5年以上,这在PC游戏上是完全不敢想象的。

第二,主机运行环境更加稳定。主机游戏的游戏都针对特定机型开发,所以相对更容易优化,并且没有其他程序干扰(像病毒和杀毒软件)。

第三,主机的显示设备更大。即便到2020年,一般计算机用的显示器,27英寸算挺大了,但这个尺寸放在电视机里不过是入门规格。当然用户也可以选择直接用计算机连电视,就是麻烦了一些。

第四,主机的游戏品质相对有保证。所有主机游戏都要经过审核和筛选,遇到低质量游戏的概率会明显降低,尤其在互联网不发达的时代，这个优势非常明显。

中国之所以没有形成主机游戏市场，原因也有 4 点。

第一，盗版游戏市场的影响。在可以选择盗版的情况下，主机并没有价格优势，反而增加了投入，需要花钱购买新的设备。

第二，游戏机禁令的影响。为解决电子游戏经营场所的种种乱象与问题，中国有长达十年的游戏机禁令，这使得游戏机厂商无法正式进入，大部分厂商只能靠着没有任何保障的水货渠道流通。在这种情况下，除非在那几年能够再出来一家小霸王，否则中国游戏机永远不可能形成市场，但是在 Famicom 以后所有世代的游戏机，需要的投资和技术实力都远超当时中国的电子公司所能承受的范围。

第三，社会舆论对游戏主机存在偏见。玩游戏在中国的社会舆论和家长眼里是不务正业，致使学生想要购买游戏机是一件非常困难的事情，而计算机就相对容易得多。

第四，消费群体与消费习惯上的限制。在中国，游戏的消费群体本来就不大。到中国人的消费水平明显提升的 21 世纪以后，又直接进入了网络游戏时代，此时国内大部分玩家的消费习惯已经被培养成网游模式，国内厂商不太会再大规模投资主机游戏的开发。

所以，主机游戏对于大部分中国玩家来说，更多的意义只是游戏道路的引路石。本书讨论的内容，也就主要集中在 PC 游戏上，后文会有专门的章节讨论主机游戏未来在中国的市场。

在讨论中国游戏产业的发展时，要先正视一个问题。中国游戏软件行业早期遇到过相当多的障碍，包括市场不健全、游戏人才匮乏等。而围绕着整个中国游戏产业，有一件事不得不提，也必须认真面对，那就是盗版。

二、游戏的开发成本和盗版

(一)盗版在中国游戏市场

盗版一直是中国游戏行业一个刺眼的词。对于玩家来说,盗版是个尽可能回避的话题,大家都知道它不好;对于从业者来说,盗版是个大口袋,什么东西都能往里装,当然,可能事实确实如此。在整个中国单机游戏时代,这种矛盾感一直存在。

2016年11月,一条微博在游戏圈子里面被谈论得沸沸扬扬,内容如下:

> A:其实我一直挺支持仙剑的,仙剑每出一代我都会玩,但是仙剑开始收费之后,说实话我很纠结……
>
> B:仙剑一直都收费,谢谢。
>
> A:仙1到仙4网上下来直接玩,从仙5开始买激活码了,一直收费?别逗我了。

中国有世界上最多的游戏玩家,但长期以来,这些游戏玩家的付费能力都不足以支撑他们购买正版游戏。对于中国游戏行业而言,除了要面对因为经济因素造成的玩家购买力不足的客观事实外,盗版对于整个产业的恶劣影响更是难以规避。

如果要说中国游戏玩家最大的痛,那一定就是PC单机游戏时代的痛,我们曾经做过好游戏,但只是曾经而已。不知从什么时候开始,但凡有几个游戏圈子的"老炮儿"闲聊时,聊的基本都是国产老游戏,那些自己学生时代甚至儿时的老游戏。《刀剑封魔录》《阿猫阿狗》《中关村启示录》《秦殇》《明星志愿》,这些名字现在回首去看何其辉煌,但这些辉煌都没有持续太久。在短短的数年内,中国单机游戏经历了一个从生到死的完整过程,快到可以称为早夭。对了，都是被饿死的。

中国市场从来不缺游戏玩家，在20世纪90年代末期，单机游戏玩家就有四五千万，这个数字理应能够养活一些大体量的游戏公司，但中国的游戏玩家并不清楚，这是一个需要钱来养活的行业，热情没有办法给游戏从业者开工资。

盗版是中国游戏产业、游戏从业者和游戏玩家无法回避的问题，甚至是在整个中国单机游戏市场内都应该被放在重要位置来讨论的问题。20世纪90年代末期，中国单机游戏最辉煌的那几年，盗版游戏的销量都是正版销量的10~20倍。很多玩家甚至不知道，即便中国游戏产业的标杆"三剑"——《仙剑奇侠传》《轩辕剑》和《剑侠情缘》，在单机游戏上也没有赚过大钱。其中整个"仙剑"系列除了第一部因为开发成本极低售价又很高，靠着均价220元人民币的超高价格和总共39.4万套的销量带来相当高的利润外，其余几部都是勉强盈利。

在《仙剑奇侠传四》里，有过一句言辞激烈的隐藏对白："众人皆醒汝独昏，人皆食谷君食屎。"这就是制作人张孝全送给盗版商的话。

很多行业外的人可能无法想象盗版对游戏行业的冲击有多严重。盗版除了吸走了正版10~20倍的销量以外，还导致了很多令人心寒的事情。20世纪90年代中期，中国光盘的生产和制作能力有限，因为盗版订单的数量远远高于正版，所以有能力大批量刻录光盘的生产线更倾向于生产盗版。不只是游戏，包括盗版的音频CD和VCD占据了当时大部分工厂的主要产能，以至于很多品牌性较差的原创中小游戏公司跑遍中国都找不到愿意给自己刻录光盘的工厂，只能大规模加价或者通过其他手段让游戏上市。那个时代，中国的游戏公司可以说卑微到了尘埃里。

1995年，国家直接关停了13家参与制作盗版的正规光盘厂，这在一定程度上打击了那段时间的盗版活动，但随着光盘行业越来越难做，剩下的光盘厂又开始做起了盗版。

在当时，光盘厂的这种行为很难清晰地下定论，因为相当多的光盘厂虽然参与了盗版行为，但他们只不过是在做来料加工的工作，别人委托他们生产盗版那就是盗版，别人委托他们生产正版那就是正版。在20世纪90年代，大多数公司无法自证自己给的资源是盗版还是正版，在这种情况下，光盘厂也很难分辨。

（二）盗版做错了什么

软件行业是一个盈利模式非常特殊的行业。首先，软件行业必须随着硬件设备频繁更新，要持续推出新的产品，任何软件公司只要没有办法保障新产品的销量，就一定会遇到严重的经营障碍。在这个前提下，软件公司做的事情多数不只是"回本"那么简单，更重要的是要至少把下一个更高版本的开发经费赚出来才可以，甚至行业普遍认为一款软件的盈利应该是软件本身开发成本的2～4倍才算是能够维持运作的收益，这就是为什么表面看起来利润非常高的行业，却依然不停地有公司在倒闭。

与传统软件行业相比，游戏行业的困境有以下3点。

一是游戏行业的军备竞赛更加严重，每隔2～3年就会有一次明显的技术革新，远比其他软件行业的革新更快。不适应这种情况的公司只有死路一条，无论是公司还是员工都必须随时学习和调整。除了程序和美工上的提升以外，甚至会面临很多基本做事方法的变动。比如在《神秘海域》和《最后的我们》热卖后，欧美的游戏公司都开始在游戏内尝试一些"电影化"的叙事手法，使得游戏行业对策划的影视背景知识和综合能力的要求明显提升。

二是常规软件后续开发的时候，对原有版本的代码重复使用率非常高，即便是微软的 Office 办公套件或者 Adobe Creative Cloud 也不会完全重新开发，多数代码依然沿袭上个版本。一些知名软件，像

Photoshop 的核心开发团队也不过只有 30 多人。而对于游戏来说，每个新游戏几乎是全新的内容，除了极少部分底层代码，多数内容要根据新项目去重新开发，这使得游戏公司要承担更高的开发成本。

三是游戏销售的机会成本非常高，任天堂的前总裁山内溥曾经在形容游戏行业销售的随机性时说"比摸奖稍微好一点"，很多游戏的爆火也让游戏公司一头雾水，而更多同样优秀但是无人问津的游戏只能被历史所遗忘。这些情况在盗版严重的中国市场更加严峻，如果说在正常的市场环境下做游戏是一般难度，那在盗版横行的市场环境下就是炼狱难度，是一个十死无生的"修罗场"。

开发一款单机游戏究竟要多少钱？为什么中国没有 3A 游戏大作[①]？这两个问题经常被游戏玩家问到，而要回答这两个问题，先要解释一下一款游戏的开发成本有多少。

一款游戏的开发成本基本可以简化为：固定团队的单位时间人力成本 × 开发时间 + 美工音效外包 + 宣发。

在中国，2018 年程序员的工资为 1 万 ~ 2 万元，游戏策划为 1 万 ~ 1.5 万元，行政岗位一般为 6000 ~ 1 万元，而一些高水平工程师和设计师的年薪能达到几十万元甚至数百万元。同时，因为五险一金制度，公司实际支付的费用要远远高于员工工资。按照北京 2020 年的标准，假设工资为每月 1.5 万元，员工到手的工资为 11 213 元，而公司需要支出的费用为 21 450 元，除此以外还有包括其他很多隐性成本需要考虑。比如房租，2020 年北京城区差不多的写字楼，每平方米的日租金在 8 元以上，能够容纳 80 人的办公室房租一年要 150 万元，水电网费也要 10 万元左右，再算上计算机之类办公

[①] 3A 大作一般指高投资、高销量、高评分的游戏作品。一般金融行业评级公司对一家上市公司或者金融产品最高评级为 AAA，代表这个产品是可以信赖的、安全的或者说值得投资的，游戏行业的 3A 大作引申自这个概念，并不指代具体某三个单词。同时，用 AAA 评价一款游戏是标准的外来用法，有普遍适用性，在欧美市场玩家和媒体也会这样使用。

用品的折旧和各种行政开支，这些加起来就是一笔不小的数目。

　　游戏开发成本中，美术和音效的外包开支是很多行业外人士并不熟知的部分。因为游戏开发周期相对而言不稳定，所以游戏公司很难养活一支能够完成全部需求的美术和音效团队。假设游戏公司真的建立了一支完整的美术和音效团队，一定会出现游戏开发后期美工和音效团队长时间无事可做的情况，反而增加了固定成本。所以，多数公司会把相对独立的部分美术和音效外包给第三方公司制作，虽然单位成本相对较高，但至少不会出现人员闲置的不可控情况。同时，多数外包公司因为长期从事这类工作，制作上通常也比自己聘来的员工要有经验很多。2020年一张游戏原画的价格为5000元~2万元不等，一些玩家口碑很好的游戏立绘或者单张海报的价格在3万元以上，甚至5万元也并不是一个太夸张的价格。配乐的价格一般为每分钟2000元以上，歌曲的价格则为一首数万元到数十万元不等，单独一个按键音效也至少需要80元以上。一款手机游戏的整体外包成本高于500万元是非常常见的情况，这些外包支出放在整个项目里并不是一个小数字，多数占整个游戏开发成本的20%~40%。宣发成本则相对更高，一般游戏规模越大，宣发投入就越高。多数3A级的游戏，其宣发成本都比常规游戏的整体成本高。

　　以欧美多数游戏公司的开发团队为例，开发一款标准质量的3A游戏作品，至少需要一个80~120人的常规团队，员工工资一年大概在2500万元。这种团队规模在中国一般为客户端网游或者少部分手机游戏和网页游戏团队，基本没有单机游戏公司有实力供养如此庞大的团队。按照两年的开发成本计算，加上行政成本、外包投入和宣发，1亿~2亿元人民币是一款游戏正常的开发投入。如果期望有更好的效果，投入更要远远大于这些数字，像欧美的3A级别大作普遍投入已经达到5000万美元以上，其中R星公司的某著名系列的第5部作品，其投资更是达到惊人的2.6亿美元。

　　很多玩家容易误认为在中国做游戏投资要比国外低很多，而事实上因为全球化程度越来越高以及中国互联网行业整体的繁荣，在中国做游戏的成本并不会比国外低多少。比如，中国程序员和设计师的工资只比日本和欧洲低20%左右，比美国低50%左右，宣发和外包成本与海外相当[1]，再加上远高于这些国家的房租等其他行政成本，实际计算中国的单款游戏开发成本并不会比国外低。如果算上中国公司制作3A游戏因不熟悉等带来的沉没成本，甚至还可能产生更高的投资成本。

因为投资巨大衍生出的销售压力是全世界所有游戏公司都在面临的问题。日本金牌制作人小岛秀夫在制作《合金装备V：幻痛》期间整个团队被科乐美直接整并裁撤，原因就是这款游戏按照当时的开发成本必须卖到500万~600万套才有可能回本，而公司当时认为这一目标很难达成[2]。与此同时，游戏行业投资有一个规律，当一款游戏进入新一版的研发时，基本投入会增长一倍左右，也就是说在未来的时间里要做出一款达到基本水准的游戏，投资会越来越高，甚至成倍增长。

关于游戏投资增长的困境，姚壮宪在百度贴吧回复网友的时候曾经说过："《仙剑》这销量其他单机看了是眼馋，但是达到这销量又维持原来的低成本才会赚钱。不然，为了达到这销量而投入相应更高的成本，结果还是相同。"2017年，《仙剑奇侠传七》正式立项，预计总投资6700万元人民币，姚壮宪表示"这是一场豪赌"。

---

[1] 正因为如此，很多海外游戏的美工都是外包给中国公司制作，包括《最终幻想15》《最后的我们》《神秘海域》在内，大量游戏的美术环节都有中国公司参与。尤其是CG部分，其实美国和日本的游戏真正在本土做的很少，一般都是外包给人力成本更低的国家去做，其中中国的公司负担了大量工作。不只是游戏，电影也是如此，包括漫威的超级英雄电影和《星球大战》系列，都有大量美术工作是中国公司做的。

[2] 在《合金装备V：幻痛》的成品中能够明显看到有相当多削减经费的痕迹，比如为了减少枪支授权费用，游戏内均使用原创枪支外形，之前作品中的一些经典枪支在本作均无法使用。更重要的是，根据已知的消息来看，最终上市的游戏其实只是半成品，游戏主线情节并没有开发完成。但这部作品截至2016年销量已经超过了600万套，基本达到了上市前的目标，多数媒体和玩家也都给出了积极的评价。

（三）盗版带来的改变

在游戏开发成本激增的情况下，即便对于欧美游戏开发公司来说，负担也是难以承受的，所以大量传统游戏公司开始考虑用一些新的方法增强游戏的盈利能力。一部分公司选择在大单机游戏里增加网络化内容，甚至直接制作网络游戏，靠增值服务赚钱；而另外有一部分公司则引入了一个概念——DLC。DLC 全称 Downloadable Content，直译为"可下载内容"，一般指的是游戏发售后追加推出的资料片或者扩展包，比如新的任务、新的游戏章节、新的游戏服装或者新的角色，这些项目多数为付费内容。但 DLC 的普及也受到了很多行业内人士的指责，他们认为这种本质上把游戏拆开来卖的做法破坏了游戏产品本身的艺术性。① 但站在游戏厂商的角度来说，绝大多数游戏 59 美元的价格就好像一条红线，没有任何公司敢站出来越雷池一步。同时，市场也在逐步饱和，面对越来越高的开发成本，DLC 成了传统游戏公司的突围点。毕竟对于经营公司而言，活下去才是真的胜利。②

当然，在 2017 年我们也看到相当多的 3A 游戏公司开始在游戏内加入了内付费机制，包括手游里的"开宝箱"环节。2018 年通行证模式也被逐渐接受。这些机制也是游戏公司迫于盈利压力而设计的。

---

① 《上古卷轴：湮灭》曾经做了游戏史上最臭名昭著的 DLC，也是游戏的第一个 DLC，叫作"Armor For Your House"，购买的效果就是给马匹提升生命上限，这种做法本质上和"免费网游"的内付费是一个意思，更何况这还是一款付费的游戏。

② 事实上还有一类章节制游戏（Episodic Video Game），就是类似电视剧按集付费。最早这么做的游戏是 1979 年 DOS 平台的《阿巴沙神庙》（Temple of Apshai），但是这种模式因为付费问题和网络环境问题一直没有普及开来，即便到现在付费和网络已经不是问题了，还是没有太多公司去尝试。不过我倒是认为这是一个非常好的游戏开发方向。

图 2-3　EA 在《星球大战》等 3A 游戏里加入的开宝箱环节

　　游戏盈利压力是一个全球性和全行业性问题，回到中国市场，实际上中国的单机游戏开发公司收入能有多少？按照国内较多游戏 79 元的平均售价，游戏开发商能够拿到的钱在 15 ～ 20 元，剩余的钱主要为发行方、渠道方和零售方的分成。[①] 在整个中国游戏史上，原创国产游戏销量最高的是《仙剑奇侠传五》的约 150 万套，对比 2000 多万元的投资也只是小赚。《仙剑奇侠传五》加上《仙剑奇侠传五外传》总销量达到了 240 万套，这已经是国产游戏最巅峰的数字。海外游戏在中国销量最高的为《暗黑破坏神 3》，在 2016 年销量超过了 200 万套，其他多数引进的 3A 游戏销量基本都没有超过 5 万套的，一些在国内口碑极好的大作正版销量甚至只有几千套。显然，无论哪个数字都很难真正支撑一款 3A 游戏的开发。

---

① 像 Steam 之类的在线分发渠道之所以在这几年非常火，就是因为他们只要 30% ～ 35% 的分成，这和以往比已经相当不错了，另外在线分发渠道还杜绝了二手游戏的可能性。

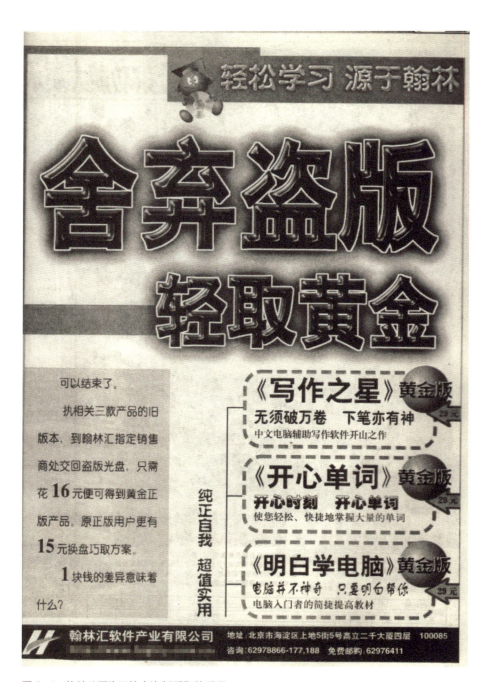

图 2-4　软件公司为了抗击盗版采取的手段

另一个现实是，国内多数单机游戏团队，常驻开发人员不过 20～30 人，这种团队规模也无法支撑真正意义上 3A 级别游戏的制作。如果市场没有办法明确给出积极的信号，很难有公司愿意冒险扩大制作团队，投资方也不会愿意投资一部大规模制作的单机游戏作品，毕竟这涉及上千万甚至上亿元的资金，很少有人愿意做一个赔面较大的事情。所以，可能很长一段时间内，我国的单机游戏市场只会维持在这个开发规模以内，直到市场能够保证这个规模的单机游戏足以获得稳定和丰厚的利润，才会有公司尝试更大规模的制作，这是最基本的商业规律。

（四）为什么低价游戏是不可行的？

有人认为在早些时候，人们不买正版最主要的原因是当时的游戏实在太贵了，人均收入五六百元的时候，花一两百元买一款游戏简直是天方夜谭，而实际上事情并不是这么简单。

1995 年 3 月 19 日，北京市工商局联合日本游戏机协会、世嘉和大量法律专业人士对北京的游戏机场所进行了一次突击检查，查封了累计超过上百万元人民币的盗版产品。这次行动被世界各地游戏媒体报道，带来的最直接的结果就是让大批海外游戏公司看到中国的态度——中国政府不会放纵盗版行为。这一年和在这之后的一两年，大批海外游戏公司在中国设立分公司或者办公室。

也是这一年，靠着低价游戏在台湾地区风生水起的智冠，开始在中国大陆销售《魔法门之英雄无敌》和《新蜀山剑侠传》等游戏，统一定价为 49 元。这种强势的定价方式迅速为智冠争得了绝对的市场优势。而这个价格也成了早期正版游戏的标杆价格之一。之后随着探明市场，正版游戏的价格略微有些上浮，出现过 68 元和 98 元两个比较常见的定价，其后价格基本稳定在 100 元左右。当时游戏市场的头部游戏销量为 1 万套左右，少部分极受欢迎的游戏销量能够达到2万甚至3万套，当时游戏发行给代理商和书店在内的销售商需要预留的利润大概为每套20～30元，而光盘和包装的制作成本大概是20元，也就是除去渠道成本，头部游戏大概能有几十万元流入游戏公司，多的能有上百万元。所以一直到1997年，大部分单机游戏公司其实过得并不算太差，至少能活着。但1997年以后情况急转直下。一是随着大量海外游戏被一窝蜂地引进，市场竞争迅速恶化。二是游戏的开发和发行成本在短时间内激增，其中渠道成本增幅最明显，部分游戏甚至要留出四五十元给各级渠道消化，而无论开发成本还是发行成本，都源自人员工资的上涨。不只是游戏行业，那几年随着经济的发展，所有行业的人员工资都在明显提高[1]。三是随着廉价刻录设备和光盘上市，盗版成本降低，与此同时也有很多人看到盗版有利可图而大规模进入，致使盗版泛滥。到了1998年，销量破万的游戏已经屈指可数，那一年国产游戏的销售冠军是目标软件的《铁甲风暴》，标价98元，在零售渠道销量达到了1.7万套，这也是当时国内销量最高的游戏[2]。那两年大批游戏公司相继破产，包括吉耐思、麦思特、智群、万森、鸿达、雷声等十几家在国内市场举足轻重的公司一个接一个地惨死战场。这时，游戏行业的人发现，游戏真正的核心消费者对于游戏的价格并不是非常敏感，这部分用户不管游戏是68元还是98元都会消费，而剩下的用户只要看到价格比盗版贵，无论如何都不会购买。于是，在正版渠道和开发成本不可能降下来的情况下，游戏公司只能选择提价，这也是后来短期内出现很多标价100～200元的游戏的原因。

但并不是所有公司都认为提价是唯一出路，也有不少公司反其道而行之。首先是智冠和《现代化》杂志社合作捆绑销售游戏，他们推出了《软件与光盘》杂志，用杂志搭售游戏。其中第8期推出的《风云》，其销量达到了16万套，是中国第一款销量破10万的游戏[3]，而这期杂志售价25元，

---

[1] 从1995年一直到进入21世纪后，人均工资每年的涨幅一直在10%以上。
[2] 不含港澳台地区。
[3] 同上。

19元为游戏价格。智冠之所以这么做有两个原因：一是玩家对于杂志附带光盘的心里预期较低，不需要太复杂的包装[①]；二是相比于通过代理商销售，让杂志走邮政渠道销售可以大幅度降低成本。从公司战略上来说，那时的智冠也坚信两点：一是正版的时效性是有优势的，盗版制作毕竟需要时间；二是希望通过这种低价手段来牢牢占据市场。但这种和杂志合作的办法并不是所有公司都能学得来，毕竟对于大部分公司来说，找到一个稳定的合作方并不容易，这中间产生的沉没成本可能远远高于正常销售的成本。更何况销售所带来的利润也并非想象中的那么丰厚，即便是智冠，也没有坚持太久，至少日后没有再把最热门的游戏放在这个渠道去销售。当然，这种低价换来高销量的做法也引起了一些公司的效仿，大量游戏公司开始尝试降低游戏的销售价格，从45元降到25元，甚至到了20元以下的冰点价格。现在回头去看，这种相对激进的行为差点毁掉了我国的游戏产业。现实是，大部分低价游戏并没有换来高销量。和前文提到的一样，正版游戏只要比盗版贵，销量并不会有多大改观。

  这期间少有的能够称得上成功的就是奥美电子。奥美电子成立于1996年，前身就是由泰国正大集团在中国香港投资的香港奥美电子[②]。奥美早期靠着和暴雪、雪乐山等公司的合作成为中国最大的游戏代理公司之一，而其最让人津津乐道的就是"正版维权革命"活动。奥美先是将已经在游戏寿命末期的《星际争霸世纪珍藏》以48元销售，后又将《半条命：反恐精英》以38元销售。最终的高潮是在2003年6月7日到9月15日，奥美将当时正在热销的《魔兽争霸Ⅲ》以28元的价格促销，直接让《魔兽争霸Ⅲ》在中国的销量突破了100万套，成为中国第一款销量破百万的游戏。这一年，奥美的销售额突破了5000万元，在中国单机游戏市场占比近五分之一。

---

① 事实上游戏内容也是有删减的，25元的版本删减了动画和音乐。
② "卜蜂莲花超市"和我国观众熟悉的《正大综艺》节目也是泰国正大集团投资的。

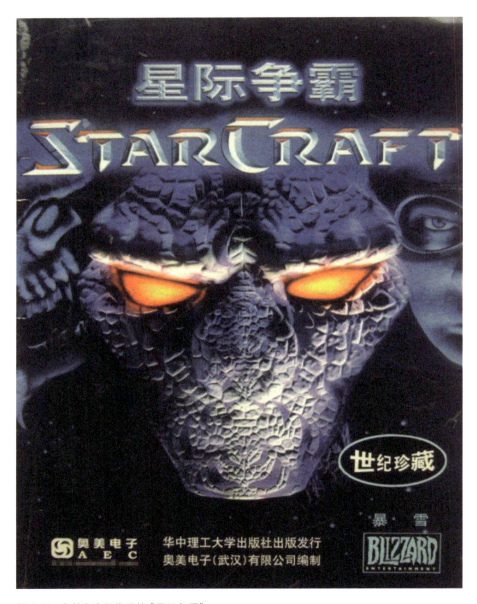

图 2-5 奥美在中国代理的《星际争霸》

事实上，奥美这么做除了刺激消费以外，更重要的原因是为将要推出的《魔兽争霸Ⅲ：冰封王座》铺路。因为《魔兽争霸Ⅲ：冰封王座》必须要有《魔兽争霸Ⅲ》才能使用，如果《魔兽争霸Ⅲ》的销量上不去，那《魔兽争霸Ⅲ：冰封王座》只可能更差。这种做法在当时被认为是商业奇迹，但现在看反而是一种自掘坟墓的行为。虽然当时销售额巨大，但除去包括人员、渠道和给暴雪的成本以外，奥美电子几乎没剩下多少利润。与此同时，暴雪的母公司维旺迪和奥美电子也有一份特殊的协议，内容是除了几款热门游戏以外，奥美电子也必须销售维旺迪公司旗下一些相对冷门的游戏，而这种捆绑销售游戏的方式给奥美电子带来了不小的亏损。那一年，奥美电子表面风光，但实际上过得很艰苦。也是那一年，奥美电子和其他同行明白了，单机市场的一些先天性弊端可能永远无法消除。

随着单机游戏市场越来越冷，奥美打算继续引进暴雪的《魔兽世界》，但暴雪方面要求奥美电子至少有运营网络游戏的经验。当时奥美电子已经发现单机市场的艰难，正打算大规模进入网络游戏市场。奥美最初的引进目标是《奇迹》，但因为慢了两天，《奇迹》这款游戏被第九城市（简称"九城"）抢了下来，进而让九城成了一段时间内国内风光最盛的游戏公司。当然，大家更为熟悉的故事是日后九城还拿到了奥美丢掉的《魔兽世界》，这是后话了。在发现错失《奇迹》后，奥美把目标放在了另外一款韩国网络游戏《孔雀王》上。《孔雀王》改编自日本同名漫画，有相当不错的用户基础，同时制作质量在那时来看也属于中上等。

为这款游戏，奥美付出了70万美元的签约金和30%的分成给开发公司URITEC，但在测试期间，奥美电子发现了两个严重的问题：一是自己的资金状况根本无法支撑网络游戏运营，之前严重低估了运营网络游戏的基础投入；二是《孔雀王》游戏的漏洞极多，服务器经常处于半瘫痪状态，而韩国方面又不够配合，造成玩家数一直上不去。在游戏公测半年后的2003年5月26日，《孔雀王》就宣布停止运营，这款游戏也是我国第一款正式停止运营的大型网络游戏。另外,《孔雀王》在韩国本土市场也并不好,奥美的失败其实更像是选错了游戏。那时市场对《孔雀王》停止运营的反应不是很强烈,一方面是奥美的处理方式非常好,退还了所有玩家的购卡金额;另一方面是游戏停止运营确实和韩国方面的不配合直接相关,并不是市场问题。但这件事却让奥美遇到了严重的经济问题。

2005年,奥美电子被神州通信收购了正大集团所持有的51%的股份。几个月后,奥美电子在上海和北京的办公室先后人去楼空,同时,因为拖欠员工工资、媒体广告费和供应商费等,奥美电子也成了当时"最火"的游戏公司。2008年,奥美电子的中国总公司武汉奥美电子的营业执照被吊销。

游戏公司的失败案例中,有参考性的还有一家名为天人互动的公司。2001年,天人互动先后引进了《海狗》和《死亡之屋》,到年中靠着《樱花大战》的热销成了当时最热门的游戏公司之一,还和世嘉建立了深度合作关系,对外宣布后续要引进世嘉的大量热门游戏,那时的天人互动俨然是游戏市场一个新崛起的巨头。但事实上天人互动和世嘉的合作并不久,双方就《梦幻之星Online》谈妥代理后,天人互动方面发现这款游戏的数据存储在本地,非常不安全,便希望世嘉能够更改为存储在服务器上,但世嘉明确反对这种做法,最终双方不欢而散[1]。之后,《梦幻之星Online》的接盘方朝华数字也被这款游戏直接拖垮。2002年,对单机游戏市场彻底失望的天人互动坚定信念要进入网络游戏市场,并在那一年谈下来了《魔剑》(*Shadowbane*)[2]的代理,但韩系游戏已然席卷中国市场,欧美游戏倍受冷遇,加之《魔剑》本身技术上有缺陷,使得网络服务的开销非常高,需要购买高配置的服务器

---

[1] 多年以后,还有日本公司把游戏数据存储在本地。因为日本互联网行业的整体发展程度有限,所以网络游戏技术一直是硬伤。

[2] 《魔剑》在测试时就号称是《无尽的任务》最主要的竞争对手,但事实上因为种种问题即便在欧美市场口碑也是毁多誉少。天人互动破产后,《魔剑》的运营方转为汉唐文化,但成绩也极其惨淡。这款游戏在中国的折戟沉沙,使得之后中国游戏公司基本不敢去碰同类型的欧美游戏。之后除了《魔兽世界》以外,没有欧美MMORPG(大型多人在线角色扮演游戏)在中国成功的案例。

机组,还无法支撑太多用户同时在线。这期间,天人互动在经济上的压力颇大,便开始降价销售单机游戏,希望能够回笼资金,大量正版游戏一度也是以十几元的价格出售。2003 年年中,天人互动开始大规模裁员,年底也是人去楼空。

图 2-6　天人互动的《樱花大战》攻略本

对比奥美,针对天人互动的骂声要多得多,主要原因是天人互动的"死"完全是猝死,甚至没有处理 4 万名付费用户的退款,其法人汪华峰也人间蒸发,这为当时国内游戏行业做了一个相当差的"表率"。

2009 年初,《大众软件》采访了引进《无冬之夜 2》和《圣域 2》的星空娱动的负责人 Andrewbear,他在采访中表示:"照片什么的也别登了吧,我估计同事们都不乐意。再说我现在打着两份工呢,白天 8 小时,晚上 8 小时,要养家呀。登照片的话，对另一份工作的影响恐怕不好。"关于自己的公司，他说道："目前公司剩下的只是公司创始时的 3 位股东和 1 位客服人员。其实我们都可以找到待遇非常好的工作，但一直还坚持在此，就是因为对单机游戏的真正热爱。今天聊了很多，但回答完你提出的问题后，我突然又觉得自己要说的毫无意义。我最后想说的是，无论如何，我们都会坚持下去，坚持下去并不是为了等到单机游戏产业复苏的那一天，其实我们并不知道能否看到那一天……而是为了自己从小以来的理想，虽然实现这个理想的可能性微乎其微……"

这种情况在当时的游戏行业非常常见，单机游戏不赚钱，转型网络游戏风险又大，在转型中"死亡"几乎是当时大多数游戏公司的结局。除了前面的两家以外，知名公司里，曾经代理了《秋之回忆》《古墓丽影》和《盟军敢死队》的北京新天地互动的"死亡"原因也几乎一模一样。

那个时期的公司中转型最成功的是金山。1999 年 10 月 21 日，求伯君和雷军共同宣布了"红色正版计划"，这也是国内软件公司最早明确表示要打价格战的宣言。那一年，《金山词霸 2000》和《金山快译 2000》的价格从原定的 168 元调整到 28 元，引起了极大的争议。最终这一系列软件的总销量超过了 100 万套，每套利润约为 2 元，勉强赚回了开发和宣传成本。一年后，《剑侠情缘 2》又靠着 38 元的价格获得了相当不错的销量，但此时金山已经多少意识到了低价策略的问题，所以之后的游戏又开始逐步调高价格。同时金山也和其他公司一样，渐渐把重心转移到网络游戏上。做事踏实的金山成为当时不多的幸存者，并且至今还是这个市场的重要参与者。

那几年其他的游戏公司，包括华彩、华义、第三波等知名游戏公司都在 21 世纪初期一同削减了单机游戏业务，进而大规模进入网络游戏市场，其中华义靠着《石器时代》的火爆迎来过一个辉煌时期。

图 2-7 《剑侠情缘 2》的低价广告

在这种大环境下，我国也出现了一种非常另类的游戏销售公司，并推出了极具特色的系列化软件销售模式，即大家熟知的"阿拉神灯""芝麻开门"和"正版100"。这些公司本身并不开发软件，但是以15元甚至10元的超低价格销售软件，包括游戏软件。这类软件有三种来源：一是一些不赚钱的软件，代理发行公司以每盘1元人民币的价格象征性地收费授权给这些公司销售，这种看似自暴自弃的态度一定程度上反映了市场的萧条；二是有些软件渠道商积压了太多卖不出去的光盘，干脆拆了原版包装，以几元人民币的价格把里面的光盘卖给这些公司，这些公司加一个简单点儿的包装就可以继续低价销售；三是不法商家将正版软件与盗版软件混在一起重新包装。

其中，低价销售的佼佼者"芝麻开门"所属的北京正普科技发展有限公司创始人姚增起是个名副其实的天才，25岁就拿到了中国科学院的博士学位，却因为经济上的事情翻了船。原因是在21世纪初，姚增起为了逃避80多万元的税款，累计行贿超过600万元，最终锒铛入狱。其实那时"芝麻开门"的经营状况并不好，而经营糟糕的原因除了玩家消费热情不高以外，最重要的问题是"芝麻开门"也碰到了盗版，市面上有相当多和"芝麻开门"一样包装、一样价格的盗版光盘在流通，甚至至今都无从查证到底是什么人做的。类似的情况其他几家低价软件销售商也都遭遇过。这种包装和正版一样，且混在其中销售的光盘也被称作"伪正版"，是那个时代软件行业的又一个毒瘤。对于那些低价软件销售公司来说，因为正版光盘的包装简单，也更加容易被仿造，所以受伤更重。

2000—2002年，有数家媒体和游戏公司都调查过市面上伪正版的情况，得到了一个惊人的结果：市面上伪正版的比例稳定在20%～50%，也就是本来不大的正版市场还在被这部分伪正版蚕食，而且这些"伪正版"更难被监管。

第二章 青铜时代——单机游戏   135

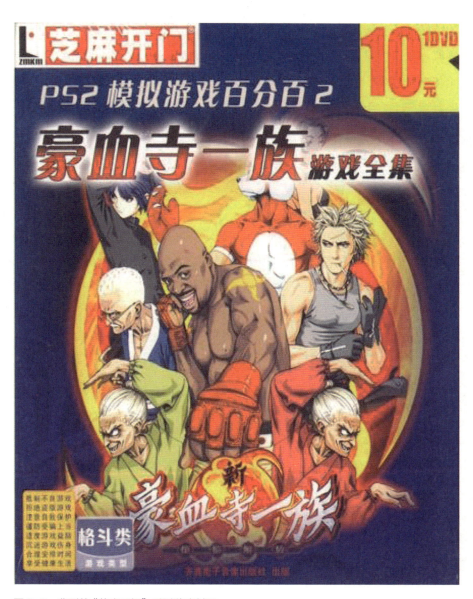

图 2-8 典型的"芝麻开门"系列游戏封面

低价策略最严重的错误是把盗版游戏变成了自己的竞争对手[1]，甚至忽视高昂的开发成本而想当然地认为一款游戏可以从天而降。此外，还要负担极高的税费、渠道和生产成本，其中正版的渠道和生产成本无论如何都要远远高于盗版。原因是盗版有明显的地域化特点，比如北京的盗版软件主要是由本地或者周边的盗版渠道制作，尤其是在20世纪90年代末期引入光盘刻录塔后，在盗版成本大幅度降低的同时，因为技术实现容易，更多不法商家参与到盗版制作中[2]。但正版游戏为了保证资源不会被泄露必须保证统一制作统一销售，增加了中间环节，成本就会明显增高。在2003年左右，一款单机游戏哪怕精简包装，每份拷贝的固定销售成本都至少需要7元，再加上55%留给渠道商的利润和税费，也就是说按照当时的售价，这些廉价游戏是永远不可能赚钱的。我想那时的游戏公司自己也知道这个情况，但市场如此，实属无奈之举。更重要的是，因为低价策略，大部分游戏的发行商把重点放在了怎么去代理更多的游戏上，这种求量不求质的做法很大程度上摊薄了每款游戏的利润。这对于引进游戏来说还好，毕竟海外大厂并没有多在乎中国市场，引进费用相对低廉，但对于需要自主研发的国产游戏来说就是真正的末日，这也给了当时已经举步维艰的游戏厂商最后一击。与此同时，因为经销商和渠道商在单机游戏销售中更接近消费者，所以相对强势，先支付部分货款的赊销模式非常普遍。另外，经销商也存在资金周转问题，以至于拖欠货款和超长账期之类的情况屡屡发生，当时不少国产游戏公司就是死于迟迟拿不到货款。后来的几年，国产游戏的市场占有率一度低于5%，是历史最低点。

表2-1至表2-3是2002年《大众软件》制作的《2002中国电脑游戏产业报告》里提供的某公司一款代理游戏的成本核算表，按照这个表格，一款销

---

[1] 在那个时代确实如此，竞争对手真的就是盗版。
[2] 在21世纪初，一个1拖16的光盘塔成本不到1万元，一个光盘塔一晚上就能制作2000～3000张光盘，如果愿意投资10万元买一套专业压盘设备，一小时就能制作5000张以上。

量达到 1 万套的游戏，能够创造的利润只有 38 708.97 元，而当时 1 万套的销量在国内已经属于绝对的第一阵营。

表 2-1　单机产品成本核算总表格

项目	金额
零售价（元）	49
批发价（零售价的 60%）（元）	29.4
签约保证销售量（套）	10 000
生产数量（套）	11 000
销售数量（套）	10 000
库存数量（生产数量的 10%）（套）	1000
首付版权金（含 15% 的税）（元）	61 250
固定成本（元）	6 000
物理成本总计（元）	78 300
行销成本（元）	23 520
营销成本（元）	20 580
营业额（元）	294 000
纯利润（扣除税和 7% 的返点）（元）	38 708.97

表 2-2　其他物理成本

项目	总价（元）
排版出片	2000
母盘	1600
海报	1000
总计	4600

表 2-3 单项物理成本

单项	数量	单价（元）	总价（元）
光盘	2	0.95	1.9
光盘盒	1	0.5	0.5
外盒	1	2	2
外盒内衬	1	0.8	0.8
手册	1	1.2	1.2
回函卡	1	0.2	0.2
包装、塑封	1	0.1	0.1
其他	0	0	0
总计			6.7

因为整个单机游戏行业持续萎靡，所以在 21 世纪开始的几年里，大量游戏工作室和游戏公司陆续倒闭。其中一些是因为没有跟上网络游戏的潮流，坚持制作单机游戏，这种公司几乎没有活过 2005 年的。还有一些游戏公司是像奥美和天人互动这样，找对了方向但是不懂规则。那是一个"不变一定死，变了有可能死"的年代。

几年后，当人们已经摸清网络游戏的门道，这批游戏行业从业者终于找到了一个稳定的饭碗，而不至于再啃着凉烧饼透支情怀。若非从业者，应该体会不到那种看到网络游戏兴盛后，仿佛抓住救命稻草的感动。网络的大规模引入，是中国整个游戏产业兴盛的起点，也是中国单机游戏的一个阶段性终点。在之后十几年的时间里，纵然行业再有钱，绝大多数游戏公司再也没有触碰单机游戏这块根本不赚钱的烫手山芋。

我们现在对游戏市场内容的种种不满，归根到底是为了还那些年欠下的债。

（五）盗版的今天和未来

时至今日，在盗版游戏这件事情上，中国市场依然面临极大的挑战，甚至可以说因为互联网的普及，让打击盗版的难度变得更大了。

先看一封某用户因在网络论坛上分享游戏破解安装包而被删帖，进而辱骂游戏公司的维权行动的邮件。邮件中，该用户除了言辞激烈的谩骂之外，还列出了他分享破解版的理由："1. 软件定价太高，根本买不起；2. 我帮他们宣传产品，他们还应该感谢我；3. 被破解了，是他们技术不行；4. 要收钱？钱我们清朝时就给了！"

这封邮件很好地总结了盗版游戏玩家最核心的心态：不愿意付钱，同时不认为该付钱。对于这些人而言，借口是永远用不完的。

2016年，一款叫作ICEY的国产独立游戏在Steam上线，游戏虽然称不上大作，但品质在同类游戏里属中上，尤其在中国市场这种单机游戏更是难得。几个小时后，游民星空网站上就出现了盗版资源，游戏发行公司心动游戏的老板黄一孟立刻站出来指责对方。一天后，游民星空撤掉了盗版资源，同时发布了一封道歉信：

> 11月19日，游民星空转载了国内独立游戏ICEY的破解资源，对该游戏制作人及玩家造成了很大负面影响，当日我们已经在第一时间进行下架处理，并加入了引导玩家购买正版的链接，在这里我们向开发商及广大玩家致歉。游民一直以来都是本着支持国产游戏的态度，通过新闻报道、专访等方式扩大国产游戏的传播和影响，努力为行业传播正能量。这次ICEY破解资源的事件，不论工作人员还是内容监管，游民星空都无法逃脱责任，是我们的工作没做好。另外，制作人联系本站记者沟通处理此事时，我们更没有做好沟通工作，态度极其欠妥且缺乏责任感，错误地传达了游民的态度，让开发商对游民表示

失望，造成了不必要的误会。游民星空已对相关员工进行严厉处罚，并加强了全员的职业素养教育。

随着近年来正版化浪潮的来临，游民星空作为一家正在转型的新媒体也正在做出多种尝试和努力，近两年开设了诸多深度专栏、大观园专题等精品原创内容。我们对于国内的游戏作品一贯秉承支持的态度，同时，本站与众多独立游戏机构及制作人也有着良好且紧密的联系。我们也愿与各游戏厂商合作，共同推动国内的正版化进程。

游民星空全体员工再次向ICEY的游戏制作方、代理方及广大玩家们致歉，也诚挚欢迎公众及各界媒体朋友向我们提出意见或建议。

这封随便替换一个名字就能再次使用的道歉信让这件事很快便告一段落，至少是两家公司之间的纠纷告一段落。这为国内网站提了个醒，日后国内盗版网站也几乎不会破解国内公司开发的游戏，算是一种进步。

在这种行业性危机意识强烈和行业发展本身极其不稳定的大前提下，游戏行业并不只是重视产品和现金流，还对整个市场非常不信任，进而对游戏能为公司所能带来的利润有着强烈的追求与格外的重视，短期利益成了最高利益。这也为之后中国游戏产业的发展埋下了巨大的隐患，致使以后中国游戏产业出现了繁荣但极不健康的情况。

时任《家用电脑与游戏》执行主编东东在杂志上写过《给你一个买正版的理由》，文中写道：

拔五十元以利天下！

凡买一正版，即救全世界！

中国游戏业说："每人买一套正版，给我来个地覆天翻。"不知所有这些算不算让你去买一套正版的理由？

三、最早的中国游戏公司：金盘和前导软件

（一）金盘

曾经有 EA 高管在接受中国媒体采访时说道："中国有 5000 年的历史，却总要用美国这样一个只有 200 年历史的国家制作的软件，在我看来这不是很正常的事情。"

我们需要自己的游戏软件。

1994 年 5 月，在《GAME 集中营》第二期的第一页，主编熏风写了一篇名为《盼》的文章，文章最后一段是这样的："至于何时能玩上由中国人自己设计的游戏软件似乎缥缈得近乎奢侈。我们怀疑：面包会有吗？"

面包很快就来了。

时间回到 1992 年，这一年陈宇从外交部主管的世界知识出版社辞职，担任北京金盘电子有限公司的首任主编。同年，金盘公司引进了中国第一款[①]正规渠道的外国游戏《神偷卡门》(Where in the World is Carmen Sandiego?)。

1993 年，陈宇到某科学院的小卖部打酱油，看到电线杆上有一张小广告，大体意思是有一种兵棋游戏，通过这个游戏可以学习军事知识，小广告的发布者愿意免费将这个游戏传授给他人。陈宇联系到了这个小广告的作者杨南征。杨南征不只是名字有着浓浓的军事意味，其本人就出生在一个军事家族里：爷爷羊枣是抗战时期知名的左翼作家，父亲耿青曾加入新四军。

---

① 不含港澳台地区。

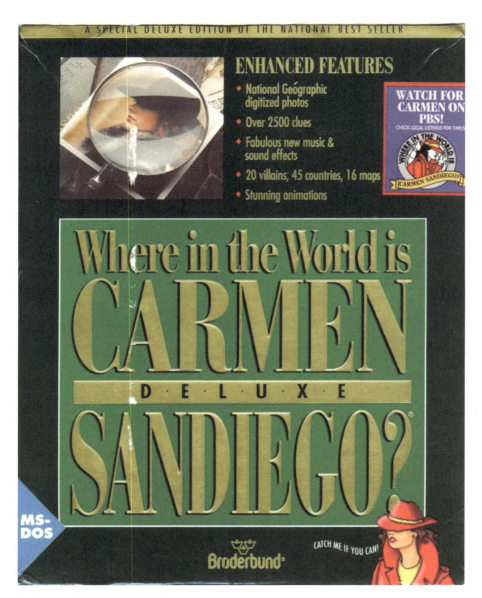

图 2-9 DOS 版的《神偷卡门》

在陈宇的多番劝说下，杨南征加入了金盘，进而制作了中国第一款原创商业游戏。1994年10月，金盘的《神鹰突击队》上市，以这款游戏为分界线，中国进入了原创游戏的时代。杨南征提到过游戏的开发和销售情况："《神鹰突击队》有1名策划、1名美术设计师、1名声效设计师、3名学生程序员、1名数据处理员，7个人干了10个月。自1994年10月上市，到1996年10月，2年间卖出了2万余套拷贝；1997年因被盗版终止了销售，这时营收已超过投资的20多倍，成为当时金盘公司最赚钱的产品之一。"[①] 这个系列之所以没有后续，是因为3名清华大学大四实习生程序员毕业后都去美国念书了，金盘没有招到合适的后续开发人员。

图2-10 《神鹰突击队》

---

① 见2011年12月1日腾讯网的文章《中国游戏第一人：最好的游戏在我脑子里》。

后来，大家也称这个中国第一款原创商业游戏是打酱油打来的。

陈宇接受采访时曾经说过："多年来我一直有两大愿望：一是将多媒体产业的故事写成书，二是做一个好的文化游戏。后来又加了制作个人主页的想法。现今，个人主页倒是开始动了，写故事书的事情也已开始登报招聘助手，只有做个游戏的愿望恐怕还要在梦中萦绕下去。但愿有一日它能从内存中倒腾到硬盘里，让我也能睡个安生觉吧。"

对于中国游戏行业来说，1994年可以称作起点，除了《电子游戏软件》《家用电脑与游戏机》两份影响了中国一代游戏人的游戏杂志创刊和《神鹰突击队》的上市以外，还有一些事情值得关注。

图 2-11　中关村第一家正版软件店
图片来源：cnsphoto；拍摄者：邹宪

这一年，北京的叶伟和叶丁、叶展两兄弟宣布要制作中国第一款[①]RPG《红花会密令》，但这款游戏从来没有出现过，以至于被人称为那个时代的一个"骗局"。但这个"骗局"有它的积极意义，大批早期游戏人都是因为听说北京有人做原创 RPG 才开始跃跃欲试的。

这一年，成都台晶大东制作的《西天取经》上市，是国内第一款[②]真正意义上原创的红白机游戏，游戏质量在当时来说还算说得过去。

这一年，号称"国产游戏开发人才的大学校"的麦斯特在北京成立，老板为一位美籍华人，之后国内相当一部分游戏公司都和这家公司直接相关。

这一年，一位名叫邵昌平的北京工程师成为我国游戏软件版权注册第一人，注册的游戏为《接龙》。

我国的原创游戏行业已经呼之欲出。

日后金盘制作了《波黑战争》《八一战鹰》《巧克力 ABC》《病毒大战》《城市大攻坚》《未来大核战》《历史大登陆》《铁骑喋血》《成吉思汗》等数款游戏，只是这一系列游戏毫无游戏性可言，即便在当时也被玩家所抨击。其中稍微值得一提的游戏是 1997 年 8 月上市的《八一战鹰》，这是国内最早的 3D 空战射击游戏，但因为本身游戏性较差，以及当时家用计算机普遍配置不高，并没有大规模推广开来。但是这款游戏的主创组建了之后我国游戏行业另外一家重要的工作室——祖龙，在《完美世界》的章节会详细讲述这段故事。从金盘开始，很多玩家质疑当时的媒体是不是已经在为游戏公司发布软文，比如某媒体在评价《未来大核战》时曾形容："《未来大核战》毕竟是一款十分出色的令发烧级玩家爱不释手的游戏，无论如何是不可以错过的。"

1998 年，金盘撤掉了游戏开发部。

有些人把金盘称为我国游戏行业的先行者，它也确实配得上这个称号。不过，金盘在运作中趋于保守，以至于它其实并没有为我国后来的游戏公司

[①] 不含港澳台地区。

[②] 同上。

提供太好的市场和公司运作层面的参考，而真正对未来有更直接示范意义的公司是稍晚于金盘的前导软件。

（二）前导软件

1992 年，还在北方工业大学任教的边晓春受时任先锋集团副总裁林钢的邀请加入先锋集团，任计算机部总经理。开始的时候，边晓春还是一边教书一边兼职，等发现先锋的事越来越多时，他就干脆辞了老师的工作。先锋卡通（先锋集团中负责游戏的公司）早期开发了 3 款游戏，分别为《推箱子》《警察抓小偷》《花式象棋》，但都没能独立销售。之后先锋卡通很快转变经营策略，开始翻译国外的成熟作品。

1993 年，先锋卡通发售了第一款汉化游戏《赌神》，总共生产了 25 000 套，投入 225 万元，每款游戏售价 350 元，但最终只卖出了 3000 套，损失惨重。除此以外，那段时间先锋卡通还汉化了《吞食天地 2》等作品，但都没有给公司带来足够的回报。这期间先锋虽然和游戏开发方以及任天堂有过沟通，但并没有获得正版授权，那时候在海外巨头眼里中国可能并不是一个重要的游戏市场，甚至都不是一个游戏市场。这一年还有一件事经常被人忽略，那就是先锋投资了 300 多万元研发了一套针对学习机的开发平台，以降低市面上学习机的软件开发成本。之后，这套软件被另外一家公司买走，这家公司就是小霸王。

一年后，先锋卡通决定退出红白机市场，边晓春带着技术部门独立出来。1994 年 10 月，在经过几个月的谈判后，边晓春获得了 IDG 旗下美国太平洋技术风险基金和原国家科委联合管理的 PTV-China 风险投资基金的支持。PTV-China 出资 100 万元，北京科委下属的优联公司出资 100 万元，先锋集团出资 200 万元（含 100 万元无形资产），三方共出资 400 万元，注册成立了新公司——前导软件。这是中国第一家获得风险投资的软件公司，在后续的

20年里，影响了中国软件和互联网产业的发展。那段时间，前导还先后创办了两家国内重量级刊物——《电子游戏软件》和《大众软件》，有相关人士曾提到过，当时投资方投资前导是一方面，其实更看好《电子游戏软件》。

前导软件最早的宣传册上对于公司理念是这么写的：

计算机是新的信息媒体，软件是新的文化形式。前导公司不仅是软件产品公司，更是文化产品公司。我们走到一起，是为了把最好的计算机文化产品送进千千万万个家庭。

计算机交互艺术刚刚萌芽，远未进入成熟期，制作属于中华民族的划时代的戏剧，是前导人的梦。

让计算机真正成为孩子们的良师、生活中的益友，是前导人的责任。

诚信乃商业之本。前导人永远真诚地面对客户，面对商业伙伴，维护良好的信誉和公众形象。

尊重每一位员工。人才永远是前导公司最宝贵的财富。

天下无难事。敢做且能做好前人没有做过的事，是前导人的骄傲。

With new ideas, on a new medium, for a new culture,

新媒体，新理念，新文化。

Way a head, 时代的前导。

这也是中国最早的一批原创软件公司对市场的呐喊。

前导软件很早就意识到了市场的重要性，所以拿出一多半的资金在科苑书城开了一家名为"三好"的游戏产品专营店。与此同时，公司还在开发另外一款三国游戏。边晓春还在先锋卡通时就有了这款游戏的构想，但因为那时游戏机市场不成熟等原因没有实际开发，而前导给了他机会，让他在PC平台上完成这款游戏。

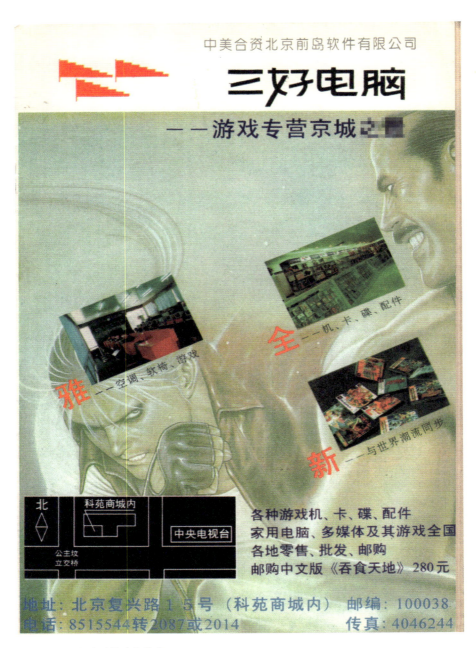

图2-12 三好电脑的广告①

① 图中的"前岛软件"应为"前导软件"。——编者注

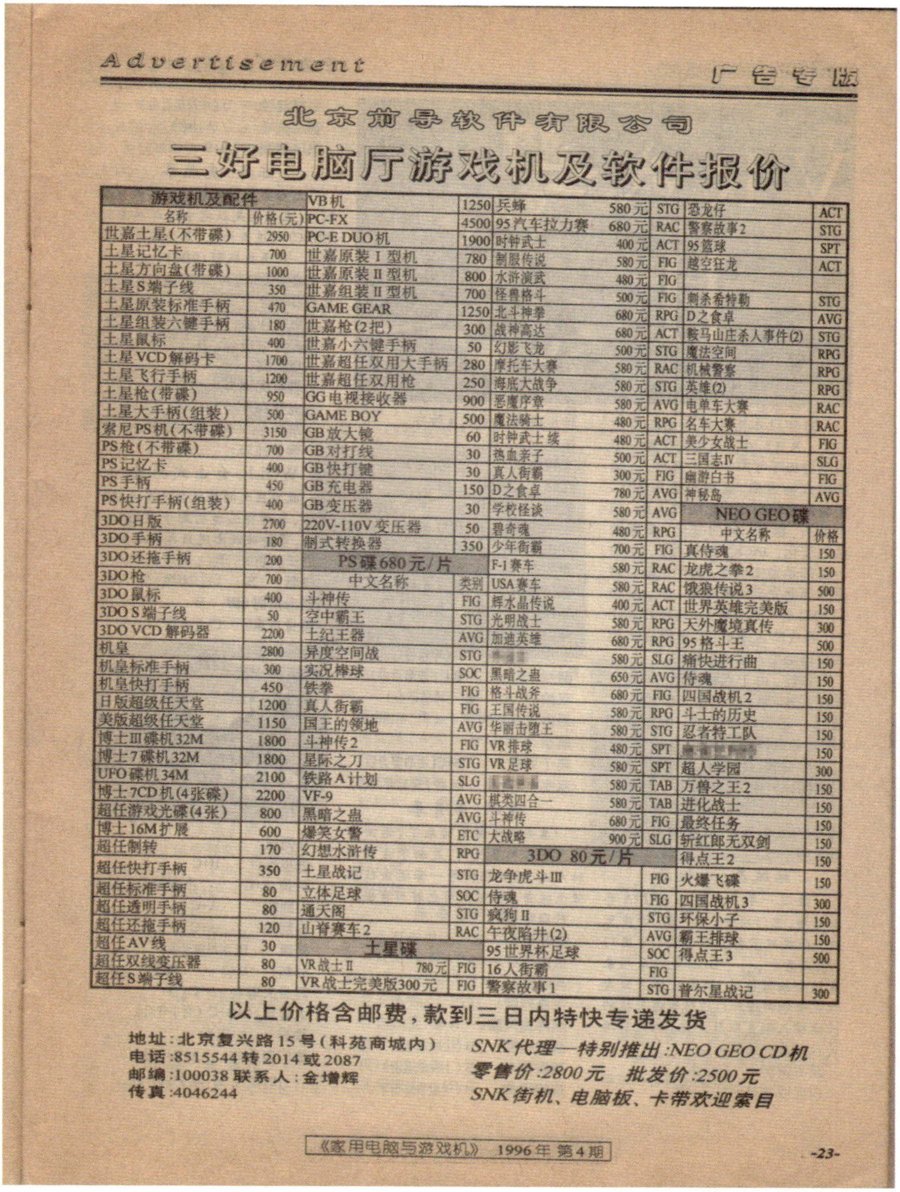

第二章 青铜时代——单机游戏 149

图 2-12 三好电脑的广告②

关于转型做 PC 游戏，边晓春这么说："我们之所以从电视游戏转到 PC 游戏上来，出于两个原因：一是 1995 年下半年开始，电视游戏机、学习机的销量下降，原有技术失去市场；二是 1995 年以来 PC 的销量明显上升，达 200 万台，1996 年将会更多。这么多的家庭买计算机，而且是多媒体计算机，玩什么？我们应该毫不含糊地说，家用计算机在家庭的主要用途就是玩！这是一个巨大的市场需求。"其对当时的市场分析还是比较精准的。而对于市场，边晓春也有自己的见解："正版游戏市场的一个迅速增长期即将到来。但中国市场的软件价格不能太高，否则会遭到惨败。出路只有两条：一是降低开发成本；二是出口，卖到国外去。"这个观点有一定道理，但也不能说完全正确。

1996 年 2 月，《家用电脑与游戏机》的首页上刊登了一篇叫作《电子游戏与卡通》的文章，文中写道："电子游戏发展至今已有十多年光景，但在我国只有市场，没有产业，不仅没有像样的硬件，软件也只是准备起步。市场上充盈的各色日美游戏，既有出类拔萃的精品，也有工厂式生产的大量庸作。迷恋国外游戏、轻视民族文化、缺乏历史知识等不良趋势在游戏群体中已有显现，且随着计算机的普及和近来'次世代'机的热战愈演愈烈。""文化的双向交流利于民族的进步，但单向的渗透则是对民族文化的污染和侵蚀。当今弘扬民族文化，必须顺应市场趋势，利用所有最新成果，才能有效。"文章还提出了以下三点建议。

第一，教育界、文化管理部门应积极了解电子游戏，研究电子游戏，像对待卡通一样去支持鼓励电子游戏的健康发展。

第二，计算机产业界、影视艺术界应积极合作，尽快形成中国电子游戏产业，莫要等三五年后，再由相关部门去启动"中国电子游戏工程"，那样失去的将不仅是时间，还有宝贵的机会。

第三，游戏者不仅应是通关高手，更要做熟知游戏背景、了解游戏文化的内涵玩家。

这一份呼吁，可以看作当时国内玩家和游戏人共同的呼声。那时普遍认为，一款高质量国产游戏的出现已经迫在眉睫，是刺激中国游戏产业最重要的强心针。

几个月后，前导软件的第一款游戏《官渡》上市，这是 Windows 95 平台上的第一款中文游戏，总投资 60 万元，也是当时投资最高的国产原创游戏。更让那时的玩家印象深刻的是，《官渡》的广告铺天盖地，几家游戏媒体上一眼望去全是《官渡》。那时国内多数玩家和媒体已完全丧失了理智，对于一款高质量的国产游戏有着极不理性的期待。《电子游戏软件》评价这款游戏："现在，《官渡》终于问世了。尽管目前仍难于判断它的商业用途，尽管它必定还有很多缺憾，但是我们仍然要为其喝彩！因为，《官渡》是我们爱国主义和传统文化教育的好题材。因为，我们只管耕耘，不问收获！因为，我们还有更多的期待！"不只是媒体，前导软件自身也是如此。《官渡》用户手册和光盘封面上的一句话也暗示了前导的野心：古代战争仿真游戏系列《三国》之一。只是之一，可见前导有更远大的规划。关于这款游戏，游戏光盘盒上是这么介绍的：

逼真的战争场景。如：实际拍摄的场面、主动视角的帅帐、多种比例的地图、真实时钟、人声配合、与人数有关的战场部队形象，等等。

丰富的指挥手段。如：隐蔽行军、夜袭、伏击、攻城准备，既可扮演主帅又可扮演统军大将，等等。

方便的部队配置。如：简捷的配置方法、允许分兵与合兵、多种任务设置、简单却重要的粮草供应，等等。

计算机控制的一方能够在主帅部署、大将指挥和副将战斗等方面表现出较高的智能水平。

期望越高，失望越大，当玩家拿到游戏后，发现跟宣传的完全不一样：美术太差、游戏性太差、操作性太差、AI太愚蠢。短时间内骂声一片，《官渡》成为"国产游戏垃圾论"最早的不可动摇的客观证据。时至今日还有当时的玩家一提到前导的《官渡》就咬牙切齿："做得差不怕，但是不要吹得那么大。"《官渡》遭遇了口碑上的危机，加之受到盗版的影响，销量十分惨淡。最终，该游戏幸亏通过海外获得了7万美元版权收入，这才让前导软件公司免于崩盘。

其实该游戏以《官渡》命名，本身就体现了和日系三国类游戏不同。前导把对三国游戏的关注点放在了每一个具体战役的细节上，而不是做一款宏观的三国时代的游戏。边晓春解释的原因有以下3点。

第一，知名度高，便于制作系列产品。

第二，便于为游戏者营造既丰富多彩又有相当军师内涵的战争指挥环境。

第三，避开那些很难深入表现的政治、外交等领域。

虽然结果并不好，但《官渡》至少在游戏的策划层面有过深思熟虑，而不是一拍脑袋就上马的项目，这也为之后的国产游戏提供了一种参考。

同年年底，前导又陆续推出了引进版游戏《命令与征服》《移民计划》和《凯兰迪亚传奇》。其中《命令与征服》的销量首周就达到了1万套，最终突破5万套，是当时市面上销量最高的引进游戏之一。1996年8月，前导软件开始正式制作《赤壁》，1997年5月正式上市，除中文版外，还推出了日语版、韩语版。这一年，《赤壁》通过和联想计算机的捆绑销售获得了10万套的销量，这是前导自研软件里唯一一款盈利的产品。更重要的是，这款游戏虽然称不上大作，但一定程度上替前作挽回了一些口碑。玩到这款游戏的玩家惊讶地发现，《赤壁》居然还不错。

游戏的开发者刘刚这么描述过游戏开发时的艰辛:"每天早上改变一个兵种参数,然后花半天时间去查看是否合理;每天面对着数万行的程序,去寻找扑朔迷离的漏洞;每天不断重画人物的造型,哪怕几天前才刚刚完成。这一切虽然辛苦,难道别人就不苦吗?这世界上有如此多的游戏让人废寝忘食,流连忘返,它们的作者曾经遇到过多少困难和挫折呢?我们还需要经历多少的困难和挫折呢?我们还需要经历多少的磨难才能够报答玩家对我们的期望呢?我想,还差得很远。也许正是这梦想和现实之间的差距如此之大,才是我们这群人难以言表的苦衷吧。可是我们毕竟还有梦想,否则为什么要踏上这条艰难之旅呢?我们仍然想制作出中国一流的游戏,把我们中华民族古老、伟大的文化遗产用我们中国人自己的理解展现;把世界上最美的、最感人的事物展现出来;把我们的思想伸向遥远的古代和未来,伸向宇宙的最深处,去探索什么是永恒。"

这时的前导已经是一家颇具规模的公司,员工总数接近 100 人,其中有 5 个小组同时制作游戏。边晓春在公司破产后在《游戏批评》第 4 期里提供了当时公司的实际编制状况,如表 2-4 所示。

表 2-4 边晓春在《游戏批评》中提供的前导公司实际编制状况

名称	人数	领导人	产品方向	1998 年产品
瞬间工作室	8	刘刚	《三国》系列游戏	《荆州》
天道工作室	10	谢申	《水浒传》系列游戏	《征战篇》
玻璃瞳孔工作室	25	尹龙	《西游记》系列游戏	《大闹天宫》
天津前导工作室	12	韩国立	《格萨尔王》系列游戏	《格萨尔王》之二
待定	3	吕善	《红楼梦》系列游戏	《宝玉篇》
技术部	15	兰瑞星	学习机教学软件	英语学习
学习软件开发部	5	张治本	PC 学习软件	初中物理

这种相对激进的快速扩张和对中国市场的盲目乐观让前导深陷泥沼。原定于 1997 年底上市的《水浒传之聚义篇》，因为资金问题被迫延期；同年决定开始制作的《齐天大圣》因为投资巨大，前导和资方的关系陷入了僵局。最后这几款拖垮公司的游戏投资都不是小数，其中《赤壁》投资 97 万元，《水浒传之聚义篇》投资 145 万元，而《齐天大圣》项目甚至还没有进入正轨就已经花掉了 170 万元。关于这几款游戏的投资，当时前导软件的副总经理张立波说过："一家游戏开发商，应该是初期投入大，后期投入逐渐减少。它应该使用从前成功的引擎，减少下一款游戏的成本，从而赚到更多的钱。前导恰恰相反。"[①]

图 2-13 《水浒传之聚义篇》的游戏画面

---

① 引自古留根尾·我我神的文章《中国游戏人物——边晓春，一个隐者的故事》（《大众软件》，2002 年第 19 期）。这里的描述其实不太严谨，应该说减少的是机会成本和沉没成本，游戏的实际开发成本并不一定会降低。

此外，描写藏族传说故事的《格萨尔王》系列游戏，与《红楼梦学刊》共同制作的《红楼梦》系列游戏，《三国》系列的下一部《荆州》，以及新的《水浒传》《西游记》系列游戏也由于各种原因陷入僵局，大都没有进入正式开发流程。当然，这种以中国四大名著为题材开发游戏的做法在未来成了中国游戏行业的常态，也可以看出前导当时算是独具慧眼。

1997 年，IDG 和优联公司又先后向前导软件投资了共计 800 万元，但对于前导软件公司的运作来说，还是杯水车薪。

在内部巨大的争议中，1998 年 6 月，前导软件宣布解散游戏制作部门，这时前导软件的总负债已经超过 1000 万元。1998 年 10 月，前导软件发售了一款学习软件《初中物理》，但未能拯救前导软件。这时的边晓春感叹道："这支队伍到底还是散了。中国最大的软件开发队伍。举起手来问问苍天吧！这是不是在说，中国的市场并不需要我们这支队伍？我的心已经碎了。人去楼空，我自己去哪里，已经无所谓了。残酷吗？这就是现实！"

至此，前导软件创造了 4 个中国第一：中国第一家专门的游戏软件开发公司，中国第一家拿到风险投资成立的公司，制作了中国第一款[①]策略游戏的公司，中国第一家[②]破产的知名游戏公司。

1997 年 12 月，边晓春在接受《IT 经理人》采访时就提到已经看不到公司在 1998 年的盈利点，并且他在 1998 年 1 月的董事会上提出过裁员的想法，只是并没有实施。边晓春回忆当时最后半年没有选择调整的原因有以下 4 点。

第一，当时前导已经在和投资公司接触，并且已经落实了投资意向书。前导怕因为裁员等行为影响投资方对自己的信心，但这笔投资最终还是没有达成。

第二，当时与新华书店、同方公司等的项目在商谈中，虽然这

[①] 不含港澳台地区。
[②] 同上。

些合作并不完全符合公司发展的方向,甚至前导也没有足够的资金完成这些项目。而当时前导之所以坚持参与的原因是想要通过这个大规模项目给投资方加码。在接受《IT经理人》采访时,边晓春说道:"如果你手里有50元钱,该怎样经营呢?通常的做法是投入市场,得到10元利润,再用60元继续经营。我的做法是,只拿出30元投入一个主要市场,而将另外两个10元分别用于开始两个新项目,然后把这3个项目捆在一起去寻找投资者,用得到的200元投资去发展这3个项目。"① 只是这个思路看起来虽好,但也没有被市场和资本所接受。(事实上,后来边晓春反思过这种行为:"我确实错了,因为这种理念并未使前导软件公司摆脱危机。那么,到底错在哪里呢?我目前的认知是:如果你把那30元都赔光了,也就不会有人给你的3个项目投资了,尽管这3个项目在未来确实可能是好项目。也就是说,作为风险投资企业,虽然必须也只能从资本市场得到快速发展的动力,但是只有产品市场,才是企业的立身之本。"边晓春显然是理解了"风险投资"中的"投资"是什么意思,但忽略了最重要的"风险"。)

第三,对《齐天大圣》项目有极高的期待,当时甚至认为能够在海外获得几十万的订单,结果这个项目只是草草收场,没有完成开发,这其中的主要问题是对自己的开发能力和市场的不理性判断。

第四,对公司团队的感情过于深厚,不舍得放弃。关于这一点,前导软件副总经理张立波说过:"边晓春从来就是秉持着'人才第一'的理论来进行管理的,因此要他解雇下属,他反倒会把自己的一份口粮分出来给大家吃。"② "当时所谓的前导文化就是不考勤。没有什么奖

---

① 这也是未来中国互联网时代,网络公司和风险投资合作关系的精髓。
② 1998年5月,该公司的工资款项差5万元,边晓春便自己取了5万元给大家补上。

励机制。美工 1 个月只画 4 张图,他管这个叫作创意问题。"①

前导软件最后公开了《赤壁》的全部源代码和文档,并且制作了一张光盘,附在一本专门写游戏策划的书《游戏策划之路》里,共卖 48 元。边晓春在序言里这么写道:"再过若干年,当计算机交互艺术发展到相当高的水准时回头看《赤壁》,我们的后人一定会感到它的幼稚。但是,作为中国计算机交互艺术草创期的主要作品之一,《赤壁》,已经在这漫漫长途中留下了自己的印记。"

图 2-14　使用电视剧《三国演义》的人物形象的《赤壁》

1998 年 8 月,《家用电脑与游戏机》的主编孙百英在文章《壮哉！前

---

① 引自古留根尾・我我神的文章《中国游戏人物——边晓春,一个隐者的故事》(《大众软件》,2002 年第 19 期)。

导，壮哉！先锋》里写道："前导公司进入游戏行业是一个错误的选择，因为年轻和缺乏经验。盗版、产业发展不足等问题，使得游戏制作和代理业难以生存和发展。对整个国产游戏软件市场而言，前景悲观。前导的变化不是资金问题，而是经营方向问题，高投入与低收益使公司做出战略性调整，很简单也很无奈。""在中国做游戏确实很难，没有'钱'途，这是中国游戏人的口头禅。虽然我们都有一颗游戏的心，明知前途坎坷也要毅然投入。然而没有'钱'途就无法生存，这就是市场经济的客观规律。""昨天，前导担当游戏产业的先锋，曾吹起雄壮的号角，身先士卒，冲锋陷阵；今天，前导作为市场经济的细胞，在全球游戏软件市场的争先游戏中，通关不利，半路出局；但这不是中国游戏产业的结局，因为还有你、我、他——这些大大小小的'玩家'。"

前导软件作为一个拓荒者仅仅坚持了不到4年的时间，但对中国游戏产业的重要意义是毋庸置疑的。作为游戏公司来说，它为后续游戏投下了一块问路石，让之后游戏公司的发展有迹可循。而事实上前导软件更多是死在了市场上，就像孙百英提到的一样，当时中国的市场规模并不足以支撑这一家如此有想法的公司，前导的理念对于游戏市场、资本市场和消费市场都过于超前。①

在前导软件解散游戏制作部门后，一些前导人依然坚持着自己做游戏的梦想。原前导软件美术设计师纪峥、主策划程翔、主程序设计师骆文超、程序设计师李海军到深圳创建了中国游戏行业另外一家举足轻重的公司——深圳金智塔。2000年7月，金智塔公司获得韩国电信SK株式会社的投资，制作的游戏主要有《江湖》《三国志英雄无敌》《幻想西游记》《古龙群侠传》《1937特种兵》等。

---

① 当然也不可否认前导的管理问题，尤其对于中国第一家游戏公司来说，如何管理团队本来就毫无可以借鉴的经验。

四、最早和海外接轨的中国游戏公司：目标和像素

（一）目标软件

1992年，毕业于哈尔滨工业大学计算机专业，因为不满在研究所无所事事的状态的张淳，从上海到了广州，进入了台湾智冠在大陆的第一个工作室，并且用10个月的时间制作了一款因为质量太差没能上市的射击游戏。离职后，张淳又进入一家位于美国加州的游戏发行公司DTMC，半年后这家公司破产。对中国市场满怀信心的张淳，说服了DTMC公司的两位华裔投资人在英属维尔京群岛设立了一家离岸公司——英国汉文软件，并且以这家公司的名义投资了张淳的创业项目，目标软件正式成立。目标软件最初的3人小团队，把办公地址选在了风景优美的珠海。但因为招聘技术人员困难，该公司便在1995年5月搬到了北京。目标软件的办公地址在清华大学服务楼，办公区面积有80多平方米，员工共10人。

1995年11月，目标软件开发了一款叫作《铁蹄惊雷》的游戏，这款游戏是一家名叫Microleague的公司的外包项目，也是中国第一款由本土公司制作的海外游戏项目[①]。《铁蹄惊雷》在1996年4月的美国游戏杂志 PC Gamer 上获得了82分的高分评价，也是第一款被美国游戏媒体报道的中国公司制作的游戏。不久后，目标软件的另外一个国外外包项目——弹珠游戏 Sport Pinball 上市。这些外包经验使目标软件更加注重游戏品质，对游戏出海也有很深的执念，而更重要的是，这也激励了目标软件制作原创游戏。那时前导刚刚制作完口碑惨淡的《官渡》，舆论对于国产游戏的争论非常激烈，做原创游戏至少在当时看来是个非常冒险的决定。

1998年4月，目标软件的《铁甲风暴》上市。开发团队只有1个策划、2个程序员和3个美工。并且，目标软件很快又制作了一个增强版《黑色战

---

① 不含港澳台地区。

线》,口碑极好。1998—1999 年,《铁甲风暴》连续两年成为中国销量最高[①]的国产游戏,同时是第一款进入《大众软件》游戏排行榜的国产游戏,并在上市半年内一直在 Top 10 排行榜的前五。1999 年 8 月,美国公司 Global Village 代理了《铁甲风暴》在海外的发行权,并且制作了英语、德语和法语版本,成为我国最早走出国门的原创游戏[②]。

图 2-15 《铁甲风暴》出色的美术

除了游戏以外,目标软件在那时还有其他业务。目标软件内部有两个工作室,其中"目标树"工作室负责应用软件的研发,最早的产品是 1997 年上市的多媒体教育软件《恬恬和小旋》。《恬恬和小旋》推出了夏、秋、冬 3 个版本,因为当时联想部分型号的计算机会赠送这款软件,所以一些读者

---

① 不含港澳台地区。

② 同上。

可能玩过。这款教育软件有很多解密内容，甚至可以算是附带教育功能的游戏。除此以外，"目标树"比较知名的作品还有英语学习软件《复读博士》、为香港中文大学开发的电子书 China View、计算机入门软件《有问必答学电脑》等。目标软件做教育软件的原因是当时市场上只有两种非游戏软件能赚钱：一是受众较广的教育软件，二是有更新需求的杀毒软件。所以，虽然很长时间内教育软件没有给目标软件带来太高的利润，但一直贡献着稳定的收益。直到 1999 年，目标软件打算全力进入游戏行业时才放弃了这块业务。除了"目标树"以外，更为人熟知的"奥世"工作室负责游戏的研发，这支平均年龄不到 25 岁的年轻团队后来制作了中国游戏史上最重要的游戏之一。

2001 年 1 月，目标软件的《傲世三国》上市，这款游戏带来了 3 个划时代的意义。一是《傲世三国》是国内第一款真正意义上高质量的中国风即时战略游戏。该游戏的制作质量与欧美作品相比也毫不逊色，美国知名游戏媒体 IGN（*Imagine Games Network*）甚至给出了 8 分的超高评价[①]，其他媒体，包括 *PC Gamer*、*PC Format* 和 *STRATEGY PLAYER* 也给出了超过 85 分的极高评价。二是它是第一款参加世界最大的游戏展 E3 的中国游戏。知名游戏发行商 EIDOS 拿下了它的海外代理权，将其与同公司的《古墓丽影》和《盟军敢死队 2》一同放在自己的展位上展出，更可贵的是《傲世三国》在现场收到了极多的好评。三是它是第一款成功在海外大规模发行的国产游戏。该游戏累计发行到 60 多个国家和地区，有 16 种语言版本，其中在日本发行的第一周甚至登上了日本游戏销量榜的榜首，年末还进入了当年全球游戏排行榜 *GLOBAL 100*，是第一款进入百强的中国游戏。作为一款中国单机游戏的成就来说，可谓风光无限。

目标软件总裁张淳在 2000 年第 11 期《大众软件》分享过参展时的经历，这也是中国第一份 E3 展商的日记。

---

① 2016 年前后，玩家熟知的 8 分游戏包括《怪物猎人 X》和《街头霸王 5》，虽然不是顶级大作，但也均是精品。

图 2-16 《傲世三国》的海报

5月10日早上8点 Marriot 酒店。

和 EIDOS 通了电话，得知参展的新机器没有安装视频播放程序（都什么时候了，才安装测试！），赶快在 Compu USA 捡了一张免费的 AOL 的安装程序。回去一看竟然还包括一个月的免费使用！好得不能再好了，我就"试用"了一个星期！和北京的同事联系过后，折腾到夜里3点才算把驱动全部下完。

5月11日上午，洛杉矶会议中心。

150 美元的注册费并没有挡住滚滚的人潮，10点才正式开幕的展会，8点30分已是人头攒动，热闹非凡了。而展厅里隐约传来的节奏强烈的乐声更催促着、膨胀着所有人的热情，E3 又来了。

和前几年不同的是小公司几乎绝迹，记得两年前在 E3 上看见韩国 8 家开发公司在一起设的一个小展位时还曾幻想有一天由中国开发商组成的联合"舰队"登陆 E3……而今天的游戏规则似乎又把这一天拉远了。更多的小公司像目标软件一样，通过一家代理公司把自己的产品推向市场，比如《傲世三国》。今年参展的游戏产品的整体水平应该说是高于往年的。

5月12日上午，洛杉矶会议中心。

也许是美术上浓浓的东方风格，吸引了很多老外的注意，但大多数人只是看一会儿就去转别的展位了。

也有一个例外，一个略略发福的老兄在计算机前奋战了一个多小时，当我想尽一下地主之谊稍稍讲解一番时，他却连连摆手。后来一聊才知道他是《帝国时代2》的游戏设计师，发现《傲世三国》有很多新的设计，他想自己发掘一下。

今年没有签约任务，心情就比往年好了很多，加上《傲世三国》的展出无疑为我们工作室的实力做了最有力的注释，几个会议都是轻松而颇有成果，我也有了更多的时间看看其他的产品和公司。所有产品的开发水准无疑都在提高,国内像目标软件这样从一开始就盯住国际市场,投入大量开发资金的公司已经很少了,而像《傲世三国》这样由十几个人开发近两年的却是实实在在的小制作!

5月13日下午,洛杉矶会议中心。

展会4点就要结束了,各个公司更加疯狂地派发各种宣传品,有的还真的很有创意,像一个挂在脖子上的酒杯,一个可以保持一周左右的游戏Logo的纹身图案。有的广告咱们国人可能无法想象,在会议中心的所有厕所的小便池的过滤网上竟然还赫然印着"Hot. Net"……

5月14日中午,去机场的出租车上。

带上了一箱子的宣传品,我的行李一下子重了好多。开出租车的是一个很健谈的女司机,我一上车她就感谢E3为她带来了生意兴隆的一周。当得知我来自中国时,她更兴奋了,她告诉我她是个中国迷,喜欢来自中国的一切东西。不知是恭维还是发自内心,她说中国一定是这个世纪最伟大的国家,她最大的愿望就是来中国旅行。希望她的愿望不久就能实现。

明年E3再见!

《傲世三国》除了超高的制作品质和吸引人的中国风外,更重要的是加入了相当多的创新元素,如当时让人眼前一亮的"武将"设计。游戏内的"武将"都是三国时期的知名人物,并且在游戏中可以通过提升等级获得更高的战斗能力,直接让一款RTS[①]游戏里出现了大量的RPG元素,类似这种设计在知名RTS游戏里出现还是2003年上市的《魔兽争霸III:混乱之治》。

---

① 全称Real-Time Strategy Game,即时战略游戏,指的是可以即时战斗,并不会受回合限制的策略类游戏。游戏史上第一款真正意义上的即时战略游戏是1982年Intellivision发行的 *Legionnaire*,而非常接近现有即时战略游戏风格的是1990年Westwood Studios开发的《沙丘II》,其他知名的即时战略游戏系列还有《命令与征服》《魔兽争霸》《星际争霸》《横扫千军》《帝国时代》等。

除此以外，还有孔明灯探敌情、归还佛头给予奖励以及作战单位有饥饿感等，在当时都属于非常新奇同时能够明显增强游戏性的设定。

在一片赞誉声下，目标软件又推出了资料片《傲世三国之三分天下》。

《傲世三国》旗开得胜后，目标软件的另外一款 ARPG《秦殇》也正式走出国门。曾经代理《突袭》的加拿大游戏公司 Strategy First 负责《秦殇》在北美地区的发行。这款游戏同样在参展 E3 时获得了极高的评价，知名游戏媒体 GameSpot 称其为"Diablo in history"（历史版的《暗黑破坏神》）。《秦殇》也进入了日本市场，由日本知名游戏公司 Capcom 代理发行。

与《傲视三国》一样，《秦殇》也选用了真实历史作为背景，但同时又做了一个架空世界的故事设定。历史上秦始皇长子扶苏因为反对焚书坑儒等激进政策被其父发配边疆，协助蒙恬修长城。秦始皇去世后，赵高和李斯伪造诏书逼死扶苏，扶持其弟胡亥登基。但在游戏里扶苏并没有死，而是踏上了一段复仇之旅，最终亲眼见证了秦朝一步步走向灭亡。无论是故事性还是游戏性，《秦殇》均是当时《暗黑破坏神》的模仿作品里数一数二的优秀之作，进而吸引了来自全世界的众多《暗黑破坏神》系列玩家的目光。

《秦殇》的制作质量之高，多年后也难有国产游戏能够超越。这款游戏于 1999 年 10 月开始制作，由 17 人的开发团队开发了 3 年，游戏内总共 100 多个任务，30 万字的人物对话，900 多句配音，7 种不同结局。关于《秦殇》的质量，当时在西山居忙于开发《剑侠情缘》的罗晓音评价道："在美术、音乐、企划各个方面，《秦殇》的制作水平，在国内可以算是首屈一指的。目标公司制作精品游戏的决心和信心，是游戏业的广大同人最需要学习的。"

"在单机游戏时代，我们的一款游戏需要 15～20 人的团队开发，周期至少在 2 年以上，研发推广费用在 300 万元左右，国内市场的平均收益在 150 万元左右，来自海外的收益可达到 200 万元左右。基本上只能算略有收益。不过即使有海外的发行收益补贴，目标软件也一直过着拆东墙补西墙的日子。特别是在 2000 年，进行《秦殇》研发制作时，尤其是转型的作品，对质量要求前所未有地严格，开发周期也特别长，中间又经历了网络泡沫的兴起与破灭，以及网吧失火事件[①]的影响，目标的处境异常艰难。如果《秦殇》没有挺过市场的考验，目标软件就完了。"对于《秦殇》的制作背景，张淳在目标软件成立 10 周年时接受《大众软件》采访时这么说道。

对于连续两款游戏的成功，张淳在接受《大众软件》2002 年第 13 期采访时总结了原因："我们能生存到今天，所依靠的只有两条。第一是强有力的开发团队。团队的构成比技术的先进重要。我们一直在调整目标的团队，中间也有一些人员的变动，但它始终能保持着团结而有效的工作状态。第二是管理层对产品的把握。对一个开发公司而言，产品设计、研发和上市不是它的全部工作，市场定位是相当重要的。而国内的游戏开发小组，很多时候是按照开发者自己的兴趣取向进行游戏的制作，这样的产品很难有它的市场生存能力。在国外，游戏制作公司的经理人是一个至关重要的角色，他们最重要的工作就是对尚未诞生的产品寻求准确的市场定位。他们是这个行业的专业人员，把握着制作公司的命脉。在中国，我们既不缺懂得市场的人才，也不缺少懂得游戏的人才，但我们几乎没有既懂游戏又懂市场的人，这才是问题的症结所在。"

从局外人的视角来看，目标软件成功的一些细节同样不容忽视。

首先，目标软件有非常优秀的美术审美。即便以今天的审美去看，当时目标软件的游戏美术水平依然很高，与其他游戏公司相对"媚俗"的风格截然不同。无论《傲世三国》还是《秦殇》，在写实和抽象之间的分寸都拿捏得极好，甚至不夸张地说，这两款游戏的整体美术水平远比今日一些塑料感极强的网游要高得多。有好审美的同时，在美术制作上也投入了极大的精

---

① 此处所指的是"蓝极速"网吧失火事件，后文在讲网吧的时候会详细提到。

力,在制作《傲世三国》时,美术团队就达到了 12 人,仅仅图标就制作了 100 多个。在接受《大众软件》2000 年第 2 期的采访时,奥世工作室有一名美工说道:"要给中国人争口气!"① 正是这些在美术上的精益求精让目标软件的游戏画面十分精致。

其次,产品的完成度和细节制作非常好。那个时代多数国产游戏都有虎头蛇尾的问题,游戏整体质量可能不错,但总是在一些细节上掉链子,原因是项目管理粗糙,在项目中后期就开始疯狂赶工。而目标软件对细节的坚持甚至让很多人不相信这是当时的国产游戏。

最后,目标软件在借鉴和原创内容上分寸把握得极好。最早的《铁甲风暴》参考《命令与征服》,之后《傲世三国》参考《帝国时代》,《秦殇》参考《暗黑破坏神》,这些参考起点非常高。在保证作品完成度的同时,目标软件为作品加入了中国文化特有的元素,如《秦殇》里面有对中国五行学说的阐述,这让玩家对游戏玩法有很高的接受度,同时又让游戏多了一些文化层面上的加分。

那时,《秦殇》毫无疑问要担负复兴国产单机游戏的大部分期望,而这个期望显然太沉重了。现在看,这个期望也是非常不切实际的。一家目标软件拯救不了中国单机游戏,甚至 10 家都拯救不了。中国单机游戏需要的是一个健全的市场,而目标软件也在寻找这个市场在哪里。

那时的张淳在接受《家用电脑与游戏》的采访时,在是否转向网络化的态度上还比较暧昧,他说道:"一般公司的产品策略和市场环境是紧密相连的,一段时间以来,受网络游戏的冲击,台湾的单机游戏市场的确有衰退的趋势,游戏厂商改变策略是可以理解的。但这并不会影响目标软件的产品策略和发展方向,因为我们的市场主要是在大陆和欧美,而广阔的大陆市场正

---

① 2003 年或 2004 年,目标软件开始做网游。我曾采访过当时目标软件的一名程序员,我问他,为什么那会儿能把游戏做得这么好,对方给我的回答是:"不希望让外国人看不起我们啊。"时隔十九年,他们依然清楚地记得当时让自己坚持前进的念头。

处于上升期，欧美对单机版游戏仍然有很高的需求，所以短期内目标软件不会放弃单机版游戏的开发。"

好景不长。

2004年，目标软件推出了公司最后一款单机游戏《复活：秦殇前传》，这款游戏并没有获得预期的效果，口碑毁誉参半。好的一面是《复活》确实依然代表着国内单机游戏的最高制作水平，但坏的一面也很明显，和两年前的《秦殇》相比，并没有让玩家感到有什么进步，内容上也放弃了《秦殇》的历史厚重感，而选择更加偏向于"仙侠"的故事。加之网游时代的车轮滚滚而来，《复活》的销量相当不理想，没有像它的名字一样让中国单机游戏涅槃重生。说得好听一点儿，这款游戏代表了单机游戏的回光返照；说得难听一点儿，只能说是苟延残喘。

目标软件自己也清楚，必须要做出改变了。

其实在2003年，目标软件就推出了第一款网络游戏——基于《秦殇》故事背景的《天骄》，这其实是在"试水"，而这个试水背后是50多人的团队，2年多的开发时间，总共超过4000万元的投资，所幸最后获得了不错的收入。之后的《天骄Ⅱ》又以8000万元把点卡销售权卖给了连邦软件，这笔代理费在当时被称为天价。但是，网络游戏和单机游戏毕竟是不同的产品，可能遇到的困难也复杂得多。《大众软件》在采访了几家游戏公司的员工后，总结了从单机游戏向网游转型的难题。

第一，服务器技术。此部分的研发要充分考虑服务器端的执行效率以及维持多人在线时出现的不可预知的数据溢出等情况。

第二，服务器的安全性及网络安全性。出现外挂或黑客攻击时，放置服务器端的重要计算部分如何避免攻击，如何利用实时监控系统判断玩家的特殊行为及异常数据变化。

第三，客户端的执行效率。对本地计算部分与安全性因素进行充分的评估，在防止作弊行为的前提下，如何提高计算效率及运行速度。

第四，游戏系统设计工作量相当大，需要事先充分考虑。物品、装备、战斗、技能、玩家交流等系统都同样庞大，哪个系统都不能简单，且一定要避免因前期缺乏考虑后期推倒重来的情况。

第五，平衡性问题。网络游戏对平衡性要求严格，而且游戏一旦运营，几乎没有修正平衡性问题的机会，因此在设计、测试阶段要求非常严苛。

第六，系统扩展性。网络游戏的运营要跨越很长时间，需要不断扩充新内容。在设计时，需要尽可能考虑周全，为将来的系统扩展预留出接口。

第七，系统可维护性。程序要有容错机制，对一些非致命问题要有容错处理措施。在系统架构设计上，也要考虑到后期维护的便利，尽量保证各种数据能够在不重启服务器的前提下动态更新。

第八，引擎效率。单机游戏占用的资源是可控的，但网络游戏则不同。同屏可能只有2个人，也可能会有上百人。如何保证在这种情况下不出现难以忍受的效率下降，是需要重点优化的。2D全面转向3D的过程中，由于2D在人物、动作制作上采用的是贴图的方式，通常在换装时，一个人物要做几万张图片，3D则采用即时渲染的方式，在搭建动画骨骼后，换装时的效率提高了很多，但对引擎在计算效率方面的要求非常高，否则就会经常发生"幻灯片"现象。

这些问题是进入网络游戏的目标软件都需要面对的，而《大众软件》的记者或是技术人员还忽略了最重要的一个问题——网络需要更高的投资，不只是因为开发难度带来的开发环节投资激增，运营期间同样需要占用大量资金，这才是单机游戏公司跨到网游时代所要面临的最大问题，一切问题都是钱的问题。

2005年,《大众软件》的一篇报道提及了1998年第一次见到《铁甲风暴》时的感动:"《铁甲风暴》的出现让玩家看到了一丝曙光,我们还有希望——这是经历深沉的悲哀后,我们能抓住的唯一的稻草,而至今我们也只能看到这一点点曙光。"

谁也没想到这点曙光消失得如此之快。

2004年,目标软件拿到了九城的400万美元投资开始专心制作网络游戏,同年,目标软件放弃已经投入巨资的《傲世三国2》转而制作了《傲世Online》,并于2005年10月上线。当时,目标软件为这款游戏投入了超过150人的庞大制作团队和超过3300万元的前期开发投资,其中还包括来自北京市科委的"网络游戏核心技术开发及平台化"的950万元课题经费。《傲世Online》由目标软件自己运营,张淳在游戏上线时也曾经引用过九城方面对游戏的评价,认为"画质不次于《魔兽世界》"。但这款游戏堪称命运多舛,除了制作时遇到了严重的技术和资金问题外,在上线时甚至因为游戏内的"悬赏系统"而遇到了一些问题,几经争取才重新上线。同时也因为游戏无论内涵还是完成度均无法让人满意,口碑惨淡,收入更惨淡。

这期间,目标软件的资金流一度差到无法支付员工工资,被迫与英国的投资方签订了对赌协议,后因为对赌失败甚至丧失了对公司的控制权。从此,目标软件一蹶不振。

在之后的日子里,目标软件又陆续推出了《天骄3》《龙腾世界》《楚汉》《秦殇世界》等游戏,但都没有获得太好的口碑和收益,加之核心员工持续离职,目标软件辉煌不再。

"每个人的梦想可能有所差异,但是支持人不停前行的力量,以及隐藏在梦想背后的信念,相信没有什么不同。"张淳在接受《大众软件》采访时曾经这么说过。

另外一家和目标软件直接相关的公司——像素软件也有着相似的命运。

图 2-17 《傲世 Online》的海报

（二）像素软件

2002年，曾经分别担任《秦殇》项目艺术总监和主程序设计师的刘坤、刘岩两人，成立了中国单机游戏史上另一家代表性公司——像素软件，办公地点在北京的望京。

关于像素软件的名字，项目负责人刘豫斌解释说："有人问过我'像素'这个名字的由来，其实也很有意思，当时在做《刀剑封魔录》，美术设计师只有5人，在资源极度匮乏的情况下，基本摒弃了三维制作导出二维修图的建筑制作模式，改由直接绘制。在手绘工作中，刘坤更是身先士卒，画了不计其数的建筑。由于其画画时不停地缩放局部，追求每个像素的描绘，被戏称为'像素狂人'。而后大家也觉得像素是图元的基本元素，虽小但重要，于是'像素'由此得名。"

因为像素软件公司的主创，尤其是两位创始人对格斗游戏的强烈热爱，他们就把第一款游戏定位为"ARPG+格斗"类型。但这款游戏的开发非常不顺利，制作过程中甚至一度需要仅有的11名员工借钱来维持公司运作。后来，像素软件先后获得Centent Interactive和Boya Studio的支持。2002年11月，由兰德数码代理的《刀剑封魔录》正式上市。对于《刀剑封魔录》，《大众软件》给出了90分的超高评价，这也是第二款获得90分评价的国产游戏，第一款为《秦殇》。《刀剑封魔录》在国外也获得了一些关注，其中知名游戏网站GameSpot给出了6.3分的中性评价："非常强调格斗游戏的元素，诸如特殊招式、组合技能等。它在这些方面做得确实非常出色，令人兴奋。但是，缺少多人游戏的特色，而且游戏性非常重复，这些东西令这款本应在同类中非常卓越的游戏失去了应有的光彩。"针对GameSpot提出来的问题，游戏开发人员的回应是3个字："没钱啊。"

像素软件成立的时间点，可以说在一个非常糟糕的时期里。那是我国单机游戏最萧条的几年，大批单机游戏公司要么破产要么转型，以至于当时的主流媒体对于像素软件的发展并不看好。虽然对比其他公司,《刀剑封魔录》最终 6 万套的国内销量已经算是不错的成绩,但还是让像素软件蒙受了巨大的打击。像素软件在匆匆制作了口碑和销量都不理想的《刀剑封魔录外传:上古传说》后,就全身心投入网络游戏的开发。

图 2-18 《刀剑封魔录》游戏画面

之后的两年时间里,30 人的像素团队在北京昌平区的一所居民楼里开发完成了《刀剑 Online》。在这款游戏中,像素依然坚持自己最擅长的"ARPG+格斗"类型。刘豫斌在接受《大众软件》采访时特别强调了他们的格斗系统:"首先是游戏的格斗体系,格斗依然是这款游戏最大的亮点。相信只要玩过《刀剑封魔录》的玩家都能体会到那种在连击与格斗中产生的'打'的感觉,无论攻击防守还是连击必杀,都能让玩家感受到格斗游戏的爽快与刺激。游戏中还会举办格斗大赛，达到一定级别的玩家都可以报名，报名后会来到一个专门的格斗服务器。与其他网络游戏不同，在这个格斗服务器中，格斗双方是绝对公平的，他们被赋予同样的级别，技能和参数都是初始状态，玩家可自行调整，这样格斗的胜负就基本取决于玩家的初始设定和格斗技巧。通过这样公平的比武大会胜出的玩家，将会得到特殊的称谓。"

2004年7月4日，搜狐宣布代理《刀剑Online》，签约金在500万元以上。2004年9月，大宇资讯宣布在台湾代理《刀剑Online》。

2007—2008年，像素软件开发的两款游戏，一款《寻仙》交给腾讯运营，但并没有取得太好的结果；另外一款《天龙八部》交给搜狐运营，却成为搜狐最重要的一款网络游戏。

2016年3月29日，像素软件于新三板挂牌。

目标软件和像素软件的命运就像是中国游戏行业的缩影。一帮斗志满满的屠龙者，披荆斩棘九死一生，救下了村庄，最后却发现甚至没有人愿意赏他们一口饭吃。于是，屠龙者把屠龙刀打成了杀猪刀，在村口卖起了猪头肉。

五、一些不容忽视的国产单机游戏公司

（一）腾图

北京腾图联合电子发展有限公司成立于1995年，公司的两个股东分别为国资的腾图文教和外资的腾图国际，其中腾图文教由太极、长城和联想三家联合出资筹建。

腾图的第一款游戏来自公司旗下的大唐工作室，游戏叫《美猴王》。这款游戏的美术风格非常鲜明，可以说是当时中国风最为浓郁的游戏之一，但

因为漏洞较多同时宣传上也存在问题，所以并没有引起太多玩家的注意。真正让腾图被大众所关注的是这家公司的另外一个团队——八爪鱼。

1997年，腾图的8名年轻人成立了八爪鱼工作室，并制作了一款叫作《水浒英雄传——火之魂》的游戏。这款游戏是大陆第一款在台湾地区正式销售的游戏，也被众多媒体认为是第一款国产AVG[①]，当然，那时国产游戏里真正能算AVG类型的游戏也就这一款。

好景不长，1998年3月，腾图出现了严重的内部问题，大批员工离职，其中就包括八爪鱼的8人。这几个年轻人成立了深智软件科技有限公司，开始了公司化运作。他们的第一款游戏是模拟建筑类游戏《皇城霸业》，1998年10月被联邦软件买断了销售权，后又再次在台湾地区销售。一年后，深智最成功的产品——角色扮演游戏《杀气冲天》上市。《杀气冲天》远销韩国，总销量超过10万套，为深智创造了巨大的利润。只是好事和坏事往往结伴而行，深智在开发《杀气冲天》时，其团队同时还在制作《皇城霸业2》和射击游戏《坦克排》，但这两款游戏都没有完成开发。

完成《杀气冲天》后，深智开始和国外游戏公司合作，接一些代工的项目来养团队，其中包括《金融帝国》和《酒店大亨》两款模拟经营游戏。2002年，深智公司改组，成立了北京数码仙境娱乐科技有限公司，2003年开始制作网络游戏。

数码仙境最早的两款作品为在线社区3D游戏《水晶社区》和《西游降魔记》，但因为质量太差，在中国游戏史上并没有什么存在感。

之后这个团队也就渐渐消失了。

[①] Adventure Game，冒险游戏。

图 2-19 《杀气冲天》游戏画面

（二）尚洋

在中国游戏史上也发生过类似"雅达利冲击"的事件，即尚洋电子旗下的《血狮》给中国游戏产业带来的那一轮毁灭性伤害。

尚洋电子全名北京尚洋电子信息科技有限公司，是做计算机系统集成软件代理的中美合资企业，1996 年时全年营业额就达到了 7000 万元。这一年，看准游戏行业的尚洋电子成立了一家名为尚洋信息的公司，投资 600 万元，主要做原创游戏的研发。尚洋信息的前身是吴刚于 1992 年组建的幻想空间软件创作群，是国内最早的娱乐软件开发团体之一。这支团队进入尚洋后，在 1997 年便超过了 30 人，是当时国内规模最大的游戏开发团体。

尚洋信息开发的第一款游戏就是即时策略游戏《血狮——保卫中国》，关于"保卫中国"这个副标题，吴刚在接受《大众软件》采访时解释过："我们将游戏定名为《保卫中国》，其原因不仅仅是游戏中的情节是中国人民奋起反抗外来侵略者，同时也有反文化侵略的内涵。"当然，现在从这款游戏对中国游戏产业的伤害来看，这个副标题多少有点儿讽刺。

1997年4月27日，《血狮》上市，售价86元。这款游戏当时火到什么程度，据称有大量玩家不惜花几十个小时从外地赶到北京，就是为了赶上游戏的首发，甚至有1056套游戏还没来得及印刷封面就被采购商一抢而空。《血狮》上市前的首发预订数超过4万套，打破了国内游戏的预售纪录。但结果是，《血狮》在上市的后期遭遇大量退货，实际销量约为1.8万套。相对于超过150万元的游戏投资，《血狮》带来了相当高的亏损。

是什么问题导致了这种情况发生？

《血狮》在《大众软件》上持续投放了一系列广告，包括两个封面、一个黑白广告页和4页彩页，因为一直追着《大众软件》投广告，《血狮》的名字在那时几乎和《大众软件》联系在一起。前文提到过《中国可以说不》和"光荣四君子"事件，在那个时代，中国玩家对爱国主题有着强烈的追求，于是这款抵御外敌为主题的游戏，立刻引爆了中国游戏玩家的热情。与此同时，《血狮》在宣传上也借《命令与征服》炒作了一把，那时《命令与征服》的《红色警戒》系列因为内容问题难以正式引进到中国，而《血狮》直接宣传自己是"中国的《命令与征服》"，更是让中国玩家对其有了某种特殊的期望。

当时没有什么人意识到这种期望是多么不切实际。

1997年1月，《大众软件》的封面上发布了《血狮》最"成功"的一条广告。广告画面是一个浴血奋战的解放军战士，还配了令人热血沸腾的宣传语："2010年，你的故乡——中国，超级大国在沿海大规模登陆，鲜血染红暮霭，火光撕裂长夜，隆隆战车碾碎你的美梦，你的装甲在M1A1面前犹如薄纸。面对联军，我知道你的选择，尽管那是一个惨淡经历，但是，我们是男人，那种有血有肉的男人，对吗？有些必须解决的事情，我们别无选择。当一头遍身淌血但昂首挺胸的雄狮吧！和你的战友一起痛击侵略者，保卫中国。耗资百万、倾力制作、场景宏大、国内典范。国内高水平前卫摇滚乐手音乐制作、软件创作群实力雄厚、美术创意天马行空。万众期待'血狮——保卫中国'九七贺岁、劲爆登场！"内页的广告里也写道："玩家可以拥有我军最先进的武装直升机、T72坦克等重武器，当然敌人也拥有阿帕奇飞机和M1A1坦克等先进武器，到底是T72还是M1A1厉害就要看玩家的能力了。游戏采用640×480×256色[①]显示方式，画面制作相当精细，软件的编制者在制作物体时使用了国外先进技术，制作了上百个3D真实模型使物体绝对逼真且严格按照比例。此外游戏中还穿插着数分钟的电影、动画片和有关武器的介绍资料，这在当前游戏中是不多见的。"

然而现实是，广告里所宣称的，《血狮》几乎都没有做到。

尚洋在制作《血狮》时并非没有下功夫，最早开发时打算从国外买现成的游戏引擎，但并没有谈拢，只能独立开发，而这对于开发能力并不强的尚洋来说是个巨大的挑战，尚洋严重低估了游戏的开发难度。

在玩家的殷切期待中，《血狮》如约上市，只是玩了游戏的玩家不约而同地表示被骗了。游戏画质粗糙、毫无剧情、操作一塌糊涂，更让人无法容忍的是有大量影响游戏进度的漏洞。因为游戏质量实在太差，当时的玩家发出了对国产游戏近乎绝望的质疑："难道这就是我们辛辛苦苦盼来的国产游戏？"

那时的国产游戏公司是不幸的，《血狮》的失败，使一种怨念深深地刺入了国内玩家的内心：国产游戏＝垃圾。后来，中国游戏产业花了很长时间才勉强改变人们对国产游戏的看法，甚至可以说《血狮》对国产游戏的伤害仅次于当时的盗版市场。

---

① 分辨率为640像素×480像素，256色。——编者注

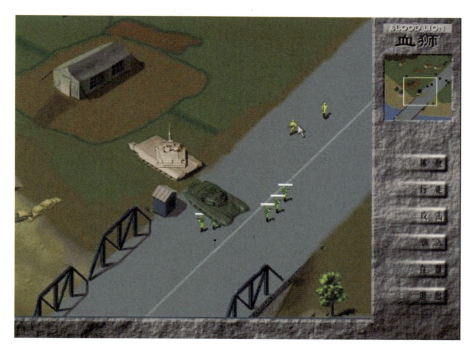

图 2-20 《血狮》游戏画面

当时尚洋的市场经理吴刚在 2006 年,也就是《血狮》上市 10 年之际,接受《大众软件》采访时提到过这款游戏的一些前因后果:"首先是题材的选择。1996 年正流行一本书,叫作《中国可以说不》,国人的爱国情绪空前高涨,爱国题材游戏的推出正当其时。第二是对媒体的选择。当时国内尚无几家专业的计算机类刊物,只有《大众软件》一枝独秀,与其在各大媒体'烧钱',不如索性通过一家媒体打响名声,通过《大众软件》的示范效应来影响其他媒体。第三是档期。当时 C&C(《命令与征服》)在国内火爆无比,玩家对即时战略游戏的渴望已不可抑制。最后一点就是对渠道的建设。当时国内的游戏开发商压根就没有渠道这个概念。我建立了一个系统的分销体系,通过第一层赛乐氏、联邦等 4 家批发商下设代理商,再通过代理批发商把货发到零售商手中。对于每个层次,我都提供了一份经销商销售指导手册,用于解答游戏销售和游戏本身的常见问题,甚至顾客要求退货时该如何回答都记录在内。"

当时,吹捧《血狮》的消息和各类文章铺天盖地,人们对它的期待无以复加。事实上,当时尚洋自身并没有四处打广告,那些吹捧《血狮》的文章基本都是玩家因为那份热情自发撰写的。遗憾的是,这份热情被背叛了,险些引发中国游戏产业的"雅达利冲击"。

关于《血狮》的失败,吴刚说:"这些年来,有件事使我印象深刻:有几个湖北的大学生为了在首发式上买到《血狮》,凑钱来北京买走一套。走的时候自知有愧的销售人员一再地对那几个学生说,有什么问题一定要来电话,我们给你们解决。但是直到今天,那几个学生都没有来过电话,也没有来信,我知道他们真的被深深伤害了。是的,那种骤然而来的打击使他们的内心有强烈的被欺骗的感觉。我意识到,我们失去了他们,这是我们最大的悲哀。"

原前导《赤壁》主要设计人员、原尚洋《烈火文明》主策划李波谈到《血狮》时说道:"《血狮》离成功只有一步之遥,即时战略游戏类型当时正红得发紫,游戏充分调动了玩家的爱国主义情结,没有竞争者,面对的几乎是个完全空白的市场,宣传到位,玩家的期盼已经到达顶峰——只要游戏别烂到极点,对于那些渴望真正'国产游戏'的玩家来说都是可以接受的,可是它就真的烂到了极点……国产游戏的发展失去了一个最好的契机,玩家对于国内游戏开发商的信任度降到了最低点。"

1998年,我国三大骨干旅行社之一的中青旅突然杀入游戏领域,投资3000万元控股北京尚洋电子信息科技有限公司,成立中青旅尚洋电子公司。增资扩股后,中青旅尚洋电子注册资本5000万元,中青旅控股60%。

1998年8月,原前导项目负责人刘刚带着瞬间工作室加入了中青旅尚洋电子技术有限公司,开始制作《烈火文明》。由于《血狮》惨败,尚洋迫切地希望有一款游戏能够扭转口碑,所以打算直接制作一款高质量的3D RPG,

至少让公司在玩家面前能够挺得起腰杆。最终，在经历了整整30个月的马拉松式开发后，《烈火文明》终于完成了。在推广前，考虑到《血狮》已经严重伤害了经销商和玩家，所以尚洋决定主攻OEM[①]市场。因为《烈火文明》是当时少有的针对英特尔奔腾3处理器有特殊优化的游戏，所以尚洋在和英特尔的OEM合作推广中直接拿到了10万的订单。除此以外，为了安抚消费者，尚洋对外宣布，只要有《血狮》原盘的玩家，就可以免费换一套《烈火文明》。《烈火文明》的最终销售收入为300万元，但因为投入太高，所以还是个亏本的项目。

图 2-21 《烈火文明》游戏画面

如果按照那时的标准来看，《烈火文明》并不是一款多差的游戏，至少在国内游戏里属于中上等，只是游戏有些过于超前，对配置要求极高，以至于大量拿到游戏盘的玩家其实都不能顺利地进行游戏。因此，尚洋的

① Original Equipment Manufacture，原厂委托制造，俗称"代工"，这里指的是捆绑销售的版本。

口碑没有取得本质的改变。时至今日，人们提到尚洋时，想到的依然只是《血狮》。

除了未能扭转口碑以外，《烈火文明》因为投资过高，也没有让尚洋赚到钱。尚洋当时的想法是继续使用这款引擎开发游戏，以降低后续游戏的边际成本。但游戏引擎本身就有技术缺陷，所以这个想法也就成了空想。

2000 年初，传言尚洋多媒体部想要独立开发游戏，这让很多人满怀期待。但谁知，2000 年 4 月 6 日下午 2 时，尚洋电子总经理沈习武在内部会议上正式宣布尚洋电子退出电子游戏制作，原尚洋电子多媒体事业部解散。

"自己一不留神踏入了这个万劫不复的世界，最近在这个已太过虚幻的世界中越陷越深，渐渐地不知道自己是谁，不知道自己是为什么了。我是什么呢？是一个国产游戏的'毁灭者'吗？甚至有人说今天国产游戏的境遇全赖我们的'功劳'！"[①] 吴刚这么说。

尚洋的故事也就到此为止。

（三）鹰翔

1996 年 4 月，北京自动化工程学院的教师姚震创立了鹰翔软件工作室，3 个月后和台湾新艺公司在大陆的子公司立地公司签约，成为其旗下的制作团队。1997 年 8 月 18 日，其制作的第一款游戏《生死之间》发售，由立地公司代理，凭借着特殊的美术风格和相当不错的完成度，取得了极好的口碑。只是这款游戏销量平平，最终销量只有 5000 套。虽然之后《生死之间》通过国产游戏大礼包[②]的形式做过促销，但也只多卖了 3000 套。这款游戏的

---

① 引自 Dagou 的文章《最后一声叹息》（《大众软件》，2000 年第 22 期）。
② 1997 年底，连邦软件为了促销，打包前导软件的即时战略游戏《赤壁》、逆火软件的射击游戏《天惑》与鹰翔软件工作室的即时战略游戏《生死之间》，以 138 元人民币的价格销售。

总投资为 30 多万元，基本上没赔没赚。

后来姚震在解释《生死之间》销售不佳时说道："这一方面是市场承受能力不够，一方面是受到比《生死之间》早发行了一点儿的《血狮》的影响，许多玩家在那段时间根本不看国产游戏。"当然，2000 年开始担任总经理的林广利否认过这个观点："我认为游戏卖不好的原因是多方面的，和《血狮》本身没有太大的关系。这其中首先是广告投放的原因，那个时候鹰翔的市场费用只有 10 万元，游戏是 8 月上市的，我们直到当年 5 月才在杭州的一本计算机杂志上投放了几个广告。但是那本杂志的覆盖面太小，根本没有做好足够的预热，玩家自然不买账。甚至有很多玩家都不知道这个游戏背后的研发商是谁，还有一些人认为这是一个国外产品，因此游戏没有卖好很正常。"除了宣传以外，盗版也是一个无法回避的问题，当时台湾地区版本比大陆早上市一周，结果在大陆版本还没有上市的时候，台湾地区版本的盗版已经流了出来。

1998 年，鹰翔软件工作室和立地"分手"，自己独立出来成立了北京创意鹰翔科技发展有限公司。团队总共 11 人，包括 2 名程序员、1 名策划、6 名美术设计师和 2 名市场行政人员，这基本是开发一款标准游戏的人员配置。1998 年底，创意鹰翔发行了独立以后的第一款游戏《生死之间 2——末日传说》，只是制作质量低于玩家预期，无论销量还是口碑都十分惨淡。《生死之间 2——末日传说》的总投资和该系列的第一部作品差不多，开发花了 37 万元，市场花了 11 余万元。庆幸的是，这款游戏的 OEM 版，也就是和其他产品捆绑销售的版本销售非常好，一共卖出了 7 万套，这才使得这个项目不至于亏损。

林广利在 2002 年 5 月的《计算机与生活》杂志中回忆这款游戏时提到了很多省钱的办法："比如说当时在做《生死之间 2》的时候，包装盒是在印刷厂的小礼堂做的，外壳是后来大家看到的样子，但是内壳如何做我们却费了一番脑筋。我们最初也想像前导一样做一个精美的揭盖式内壳，但是后来知道造价后彻底死了心，因为确实超出了我们能承受的经济范围。后来为了节省成本，我们就自己选纸，自己设计包装盒样式。先是用了几年前大街上装冰棍的白卡纸，一面是白的，一面是糙的。之后回来自己设计包装盒样式，一个盒里面加一个光盘托，设计完后按照尺寸压力①，压好之后把白卡纸运回来，剩下的事就是工作室人员集体上阵压包装盒进行包装。后来工作室人手不够，我又从外面找了几个社区的大妈帮着做。当时北京的气温三十七八摄氏度，屋里也没有空调，刚开始我们连手套都没有，有的人压了半天时间手就起泡了。我一看不行赶紧买白手套，最后的结果就是每个人以两天一双的速度损耗这批白手套。天气热了，我只能弄点儿饮料给大家解暑。"

这期间，为了生存，创意鹰翔还接了很多杂七杂八的工作，比如汉化过二十几款游戏，还接过日本公司的美术外包。

《生死之间》和《生死之间2》上市后，创意鹰翔对外宣布要做一款名为《反击》的游戏，内容为中国被侵略，中国人民奋起反击的故事。但是这款游戏最终没有做出来，主要是因为创意鹰翔本来打算在《独闯天涯》之后开发，但《独闯天涯》上市整整延误了半年，打乱了所有开发进度。此外还有一个原因林广利在采访时也提到了："《反击》策划案出来之后，我曾经跑了一趟出版社问这个题材的游戏是不是可以卖。当时出版社的同志给我的回复是他们做不了主……然后过了一段时间得到的答复是'这个东西你们可以做，但是能否卖不好说'……"

2000年3月，《独闯天涯》上市，这款游戏在当时的国内市场非常有特色。首先，这是一款几乎独一无二的废土风格游戏，讲的是地球环境被破坏后人类大移民，无论画风还是故事在当时都独树一帜；其次，作为角色扮演游戏，完全没有经验和升级系统，这对玩惯了日系角色扮演游戏的中国玩家

---

① 意思可能是往里面压。

来说非常新鲜，当然今天看会发现这款游戏更像是《盟军敢死队》，是一款偏向动作解谜的游戏，只是当时创意鹰翔并没有这么宣传。最终《独闯天涯》在玩家中获得了非常好的口碑，但销量依然惨淡。

图 2-22 采用独特的废土风格的《独闯天涯》

最终，在做了 3 款叫好不叫座的游戏之后，创意鹰翔决定做一款更容易被中国普通玩家接受的武侠游戏——《碧雪情天》。

2000 年，台湾华义在大陆设立分公司，当时华义是创意鹰翔游戏在台湾地区的发行方，分公司的筹备工作创意鹰翔也帮了不少忙，其间还帮华义开发了《真命天子》的网游版。

这时的林广利基本认定要做网络游戏，而要做的就是《碧雪情天》，但是刚开工就发现网络游戏的投资远远不是单机游戏可以比的，就改做单机游戏。

《碧雪情天》与目标软件的《秦殇》类似，都是中国风的《暗黑破坏神》类游戏。几个月后，创意鹰翔又制作了一款外传作品《碧雪情天之冰雪传奇》。最终，这两款游戏在大陆和台湾地区的总销量超过10万套，是创意鹰翔销量最高的两款游戏。

图 2-23 《碧雪情天》的《暗黑破坏神》风格

《碧雪情天》这款游戏本身对中国游戏产业没有带来什么影响，但其参与者却影响了未来中国游戏产业的格局。这款游戏使用了国产游戏引擎"风魂"，"风魂"的开发者叫吴云洋，他更为人所熟知的称呼是"云风"。吴云洋日后在网易作为技术负责人开发了《大话西游》和《梦幻西游》两款游戏。同样参与了《碧雪情天》开发的还有姚晓光，他现在更被人熟知的身份是《QQ飞车》的制作人,他也是腾讯天美工作室群的总裁,被一些媒体称为"《王者荣耀》之父"。

在《碧雪情天》发售期间,创意鹰翔遇到了一个当时单机游戏公司都会遇到的问题——被发行方雷神拖欠销售款。于是在外传作品《碧雪情天之冰雪传奇》销售时,创意鹰翔就放弃了跟雷神的合作,结果雷神为了报复制作盗版销售。创意鹰翔直接起诉了雷神,这个官司在拖了很久以后终于宣判创意鹰翔胜诉,但雷神并没有赔款,因为雷神宣称自己没钱。

2003年,靠着单机版《碧雪情天》攒了点儿钱的创意鹰翔,制作了网络版的《碧雪情天Online》,这一款网游于2004年8月开始正式收费运营。《碧雪情天Online》是中国最早做联运的端游,联运的意思是让不同的平台和代理方同时运营自己的游戏,这在页游时代非常普遍,但是在端游时代还是很罕见的事情。《碧雪情天Online》同时在线人数最高到过1.8万人,虽然这个数字并不是特别好,但还是让团队一直维持着运作。

日后创意鹰翔还做过页游和手游,但都不是很成功。不过和当时不少工作室不同,创意鹰翔一直活着。

2017年,从大众的视野中消失十几年的创意鹰翔突然重新出现在媒体上,决定把他们在十几年前开发的《独闯天涯》登录到Steam的"青睐之光"。创意鹰翔的老板林广利这么说:"我是一个非常现实的人,免费的午餐我不吃,抽奖活动我不参与,所以你问我有没有现实的期待,那我肯定是有的。但是这涉及两方面的东西,一是出口,二是入口。出口就是说我想看看Steam到底能在多大程度上产生回馈,我们不会看着别人在Steam成功就觉得自己能成功;入口就是成本和人力,我到哪里去找到更多有理想有热情的人,来一起持续投入这件事当中。"[1]

20世纪90年代中期是中国游戏创造力非常旺盛的一段时间,出现了

---

[1] 引自手游龙虎豹的文章《林广利:我为何要将17年前的单机游戏〈独闯天涯〉送上Steam》。

很多现在都少有人能做的游戏。比如北京吉耐思科技有限公司先后制作的《中国足球风云》《中国球王》等一系列足球主题游戏，其中1996年的《中国球王》虽然游戏性不佳，但靠着足球情怀赢得了不错的口碑。游戏主要是讲一个人从14岁到32岁这18年间的足球故事，这种主题让不少球迷产生了共鸣。

图 2-24　讲述足球故事的《中国球王》

1997年8月，逆火工作室的《天惑》上市，这款纵版射击游戏的水准极高，被Epic评价为"达到了国际先进水平"。只是这款游戏在消费市场反响平平。

逆火工作室是中国最早的独立游戏公司之一，一直没有大规模公司化运作，游戏也不是大制作的主流游戏，主流媒体甚至极少对其进行报道。

逆火工作室的创始人徐创曾经是Epic的工程师，他在美国时就发觉游戏市场大有可为，对还在起步阶段的中国游戏市场来说尤其如此。回国后，他和庞鑫、王科、马江等朋友一起创建了逆火工作室，推出的第一款游戏是《天惑》。这款游戏可谓命运多舛，游戏最早是在 DOS 平台上开发，但是随着 Windows 开始在中国市场普及，便决定移植到 Windows 95 平台上。这期间，逆火工作室几乎把游戏重新开发了一遍，一直到 1998 年游戏才上市。期间公司几次断流，发不出工资是常事。在《天惑》上市后，逆火工作室紧张的经济状况终于得到缓解，便直接启动了 3 个新项目，包括两款射击游戏（和 AMD 合作的《极速猎杀》，和 Intel 合作的《战国——嗜魂之旅》）以及回合制游戏《世纪战略》。但逆火工作室显然高估了自己的开发实力，这 3 款游戏最终也拖垮了逆火工作室。

如果我们回顾中国单机游戏时代，会发现有一类公司无法被忽视。他们在做着纯粹的东方风格的游戏，但又有着完全不同的开发环境和生存土壤，这就是来自我国台湾地区的游戏公司。

六、来自宝岛的游戏

（一）宝岛游戏的起步

"台湾游戏行业有过辉煌。"一个台湾游戏人如是说过。这句话让人印象十分深刻，因为这句话的重点并不在"辉煌"，而是在"有过"。

20 世纪 70 年代，中国的台湾地区几乎和日本同步出现了很多游戏机相关产业，但进入 20 世纪 80 年代以后，台湾地区严格限制电子游戏产业的发展，甚至一度暂停电子游戏产品的销售。很多早期电子游戏公司便考虑转型模仿苹果计算机，那时的模仿者称自己的产品为学习机，其中施振荣创立的宏碁在 1981 年上市了一款模仿 Apple II 的产品"小教授一号"，并在台湾取得了不错的销量。但好日子没过多久，苹果开始严厉打击 Apple II 的模仿者，宏碁被迫把目标放在了 IBM PC 上。塞翁失马，焉知非福，因为这次转变，未来的世界又多了一家个人计算机方面的大公司。施振荣曾经这么形容自己的经营理念："办企业像下围棋，'气'一定要长，不能一口气喘不过来，就趴下了。"这也是"宏碁"里"碁"字的来源，为"棋"的异体字。

1983 年，施振荣将宏碁的媒体事业部拆分，成立了第三波文化事业股份有限公司，这是中国第一家游戏公司。

第三波除了岸引进了《博德之门》《魔法门之英雄无敌》《樱花大战》等经典游戏系列外，在自研方面也贡献过不少的精品。尤其是第三波在珠海和《剑侠情缘》的策划李兰云一起创建的第三波珠海研发基地，制作了《三国孔明传》和《三国赵云传》两款精品游戏，其中 2001 年上市的《三国赵云传》是国产 ARPG 的巅峰之作。

第三波的贡献不止于此。1984 年 4 月，第三波创建了"金软件排行榜"，用优厚的金钱奖励鼓励游戏制作。虽然这个排行榜没有持续太久，第三波的游戏代理业务做得也并不是顺风顺水，但大量优秀的游戏制作人通过这个排行榜脱颖而出，包括《天使帝国》的施文冯、《轩辕剑》系列的蔡明宏和刘昭毅。日后非常重量级的 3 家游戏公司精讯资讯、大宇资讯、智冠科技，也都是在这个时代背景下开始创业的。关于金软件排行榜，施文冯说过："不知搭错了哪根弦。"

1984 年圣诞节那一天，卖磁带出身的王俊博在宏碁主要竞争对手神通的老板苗丰强的鼓动下，创立了另一家知名游戏公司智冠科技。当时苗丰强让王俊博改行的核心原因，不过是希望王俊博能够用他的磁带生产设备来帮助神通公司的"小神通电脑"生产游戏磁带。但无心插柳柳成荫，这家公司在几年后成为中国游戏产业的一支重要力量。

智冠科技真正改变中国游戏产业格局是在 1986 年，当时全世界的游戏产业基本是统一定价，但因为这个统一的价格过高，所以很多消费者难以接受，进而使得盗版横行。王俊博花了一年时间游说海外游戏公司，希望能够获得这些公司的游戏代理权，同时希望价格可以定在 3 美元这个在当时来讲低得可怕的价位。要知道当时正版游戏价格普遍在 30 美元以上，所有人都认为王俊博疯了，但他成功了。[①] 第一家愿意跟他合作的是美国 SSI 公司。到了 1991 年，智冠科技成了亚洲最大的游戏发行商，代理了包括 EA、Activision、雪乐山在内众多知名游戏公司在东亚和东南亚的业务。

精讯资讯的成立时间实际上早于智冠科技，但精讯资讯起初并不是一家纯粹做游戏开发和发行的公司，它最早的业务是卖游戏说明书。那时台湾地区流通的大都是盗版游戏，这些盗版游戏的软件本体源于不同的语言地区，但盗版游戏并没有附带说明书。精讯资讯的早期业务就是把其他语言的游戏说明书翻译成中文，并在台湾地区贩卖，这类业务最早主要集中在著名的电子城光华商场。这段后来多少被当作公司污点的历史迅速让精讯资讯的 4 位创始人获得了不少收入。当时精讯资讯内部对于发展方向有过激烈的争论，其中创始人之一的"小李"李永进和"老李"李培民的观点最矛盾。总经理李培民认为现有利润颇丰，如果投入原创游戏风险太大，而李永进则认为原创和正版才是游戏行业的未来。最终在李永进对中文游戏的坚持下，精讯资讯便考虑和一些游戏开发者合作做原创的中文游戏。其中包括 1986 年上市的第一款由中国人制作的商业化游戏《如意集》、1987 年刘昭毅制作的《星河战士 MX-151》和蔡明宏制作的《屠龙战记》。其中，《星河战士 MX-151》被认为是中国 RPG 的始祖。至此，台湾游戏产业"南智冠，北精讯"的格局形成，但这个格局只维持了几年。

1988 年，精讯资讯 4 位创始人中的李永进和李培民正式"分手"。希望在原创游戏上大展拳脚的李永进成立了大宇资讯，几个月后又招揽了在精讯资讯认识的蔡明宏、施文冯，未来参与制作了《轩辕剑》《天使帝国》《霹雳奇侠传》的郭炳宏也在此期间加入大宇，这就是最早的 DOMO 小组。日后，蔡明宏、施文冯、郭炳宏也被人称为"DOMO 三巨头"。没过多久，"《仙剑奇

[①] 当时王俊博对外说的 3 美元是 1 美元的成本，1 美元给游戏公司的版权费，最后 1 美元是智冠的利润，当然最终的分配比例并没有这么简单。同时，当时欧美公司能够接受这个相对低的定价最大的原因可能是这些公司并不重视这部分相对比较小的市场，而不是因为低价能够带来更高的商业利益。而这个策略后来影响过很多盗版大国的游戏市场，比如俄罗斯。

侠传》之父"姚壮宪也加入了大宇。1989年,姚壮宪负责的《大富翁》卖到了3.5万套,打破了台湾当地的游戏销量纪录,"南智冠,北大宇"的时代正式来临。

20世纪90年代初期是台湾游戏产业创作的高峰期。1990年,精讯资讯的《侠客英雄传》、智冠科技的《神州八剑》、大宇资讯的《轩辕剑》分别上市,3款游戏都广受好评。1991年,智冠台北工作室的第一款原创游戏《三国演义》上市,其最终销量为17万套,刷新了当地的最高销量纪录。1993年时,智冠、大宇、精讯、第三波这4家公司的游戏制作呈井喷式发展。智冠推出的《笑傲江湖》和《射雕英雄传》为其塑造了金庸游戏代言人的形象[1];大宇则推出了8款游戏,其中包括确立了阿土伯、钱夫人和孙小美等经典形象的《大富翁2》以及华语战棋游戏的一杆旗帜《天使帝国》;精讯制作了《聊斋志异:幽谷传奇》和早期经典模拟经营游戏《疯狂医院》;而原本以代理为主的第三波也推出了《三界谕:邦沛之谜》。到了1994年,大宇的《轩辕剑2》《妖魔道》《鹿鼎记:皇城争霸》《天使帝国2》陆续上市。1995年《仙剑奇侠传》爆红以后,大宇正式登上了中文原创游戏老大的宝座。

第三波、智冠科技、精讯资讯以及大宇资讯,在1995年的《电脑报》上被并称为"四大天王"。从当时台湾游戏产业规模乃至其对中国游戏产业整体的影响力来说,它们当之无愧。

就像华语乐坛不是只有"四大天王"一样,台湾地区也不是只有这4家游戏公司。

1994年,一家叫作汉堂国际的台湾游戏公司就做出了优秀的战棋类游戏《炎龙骑士团》。该系列的第二作《炎龙骑士团2:黄金城之谜》,在很多游

---

[1] 智冠后续推出过大量金庸作品游戏,但没有任何一部做完了完整的小说剧情。智冠宣传大多数作品会有续作,但那些续作从未出现,以至于智冠在游戏圈子里留下了专门做半成品的金庸作品游戏的印象。智冠的金庸作品游戏的故事在后面还会提到。

戏从业者看来甚至是能够与日本战棋游戏大作《火焰之纹章》相提并论的佳作。之后，1999—2002 年，这家公司又发行了影响更深远、中国味道更浓郁的《天地劫》系列，其中正传《神魔至尊传》、序传《幽城幻剑录》以及外传《寰神结》三部曲堪称中国游戏历史上质量最高的系列游戏。但汉堂的好日子却不长，1997 年汉堂因受盗版影响濒临破产被智冠注资，并渐渐被控股。①

图 2-25　战棋游戏《炎龙骑士团 2：黄金城之谜》

除非是比较核心的玩家，大部分玩家可能对汉堂这家公司并不熟悉。汉堂除了做过《炎龙骑士团》和《天地劫》两个非常出名的品牌外，最令核心玩家记忆犹新的应该就是他们的游戏难度非常高。在提高游戏难度这件事

---

① 《幽城幻剑录》其实是汉堂被收购的导火索，这款游戏投资超过 3000 万元新台币，大概相当于 800 万元人民币，是当时整个台湾地区投资最高的游戏。可该游戏最终销量只有几万套，但其盗版销量至少是正版的 5 倍。

上,汉堂的"恶趣味"可以说是贯彻始终。当然,其中一些所谓的游戏难度现在看来只是当时游戏的设计者考虑不足导致的。比如《幽城幻剑录》里有一个让一些玩家放弃游戏的设定,就是玩家在商店购买道具后,不知道该怎么退出商店,甚至按键盘上所有的快捷键都没用,这其实是因为设计者把退出按钮设计得非常隐蔽,让人看不出来它是用来退出的。再比如,游戏里面使用大量古文叙事,很多玩家,尤其是年轻玩家根本读不懂对白的意思,甚至很多人都不认识里面出现的生僻字。因为这些"难度"和游戏操作本身带给玩家的种种不便,以至于多年以后我和人聊到 2015 年宫崎英高制作的难度极高的《血源:诅咒》时,依然会想起十几年前那个给我们的心灵留下创伤的《天地劫》。

图 2-26 《幽城幻剑录》

在《天地劫》制作期间，汉堂遇到了一件让人哭笑不得的事情。《幽城幻剑录》上市后，官方授权的攻略手册销量数倍于游戏本身的销量，可见当时盗版的严重程度。其实有相当多的人认为，汉堂之所以把《天地劫》系列做得非常难，甚至有些游戏内容必须查阅手册才可以进行，就是为了推动官方攻略手册的销售，算是另辟蹊径赚取利润。虽然听起来有些奇怪，但事实上台湾游戏很早就存在类似的印刷品和游戏搭配销售赚取收益的模式，这一切都是建立在台湾对纸质印刷品盗版的管控远远严于软件的基础之上。①

从某种角度来说，《天地劫》可以说是汉堂为了满足自己强烈的表达欲而推出的作品。之前的《炎龙骑士团》虽然在行业里有极好的口碑，但其实这个系列的作品无论是早期的游戏方式还是贯彻始终的中世纪设定，都是源自世嘉早期的《光明与黑暗》。汉堂需要一款真正意义上原创的游戏来证明自己的能力。

早在1992年，汉堂制作了一款很多人并不太熟知的游戏，叫作《天外剑圣录》，之后的《天地劫》系列游戏主要就是在延续这部作品的世界观和设定，包括一些人物的重复出现和一些上古神话的引用。所以从严格意义上来说，《天地劫》本身是四部曲作品。从《天外剑圣录》确立基本世界观，《神魔至尊传》将完善三界的世界观正式呈现给玩家，到《幽城幻剑录》把视线转到了遥远的大漠，从河西四镇、高昌古城到罗布泊和楼兰，最后《寰神结》重回中原。这四部曲为我们完整地讲述了一个熟悉而又未知的世界，在仙侠主题的游戏里，世界观如此完整的作品前无古人后无来者。

汉堂虽然归属于智冠，但很长时间内基本是台湾高品质游戏的代名词，

---

① 纸质出版物盗版肯定需要大规模的印刷设备，无论投资还是对场地的要求都很高，而在那个时代，盗版计算机软件只要有一台计算机和一套刻录设备就能做。当然，这里还有一个问题就是纸质出版物的附加值比游戏的附加值更低。

也为同时代的台湾游戏树立了一个标杆。

在制作《炎龙骑士团》前，汉堂便于 1993 年制作过一款叫作《大时代的故事》的抗日主题策略游戏。汉堂的老总赵浩民在接受采访时说道："我们想做抗日英雄，不让日本游戏专美。"这也是那个时代台湾地区游戏人心态的写照，学习日本，但是要超越日本，师夷长技以制夷。

除了这些公司以外，台湾游戏市场还出现了相当多口碑不错的中型体量的公司，像制作了《富甲天下》和《天下霸图》系列的光谱资讯、制作了《圣女之歌》的风雷时代、制作了《风色幻想》的弘煜科技、制作了《三国群英传》《幻世录》和《幻想三国志》的宇峻奥汀、在街机领域风生水起的钰象电子，等等。1995 年 5 月，日本 *LOGiN* 杂志评价中国台湾地区的游戏行业时写道："虽说中国台湾地区目前以低年龄层次的 PC 游戏玩家为主，但无可否认它的成长是迅速而惊人的，对日本有很大的冲击……最可怕的莫过于中国台湾的地理位置了，由于中国台湾地区对外接触较多，其游戏软件要打入韩国、美国，甚至欧洲、世界市场也并非难事。加之中国台湾地区开始投入大量资金进行大规模游戏开发，这使得日本坐立不安。现今日本软件虽还领先，但将来如何，不得而知。"

（二）宝岛游戏的没落

中国台湾地区的游戏产业在那时已经被日本看作一个强有力的竞争对手。同时，台湾的游戏产业，当时在大陆看来是一座不可逾越的高峰，只是谁也没想到这座高峰会轰然倒塌。

关于整个台湾游戏市场的衰落，大宇是最具代表性的一家公司。2001年，大宇靠着《大富翁 5》《轩辕剑三外传：天之痕》《轩辕伏魔录》和《新仙剑奇侠传》等一系列热销游戏，营收达到了 1.2 亿元人民币，成了当时台湾最大的原创游戏厂商。大宇这时的营收数字，即便放在海外市场来看也十分可观。2001 年，整个台湾单机游戏市场的规模为 7.4 亿元人民币，基本趋于稳定。而在这一年，大陆的游戏市场正在飞快地扩大，大陆单机游戏市场的规模达到了 2.3 亿元人民币，单机游戏发售品种为 313 款，次年的品种数更是达到了历史最高的 397 款。那一年，颇有危机感和远见的台湾大宇在大陆先后成立了 3 家公司，分别为：8 月成立的游戏开发公司软星科技（上海）有限公司；11 月和风雷时代、宇峻、弘煜、奥汀共同成立的独家游戏代理公司北京寰宇之星软件有限公司；11 月与日商艾尼克斯合资成立的网游运营公司网星史克威尔艾尼克斯网络科技（北京）有限公司。一切看起来都像是在往好的方向发展，但事实上到 2003 年，中国整个单机游戏市场彻底崩盘，台湾地区的单机游戏数量跌到了 3 年前的三分之一，而大陆那一年发售的游戏数量也跌至 194 款，2004 年为 116 款，2005 年下跌到令人咋舌的 35 款。在没有站稳网游市场的情况下，依然以单机游戏为主的台湾游戏公司被时代的风云突变打得措手不及，衰落速度之快远超行内人的想象。回顾 2002 年《家用电脑与游戏》《大众软件》等媒体对于未来的预测，大部分媒体认为单机游戏市场至少还有几年好日子，再差也不至于出现腰斩甚至更严重的下跌。关于那段时间，姚壮宪说："人才、市场、资金、玩家的关注，到了 2003 年，仿佛一下子就消失了。"

台湾游戏公司早期进入大陆市场更像是"技术扶贫"，1992 年，大量台资企业开始布局大陆市场，最先进入的是智冠。1992 年 9 月，智冠在广州成立了台湾游戏公司在大陆的第一个工作室[1]，当时负责过《神州八剑》企划和程序制作的杨第来到这里参与制作了第一款大陆本土游戏《大明英雄传》。此外，杨第在 1985 年就编写了台湾地区的第一款游戏《打地鼠》，是国内游戏行业里难得的两个"第一人"。1994 年 5 月，智冠又在大陆设立了北京分公司和红蚂蚁工作室，开发了《马场大亨》《大银河物语》《超级灌篮大赛》

---

[1] 前文提到的目标软件的创始人张淳就是其中最早的一批员工之一。

《金庸快打》等游戏，同样是杨第负责。那时的台资企业没有预料到日后大陆市场的爆发性增长，更多的只是着眼于大陆的劳动力成本优势。这种认识上的局限性，为之后台湾企业在大陆的败走埋下了伏笔，等到他们意识到大陆市场的重要性时为时已晚。

我国台湾地区的游戏产业，可谓成也日本，败也日本。

台湾地区早期的游戏作品是在全方位地借鉴日本游戏，比如包括《轩辕剑》在内的很多早期 RPG 作品就有浓烈的《勇者斗恶龙》的味道，后来随着行业发展，才开始在日本游戏的内核上加入很多中国元素，这也是台湾游戏在早期受市场欢迎的关键原因。

台湾游戏占据市场的局面并没有持续太久。随着大陆游戏进入网游时代，《梦幻西游》《完美世界》《征途》等游戏赚得盆满钵满时，台湾厂商的游戏也就失去了往日的风光。在这一时期，唯一称得上做得不错的只有靠着《石器时代》产生不小影响的华义国际。2020 年，除了已经大规模进军网游和手游的智冠，以及后来以引进韩国游戏《天堂》而收获颇丰的游戏橘子[①]两家公司业绩依然还说得过去，剩下的几家台湾地区上市游戏公司的营业额总和甚至小于大陆很多手游公司，而整个台湾地区游戏产业总产值也只有不到 100 亿元。即便是海外的游戏市场，也是大陆游戏压过了台湾游戏占据了主要市场。

在网游时代来临时，我国台湾地区的多数游戏公司没有选择转型，而是选择继续紧跟日本公司的脚步，坚守自己所熟悉的套路。并且，在这个过程中台湾游戏公司还犯了 5 个非常严重的错误。

一是站错了队。台湾游戏公司严重低估了大陆网游时代发展的速

[①] 游戏橘子早期分别以富进软件工作室、富优资讯和富峰群资讯的名字进行原创游戏研发，但一直没有获得良好的收益，直到转型做游戏发行才开始获得颇高的利润，但也和高质量的原创游戏渐行渐远。另外，游戏橘子现在的大股东是韩国游戏公司 Nexon，这样说起来，游戏橘子其实更像是 Nexon 放在当地游戏市场的一个"据点"。

度，也低估了整个大陆经济的发展速度，大陆只用了15年的时间就从零起点做到了超过2000亿元产值的世界第一大游戏市场。宏观经济方面，20世纪90年代初，台湾地区的生产总值有大陆的近40%之多，而到了2002年只有20%，到2019年更是已经低于5%。与此同时，网游开始主导市场。在这个过程中，台湾游戏公司针对网游市场也有过应对措施，但这些游戏公司过度迷信日本游戏的影响力，而把注意力都集中在日系游戏的代理和开发上。随着韩国游戏和大陆本土游戏的猛烈发展，台湾游戏公司已然无力回天。

二是严重高估了自己的制作能力和工作态度。事实上，随着3D游戏成为市场主流，台湾游戏开发团队的技术能力渐渐无法支撑高水平游戏的开发。在2003年以后，台湾已经少有好游戏问世。在这种非常不好的环境下，台湾的游戏公司却在很长时间内甚至时至今日都没有丝毫危机感。智冠集团董事长王俊博曾经这么说过台湾的游戏行业："我也参观过很多大陆的开发商，比如说触控，等等，我看到大陆（企业）的研发能量让我有一点儿吓到了，他们的办公室是一个长桌，根本没有格间。我觉得这种拼劲有点儿像台湾20年前的24小时代工产业……这是台湾从业者必须要努力和调整的。因为太安逸了，没有硝烟味，没有任何战场的感觉，这是台湾最大的问题。"[①]

三是资本运作能力堪忧。资本对于大陆网游时代的帮助是毋庸置疑的，而台湾因为市场较小所以本身资本环境并不好，又没有积极地与大陆资方合作而错失良机。即便在十几年前，运作一款网络游戏也要至少上千万元的资金，而研发一款网络游戏甚至需要三四千万元，大部分台湾公司其实根本没有这个资金实力。这也是那个时代台湾公

---

① 我在2017年与一些台湾地区的游戏从业人员交流时，他们中依然有人认为台湾地区现今的游戏产业比大陆发达得多。

司代理不到好游戏，同时自研游戏质量也极差的最根本的原因。2004年，DOMO小组的郭炳宏离开自己奉献了十余年时光的大宇去了游戏橘子，核心原因就是没有钱。

四是轻视本地化运作。经历过端游时代的玩家应该都清楚，地推和客服是选择一款游戏非常重要的原因，前者是让玩家能够接触到这款游戏，后者是让玩家能够持续玩下去。那时的台湾游戏公司却轻视这些事情，事实上后来大陆很多游戏公司能够成功也并不是因为游戏质量高，而是纯粹靠强大的地推团队推出来的。归根到底，台湾游戏公司没有理解游戏行业渠道为王的道理。

五是台湾游戏厂商在本地市场也不好过。20世纪90年代中后期，台湾游戏厂商做了一件自掘坟墓的事情。那时台湾大量游戏公司看到引进色情游戏利润颇丰，便一窝蜂地投入这个市场，甚至有一些公司砸下全部身家只为引进几款色情游戏。这一方面严重打击了自己的原创制作团队，另一方面也让游戏行业在台湾地区的口碑急转直下，年轻人进入游戏行业被认为是不务正业。

最终，台湾游戏在行业变革的洪流中全线溃败。进入网络游戏相对较早的大宇在2000年就立项了《仙剑奇侠传Online》项目，但一直到2009年才上线，后因口碑极差很快就从玩家的视野里消失了。另一款被称作《新仙剑》的游戏则是大宇将仙剑的版权授予大陆游戏公司骏梦游戏制作的网页游戏。《轩辕剑》系列的网络游戏有《轩辕剑网络版》《轩辕剑网络版II：飞天历险》《天之痕OL》《轩辕剑外传Online》《轩辕剑柒》，其中很多作品玩家可能没有听说过，制作质量也落后于国内主流网络游戏至少一个时代。其余台湾游戏公司的网络游戏，包括汉堂的《炎龙骑士团OL》，唯晶的《天关战纪》和《参天律》，新兴游戏公司X-Legend的《幻想神域》等，在网游市场的口碑和收入都十分惨淡。一些吃到网络游戏红利的台湾公司基本是靠着海外网络游戏在中国台湾地区的代理。自主研发网游这件事对于台湾公司而言越来越困难。尤其是到2006年，台湾几款早期的网游进入生命周期末段以后，台湾游戏产业进入了一个严重的恶性循环。因为单机游戏不赚钱，所以必须大规模投入网络游戏开发，但没有开发经验同时也没钱，网络游戏的质量又无法保证。想要赚钱的公司只能靠代理游戏，而代理游戏赚钱又稳定，所以游戏公司就更不愿意或者说不敢自己做研发。台湾这些年真正能够拿出手的游戏公司也只有做手游的雷亚游戏，他们的 Cytus、Deemo、Implosion 和《兰空 VOEZ》在手游玩家圈子里有不错的口碑，尤其是在音乐游戏的圈子里有不错的声望。

时至今日，多数传统台湾游戏公司的最后挣扎，都是在把当年引以为傲的游戏授权给大陆新兴游戏厂商，去消耗玩家对这些品牌最后的热情。像"仙剑"游戏就授权给腾讯制作了手游《仙剑奇侠传 Online》，授权给中手游制作了手游《新仙剑奇侠传》，至于台湾其他二三线游戏品牌则被透支得更加严重。

至此，台湾游戏公司基本结束了他们的历史使命。

萧瑟秋风今又是，换了人间。

七、最具代表性的三款单机游戏

（一）《仙剑奇侠传》

《大众软件》第200期对"仙剑"有过一句评价："仙剑横空出世，诸侯退避三舍。对于这样一款创造奇迹的游戏来说，任何多余的描述都会显得苍白无力。"

谈中国游戏，无论如何都不能避开的就是《仙剑奇侠传》。从某些角度来说，《仙剑奇侠传》称得上是中国武侠游戏的代表作，甚至是中国单机游戏的代表作。只是关于《仙剑奇侠传》背后的故事非常复杂，同时涉及的利益纠纷和粉丝团体极多，讲述起来并不简单。关于大宇和《仙剑奇侠传》的一些事情，不同人的阐述差异极大，甚至有些内容是完全矛盾的，为了尽量减少争议，本章这部分内容的观点援引自两篇文章：一是在《仙剑奇侠传三》上市后，一位名为"历史の道标"的作者在网上发布的一篇名为《狂徒传说》的文章；二是 Dagou 老师在《家用电脑与游戏》上发表的《国产单机游戏最后一个样板——软星七年》。虽然有人对这两篇文章的阐述方法抱有异议，但对于文章的真实还很少有人提出质疑。

在《仙剑奇侠传》问世以前，大宇的支柱游戏是《轩辕剑》和《大富翁》，当时谁也想不到《仙剑奇侠传》最后竟然能超越两位前辈，成为中国单机游戏时代最大的一面旗帜。而讲"仙剑"，怎么也绕不开姚壮宪和狂徒工作室两个名字。

姚壮宪，1969 年生于中国台湾东部的花莲县，家里有一个姐姐、一个妹妹和一个弟弟。花莲县是台湾原住民最多的区域，自然风貌保存得非常好。姚壮宪的整个童年时期是在大自然的庇护当中度过的，没有游戏机，也没有其他电子产品，甚至在小学毕业搬到台北前他都没有看过电影。这段从乡村到城市的经历也影响了姚壮宪对于游戏的理解："我后来也在反思'仙剑'和'大富翁'开始的剧情，李逍遥的冒险为什么要从小乡村开始呢？这确实是潜意识中的一种想法，我想大概一个青少年的成长故事都应该是这样的。从一个小城镇到一个大些的城市，再到更大的城市，我的生活经历也是如此，好像 RPG 一样。"[①]

因为家庭条件不允许，姚壮宪放弃了上大学的机会，在完成初中学业后去了台北市读工专，这样可以早两年就业，学费也比上大学低很多。虽然自己的专业是矿冶，但姚壮宪却对开发游戏产生了特别的兴趣。在毕业前，姚壮宪拿着自己的两款射击游戏开始走访台湾的游戏公司，最终遇到了大宇。

---

① 引自生铁的文章《中国游戏人物——姚壮宪》(《大众软件》，2003 年第 4 期)。

姚壮宪自己回忆道："我是大宇成立第二年进入公司的，属于第二批人，《轩辕剑》的蔡明宏是第一批人。当时我们都年轻，有自己创作游戏的想法，想把自己辛苦做好的产品推向市场——但当时很难找到愿意去卖华人游戏的公司。这时候我遇到了大宇的总经理李永进，他想做中国人自己的游戏，双方就这样正好找到了自己的归属。"[①] 当时大宇并不给姚壮宪发工资，只是根据游戏的销售额给他提成。

1989 年，姚壮宪根据风靡欧美的桌面游戏 Monopoly 设计了《大富翁》。这款游戏被大宇以 10 万元新台币的价格买断，最后在台湾的销量达到了 3.5 万套，打破了台湾原创游戏的销售纪录。在《大富翁》的策划案里有一段话："在鹿港小镇郊外的某个农村里，住着一个很老实的年轻人，镇上的人都叫他阿土仔。阿土仔初中毕业后就留在家中跟着老爸阿土伯学种田。日子过了一天又一天，转眼阿土仔已经 25 岁，仍然一事无成。有一天，阿土伯把儿子叫到跟前，说：'阿土，到城市里去闯闯看吧！'于是，阿土仔卖了田，告别了老爸，告别了老水牛，踩着脚踏车，独自一个人踏上人生的冒险旅程。"这个阿土仔，是姚壮宪、是狂徒、是大宇，也是中国的游戏产业。

1992 年，姚壮宪又带领团队开发了《大富翁 2》，销量突破了 7 万套，亲自打破了自己创造的纪录。在开发这款游戏的过程中，狂徒工作室有了雏形。对于小组成立和"狂徒"这个名字，姚壮宪在访谈中做过专门说明："从前，有一群有'痣'的青年，坐在台北重庆北路一栋老旧公寓的四楼默默地工作着。那是大宇资讯的工作室一角，这一群默默无名的新鲜人来自各地，刚好有缘被分配到同一间工作室，大伙决定团结起来，人不分东西，地不分南北，共同为一个目标努力——立志做最好、最受欢迎的游戏。在公司的支持之下小组很快地成立。成立之初，首要任务就是取个组名，'狂徒'这个名字便是经过民主投票所产生的，虽然这名字很搞怪，但沿用至今也用习惯

---

① 引自生铁的文章《中国游戏人物——姚壮宪》《大众软件》，2003 年第 4 期）。

了。小组中途曾经过几次合并重组,也曾想过重新票选新组名,但是这个名字仍然被多数人认同,事实上也找不出比这个更响亮的名字了,所以狂徒就是我们,我们就是狂徒,够狂吧!现在大家都有一个共识,不管先来后到,都是狂徒大家庭的一分子,都希望以擦亮'狂徒制作群'这个名字为己任。"[1]

日后,姚壮宪又负责了《大富翁》系列第三部和第四部的开发,其中第三部销量为15万套,第四部销量为22.6万套。第四部作品《大富翁4》超过了《轩辕剑三外传——天之痕》(17.2万套)和《仙剑奇侠传》(16.8万套)在台湾的销售成绩。

图 2-27 创造了销量奇迹的《大富翁》系列游戏

---

[1] 引自《大众软件》记者的文章《笑看狂徒——狂徒小组访谈录》(《大众软件》,1998年10月)。

当时的狂徒被认为只是一家开发休闲游戏的工作室，谁也没有想到狂徒还做了中国游戏史上第一款真正意义上的"大作"。

姚壮宪进入大宇前最喜欢的游戏是日本光荣株式会社的《三国志》。虽然他做出了《仙剑奇侠传》这款优秀的 RPG，但促使他涉足 RPG 的并不是任何一款 RPG（姚壮宪甚至根本就没有好好玩过 RPG），而是他对当时市面上普遍借用日本人物构思游戏剧情，让剧情毫无代入感的模式的厌烦之情。最早，《仙剑奇侠传》构思的是背景宏大的武侠题材，时间设定在安史之乱时期，有历史、神怪、武侠，但因为过于复杂，于是重新构思，就有了之后简单很多，甚至弱化了时代背景的故事——玩家无法说清楚它到底发生在哪个朝代，但是非常中国化。

每当提到制作《仙剑奇侠传》背后的故事时，姚壮宪都会自然流露出一抹淡淡的忧伤，令人为之动容。在 2005 年接受采访时，姚壮宪说道："《仙剑奇侠传》是我第一次失恋时写出来的，我把我当时的心情融合在了里面……"因此，很多玩家和媒体都误以为姚壮宪是因为失恋才打算制作这款游戏，但姚壮宪本人很早就澄清过："应该说那次不够完美的感情经历，是在游戏已经制作到一半时发生的，是一场连讲话的勇气都没有的暗恋。当时对人生充满悲观，应该说是制作游戏悲剧结局的动机。"[①]

《仙剑奇侠传》是从 1993 年开始开发的，团队起初只有一个人，慢慢地增加到 15 人。游戏使用汇编语言和 QBasic 开发，到 1995 年上市，历时两年半，是当时大宇开发周期最长的游戏。可以说《仙剑奇侠传》就是姚壮宪自己的个人作品，自己写故事、策划，甚至代码自己都写了不少，这就像是电影创作，只要给一个优秀的导演足够的发挥空间，很有可能做出来优秀的作品。再加上大宇给了足够长的开发周期，游戏的完成度和质量都很高，这才是游戏真正成功的最主要原因。

---

① 引自野花、Littlewing、8 神经的文章《宿命的情感，轮回的宽恕——永远的仙剑奇侠传》(《大众软件》，2004 年第 4 期)。

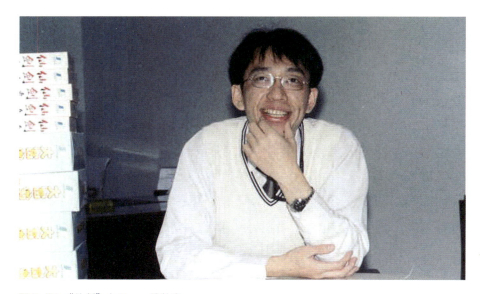

图 2-28 "仙剑"之父——姚壮宪
图片来源：cnsphoto；拍摄者：淮南 g

1994年夏天的台湾电玩展上，大宇展示了《仙剑奇侠传》的demo版，不过媒体评论以负面为主，但这种评论反而给姚壮宪带来了信心："台湾的媒体很苛刻，demo版一出来，他们就各种攻击，说这款游戏怎么怎么奇怪，比如45度角的画面，快速战斗，总之很奇怪。但他们却没有一家不报道我们，反而大写特写。"

图 2-29 "诗画合一"的《仙剑奇侠传》

《仙剑奇侠传》于 1995 年 7 月 10 日上市,当时游戏还是在 DOS 环境下制作的,因为很多计算机没有光驱,所以大宇制作了光盘和软盘两个版本。同时,因为软盘版存储空间有限,一次销售太多软盘成本又太高,所以软盘版其实是一个删减版本。这个版本的销量数据众说纷纭,但比较可靠的数字是 20 多万套,为大宇带来了几千万元人民币的收入,这笔钱在当时的台北够买一栋楼。对于一个只有几十人的软件公司来说,完全是天降巨款。

在 1995 年 9 月的《家用电脑与游戏机》中,阿魔形容这款游戏"很好地体现了中国画'诗画合一'的风格,一扫日式卡通公式化、脸谱化之流弊"。这就是当年姚壮宪要开发这么一款角色扮演游戏的主要原因。

1997 年 8 月 15 日,因为 Windows 系统已经成为主流,大宇制作了《仙剑奇侠传 Win95 版》,而这个版本的简体中文版就是我们所熟知的《仙剑奇侠传 98 柔情版》。事实上,很多玩家都不清楚这个版本和最早的版本有什么区别,毕竟游戏故事、系统和画面都没有变动,但其实深究的话可以发现改变还是很大的,比如增加了物品说明,调整了相当多的怪物难度,同时增加了四首音乐。严格意义上来说,真正被玩家所熟知的其实就是这个版本。

狂徒小组在开发完《仙剑奇侠传 98 柔情版》之后,通过《大众软件》向玩家说了一些话。这些肺腑之言里透露出狂徒小组对游戏市场的期待和无奈:

> 我们是近一两年才知道我们所做的《仙剑》与《大富翁》在大陆市场反应也很强烈的,对我们来说,这真是莫大的鼓励!这不只证明海峡两岸之间没有很大的文化差异,也证明只要是好的游戏,两岸的中国人都会喜欢,也都会接受!
>
> 几年前放眼游戏界,几乎全都是美、日厂商游戏的天下。如今,两岸的中国人终于崭露头角,有愈来愈多自己开发的游戏出来了!虽然美、日游戏界的技术能力是我们至今仍要追赶的,但狂徒还是很有

信心，因为我们知道，一个游戏除了要游戏技术跟得上时代，更要有极大的创意！

以 RPG 为例，我们以丰富的剧情、人物的刻画来使玩家真正进入我们所创造的游戏世界，对人物产生感情。从常常有玩家热烈地来信讨论李逍遥应该配灵儿还是月如、仙剑的结局是什么……来看，《仙剑奇侠传》的故事与里边的人物就得到两岸许多玩家的支持与回应。

PC 游戏强调与玩家的互动，有吸引力的游戏才能让玩家有游戏意愿，而一个游戏带给人的"感觉"好不好很重要，其中"创意"的有无就很关键。为什么我们这么强调创意呢？眼望两岸市场，常常有一种情形是，一个游戏成功，就有许多类似游戏跟着出笼。我们不论这些跟着风潮推出的同质游戏卖得好坏，但这些游戏肯定无法经过长时间的考验。

曾有玩家告诉我们因为游戏卖得太贵了，所以要买盗版。事实上，我们用了两年半的时间日夜赶工：企划构想、故事架构、人物塑造、场景设计、美工制作、程序编写，甚至连产品包装、打样都由我们十几个组员自己一手包办，总共花费 1400 万元台币（约等于三百多万元人民币）来制作《仙剑奇侠传》，但这些努力却轻易地被"盗版"给打败了！目前两岸都有同样严重的盗版问题，这是对我们最大的打击。一个游戏创意的发想是需要时间的，而创作的过程更要历经艰苦，有时制作发生困难，一切还得从头来过，所以"创作"是应该鼓励与值得保护的。

不同于许多其他国家，中国有许多丰富的文化资产，有找不完的题材可以发挥。中国有中国的武侠世界、中国的民俗思想、中国的历史……这些都是其他国家的人无法代替我们去创作的。而狂徒就是希望把中国人的游戏创作带给全球华人与国际市场，我们想证明中国人创作的游戏也能够跟国际市场竞争,这也将是今后我们要努力的方向![1]

2001年7月21日,大宇重做了《仙剑奇侠传》,推出《新仙剑奇侠传》。虽然游戏上市前很多人说这是大宇在"骗钱",但上线后,重制版的质量远远超出了玩家的预期,换来了一片好评。除了画面的全面提升和操作方式的优化外,新版在剧情上也做了很多调整,比如阿奴提前出现、回魂仙梦遇到林月如等。最令玩家津津乐道的是,新版为赵灵儿和林月如两人加入了隐藏结局,弥补了玩家在原版游戏里无法和相爱的人在一起的遗憾。还有一些小细节也让玩家十分满意,原版中林月如死去后有一个提示为"林月如冰冷的身躯",很多人不太接受这种过于冷淡的表述,而在新版中,一句"林月如冰冷的身躯似乎有着一丝暖意"也给玩家的内心增添了一丝暖意,是非常讨喜的优化。

图 2-30　游戏画面全面提升后的《新仙剑奇侠传》

在《仙剑奇侠传》中,林月如的死和游戏最终的结局密切相关。姚壮宪最早设计的结局是灵儿与水魔兽同归于尽后肉身毁灭,元神附在月如的躯体上,也就是最后抱着孩子的"月如"其实是灵儿。但是,这个想法被

---

[1] 引自《大众软件》记者的文章《笑看狂徒——狂徒小组访谈录》(《大众软件》,1998年第10期)。

企划谢崇辉与美术林珈汶否定了，最终游戏结局只留下一个让人浮想联翩的留白。对于结局，姚壮宪说过："第一代获得的成果，其实超乎我自己的预料，当时也没有想到马上做二代，所谓剧情留的伏笔只是为了留给玩家回味和想象空间。基于对于一代结局的投入感情，我自己很不愿摊开这些伏笔于阳光下。"从外人的角度来看，关于结局的争论并不是一个原则性的问题，但一定程度上暴露了姚壮宪和谢崇辉的矛盾，进而影响了整个游戏系列的进程。

在几个版本的《仙剑奇侠传》中，第一代游戏累计销量达到了200万套，加上早期定价较高，该游戏成了大宇有史以来收入最高的一个项目。

2001年对于大宇来说是非常特殊的一年，这一年大宇的营收翻了一倍，到1.2亿元人民币。这一年也是大宇最重要的3个品牌《仙剑奇侠传》《轩辕剑》和《大富翁》同时有作品推出的一年，其中《大富翁5》的销量突破了50万套，销量和营业额都创造了系列最高纪录。当然，《大富翁5》也是第一次没有姚壮宪参与的一代，因为这时的姚壮宪在"密谋"另一件事情。

2000年8月，《大众软件》发布了一条"大宇的小消息"："台湾大宇狂徒创作组创始人、大宇研发部主任姚壮宪今年将频繁来京，为在大陆建立自己的游戏制作基地做准备工作。大陆人才济济，潜力巨大，可以有更大的发展空间。"这条消息在当时并没有引起太多注意，但之后的新闻在游戏市场引发了震动。

姚壮宪在2000年8月，就是有消息报道的同时完成了北京软星的注册，"仙剑"之父北上了。姚壮宪成立北京软星公司有4个原因：一是想要减少大宇总部对于项目的干预，让创作团队得以充分发挥；二是姚壮宪看到北京的人才储备相当不错，用人成本还低，值得长期投资；三是姚壮宪多少陷入了公司的内部斗争中，北上也是为了寻个清静；四是姚壮宪和相恋三年的女朋友分手了，想换个环境。

姚壮宪筹备北京软星的过程非常不顺利。在姚壮宪决定去北京以后，大宇的总经理李永进在公司内部会议上问过有谁想要跟姚壮宪一同去，整个公司只有张毅君一人举手。那时，台湾对大陆的认识还十分浅薄，不要说来大陆创业，大部分人甚至怀疑当时大陆人吃不饱饭。当时两岸没有直航，从台北到北京需要从香港转机，前后需要12个小时，这个时间和从台北到旧金山差不多。张毅君后来回忆走的那天大宇总部给他们送行的场景："就像是我们要去送死。"

除了姚壮宪和张毅君，北京软星另外一个重要的建立者是陈朝勋。相比姚和张，陈朝勋来大陆的时间更早，早在1998年他就被台湾光谱资讯派来大陆。他刚来的那会儿，状况比姚和张还糟糕，北京光谱一开始的办公地点在上地，当时的上地和现在比起来完全是两个世界："大中午时，半天看不见一辆车经过，好不容易来了一辆，结果还是驴车。"

1999年，陈朝勋离开了光谱，进入美国BNI集团，负责旗下几份计算机杂志在中国的发行工作。2000年3月，BNI的同事告诉他大宇的李永进要来公司参观，因为他做过游戏，所以让他接待一下。陈朝勋和李永进聊了很多关于游戏产业的事情，并没有聊到半点儿媒体的问题，这让陈朝勋十分意外，更意外的是当天晚上陈朝勋又接到了大宇商务的电话，约他在北京燕山大酒店见一面。于是在燕山大酒店，陈朝勋和李永进又聊了一次游戏产业，一直聊到第二天凌晨，自那以后陈朝勋确定加入大宇。

2000年6月1日，陈朝勋正式成为大宇的一员，并参与到北京软星的筹备工作。两周后，姚壮宪和张毅君抵达北京。最早的办公地还是选在了陈朝勋更熟悉的上地，地址是上地南路6号院3号楼2楼——就在北京体育大学里面，现在这个地址是北京体育大学的室内马术馆。

很多去过这个办公地点的人回忆起来，都觉得当时的条件其实非常糟糕，房屋内部破破烂烂的，空调的声音也非常大，夏天很烦人。但就是在这样的环境里，北京软星开始了第一款游戏的开发。

2001年8月31日,"仙剑"系列中最另类的《仙剑客栈》上市,这款游戏为玩家制作了《仙剑奇侠传》系列中一个堪称完美的结局——主角们一起开店。没有江湖的腥风血雨和刀光剑影,没有生离与死别,只有柴米油盐酱醋茶,却分外温暖。哪怕其本身只是一款模拟经营类游戏,也是相当优秀的,游戏性突出,完成度也相当高。《仙剑客栈》是整个"仙剑"主题游戏里最被低估的一款,甚至称得上是中国游戏史上最好的作品之一。

图2-31 充满生活气息的《仙剑客栈》

但谁也没想到,因为盗版严重,这款游戏的实际销量大大低于预期,大陆销量为6万套,台湾销量为1万套,给大宇造成不小的亏损。大宇最终放弃了这个品牌,也让仙剑玩家颇感遗憾。①

有时真的希望,"仙剑"的故事如果到此为止该多好,不只是游戏内的

① 2022年7月8日,《仙剑客栈2》上市发售。——编者注

故事，还有这个系列的故事。但出于经济利益考虑，大宇肯定还是要继续制作，于是就有了《仙剑奇侠传二》。

《仙剑奇侠传二》背后的故事要远比游戏本身曲折得多。早在姚壮宪还在台北时，关于《仙剑奇侠传二》怎么开发就和谢崇辉有过严重的分歧，以至于当时的狂徒工作室基本上一分为二，两人同时筹划自己的《仙剑奇侠传二》，但两个项目又先后暂停，姚壮宪是因为要筹备北京软星，谢崇辉是因为要开发《霹雳奇侠传》。

姚壮宪在创建北京软星一年后又建立了上海软星，团队的负责人为张毅君。与此同时，大宇迎来了一次较大的人事调整，北京软星将包括负责《仙剑客栈》的王世颖在内的12人调往上海，而原DOMO小组的张孝全和黄志荣从台北总部调往上海。事实上，姚壮宪最早北上时没考虑过上海，李永进和陈朝勋碰面时也没有考虑过，当时北京是中国的科技中心，有最好的大学、最好的科技公司，尤其当时主要的游戏公司也集中在北京。而后来之所以又选择成立上海软星，是因为软星发现南方很多大学生不愿意去北京，成立上海软星主要是为了吸纳这些学生。

上海软星在成立时，就和北京软星明确了各自的分工，北京软星主攻"大富翁"系列，上海软星主攻"仙剑"系列。但在一开始就遇到了非常大的阻力，大宇总部并不同意上海软星开发"仙剑"的后续作品，一方面是不信任张毅君的能力，事实上张毅君确实是从台北过来的大宇员工里资历最浅的，在进入大宇以前只是在光谱参与过《移民计划2》和《电视梦工厂》两款二三线游戏的开发；另一方面是台湾大宇总部不信任上海软星的员工的能力。在姚壮宪的争取下，大宇才勉为其难同意了。但之后最糟糕的事情发生了，谢崇辉之前负责的《霹雳奇侠传》因为销量不好，被大宇叫停，谢崇辉负责的台北狂徒工作室就提交了一份《仙剑奇侠传二》的策划，而大宇直接通过了，这对于上海软星可以说是致命打击。这时姚壮宪和谢崇辉的矛盾彻底激化，姚壮宪在大宇内部表示，如果是DOMO小组的郭炳宏或者《轩辕剑叁外传：天之痕》的策划吴欣睿负责，自己会服气，但就是不接受谢崇辉。此时的大宇弥漫着一种怪异的氛围，姚壮宪和谢崇辉对外都声称自己做的是《仙剑奇侠传二》。也就是说，大宇内部形成了一种竞争局面，谁的东西先出来，谁做的就是《仙剑奇侠传二》。但是在2001年9月，上海软星在提交给大宇的报告里，主动把自己的作品改为《仙剑奇侠传三》，其中的原因究竟为何众说纷纭。其实那时上海软星的进度相对快一些。

当然，其中很重要的原因应该与上海软星整体的产品规划和经营状况直接相关。由于大宇对上海软星的不信任，上海软星的启动资金只有65万美元。而当时张毅君还在开发的另外一款即时战略游戏《汉朝与罗马》也要从这里面出钱，所以《汉朝与罗马》最终只是一款半成品可能就是为了省钱。2002年7月，《汉朝与罗马》上市，销售情况并不理想，张毅君又提交了一份《银河战争》的科幻题材即时战略游戏，但被总部否决了。之后这个小组正式解散，和当时主要由王世颖负责的《仙剑奇侠传三》小组合并。于是，整个上海软星开始一起制作"仙剑"的续作。在此之前，《仙剑奇侠传三》的进度其实也不理想。

这时，北京软星的经营也出现了问题。当时北京软星在集中精力开发《大富翁6》，同时还在为这款游戏开发一个3D游戏引擎，负责开发这个引擎的，是姚壮宪从上海育碧挖来的技术骨干张泽湘，后期又有江万江和原林两人加入。事实上，这个后来被命名为GameBox的游戏引擎就这三个人在开发。日后《仙剑奇侠传三》用的也是这款引擎。

在上海软星一筹莫展的时候，台北方面传来了一个消息——谢崇辉带着狂徒小组的六名核心人员集体离职了，《仙剑奇侠传二》成了一个烂摊子。大宇紧急抽调了DOMO小组的人负责后续开发，远在北京的姚壮宪也被迫接手，而这时的游戏完成度已经不低了。事实上姚壮宪和谢崇辉对于《仙剑奇侠传二》的预期是完全不同的，在《仙剑奇侠传二》还没有立项的时候，两人就曾经发生过争论。姚壮宪认为《仙剑奇侠传二》应该是一个全新的故事，而谢崇辉坚持认为故事需要延续上一代。这也是狂徒和上海软星两支团队在这款游戏主题上的根本矛盾，所以这款游戏到这个阶段双方都不满意。

2003年1月24日，在第一部作品上市9年以后，《仙剑奇侠传二》上市。谁也没有想到的是，这么一款被玩家翘首以盼的游戏，却换来了数之不尽的骂声。该游戏整体质量平平，剧情既生硬又缺乏感情，让玩家大失所望。更可悲的是，正牌女主角沈欺霜没能获得什么好感，玩家反而把更多的注意力都放在了女配角苏媚身上。这款游戏的一些细节非常值得细细品味，比如《仙剑奇侠传二》的所有资料里都没有提到谢崇辉的名字，再比如简体中文版写的制作公司是软星科技（北京）有限公司，而繁体中文版写的是大宇资讯。

图 2-32 《仙剑奇侠传二》备受忽视的女主角沈欺霜

对于上海软星来说，基本上最糟糕的情况全都出现了：没钱、没有大宇的支持、上一部失败了。如果《仙剑奇侠传三》再失败，那无论"仙剑"还是上海软星都没有未来了，也就是这款游戏赌上了"仙剑"和整个上海软星的未来。

虽然有来自各方的压力，《仙剑奇侠传三》的团队成员还是在坚持着。上海软星总共只有30人，是北京软星的一半，台北总部的五分之一，是整个大宇规模最小的一支团队，但是负责的却是当时大宇最大的项目。这种状况下，除了核心策划和开发以外，大部分内容只能依赖外包制作，导致成本更高了。在开发到穷途末路的时候，寰宇之星签下了《仙剑奇侠传三》的代理权，上海软星拿到了一笔不菲的签约金，靠着这笔钱完成了《仙剑奇侠传三》的开发。

2003年7月31日，在《仙剑奇侠传二》上市半年后，《仙剑奇侠传三》就上市了。这个速度让当时的玩家觉得非常新鲜，第一部到第二部经历了8年，但是第二部到第三部只有6个月，这是什么状况？游戏除了使用3D开发以外，更重要的是完善了整个"仙剑"系列的世界观，包括"六界"和人、仙、妖、魔、神、鬼的种族设定。而游戏的剧情设计也要明显强于《仙剑奇侠传二》，其中景天的三世情缘让不少玩家为之动容，更让玩家惊喜的是游戏每个配角的刻画都有血有肉，而不再是一张白纸。考虑到该游戏的种种优点，称《仙剑奇侠传三》为"仙剑"系列第二好的游戏绝对不为过。

"仙剑"系列的每款游戏上线后都会有些小插曲，《仙剑奇侠传三》也不例外。游戏发售后，制作人张毅君说过一个观点，引起了不小的争议，他认为"单机游戏是艺术品，而网络游戏是商品"。显然，艺术品和商品也没法互相看不起谁，两种都是社会的必需品。

《仙剑奇侠传三》正版销量超过50万套，销售额突破6000万元，据统计盗版的销量在整个系列里仅次于第一部。大宇、上海软星和张毅君都打赢了这场翻身仗。

第二章 青铜时代——单机游戏　217

图 2-33　采用"六界"设定的《仙剑奇侠传三》

　　严格意义上来说，这场仗多少有点"惨胜"的意思。虽然《仙剑奇侠传三》的销量不错，但是根据软星和大宇的协议，只有简体中文版的利润可以留在上海软星，算下来也只有五六百万元人民币。到了 2004 年，上海房地产市场开始第一轮暴涨，进而带动所有成本疯涨。2004 年上海市平均工资比 2001 年上涨了 60%，网络游戏行业同样水涨船高，程序员和游戏美工的收入增长了 1.5 倍，有 3 年以上工作经验的工资上涨幅度甚至超过 2 倍，而上海的房租也翻了 3 倍，也就是这五六百万元的收入实际购买力远不如之前的 65 万美元的启动资金。在这种情况下，张毅君首先选择了"节流"，削减了员工的奖金，这直接导致一批骨干离职。要想解决根本问题必须想办法"开源"，因此上海软星就马不停蹄开始了另外一个项目——《仙剑奇侠传三外传：问情篇》。

　　2004 年 8 月 6 日，《仙剑奇侠传三外传：问情篇》上市，这个速度之快让玩家惊喜不已，基于正篇的高质量，《问情篇》依然相当优秀。有意思的是，这款游戏明显提升了迷宫的难度，被很多玩家戏称为"问路篇"。

《问情篇》里讨论了一个非常严肃的话题：人和妖究竟要以什么样的关系相处？而这个话题也被玩家代入了现实社会中：那些与众不同的人要如何适应这个社会？

图 2-34　讨论"人妖关系"的《仙剑奇侠传三外传：问情篇》

《问情篇》的销量不错，虽然没有赚太多，但至少又攒了一点儿。尽管如此，还是有一些员工很难理解这种攒钱的行为，于是又有一批老员工离职。我们回头去看，这种攒钱行为其实是一种慢性死亡，从 2004 年到《仙剑奇侠传四》上市的 2007 年，上海市人均工资涨了 50%，房租上涨了近一倍，所有成本都在节节攀升，而上海软星没有跟上新的形势。《问情篇》之后大家开始传言"仙剑"系列可能要放弃单机游戏了,毕竟网游才是真的赚钱,但很快就遭到了公司的否认,其中张毅君表示:"赚钱是很重要,但也要伴随着理想,不要本末倒置。现在的网游已经呈现泡沫化倾向,最后必然是最大的几家生存下来,从而导致其他小公司研发人员的分裂。我身边很多做游戏的人,现在忙着追逐金钱,忘了自己的初衷,失去了那一些纯真,真是一种悲哀。"此外,张孝全还说道:"其实现在的单机游戏市场应该比原来还要正规,在'羊群效应'后单机游戏是少了,但是能够存活下来的大多是制作比较精良的作品,对单机游戏从业人员要求更高。"这句话颇有悲凉的味道。

围绕《问情篇》有过一场对游戏行业非常有参考价值的官司。2004年,已经离开软星的腾武数码副总经理王世颖和技术总监房燕良起诉寰宇之星和上海软星在《仙剑奇侠传三外传:问情篇》侵犯其署名权,王世颖要求把自己署名为第一顺位的"主策划"和"剧情策划",而正式发行的游戏上给其署名的职位为"创意企划"。12月20日,法院宣判王世颖胜诉。在记者会上,姚壮宪表示:"判决结果改变了行业中关于署名的惯例。在署名头衔主次上,向最终做完项目的人员倾斜是公司多年来一直延续的做法,在中国和欧美这种做法也非常普遍。软星认为这样署名的政策有助于研发的良性发展。"而王世颖回应道:"这的确是大宇集团的管理方法,但并非是游戏业界的管理方法,例如 Tim Cain 离开黑岛以后一样被列入黑岛的名人堂和《辐射2》的主力开发名单。在欧美游戏行业,开发公司的分合更迭非常常见,很多著名制作人在离职或者创业的时候,手上都有原公司一两个正在开发的项目。"

2005年,对于"仙剑"粉丝来说最重要的新闻应该是同名电视剧的上映。由胡歌和刘亦菲主演的电视剧《仙剑奇侠传》因为剧情改动较大,在玩家圈子里引起了不小的争议,一部分人认为一些重要人物的形象和故事修改过大,完全丢失了原作的神韵;而另外一部分人认为这些修改是在原作基础上进行的优化。但无论如何，十几年以后，观众对这部电视剧还是更加偏向认可。这一年，继续"攒钱"的上海软星又开发了一个小成本的《阿猫阿狗2》。

《仙剑奇侠传四》上市前，张毅君提到过当时的困难，主要是3个方面的问题："第一是资金，我们知道欧美游戏的水准，想要追上便要做很多事，但很多事都要钱，尤其是动画。第二是资金。咦？一样，对不？呵呵，那就是即便有更多的钱也要控制，因为市面上盗版严重，如果开发商只管品质，无限制地要做到最好，而不管盗版与伪正版的压力与实际销售，那最终只会出现游戏好、玩家拍手、得奖，然后公司倒闭的结果。呵呵，没办法，单机游戏市场就是这样。第三是开发过程中摸石头过河，毕竟以前都是Q版，这次做真实比例有很多技术与观念不成熟。"而关于后续游戏的计划，张毅君表示，有规划，但是不一定有"命"做。也不知道是一语成谶，还是对未来的命运早有预感。

《仙剑奇侠传四》背后的故事几乎就是整个"仙剑"系列乱象的集中体现。2007年，上海软星挣扎多年而打造出的《仙剑奇侠传四》上市。相比之前的作品，这部作品有两个很大的改动：一是游戏制作了真人比例的3D画面；二是游戏第一次脱离了以蜀山为核心的故事走向。就实际反馈来看，至少游戏不是失败的，玩家对游戏的整体评价还是以正面为主，甚至有不少人认为要强于之前的作品。原因有三：一是游戏的完成度不错，至少高于玩家的心里预期；二是游戏加入了很多"流行元素"，比如加入了当时被网络小说带火的盗墓题材，也强化了修仙求真的故事；三是人物上放弃了Q版形象，一下子给了人不一样的感觉。《仙剑奇侠传四》还是一条玩家的分割线，一批以"95后"为主的新玩家通过这款游戏接触"仙剑"，也因此，日后年纪较大的玩家聊仙剑都是从第一部开始，但是年纪轻的会从第四部开始。

《仙剑奇侠传四》的上市过程并不顺利，一方面是公司低估了早期一拥而入的玩家，致使游戏的认证服务器发生故障，一大批玩家在发售当日都在焦急地等待通过认证；另一方面是游戏的防盗版程序 StarForce 和游戏本身有兼容问题，造成了严重卡顿，以至于上市前两天上海软星和大宇总部连夜加班赶出来一个补丁，修复了 StarForce 的兼容问题。

图 2-35　舍弃 Q 版形象的《仙剑奇侠传四》

2007 年 8 月 3 日，在北京的《仙剑奇侠传四》首发现场，有一位玩家想要资助"仙剑"后续作品的研发，被张毅君拒绝，这名玩家又说那就多买几套，张毅君又阻止了他，因为"赚钱不容易"。这天回家后，张毅君打开台湾游戏网站巴哈姆特，发现骂声一片，因为《仙剑奇侠传四》在台湾发售的精装版印刷质量太差，甚至还有手册掉页等问题。这时的张毅君已经和大宇彻底决裂。

整体而言，《仙剑奇侠传四》还是一款非常不错的游戏，靠相当不错的游戏质量，上市一周销量就超过 20 万套，几天后又超过 40 万套，不出意外的话将成为整个系列销量最高的一部，但谁知飞来横祸。不久后，卖这款游戏的突然少了，很多店铺都停止了销售，这牵扯出另外一件事。

《仙剑奇侠传四》发售没多久就被人匿名举报，举报内容是送审内容和压盘内容不符，结果导致发行公司寰宇之星被处罚，《仙剑奇侠传四》被迫停产，寰宇之星手上的一堆游戏也被延迟上市，其中就包括《轩辕剑外传：汉之云》。而这个"内容不符"其实很无奈，因为在审批过程中，游戏公司一般还会对游戏有所调整，比如修改细节或者修复一些漏洞，就是这些内容"不符"了。这件事也得到了姚壮宪的证实，他在贴吧上回复："我说明一下，免得大家乱猜。当时《仙剑奇侠传四》上市后一段时间，寰宇宣布'因工厂生产问题'无法补货，而发生市场全面断货，但事实如楼主所述，遭到举报而被有关单位勒令光盘停产无法再补货。如果没有发生这悲剧，也许仙剑单机的销量在四代就已经创下新高。也许寰宇现在还活得好好的，或者至少多活几年。也许那时寰宇背后的单机开发商们会多几家坚持下来，而不会上市眼睁睁看着热销期被大量盗版和伪正版所取代。不然，《仙剑奇侠传四》最终的正版销量应该能比目前的 40 多万套还多很多。"

后来中国单机游戏引进突然减少和这件事直接相关，没有公司敢蹚这浑水。关于是谁举报这件事至今是个悬案，有两种猜测：一是张毅君和其团队成员举报的，为其离开软星提供一个合情合理的理由；二是盗版厂商举报的。至于真实情况究竟是什么，过了这么久也很难探寻到真相了，只能当作"仙剑"历史里的一块留白。

2007 年 8 月 6 日，张毅君在"中国仙剑联盟"论坛里表示自己将要离开软星，他写道："希望继任者再创仙剑辉煌，配得上苍浪剑赋之音乐……" 8 月 22 日，姚壮宪前往上海软星希望至少能挽留下来部分骨干，但并不顺利，之后他只能感叹："浅水留不住大龙。"

2007 年 9 月，上海软星的官方论坛上发布了一条通知："感谢大家长期以来对上软和上软论坛的热爱与支持！让我们这么多年来能以如此近的距离与大家沟通、交流，一起快乐一起伤感。但今天，不得不告诉大家一个不好的消息。经过上级确认，上软论坛将在 2007 年 9 月 14 日（周五）中午 12 点完全关闭。如果大家想要保存自己发布的文章、档案，请务必抓紧时间进行备份，之后论坛将从服务器上彻底删除。很遗憾不得不发布这个通知，请大家理解！"几天后，论坛上就只有五个字："再见，若有缘。"

伴随这条消息的还有上海软星主要负责人张毅君和张孝全辞职，上海软星无以为继，大宇将其业务并入北京软星。成立了 6 年的上海软星正式解散，自此，上海龙珠广场再也没有那一群兢兢业业做游戏的人，而"仙剑奇侠传"这个品牌在其诞生 12 年后，又回到了姚壮宪的手上。

上海软星的解散其实早有预兆，这种难以维系的开发方式不是长久之计，《仙剑奇侠传四》上市后，因为被举报等，上海软星当时账面上只有 600 万元，这笔钱在 2007 年不要说开发《仙剑奇侠传五》，连《仙剑奇侠传三》这种规模的游戏也开发不出来。[①] 在 2012 年，姚壮宪在贴吧上解释过上海软星解散的一些细节："上软从未发生过'倒闭'这种事情，而是'解散'。正式的报道也都是解散，从未说是倒闭。'倒闭'一词的意思是公司没钱发不出工资了，'解散'的意思是公司没人了，而不是没钱了。当时仙四在国内热卖，有可靠的收入，工资和奖金都保持正常发。倒闭一说对上软团队的经营成绩是不公平也不正确的抹杀。至于大宇的态度要问大宇高层，我无法代表回答。我是上软总经理，我和上软团队一样都对大宇有不满，但是我另外也是北软总经理，放不下一些牵绊、自责和性格等原因而继续留着。上软解散后不久，网上就大量传出仙剑可能断绝的担忧，以仙剑对大宇的重要性，可见这是对大宇多么沉重的损失和打击。而丢失如此重镇，最大责任者自然

---

① 有些材料提到大宇抽调了《仙剑奇侠传四》的部分利润，但姚壮宪曾经在贴吧明确否认过："大宇从没拿任何子公司在简体中文版上的销售利润，只拿繁体中文版的利润。""简体中文版上 50 万套的权利金都归上软，繁体中文版 8 万套的分成没给上软（北软的产品也如此）。"

是在这个位置的我。所以公司和玩家因此事对我的抱怨,是我应该承受的罪业。退休交棒的计划和时间也只能延后了。"事实上,现在看这个事情,各方都没有对错之分,大宇方面没有对上海软星投资加码最主要的原因是当时正在开发的《轩辕剑网络版 II:飞天历险》投资极大,而市场摆明网络游戏收入更高,当然《飞天历险》最终的成绩非常糟糕,让这个故事看起来大宇的错误更多一些。

在《仙剑奇侠传四》正版说明书的前言里有这么两句颇为悲壮的话:"或许离开的大家都有各自的原因,但最为可惜的便是某些受不了玩家辱骂而心灰离开的战友。他们超量工作仍能怡然自得!看着销售量好像很高但利润很低的成绩还能继续奋斗!一边玩着欧美大作一边看着资金限制下自己的作品还能保持希望!但是每当面对恶意的批评,却往往不支倒地。""百年之后,仙剑本身并不重要,赚的多少也不重要,付出多寡也不重要,因为一切终将归于尘土……重要的是游戏乃人性所驱,不懂得经营、把握和坚持,便是等着被他国文化洗脑,年轻一代将不复记取何为传统文化,岂不为国人悲哀?"

"不管仙剑四最终的评价好坏,不管以后是否还有缘相聚在一起,在仙剑 14 年的风雨是非中,大家又在一起共同刻画了一次人生的烙印。"《仙剑奇侠传四》里上海软星团队还留下了这么一句话。2015 年,在张孝全的带领下,上海软星得以重建,主打手机游戏开发。

《仙剑奇侠传四》上市这年,真正意义上常规开发、游戏质量及格的游戏只有三款,除了《仙剑奇侠传四》外,就属《幻想三国志 3》和《风色幻想 6》。这一年,中国单机游戏市场总额为 9761.8 万元,对比前一年的 1.73 亿元直接腰斩。这个数字甚至比《征途》在同年一个月的收入还要少,而那年《征途》全年收入达到了 15.5 亿元。这时还在坚持做单机游戏的真的就是靠着"一身正气"。

到这时,《仙剑奇侠传》系列背后的故事已经远比游戏本身要"精彩"得多。2007年第9期《家用电脑与游戏》的副刊《新玩家》刊登了一篇Dagou撰写的《国产单机游戏最后一个样板——软星七年（上篇）》，下一期又刊登了一个"下篇"。[①]这两篇文章被"仙剑"玩家简称为《软星七年》，因为过于火爆，有粉丝干脆做了一个统计："全篇采访及引用了张毅君、姚壮宪、谢崇辉、李永进、张孝全、《狂徒传说》、陈朝勋、王世颖、张泽湘、江万江等北京软星和上海软星元老的言辞，并非一家之言。全文提及张毅君63次，姚壮宪128次，谢崇辉41次，陈朝勋35次，李永进18次，张孝全13次，王世颖11次等。前七分之二主要说上软与张毅君，后七分之五主要讲姚仙、北软、大宇及仙剑的未来。第9期主要讲上软，第10期主要讲北软及大宇。全文用词营造了上软、北软、'仙剑'未来、单机行业整体悲壮的氛围及对未来的一点点希冀。"围绕这篇文章产生了一些长达10年的争论，"仙剑"系列背后的故事究竟如何？姚壮宪、谢崇辉和张毅君究竟谁是"坏人"？甚至出现了大批玩家像考古专家似的从各种采访的细枝末节里找线索和证据想要反驳其他异见者，这其实是"仙剑"系列的悲哀，玩家对游戏背后故事的关注远远超过了游戏本身。

《仙剑奇侠传》系列曾经由大宇官方制作过一款名为《仙剑奇侠传Online》的网络游戏，这款游戏早在2000年就在内部立项，但一直到2008年才开始测试，2009年上线，简体中文版由久游网运营。最终，游戏无论从哪个角度来说都十分糟糕，也难逃失败的命运。这款游戏的收费模式很清奇，玩家首先需要花30元买一个CD-Key，这就"赶走"了不少玩家，而进入游戏后又会发现游戏里几乎什么东西都要花钱，甚至连传送一次都要花0.5元。这种奇怪的收费模式可以说是丝毫没有顾及玩家的感受，失败也是情理之中了。有媒体戏称："《仙剑奇侠传Online》在仙剑史上画下了最浓重

---

① 我在写书期间花了不少精力去对比《软星七年》和当事人的言论，也咨询了不少相关人士。《软星七年》这篇文章里除了对大宇在资金分配上有些模棱两可的描写以外，基本都属实，对这篇文章的大部分指责其实是毫无根据的。

的一笔，这一笔是纯黑的。"

2009年，因为《仙剑奇侠传一》电视剧的成功，制作方唐人影视又制作了《仙剑奇侠传三》的电视剧版，但对于这次改编大部分玩家显然不买账，批评要远远多于褒奖。

上海软星解散以后，很多玩家认为"仙剑"系列会到此为止，但很快姚壮宪就宣布将由北京软星继续开发《仙剑奇侠传五》。

2009年初，姚壮宪接受《大众软件》采访，回答了北京软星今后在单机游戏、网络游戏和《仙剑奇侠传五》规划上的相关问题："在大环境没改变的情况下，目前的单机游戏市场依然会保持现状，除非有新的盈利模式或者突变的重大契机才可能扭转，不过目前还没有看到。举个例子，一个发行商可以根据你的游戏是什么类型，是谁开发的，准确地估算出你大概能卖多少盒，利润是多少。现在的单机游戏市场可以说已经非常波澜不惊了，太定型了，但是市场每年还在递减，因为渠道也在萎缩。大宇公司目前只有北京软星在开发单机游戏《仙剑奇侠传五》，台北方面目前是否在研发单机游戏尚不清楚，但公司整体的研发方向还是网络游戏。"而即便在北京软星，也不是全部精力都放在"仙剑"系列上，它甚至都不是优先项目："目前北京软星有4个团队，大约100人，同时在进行3款网络游戏的研发，分别是一款三国题材的3D RPG类网络游戏、一款轻松益智的网络游戏《争宠》、一款2D的类似《魔力宝贝》玩法加《大富翁》画面风格的网络游戏。最初按照总公司和我的设想，北京软星将专注于网络游戏的研发（原来《大富翁》单机游戏因市场萎缩和玩法没有突破已经不再推出续作），上海软星专注于'仙剑'后续单机作品的开发，但是上海软星撤销后，《仙剑奇侠传五》的研发工作也归到了北京软星。经过一年多的准备，《仙剑奇侠传五》项目已经开始进入研发的基础阶段，企划已经到位，剧本也已经完成，这样一款单机游戏要投入20～30人，目前只有在几款网络游戏陆续研发完成后，才能将更多的研发人员陆续投入到《仙剑奇侠传五》的开发中，因此上市时间还无法确定。关于剧情,可能还是和前几代一样,是一个全新的故事,但整体世界观是一致的,剧情上只会有很少的联系。游戏将会采用我们研发中的三国3D RPG类网络游戏的引擎,画风将延续比较写实的中国传统文化风格,人物造型也会是写实中略带漫画风格。"

在这次采访的最后,《大众软件》的记者问了一个当时很多人都好奇的问题,就是在网络游戏市场崛起后,很多新兴的游戏公司无论规模和影响力都超过了大宇和软星,对此姚壮宪会不会有失落感。姚壮宪的回答是:"失落感当然会有,有时也会感叹,觉得自己跑在了后面。单机和网游属于不同的两种类型,因此所带来的成就感也不一样。到目前为止,还没有看到哪款单机游戏的网游化是非常成功的。比如提到《大富翁》,因为知名度太高,玩家的印象已经太定型了,如果《大富翁》的网络游戏是和其他玩家战斗、对打,玩家会认为非常可怕。在'仙剑'的网游里,一部分玩家会按照单机游戏的标准来要求你,更关心剧情如何,甚至有些玩家是不希望在网游里看到其他玩家的。所以,'喜好玩家之所喜'始终是网络游戏研发中一个很重要的因素。"

2011年7月7日《仙剑奇侠传五》上市,仙剑玩家因为不想看到北京软星和上海软星一样落得解散的结局,所以鼎力支持。最终,《仙剑奇侠传五》依靠打情怀牌成了系列销量最高的作品。当然,说要销量高必须要提到另外一件事,就是游戏上市前软星和主要的盗版网站以及破解团队都达成了合作,这些渠道帮忙销售《仙剑奇侠传五》,软星则根据销售情况再给他们分成。因为有利可图,这些渠道便也不会去做盗版。但是,这种行为可以理解为助纣为虐,所以也遭到了不小的抨击。

《仙剑奇侠传五》台湾版上市后,发生了一件略显尴尬的事。台湾版附带了一份《姚仙给台湾玩家的感言》,其中有几句对北京空气、交通等方面的抱怨,这引起了大量玩家的不满。之后姚壮宪解释道:"游子心中故乡美……我还是要大声说我出生的花莲是最美的地方,30年没回去了,好想好想。文章放在产品中就是向全世界公开,没法也没有背后。我讲的是刚来北京的心情,2011年到北京时对环境不适应,现在不可同日而语。我这外地人2011年以来从最初的忍耐,到逐渐习惯,到娶妻生子,这里已是我的家。"他又补充道:"没有对北京失望,我把家安在这里就是证明,但是仍对被我言论伤害到的玩家很抱歉。当年一些对生活环境不适应的记忆,并不妨碍从11年前起就不曾后悔来这里,并且继续拥抱这里,因为,有更大的爱在支撑着我。生父遗憾有生之年无法回来这儿,但我可以。"

图 2-36　打情怀牌的《仙剑奇侠传五》

《仙剑奇侠传五》游戏本身其实谈不上多出色,玩家还是以批评为主,尤其是又把李逍遥拖出来消费,被玩家戏称为"李逍遥的晚年生活"。这也让姚壮宪背负了不少骂名。不少玩家还记得,当初《仙剑奇侠传二》的时候,是姚壮宪极力反对继续使用李逍遥的故事,但现在他反而自己又主动把李逍遥请了出来。

之后,北京软星在听取玩家的建议后制作了《仙剑奇侠传五前传》。这款游戏最大的意义其实是串联起了《仙剑奇侠传一》《仙剑奇侠传二》和《仙剑奇侠传五》三部作品，游戏质量也明显优于《仙剑奇侠传五》。

《仙剑奇侠传五前传》在上市后也被恶意举报过，但所幸没什么事。

这里要提一下另外一款游戏。张毅君和核心团队在离开上海软星后创建了上海烛龙信息科技有限公司，开发了一款质量极高的国产武侠游戏品牌《古剑奇谭》，被很多玩家称为《仙剑奇侠传》的精神续作。从质量上来说，《古剑奇谭》确实要明显高于同时期的《仙剑奇侠传》和《轩辕剑》，但《古剑奇谭》的实际投资相当于《仙剑奇侠传五》的三倍左右。[①]2014年张毅君离开了烛龙，日后《古剑奇谭》系列的重心也放在了网络游戏上。

因为《仙剑奇侠传五前传》销量不错，所以北京软星又立刻启动了续作的开发。

《仙剑奇侠传六》是整个系列里最具颠覆性的一部作品，因为彻底否定了之前的世界观，启用了一个新的"九泉"的设定，作品里再也不会出现李逍遥，也没有赵灵儿，没有林月如，没有阿奴，也没有了大家熟悉的那个蜀山。这是一次非常大胆的尝试，本来是一个很好的开始，结果大家拿到游戏后一起感叹：这是什么玩意儿？

这就要说说游戏引擎了。在《仙剑奇侠传六》开发前，姚壮宪曾信誓旦旦地表示要用以效果好出名的虚幻3引擎开发，但实际开发时因为成本问题最终放弃了，只能改用Unity3D开发。大部分人对Unity3D的认识是这是一款开发手机游戏的引擎。之所以选择这款引擎，一方面是Unity3D的成本低，另一方面是Unity3D的开发人员工资低，学习成本也低。但事实上Unity3D的高水准优化难度很高，同时制作团队也因为预算不足等种种原因，并没有招到有经验的开发者，最终导致游戏的运行效果非常糟糕。

---

① 这两个公开的投资数字是《古剑奇谭》2000万元，《仙剑奇侠传五》660万元。《古剑奇谭》的最终销量是60万套，其中数字版定价50元，普通版定价79元，豪华版定价299元。最终《古剑奇谭》应该是勉强保本。

图 2-37 《仙剑奇侠传六》

有不少玩家认为《仙剑奇侠传六》是被《血狮》"灵魂附体"了。

《仙剑奇侠传六》之后，针对玩家抱怨大宇不愿给软星投钱，姚壮宪在贴吧上回复网友："(《仙剑奇侠传五》的)240万套让北软得到2000万～3000万甚至更多的收入，开发仙剑(五)用掉近1000万元(含DLC)，五前用掉1200万～1300万元(含DLC)，六更多。[①]2006～2013年大宇资金比现在少很多的情况下都坚持过来了。今天解释这些并不是想哭穷，因为大宇现在资金情况比两年前好转了。之所以解释是希望告诉大家大宇愿意贴钱做双剑单机RPG，而不是如一些人误解的大宇抽走从单机赚的钱，这和事实是相反的。"

2016年，A股上市公司昆仑万维集团战略性增资北京软星及其下属公司上海软星2.13亿元，占股51%。这次增资前，大宇在台湾股市的市值只有9

---

① 实际上姚壮宪是用日后销售的钱覆盖之前的成本，这是大部分研发领域做财务的常态，日后赚的钱首先是要把这个产品的成本摊进去。

亿元人民币，相比大陆的公司来说只能算是个小创业公司。

  2017年5月23日，在方块游戏①2017产品发布会上，"仙剑"之父姚壮宪宣布，仙剑系列最新作品《仙剑奇侠传七》正式立项，该作由方块游戏签约发行。姚壮宪在现场提到了玩家最关心的投资问题："作为要有一定画面、有一定规模的游戏，开发成本只会越来越高，这个没办法，并不能像独立游戏那样不给员工工资，因为独立游戏都是自己做。我上大学的时候做过三个独立游戏，自己经历过，我也在毕业后在正规的游戏公司做过，正规游戏的制作成本先天就比独立游戏高，员工在学习新的技术过程中你得'养'他们，所以成本肯定会高，而且中国的游戏制作成本也是在不断上升，不过这对游戏行业的人员是好事，他们的收入在不断地往上走。虽然做单机的收入跟做网游还是有差距的，但是也不能差距太大，差距太大大家就不干了，对不起人家拥有的技术。所以，"仙剑"现在一共有六代，一代一代的成本回头看都在往上走。过程中我们要提供学习成本，还要招到合适的技术人员，而且现在大家对游戏的画面要求越来越高，世界各国公司把动画、建模等交给大的公司，不这样做，可能等它做出来时机已经过了，不过这么做外包的费用肯定比用自己的员工要贵很多，但是不选择他们就会失去时间成本和机会成本。《仙剑奇侠传七》成本要比六代翻倍，当然我们也不是大手大脚地花钱，还是需要合理地规划，我们的日子不是太好过。"②

  姚壮宪一直是一个很愿意面对媒体的游戏制作人，这些年也陆续回答了一些玩家最为关心的问题。关于单机游戏的困境，姚壮宪说道："我们做的游戏多数是单机产品，没有网游那种人拉人的社群力量。利润空间也有限，没资本和网游竞争请明星代言砸广告。眼看各大小媒体宣传版面都被网游长期占据，过去曾发生几次我们游戏推出半年了，竟然还有朋友问我这游戏出了

---

① 方块游戏是上市公司皖新传媒旗下的类似Steam的游戏平台。
② 引自太平洋电脑网上的文章《仙剑系列之父姚壮宪要做史上最好的一代》。

没。那时单机游戏就像田野中一株小小的蒲公英,被周遭施了肥猛长高的庄稼遮蔽了阳光,只有熟门熟路的老玩家才知道去哪里看我们,新玩家已经不知单机为何物。"[①]

整个仙剑的故事,可以用第一部作品中赵灵儿在水月宫做的诗来总结:

既不回头,何必不忘。
既然无缘,何须誓言。
今日种种,似水无痕。
明夕何夕,君已陌路。

(二)《轩辕剑》

不知道20岁的蔡明宏有没有想到,自己当年的一款半成品游戏会成为之后中国游戏最重要的品牌之一。1986年,16岁的蔡明宏成立DOMO小组,在这之前大部分游戏对外挂名都是一个独立的个人制作人。当时大宇调整公司为小组制,蔡明宏就趁机把DOMO小组的牌子打了出去,日后成了中国游戏行业知名的金牌制作团队之一。关于DOMO的含义江湖上一直流传着两种解释:一是日语中朋友的意思(とも,tomo),二是日语中谢谢的意思(どうも,domo)。对此,蔡明宏表示:"两个意思都有,当初希望DOMO是个能把玩家当朋友,同时又很客气地听取玩家建议的小组。"

小组成立之初推出过《魔术拼图》《幻魔传说》《七笑拳》《美少女扑克》等几款游戏,影响力都不算太大,但多少为之后的开发积累了实战经验。

1990年10月13日,《轩辕剑》上市。游戏情节相对简单,讲的是神魔大举进攻人界,一名少年用轩辕剑保卫人类的故事,因为当时《倩女幽魂》电

---

① 引自姚壮宪的文章《我与腾讯微博》(腾讯游戏网)。

影火爆，所以主角也是燕赤霞、宁采臣和小倩三人。关于《轩辕剑》这个名字的由来，蔡明宏说过："先做游戏后想的名字，当时想做一款有文化、有中国色彩的游戏，觉得这个主题好棒，就做到完，可是要叫什么名字？我们一大堆人开会，一直讨论，大家想不出什么名字。后来我就想，我们既然是做中国文化的，就叫它《轩辕剑》。我们那时候大概十八九岁，没什么文化涵养，听到《轩辕剑》太有涵养了，就它了……"

第一代《轩辕剑》大量参考了同时期的日本游戏，尤其对《勇者斗恶龙》的借鉴最为明显，包括游戏地图和战斗方式都极为相似，相对不同的是美术上使用了大量有中国特色的元素。而因为蔡明宏有事短暂离开，这款游戏只做完了第一章，并没有完成全部设想的工作，是名副其实的半成品，但这款半成品却收到了相当不错的市场反馈，让DOMO有了开发后续作品的动力。

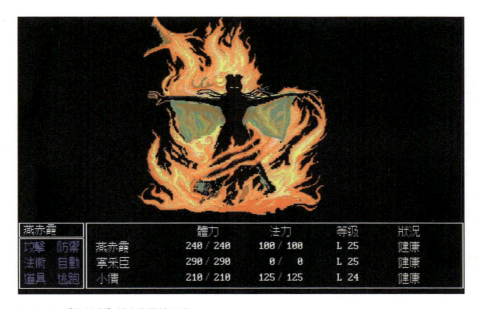

图 2-38 《轩辕剑》的人物属性设定

蔡明宏归来后，DOMO 小组开始了《轩辕剑贰》的制作，游戏于 1994 年 2 月 8 日上市。这时 DOMO 小组也从最早的 7 人扩充到了 20 人，包括鲍弘修、罗国成、林克敏在内，整个系列知名的制作人此时都已到位。这款作品完全摆脱了日系 RPG 的模式，大量参考《山海经》和《博物志》，保证了游戏里所有的怪物和道具都有迹可循。此外，更是在游戏里创新性地加入了五行属性和炼妖壶系统，增强了游戏性，而美术风格也更加偏向水墨画风。[1] 同时，为了不让人觉得是"《倩女幽魂》的同人作品"，主角三人的名字也换成了何然、杨坤硕、江如红。这一代还加入了日后被《轩辕剑》粉丝津津乐道的一个彩蛋：玩家通过某些方法可以找到"DOMO 小组"，可以在游戏里看到这些幕后英雄。日后，这款游戏还出海销售到韩国和日本，其中在韩国的销量相当不错。

《轩辕剑贰》在市场上获得了极好的口碑，让 DOMO 小组有了把《轩辕剑》做成一个大系列的想法，于是就有了《轩辕剑外传：枫之舞》。这款游戏没有被称为《轩辕剑叁》的主要原因是游戏依然延续《轩辕剑贰》的引擎，所以被认为只是外传而已。如果说《轩辕剑贰》是让系列得到玩家认可的大作，那《轩辕剑外传：枫之舞》就是让系列迈向"神作"的杰作。

相比前作纯粹英雄少年的故事，《轩辕剑外传：枫之舞》加入了大量真实的历史故事和厚重的世界观，DOMO 小组为此组织了 4 名策划一起完成整个故事脚本，如此关注游戏内涵也成为日后《轩辕剑》的标签之一。"《轩辕剑外传：枫之舞》并不是描写枫叶飘落的美，而是指战场上万支旌旗飘扬所形成的场景。"蔡明宏这么形容这款游戏。

1995 年 2 月 15 日，《轩辕剑外传：枫之舞》上市，同时发行了日本版，并且获得了不错的口碑。

---

[1] 其实也是"借鉴"了日本的《女神转生》里的合成系统。

第二章 青铜时代——单机游戏　235

图 2-39 《轩辕剑贰》里的 DOMO 小组

　　《轩辕剑外传：枫之舞》最早官方设定的主角名字为"辅子彻"（chè），但因为当时游戏分辨率低，显示效果不好，很多人都误以为是"辅子辙"（zhé）。关于主角到底叫什么，DOMO 小组内部曾经多次改口，甚至在大宇公开的材料上两个名字都出现过。早期有内部员工表示，最初定名为"辅子辙"，但最后制作时不小心写成了"辅子彻"，而最近有迹可查的是鲍弘修在台湾游戏论坛巴哈姆特上表示应该是"辅子彻"，从来没有"辅子辙"的说法。[1] 这两种说法都有很多支持者，至于哪个是真哪个是假已经难以考证，这也成了《轩辕剑》系列的众多悬案之一。

---

[1] 包括《家用电脑与游戏》总第 100 期的专题在内，很多媒体都提到过这个观点，但都没有明确标明源头消息。

制作完《轩辕剑外传：枫之舞》时，蔡明宏就承诺一定有第三部，但这一等就是四年。1999年12月4日，《轩辕剑叁：云和山的彼端》上市。日后核心玩家提到这款游戏时，普遍认为它是系列里最好的，并成为华语游戏历史上最佳的武侠游戏之一。

《轩辕剑外传：枫之舞》获得好口碑后，DOMO小组明白了游戏内涵的重要性，所以在做《轩辕剑叁：云和山的彼端》时，DOMO小组做了极复杂的前期工作，参考了各种文学典籍94本，完成了一个从欧洲、中东到大唐，横跨两个大洲数个国家的故事。游戏讲述的是法兰克王国骑士赛特受命前往遥远的东方古国寻找不败之法，期间经历了亲情、友情、爱情和东西方文化冲突的故事。游戏总共包括四百多张地图，四十多位主要角色，涉及安史之乱等历史事件。发售时该游戏使用了四张光盘来存储。

1999年12月，《轩辕剑叁：云和山的彼端》的简体中文版正式发售。2000年春节期间，DOMO小组又发布了一个7MB大小的补丁包，增加了游戏后期的部分支线情节，这种负责的态度也为其赚取了不错的口碑。

不过玩家对《轩辕剑叁：云和山的彼端》的评论也不全是积极的，部分玩家认为这款作品太着重描写欧洲部分，而弱化了中国文化，当然这种情况产生的主要原因是开发进度太慢，导致后期进入中国的部分非常简略。为了应对这些言论，DOMO小组制作了系列的另外一个高峰——《轩辕剑叁外传：天之痕》，于2000年12月2日上市。

外传的故事背景是在《轩辕剑叁：云和山的彼端》150年前的隋朝，讲的是陈国后裔陈靖仇奉师父之命，寻找伏羲琴、神农鼎、崆峒印、昆仑镜、女娲石五件神器复国的故事，而其中的重要角色轩辕剑的使用者宇文拓就是前作赛特的祖先。游戏结局便是宇文拓拿着炼妖壶自我放逐到欧洲，开启了日后《轩辕剑叁：云和山的彼端》的故事。通过这一部的剧情，整个《轩辕剑叁》的世界观也更加完整。《轩辕剑叁外传：天之痕》最成功的地方是塑造了一个有血有肉的宇文拓，日后很多玩家都认为这是整个《轩辕剑》系列最有存在感的主角。

图 2-40　异域风情浓郁的《轩辕剑叁：云和山的彼端》

这款纯粹中国背景的作品获得了极好的口碑，以至于在《轩辕剑》粉丝圈子里也会经常争吵《轩辕剑叁：云和山的彼端》和《轩辕剑叁外传：天之痕》究竟哪部是系列最好的作品。

图 2-41　中国风的《轩辕剑叁外传：天之痕》

这时距离《轩辕剑》第一部上市正好过了 10 年，也是整个系列最成功的 10 年。

2012 年，《轩辕剑叁外传：天之痕》改编成了电视剧《轩辕剑之天之痕》，由胡歌、蒋劲夫、刘诗诗、唐嫣、古力娜扎、林更新等主演，这也是《轩辕剑》系列第一部影视改编作品。

图 2-42 《轩辕剑之天之痕》剧组抵台宣传
图片来源：cnsphoto；拍摄者：YES 娱乐

事实上，在大宇制作完《轩辕剑叁外传：天之痕》后，游戏 3D 化的时代来临，同时台湾游戏市场也开始萧条。2001 年 2 月，DOMO 小组推出了和大宇另外一个重量级工作室狂徒小组合作制作的 3D RSLG[①]《轩辕伏魔录》。《轩辕伏魔录》制作期间，DOMO 的主力都在做《天之痕》，这导致这款游戏在内部就被战略性地放弃了。最终，无论 3D 效果、游戏剧情还是游戏性，《轩辕伏魔录》都不能尽如人意，差评如潮。

积累了一定经验后，2002 年 8 月 4 日 DOMO 小组推出了《轩辕剑肆：黑龙舞兮云飞扬》，名字取自刘邦的《大风歌》"大风起兮云飞扬"，而故事延续自《轩辕剑外传：枫之舞》，其中的主要角色也分别在本作登场。这款游戏对于整个系列最大的改变是取消炼妖壶，加入了一个功能更复杂的天书

---

① RSLG 指的是有角色扮演元素的战棋游戏。

系统。

《轩辕剑肆》延续了系列恢宏的历史主题，讲的是墨家弟子水镜目睹墨家衰败，决定违背墨家禁令研究"机关术"的故事。从故事内涵上来讲，完全可以和《轩辕剑叁》两部相提并论，但事实上游戏上市后口碑并不好，至少远比不上前两作，主要原因有二：一是 3D 化效果极差，无论表现力、艺术感还是流畅度都非常不理想；二是游戏难度设置有问题，尤其是游戏后半部分的迷宫极其复杂，玩家的游戏体验不大好。但即便如此，《轩辕剑肆》依然靠着 26.3 万套的销量成了当时系列销量最高的作品，在整个系列里也仅低于《轩辕剑陆》。

在《轩辕剑肆》上市的同一年，DOMO 还制作了《轩辕剑网络版》，但因为游戏质量实在太差，该游戏只在台湾地区的玩家群体中有点影响力，在大陆完全不见声响。

2004 年，《轩辕剑外传：苍之涛》上市，故事背景放到了东晋，依然围绕机关术。游戏口碑一般，销量略低于前作，但整体来说是一部不错的作品。

《轩辕剑外传：苍之涛》看名字非常特殊，因为它并没有定义是哪一部的外传。对于这件事，主策划郭炳宏自己解释过："我们希望从本款游戏开始，把'轩辕剑外传'定义为一个单独的游戏系列，通过外传来实现更多的创意，不会再说明是哪一代正传的外传。当然外传同'轩辕剑'系列游戏之间在物品上、剧情上仍然会有很多的关联。本次外传中《轩辕剑肆》的部分人物会出场，但关联并不大，因为这次还是一个完整独立的故事，而且按照之前的惯例，在技术并没有更多改善的前提下，会把游戏命名为外传。"[①] 也就是说"轩辕剑"系列的每一代作品其实都是以游戏的技术水平去划分的，这在游戏行业属于非常另类的案例。

---

① 引自同唱野花的文章《本刊独家专访——大宇资深制作人"轩辕剑"系列游戏主策划郭炳宏》（《大众软件》，2003 年第 22 期）。

同年，《轩辕剑》系列的第二部网游《轩辕剑网络版 II：飞天历险》上线，质量相比上一部好了不少，但依然无法打动玩家。这时有玩家质疑，DOMO 的创造力是不是已经被消耗殆尽了？

玩家的感觉没错。两年之后的《轩辕剑伍：一剑凌云山海情》居然成了整个系列口碑最差的作品。在游戏制作期间，制作人蔡明宏曾经表示过为什么要继续坚持单机游戏："由于单机游戏的盈利不能与网络游戏相比，对于我们来说，继续制作单机游戏与其说是盈利，更不如说是一种文化事业。整个故事构架在《山海经》的基础上，是为了承载中国传统的历史文化。大家都不希望以后的年轻人在习惯了网游之后，以为历史上的先辈都是染着五颜六色的头发，穿着火辣暴露的服装。历史应该有历史的本来面目，游戏制作者也肩负着记述历史的使命。"而事实上大家对这款游戏抨击最多的就是说它没有了"历史的味道"。

2009 年，《轩辕剑外传：汉之云》上市，DOMO 小组又走了一个极端，故事有着浓重的"悲凉"味道，给人的感觉并不是"厚重"，而是"沉重"。除此以外，上市后，一批玩家指责游戏内的某些设定，比如妖魔化了诸葛亮等人，而相比这些，游戏充满了无聊的说教更致命。

至此，可以说《轩辕剑》这个牌子已经被砸了一半，玩家自然也不太买账。

《汉之云》的销量非常惨淡，在台湾地区销量只有 5.5 万套，大陆的销量更低，这个销售额直接拖垮了简体中文版的发行公司寰宇之星。在这款游戏的开发日志里，蔡明宏写道："最近，常问自己一个问题：如果游戏做到后期，突然多了 100 万的预算，有几个选择，你会选哪一个？其一，花在精彩的动画上，增加游戏的吸引力，以增加卖量；其二，花在大量广告曝光上，增加游戏的知名度，以增加卖量；其三，花在加强游戏内容上，让游戏更好玩，但销量不一定增加。现在游戏这么多，免费盗版一堆的状况下，你会选择哪一种？"游戏编剧吴欣睿也写道："若您觉得我们交出的成绩还可以，请一起继续支持正版,多多少少让研发资金充裕些,一起延续方今单机游戏如丝如缕之命脉。"

同是 2009 年,《轩辕剑》系列第三部网游《天之痕网络版》上市,结果可想而知,依然没有成功,甚至是三部网游作品里口碑最差的一部。有激愤的台湾网友指责 DOMO 就是在给玩家"喂屎"。

这时的《轩辕剑》已经是腹背受敌,一方面,网络游戏占领了主要市场;另一方面,盗版问题依然得不到解决;更重要的是自己的质量也提不上去。

2011 年,《轩辕剑外传:云之遥》上市,这款游戏给玩家最大的印象是太像网络游戏了。并不是说游戏方式,而是审美,满眼都是花花绿绿的各种效果,完全没有了以往作品的"优雅"。这让《云之遥》吸引了一批新玩家,但也让老玩家十分失望。最终该游戏在台湾的销量十分糟糕,但在大陆的销量勉强说得过去。

图 2-43　色彩艳丽的《轩辕剑外传:云之遥》及其中的 DOMO 工作室

2012 年,《轩辕剑陆:凤凌长空千载云》上市。上市前蔡明宏接受采访时表达了自己做游戏的动力:"作家用文字传承故事,诗人用文词传承意境,绘师用水墨传承云山;而我们虽然是不起眼的游戏开发人员,但也希望能有些东西可以小小地传承下去。将人物故事的情与义、历史文化的力与美、中国神话的奇与幻,包容在游戏快乐与感动中,让玩家遨游在游戏世界中时,也能欣赏这一切。"[①]

《轩辕剑陆》简体中文版的合作方为以网络游戏出名的搜狐畅游,这种合作方式曾经被玩家诟病,但上市后搜狐畅游却成了游戏的一剂强心针。从游戏质量上来说,《轩辕剑陆》难以令人满意,小瑕疵数不胜数,可销量十分惊人,上市首周销量就超过了 30 万套,总销量在 50 万套以上,是整个系列销量最高的作品。这背后就是畅游在游戏营销方面强大的能力。

2015 年 3 月 26 日,《轩辕剑外传:穹之扉》正式上市,鉴于之前"仙剑"和"轩辕剑"两个品牌多少有点问题,玩家对这款游戏的预期并不高,但实际玩到后面会发现比想象中要好不少,至少可以称得上中规中矩。2017 年 3 月 23 日,《轩辕剑外传:穹之扉》登陆 PS4 平台;2017 年 9 月 28 日,登陆 XBox One 平台,成为第一款横扫 PC 和 XBox 两大主机的国产一线作品。

但《轩辕剑》的正统续作却怎么也没有等来。

2010 年,曾经担任《剑网叁》策划的孟凡去了搜狐畅游。2011 年,畅游和大宇谈下了《轩辕剑柒》的合作,将打造一部全新的网络游戏,由孟凡负责。畅游极其重视这个项目,组织了一支近百人的团队去开发,在各种活动上也一直挂在嘴边。最早的游戏介绍是这样写的:"全新的《轩辕剑柒》故事依照编年史安排,发生于《轩辕剑叁外传:天之痕》的故事之后,《轩辕剑叁:云和山的彼端》的故事之前,再度连接东西方世界观,伏魔山、大禹水道、移动岛、威尼斯、云梦泽、天山、昆仑仙境……横跨亚欧大陆,贯穿人

---

① 引自网络文章《轩辕剑之父:没想到这款游戏能走这么远》。

神魔三界，《轩辕剑柒》通过章节与场景之间深度结合的设定，玩家将体验一场穿越轩辕剑千年的奇幻冒险。"

早在 2014 年，《轩辕剑柒》就已经完成了大部分，至少有 60% 以上，甚至可以随时启动内测，但因为畅游在 2014 年和 2015 年发生了内斗[①]，当时大部分游戏项目受到牵连，其中就包括《轩辕剑柒》，这款游戏也就不了了之。2017 年，大宇宣布重新立项《轩辕剑柒》，而人们再一次看到《轩辕剑柒》已经到了 2020 年。

关于游戏，蔡明宏说过："在游戏中，完成再多任务，终结再多魔王，最后终究是虚幻的。而真正的人际关系，真正的成就感，还是必须用面对大魔王的勇气，勇敢地在真实生活中争取及学习，生命也才会因此成长。"

（三）《剑侠情缘》和西山居

求伯君说：每个人心中都有一个挥之不去的侠客梦。

1997 年，曾经被命名为《独孤九剑》的《剑侠情缘》上市，中国游戏市场终于凑齐了"三剑"。很多人经常忽视《剑侠情缘》对中国游戏产业的贡献。人们总是津津乐道从西山居走出来的早期员工都已经成了国内游戏公司的中坚力量，像"西三居三剑客"之一的罗晓音是中国最知名的游戏音乐制作人，除了《剑侠情缘》系列和西山居几乎所有作品外，还给《QQ 幻想》《万王之王》等很多游戏做过音乐，更是以游戏制作人的身份制作了《封神榜》和《幻想春秋》等网络游戏；《剑侠情缘》之父裘新创建了成都梦工厂，开发了《侠义道》系列和《圣斗士 OL》等游戏；而李兰云创建了云游科技，在 2015 年推出了《新剑侠传奇》续写自己的剑侠梦。[②] 除此以外，有大量西山居的员工分布在国内各个游戏公司的中高层。但事实上，《剑侠情缘》系

[①] 这部分内容在后文讲畅游的地方会提到。
[②] 《新剑侠传奇》宣传时号称为《剑侠情缘》系列精神续作，但因为制作粗糙，所以上市后遭到了强烈的批评，销量也非常惨淡。

列才是中国武侠游戏的标杆产品。

曾经有很多人疑惑，为什么国内的 ARPG 武侠类网游的风格都极其相似？对此，最好的解释就是这些游戏都脱胎于《剑侠情缘》系列。在游戏风格甚至是美术风格上，《剑侠情缘》系列一直坚持不庸俗，走出了一条更通俗也更容易被复制的道路。很多人认为《剑侠情缘》没有任何一部作品像《仙剑奇侠传》或者《轩辕剑》的某一部那样，成为艺术性很强的作品。确实如此，但也正是因为西山居做产品的这种隐忍，这个系列才更加辉煌。西山居的游戏发展历程，几乎就是整个中国游戏 20 年的缩影。

求伯君，1964 年出生于浙江省新昌县，农民出身的他年幼时受过不少苦。工作早期，求伯君在北京、深圳和香港的 IT 企业都干过，那时也是一名非常出色的程序员。

1989 年，求伯君在深圳蔡屋围酒店 501 房间里写完了整个 WPS OFFICE，并迅速让它确立了中文文字处理软件的垄断地位。关于这段日子，刘韧编写的《知识英雄：影响中关村的 50 个人》里是这么描写的："从 1988 年 5 月到 1989 年 9 月，整整 400 多天里，求伯君把自己关在房间里写 WPS，不分昼夜，只要醒着，就不停地写，饿了就吃方便面。其间求伯君生了三次病，第一次肝炎，第二次肝炎复发，第三次又复发，每次住院一个月到两个月。第二次肝炎复发正是软件开发最要紧的关头，求伯君把计算机搬到病房里继续写。"

1993 年，微软在中国推出了 Office 95，起初因为 Windows 95 没有中文版，所以 Office 95 很难称得上是 WPS 的竞争对手。又因为 WPS 过于火爆，几乎在我国办公软件市场处于统治地位，并且 WPS 只能在 DOS 上运行，反倒让微软十分头疼 Windows 95 的推广问题。渐渐地，随着 Windows 95 和 Office 95 中文化程度加深，以及 UCDOS 5.0 顺利支持 Windows 95，让微软看到了胜利的曙光。人们回顾那个时代时经常提及 UCDOS + WPS 这对强势的国产搭档，却往往忽视了，正是因为 WPS 对 UCDOS 的过度依赖限制了自己的发展。

随着两家公司在同一平台竞争，微软轻轻松松凭借更丰富的功能直接将 WPS 打得溃不成军，之后金山推出的盘古组件也并没能阻挡微软在中国的步伐。扛着民族软件大旗的金山日子并不好过，当时的金山从最多时候的 200 多人，直接裁到只剩几十人。回顾历史我们会发现，当时中国市场被盗版软件坑害最严重的公司并非微软，而是金山。除了 WPS 本身被盗版的现象十分严重外，更重要的是大批用户更倾向于选择使用更加便宜、功能更加强大的盗版 Office，而不是选择实际价格远低于正版 Office 的 WPS。微软虽然因盗版这件事上损失了不少的利益，但是确立了行业垄断地位，直接把 WPS 挤出了主流市场。

1991 年 11 月 4 日的一个计算机展览会上，雷军见到了他仰慕已久的 WPS 之父求伯君。雷军如此回忆当时见到求伯君时的心情："我看到的是一个很英俊的小伙子，全身名牌。我当时真是被震撼了，觉得那就是成功的象征。"几个月后，求伯君和雷军在北大南门的全聚德吃了一次饭，当时求伯君就邀请雷军加盟，而雷军回忆自己加盟的原因时说："求伯君因为写程序，在金山成功了，而且是打工成功的。金山如果能够造就一个求伯君，就会造就出第二个、第三个。"雷军就这样离开了北京，跟随求伯君到了珠海，金山最重要的两个人就此聚首。

1994 年，全身心投入 WPS 开发的求伯君同时也在开始谋划制作一款游戏。那一年，金山第一次发了一则招聘游戏制作者的广告，短时间内就有大量的应聘者，在那个国产游戏依然是荒漠的时代，这一则广告点燃了国内玩家对国产游戏的热情之火。应聘者中有一位叫作赵礼海的人带来了一款名为《中关村启示录》的游戏，这款游戏让求伯君眼前一亮，两人一拍即合，金山游戏项目组就此成立。《中关村启示录》对中国游戏市场的意义经常被忽视，它是第一款真正意义上原创的商业游戏，有全职的开发人员，有完整的营销方案。①

在整个公司充满焦虑和不安的情况下,一年后金山游戏项目组正式改组成立西山居。关于西山居这个名字,求伯君是这么解释的:"我老家那个村的名字叫西山村,游戏工作室不能称为村吧?所以我们当时起名叫西山居,公司同事以居士自居。"而对"西山"这个词求伯君也是喜好已久:"我家乡的西山是浙东名山四明山的支脉。我在国防科技大学念书的时候就自号'西山居士',我把第一个打印驱动程序命名为'西山超级文字打印系统',第一个中文磁盘操作系统命名为'西山 DOS',第一个游戏工作室定名为'西山居'。游戏、写程序和航空活动是我的三大爱好。"

西山居的早期人员还包括后来中国游戏音乐第一人的罗晓音,那之前他是自贡油毡厂的保卫干事。

西山居的第一款游戏《中关村启示录》在 1996 年 1 月上市,当时金山的账面资金只有不到 200 万元,而这款游戏总投资 50 万~60 万元,售价 96 元,可以说得上是一场豪赌。求伯君在《电脑报》主办的"96 游戏软件发展趋势研讨会"中提到这款游戏时说道:

> 我是从 1994 年底有制作游戏想法的。我也是个游戏迷,不爱玩或不感兴趣的话也不会去做游戏。热爱这个行业,才舍得花时间花精力去投资。
>
> 玩游戏的朋友都知道,目前市场几乎全是进口游戏。这么一个堂堂大国,面子上怎么样也挂不住,尤其是看到在日本游戏里把我们的三国历史写得乱七八糟,一塌糊涂,我问自己,为什么不自己做游戏呢?
>
> 搞计算机的人,离不开计算机。我今年 31 岁,20 岁在大学里开

---

① 其实玩过《中关村启示录》的人很少,其原因之一是该游戏的盗版非常少,而这要归功于雷军。在此之前,雷军主要在金山负责软件的加密防盗版工作,《中关村启示录》就是他自己做的加密。相比 WPS 之类的产品,大部分盗版团队也不愿意在《中关村启示录》的盗版破解上下太大功夫。

始学计算机，1984 年毕业，正好 PC 刚刚进入中国。中关村成立了新技术试验区，我就投入到这个行业里去了，所以我是伴随着中国 PC 发展过来的，对此深有感触。我们的第一个游戏就是《中关村启示录》，这本身也是"中关村"对我的启示。

一个人想下海，又不敢，总是前怕狼后怕虎，因为辞职以后，没有回头路可以走，怎么办？我想最好是去计算机里先玩一下，先用计算机模拟一下 1984 年的中关村，去看看你有没有机会下海，去办一家公司，登记注册、租房、招聘人才、挖墙脚、倒买倒卖。如果你不遵纪守法，偷税漏税，当然会受到工商局的处罚，碰到版权纠纷、打经济官司这样的事情。看看在游戏里下海有没有钱赚，如果说连计算机关也过不了，真下海还有什么意思。

《中关村启示录》制作期间遇到过很多"土法炼钢"的事情，比如上市前一天游戏版本才固定，最后所有员工一起拷贝了 100 套游戏，才让第二天的首发顺利进行。上市后，迫于盈利压力，公司鼓动包括程序员在内的所有人员尝试销售工作，为了公司的生存推广游戏。不过，这款游戏带来了一个意料之外的结果，即让原本是程序员的雷军意识到销售的重要性。之后，雷军逐渐从程序员过渡到了一名商人。1998 年，金山拿到联想注资后重组，雷军担任金山总经理。2000 年，雷军出任金山总裁和 CEO，2010 年创办小米科技，成为中国科技领域知名的"推销员"，这是后话了。而 1996 年雷军的一番话也影响了很多当时的游戏人："培育市场要有一个投资期，不要急于赚钱。我们第一个游戏投了 50 万，可能成本都收不回来。一个朋友问我：'你们做游戏 1996 年赚不赚钱？''不赚！''1997 年呢？''1997 年没把握，1998 年应该赚钱！'朋友又问：'为什么不在 1998 年再做？'我说：'如果我们都等到 1998 年才去做，那市场成熟就要拖到 2000 年以后了！'所以我们要有一种责任感，就是'我不下地狱谁下地狱？！'的精神。我们先不赚钱，从我做起，软件开发商要先做投入！"之后这句"我不下地狱谁下地狱"被当时的游戏厂商反复提及。很多年后，大家终于明白西山居的行为不是下地狱，而没下去的那些人最终留在了真正的"地狱"。

村上春树说："从沙尘暴中逃出的你已不再是跨入沙尘暴时的你。"

虽然《中关村启示录》没让金山赚到太丰厚的利润，但让金山收获了足够的信心，3个月后又推出了另外一款游戏《中国民航》，这款游戏基本是求伯君在工作之余自己编写的，没什么投资，也没有太大影响力，玩过的人寥寥无几。但此时游戏部门已经是金山最大的一个部门，金山进入游戏行业的野心显而易见。

《剑侠情缘》的故事比《中关村启示录》还要早一些。

1992年，日后成为《剑侠情缘》项目负责人、主程序员的裘新，从北京航空航天大学毕业，任职于成都飞机研究所。裘新在那里接触到了电子游戏，之后便一发不可收拾，甚至开始自学编程，想要做自己的游戏。

1994年，裘新离开成都飞机研究所，和原外星科技的美术总监施蒙岭制作了一款叫作《独孤九剑》的游戏，最早的参考对象是《轩辕剑》，并且认为"比当时大宇的《轩辕剑贰》有过之而无不及"，但因为行业大环境不好，并没有开发出成品。裘新回忆过当初寻找投资的困难："在跑过了16家企业依然一无所获之后，我和开发组的朋友们黯然分手。"

1996年3月9日，裘新决定去珠海见求伯君。之所以找求伯君，其中一个原因是裘新在学编程的那段日子里，经常看的一本书是《深入DOS编程》，这本书的主编就是求伯君。对了，这本书的作者还包括雷军、西山居副总裁王全国、"中国工具软件开发之父"冯志宏、金山的两位天才程序员马贤亮和陈波，日后这些人都成了裘新的同事。

当然，裘新的第一次求见并不顺利，求伯君不在公司，扑了个空，无奈的裘新只能留了一封信便走了。在去往珠海九洲港码头的路上，一辆丰田车停在了裘新旁边，车里的人摇下车窗说："你好，我是求伯君，我刚看了你的信,能回去谈谈吗?我知道你的《独孤九剑》,很不错。"

3月28日,裘新加入西山居,日后在裘新拿到"金山十佳员工"时,发表过一段让人印象深刻的获奖感言:"曾经有一个女芭蕾舞演员酷爱跳舞,有一天晚上,精灵在梦里告诉她:'如果你穿上红舞鞋,将会跳出世界上最具魅力的舞蹈。'早晨醒来,女孩果然得到了一双有魔力的红舞鞋,而她的生活也从此改变。她在红舞鞋的驱动下旋转跳舞,谁知道竟没法停下脚步,跳跳跳,不停地跳,精疲力竭,还是得跳。我现在的感觉就像是穿上了红舞鞋,在游戏的天堂里旋转不止。"

5月,金山正式立项《剑侠情缘》,当时是知名游戏撰稿人同时兼任《剑侠情缘》策划的梁怿炜(卫易)在制作备忘录里面这么写道:"我本来只是个PC GAME 的撰稿人,参与制作《剑侠情缘》是很意外的事,但我内心深处一直渴望能够制作出有我们自己特色的 PC GAME,所以关于《剑侠情缘》的制作过程将是我一生中难得的回忆。"而裘新回忆道:"如果能早一些找上金山,《剑侠情缘》就很可能在后来一度流行的《仙剑奇侠传》之前就推出。"

《剑侠情缘》立项前后,主程序员裘新收到了一份抗日主题的策划,来自湖北恩施的一名老师李兰云。7月,30岁的李兰云离开工作了七年的湖北省机电中专学校,坐了72个小时的汽车来到珠海,正式成为西山居的一员。

当时西山居的全部团队成员包括美术师陈琢、吴邛、袁世辉、袁桢,策划梁怿炜、李兰云,音效师罗晓音以及程序员裘新。

《剑侠情缘》在游戏中创造性地加入了主题曲,让人们津津乐道。由罗晓音作曲,白梦和罗晓音演唱的《笑问情缘》获得了众多好评,主题曲也成了《剑侠情缘》系列的标志之一。之后,该系列作品里出现的谢雨欣的《天仙子》、彝人制造的《纵横江湖》和《大英雄》、俞静的《爱的废墟》、陈妃平的《剑侠情》、羽泉的《这一生只为你》、王蓉和萧正楠的《三生三世》都是游戏音乐的经典作品。

最早为《剑侠情缘》制作音乐的罗晓音这么回忆当时的状况:

> 他(梁怿炜)来到西山居给《剑侠》开了个好头儿,故事的起草是他来完成的,不久,随着李兰云的到来,便转手过去了。不过,以后在我有为游戏写一首歌曲的想法后,我在电话里告诉卫易之后的第二天,他便给我发来了《笑问情缘》的词,还给《剑侠》的每首曲子都起了名字。看完歌词后我很激动,最终把它谱成了现在的《笑问情缘》。求总对音乐或者相关的事情总有特别的亲密感,他很关注我写音乐的进展,好听不好听。一切录音的联系、歌手的挑选,甚至录唱他都亲自参加。珠海本身文化氛围不足,再加上我们所认识的娱乐圈子的人几乎是空白,求总和我便一个一个的歌厅、晚会都去看了、听了,最后我们决定选用一个唱民歌的女孩子来演唱主题歌《笑问情缘》的女声,她的名字叫白梦。《满江红》合唱的演唱者们是在公司挑选的,最后确定了十人,排练了半下午的时间,第二天浩浩荡荡便向广州出发了。《笑问情缘》和《满江红》是在广州新时代录音棚录的。新时代公司当时造就了杨钰莹、毛宁等前辈,档次自然还是很高的。给《满江红》录音的时候,大家鱼贯而入。伴奏声响,大家不知为何一下子紧张起来,老对不准拍子。想着每小时按千元计算的棚费,我也急了,干脆站到大家面前挥舞着双手给大家打拍子。求总站在离话筒较近的地方,也很卖劲地唱,不信你就亲自听听那首《满江红》。

这就是中国第一首游戏音乐背后的故事。

关于后来为什么改成了《剑侠情缘》这个名字,罗晓音接受采访时解释过:"求总是性情中人,喜欢游戏,所以就喜欢和做游戏的人在一起。有一次在外面吃饭,大家聚在一起,围绕我们即将开张的武侠游戏讨论来讨论去。主角是使剑的,在故事里一定要有男女主人公的感情故事,然后还得看是否有缘分,等等,呵呵,大家七嘴八舌,剑侠恩仇记、侠胆情心、碧波剑影、剑缘……最后，还是求总说出了'剑侠情缘'四个字。"而求伯君对这款游戏和这个名字也有着极高的期待："金庸用武侠小说，用文字创造了一个武侠的经典，我希望我能用一行行代码，用游戏来诠释造就另一个武侠的经典。我希望一百年以后，人们谈论《剑侠情缘》的时候能像今天人们谈论金庸的《射雕英雄传》一样喜欢。"

《剑侠情缘》基于裘新当初开发《独孤九剑》时的引擎，虽然不完善，但修修补补也顺利开发完了游戏，总共用了 30 万元的开发成本和 80 万元的管理、营销费用，对于金山来说也是一笔不小的投资。

1997 年 3 月 26 日，游戏完成了 1.0 版的开发，同年 4 月 3 日正式发行。游戏所带来的轰动超出了多数人的预期，无论是捧的，还是黑的。在计算机爱好者展会上，2000 套试销版被一抢而空，而这款售价高达 128 元的游戏在之后的一年时间里卖了超过 2.5 万套，打破了当时的销售纪录。求伯君提到销量时曾兴奋地表示："令我们没有想到的是，这个游戏竟一夜之间红遍大江南北，最后卖了 2.5 万套。如果不是因预期不足而一度断货的话，突破 3 万套几乎不成问题。"同年金山的 WPS 97 上市，吹响了夺回领地的号角，一切都在向着好的方向发展。

销量不错，但口碑其实不大好。知名游戏评论人这么评论："在笔者眼中，它只是一个想学《新蜀山剑侠》都没学成的游戏，根本不配与《仙剑》相提并论。""看起来《剑侠》几乎是一无是处，千万不要这么想，它在中国计算机游戏史上有着举足轻重的地位。它是国内第一个成品 RPG，国内第一个双 CD 游戏，国内第一个采用真人演唱的歌曲做游戏主题曲的游戏，国内第一个吹得与实际差得最远的游戏。"而差评远不止这些，这些甚至算是差评里相对温和的。但当我们提及金山时，要明白两件事：第一，金山对中国市场的了解远远超出任何一家公司，这些看似无用的噱头，却保证了《剑侠情缘》在国内市场的独一无二；第二，金山是一家学习能力非常强的公司，在自我纠错这件事上金山从来不避讳，这款游戏的问题在下一款中绝对不会出现。

图 2-44 《剑侠情缘》的封面

与《仙剑奇侠传》和《轩辕剑》不同，除了武侠世界中万变不离其宗的"侠"和"情"以外，《剑侠情缘》把作品的精神内核集中在了"国仇家恨"上。游戏最后，五位侠士独孤剑、张琳心、张如梦、南宫彩虹、杨瑛舍身救岳飞，这种以悲剧收场的结局也成为中国武侠游戏史上最经典的设计之一。这个"国仇家恨"的精神内核在很长时间里支撑了西山居的游戏，以至于多年来游戏玩家都认为西山居是一家"红色"游戏公司。

《剑侠情缘》上市后不久，西山居就准备启动李兰云曾经提交的抗日主题项目，而西山居下定决心制作这款游戏和当时发生的"光荣四君子"事件有直接关系，那时年轻人爱国情绪高涨，这款游戏在一定程度上迎合了这样的情绪。

这款游戏就是口碑、销量俱佳的《抗日地雷战》，也是第一款抗日题材的战棋游戏。其中被人津津乐道的是，游戏内插入了长达50分钟的真人电影作为过场动画，有不少金山员工都参与客串演出。

之后，另一款爱国题材的《决战朝鲜》也凭借10万套的销量再次打破了当时游戏的销量纪录。

两款游戏让金山一发而不可收。

1998年，金山公司的主页上写了一段话：

混沌初开，游戏进来。一时间，多少英雄豪杰金戈铁马驰骋于大漠荒郊，无数侠客士仗剑执戟横行在天南地北。虚拟人生，应有尽有，得意如此，夫何所求？

几番游历，慧眼渐开。纵观三国与魔域，或东洋，或西洋，堂堂中华天国，居然身无长物。千万炎黄子孙，只得投身外番，或缠绵在东洋美女怀中，或沉溺于西欧魔法门里……

终于有一天，一群仁人志士拍案怒喝，揭竿而起！

金山首先在中关村发难，金盘就鸦片战争反攻倒算；前导在赤壁滩点起烽火硝烟，腾图在水浒寨纠集英雄好汉；尚洋骑着血狮一路奔突，目标开着铁甲四处闯荡；鹰翔祭起生死符，金山展开地雷战！

折戟沉沙，国士挥泪；攻城略地，红毛扬刀。几番搏杀，一片惨淡。暮霭茫茫，悲壮苍凉。一声惊雷，响彻四方。蓦然回首，一片金山！剑侠复出，壮志未酬誓不返；英雄安在，可愿手执倚天屠龙去屠狼？

西山居成就了中国游戏史上的一段佳话。

1998年8月12日，联想宣布以900万美元的现金和商誉（其中现金450万美元）注资金山，持股30%，成为金山最大的股东。注资后金山也调整了组织结构，新公司里联想集团高级副总裁杨元庆出任董事长，求伯君担任总裁，雷军出任总经理。

图2-45　金山时期的雷军

图片来源：cnsphoto；拍摄者：滕剑峰

1999年，西山居的精力都放在了《剑侠情缘2》上，这时裘新的OICQ（腾讯QQ的前身）签名是："扯不断，剪不断，炒不烂，一个铜豌豆。"这句话在当时无论是对于裘新，对于《剑侠情缘2》，对于西山居，还是对于金山来说，都恰到好处。

2000年6月，筹划了一年多的《剑侠情缘2》上市。这款游戏的研发投资超过200万元，同时还砸下超过100万元的宣传费用，300万元的累计投资打破了国产游戏的投资纪录。最终20万套的销量又一次打破了中国游戏的销售纪录[①]。游戏故事延续上一代的宋金交战，依然有国仇家恨，依然有儿女情长。那时《剑侠情缘2》和目标软件的《秦殇》被公认为是市场上最好的国产RPG。《大众软件》的Littlewing对这两款游戏评价道："国产游戏仿佛找到了前行的方向，而国内玩家也好像一夜间经历了千辛万苦，与失散多年的亲人重又相逢般，在熙熙攘攘的喝彩声中将'支持国产游戏'的偌大标语又一次用万千激情抬了起来。"

2001年6月，《剑侠情缘2》上市一年后，《剑侠情缘外传：月影传说》也伴随着北京申奥成功的脚步上市。该游戏除了常规的版本以外，还创造性地推出了附带游戏角色模型的豪华版，豪华版以1500元的价格销售。最终《月影传说》的销量突破了15万套，蝉联年度销量冠军。

---

① 不含港澳台地区。

图 2-46 《剑侠情缘外传：月影传说》

在《抗日地雷战》的过场电影里，就已经有不少西山居的员工客串，而在《月影传说》中，又有员工想要露一下脸，这种把自己融入游戏中的想法足见西山居团队对游戏投入的情感之深。"当时我们想了很多名字都觉得不够好，后来不知道是谁提议叫'杨影枫'。大家一致觉得这名字不错，有点儿浪漫又不失武侠的感觉，当即一锤定音——男主角名叫杨影枫。不想，因此引发了一场争名风波。公司上下就有好几个人跑来和策划商量：用我的名字吧！这样好了，把我设定为游戏里的人物！甚至有人发 E-mail 毛遂自荐：茶馆门口可以有个乞丐叫胡翌，茶馆里面有个卖花姑娘可以叫夏萍，茶馆里面有个穷书生可以叫窦昊，茶馆里面有个智障者可以叫叶适（像孔乙己），茶馆里面有只鹦鹉可以叫李斌华，茶馆里面墙上有幅画落款倪虹……最绝的是有人建议，西山居研发《月影传说》，呕心沥血，无论如何也应当在作品中出来晃一晃，不如在一荒漠的坟场中刻一墓碑，上书'西山各居士英魂'；也有人建议不如隐藏一个支线情节，设计一个西山茶馆，各居士悠闲地坐在里面品茶话桑麻，掌柜是罗晓音，收账的是林慧。不过又有人跳出来建议，自己的角色能够挑选，茶楼里，吴越抱着莫邪剑冷冷地坐在窗口，据说此君乃春秋战国吴王的后人，他手里那把莫邪剑摧金断玉，江湖中人莫不垂涎，但是没有人敢出手，因为据说吴越乃独孤剑第三代嫡子，看过他初见的人……"

图 2-47 《剑侠情缘》和《新剑侠情缘》

注：从《剑侠情缘》到《新剑侠情缘》，这一系列游戏一直是国产 ARPG 的标杆，同时很多游戏方式和美术风格也影响了之后中国整个网络游戏的发展。

2002 年 1 月，《新剑侠情缘》上市，重制了初代《剑侠情缘》，有媒体慷慨激昂地赞叹道："刻画着昔日足迹的游戏从尘封中浴火重生，怎能不令人唏嘘？"游戏也对得起这个评价，上市后口碑极好，是大部分玩家公认的整个系列最好的一款游戏，正版销量也达到了 12 万套，只是 49 元标准版、99 元豪华版的超低价格并未让金山赚到多少，甚至有金山员工表示这个项目是亏损的。一定程度上来说，这也是金山放弃单机游戏的原因之一。

2002 年 12 月，金山发售了最后一款单机游戏《天王》，改编自奇幻小说《天王本生》。和前几部作品最大的区别在于这是一款 3D 动作冒险游戏。因为金山已经决定进军网络游戏,所以制作后期压缩了项目组,造成游戏质量并不理想,口碑两极分化严重,而此后西山居也正式放弃了单机游戏产品线。

图 2-48　3D 动作冒险游戏《天王》

西山居终于进入了网络游戏时代,进而创造了我国游戏史上另外一段传奇。2003 年 1 月 4 日,裘新向雷军和求伯君提交了辞职信,信的内容如下。

裘新同志原来是来自四川的一个普通程序员,快 30 岁了,为了西山居的游戏事业,不远千里来到金山,在金山的 7 年里,从程序员做到项目经理,从项目经理再到市场经理,勤勤恳恳,哪里有需要就冲向哪里,用自己的青春和热血谱写了一曲游戏人之歌。裘新同志既尊重技术的重要性,也努力做好市场工作,这对于一般自以为技术好而瞧不起市场工作的人，以及鄙薄技术工作的唯业绩论者，都是一个极好的教训。对于裘新同志的离开，大家都觉得遗憾，现在大家记住他，是因为他的精神。我们大家要学习这种精神。一个人的能力有大小，但有了这种精神，就可以成为一个不狭隘的人，一个脱离了低级趣味的人，一个有利于中国玩家的人。

裘新离开西山居后回到成都老家，在一个三室一厅的民居里创办了"梦工厂"，2009年"梦工厂"被上市公司博瑞传播以4.41亿元的价格全资收购。裘新在自己的回忆录里写道："我很庆幸自己选择了做游戏这个行业，这是一个发展无限的行业，人类的想象到哪里，游戏就能做到哪里。在这个行业里我会永远兴奋，永不厌倦。"

八、中国游戏的代表性符号

（一）四大名著

游戏作为一种文化产品，更倾向本土的文化符号是合情合理的。本土文化同时也给本国游戏企业提供了机会，毕竟创作者和玩家更加熟悉自己的文化。雷军就曾对本土游戏的优势表示："比如厂商要向玩家说清楚'沙巴克城'是什么要下许多功夫，而你要说华山论剑，多数国人都知道这代表着武功和正义。从这个角度看，原创国产网络游戏的发展潜力很大。"

对于中国游戏而言，传统文化是个宝藏，各种各样的历史故事、名著典籍都被用来做策划参考，其中以四大名著为代表，而《三国演义》更是无数游戏人的灵感源泉。四大名著里，《三国演义》最适合制作SLG[①]，所有关于三国的游戏所追求的精神内核就是统一。

---

① Simulation Game，模拟游戏。

但是，讲三国游戏还要从一家日本公司讲起。

光荣（KOEI）是对中国游戏产业影响最深远的日本游戏公司之一。1978年7月，光荣在日本栃木县足利市成立了，最早的业务是在路边做染料买卖，除了创始人襟川阳一以外，只有两名雇员。1979年，襟川阳一的妻子襟川惠子送给丈夫一台夏普生产的MZ-80k计算机，改变了这家公司的发展道路。从此开始自学编程的襟川阳一在1981年开发了日本的第一款SLG《川中岛合战》，也拉开了光荣专注制作历史题材游戏的序幕。

1981—1983年，光荣又先后推出了《投资游戏》《海底冒险》《棒球锦标赛》，以及日本光荣的王牌游戏《信长之野望》。1984年，光荣制作了《三国志》，从这款游戏开始光荣连续制作了大量历史题材SLG，包括《苍狼与白鹿》及其续集和《信长之野望：全国篇》，至此光荣彻底取得了SLG领域王者的地位。1988年，光荣先后在Famicom上推出了《信长之野望》和《三国志》，其中《三国志》的价格高达9800日元，光荣也开始了它知名的高价游戏策略。如果说全世界唯一一家不讲规则定价的游戏公司，那就是光荣，更可怕的是，粉丝还乐意买账。

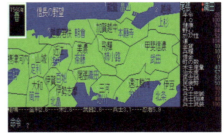

图2-49 《信长之野望》的局势图

之后，光荣又制作了《大航海时代》《三国志英杰传》《三国无双》《太阁立志传》这些大作。此外，一些关于中国文化的小作品也非常值得注意。像1993年的《元朝秘史》，是一款类似《三国志》的策略游戏；1994年的

《项刘记》，讲的就是楚汉争霸的故事，而且这款游戏的战斗模式还是第一人称视角。在中国游戏发展的早期阶段，大量国内游戏公司其实是在借鉴光荣的历史题材游戏前行。

光荣《三国志》系列游戏中非常有意义的是《三国志II》，这款作品其实口碑并不好，主要是游戏的画质和内涵都没任何明显的进步，但信用度和武将单挑系统还是吸引了不少玩家，尤其是武将单挑系统在很大程度上加快了SLG过于缓慢的游戏节奏。之所以这款游戏值得一提，是因为这是《三国志》系列游戏里，唯一一款有中国团队深度参与的。1989年，光荣在天津成立了分公司，当时招募了一批员工，最早就是负责《三国志II》，之后也是这个团队爆发了"光荣四君子"事件。离开光荣后，这批团队成员组成了前导软件的天津分公司。

1998年，光荣制作了战棋游戏《三国志·英杰传》系列，这个系列本身的玩家并不多，但是由这个系列衍生出来的MOD（游戏模组，游戏的一种修改或增强程序）却非常多，一直到20年后还有人在玩。

2001年，光荣发行了《真·三国无双》，是1997年《三国无双》的后续作品，在这个基础上光荣还制作过《战国无双》《高达无双》等一系列作品。

三国题材游戏的兴盛虽然很大程度上普及了相关文学作品及历史知识，尤其在年轻人群体中，但也带来了非常多的误解，比如很多玩家误以为袁术的国号是"成"，但历史上袁术并没有过这么一个国号，这个"成"是光荣在《三国志》游戏里造出来的；比如大部分玩家以为张飞有个女儿叫张星彩，并且之后很多游戏和动漫里都使用了张星彩这个名字，而这个名字是光荣在《真·三国无双4》里编出来的；再比如很多玩家觉得曹操和织田信长长得一样……

除了光荣，还有一家公司也非常热衷三国题材。1989年10月，智冠成立了台北工作室，两年后，台北工作室的处女作《三国演义》上市，销量达到了 17 万套，是当时台湾地区销量最高的游戏，并且连续十年独占榜首。之后智冠又开发了《三国演义 II》，但这款游戏质量较差，漏洞甚至多到无法让玩家正常玩。为了解决游戏的问题智冠还出了一个"脑洞大开"的昏着儿，之前购买的玩家需要支付一定金额的费用后才可以换到一个漏洞较少的完美版。这种种问题直接毁掉了这个系列的游戏，以至于稍微年轻一点儿的玩家大都不知道我国游戏史上还有过这么一款现象级的游戏。

智冠之后，我国游戏制作者对三国的狂热在 2002 年前后达到了巅峰，仅 2002 年春节前后就有《三国赵云传》《富甲天下 3》《三国群侠传》《三国群英传 III》《卧龙与凤雏：三国群雄传》《龙狼传：破凤之路》等多款三国游戏上市，被当时的媒体人戏称为"三国贺岁大礼包"。当时有人担心这种对三国题材的透支会影响这个 IP，但看日后的发展显然是多虑了。

图 2-50　备受欢迎的三国类游戏

2003 年，宇峻科技的 RPG《幻想三国志》上市，在单机游戏时代的末期敢于做一款新的系列游戏，也实属难得，更难得的是游戏本身质量相当不错，包括续作在内销量都不差，虽然没赚到什么钱，但还一直在维持运作。2008 年《幻想三国志 4 外传》上市，宇峻科技对外宣布这个系列就此完结。十年后的 2018 年《幻想三国志 5》上市，重新开启了这个系列。

在中国单机游戏时代的末期，几乎是三国主题的游戏在扛着整个市场前进。2005年中国单机游戏的市场份额只有2.12亿元,其中新游戏只有38款,总销售额为7800万元,相比前一年的1.03亿元下降了24.3%。2005年,中国市场上只有两款游戏销量达到了10万套,分别是《三国群英传Ⅴ》和《幻想三国志2》,是当时中国游戏市场上为数不多的亮点。

图 2-51　美术出众的《幻想三国志》

曾经有很多中国媒体,甚至是专业的游戏媒体都搞错了一件事,就是每每提到《三国群英传》的对战方式时,都会感慨这是我国原创游戏的一次重大创新。其实在《三国群英传》之前就已经有类似的游戏出现,其中相对出名的是1996年世嘉为自家土星平台制作的《龙之力量》。该游戏无论战斗方式还是界面设计,都和《三国群英传》如出一辙。只是《龙之力量》受限于世嘉平台的影响力,所以并没有推广开来,大多数中国游戏玩家也就不知道这个"借鉴"的出处。

1998年,奥汀科技的《三国群英传》第一部横空出世,在游戏市场引起震动。这款作品相较《龙之力量》有个非常明显的改动,因而显得更加有趣。《龙之力量》是一款有大量叙事文本的传统 SRPG[①],而《三国群英传》作为一款 SLG,删减了叙事内容,弱化了故事情节。游戏把重点全放在了战斗上,这反而突出了这种简单粗暴游戏的可玩性。宏大的战斗场面也成了《三国群英传》最大的标签。

图 2-52 《三国群英传》的作战界面

1999 年,《三国群英传 II》上市,与之前的作品相比,该作品增加了武将数量、城镇数量,更重要的是增加了武将带兵数量,并重新调整了兵种

---

① Strategy Role-Playing Game,策略角色扮演游戏。

和武将的数值设计，这让游戏更具平衡性。该作品日后也被认为是该系列里整体质量最好的一部。

当时奥汀科技已经意识到这个系列的价值，于是花了整整三年时间打造了《三国群英传 III》。这一代作品借鉴了大量其他三国游戏的成功之处，加入了复杂的内政系统、历史事件以及地形和气候对战局的影响等新鲜的功能。奥汀科技新增这些内容是为了增强游戏性，但画虎不成反类犬，这款游戏也成了系列中评价最差的一部。就像前文说的，玩家玩《三国群英传》追求的是战斗的爽快感，这些硬加进来的东西虽然让作品看起来更有文化内涵，但失去了这款游戏赖以生存的内核。

2004 年，为了补救，奥汀科技又制作了《三国群英传 IV》。该作品除了大幅度修改地图提升游戏的自由度外，对于上一部作品中饱受争议的复杂的内政系统也做了处理：该作品中加入了一个任命太守的功能，也就是如果君主觉得内政太麻烦，那么可以把内政交给太守自动处理，君主可以专心投入到战场的厮杀当中去。

2005 年，《三国群英传 V》上市，该作品从制作质量到游戏的可玩性都称得上是该系列中最高的。对于追求传统爽快感的玩家来说，所有操作都有一键处理的功能，而对于追求精细操作的玩家来说，甚至连上千人的战斗都可以单独编队操作。只是游戏行业的大潮已经转向了网络游戏，这款游戏的销量并没有太大突破，因此奥汀科技决定制作《三国群英传 Online》。

《三国群英传 Online》在台湾测试时创造了 20 万人同时在线的历史最高纪录，但因为运营太差和漏洞较多等问题，该游戏上市后便"猝死"。

之后，《三国群英传》系列还推出过后续作品，但口碑和前期的作品相比不可同日而语。

三国题材之后，我国四大名著中，被使用最多的一个 IP 就是《西游记》了。

最早前导软件制作《齐天大圣》时，边晓春就提到过为什么选择《西游记》:"首先,该产品应着眼于世界市场。因为,在中国古典文学的众多题材中,《西游记》是传播最广、知名度最高的;其次,应该用三维技术表现孙悟空'上天、入地、下海'的神奇活动;再次,漫长的西天取经过程是典型的 RPG 题材。"只是这款本应是最早的原创《西游记》题材的游戏最终胎死腹中。

单机游戏时代还有不少公司都开发过西游主题的游戏,但都不太成功。西游主题游戏最成功的是进入网络游戏时代后的《大话西游》和《梦幻西游》,这两部作品为网易创造了上百亿元的收入,是中国原创网络游戏标杆性的存在。

在后来的网页游戏和手游时代,西游主题的使用频率也很高,仅次于三国题材。

《水浒传》是一部虚构的演义小说,山东的那个梁山只有一百多米高,绝对说不上"四面是高山,中间是平地,建有宛子城、忠义堂和六关八寨,山下有金沙滩、鸭嘴滩、蓼儿洼,山的四周有八百里梁山泊"。按照史书记载,宋江也是"淮南盗",和"山东及时雨"没半点儿关系。但这些都不能掩盖《水浒传》的文学价值。

金庸就提到过《水浒传》对他的影响:"《水浒传》众英雄向朝廷投降了,投降的结果十分悲惨。我学《水浒传》写《书剑恩仇录》,书中领袖陈家洛与清朝皇帝妥协,进而受到欺骗,结果也是同样悲惨。实际上书的主题是反对向封建官府投降、妥协,含有必须反抗到底的意义。但反抗到底有什么出路,在那时候的历史条件下是找不到的。"

曾经有个国产厂商在 Game Boy 上开发过一款名为《水浒神兽》的游戏。该游戏把 108 位好汉变成了 108 只神兽,主角走上了类似《精灵宝可梦》的"集邮"道路。该游戏的质量非常糟糕,但这款游戏是目前能找到的最早由国内游戏厂商开发的 Game Boy 游戏之一。

善于改编历史题材的光荣自然也不会错过《水浒传》,光荣曾先后制作

《水浒传——天命之誓》和《水浒传——天导 108 星》。无论完成度还是游戏性，这两款游戏都是《水浒传》题材里的佼佼者，只是有些违背了《水浒传》原作的主题。《水浒传——天命之誓》做成了类似《三国志》和《信长之野望》的策略游戏模式，但因为游戏里的角色和势力太少，所以不得不将很多原著里的小角色塑造成了一方诸侯，这其实说明"水浒"这个主题根本就不适合做这类游戏；而在《水浒传——天导 108 星》里，光荣把游戏做成了模拟经营模式。这种变化明显是深入研究过原著的结果，像孙二娘去开酒馆、阮氏兄弟去打鱼这种合理并且增强了游戏可玩性的设定都很出色，但因为该游戏的故事性平平，同时难度设计有问题，这款游戏也没成功，这应该是光荣最遗憾的事情之一。

光谱曾经制作过一款叫《水浒传——梁山英雄》的横版动作游戏，而前导也制作过《水浒传——聚义篇》这样一款战棋游戏，甚至之后还规划过《征战篇》和《终结篇》。也有传言说智冠曾打算制作一款类似《金庸群侠传》的"水浒"游戏，但我们并没有看到成品。

在 RPG 这个大分类里，最成功的"水浒"游戏就是《幻想水浒传》。1995 年，科乐美在 PS 平台推出了《幻想水浒传》。至于游戏内容，如果不是官方点明是"水浒"主题，基本没人能看得出来。该游戏只是借用了 108 星宿的概念，是一个完全架空原著的日系幻想游戏。

相比较而言，勉强遵循原著的水浒 RPG 是腾图公司的《水浒英雄传——火之魂》。这款游戏以洪信、鲁智深、林冲、孙二娘、武松和宋江六人为主角，再现了洪太尉误走妖魔、鲁提辖拳打镇关西、林教头风雪山神庙、吴用智取生辰纲、武松斗杀西门庆、浔阳楼宋江吟反诗的故事，但因为故事太松散，并且游戏性一般，这款游戏本来规划的续作《天师篇》也就没了后文。

进入网络游戏时代以后，火石软件开发了《水浒传 Online》，但游戏本身几无可取之处。日后手游和页游也有不少作品使用"水浒"主题，但成功的并不多。

图 2-53 幻想风格的《幻想水浒传》

四大名著中,最少被用作游戏题材的是《红楼梦》。究其原因,一方面是《红楼梦》本身较为"文艺",游戏二作者难以下手;另一方面是游戏玩家中看过《红楼梦》的也确实相对较少。

2009 年,北京娱乐通开发了一款恋爱冒险的文字游戏《红楼梦》。不过,文字类游戏在中国缺乏滋养其发展的土壤,而且该游戏本身质量一般,所以这部作品没有掀起丝毫波澜。

（二）金庸小说和武侠

每个国家游戏的内核都有一些明显的文化符号，比如欧美游戏的内核明显受到《龙与地下城》和克苏鲁文化的影响，日本游戏则充斥着日系幻想动漫的符号。中国呢？我们有金庸。

智冠在 20 世纪 90 年代初拿到金庸所有作品的游戏改编权后，立刻把公司的精英组织在一起准备开发，其中就包括了监制杨第、程序员陈则孝、音效师林宏佳、美术师张昆耀等人。1992 年，智冠开发的第一款游戏《笑傲江湖》在台北资讯展上展示，成了全场最大的亮点，该游戏让人印象最深刻的就是动画制作得实在太好了。1993 年，该游戏正式上市，但销量一般，口碑不好。经历过那个时代的玩家应该知道，当时游戏发行主要以软盘为主，一张软盘的容量只有 1.44 MB，而这款游戏号称是当时最大的华语游戏，足足有 20 MB。由于使用的软盘太多，该游戏的售价非常高，这让大部分玩家有心无力，而整个开发过程中都没有人质疑容量是否过大。更重要的是，这 20 MB 的容量里，六段动画占了 11 MB，而游戏本身的内容并不多，甚至可以说太短了，就像是半成品。游戏的主线剧情进展到任我行脱困就没了后文，游戏最后还有一个续作《东方不败》的广告，但没人见到过这款游戏。日后，《笑傲江湖》在有光盘版后迎来了第二春，销量相当不错。

和《笑傲江湖》近乎同一时间开发的还有《射雕英雄传》，负责开发的是李国彰，首次公布是在 1993 年 6 月的《软体世界》上。这款游戏因为加入了 AVG 元素，让玩家十分期待。但游戏上线后大家发现，这款游戏存在和《笑傲江湖》一样的问题——游戏部分太短了，又是一个半成品。事实上出现这种情况主要是因为智冠的经营策略。金庸的小说太长，如果分成几段制作，那么开发相对容易，也更赚钱，但玩家并不买账，大家花了钱肯定想玩更多的内容。

这两款游戏开发到尾声时，智冠又上马了《倚天屠龙记》，当时台视版本的电视剧也在制作中，由马景涛、叶童和周海媚主演。双方协商后决定互相推广，这让智冠的开发压力陡增。

智冠又召集公司内的精英组成了 Young Gun 开发小组，由徐昌隆负责。1994 年 3 月 27 日，《倚天屠龙记》正式发售，这是智冠制作的所有金庸作品游戏里唯一一部完成所有剧情的作品，游戏容量创了纪录，而因为游戏太大也是有史以来第一套纯光盘发行的中文游戏。《倚天屠龙记》无论销量还是口碑都是智冠系金庸游戏中最好的一款。同时间开发的还有《鹿鼎记》，但销量和口碑都十分糟糕。

图 2-54　高容量的《倚天屠龙记》

之后，整个 1995 年，智冠没有金庸游戏上市，这时的智冠在密谋另外一件大事。

在完成《倚天屠龙记》后，智冠把 Young Gun 团队改组成河洛工作室。"河洛"出自《周易·系辞上》中的"河出图，洛出书，圣人则之"，是华夏五行术数的起源。河洛工作室开发的第一款游戏叫作《金庸群侠传》。

《电子游戏软件》的编辑在 1996 年 4 月写到《金庸群侠传》这款游戏要

上市的消息时,第一句话就是:"哇!眼珠又要掉出来了。"

《金庸群侠传》于 1996 年上市,是智冠所有金庸游戏里开发时间最长的,超过了两年,而这款游戏在当时来看也过于另类。首先,该游戏没有选择《仙剑奇侠传》和《轩辕剑》这种传统的 RPG 模式,而是做了一个高自由度的开放式世界,同时战斗方式选取了战棋模式,这两点在当时都称得上是独树一帜;其次,这款作品融合了金庸的"飞雪连天射白鹿,笑书神侠倚碧鸳"全部十四部小说,这种大杂烩的风格在上市前就让玩家觉得十分新鲜。

《金庸群侠传》上市后确实引起了震动:游戏的完成度实在太高了。

鉴于智冠以往的金庸游戏多虎头蛇尾,玩家对这款游戏的预期不是太高,尤其是对游戏的第一印象其实并不好,至少画质在当时来说只能算是中等水准。但实际玩过后发现,10 个小时都不一定能通关。这款游戏的内容实在太多,玩家需要收集金庸全部十四本书,还要收集和自己共同作战的队友。从今天的角度来看,里面包含了所有沙盒游戏的优秀元素。此外,游戏还加入了很多游戏性极强的趣味设计,比如游戏的背景设定是个穿越的故事,主角进入了游戏的世界里,必须收集完十四本书才能回到现实世界;比如玩家可以选择正邪两种势力,而且这会影响最后和谁战斗;比如游戏一开始就有的技能"野球拳"看似十分没用,前一到九级是既不中看也不中用,但是练到十级满级后反而是游戏里单体伤害最高的技能;比如玩家要想找周伯通学左右互搏就必须保证资质不能超过 50,而游戏内的资质数字又是不显示的,全靠猜。这些看似恶搞的内容反而成了游戏最大的魅力。不少游戏玩家认为,单从"游戏性"来说,《金庸群侠传》是 20 世纪中国游戏的巅峰,甚至之后的国产单机游戏也没有能让人如此上瘾的。

《金庸群侠传》作为一款国产 RPG,其最大的革新在理念层面。以往的 RPG 更注重叙事,希望通过一个交互的方法讲好故事,但《金庸群侠传》从另外一个角度去理解游戏。它的设计者认为游戏最大的魅力是"养成",最吸引人的事情是让玩家能够感觉到和游戏里的角色共同成长，在和游戏角色的共同努力下一点一点进步。这种理念当时在全世界游戏市场也是非常超前的。

《金庸群侠传》上市已二十多年，现在依然有玩家在玩，并且这二十多年间，有不少玩家一直在对游戏进行二次开发，做各种有趣的修改，甚至做了不少的 MOD。《金庸群侠传》刺激着一大批玩家的创作欲望。

在《金庸群侠传》之后，河洛沉寂了很多年，于 2001 年推出了《武林群侠传》。和《金庸群侠传》一样，《武林群侠传》游戏自由度高，游戏性强，且相比《金庸群侠传》强化了养成的设定，还加入了一些小游戏提升整体娱乐性。这款游戏地方的瑕疵是稍微有些虎头蛇尾，原因是经费不足。

图 2-55　拥有独特养成模式的《武林群侠传》

那时智冠的重心已经放在了网络游戏上，先后开发了《网络三国》和《金庸群侠传 Online》。这两款游戏质量都不算太好，《网络三国》出现较早勉强可以理解，但《金庸群侠传Online》出现时已经有不少游戏可以借鉴，结果质量还是相当糟糕，简而言之这是一款漏洞满天飞、画面十分粗糙、操作一塌糊涂的游戏。不过，这款游戏硬生生靠着金庸的影响力，在2001年成了当时最火的国产网游，甚至超过了《千年》等韩国网游。只是网游最终还是要看品质，因为该游戏本身的问题，《金庸群侠传Online》生命周期极短，到2003年就无人问津了。

在消费完金庸以后，有不少公司制作了以古龙作品为主题的游戏，其中的佼佼者是宇峻科技制作的《新绝代双骄》和《楚留香新传》。这两款游戏单从质量上来说不逊色于同时期任何一款金庸作品的游戏，但这两款游戏也是那个时代被伪正版坑害最严重的，实际销量非常糟糕。除此以外，金智塔在2000年制作的《古龙群侠传》、昱泉国际在2002年制作的《流星蝴蝶剑》和《小李飞刀之皇城争霸》也都算比较出色的作品。

这时的河洛无论从哪个角度来说，都是中国游戏圈最优秀的工作室之一。在这个前提下，河洛脱离了智冠，成立了东方演算，成为一家独立的游戏公司。

2002年，河洛，或者说东方演算开发完成了《三国群侠传》，这部作品正式脱离了金庸的武侠世界，把故事放在了更加复杂的三国时代。和之前的作品一样，这款游戏依然有着超高的自由度，玩家可以在游戏内收集三国时期的人物，同时游戏的完成度比前作《金庸群侠传》还要高，为整个"群侠传"系列又收拢了一批新的拥护者。这时玩家都在翘首以盼下一部作品是什么群侠传，但现实是残酷的，2003年后整个中国单机游戏市场彻底崩盘，东方演算也成了破产大军中的一员。

河洛的故事就此中断了足足十年。2014年3月，一则新闻突然闯入玩家的视野：河洛工作室重组了，并且宣布其第一款游戏就是《武林群侠传》的续作。在谈及为什么想到重组河洛工作室时，徐昌隆提到，2009年他偶然搜索了一次《武林群侠传》，发现了这款游戏的百度贴吧，进去后看到居然还有玩家在玩，和网友交流后，他决定重启工作室了。

在和网友交流时，徐昌隆提到了很多游戏背后的事情，比如："徐子易其实就是我儿子，当年用他的名字来取的。本来《武林》如果出第二代的话，他会多个弟弟，因为我后来又生了一个儿子。哈哈。"比如："我不习惯搞悲剧的，没仙剑他们厉害，我擅长的是多路线、自由度跟耐玩度。所以我也不喜欢悲剧。就像在做金庸群侠时，我打死也不会弄小龙女跟狗道士那一段，我宁可忘记金庸写过那段。"

确定要重组河洛工作室以后，徐昌隆花了几年的时间解决了投资和团队问题，但在开发时又遇到了另外一个问题。当时《武林群侠传》的版权在智冠手里，而智冠已经授权了其他工作室开发相关游戏。除了一款《武林群侠传》的网页游戏外，最主要的是漂流工作室正在开发《武林群侠传》续作。虽从渊源上来说徐昌隆开发的更加正统，但他毕竟没有版权。因为版权问题，徐昌隆的开发工作一度陷入僵局。最终一直到了2015年年中才确定，徐昌隆开发的项目叫《侠客风云传》，漂流工作室开发的项目叫《洛川群侠传》。

2015年7月，《侠客风云传》上市，迎来了口碑和销量上的"双高"。该游戏第一个月的销量超过了20万套，一年后的销量接近50万套，成为"三剑"外销量最高的国产游戏。关于《侠客风云传》的口碑，有人引用了《天龙八部》里的一句话："红颜弹指老，刹那芳华。"

2016年9月28日，《侠客风云传前传》上市，到年底销量超过13万套，虽然低于《侠客风云传》，但也达到了预期的目标。

这个系列依然在努力挽救中国的单机游戏市场。

河洛工作室是一个真正毫无黑点的游戏开发团队，所有游戏作品都在同时期属一线水准，哪怕没钱也保证在自己可行的范围内做到最好，而《侠客风云传》也是近十年最好的国产单机游戏之一。

凡有井水处，即有金庸书。

九、最早进入中国的海外游戏公司和育碧中国

1994～1996年，世嘉、南梦宫、太东、科乐美、阿特拉斯五家日本游戏公司先后在中国设立合资公司，成为最早一批进入中国的海外游戏公司。和其他行业一样，在游戏方面，日本公司也明显对这个有十几亿人口的国家格外上心，这对日本来说是机会，对中国来说也是如此。但由于种种原因，包括这几家公司自身经营的问题，这批公司早期很难真正在中国开展活动。

1996年，中国游戏行业的产值为4150万元，这个数字并不高，甚至比不上海外市场一款游戏的销售额，但因为中国市场潜力巨大，仍然吸引了一大批海外公司在中国设立分公司。

1996年2月，EA设立了中国办事处，这是海外游戏公司在中国设立的第一个独资子公司，其最早上市的5款游戏为《FIFA 96》《极品飞车》《魔毯二代》《遁入黑暗》《双子星传奇》，定价都在100元左右。

1996年末，美国的VIE公司进入中国。大家对这个名字可能不大熟悉，但是它的全称很多人应该听说过，Virgin Interactive Entertainment，即维珍互动娱乐。该公司拥有当时世界上最好的即时战略游戏开发工作室——开发了《沙丘魔堡》《命令与征服》的Westwood工作室。1996年12月14日，VIE公司正式对外宣布授权前导软件发行《命令与征服——隐秘行动》和《凯兰迪亚传奇III——玛尔寇的复仇》；授权金盘电子发行《时空游侠》《古墓丽影》和《死亡地带》；授权新天地多媒体发行《97赛手》《大地传说II》和《双子星传奇》。这几款游戏销量都不错，其中《命令与征服》帮前导软件打响了第一枪。

这一年"光荣四君子"事件发生了。这件事之后，一批海外公司削减了中国研发团队，同时有不少打算在中国设立开发部的外国公司也选择放弃，尤其是日本公司动作最大。

如果要说海外游戏公司对中国游戏市场影响最深远的一家，毫无疑问就是法国育碧。

1996年，育碧通过上市筹措了超过8000万美元的资金，这笔钱主要用于建立海外开发部，其中就包括在1996年12月成立的上海育碧，主要为海外提供外包服务。育碧总裁伊维斯·古利莫特（Yves Guillemot）在谈及上海分公司成立的原因时说道："当时我们刚刚在加拿大设立了一个分公司，要将研发力量发展到北美。在我们看来，中国的游戏产业很有潜力，我们有必要把自己的势力进一步延伸到亚洲，于是决定派人过去看看。"这个被派过去的人是戈翎（Corinne Le Roy）女士。戈翎负责过法国政府和苏联的医疗合作项目，把她派往海外也是看中她有海外工作的经验，但当时的中国毕竟不是苏联，这其中的坎坷只有当事人自己清楚。

1996年4月，戈翎到中国后先后招聘了人力资源部经理陆佳琪、IT部经理莫振光和市场部经理杨震，四人一起筹备育碧中国的工作。而在两个月前EA刚刚成立了中国办事处，育碧的脚步不算慢。

1996年12月，育碧投资50万美元成立了育碧中国。一个月后，育碧中国的第一款代理游戏上市，即育碧的看家游戏《雷曼》。渐渐开始熟悉中国市场的戈翎认为中国并不完全是一个被动消费的市场，而是有可能独立开发游戏产品的，便把这个想法反馈给了育碧总部。1997年7月，兰吉利来到中国，成立了上海育碧制作部，这是育碧在亚洲的第一个开发部门，也是海外游戏公司最早在中国投资的完备开发团队。

1997年，戈翎女士接受《大众软件》采访时就表达过自己对中国市场的期待："中国市场给我的印象是出乎意料的。在过去的几个月里，我对本地和其他几个城市的市场做了初步的了解，发现计算机软硬件产品的市场是如此活跃，尤其是上海、北京、广州等城市，其产品的发布几乎是与世界同步。所以此次Ubisoft进军中国市场绝非权宜之计，而是在对中国市场做了深入研究之后的一个长远承诺。我们不仅会继续把世界最好、最新的产品介绍给国内消费者，同时也正在积极筹备在国内建立自己的制作中心。希望在不久的将来，欧美市场上也会见到标有 Ubisoft 的中国的优秀娱乐产品出现。这不仅将是 Ubisoft 的骄傲，也是中国的骄傲。"[①] 戈翎没有等待多久，中国团队参与的游戏就成功面世。

育碧上海制作部负责的第一个项目是《摩纳哥大奖赛 2》的 PS 移植版。当时制作部只有十几个人，在制作过程中遇到了各种复杂的技术障碍，但最后游戏的完成度和口碑都相当不错，为上海制作部赢得了相当好的口碑。之后，又有四个项目落在了上海制作部的头上，分别是《雷曼 II》《唐老鸭》《丛林日记》和《F1 赛车模拟》。其中《雷曼 II》是当时整个育碧的核心项目，交给上海团队制作也能看出对上海团队的高度信任。最终，这几款游戏中《唐老鸭》和《丛林日记》的销量都在 70 万套左右，而《雷曼 II》在 PS 上的销量就超过了百万套。

在制作这几款游戏期间，育碧也考虑过制作一款纯粹的中国原创 2D 策略游戏《狼烟》，但因为制作人员的水平和经验都有所欠缺，最终在策划阶段就放弃了。

1999 年，育碧上海开始大规模招聘，还和一些大学合作开展了非常多的活动，包括和北京电影学院合作了法国艺术展、和上海多所大学开展了短期的游戏开发培训等。这种做法被当时的中国游戏界予以肯定，并且也确实培养出了一批不错的游戏人。

到 1999 年 4 月，育碧上海仅制作部人数就到了 270 人，其中程序员 90 人，美术、企划和管理人员 100 人，市场人员 30 人，还有 50 名测试人员，这是当时中国最大的一支游戏开发团队，任何一家国产游戏公司都难以望其项背。除了人数增多以外，育碧当时的员工质量也是中国游戏公司之最，以至于当时国内游戏公司都为被育碧抢走了人才而愤愤不平。育碧能够把最好的人才收入麾下的原因如下：一是提供了国际化的开发模式，让开发者能够

[①] 引自《大众软件》记者的文章《来自法国的 Ubisoft》(《大众软件》，1997 年第 6 期)。

学习国外最先进的开发经验；二是提供了很不错的上升渠道，只要表现好都有机会获得晋升，而且是在育碧全球系统内的晋升；三是提供了当时中国游戏公司乃至中国科技公司最高的待遇。1999年，育碧上海普通员工的薪水就在3000～5000元，这一年作为全国平均收入最高城市的上海，职工平均月收入仅不到1000元，其他大型科技公司有五年工作经验的也就2000元出头，而上海市静安区的房屋均价每平方米要3000多元，可见当时育碧给出的工资真的不低。

1999年4月，加拿大蒙特利尔市长布克和上海市市长徐匡迪签署了友好城市在多媒体方面的合作协议。在华期间布克专程参观了上海育碧，知道这件事情的徐匡迪在政府的工作会议上表示："上海还有育碧这家企业，大家有空要去看看。"

当时的育碧上海被公司高层寄予了非常高的期待，在2000年一下子上马了《F1 2000》《唐老鸭》《海市蜃楼》和《特工狂花》（V.I.P）四款原创项目，但这四款游戏的结果都相当糟糕。《F1 2000》和《唐老鸭》因为版权到期无法续约而放弃开发；《海市蜃楼》因为技术实现存在障碍而中途取消，为了开发这款游戏，育碧第一次放弃自己开发的CPA引擎转而购买第三方引擎，而当时购买的就是虚幻引擎；《特工狂花》虽然完成了开发，但因为质量平庸只在几个地方上市，而3000万美元的巨额投资给育碧带来了不小的亏损。连着四款游戏的失利让育碧开始怀疑上海育碧的能力，进而直接裁员50人，同时明确育碧上海的主要精力要放在移植游戏上，而不是原创。

这期间其他海外游戏公司也开始大规模投资中国游戏市场。2000年9月29日，科乐美在上海金茂大厦举行发布会，宣布中国分公司正式开业，除了早就开展的代理业务以外，也开始本地研发业务。初期投资200万美元，已有员工80人，预计员工规模超过200人。2001年6月6日下午，在北京嘉里中心4层的VIP间里，新成立不久的天人互动宣布和世嘉合作，引进其旗下游戏。在现场，世嘉 PC 营业部部长石原伸彦提到了进入中国市场的四个原因：一是中国市场有巨大的潜力和媒体；二是中国有着丰富的人力资源；三是游戏行业盗版问题严重，希望正版的进入可以改变这种状况；四是在网络大时代里，亚洲是最重要的一环。[①]

2001 年，育碧上海又一次启动了原创游戏的开发，和上海美术电影制片厂合作，为动画《我为歌狂》制作原创游戏。在开发环节，育碧真正投入的只有几名策划，剩下的内容基本都选择了外包，游戏质量也相当一般。最终这款名为《我为歌狂：夏日彩虹》的游戏正版渠道销售出 2.5 万套，加上 OEM 共计 6 万套，整款游戏的开发费用为 70 万元，加上 25 万元的授权费，盈亏平衡。这个成绩在当时的中国游戏市场其实算得上第一阵营，但对于育碧这种规模的公司来说却不是个好成绩。

那时育碧上海虽然原创游戏的开发一直不顺利，但是引进部门的业绩却很好，每个月都有四五款游戏上市，销量也还说得过去。但随着网络游戏大潮来袭，负责市场的杨震意识到需要开拓网络游戏市场，就和盛大签署了关于《传奇》的合作协议，但这次合作在 2002 年杨震离职不久后就告吹了。[②]

杨震对这次合作的失败也非常惋惜："当时的育碧在盛大眼里是一个巨人。那时盛大仰视着育碧，就像育碧现在仰视盛大。"

育碧上海制作部也没有闲着，这期间移植了《雷曼 III》《雷曼竞技场》《幽灵行动》《恐惧杀机》等项目，无论质量还是销量都不错。

这之后育碧上海又一次获得了制作原创游戏的机会，这款游戏就是《分裂细胞——明日潘多拉》。

[①] 引自《大众软件》上的文章《天人互动，携手世嘉》(《大众软件》，2001 年第 13 期)。
[②] 关于这次合作，本书会在关于盛大的章节里面详细讲述。

图 2-56　差强人意的《我为歌狂：夏日彩虹》

2004年10月12日上午9点半，时任法国总统希拉克到了育碧上海，新华社又提到了之后发生的事情："上海育碧即将推出一款单机游戏《分裂细胞——明日潘多拉》，游戏主角为完成重重任务，在奔驰的火车和呼啸的飞机上与对手厮杀。年过七旬的希拉克欣然拿起控制器，试玩这款新游戏。只见他瞪大眼睛，斜挑眉毛，表情认真而紧张，虽然水准不高。身边的摄影记者争相按下快门。"游戏里的场景和关卡等主要内容都是由中国团队制作的，这款游戏的Xbox版获得了Metacritic 93分的超高评分。

2004年以后，育碧上海搬到浦西，在中国的出镜机会也越来越少。其中原因如下。第一，随着中国网络时代的到来，育碧以往的优势，包括晋升空间和待遇的优势也不复存在，一大批育碧上海的人进入网络游戏市场逐浪淘金（这也是最重要的原因）；第二，育碧内部对于中国团队的信任度依然不够，还是以移植项目为主，所以，越来越难吸引人加入；第三，当时国外游戏公司在中国的发展还受到一定的限制。

21世纪初期新兴的网络游戏公司中，原育碧员工的身影无处不在。虽巅峰不再，但不可否认的是育碧上海为那个时代的中国网络游戏公司培养了大量优秀的程序员、美术师和策划人才。日后也就有了育碧上海是"中国游戏的黄埔军校"这种说法，虽然有点儿夸大，但也称得上实至名归。

参考文献

[1] 边晓春. 前导游戏拓荒路. 游戏批评 [J], 2000 (1): 27-31.

[2] 边晓春. 前导游戏拓荒路——公司早期. 游戏批评 [J], 2000 (2): 49-53.

[3] 边晓春. 前导游戏拓荒路——公司中期. 游戏批评 [J], 2000 (3): 49-53.

[4] 边晓春等. 但愿乌鸦不再叫——我看中国游戏业（之一）. 游戏批评 [J], 2000 (4): 6-56.

[5] 知秋一叶. 轩辕发刃剑气狂——从单机王朝到网络帝国. 家用电脑与游戏 [J], 2002 (12): 114-119.

[6] 本刊记者. 我们知道自己的方向——再次审视目标软件的发展历程. 家用电脑与游戏 [J], 2002 (4): 20-21.

[7] 本刊编辑部. 血狮之后. 大众软件 [J], 1999 (17): 46-48.

[8] Dagou. 在路上. 家用电脑与游戏 [J], 2004 (1): 80-91.

[9] 生铁, Littlewing. 单机游戏何时复苏. 大众软件 [J], 2006 (15): 106-113.

[10] Chance. 为了忘却的记念——3dfx. 家用电脑与游戏 [J], 2002 (4): 114-120.

[11] 石子. 目标软件十年庆典（1995～2005）. 家用电脑与游戏 [J], 2005 (12): 42-47.

[12] 软体动物. 金庸群侠传. 电子游戏软件 [J], 1996 (4): 52.

[13] 本刊编辑部. 歧路——中国网络游戏的未来之书. 家用电脑与游戏 [J], 2004 (12): 72-81.

[14] 本刊编辑部. E3 2000 全面报道. 大众软件 [J], 2000 (11): 64-97.

[15] 石子. 目标软件十年庆典（1995～2005）. 家用电脑与游戏 [J], 2005 (12): 42-47.

[16] 汪铁. 瞄准"目标"披露真相. 大众软件 [J], 2000 (2): 64-69.

[17] 野花，蓝星. 刀剑 Online 的前生今世. 大众软件 [J]，2003（20）：172-174.

[18] 冰雪之狐. 从"暗黑"走向光明. 大众软件 [J]，2002（13）：120-129.

[19] Racer. 我"独"故我在——仙剑之父姚壮宪自述游戏人生. 家用电脑与游戏 [J]，2002（12）：87.

[20] 本刊编辑部. 国产单机游戏最后一个样板（上篇）. 新玩家 [J]，2007（9）：6-11.

[21] 本刊编辑部. 国产单机游戏最后一个样板（下篇）. 新玩家 [J]，2007（10）：6-11.

[22] DARKBABY. 刘鹿随想. 游戏人 [J]，2004（9）：12-19.

[23] Racer. 矢志不渝，痴心不改——目标软件总经理张淳真情告白. 家用电脑与游戏 [J]，2002（12）：88.

[24] Littlewing. 中国游戏产业 10 年. 大众软件 [J]，2005（15）：132-147.

[25] 浪子韩柏. 风云万人斩——"三国群英传"历代记. 新玩家（家用电脑与游戏）[J]，2005（9）：16-19.

[26] 本刊编辑部. 3D Game——当未来变成过去. 新玩家（家用电脑与游戏）[J]，2005（1）：0-9.

[27] 月月. 仙剑奇侠传四——终极报道. 家用电脑与游戏 [J]，2007（7）：32-33.

[28] 冰河. 肩负使命，再创经典——大宇公司蔡明宏、饶瑞钧专访. 大众软件 [J]，2004（23）：121.

[29] 许晓辉，刘峰，魏雪峰. 梦想金山——一个坚持梦想的创业故事 [M]. 北京：中信出版社，2008.

[30] 古留根尾·我我神. 中国游戏人物——边晓春. 大众软件 [J]，2002（19）：120-127.

[31] 梁华栋. 一路风尘——剑侠情缘今昔. 家用电脑与游戏 [J]，2002（1）：10-13

[32] 生铁. 中国游戏人物——姚壮宪. 大众软件 [J]，2003（4）：126-129.

[33] 野花，Littlewing，8 神经. 宿命的情感，轮回的宽恕，永远的仙剑奇侠传. 大众软件 [J]，2004（4）：116-125.

[34] 姆博马. 历史梦之舞台——二十五年之光荣. 游戏人 [J]，2003（11）：50-56.

[35] 生铁，冰河，FLY，蓝星. 革命？变革？三家国产游戏公司的网络化之路. 大众

软件 [J]，2004（20）：114-121.

[36] King. 中国游戏史上的瞬间 . 大众软件 [J]，2004（21）.

[37] 生铁 . 中国游戏人物——求伯君 . 大众软件 [J]，2002（16）：122-128.

[38] 本刊记者 . 国产游戏的生力军——访北京尚洋信息技术有限责任公司 . 大众软件 [J]，1997（3）：6.

[39] 本刊记者 . 面向二十一世纪——腾图公司访谈录 . 大众软件 [J]，1997（5）：7

[40] 北四环斟茶员，游戏水浒 . 大众软件 [J]，2004（12）：188-191.

[41] 北四环寻事员、北四环斟茶员 . 2009，国产单机游戏的突围之困 . 大众软件 [J]，2009（4）：104-109.

[42] Dagou. 上海育碧的足迹 . 家用电脑与游戏 [J]，2004（8）：101-103.

03

第 三 章
白银时代

网络游戏

一、早期互联网游戏

（一）MUD

互联网诞生于 1969 年的美国，有人称其为 20 世纪最伟大的发明之一。从对整个世界产生的综合影响来说确实如此，它从各个方面融入人们的生活，成为很多人必不可少的工具之一。从财富的角度来说，互联网是整个 20 世纪末和 21 世纪初最好的致富工具之一，对这个时代的年轻人来说，互联网创业就是新时代的"淘金热"。

中国互联网的风云人物也在那个时代崭露头角。在进入正题前，我们先看看中国早期是如何接入互联网的。

1987 年，中国学术网（Chinese Academic Network，简称 CANET）在北京计算机应用技术研究所内建立了中国第一个国际互联网电子邮件节点，并由钱白天教授发了中国第一封电子邮件："Across the Great Wall we can reach every corner in the world."

这 12 个单词代表中国第一次接入了国际互联网。1988 年，留美博士许榕生回到中国科学院高能物理研究所（后文简称"高能所"），正好赶上北京正负电子对撞机实验，期间需要不断和海外学者交流，这为中国加入互联网提供了一个重要契机。日后许榕生因为在推动互联网发展的过程中做出了巨大贡献，被称为"中国互联网的先驱"。

1989 年 10 月，由中国科学院、清华大学、北京大学共同建设了"中关村地区教育与科研示范网络"，这个项目被提供贷款的世界银行称为 The National Computing and Networking Facility of China，简称 NCFC。项目于 1992 年 12 月完工，建立了一个主干网和三个校园网，分别为中国科学院院网（CASnet）、北京大学校园网（PUnet）和清华大学校园网（TUnet）。

1991 年 10 月，中美高能物理合作会谈期间提出建立一条从北京高能所到美国加州斯坦福直线加速器中心（SLAC）的 64KB/s 速率的计算机联网专线。经中美两国技术人员协商后，高能所向思科公司订购了 Cisco 3000 系列的路由器，经费由中方和美方各出一半。当时进口 IT 设备的手续还很烦琐，这台设备一直到 1993 年 10 月才到位。

1992 年，在日本神户的 INET 92 年会上，钱华林研究员代表中国向美国国家科学基金会国际联网部负责人提出全面接入互联网的请求，但直接被拒绝。

1994 年 4 月 20 日，NCFC 通过美国 Sprint 公司接入了 64KB/s 的国际专线，同时也确定了中国网络的域名为 .cn。

1995 年 8 月 9 日，网景在纳斯达克上市，随即市值便跟摆脱了地心引力一般一飞冲天。人们这样形容网景的上市："通用花了 43 年走完的道路，网景用了 1 分钟。"这样的财富神话激励了一代人，进而开始了互联网时代，《世界是平的》(The World is Flat) 作者甚至说道："自从网景上市以来，世界便不再相同。"

中国也是如此，当然在这一年，中国的互联网用户只有 2000 户，大多来自几所大学和科研院所。

网络游戏和互联网相伴相生。1969 年，世界上第一款网络游戏《太空大战》诞生于远程教育系统 PLATO（Programmed Logic for Automatic Teaching Operations），在之后十几年的时间里 PLATO 一直是网络游戏最主要的平台，甚至雅达利也曾经接入 PLATO 为自己的游戏提供网络服务。

1980 年，来自英国埃塞克斯大学的两名学生提出了 MUD（MUD 的全称为 Multi-User Dungeon，意为"多使用者迷宫"）的概念，并且开发了一个游戏的原型，正式开启了 MUD 游戏时代。

1992 年，第一款中文 MUD 上线，为中国台湾"中央大学"机械系学生张英豪（Aurona）所架设的 Formosa，使用的是衍生自 DikuMUD 的 SillyMUD。

图 3-1 PLATO 系统
图片来源：维基百科；拍摄者：Mtnman79，基于 CC BY 3.0 协议

1993 年，中国台湾交通大学管理科学系的学生张民欣（Annihilator）在 LPMUD 的基础上上线了《东方故事》。这款游戏是第一款真正意义上的原创中文 MUD，里面删除了大量西方化的设定，加入了很多纯粹的东方内容，甚至可以说这是第一款真正意义上的武侠网络游戏。这款游戏纵然现在看有

非常多的问题，甚至按现在的标准看根本谈不上是款游戏，但是它第一次把网络游戏的概念带到了中国。也是在这一年，《纽约客》上出现了一幅漫画，作者为 Peter Steiner，配文："在互联网上，没有人知道你是一条狗。"这幅漫画引发了人们对互联网内容真实性和个人身份的一段长时间的讨论，而其中网络游戏是最重要的讨论点。

1995 年 11 月，《大众软件》刊登了《通向信息之路》一文，里面详细科普了关于互联网的各种常识，从基本概念到软硬件知识再到常用网络命令，这是中国第一篇关于互联网的科普文。围绕这篇科普文，我国出现了计算机爱好者的第一次网络大讨论。在这次讨论里，已经有人发问："我们能不能和全世界的人一起玩游戏？"

这一年还有两件事让人们认识了互联网。1995 年 3 月，山东少女杨晓霞因手臂出现不明原因的溃烂到北京治疗，但当时会诊的医生一筹莫展，有人建议通过互联网求助，信息发出后几天内收到了 200 多条消息，其中就有不少消息提到这种病的病因应该是一种噬食肌肉细菌，前一年在英国爆发，导致 11 人死亡。医生了解后对症下药，杨晓霞的病情得到了控制。几乎同一时间，清华大学化工系 92 级学生朱令出现了奇怪的中毒症状，包括头发脱落、面肌瘫痪、四肢无力等，协和医院的大夫对此无能为力，均表示没见过这种病状。在大量媒体报道以后，人们依然不知道朱令是怎么了，而此时的朱令已经生命垂危。这时，朱令的高中同学，北京大学力学系 92 级学生贝志城把朱令的情况翻译成英文，发布在了互联网上，之后陆续收到了超过 1500 条回复，其中 30% 的回复都指向了同一个病因——铊中毒。经相关专家研究后认定，朱令确实为铊中毒。这两次事件直观地为中国人普及了互联网在信息传播、交流方面的价值。

同样在 1995 年，放弃之前代码全新开发的 MUD《东方故事 2》上线。一位受到启发的留学生于 11 月 2 日在全球最早的中文网站中文新闻组（alt.chinese.text，简称 ACT）上发了一份倡议书，其中"关于自己要做什么"他阐述如下：

> 最近来到台北玩了一下中文的网上探险游戏（MUD）《东方故事》，拜师、练功、打架，把风月客杀得求饶（风月客在那里的大号是"饶命呀大侠"风月客），很有意思。不过我觉得这个游戏的设计有些不足之处，比如说，新手要靠杀戮才能长功夫，实在是很不人道；有妖魔鬼怪、法术巫术，跟武功没什么关系；有的门派的功夫明显高于别的门派，结果大家都一股脑儿全练同一门（汉字频道的几位现在就都是师兄弟）；汉字用的是大五码，简体中文用户不便使用，等等。我想说不如我们自己写一个，就以 ACT[①] 上的各派争斗为背景如何？我说那有什么劲啊，要写，就写个大家都感兴趣的，不如就以金庸的小说为背景，以《东方故事》为模版修改一下，就叫作《侠客行》吧。因此我们就成立了一个《侠客行》编写小组，有的人，比如我，负责设计和编写剧情、描述；有的人，比如香，负责编写程序。争取在圣诞节开始试用，这样大家又有一个可玩的地方了。以下是一个总体方案，欢迎金迷们提出建议。如果有人愿意帮助我们编写，特别是剧情的编写（要用到一堆金庸小说中的人名、功夫名乃至招数名，谁能给收集一下？），请跟我联系。

文末附带了一个比较完整的策划内容，很快翔少爷、丁、时空、草鱼加入这个项目，一起开发了中国[②]最早的 MUD——《侠客行》。《侠客行》于 1996 年 1 月上线，第一个服务器在加拿大的一所大学里，在互联网时代到来之际，《侠客行》走在了网络游戏行业的最前列。

说互联网，不得不提曾经是中国互联网行业领跑者的瀛海威。1996 年，瀛海威的创始人张树新在北京白颐路口立了一块非常行为艺术的牌子："中国

[①] Action Game，即动作游戏。

[②] 不含港澳台地区。

人离信息高速公路还有多远？向北一千五百米。"这条现在被称为"中关村大街"和"中关村南大街"的白颐路是中国互联网商业化的起点，也是中国人对互联网这个词最早的记忆。

那一年媒体评论瀛海威时形容道："'瀛海威时空'是一个高速实时信息交流通道，它是以多媒体为依托、BBS 系统为技术支持，服务于个人用户、工商企业用户、文教事业用户的网络体系。"对于这些介绍，当时的读者普遍表示："看不懂。"

"我是凭直觉撞入因特网的，当时没有明确的目的，也没有想清楚做什么，只是感觉到我们这群人要想获得很好的商业机会，一定要做一件迎合经济变化的事情，而不是在一种固定经济模式中寻找自己的位置。"张树新这么回忆。

一位和瀛海威有过合作的企业家总结当时瀛海威的三大局限：第一，过于强大的宣传攻势给人一种错觉，瀛海威更像是一个为了宣传而树立起来的形象，缺少实际内容；第二，作为管理者，张树新像一位宏观战略上的韬略家，而难见其针对市场发展的管理策略；第三，由于瀛海威是互联网在中国发展的试验品，因此，张树新在瀛海威的结局是一种必然。

张树新自己总结道："必须承认，作为一个商业试验，瀛海威成功与否今天评价还为时过早。但有一组数据使我非常惊讶：到 1997 年，中国电信 169 加 163 总投资是 130 个亿，1997 年底其用户的真实数是 15 万人，而瀛海威当时的用户数是 4 万人，只用了不到一个亿的资金。[①] 但到了 1998 年中国电信一年间用户就增长了 50 多万人，恰恰在这一年，瀛海威在经济上陷入了最窘迫的境地，而这一事实又非常个性化，瀛海威的故事是一个非常中国化的故事，外界根本无法理解。在瀛海威，我受过商场上的生死训练，有些因

---

① 其实怎么看 1 亿元都是很大一笔钱，1997 年北京近郊的房价是每平方米 1450 元，1 亿元大概可以买 7 万平方米，如果现在卖掉最少能卖 40 亿元以上。

素无法控制,唯一的出路就是我选择走人。"①1997年,瀛海威的全年收入为963万元,而广告宣传费就超过了3000万元。

1997年,《数字化生存》的作者尼古拉斯·尼葛洛庞帝(Nicholas Negroponte)②访华,拿到尼葛洛庞帝22万美元投资的张朝阳成为全民偶像后,正式宣布中国互联网商业化时代开启。③但这时的瀛海威一只脚已经踏进了坟墓,1998年11月,除了总经理以外,瀛海威中高管集体辞职。

(二)图形化的网络游戏

1996年,《子午线59》上市,这款游戏是第一款大型图形网络游戏,也是真正划分了MUD时代和图形网游时代的游戏。一些很重要的概念,包括MMORPG④等都是这款游戏开创的。在此之前,大部分网络游戏要么每个服务器只能承载几十名甚至几名用户,要么构建在专用网络而不是互联网上,要么就是干脆没有完善的图形界面。只是之后出现了游戏史上一个知名的被营销左右历史的案例,《子午线59》的第一款大型图形网络游戏的名头被一年后上市的《网络创世纪》夺走。这一方面是因为《网络创世纪》系列本身有不错的粉丝基础,影响力更大,同时游戏质量确实更好;另一方面则和EA兢兢业业的宣传不无关系。

---

① 引自新浪网文章《〈网络英雄传〉:张树新——渴望未来》。
② 1968年,尼葛洛庞帝创办了麻省理工学院的 Architecture Machine Group,结合实验室与智囊团以学习研究新的人机互动(human-computer interface)方式。1985年,他又创建了麻省理工学院的媒体实验室。1992年,他以投资者的身份参与《连线》(Wired)的创刊,在1993—1998年,他每月为该杂志贡献一篇专栏文章。
③ 2004年,尼葛洛庞帝第二次来华时说道:"八年前,我没有料到网络游戏在中国会如此迅速地发展,否则我当时一定会投资一个网络游戏公司。那将是一个人一辈子千载难逢的机会。"
④ massively multiplayer online role-playing game,多人在线角色扮演游戏。

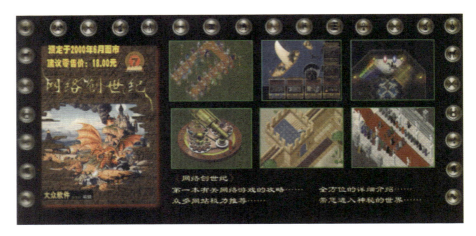

图 3-2 《大众软件》推出的《网络创世纪》攻略本

《子午线 59》最早为 Archetype Interactive 工作室的一款游戏，但在上线前被 3DO 全资收购。3DO 因为误判市场，同时也不了解网络游戏，并没有带领这款游戏走上应有的辉煌。曾供职于 3DO 的里奇·沃格尔（Rich Vogel）这么评价自己的作品：“我们在《子午线 59》中做了许多，比如价格模式、增强版、置顶对话框，等等。我们还为 3D 图形化游戏做了很多铺垫——当然，尽管我们是 2.5D 的游戏。还有许多前人从没做过的：聊天方式、装备切换界面、角色定制等，所有这些都是前所未有的。我们走过的路被后人借鉴，比如我们的客服支持、我们 9.95 美元的包月价格。但《子午线 59》和《网络创世纪》依然不能相提并论，后者有 12 000 名玩家。”2000 年 8 月 31 日，3DO 关闭了《子午线 59》的主服务器。

起初，《网络创世纪》以《创世纪 VI》的图形引擎为基础，在公司内部制作了一个测试版本，主要是测试世界构架、操控性以及战斗模式。对于最终测试结果，公司员工非常欣喜，便决定大规模投入制作，甚至暂停了"印钞机"项目《创世纪 IX》，将其开发人员调过来共同开发。这种决定一方面能看出 EA 对这款游戏的重视，更重要的是能看到 EA 对网络游戏市场的信心。1997年8月,《网络创世纪》作为名义上全球首款大型多人网络游戏投入运营。用户在购买游戏后可以免费使用一个月,之后每个月需要按月缴纳费用,这也是日后网络游戏点卡模式的基础。这个模式在当时受到了一些争议,但完全没有阻碍《网络创世纪》成为那个时代最优秀的网络游戏。《网络创世纪》迅速成为有史以来第一款玩家数突破10万的网络游戏,进而成功开创了一个产业。在英语国家,很长一段时间内,《网络创世纪》就等于网络游戏。

回到中国市场,作为先行者的《侠客行》的商业化道路并不顺利,和瀛海威一样,它最终只是成为时代的过客。

1996年,《侠客行》搞了一次"华山论剑"的活动,总共有超过1000名玩家同时在线,瞬间"挤爆"了服务器,上千人被迫迁移到一台更好的服务器。但换到新服务器后意想不到的事发生了——有人入侵了他们的服务器,并且拷走了所有的数据。这名入侵者是《侠客行》的核心玩家,服务器的运营者也认识他,出于礼貌,也可能是没有意识到问题的严重性,起初只是警告了他,并没有采取更多的措施。这名玩家也并没有将其用于商业,而是公开放在了网上,几个月后,类似的游戏遍地开花,其中的佼佼者就包括《侠客行100》《侠客行2000》《北大侠客行》。

《北大侠客行》因为架设在北大物理楼的一台服务器上而得名,早期用户主要来自清华、北大和中科院,相对而言可以说是玩家平均素质最高的MUD了。之所以单独拿出来说,是因为截至2021年,这款游戏依然在更新,玩家依然可以登录其官方网站来玩这款游戏。也就是说,这么一款看起来完全不合时宜的MUD持续更新了25年,这在全世界游戏史上也是独树一帜的。一位玩《北大侠客行》超过十年的玩家在回答持续玩了十几年的动力是什么时说道:"对于我来说,它就是伊甸园。"

除了外部问题,《侠客行》当时还有两个严重的内部矛盾。一是几个创始人需要不停调解"巫师",也就是游戏管理员之间的矛盾。因为精力不够,几个创始人任命了很多"巫师"一起参与管理，但渐渐发现"巫师"对游戏的发展方向有不同的意见，加上最初权利划分不明确，"巫师"间经常互相掐架，因此几名创始人需要不停地调解"巫师"之间的矛盾。二是在《侠客行》要不要商业化这个问题上，几个创始人没有办法达成统一的意见。最终，1997年5月，服务器的运营者方某宣布退出《侠客行》项目组，10月，方某发表声明，宣布只要在不商业化的前提下，任何人都可以任意使用、改写《侠客行》，任何人都无权垄断《侠客行》的使用、开发或商业化。但是在2004年6月，北京侠客行网络技术有限公司上线了一款叫作《侠客天下》的游戏，创始人为坚持《侠客行》要商业化的"巫师"董晓阳。

到了1999年，MUD已经在中国市场彻底生根发芽，包括《金庸群侠传》《笑傲江湖》《鹿鼎记》《笑傲江湖之夕阳再现》在内的很多游戏都先后号称玩家数破万，而这些游戏基本都源自金庸小说，再一次说明金庸对我国游戏文化的重要影响。

"碧海银沙"早在1996年5月就创建了，其前身是"湛江在线"，1998年被《电脑报》评为全国十大知名网站。1999年2月，"碧海银沙"上线了MUD《金庸群侠传》，注册人数突破8万人，同时在线人数突破700人，这两个数字都是当时MUD的最高纪录。2017年9月21日，"碧海银沙"宣布将在27号全面停止运营，我国的互联网行业又少了一块活化石。

除此以外的佼佼者还有1999年4月上线，由乐斗士小组开发的《笑傲江湖之精忠报国》，这款游戏极具开创性地提供了一个简易的图形界面，活跃用户达到过上万人。同时，让人印象深刻的是，这款游戏在游戏媒体上发布了不少广告。到2000年2月25日，《笑傲江湖之精忠报国》已经有10万用户，是中国第一款[①]玩家数突破10万人的MUD，这之后乐斗士拿到了海虹集团的1000万元投资。但随着MMORPG大举进入中国，《笑傲江湖之精忠报国》在很短的时间内就彻底没人玩了。

---

① 不含港澳台地区。

1999年7月,《网络创世纪》通过第三方软件私服程序"Sphere"进入中国,让中国少部分玩家体验到了这款世界上最早的网络游戏,日后很多中国网络游戏行业的巨头都是在玩了这款游戏后选择进入这个领域的。

同年,还在互联网圈子里摸爬滚打的张朝阳,在接受采访时对互联网行业的未来做过一次展望:"互联网是一场革命,这场科技革命对于全球的意义甚至超过了几个世纪前的工业革命。不管你愿不愿意,网络时代将朝你坚定地走来,它的影响是空前的,翻天覆地的。互联网不仅是高科技,它已日益成为一种新兴的媒体,渗透到人们生活的各个层面,对生活方式、工作习惯和交流手段等都会产生深远的影响。可以说互联网倡导了一种年轻的新奇的娱乐休闲方式,很快,我们平时用来看电视、报纸的时间更多地被上网浏览所代替,而人们也经常通过电子邮件来相互交流,彼此问候。随着时间的推移,互联网上将出现大规模的电子商务,各式各样的经济活动将在网上逐一开展,并将刺激产生新的工种。"

MUD 的时代并没有持续太久,在那个网费高昂且操作复杂的年代,MUD 在中国基本只有高学历和中高收入人群能玩,对于普通民众来说只是个遥不可及甚至不曾听闻过的概念。1997 年 11 月,中国社科院发布了第 1 次《中国互联网发展状况统计报告》,彼时我国网民数量只有 67 万人,上网计算机 29.9 万台,也就是说,在那个时代,互联网本身就是个小众奢侈品,而 MUD 更是只有少数的一批人才能接触到。从某种角度来说,那一时期倒掉的互联网公司和《侠客行》这类开拓者,都死在了一个"早"字上。

进入 21 世纪以后,随着中国骨干网的数次扩容和 ADSL 的普及,中国才真正有了互联网商业化公司的成熟土壤,网络游戏也成了中国游戏行业和互联网行业最重要的成员之一。

中国网络游戏市场第一款代表性的游戏是 1999 年的《万王之王》,源自 1996 年上线的同名 MUD 游戏,制作人为中国台湾清华大学材料科学研究所的一对夫妻——陈光明和黄于真。1999 年雷爵资讯成立,2000 年 7 月,《万王之王》图形版在国内上线，那时的《万王之王》已经有了比较成熟的付费模式，除了"免费客户端＋时间付费"这个日后中国网络游戏通行的规则外，更是加入了一些很有特色的设计，比如游戏内创建新角色要额外付费等。这些收费方式在当时并不被理解，那时的玩家普遍认为合理的收费模式应该是我买了盘以后，所有的内容都免费了。

《万王之王》作为最早的中文网络游戏，已经成功发觉所有网络游戏玩家真正的痛点，那时《万王之王》广告的宣传语就写着："网络是现代社会的无上救赎，透过网络，人们可以寻找自己的知心人。所有的人都需要一个开放的空间表达自我的存在，所以，我们要为游戏的玩家建立一个全新的社群，专属网络玩家角色扮演的多人世界。"我们都是孤独的，我们都希望被认同，这就是网络游戏解决的最大的痛点。

值得一提的是，《万王之王》也进入了韩国市场，成了中国最早打入韩国市场的网络游戏。几乎与此同时，宇智科通代理了韩国网游《黑暗之光》，这是中国第一款正式运营的韩国网络游戏[①]，但是游戏质量整体平庸，并没有取得多好的成绩。当时媒体普遍还没有意识到韩国网络游戏行业整体的崛起。

《万王之王》最辉煌的日子是在2001年中，加上《网络三国》《金庸群侠传Online》，三款游戏几乎统治了中国的国产网络游戏市场。其中，《万王之王》同时在线人数突破5万人，是第一款突破这个数字的中国游戏。但仅仅一年后，随着日本和韩国网络游戏的大举进入，《万王之王》直接崩盘，2003年就关停了服务器，而另外两款游戏的寿命更短。虽然《万王之王》只是中国游戏市场的一个过客，但也算留下了浓墨重彩的一笔，每当人们回忆早期网络游戏市场时，它都是一个避不开的话题。因为结合历史背景看，那个时代国内多数游戏公司被单机游戏盗版市场折磨得苦不堪言，《万王之王》在很大程度上给这些游戏公司指了一条可能的发展道路。之后的日子里，雷爵先后制作了《万王之王2》和与巨人网络合作的《万王之王3》，但均因为

---

① 不含港澳台地区。

技术缺陷引来骂声一片，这也是那个时代台湾游戏厂商命运的缩影。

2000 年，中国的互联网产业进入跑马圈地的全民创业时代，大家都信奉一句话："你可以在潮流中失败，但错过潮流是不可原谅的。"这句话出自彼得·德鲁克（Peter Drucker）的《创新与企业家精神：实践与原则》(*Innovation and Entrepreneurship: Practice and Principles*)。

这一年，中国网络游戏行业总产值为 430 万美元，虽然体量不大，但明眼人都能看到这个行业已经开上了快车道；2001 年，中国网络游戏玩家数量约为 430 万，产值达到了 3440 万美元；2002 年，产值为 1.12 亿美元。

这时的中国游戏市场虽然已经初具规模，但也明显遇到了非常多的障碍，而主要障碍有以下 3 点。

第一，网络游戏污名化越来越严重，那个时代，在很多人眼里游戏等同于毒品，在这种大前提下，游戏行业并不好做。

第二，中国的教育体系中，缺乏对游戏产业的关注，相关培训机构也非常少，行业人才匮乏。

第三，那时的中国网络基础设施不完善，不要说宽带，连电信拨号的普及率都不算太高，同时价格较高。

2001 年 3 月，北京中文之星数码科技有限公司的《第四世界》上市。这是中国第一款[①]原创图形网络游戏，也代表了国内游戏公司开发图形化网络游戏的尝试，但《第四世界》无论游戏质量还是市场反响都只能用惨淡来形容。在之后很短的时间内，《石器时代》《龙族》《千年》《红月》等日韩网游陆续进入中国，直接引爆了的中国游戏市场。

那时，中国这个有十几亿人口的大国给全世界的游戏从业者无限美好的想象。但只要做过生意的人都清楚，一个产业成功与否，除了从业者自身以

---

① 不含港澳台地区。

外,环境和机遇也非常重要。

2004年6月15日,国家鼓励各类出版单位用包括大型网络游戏和动漫作品在内的新技术手段再现中国传统文化,以帮助未成年人重建对历史传承的认同。根据这个"民族网络游戏出版工程"项目,主管部门将会同国内游戏软件开发商,在五年内推出100部具有自主知识产权、民族特色的优秀网络游戏软件,其中30部将在年底前问世。

2004年9月7日,"2004网络游戏产业法律问题与规范发展研讨会"召开,会议指出我国正在实施民族游戏健康工程,《国家动漫游戏产业振兴计划》草案已经完成,计划在3～5年内,让国产原创动漫游戏占据国内主流市场。

2004年10月5日,在ChinaJoy上,主管部门表示将把推动民族网络游戏的发展当作重中之重。根据上级的要求,相关部门又制定了以下9条具体计划。

第一,组织实施中国民族网络游戏出版工程,5年内投资10亿～20亿元人民币,出版100个民族网游产品。

第二,与上海市的有关企业共同开发一个大型游戏工程——"中国历代杰出人物游戏系列"。通过开发一批主题积极向上、弘扬爱国主义、对青少年有行为规范教育的网络游戏,让游戏进入校园。

第三,同财政部和税务总局共同调研,希望在现有的税收政策基础上,尽可能对国产游戏开发企业给予更优惠的税收政策。

第四,邀请国外大型开发公司的核心开发人员到中国传授经验,并请他们每年安排一定数量的中国企业人员,前往国外企业进行现场实习和培训。

第五,"1+10计划"。"1"是准备建一所高级的游戏人才培养机构,培养相当于研究生水准的游戏开发人员;"10"是在现有的大学中建立10个培养游戏开发技术人才的院系。

第六，建立4个国家级游戏产业基地，初步定在上海、北京、广东和四川。

第七，建立几个国家级网络游戏技术研发中心，部分研发中心要采用研究生和生产运营相结合的方式，有些研发中心会设在现有的大型网络游戏企业内。

第八，培养一批中国游戏产业的核心企业，预计有10～20家企业会被列入核心企业的名单之中。

第九，设立国家级游戏开发大奖，奖励那些在开发方面做出贡献的游戏产品和人员。

这一系列政策对整个游戏市场的直接推动作用难以估量，但确实间接振奋了中国游戏市场。更重要的是，这些政策的出现让从业者吃了两颗定心丸：一是网络游戏的积极意义得到肯定；二是明确了国产原创游戏的发展道路。

看到有公司赚得盆满钵满，同时政策给出了明确的方向后，国产游戏公司也确实走向了一条正确的发展道路。自此以后，中国游戏的市场占有率越来越高，开始一步步摆脱对韩国游戏的依赖。

表3-1　2002—2004年在中国（不含港澳台）运营的网络游戏数量（单位：种）

年份	韩国游戏	中国国产游戏	欧美游戏	日本游戏	合计
2002	27	30	2	2	61
2003	60	47	4	3	114
2004	81	73	6	4	164

数据来源：《2004年度中国电脑游戏产业报告》（《大众软件》，2005年1月）

(三)韩国网游所奠定的成熟商业模式

可能没有人会想到,互联网时代最大的游戏行业受益者既不是美国也不是日本,而是游戏行业极不发达的韩国。

1976 年,韩国首尔市明洞美都波百货店 5 层摆放了三台 *Pong*,这是有记载的韩国人最早接触到的电子游戏。那时韩国人还称这种游戏形式为"computer TV",这是一个非常奇怪的名字。几年后,韩国开始有厂商模仿 *Pong*,出现了不少韩国本土游戏公司,但基本上都以抄袭为主,缺少原创作品,在海外市场也没什么关注度。

20 世纪 90 年代初期,韩国经济的快速崛起被认为是一个新时代的奇迹。从 1991 年到 1997 年,韩国经济的年均增长率都保持在 8% 以上,人均收入也在 1997 年超过 1 万美元,成为当时亚洲人均收入最高的国家之一,而文化市场的兴盛毫无疑问需要依赖社会经济的繁荣发展。1997 年亚洲金融危机后,韩国经济一度接近崩溃,但在政府的有效干预下,成功止住了持续性的下跌,并迎来了一段新的增长。在经济萧条的那两年,大量"无所事事"的韩国人接触到了网络游戏,这个国家的国民突然找到了一座神奇的"金矿"。

韩国游戏的兴盛离不开韩国流行文化的影响。1993 年,韩国电视剧《嫉妒》在中央电视台播出,这是韩剧第一次登陆国内的荧屏,但并没有获得太高的关注度。1997 年,家庭剧《爱情是什么》是韩国流行文化进入中国的重要转折点,这部电视剧成了在中国最早火爆的韩剧。2000 年 2 月 1 日晚,韩国组合 H.O.T 在北京工人体育馆举行了在中国的第一场演唱会,现场 9000 张票售罄,有超过 100 家媒体到场。其中,有媒体提到未来陆续会有韩国艺人在中国举办演唱会,掘金这个有十几亿人口的市场。

当时的媒体可能没有想到,日后韩国文化产品对中国的冲击是全方位的,包括网络游戏,而韩国游戏的奇迹绝不逊色于韩国经济发展的奇迹。

韩国在单机游戏时代和我国的情况非常相似，基本都是盗版肆虐，正版厂商生存非常艰难，意识到问题的韩国政府从 20 世纪 90 年代中期开始严厉打击盗版，一定程度上取得了一些效果，但依然没有完全解决盗版的问题。在这一点上，韩国网络游戏的发展和我国非常相似，都是从业者为了生存而硬撑着找到了一条康庄大道。①

1996 年 4 月，Nexon 的《风之王国》上线，这款游戏改编自金辰同名漫画，同时，这也是世界上最早的图形界面网络游戏之一。2011 年，这款游戏被吉尼斯世界纪录认定为运营最久的商业化图形线上角色扮演游戏，累计会员接近 2000 万人。

1996 年 7 月，韩国政府修订了相关法律，明确了游戏产业振兴发展的基本计划。

韩国市场和中国一样，也是从 MUD 开始进入网络游戏时代，在这个过程中产生了巨大的争议，争议主要有两点：一是图形网游究竟有没有市场；二是现在韩国的技术究竟是不是足以开发图形网游。对于这两个疑问，号称韩国网络游戏第一人、《天堂》的制作人宋在京说道："当时业界的很多人都认为，'图形 MUD 要传输那些图片，网速肯定跟不上'。不过，我想反问他们，为什么要传送图片？图片是已经下载好了的，发送指令 1 是向上移动一格，发送指令 2 是向下移动一格，只要发送 1 比特就可以了，或许可能比 MUD 所传送的内容还少呢。我认为不会有大量的下载过程，只要能够进行 MUD 游戏的地方就可以玩图形 MUD 游戏。还有，开始开发游戏的时候，我们不会按照现在的配置进行开发，而是要基于当时的最

---

① 我并没有找到任何官方的文件来提供韩国的盗版率数据，但《大众软件》在 2001 年第 17 期上一篇生铁老师的名为《游戏之都》的文章里，提到了韩国尖端游戏产业协会的朴中日说韩国的正版和盗版比例大概是 1∶4，而韩光公司金董事长提到盗版销量大概是正版的 8 倍左右。我咨询了一些韩国的早期游戏从业者，根据他们回忆，韩国的正版游戏比例在 10%～20%，而在 2000 年以后，由于法律等原因，正版游戏比例有过激增的几年。我也咨询了韩国的几名游戏玩家，他们均提到在小时候也就是 20 世纪 90 年代买盗版游戏是很正常的事情，这些年虽然还有，但是越来越少。

高配置，因为过两年高配也就会变成普通配置了。甚至是以根本不存在的配置为基础，只能期望游戏开发完成的时候，标准配置能够跟得上。我们也是这么做的。"

1997年，韩国政府成立了专门负责游戏行业的行政部门——韩国游戏综合支援中心，主要帮助提升网络游戏的社会正当性，让民众能够接受网络游戏产业。这一年，韩国的网络游戏产值已经超过30亿韩元，约200万美元。1998年，韩国游戏迎来了真正意义上的崛起，网络游戏产值又翻了一倍，达到60亿韩元，更重要的是游戏玩家数量达到721万人，大批游戏公司都是在这一年开始创业的。到了1999年，包括网吧和咖啡馆在内，提供上网服务的场所达到了15 150家，仅仅涉及网络游戏的直接产值就达到了200亿韩元，这个数字甚至不包括很重要的餐饮和周边消费。韩国游戏产业高速增长的原因，除了本土游戏发力以外，《星际争霸》的影响也不可忽视。

1999年，美国暴雪公司制作的《星际争霸》通过韩国游戏公司HanbitSoft在韩国本土销售。因为经济不景气，大量韩国民众无所事事，这些人成了这款游戏最主要的消费群体。仅这一年，《星际争霸》在韩国本土的销量就达到了118万套，两年后突破了250万套，截至2009年，《星际争霸》的总销量为1100万套，其中韩国本土销量为450万套。要知道这是一个仅有5000万人口的国家且盗版肆虐，即便到了2017年，在首尔的网吧里依然偶尔能见到玩《星际争霸》的人，这款游戏对韩国游戏市场的影响可想而知。

《星际争霸》的热销为韩国带来了两个改变：一是让韩国拥有了世界上最多的电竞选手，进而成为世界上电竞最强的国家之一；二是让韩国人意识到游戏行业如此赚钱，日后韩国大量游戏从业者都是从玩《星际争霸》开始的。

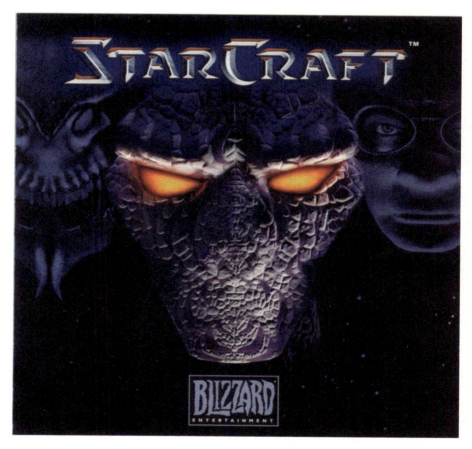

图 3-3　早期电竞游戏的代表《星际争霸》

　　而韩国游戏产业的崛起，除了《星际争霸》的火热外，还和一系列事件相关。

　　1999 年，韩国政府制定了韩国国家信息化计划，主要包括以下 5 个发展方向。

　　第一，宽带普及化建设。

　　第二，教育全部国民成为互联网使用者。

第三，孵化新的高科技技术和高科技技术企业。

第四，防止信息化障碍的出现。

第五，减少知识时代的数字鸿沟。

彼时，韩国游戏行业遇到了第一个瓶颈——缺乏人才。针对这个情况，韩国政府立刻开始重视对游戏相关人才的培养，20世纪90年代末期，韩国就有超过20所大学能够培养游戏专业相关的学生，其中能够授予本科学位的超过10所，这个数字甚至要远高于美国和日本等传统游戏强国。

2000年，韩国为新成立的游戏综合支援中心投入了上百亿韩元，成立游戏培训中心，提供两年制游戏开发培训课程，政府负担一半学费，每年为游戏公司培养超过400名开发人员，这是早期韩国游戏行业最重要的培训机构之一。

2002年4月23日，韩国颁布了第17951号总统令，允许对游戏行业执行产业技能要员制度，即只要在韩国入伍军人人员充足的前提下，达到标准的游戏行业从业人员可以在指定游戏企业工作代替服兵役。这对于年轻人的吸引力是毋庸置疑的。

因为上网设备价格较高，韩国政府开始大力鼓励网吧建设。到2002年，韩国网吧数量超过了24 000家，成为全世界网吧密度最高的国家，总收益超过110亿美元，也成为当时全世界网吧收益最高的国家。值得一提的是，其中真正来自网络游戏的直接收入并不多，更多的是周边服务，比如上网期间提供餐食和饮料等，这也被认为是网吧产业化最成功的一点。韩国的网民也超过了2565万人，约占总人口的58%，按人口比例计算，是全世界互联网普及率最高的国家之一，和美国相当，高于所有欧洲国家和日本。

21世纪初期，韩国文化观光部把游戏、动画和漫画定位为国家战略发展计划，筹措了8546亿韩元支持相关企业的发展，其中2002年通过政府力量帮助31家公司的52款游戏推广海外市场。除此以外，韩国信息通信部也把网络游戏定位为国家级的战略发展项目，一次性投资了 40 亿韩元支持韩国本土游戏企业。

图 3-4　韩国网吧

图片来源：Flickr；拍摄者：Rob Fahey，基于 CC BY-SA 2.0 协议

韩国文化观光部于 1997 年成立了韩国游戏产业开发院（KGDPI），这个部门做的 6 件事直接推进了韩国游戏行业的发展，影响甚为深远。

第一，组织韩国本土游戏公司参展美国 E3、英国 ECTS、日本 TGS、美国 IAAPA 等世界知名游戏展会，同时帮助韩国本土游戏公司针对美国、欧洲、中国、日本等进行出口洽谈，提供谈判、政策和资金上的各种支持。有游戏从业人员曾经回忆，当时韩国游戏公司经常统一组织洽谈会和招商会，而韩方连中文网页和中文宣传材料都会准备好，这里面相当一部分工作就是 KGDPI 的功劳。

第二，与大量教育机构联合培养游戏行业人员，包括全日制大学、两年制学院、职业培训机构以及在线教育系统，全方位培养游戏从业人员。

第三，韩国政府每年会通过 KGDPI 投资超过 500 亿韩元支持韩国网络游戏公司发展，与此同时为游戏公司提供长期低息贷款，以及引入社会资金设立针对网络游戏产业的风险投资基金。

第四，组织各种游戏类比赛和社会活动，其中包括影响力一度世界最大的电子竞技比赛——世界电子竞技大赛（World Cyber Games，WCG）。

第五，帮助游戏产业获得司法层面的支持，其中包括前文提到的游戏行业执行产业技能要员制度，以及针对游戏公司的税收减免政策。

第六，帮助韩国本土游戏公司提供资讯服务，其中最出名的是每年制作的《大韩民国游戏白皮书》。

韩国政府对于游戏产业的支持力度之大，放在全世界也堪称罕见，而支持的效果也是立竿见影。到 2001 年，韩国已有超过 2000 家游戏公司，非常惊人。2001 年，韩国游戏行业产值 1000 亿韩元，2002 年达到 1600 亿韩元，而到了 2016 年，韩国游戏行业的总产值达到 95 亿美元，成为全世界仅次于中国、美国和日本的第四大游戏产业国。

关于韩国游戏产业的发展，NCSoft 是一家很有代表性的公司。

NCSoft 创始人金泽辰早期供职于现代集团，离职后创业，制作了韩国早期的韩文文字处理软件之一，成了韩国的科技明星和软件产业英雄。之后，因为盗版情况严重等问题，便开始投入集成系统开发，但并没有获得良好的收益，在看到游戏市场蓬勃发展后，便开始大量招募员工制作网络游戏，其中最主要的作品就是《天堂》。从《天堂》的发展过程可以看出当时韩国游戏公司的思路，相比整体砸钱的做法，韩国公司把钱都用在了刀刃上，《天堂》是直接找来了"UO之父"理查德·加里奥特（Richard Garriott）参与，这是日后《天堂》系列成功最重要的原因。

《天堂》的成功，带动了韩国一批科技行业的人转向游戏行业创业，进而在21世纪初期，新创办的游戏公司如雨后春笋。

表 3-2　1999—2002 年韩国游戏公司统计情况（单位：家）

年份	网络游戏开发公司/总制作公司	代理公司	合计
1999	35	-	-
2000	>120	-	-
2001	350/1381	736	2117
2002	750/1582	811	2393

资料来源：韩国游戏产业开发院

2003 年，《大众软件》的编辑 COMMANDO 在一篇名为《谁为韩国人买单》的文章里写道："假如将 10 亿元人民币按一个固定比例 34% 来计算的话（总额乘韩国网络游戏所占比例乘分成平均值），仅 2001 年一年就有接近 3.5 亿元人民币以'分成'的形式回流到韩国游戏产业内。而到了 2002 年，付费用户数量增加到 80 万人，固定比例增长到 41%，则有接近 6 亿元人民币注入韩国游戏产业内。也就是说，近两年来韩国游戏业从中国游戏市场直接得到了接近 10 亿元人民币（包括授权费和分成）。如果将香港和台湾地区的游戏市场也计算在内的话，则这个数字可能要增长到 16 亿元人民币左右。"文章最后得出结论："那么现在我们已经非常明白了，到底是谁在为韩国人买单。当然，我们对此不应该有任何的怨言，水有源头树有根，一切其实都可以归结到我们的市场环境上。就像前面所说的一样，国内厂商是在毫无选择的前提下才选择了网络游戏。而我们又没有自主研发网络游戏的能力和经验。所以去掉多个选项之后我们实际上只有一种选择——从国外引进网络游戏。"

2004年,《大众软件》的编辑在《韩国网络游戏产业透视》这篇文章前写了一句话:"如果你总是闭上双眼,便根本无法参与讨论,而空有一颗爱国之心是毫无用途的。"这时期关于韩国游戏产业的讨论很大程度上刺激了国内公司的创作欲望。

日后韩国的网络游戏一直都是世界上最优秀的,但逐渐丧失了中国市场,这一点出乎大部分从业者的预料。造成这个问题的主要原因有以下几点。

第一,韩国游戏公司进入中国必须通过代理,使得利润被严重分散,流入韩国制作公司的利润并没有表面上那么多。

第二,相比较早期网游时代,基本上2010年以后韩国网游在开发质量上已经很难说比中国游戏公司好多少,在这个前提下,更加贴合本地玩家市场的国产端游开始逐步占领市场。

第三,中国游戏公司整体资本运作能力相当强大,可以获得相当多资本上的支持,使得无论巨头还是中小公司都有资金实力去开发游戏,而韩国除了传统游戏巨头以外,新兴游戏公司因为资本匮乏上升通道非常狭窄,即便是大游戏公司很多也会面临开发资金受限的问题。

第四,手游时代韩国游戏公司大规模进入,但并没有掌握手游制作的精髓,使得手游市场虽然有大规模的投资,但回报并不理想。而事实上截至2017年,中国手游在韩国市场的占有率已经突破30%,这个数字甚至和韩国本土手游旗鼓相当。而反过来韩国手游在中国的占有率低到可以忽略不计。

第五,韩国游戏公司一度极力推行和中方的不平等协议,在游戏运营中要求中方投入过大，造成双方矛盾激化，包括东方资通的《火线任务》和金山华络的《永恒》都是由于和韩方合作过程中的种种原因停运。因为韩方过于强势，使得大量国产游戏公司开始大规模投资原创游戏，也就是如果当时韩方愿意少赚一点，配合一点，也就不会这么快被中国国产游戏挤出市场。

二、中国网络游戏的商业化起步

（一）盛大的诞生

陈天桥，1973年出生于浙江省新昌县澄潭镇一个叫东坑坪的小山村里。虽然出生在农村，但是陈天桥的父母都受过良好的教育，父亲是上海导航仪器厂的工程师，母亲是英语老师，这让陈天桥从小就接受了不错的教育，一直都是在重点学校念书，17岁就考上了复旦大学的经济系。1993年，陈天桥被评选为上海市唯一的"市优秀学生干部标兵"，和复旦的其他17名优秀学生一起获得提前毕业的机会，这在复旦大学历史上是头一遭。

毕业后，陈天桥进入了陆家嘴集团，主要工作是放映集团介绍的录像，一放就是10个月，这让陈天桥十分失落，但也没放弃。日后回想起这段经历，陈天桥总结了其积极意义："在我当时这样一个年纪，这样一个背景，我能耐得住10个月的寂寞，躲在一个小房间里放录像，我自己觉得这对后面的年轻人还是有启示的。很多年轻人觉得自己怎样怎样，要干这个，要干那个，但无论干什么，首先要适应环境，而不是等着环境来适应你。"

熬过这10个月的寂寞后，陈天桥被调到一个下属公司挂职锻炼，职位是副总经理。1998年，陆家嘴集团老总想提拔陈天桥为自己的秘书，但当时已经不满足现状的陈天桥做出了一个截然相反的决定，离开陆家嘴集团，做起了"红马甲"①。在证券公司的那段时间，陈天桥认为他最大的收获就是"骗"到了自己的老婆雒芊芊。

那时的陈天桥一方面沉迷互联网，另一方面也看到了最早一批互联网淘金者的成功经历，这让陈天桥心痒难耐，决定自己创业。

当时陈天桥喊出的口号是："立足中国，依托亚洲，成为在中国具有领导地位的互动娱乐媒体企业。"口号很大，但是陈天桥真的做到了。

中国早期的游戏公司多少都和动漫内容有些关联，除了最早的游戏公司前导软件本身就脱胎于先锋动画以外，作为中国最早成功的网络游戏公司盛大也是，但是这些公司显然高估了我国动漫市场的发展速度，最终都选择了转型。

1999年9月，陈天桥用和老婆炒股赚来的50万元创办了网络动画社区公司——盛大，推出了一只基于Web的计算机桌面宠物小狗史丹莫和虚拟社区归谷（HomeValley），很快就获得了超过100万注册用户，成为当时最火的网络社区之一。

1999年11月28日，陈天桥的归谷获得《大众软件》评选的"最佳创意奖"，这对于事业刚刚起步的陈天桥无异于是一针强心剂。

1999年12月，中华网的CEO叶克勇和陈天桥见面，明确表达了希望投资盛大的打算。没几天，陈天桥就接到对方的电话："收购价是300万元。不过，是美元！"一个月后这笔投资正式敲定。这时的中华网风光正盛，因为中国加入WTO，其市值暴涨，一度超过50亿美元，但公司没什么实际业务，投资盛大也是为了填充自己的业务线。

关于要做什么这件事，其实中华网和陈天桥都有点一头雾水。中华网只是建议不要只做虚拟社区，没有流量。陈天桥的答复是："面对投资方的意愿，我们很迷茫，最后提出了一个'一鱼四吃'的做法。一条鱼可以分为

---

① 证券交易所的交易员，因工作时穿红色背心而得名。

头、身子、尾巴和鳍，然后有不同的做法，比如娱乐产业围绕一个品牌——樱桃小丸子，可以运作有关她的动画、图书、游戏，甚至时装等诸多周边产业。因此我们决定不做游戏社区，而做动画网站，这样既可以带来投资方所需的浏览量，又不会离网络游戏社区很遥远。"

陈天桥最终买了《黑猫警长》的版权，办了动漫杂志，还做了一些网上动画。但没过多久，随着2000年互联网泡沫破裂，互联网公司被唱衰，盛大这种东一榔头西一棒槌的做法也不是长久之计。陈天桥回忆说："围绕一个品牌做动画卡通，是一个投入期长、回报期也长的过程。成功了就可以赚七八十年甚至更长的时间的钱，失败了就一无所有。"所以必须要改变。

现如今我们知道，陈天桥构思的这些事情如果放在10年以后，全是机会，只不过当时市场不成熟，想法实在太超前。

那几年，中国的网络游戏刚刚起步，虽然第一批吃螃蟹的人并不是都赚到了钱，但至少让世人见识到这个行业可以赚钱。现在听起来可能觉得搞笑，但事实确实如此，在有网络游戏之前，中国的软件业和互联网业都是不赚钱的，不赚钱的意思不是没利润，而是营业额都少得可怜，网络游戏至少是个能收上钱的行业。在这种背景下，陈天桥肯定不会放过这个机会。

陈天桥首先确定了一件事，就是做公司一定要专一，于是他砍掉了很多不相关的业务，包括自己曾经倾注了大量心血的"归谷"也被关掉，都是因为在当时的互联网状况下很难盈利。这种做法引来了员工的质疑，陈天桥只是解释道："在这边当你们赚得第一笔利润的时候，你就总是希望把它给救活了，但实际上你应该勇敢地往前走，这才是你的方向。而那边是你为这个方向所付出的学费，你没有理由为这个学费再继续停下脚步。"陈天桥这种果断的性格成就了属于他的辉煌，但是未来也被人认为是目光短浅，而因为恒心不够，盛大的很多业务后来都吃了苦果。

2001年5月，中华网在付给盛大200万美元之后，拒绝支付剩下的100

万美元，因为中华网希望盛大做一家门户网站，而不是其他的业务。当时陈天桥为了向中华网解释自己的想法特地飞往深圳，求见叶克勇，请求他允许把归谷社区转型为专业的网络游戏运营商。但这个决定遭到了叶克勇的强烈反对，他给陈天桥两个选择：一是继续做一个窄门户，做社区，这样可以拿到300万美元的投资；二是陈天桥做他的网络游戏去，叶克勇愿意支付30万美元的分手费。任性的陈天桥选择了后者。我们总结之后中华网和一批门户网站的发展，可以得出互联网行业的一个规律——不冒险就是最大的冒险，这句话也适用于未来的盛大。

拿到"分手费"的陈天桥很快遇到了另一个问题，是拿着这笔钱不干了，去美国念书，还是继续按照当时的想法做游戏？夫妻二人商量后决定，既然说了，就要做下去。

盛大的游戏事业和韩国游戏行业有很深的渊源。2001年，盛大引进了韩国游戏公司Wemade和Actoz共同持有的游戏《米尔的传说2》，中国玩家更熟悉的名字是《传奇》。不过盛大之所以能引进《传奇》，其实多少有误打误撞的成分在里面。盛大是做动漫起家，跟上海动漫协会走得比较近。当时Wemade公司来到中国希望找到一家代理商，没什么思路便找到了上海动漫协会，而根本不知道网络游戏是什么的上海动漫协会就推荐了盛大。

长期以来，很多人都认为是《传奇》成就了盛大，但事实可能正好相反。当时和《传奇》的海外版权持有公司Actoz谈合作的是盛大元老翟海滨，他回来跟陈天桥说了这款游戏后，两人也对游戏前景有些不确定。即便在韩国，《传奇》大部分时间都在受欢迎榜单的10名之后；在中国台湾市场，《传奇》的最高同时在线人数不过3000，这个数字用惨淡来形容并不过分。在盛大之前，Actoz已经接触了一圈中国的其他游戏公司，但没人看得上这款操作简单、看起来没什么内涵的游戏，于是才找到了盛大。盛大最终没有放弃这个机会，决定试一试再说，在连轴转地玩了一段时间《传奇》后，陈天桥觉得游戏并不差，虽然没有同时期其他几款热门游戏那么亮眼，但还是有可能在中国市场做起来的。

陈天桥决定引进《传奇》后，对公司也做了调整，首先是调整了公司的人员结构，把50人的公司裁员到只剩20人，同时对剩余员工的工资也打了8折，愿意留下来的，都是对陈天桥绝对信任的一批员工，虽然人少了，战斗力却不一定弱。与此同时，陈天桥把游戏的30万美元代理费支付给了Actoz方面，并且每个月还要把27%的收入"上缴"作为分成，而Wemade会从Actoz手上拿到一部分分成，同时Wemade也要对游戏提供后续技术支持。

付出代理费后，盛大剩下的钱其实只够公司勉强运营两个月，也就是盛大甚至拿不出更多运营游戏的钱。这时候陈天桥就开始"空手套白狼"。他首先找到了戴尔和浪潮，告诉他们自己要运营韩国的网络游戏，为了确保服务器没问题，所以要先试用两个月。当时网络游戏对服务器的需求非常大，没有人愿意放过这块肥肉，在确定盛大真的拿到代理权以后，两家公司欣然同意了。之后，陈天桥拿着服务器的合同和游戏的代理合同又找到了电信，而这时的电信因为刚升级宽带，大量线路空置，急需长期合作伙伴，就给了盛大两个月的免费测试期限。陈天桥又拿着已有的三份合同，找到了当时在国内颇有影响力的游戏分销商上海育碧。一直在做单机游戏的育碧也早就看好网游市场，当即决定代理盛大的点卡，分成33%。

也就是陈天桥实现了中国游戏史上最知名的一次"无中生有"！

在盛大准备引进《传奇》的决定公开以后，国内几乎所有主流媒体都表现出非常消极的态度，认为这款游戏很难在中国获得成功，但是盛大用结果证明了自己。事实就是，是盛大成就了《传奇》。这被陈天桥形容为"不是车好，是车夫好"。

2001年9月28日，《传奇》开始公测，两个月后正式收费。在收费前后，《传奇》的同时在线人数瞬间突破了10万人大关，全国所有渠道的点卡销售一空，盛大用两个月的时间完成了一次互联网史上最成功的翻身仗。

在中国市场，傲慢和效率低下，是很多外国公司留给它们的中国合作方的普遍印象，尤其是欧洲公司，当时的育碧也是这么一家公司。育碧和盛大的合作并没有持续太久，而造成双方分手的原因有两点：一是育碧和盛大的合作本身就不愉快，育碧在点卡的销售上非常差，不能够及时反馈市场的需求，同时结款速度极慢，这让盛大十分不满；二是育碧在2001年底高层人事变动，新来的高管也不喜欢和盛大的合作方式，甚至开始拖欠盛大的款项。最终两边彻底决裂，盛大拿回了点卡的销售权，决定自己干。

和育碧的合作破裂后，陈天桥面临的最大问题就是如何销售点卡，这时成都天府热线在当地的推广方式让陈天桥找到了突破口——在网吧销售。那时家用计算机和宽带还未普及，网吧是玩网络游戏的主要场所，网吧的游戏以局域网游戏为主，网吧的主要收入就是包机的钱，一小时几元，收入十分固定。盛大便开始联系各地的网吧协会，又通过网吧协会找到网吧，告诉他们，你们可以让玩家玩我们的《传奇》，这样你们还可以卖给他们点卡，多赚一笔钱。于是全中国的网吧老板都成了盛大的"免费推广员"，全中国网吧的计算机也成了盛大的"印钞机"，源源不断地给盛大创造利润。

为了方便卖点卡，盛大专门做了一个叫作E-Sales的销售系统，网吧老板可以直接在线注册成为代理商。当时在网吧里玩过《传奇》的人应该都有印象，其实根本不用去买点卡，直接告诉网吧老板自己要买多少游戏时间和自己的账号，网吧老板就能在线操作帮你瞬间完成充值，这种做法也被后来的网络公司普遍效仿。这个看似很小的发明，其实解决了网游行业最大的一个问题，那就是如何付费。在没有支付宝和微信的时代，如果通过实体点卡代理销售，除了层层渠道会克扣资金外，更重要的问题是回款周期非常长，而在网吧直接充值彻底解决了这个问题,虽然并没有完全取代点卡销售,但毫无疑问这种省时省力、快速回款的办法是一种极佳的选择。同时,因为这个系统的产生,网游行业的人明白了一个道理:产业链这种东西,越短越好,越短利润越高,越短离玩家越近,越容易推广。

那时《传奇》的客户端29元,免费赠送两周游戏时间,"传奇秒卡"35元120小时。撇开真实性不谈,最早《传奇》在中国推广时的广告语能够明显地反映出当时玩家所关注的事情:

> 排名韩国大型多人在线游戏第一的超人气巨作。
> 真正公平的游戏环境,外挂和加速器的坟墓。
> 不断地更新和升级,后续开发计划已经排到2003年。
> 公平灵活的计费方式,率先采用按秒计费让您玩得简简单单,算得清清楚楚。
> 专业网络游戏管理公司"盛大网络"提供全天候咨询、管理、服务。

一年后,《传奇》同时在线人数突破60万人,成为游戏史上第一款同时在线人数突破50万人的游戏。即便在欧美和日本市场,这也是个前所未有的数字。日后最多有8个版本的《传奇》同时运作,同时在线人数一度突破200万人。

而《传奇》的成功在一定程度上证明了一件事,或者说是为之后的网络游戏公司上了生动的一课,就是在中国市场,一款游戏的推广除了游戏本身品质要过硬外,更重要的是要有一个优秀的渠道资源,这是未来中国网络游戏发展的铁律。

这时有很多人开始预言,中国会成为世界上最大的游戏市场。对于中国互联网的创业者来说,仿佛看到了一座金山屹立于眼前待人挖掘,而对于已经苦闷了十几年的游戏行业从业者来说，也找到了一条能够吃饱饭的出路。那一年，中国出现了第一波网络游戏高潮，大批从业者怀揣着一腔热血和对金钱的渴望来做网络游戏，虽然成功的极少，但把主流媒体和资本的注意力成功吸引到了网络游戏市场，这是中国游戏行业从来没有过的待遇。

"我当时觉得自己像是摇滚明星。"当年游戏行业一位的创业者说。2002年1月，《传奇》被黑客盗号，这本应是一件严重影响游戏口碑的事情，但盛大立刻宣布出资30万元悬赏盗号者，迅速引爆了玩家社区，把一件坏事硬生生扭转成了好事，为公司赢得了相当不错的社会口碑。但很多人不知道的是，之后有一件事让陈天桥十分糟心。有一天一名《传奇》玩家突然冲入了陈天桥的办公室，并且对他一顿谴责，原因是玩家的游戏道具丢失，最终"对骂了5个小时，双方都感觉太累"。这是陈天桥第一次体验到游戏背后可能遇到的各种道德问题。

一个月以后，《传奇》又一次向世界展示了虚拟产品的价值。盛大通过官方活动给游戏里等级最高的玩家赠送了一把"屠龙刀"，第一个收到的人是四川玩家"太子丹"。日后这把武器的价格被炒到了5万元。后来，太子丹在52级的时候因为使用外挂被盛大销号，但盛大还是给了他25000元补偿其"屠龙刀"的损失。

同样在2002年，盛大还做了一个改变行业规则的决定，在一定程度上改变了网游公司的运营方式。在此之前，游戏公司的服务器基本都是直接购买的，这带来了非常高昂的成本。盛大虽然财大气粗，却决定以后不买服务器了，全都租。这种做法让盛大的占用资金一下子降低了很多，同时可以根据需求随时扩容服务器。在这之后，一直到现在，多数游戏公司达成了共识：因为游戏存在生命周期，底层硬件投入越弹性，性价比越高。这也是到了2015年以后，大量游戏公司甚至不是租服务器，而是干脆直接使用更加弹性的云主机的原因。

对于盛大的成功，陈天桥是这么评价的："《传奇》之所以取得今天的成绩并呈不断加速上升的趋势，我认为市场机会是一部分因素，但核心是我们认准了'服务'这个'核心竞争力'，并且在很长一段时间内我们只专心做一款产品，只专心做产品的服务和运营。首先，盛大作为中国最大的网络游戏运营商，是网络游戏产品达到最终用户的桥梁。运营商首先要为网络游戏建立网络环境，在中国地域辽阔、地区网络发展不平衡的情况下，还要进行难度极大的分布式管理，为网络游戏系统提供稳定的维护和安全保障。盛大目前的技术、管理已经达到世界最大规模。其次，要提供符合中国用户需要的客户服务，盛大首推的 Call Center 就是全新的尝试。此外，运营商还需销售相关的软件和使用许可（游戏卡），而盛大开发了国内最大的网络游戏电子商务系统，进行线上销售。这些都是成功的关键。"除此以外，陈天桥也表达过对市场豪赌的看法："如果让我具体说说对公司的看法，我觉得是让他们拿出点决心和狠劲的时候了。我们这个行业和赌场一样，输了的一无所有，还有钱的在苟延残喘，为什么不看准一个地方就扔出去呢？如果你不舍得也要在消耗中消耗完。要不就退出，要不就要压赌，一定要看准一个方向，不要总觉得今天 B2B 好，明天 B2C 好。现在很多公司还在比谁不花钱，结余开支多，还是在烧钱。现在我们从这个行业出来，再回头看，我发现我们的成功在于我们敢搏、敢关、敢于破釜沉舟。"

盛大的成功是可以从整个产业的高度予以褒奖的。对于那个时代的中国互联网公司来说，怎么生存是最大的问题，靠卖广告不是长久之计，这是每个互联网人都明白的道理。盛大找到了网络游戏这条路，可以说一下子救活了我国的互联网产业，即便时至今日，网络游戏依然是互联网行业最重要的盈利点。对于盛大在游戏方面的成功，张朝阳曾经评价道："后来陈天桥那边传来了好消息，因为互联网行业的盈利模式大家都不知道，所以兄弟部队在哪里找到水都是好消息。"对于游戏行业来说，更是如此了。

表 3-3　2002 年中国 PC 游戏产业运营数据

游戏名称	制作公司	发行公司	上市时间	最高在线人数	注册用户	点时价格
传奇	Actoz	盛大网络	2001 年 11 月 7 日	30 万人	1900 万人	0.3 元 / 小时
石器时代	JSS	华义国际	2001 年 1 月 12 日	5 万人	270 万人	0.3 元 / 小时
魔力宝贝	ENIX	大宇全球	2002 年 2 月	8 万人	380 万人	0.4 元 / 小时
精灵	Triglow	网易	2002 年 8 月 10 日	6 万人	170 万人	0.5 元 / 小时
大话西游 2	网易	网易	2002 年 6 月底	2.5 万人	—	0.4 元 / 小时
龙族	eSofnet	第三波	2001 年 7 月 10 日	3.2 万人	180 万人	0.7 元 / 小时
千年	Actoz	亚联游戏	2001 年 3 月底	4 万人	480 万人	35 元包月

注：从 2002 年中国市场上主流网络游戏的相关数据可以看出，《传奇》在市场上绝对称得上一骑绝尘。

数据来源：《2002 年度中国电脑游戏产业报告》(《大众软件》，2003 年 1 月)。

那时，盛大作为一家纯粹的游戏代理公司，已经对原创游戏有所构想，但现在回过头去看，重视度明显不足，日后被网易和腾讯等公司挤出第一阵营在一定程度上也正是因为原创游戏乏力。2002 年，陈天桥接受《家用电脑与游戏》采访时说："什么是一个产业的上游和下游，这主要看企业在市场中是否处于强势地位和它与用户的接近度。我们举个例子，中国拍个电影，如果它能由时代华纳在全球推广的话，一定会感到非常荣幸。现在盛大在中国做到了世界最大的运营商。事实上，盛大每天都会接到大量的电话，韩国各地的游戏开发商都希望盛大能够代理他们的游戏，所以就目前而言，虽然面临着受韩国企业控制的直接威胁，但盛大网络并没有感到处于产业链的下游。不过从长远角度来看，盛大肯定是要进行网络游戏开发的，当然这不仅仅是从一个娱乐产业企业摆脱控制的角度来考虑，还是从盛大作为一个中国网络游戏运营商的社会责任感来考虑。中国的传统文化那么优秀，但我们的青少年总是通过外来的载体才能得知更为熟悉的中国文化。站在这个高度看的话，中国游戏企业有义务去开发传承中华文化的网络游戏，而从信息产业的高度来看，我们本身的自有知识产权也非常重要，如果你没有自主知识产权，那将会永远处于非常被动的地位，因此盛大肯定会介入网络游戏开发，开发属于我们国人自己的优秀网络游戏。"

陈天桥一开始其实十分反对自己研发游戏，甚至说过"谁提自主研发就要开除谁"的言论，并且这种对自主研发的反对态度持续了很多年，而盛大最大的一次危机就是因为"游戏不是自己的"。

（二）盛大和 Wemade 的矛盾

根据《传奇》的代理合同，盛大必须向游戏开发公司 Wemade 提供用户数据库，这种做法是为了保证如果合作停止，Wemade 依然能够拿到用户数据，继而可以交给其他的合作伙伴运作。但盛大也不是吃素的，因为合同里面只写了数据库，盛大就把他们买来的 Oracle 数据库发给了 Wemade，这种略带"欺骗性质"的行为让 Wemade 极为愤怒，但也无可奈何。

2002 年 3 月，Wemade 调查后，开始质疑盛大的销售收入，认为盛大扣掉了一部分应该给 Wemade 的钱。同年 6 月，《传奇》的同时在线人数突破 60 万人，这让 Wemade 再也坐不住，他们确定自己拿到的分成绝对不对。这期间陈天桥除了应付 Wemade 外，还花了相当大的精力在另外一件事上。盛大虽然有钱，但也希望有新的资方进来，一方面可以一次性获得足够的钱去投资新业务，另一方面新的投资人也能带来新的资源，其中谈的最好的就是软银。

2002 年 7 月，Wemade 通过 Actoz 警告盛大，要单方面停止合作协议。这时，突然发生了另外一件事。9 月 28 日，《传奇》位于意大利的服务器程序被泄露，产生了非常严重的后果。进入网游时代后，游戏公司普遍认为盗版不会存在了,但是随着这个服务器程序的泄露,让网游"盗版"也成为可能,就是所谓的私服,即未经游戏公司授权私人架设的服务器。而《传奇》就是私服的第一个受害者。

这时盛大点名针对Wemade,明确表示要其解决私服和存在已久的外挂问题,否则就不支付之后的代理费。这让盛大占得了先机,但是也让两家公司彻底决裂。

图 3-5　中韩《传奇》游戏纠纷已由中方提起国际仲裁
图片来源：cnsphoto；拍摄者：刘殊瑾

2002年11月28日,在经历了长达5个月的谈判后,软银和盛大终于签订了投资意向书。几天后,软银的团队到韩国进行尽职调查,在见了Actoz的CEO后,软银才意识到盛大正在进行的官司情况有多糟糕,于是便给美国和日本的投资委员会汇报情况,这险些让这次投资直接终止。当时认定盛大不会出问题的软银赛富合伙人阎焱和软银亚洲合伙人黄晶生开始游说所有投资委员会成员，最终在 Gary Rieshel 的帮助下，对盛大的投资成功落定。对于当时的风险，黄晶生说："当时投资盛大确实有很大风险，不过这让我们非常近距离地看清了这家公司、这个团队是怎么调动公司资源来应付危机的。他们半夜开会，我们也在那儿；他们给韩国人起草信函，我们也帮了忙。Actoz 和 Wemade 来谈判，我们也有代表做调停。"而当时帮助设计条款的前 UT 斯达康副总裁、软银中国创业投资基金首席代表周志雄也说道："盛大的价值是它的运营能力、对上下游的控制、多游戏种类的平台战略和定位。它与韩国公司的纠纷相信会因为双方的利益最终得到解决，即使情况最坏也只是业绩目标会晚两年达成而已。这种判断决定了我们当时的投资。"甚至周志雄还特意找到陈天桥，表示："我们相信盛大，如果这个案子软银没办法投，如果你愿意接受的话，我会把我个人来自 UT 期权的所有钱投给你。"

2003 年 1 月 24 日，距离合同到期还有 7 个月时，Actoz 单方面对外宣布："由于盛大网络连续两个月拖延支付分成费，终止与盛大网络就《传奇》网络游戏的授权协议。"盛大公开否认，并且声称是"代理商 Actoz 公司和开发商 Wemade 公司之间自身利益的冲突"。

2003 年 1 月 31 日，Actoz 和 Wemade 继续反驳了盛大的言论，双方关系完全无法调和。陈天桥说："这个市场已经没有'斗嘴'的时间。"因为与此同时，中国几乎所有叫得出名字的互联网公司都在眼巴巴地盯着网络游戏这块蛋糕，如果因为"斗嘴"两败俱伤，那就得不偿失了。这个道理盛大明白，Wemade 也明白。为了快速解决问题，韩国公司方面提出了第一个解决方案，去新加坡法庭申请仲裁，这是当时合同里规定的第三方仲裁地点，但被盛大一口否决。这一个月韩国公司方面指责盛大的问题还有：隐瞒中国销售收入以及在线人数和服务器的相关状况；在未告知韩方的情况下擅自修改程序；擅自把《传奇》改名为《热血传奇》并且申请了商标。同时，Actoz 明确了会在中国继续找新的合作伙伴。

2003 年 2 月 17 日，盛大在北京长城饭店组织了一场堪称是我国游戏史上最"血腥"的发布会"盛大网络自主研发新产品暨关于盛大–Actoz问题的说明会"。会上盛大除了解释了两家的问题外，还出人意料地宣布了一款游戏《新传奇》（《传奇世界》）的消息，并承诺："目前《传奇》的游戏用户都可以根据自身需求平移到新游戏中，由于具有完整的知识产权，新游戏的服务将得到强有力的保障。"微软（中国）、浪潮电子、连邦软件等多数网络游戏产业链上的重要公司高管都到场，明确支持盛大。更重要的是，主管部门的相关人员也到了现场，并且对盛大取得的成绩给予了肯定和鼓励，对盛大致力于自主网络游戏研发的方向给予了充分的认可。同一天，Wemade发表声明《致〈传奇〉6000万用户书》，认为盛大"制作提供非法版本"以及存在"侵犯知识产权和不支付分成费行为"。

2003年3月27日，Wemade公司单方面把《传奇3》授权给了盛大曾经在中国的托管商光通。同一天，Actoz在韩国股市发布声明，称Wemade在没有和Actoz协商的情况下把《传奇3》授权给光通是不合法的，而盛大也在中国提出了强烈的抗议。这种混战场面被媒体形容为"比好莱坞大片还好看"。

也是在这段时间，软银正式敲定了对盛大的投资，共4000万美元，占股25%，打破了中国互联网行业的投资纪录，同时UT斯达康的联合创始人路宏亮也进入盛大担任董事，这多少让盛大多了点自信。

2003年7月4日，盛大和Actoz都发表声明，称游戏的谈判已基本破裂，很难有缓和的余地。

2003年7月18日，陈天桥在一场给分销渠道召开的内部会议上提到了两点：一是"路是我们的，可是车子是租来的，开起来不爽"，这句话被当时的媒体称为"汽车论"；二是我们了解市场，知道哪里有沟壑，哪里有险坡。能够发现问题，然后相持，最后反攻。这些话的意思很明确，就是说给分销商听，让分销商放心，知道盛大可以打胜仗。

2003年7月25日，Wemade和Actoz联合发表声明："盛大公司自称自主开发的《传奇世界》事实上就是抄袭了《传奇2》和《传奇3》。"并且 Wemade 的发言人认为："2003 年 1 月 24 日与盛大产生合同纠纷后，中国的盛大公司已经没有对《传奇2》的任何使用权限，《传奇2》一直是处于非法服务中。根据以前的合同，《传奇2》的所有用户信息，盛大公司已经没有任何移作他用的权限。但是中国盛大公司却于 2003 年 7 月 24 日通过《传奇世界》的主页开始复制、转移《传奇2》的用户数据。""所以，公司会对盛大公司侵害公司以及用户权益的事实，依据财产权和著作权等有关法律与之对抗到底。"

对于抄袭这件事，《传奇》之父朴冠浩认为："模仿只是利用另一个产品的概念，抄袭是把另一个产品的具体内容拿来使用。盛大的《传奇世界》将《传奇》的游戏系统、角色成长规律、物体体系、平衡性全都拿了过去，他们只在游戏内容上加了一点自己的想法，但是从根本上，抄袭《传奇》的东西占 80%～90% 以上。"

盛大反驳抄袭指控的理由是《传奇》的开发环境是 Visual C++，而《传奇世界》是 Borland Delphi。这也引起了一系列讨论，从游戏角度来说，究竟什么程度算是抄袭？因为游戏之间借鉴想法非常普遍，而借鉴到什么程度可以被人接受又是一个问题，这个问题太难，时至今日都没有一个服众的解释。

2003 年 7 月 28 日，《传奇世界》开始公测。同一天，Wemade 发布公告，敦促盛大把"游戏软件原本和所有游戏相关的数据库"返还给 Wemade。

2003 年 8 月 19 日，Actoz 与盛大签订《〈传奇2〉中国地区延长合同》，延长授权期限 2 年，合同从 9 月 29 日起生效。同时，Actoz 社长李宗宪透露，盛大将要支付从 2002 年 8 月到 2003 年 4 月累计 1500 万美元的拖欠费用。3 日后，Wemade 发布《Wemade 对 Actoz—盛大"修改合同"声明》，认为 Actoz 与盛大签署的合同未经版权方授权，是侵权行为。并且 Wemade 直接表示："我们准备在韩国起诉 Actoz 公司，并计划在中国起诉上海盛大。"在现场，Wemade 公司的创始人朴瑾镐更是慷慨激昂地感叹道："Wemade 是由热爱网络游戏的年轻人聚集而成的，也正是这些沸腾的热血营造出充满自由创意的空间，而从现在起我们要准备开始艰难的'战斗'，守护属于我们的知识产权。"

2003年10月8日，盛大网络自主研发的《传奇世界》开始收费，当日充值破千万元。

2003年11月，盛大旗下网络游戏累计注册用户超过1.7亿人，最高同时在线玩家超过100万人，其中《传奇》累计注册用户达到7500万人，最高同时在线人数80万人，而当时中国的网民数量不过只有5600万人。那一年的陈天桥就是网络游戏和财富的双重象征。

最终，盛大为了解决版权问题，做了一系列非常复杂甚至有些张扬的操作，有的成功有的失败。首先要提到一个人，中国游戏行业最知名的职业经理人——唐骏。最早网上有人传言陈天桥"招安"唐骏只用了3个小时，不过唐骏自己否认过："说3个小时都有点夸张，真正的交流时间不超过1个小时，而且我也可以告诉你，在这1个小时里，其实仅5分钟的谈话就让我决定加入盛大。陈总给我描述的一幅盛大的发展前景蓝图十分吸引我，特别是陈总提到的盛大会在未来的几个月冲击纳斯达克。而在我心中，我一直有个个人愿望，就是做一家上市公司。能够参与或者带领一家公司成功上市，这是我一直向往的。这可能和我短暂的创业经历有关系。我觉得这是我在微软做10年或者20年也实现不了的。而盛大能给我一个这样的机会，所以我就抓住了这一点，毫不犹豫地答应了陈总。"

2004年2月9日，陈天桥正式宣布唐骏成为盛大CEO，自己保留董事长职务。这次行动被外界认为是盛大想要告别家族企业的信号，也是在示好华尔街。相比内敛的陈天桥，个性张扬、长袖善舞的唐骏显然更适合站在媒体的面前。

这时的盛大有来自软银的4000万美元投资，有路宏亮做董事，还有唐骏这个光鲜亮丽的CEO，它要做的只有一件事——上市。

（三）盛大上市

在上市以前，先要明白盛大面临的问题，除了游戏版权的不明晰外，盛大还面临着一个中国所有游戏公司都遇到过的问题——社会舆论的压力。2004年3月31日下午3点，一男子突然冲入了盛大的总部，一手拎着一瓶汽油，一手拿着打火机，声称要自焚，而起因是他在《传奇》内购买了通过外挂产生的一件道具，但是盛大发现后删除了这个非法所得，他希望盛大能够恢复他的道具。盛大当然不会答应他，结果，情绪激动的男子真的点燃了自己，幸好现场工作人员手快立刻扑灭了火，没有让事情恶化。这件事后，唐骏明确表示不建议玩家私下交易道具，而盛大也明白了游戏上瘾这件事是客观存在的，这群上瘾的玩家能给你的公司带来流水一般的收入，也能毁了你。此类事件让盛大的口碑跌入谷底，人们普遍认为这些消极的事件是挡在盛大上市面前最大的一块石头。

4月27日，唐骏结束了在新加坡的路演赶往伦敦，到达伦敦两个小时后，就来到了投资方的办公室。但一进门，唐骏就觉得气氛不对，有人跟他说，经济环境可能要有变化了。在盛大上市前夕，这无疑是一个巨大的利空消息。

5月12日，盛大原计划在这一天上市，但陈天桥临时决定推后一天。一个月前盛大提交的招股书里写的是，盛大将以13～15美元的价格，公开发行1732万股美国预托凭证，预计筹措2.5亿美元。在上市前一天，陈天桥反复权衡后决定下调发行价到11美元，并减少到1390万股，这让盛大一次性减少了8000万美元的融资总额。之所以这么做，陈天桥有他的精明打算，因为国际市场对中国公司依然持怀疑态度，在这种情况下不如以较低价格上市，然后靠后续的财报来拉高市值再融资。

正如陈天桥预期的一样，10月，盛大公布年报后股票大幅上涨，市值接近24亿美元，相当于中国另外两个互联网巨头新浪和搜狐的市值总和。10

月 8 日，陈天桥决定发行 2.75 亿美元的可转债，并且告诉了高盛，希望他们可以在一周之内完成。高盛答复，这么大一笔钱，世界上没有任何一个机构能一周做完，而陈天桥的回复更简单，做不完以后就不找你们了。

高盛做到了，这笔远高于 IPO 融资的钱足以让盛大解决眼前所有的问题。

2004 年 11 月，盛大以 9170 万美元的现金收购了韩国 Actoz 公司 7 名股东持有的 28.96% 的股份，让此前的版权纠纷暂时告一段落，但只是暂时而已。陈天桥提到过谈判期间的苦恼："那年与韩国 Wemade 公司的官司牵扯了我 50% 的精力，我们和 Wemade 谈判最多时谈过 27 个小时，连着谈。最后签字的那个晚上，凌晨一点钟，他们叫翻译到我办公室，说 Actoz 的李总想跟我谈谈，我就请他进来，他说陈总，我们所有纠纷的根本问题是你们赚的钱太多了。知道这个原因后，那天我终于睡了个踏实觉。"

在商业社会里，所有的纠纷都是利益纠纷。单看这笔收购，盛大结束了旷日持久的版权纠纷，也消除了公司最大的经营隐患，同时为中国公司在韩国公司面前"赢"了个面子，让韩国公司明白了中国公司不是好惹的，但从另外一个角度来说，这笔收购涉及的资金和日后一系列官司、纠纷给盛大带来的负担，其代价可能又远高于每个月那 27% 的利益分配。这次收购的成败，也就变得难以评定。

事实上，盛大在疯狂扩张期间，曾经拒绝了一次非常重要的机会。暴雪在看到奥美无力运营《魔兽世界》后，最期待的运营方是盛大，但盛大在临门一脚之时选择了放弃。对于《魔兽世界》的代理问题陈天华说过："一个游戏几百万美元的代理费是物有所值的，但炒到 1000 万美元就不对了。"此外，更让盛大无法容忍的是暴雪要对服务器和用户信息有控制权，这也是日后九城遇到的巨大问题。

盛大为了对抗《魔兽世界》推出了两款游戏，分别为《龙与地下城》网络版和自己研发的《梦幻国度》。《龙与地下城》的游戏开发方 Turbine 的总裁兼 CEO Jeffrey Anderson 表示："《龙与地下城》将根据当地的需要进行修改，也就是说会有针对中国玩家的特别修改出现在中国服务器中。"但无论怎么改，《龙与地下城》的规则都十分复杂，完全无法被中国玩家所接受，最终这款游戏只运营了两年就停了。《梦幻国度》也没有取得预期的成绩。为了推广《梦幻国度》，盛大除了动用公司所有资源推广外，还直接让唐骏代言游戏，而唐骏干脆把自己的 MSN 名字也改成了"梦幻国度"，可见公司重视程度有多高。此外盛大更是砸下重金，针对网吧市场推出了预算高达 5 亿元的"梦幻基金"，内容为所有网吧业主都可以获得一个 1 万元的《梦幻国度》充值点数账号，而销售这个点数所获得的收入全部为网吧业主所有，也就是盛大给每个网吧业主送了 1 万元，让网吧业主帮忙推广游戏。但那时游戏的主要市场已经开始转向家庭，同时《梦幻国度》质量也相对平庸，大张旗鼓的运营过后收效甚微。

那会儿的陈天桥有一个更为远大的目标，陈天桥自己的说法是："每天除了睡觉之外，几乎剩下的时间全都是思考该如何转型。"这个转型不只局限于网络游戏，还为了一个能够改变中国互联网行业的狂想——盒子战略，这是陈天桥对盛大平台化第一次偏执的追求。这个"盒子"并不是游戏里的大宝箱，而是盛大的潘多拉魔盒。

2004 年是盛大非常成功的一年，这一年盛大的营业额达到了 13.67 亿元，较 2003 年的 6.33 亿元约上涨了 115.9%，成了世界上最大的网游公司之一，稳坐中国游戏老大的宝座，但之后的潘多拉魔盒却让盛大葬送了所有的优势。

2005 年春节前后，盛大斥资 2 亿美元，收购了中国当时最大的门户网站新浪网 19.5% 的股票，成为新浪最大的股东，但新浪启动"毒丸计划"[①] 反抗

---

① 毒丸计划是美国著名的并购律师马丁·利普顿（Martin Lipton）在 1982 年发明的，正式名称为"股权摊薄反收购措施"。当一个公司遇到恶意收购，尤其是当收购方占有的股份已经达到 10% ~ 20% 时，公司为了保住自己的控股权，会大量低价增发新股，让收购方手中的股票占比下降，也就是摊薄股权，同时也增大了收购成本，让收购方无法达到控股的目的。

这次收购。盛大注资新浪其实是有起因的，2003年，新浪曾经考虑过收购盛大，连续两任新浪CEO茅道临和汪延都与陈天桥讨论过收购事宜，其中主要负责收购谈判的是董事段永基。2003年7月8日，段永基给陈天桥写了一封信，里面写道："盛大单独上市，国际市场充其量多了一个小型中国概念股。这样的小盘股，既不能引起大投资机构的兴趣，也缺乏抵御市场风险的能力。若能完成与新浪的合并，你与汪延创造的就是一家价值50亿美元左右的中型公司，而且是唯一带有中国概念的最大规模的民营企业，举世瞩目，万民所向。"同时，段永基提及了合并的好处是两家公司的业务互补："新浪的短处，在于营收模式中缺乏游戏这条线；盛大的短处，在于营收过分依赖一款游戏。合并成功，你们在近期将脚踩三条船——游戏、广告、短信；在中长期，你们将在一个拥有全中国乃至世界最大用户群的网络上驰骋。届时，电子商务三网合一等领域都可游刃有余，全面展开，前途不可限量。"当然，段永基也提到了合并面临的问题："合并将是一个痛苦的过程，盛大将由一个私人公司变成一家公众公司，有得有失。对某些人来说，要失去在公司享有的崇高地位。"最后，段永基表示了信心："只要我们明确目标，态度坚定，方法得当，大家充分沟通协商，所有困难定会克服。"据称，当时双方初步达成的条件是，新浪以6.7亿美元的价格收购盛大，但这次收购并未谈成，原因也众说纷纭，但肯定和钱有直接关系，只是谁也没有想到，十几个月后会轮到盛大来收购新浪。

2005年1月，盛大在6~12日以每股30美元的价格买进了48万股新浪的股票，没多久又以29.97美元的价格购入30万股，这些交易都没有达到需要申报的5%的临界点。2月7日，新浪宣布第一季度营收总额为4300万~4700万美元，比上一季度的5690万美元大幅下降，随后新浪股票暴跌。2月8日是中国的大年三十，在家家户户庆祝春节时，陈天桥也给自己买了一份大礼，通过四家子公司以23.17美元的价格一次性买入新浪728万股，占新浪总股本14%。2月10日，盛大又以22.97美元的价格买入了16

万股。据称当时陈天桥打算给段永基和汪延打个招呼，结果汪延在法国度假，段永基在汕头打高尔夫球，直到买完了两人才知道这个事情。

华尔街对于盛大收购新浪的反应是十分积极的，股价上涨就是明确的信号。2005年2月19日，陈天桥给段永基打了一通电话，里面提到了段永基给他的那封信，表示还是愿意两家公司合并。这通电话的意思也很明确，当时新浪有九名董事会成员，包括北美的陈立武、张颂义，四通的段永基和陈晓涛，中国台湾的姜丰年、曹德丰，还有CEO汪延、董事张懿宸和独立董事陈丕宏。如果想要合并，必须获得多数董事会成员的同意，陈天桥是在拉拢自己的支持者。

但陈天桥可能没有想到新浪会立刻反击，2005年2月22日，新浪执行了由当时首席财务官曹国伟提出的"毒丸计划"，由摩根士丹利负责具体方案。第二天，陈天桥飞往北京见了段永基和汪延，两人当时均表示支持盛大收购，抛出"毒丸计划"只是为了防止小股东告董事会。而"毒丸计划"本来就有双重意义，一方面可以防止被现有股东盛大收购，另一方面也可以防止被其他竞争对手收购。两方的行动都有支持者，但新浪的葫芦里到底卖的什么药，只能等两家公司表态。

一直到2005年9月26日，新浪股东大会的前一天，汪延卸任总裁，由前首席财务官曹国伟兼任，第二天股东大会，也没有宣布盛大进入董事会。这时候人们才确定，盛大的收购失败了。

对于盛大来说，收购新浪股票有两方面的原因：一是既然要做盒子，一定要有内容，于是要拉拢当时最大的门户网站之一的新浪；二是盛大也想在内部弱化游戏对公司的影响。关于收购新浪，陈天桥自己说道："入股新浪是一个战略行为。盛大的股东、员工、管理层几年来都有统一的目标：做一家互动娱乐媒体公司。娱乐不仅有游戏，还包括电影、音乐和资讯。我们的媒体概念不仅包括预付费，还要有广告和电子商务。现在，盛大只在预期的产业架构里占据一个位置，即以个人计算机为载体、游戏为内容、预付费为支付手段的当前模式。而可能的选择是，载体可由个人计算机向电视和手机扩展，内容可由游戏向资讯和音乐、电影等方面扩展，而盈利和支付方式可以由预付费向广告和电子商务扩展，比如电视购物、无线铃声下载等方式。"同时陈天桥谈到过改革的急迫性："既然认定格局一定会改变，那么我就想：早改变总比晚改变好吧，让别人去改变不如自己改变好吧，被动改变不如主动改变好吧。所以就抓住机会往前走。主动的好处，就是可进可退，也更有耐心。举例说，如果雅虎先于盛大进场拿下20%，这个市场会是什么状况？这是市场行为，政府也没办法干预。而我的钱没人家多，想法人家也早就有了，唯一可以比的，就是胆量！这个棋子也许你现在不需要，但将来需要；如果你现在不需要，也许将来就不属于你了。这里面是一种打破格局，欲破不破的态势。"事情后来的发展跟陈天桥说的一样，盛大收购新浪只不过是野心的第一步，之后盛大又收购了浩方、边锋和起点文学网，总计花费了4.5亿美元。

这期间盛大的注意力明显不在网络游戏上了，对此，史玉柱说过："我不怕盛大，它的重点不在游戏了。"

2005年7月1日，在青岛国际消费电子博览会上，盛大推出了一款名为盛大互动娱乐中心的产品，就是日后的盛大盒子，盛大的所有野心都集中在了这个盒子上。而为了制作这个盒子，盛大在开发上下了血本。2005年，盛大的员工总数从1400人直接翻了一倍到2800人，新增员工主要都负责研发盛大盒子，并且相当一部分精干有力的老员工也被抽调到盒子项目这里。

2005年11月，盛大宣布旗下的《梦幻国度》《热血传奇》《传奇世界》实行"永久免费"，一改时间计费模式为道具计费模式。这种模式让华尔街一头雾水，纷纷表示"看不懂"，甚至连其他游戏公司也是如此，因为如果按时间收费是很容易计算利润的，只要算"在线人数 × 单位时间"的价格就好了，而免费游戏这种模式能赚多少钱，谁都拿不准。时至今日我们知道，免费游戏的这种拿不准赚多少钱的另外一个意思是，赚的钱可以多到超出你的想象。几年后,《连线》杂志主编克里斯·安德森(Chris Anderson)在《免费:商业的未来》(*Free: The Future of a Radical Price*)里写道:"信息技术的显著特征是在互联网上任何商品和服务的价格都有一种逐渐趋近于零的趋势,这就是所谓的免费战略。"而贯彻这种思路最好的公司基本都来自中国,不只是游戏公司,包括360在内的互联网公司都是靠着"免费"战略在攻城略地。

当然,当时也不是所有网络游戏厂商都接受这种模式,网易创始人丁磊就表示:"免费游戏一出来多少对这个行业有点杀鸡取卵的意思。我不太方便这样去评价盛大,但是我是比较反对免费的。"与此同时,最后一个季度盛大的亏损达到了5.389亿元,老大的位置也被网易生生抢了过去。对于那笔亏损,盛大的发言人诸葛辉表示:"这是盛大主动转型的结果,由于盛大收购的韩国公司Actoz股价持续下跌,其中5.34亿元亏损是计提费用,并不是已经亏了这么多现金。"这句话虽然没错,但是回避了最关键的问题,因为这意味着即便卖掉Actoz的股票也无法拿回这笔钱,意思就是,对Actoz的投资至少从财务上看是失败的。这笔亏损导致的最严重的问题是,很多媒体都把亏损和盛大改计费模式挂钩,让盛大遇到了最致命的舆论问题,而免费游戏究竟赚不赚钱也成为那段时间被讨论最多的话题。我们现在觉得道具收费是一个非常正常的概念,但在当时却有很大的争议,可想而知包括盛大在内最早的一批尝试者承受了多大的压力。最终,行业里的人还是认识到免费游戏是能够赚钱的,虽然不是通过盛大,而是通过中国商业领域的另外一位传奇人物——史玉柱。

那段时间盛大的股价一路跳水,最高跌幅超过了70%,但是陈天桥心里不慌,一是他相信免费游戏的模式是可以成功的,二是他也相信自己之后的产品能够赚取更高的收益。当时普遍的所谓休闲类游戏,包括盛大自己的《泡泡堂》都是免费游戏,也就是道具收费,而这类游戏虽然有极大的用户基数,但盈利能力一直比不上主流的MMORPG,这让很多公司都纠结免费的模式能不能在别的游戏类型里生存。之后曾有两家公司试水，一是腾讯在《凯旋》里设置了一个免费服务器，只是这里"掉宝率"更低，就相当于超市的甜品试吃；二是《魔力宝贝》和中国电信合作，在某些线路下可以免费，这是特殊的捆绑宣传手段。没有一款游戏敢大规模尝试。

在2003年，中国网络游戏的平均消费价格为0.4元/小时，而之前就有很多二三线游戏为了打价格战，一路压低价格，甚至出现了0.15元/小时的游戏。2004年出现了一款大张旗鼓免费的MMORPG——《巨商》，只是在当时被更多的人认为是价格战的牺牲品。《巨商》当时的做法就是通过销售道具赚钱，以这部分收入补贴点卡收入。

除了《泡泡堂》之类的休闲游戏外，也有MMORPG在点卡收费的同时尝试道具收费模式，像万向通信公司的《大海战Ⅱ》里就出售主要道具舰船，只不过遭到大量玩家抨击。另外，《石器时代》之所以人气一直不如同时期的《传奇》和《魔力宝贝》，在游戏中大肆贩卖"宠物包"被认为是重要的原因。

当时《魔力宝贝》市场部的谢志新先生分析过中国市场会出现免费网游这种模式的原因："现在中国网络游戏业中存在着一种'蝗虫玩家'，当一款新游戏上市测试，他们会蜂拥而至，当游戏收费，他们又无情地离开，这使得依靠'人气'生存的网络游戏举步维艰。而免费网游恰恰看到了这一点，能很好地留住这一部分玩家。一旦人气上去了，损失的部分月费利润很快就可以弥补回来。而且，我们通过IP地址分析发现，现在越来越多的玩家开始选择在家中包月上网，而网络游戏的推广成本中，网吧费用是不小的支出。既然玩家对于网吧的依赖性大大降低，那么点卡中分给网吧的部分也使游戏的收益相对降低。但割舍网吧又是不可能的，所以不如干脆放弃月费，这样就不存在这种困扰了。"

中国网络游戏行业其实是由两块拼图组成的：一块是前文提到的渠道为王模式游戏，另一块就是道具付费网游。当这两块拼图凑齐以后，就象征着中国网络游戏蓬勃发展的时代正式来临。这两块拼图中，第一块是盛大凭借《传奇》摸索出来的，第二块盛大也是最早参与的公司，但盛大没有把这种先发优势发挥出来。从这个角度来说，盛大这家公司有着长远的眼光，但在执行上也存在相当严重的硬伤。

（四）盛大盒子

2005年12月12日，因为身体不好而很少出门的陈天桥出现在北京，参加一场名为"EZ Pod上市庆功会"的活动。人们看到陈天桥拿着一个印有盛大Logo的遥控器走上了台，用沙哑的声音讲道："家庭娱乐的梦想，世界首富比尔·盖茨曾经尝试过，他失败了；比尔·盖茨的创业伙伴保罗·艾伦试过，他也失败了。今天有一个中国人说，他也有这个梦，他也开始做，但是今天他做出来了。""庆功会"后，有一个小型记者招待会，会上陈天桥说，当年盛大做上市路演的时候，要给投资人一点一点地解释什么是网络游戏，现在的投资人们不懂什么是"家庭娱乐战略"，我们还要一点一点解释，但是"不会被他们牵着走"。

和最早简单的盒子相比，盛大在后期调整了战略方向，把产品细分为宽带娱乐门户软件EZ Center、针对家庭用户设计的高速计算机EZ Station、掌上网络娱乐终端EZ Mini，以及一套集合了EZ Center安装盘、EZ遥控器和红外接收器的宽带娱乐软件包EZ Pod，而这个EZ Pod，就是盛大想要主打的易宝，是一个把软件单拿出来的简化版盒子，装在普通家用计算机上就可以使用。

陈天桥曾经明确表示过羡慕苹果的生态模式："在中国，不造出一个芯片、不搞出一块硬盘，就似乎无以向国人交代。但是你看，到头来人家买的不是芯片，而是iPod。在全球经济一体化的现在，中国企业死守技术创新的老路要出问题。而整合就是创新，整合各国资源为我所用，才是中国企业的机会。"这其实是个非常聪明的思路，一个好的产品最重要的是贴近消费者，至于技术应该是手段，而不是目的，但盛大做得并不成功，未来靠着这个思路成功的是中国游戏行业另外一个重要的老板——雷军。

到 2006 年 2 月 8 日，盛大盒子通过零售商的总预订量达到了 17.9 万台。在预订期间，盛大又展示出强势的一面，所有预订都要求全款，这在当时并不常见。

但最终，盛大盒子可以称得上是惨败。易宝上市一个月后，盛大宣布销量突破了 100 万台，但日后再也没有公布过销量，半年后市场上甚至也没了消息，易宝悄无声息地溺死在历史的长河里。

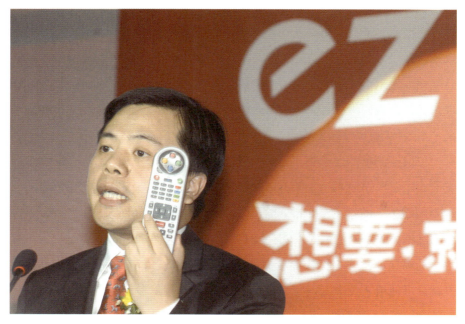

图 3-6　盛大盒子遥控器

图片来源：cnsphoto；拍摄者：张宇

盛大盒子战略的失败在当时其实是可以预见的，多数媒体和行业内人持非常消极的看法，甚至公司内部都有很多人明确反对。但陈天桥因为逆市场而行成功过，所以反而比较享受这个过程，最终也是陈天桥的一意孤行葬送了盛大的优势。盒子失败的原因有以下五点。

第一，盒子存在明显的技术缺陷，相当多的用户反应有故障频发的问题，而这些问题背后就是盛大本身的技术实力不足。要知道其他做游戏主机的公司，像微软和索尼都是做了很多年以后才敢去一点一点扩充里面的功能，盛大明显在这件事上太着急了，更何况盛大的技术积累也谈不上多好。

第二，EZ Station超过6000元的价格严重超出了国内消费者的预期。在盒子上市前曾经有人爆料价格为3000多元，大部分人觉得这个定价太贵了，更何况最终上市后6000元的天价。而易宝本身又是一个非常鸡肋的产品，使用场景不清晰。

第三，那时宽带普及率极低，有数据显示只有不到5%，在这个数字的前提下，大部分网络行为无从谈起。

第四，我们现在使用IPTV产品或者说智能电视都知道，最重要的内容是视频，但土豆网成立于2005年4月，优酷网成立于2006年6月，爱奇艺成立于2010年4月，那时市场上根本没有视频内容的提供方。至于游戏，除了盛大自己的游戏，陈天桥也无力游说其他公司蹚这摊浑水。

第五，电信领域和广电领域在IPTV上一直有撕扯不清的利益纠纷，盒子的生产商，很容易成为纠纷的牺牲品。

天时、地利、人和，在一样都没有的情况下，盛大就将这个项目盲目上马，并且赌上公司前途将其推向市场，最终吃下了一个10亿美元的教训。这除了给盛大带来了巨额亏损外，更重要的是让公司错过了中国网络游戏市场一个新的增长期，在此期间其他公司都在布局未来的产品，而盛大除了《传奇》和一个破旧的盒子外一无所有。

不过，站在当时盛大的角度来说，这个决定也很难说是错误的。陈天桥当时明确认识到了游戏行业存在的问题，因此想要更强硬地把公司业务做得更宽，以减少游戏对公司的影响。那时陈天桥指出过中国网络游戏行业的问题，而这些问题其实拿到现在来看，依然值得深思。

第一，网络游戏供应商在大幅增加。四年前开始做网络游戏的时候，国内网络游戏商用一个手就能数得出，不过五六家。现在把手脚全用上也不够。这一方面让我们看到了网络游戏产业的魅力，另一方面也让人担忧。中国游戏产业刚刚发展了4～5年时间，能够承受得住这么多游戏企业的进入吗？

第二，中国网络游戏产业现在是换汤不换药，表面上有各种游戏，本质上类型、特点都非常雷同，无非是打怪、升级，还是比较单一。

第三，现在绝大多数的网络游戏企业还是依靠一两款游戏支撑、发展。对于这一点，盛大可以说是有切肤之痛。国内网络游戏企业如果还是把整个企业的命运放在一两款游戏上，无疑是非常危险的。

第四，可能是老生常谈，就是整个社会对于网络游戏产业发展的舆论压力。总的来说，人们都知道网络游戏产业，但知道并不代表理解和赞成。这种社会压力对盛大的挑战是非常大的。所以盛大必须要去探索整个网络游戏产业发展的可能性，甚至整个互联网内容产业在未来发展的道路。

2006年11月、2007年2月、2007年5月，盛大分三次卖出了所有持有的新浪股票，总共换来了 3.05 亿美元，对比 2.5 亿美元的成本还赚了一些。盛大的网游业务也以 5.05 亿元人民币的收入超过了网易同期的 4.819 亿元人民币，重回国内游戏市场老大的位置。与此同时，公司内部已经淡化盒子，市场也给了最积极的反馈，公司股价一路飙升。

（五）盛大求变

2007 年 7 月，盛大先后公布了"风云计划"和"18 计划"等，这一系列计划只有一个目的，就是用手上的几十亿元现金去投资或者收购市面上一些不错的中小型游戏开发团队。此时的盛大一改之前不屑于原创的态度，开始大打原创牌，但最终平平无奇。

盛大在资本运作上非常出色。2009 年 9 月，盛大拆分盛大游戏单独上市，并在招股书里提到这次拆分的内容："我们的网络游戏业务由盛大互动娱乐有限公司（或称盛大互动）创办于 2001 年，在 2008 年 7 月 1 日重组前，一直都由盛大互动运营。按照该重组计划，盛大互动几乎将全部与网络游戏业务有关的资产和债务转给我们。我们已经从与盛大互动的合作关系中获益，并将继续提升这种关系。盛大互动通过盛大在线及其可变利益实体（VIE）运营着一个整合的业务平台，该平台提供多样化的内容，包括网络游戏、文学和音乐。通过该平台来提供我们的游戏，我们就可以接触到盛大互动的大量用户并且拓宽我们的市场。除此之外，在盛大这家中国领先的互动娱乐传媒公司已经建立起的品牌名称的基础之上，我们还成功建立起了一个独立的品牌标识——'盛大游戏'。我们相信，我们在中国的强大品牌将帮助我们进一步加强行业领导地位。"这次上市总共募集了超过 10 亿美元的资金，是当年最大的一单 IPO。

2009 年，盛大代理了《永恒之塔》，这款游戏一度被认为可以和《魔兽世界》正面竞争，但实际并未达到预期。一是游戏的付费点非常多，而且十分生硬，同时花钱和不花钱游戏体验差距巨大，在这种情况下，一大批不愿意付费的玩家放弃游戏，而付费玩家因为找不到人衬托，也逐渐丧失了乐趣。二是游戏内漏洞极多，而且盛大对漏洞的处理也不是非常积极，严重影响了玩家体验。① 对于盛大来说，《永恒之塔》虽然没有达到《魔兽世界》的高度，也没有解决盛大的《传奇》依赖症，但在盛大后期的游戏里，还算是一款说得过去的作品。

在盛大代理《永恒之塔》时，韩国游戏公司 Eyedentity Games 制作了一款名为《龙之谷》的游戏。2010 年，盛大直接将这家公司以 9500 万美元的价格收购，同年，《龙之谷》正式在中国运营。《龙之谷》是一款被认为足以让盛大翻身的游戏，在上线早期游戏数据也不错，最高同时在线 72 万人，单月营收超 1 亿元。但仅仅两年以后，平均同时在线就只有 5 万人，收入也直接腰斩。究其原因，无非是游戏性中后期重复度太高，在付费上和盛大其他游戏如出一辙，过分薅羊毛，挤走了大批玩家。

2011 年，《传奇》上线 10 年，依然是盛大盈利能力最强的游戏，整个系列每年创造的收入可以达到惊人的 20 亿元人民币。其中主要的消费者就是最早的那批玩家，有些已经人到中年，实现了财务自由，依然不舍得放弃这款游戏，每年几十万甚至上百万元砸进去的不在少数。盛大喜欢把游戏的付费点提到极高正是因为《传奇》开了一个不好的头，让盛大总以为《传奇》的故事可以复制，但之所以为"传奇"，就是因为独一无二。

游戏之外，盛大还尝试过很多其他的事业。2008 年，盛大成立了盛大创新院，早期靠着自由的研发环境以及相当不错的待遇迅速吸引了一大批极其优秀的人才，达 200 多人。在那几年，说盛大创新院是中国互联网行业最有创造力的团队也不为过。团队最优秀的产品应该是 2010 年推出的锦书 Bambook，一度被认为是足以和 Kindle 正面对抗的产品。但创新院在 2011

---

① 这些漏洞带来了严重的外挂问题，盛大内部对外挂打击得也不是很严。有盛大的前员工提到，公司内部一直在指出外挂严重影响体验，建议封号严惩，但是管理层觉得玩家既然花钱了就不能被封号。

年就几近崩盘，2012 年直接解散。原因主要有 3 点：一是从产品创新到商业化是个非常漫长的过程，但到 2011 年公司发现创新院依然无法创造价值后就开始大幅削减经费，并且强制创新院员工做一些集团的开发工作，没有耐性是盛大这个公司的顽疾；二是公司虽然希望看到创新院盈利，但是又没有一套系统化的对创新院后续产品商业开发的扶持体系，造成很多产品创新院做是做出来了，但后续怎么办没人知道，这带来了一个非常糟糕的后果，就是一些有技术有想法的人干脆跳出来自己创业；三是创新院也不可避免地受到了盛大内部动荡的影响。

2014 年，盛大代理了史克威尔艾尼克斯的《最终幻想 14》，这是该系列继《最终幻想 11》后的又一款网络游戏。《最终幻想 14》开服时在中国火爆过一段时间，但仅仅一年后就已经是"鬼服"遍地。究其原因，盛大的运营问题一如既往，其中最突出的是盛大学习页游公司的做法大量开服，却没有考虑到页游开服是为了刺激消费，而《最终幻想 14》作为一款点卡游戏并不具备这种可能，反而严重挫伤了玩家。除此以外，游戏本身也有非常大的问题。史克威尔艾尼克斯作为一家日本游戏厂商，并不熟悉现今网络游戏的一些"默认规则"，至少在点卡制这件事上就已经疏远了中国玩家，而且游戏的剧情过长，使得玩家在玩游戏的过程中经常会觉得十分乏味。一系列问题导致《最终幻想 14》的娱乐性平庸，以至于很多人感叹可惜了这么好的游戏画质。虽然最近几年《最终幻想 14》的游戏性有了显著的提升，但稍微晚了点。

2014 年 11 月 27 日，盛大网络宣布出售其最后持有的盛大游戏 18.2% 的股权，同时创始人陈天桥也宣布辞去盛大游戏董事、董事长及薪酬委员会委员、财务委员会主席等职务。之后很多人形容这次事件为陈天桥的出局，当然说退局可能更合适一些，卖出盛大游戏的股份现在来看也算是一个双赢。

2015 年 4 月 3 日，盛大游戏公布了并购协议，买方财团以每股普通股 3.55 美元（每股美国存托股 7.1 美元）收购盛大游戏全部股票，对后者整体估值 19 亿美元。买方财团由宁夏中银绒业国际集团、盛大游戏代理 CEO 张蓥锋主导，此外还有东方鸿泰（香港）有限公司及其联属公司东方弘治（香港）有限公司、豪鼎国际、A 股汽车零部件供应商浙江世纪华通集团、控股股东浙江华通控股集团有限公司等。这次并购进程前后总共历时两年，其中买方多次更换。

2015 年，盛大游戏和腾讯首度合作的《热血传奇手机版》上线，最高月流水达 7 亿元，但因为游戏质量糟糕，后继乏力。这时大家终于肯定了一件事，盛大做了这么多年，真正有价值的还是一个《传奇》。

对于盛大没落这件事，很多盛大员工都有一个相似的观点：盛大最早的成功来得太容易了。《传奇》在极短的时间内就获得了前所未有的影响力，同时给盛大带来了巨额收入，这让盛大和陈天桥都沉迷于这种摸奖一样的经营方式。但事实证明《传奇》的火爆有其时代的特殊性，在游戏内容匮乏的 21 世纪初，盛大靠拢络网吧，加之游戏本身质量不错，才获得了当时的市场地位，而有些玩家之所以长期忠于《传奇》，最重要的一点是因为《传奇》是他们网游的"初恋"，具有不可替代性。随着日后竞争加剧，这种情况几乎不可能再出现。但盛大和陈天桥都没有意识到市场的变化，一直期望复制当初的"传奇"。这就产生了一个非常糟糕的结果，盛大一直不愿意长期耕耘一款游戏，多数游戏都是早期数据不理想就立刻减少后续投入，同时每款游戏的付费设计都非常生硬，摆明了是想"赚一笔是一笔"。有玩家评论盛大的付费方式为"你不花钱就不拿你当人"。这种行为一方面挫伤了玩家，另一方面也挫伤了自己的员工，很多员工辛辛苦苦几年开发的游戏，就因为上线几个月数据不理想就被立刻放弃，员工对公司渐渐失去了热情，而盛大也由此彻底失去了人心。投机是很多游戏公司的共性，但投机不代表就不需要耐心经营。

独立后的盛大游戏其实有过一段不错的发展时间。2016 年，盛大营收 38.6 亿元，净利润为 16.2 亿元，增长 113%，无论是从增长幅度，还是经营游戏的质量上来看，盛大游戏至少可以稳定在第二阵营的头部。

2017年初，A股上市公司世纪华通公告表示，世纪华通控股股东华通控股等三大股东，将合计间接持有盛大游戏90.92%的股权。但是，1月9日，在万众瞩目中，世纪华通来了一个结结实实的跌停板，一天蒸发市值高达48亿元。当然，这并不完全是盛大游戏的问题，世纪华通经营的业务以汽车、空调等为主，近年来由于传统行业的经营状况严重恶化，利润空间严重压缩，收购盛大游戏只是其填充业绩的方式。不过，大家显然也不认可盛大游戏的业绩。日后，世纪华通还以134.6亿元收购中手游移动科技和点点开曼。

这时，盛大自己可能也没有想到又一场旷日持久的官司不期而至。

在Wemade和Actoz"分手"以后，《传奇》的版权出现了一个很有意思也一直难以解释清楚的问题：究竟Actoz和Wemade在这段时间的版权关系是怎样的？

2016年4月，Wemade宣布在中国开展知识产权业务，这条消息在当时并不为人所注意，同时Wemade在通稿中用了比较友好的表述方式："Wemade将已经在国内获得成功的《热血传奇》等群众性知识产权作为基础，加上与盛大一起合作的PC客户端游戏，进一步扩大与中国顶级游戏开发公司的网页游戏、手机游戏的专利许可合同，并进军影视产业等游戏以外的泛娱乐事业。"

2016年6月，Wemade以1.7亿元的价格把《热血传奇》IP手游改编权出售给上海恺英，盛大第一时间起诉。2016年8月，法院做出裁定，要求Wemade和恺英停止履行双方于6月28日签订的《热血传奇》授权合同。但是早在3月25日，Wemade就有Actoz方的确认信，确认"我司（Actoz）与娱美德数码科技有限公司（Wemade）是《热血传奇》游戏的共同著作权者"，这让上海的裁定显得非常暧昧。

2017年6月30日，Actoz与盛大游戏联合宣布：双方将延续《热血传奇》在中国的独家合作，新的续约协议有效期为 8 年。

2017 年 7 月 3 日，Wemade 发表声明：盛大游戏与 Actoz 的续约合同无效。

……

围绕一款游戏的一系列版权纠纷，从中国网络游戏的诞生到繁荣都没有得出明确结论，这可能就是网络游戏在金钱层面的魔力所在。

2017 年，陈天桥在一次视频讲话中说道："坦白说我从来没有离开过，或者说我自己觉得从来没有离开过所热爱的东西，我只是从来不想重复我已经做过的事情。"

三、备受争议的渠道：网吧

（一）早期网吧

网吧对韩国游戏市场产生过重要影响，对中国市场也是如此。

1993 年，南梦宫成立了上海分公司。这一年的 6 月 8 日，上海南梦宫的第一家街机中心开张，这时政府对于这种娱乐形式并没有明确的监管。1995 年，华瀚国际文化公司和日本世嘉在北京合资开设了两家电子游戏厅，但最终只是昙花一现而已。也是这一年，上海开了中国第一家"网吧"，叫 3C+T，只有几台计算机，上网价格约为每小时 20 元，并且客户全是外国人，三年后克林顿访华时也曾经到访过这里。

1996 年，瀛海威在北京魏公村开了一个科教馆普及互联网。在科教馆工作过的员工回忆道："当时我们每天的工作几乎就是向人们解释因特网（Internet）与英特纳雄耐尔（International）之间的区别。"这个科教馆其实就是北京最早被大众所熟知的"网吧"。同年 5 月，上海威盖特电脑室成立，有 50 多台计算机，上网价格为每小时 40 元。

图 3-7　克林顿访华期间在上海参观网吧
图片来源：cnsphoto；拍摄者：中新社

　　1996 年 11 月 19 日，北京首体西门实华开网络咖啡屋开张，这是中国第一家[①]真正意义上的"网吧"，因为它除了上网以外还卖咖啡，实华开的价格也对得起它的"洋味"，3 分钟 2 美元，一次送一杯咖啡，之后降到了每小时 30 元。这一年，北京市职工的人均年工资是 9579 元。不用嫌贵，因为对于当时的人而言，哪怕去网吧也没什么事可干，不要说中文网站，英文网站也没有什么。更重要的是，那时根本没有搜索引擎，想找东西也找不到，至于网络游戏，那要更靠后了。之后几个月的时间里，北京一窝蜂地冒出来好几家网吧，包括在建国门饭店的瑞得在线、中关村的罗格因网络教室。但因为当时并没有明确定性什么叫作"网吧"，工商部门也不允许"网吧"这种命名，所以在很长的时间里，这类商家都自称为"网络咖啡屋"或者"网络教室"。

---

① 不含港澳台地区。

实华开的老板叫曾强，17岁考入清华大学应用数学系，本科毕业论文获清华一等奖，毕业后转学经济管理，硕士毕业论文又获国际远东经济会议国家奖，之后在加拿大多伦多大学留学，33岁时回国开了个网吧。日后曾强改变了自己的创业方向，转而做电商，还从当时中国最大的电商网站8848挖来了市场总监——被称为"中关村策划第一人"的毛一丁，并且拿到了汇丰500万美元的投资。从曾强自己的经历来说，他应该是距离马云最近的那个人，但是就差一口气，如果撑到"非典"，难说谁输谁赢。

除了曾强以外，最早在中国做网吧的还有一个叫王跃胜的。王跃胜，1962年出生于山西省怀仁县阎家寨村。年轻时的王跃胜没有展现出什么过人之处，学习成绩不好，也不刻苦。

1997年7月12日，王跃胜慕名来北京"寻找高科技"，出租车司机收了80元车费后把他扔在了四通桥，也给他留下一句话："这往北都叫中关村。"一直在山西朔州做水泥预制件和加油站生意，已有上千万元固定资产的王跃胜完全没想到中关村这么破败——那时的中关村三层就算高楼。他心目中的这个"中国硅谷"应该都是富丽堂皇的高楼大厦才对。

"1997年，我在华北地区的加油站已经达到12家，正面临管理上的问题。受媒体宣传的影响，我花30多万元上了一套计算机管理系统。一来为了便于企业管理，二来也想装一装门面。我在使用过程当中发现，计算机的确能够提高效率。原来几天才能做完的账，用了计算机以后，只用半个钟头就做好了，且记账准确。"王跃胜这么回忆"寻找高科技"的原因。

王跃胜曾经四次参加高考都没有考上大学，但是这并不妨碍他对知识的追求。可能是因为认识到自己不懂，王跃胜觉得做高科技首先要有人，他偶然间知道了"网吧"这种经营模式，发现这真能聚拢不少人："进入中关村，无论卖计算机、卖软件，没有人才不行。因此，我一下子就决定做网吧，通过它可以认识一批大学生，为我所用，这样就能谋求下一步的发展。"地点也选择在了北大附近:"当时,北大只有几百台计算机,远远不能满足上万名北大学生上网的需求。一进北大小南门,就是学生宿舍。网吧设在这里,一定能吸引大量的学生。"

1998年情人节,投资80万元的飞宇网吧开张。128平方米,25台奔腾166计算机,64KB/s DDN专线。区别于当时一些网吧每小时30元的高价收费,飞宇采取了灵活、低价的收费机制:每天凌晨2点到中午每小时10元,余下时段每小时20元。

飞宇网吧正式运营后,虽然没有冷清到门可罗雀的地步,但确实和预期差距极大。王跃胜研究后发现,因为当时互联网还是新鲜产物,学生对什么是互联网都不太了解,更不要提花钱来上网,于是王跃胜决定调整策略:7点到9点免费。半个月后,飞宇网吧门口已经排起了大长队。

图3-8 北京飞宇网吧

图片来源:cnsphoto;拍摄者:陆云

随着上网的人越来越多，飞宇网吧也开始了扩张之路，之后甚至出现了"飞宇网吧一条街"。从1997年到2001年，飞宇网吧为了扩张，先后吞并了惠普的专卖店、一家名为"尼克斯"的酒吧、一家名为"湘夫人"的服装店、小榕城重庆火锅、棒棒家常菜、鸿楼茶社等十几家店铺。因为规模太大，当时北京的旅游地图上甚至把飞宇网吧单独标了出来，成了旅游景点。

到2001年4月，飞宇已投入200万元，有24家网吧，1800台计算机，每天上网人数达1.6万人次。在开放加盟以后，飞宇网吧也冲向了全国各个城市，2001年已经有355家连锁店分布在22个省会城市。

只是，这种一帆风顺的态势没有持续太久。

2000年11月30日13时，警察到飞宇网吧进行检查。两个小时后，在860台计算机中发现共有56台计算机有浏览色情网站的记录，这些计算机将被查封。飞宇为此交罚金3万元，并被责成加强"安全管理"。

2001年4月13日，北大正式通知飞宇网吧："为整治大学周边环境，北大南门以西平房即将拆除。为协助有关单位进行拆除工作，4月16日始，该区域平房随时全面停电，具体时间不再另行通知。"《南方周末》因为这件事专门采访过北大校长许智宏，许智宏校长说："现在北大有这么多高科技产业，做得非常好。几个上市公司还不错，北大校产总的经营名列全国高校之首。北大南门往西的南墙，从北京市的规划来讲，造新房子不太有利，而且对我们的宿舍区并不是非常有利，所以我们更同意北京市的规划，把那地方重新移掉，把校园弄得更美丽。这样在校园外发展产业，学校里应该更重视教育、科研。要在学校周围建一座高科技园区，我们的产业基地应建在外面。"多年以后我们回过头去看这番言论，会发现校长相当有前瞻性，把公司搬出校园一方面可以让公司不被学校的体制所束缚，另一方面也不会让金钱腐蚀学生的精神世界。

拆迁后的飞宇网吧虽然找到了新地方，但因为网吧政策的限制，也失去了往日风采。有些人的失败让人愤怒，有些人的失败让人怜悯，但飞宇网吧的失败确实可惜。不能说王跃胜是失败的，相反他是成功的，他的网吧规模之大此后无人企及，但相应地，他错过了另一个更宏大的可能性。

（二）蓝极速

从盛大运营《传奇》开始，网吧就是网络游戏公司的必争之地。网络游戏的推广和点卡销售最早都是由专门的公司负责，像知名的游戏销售公司联邦软件都曾为网游公司提供过点卡销售等业务。这些公司除了在自己门店内销售外，还会负责一层一层往下级渠道铺货，只是这种模式并未持续多久，网游公司便发现其实自己拓展下级渠道成本并不高，同时游戏的专卖店也并非最好的销售点，最优质的渠道是满大街都是的书报亭和离玩家最近的网吧。

有调查显示，在《传奇》上线后的一段时间，大概有 80% 的玩家选择游戏的优先条件是网吧内的推荐。也就是在那段时间里，网吧是真的香饽饽，一方面玩家要到这里上网，另一方面游戏公司也要跟网吧搞好关系。

2001 年前后是网吧最辉煌的时期，在那两年，很多网吧上座率甚至接近 100%，网费收入加上点卡等销售费用，平均一台计算机一天收入 50 元是很正常的情况，80 元也不是多么夸张的数字，大部分网吧都是 8~10 个月就能收回所有投资成本，之后就是纯利润。这让很多其他行业的人都羡慕不已，大量传统行业的人转行经营网吧，其中有一位开煤矿出身的老板说过："当年 200 万投资一个网吧，最多一年就能收回成本。我那会儿就在看市区所有学校和大生活区周围的房子，只要有空的立刻租下来，别管多少和大小，反正有就要。直到那件事之前，网吧都是稳赚不赔的，我当时甚至觉得自己就是下一个肯德基。"

这位老板口中说的"那件事"，就是北京蓝极速网吧失火事件。

蓝极速网吧于 2002 年 5 月下旬开业，位于北京市海淀区学院路 20 号院内，一共有 100 多台计算机，在当时属于比较大的网吧了。因为地处海淀，而且距离清华、北语、农大、钢院、矿院、石油、地质、北航八大院校很近，当真是个开网吧的好地方。当时上网价格为每小时 2.5 元，没过多久就涨到了 3 元，价格比周围网吧都贵，但是条件好，所以也不缺客人，来的基本都是条件比较好的学生。

网吧的老板叫郑文京，是一名三十多岁的工程师，和女朋友张敏敏一起经营。这本来是一个不错的故事，两个人能赚点小钱，有个美满的家庭，但是这一切都在一个月后的一天改变了。

2002 年 6 月 16 日凌晨 2 时 40 分许，蓝极速网吧发生火灾，最终导致惨剧。

这次失火事件背后的原因比较复杂。事情发生以后，全国各地在第一时间就来了一次对网吧行业的大整顿。各地共检查了 3.9 万多家网吧，依法责令停业整改 1.1 万多家，依法取缔 3100 多家，发现并消除 1.9 万多处安全隐患。

这一恶性事件引起了国家有关部门的高度重视，有关部门开始加大对网吧的监管力度。同年，《互联网上网服务营业场所管理条例》出台，相关部门对一些缺乏管理的非正规中小型网吧实行关、停、并、转。

不可否认的是，当时我国网吧乱象丛生，安全隐患确实比比皆是。在这种情况下，这次整顿对日后网吧行业的发展产生了深远影响。如果没有这种强硬的措施，很难让一些商人主动改进安全措施，更难让那些商人拒绝孩子们进入，这是肯定要拍手称快的。

那一年，从 6 月到 9 月整整 3 个月，北京没有一家网吧开业，一直到 10 月才陆续有 50 多家网吧营业。次年 3 月，北京重新开放对网吧资格的审批，但要求十分严格。

蓝极速事件之后，中国网吧行业受到严重影响，而相比政策上的影响，社会口碑的影响更严重。在很多地方，网吧甚至成了比"洗头房"还危险的场所。

图 3-9　调查人员正在勘测"蓝极速"网吧火灾现场
图片来源：cnsphoto；拍摄者：章永哲

2004 年 2 月，《文化部等部门关于开展网吧等互联网上网服务营业场所专项整治意见的通知》发布，网吧整治的力度进一步加强。

2004 年 4 月，网络文明工程组委会宣布，6 月 18 日将在北京召开首届"2004 中国网吧经营发展高峰论坛"，主题是"诚信守法、共建绿色网吧"。相关人士指出，不应该把网络的问题全都怪到网吧头上："网络是一把双刃剑，它是一种科技成果，是人类发明的工具。但是这种科技成功如果没有人类智慧、文明、理智的驾驭，也会伤害到人类自己。网络的问题其实是我们人类自身在科技发展时代所面临的思想、道德、文化冲突的集中反映。网吧问题只是网络负面影响的一个突出点，并不是网络问题的根源。即使关掉网吧，也不能从根本上解决网络文明建设的问题，网吧不是人们唯一上网的场所。关了网吧，那么单位、家庭上网的计算机怎么办？网吧难道对不良网络内容的制造也要负责吗？作为网民上网的场所，网吧有它存在的价值和意义，不能因噎废食。网吧问题不等同于网络文化问题。"

当时中国青少年网络协会做过一次全国网吧生存状况调查，其中有一些数据不容忽视。首先是网吧的经济效益很高，40 台计算机规模的网吧，除利润以外缴纳的各项费用，包括合理和不合理的就有 10 万元，而全国有 11 万家网吧，这笔钱就达到了 110 亿元，同时网吧还带动了计算机、电信、软件等行业的发展，这个带动作用不可估量。其次是网吧提供了大量就业机会，约有 22 万名投资人、23.2 万名网管和 46.4 万名服务员，总共为 91.6 万人解决了就业问题，其中大部分是低学历的劳动者，也即最需要帮助的就业群体。最后，因为当时大部分三四线城市和县城家用计算机不普及，对于这些地方的人来说，网吧是刚性需求。

整个网吧行业的转机在蓝极速事件发生十年以后才到来。

2014 年 11 月 24 日，相关部门联合印发通知，全面放开网吧审批，取消各级文化行政部门对上网服务场所的总量和布局要求，取消对上网服务场所计算机数量的限制，场所最低营业面积调整为不低于 20 平方米，计算机单机面积不低于 2 平方米。

2015 年开始，随着消费水平的提升和电子竞技行业的火爆，一些城市陆续出现了各种新型网吧，包括最早成功的高端网咖"网鱼网咖"，以及一些主打电子竞技比赛的电竞馆。尤其是电竞馆发展非常迅速，在很多城市的高端购物中心里都出现了装修豪华的电竞馆。

2014 年 11 月 26 日，联众国际控股有限公司公告，将收购上海网鱼网络发展有限公司及上海网鱼信息科技有限公司各 10% 的股权，交易价格为 3500 万元人民币，网鱼网咖成为中国估值最高的网吧，这也是网吧这个行业在中国出现 20 年以来，第一次有上市公司公开进入这个领域。

尽管相较早些年，网吧行业的发展已经有很大改观，但其身上的"污名"依然没有完全洗净,这个行业有待进一步发展。

四、中国原创网络游戏崛起前的日韩游戏

(一)《石器时代》

在台湾游戏厂商整体开始走向衰落时,有一家台湾公司却独辟蹊径,在大陆市场开拓了一番网游事业,这家公司就是华义。华义成立于 1993 年,在单机游戏时代并不算多成功,但靠着一款《石器时代》迅速成为中国游戏市场最重要的公司之一。

《石器时代》在上线前其实没有引起太大关注,一方面,这类游戏在中国市场是不是受欢迎谁都拿捏不准;另一方面,网游市场本身就刚刚起步,大家对游戏的理解还有欠缺。什么游戏好玩,什么游戏会火,不要说游戏公司不懂,连玩家自己都想不明白自己会玩什么游戏。其实华义对游戏会怎么样更拿不准,要知道当时《石器时代》的开发公司日本 JSS 本身就在破产边缘,华义实际拿下来的代理价格只有 5 万美元。该游戏最早在台湾上线,发现数据不错以后,华义又花了 1 亿日元直接买断了这款游戏的简体中文版的代理运营权。

2001 年 1 月 21 日,《石器时代》在北京宣布上线,当时就有媒体给出了超高的评价,让整个网络游戏市场为之一振。在测试时,游戏的火爆程度远远超出华义的预期,以至于之后很长时间内华义的绝大多数精力都放在了扩充服务器上;而因为对服务器的投资越来越多,渐渐超出了华义的承受能力,又迫使华义提早开启了付费计划。

2001 年 3 月 1 日,《石器时代》正式开始收费运营,收费方式为非包月的计时收费。这种收费模式在当时颇受争议,大量玩家指责游戏太贵了,但随着其他公司也开始尝试这种模式,指责的声音也就渐渐消失不见了。游戏

上线后没多久，同时在线人数突破6万人，为主要竞争对手《网络三国》的10倍，之后又超过了20万人，单靠这个数字便足以在中国游戏史上留下浓墨重彩的一笔。因为超高的影响力，《石器时代》成为国内第一款被普遍接受的图形网络游戏。随着《石器时代》成为国内头部游戏，市面上开始出现外挂，并且很快还成为游戏的组成部分之一，这也为《石器时代》日后的运营埋下了隐患。

图3-10 《石器时代》别具一格的美术风格

2001年8月，《石器时代》的2.0版本推出，这个版本所增加的两个更新影响了之后的一批国产游戏：一是加入了非常成熟的家族系统，为早期网络游戏的公会模式提供了一个设计参考；二是加入了骑宠系统，成为之后大部分网络游戏的标配。虽然骑宠系统并非《石器时代》首创，但它确实是那个阶段做得最好且最有参考价值的。4 个月后,《石器时代》推出了游戏内的首只圣兽"白虎－佩露夏",它的获取难度极高,需要玩家达到 5 转 125 级才有可能得到。这款圣兽在当时的玩家圈子里的交易价格也是一路走高,从几百元一直到了上千元——要知道,这一年我国城镇居民的人均收入不过 6987 元。毫无疑问,这在当时就是一笔巨款。这种天价虚拟物品引起了不小的争议,并且一直延续至今。

2002 年 2 月 5 日,《石器时代》的新版本《石器时代 2.5:精灵王传说》上市,开辟了新的地图"天空之岛",并且加入了宠物的转生,以及光明精灵王和黑暗精灵王的故事,这个版本也被相当多的玩家认为是最经典的版本。关于这个版本,有一件事非常值得注意。

2002 年 2 月 9 日,连邦软件在全国五大城市发售了 168 元的《石器时代 2.5:精灵王传说——延年益兽包》,每个城市限量发售 1000 套。北京的首发地在中关村太平洋大厦门口,前一天夜里就有人在排队。第二天早上,现场排队的玩家发现只到货 600 套,而剩下的货去哪了众说纷纭。现场销售开始时,前 200 套刚正常销售完,现场的一扇门就被人踹开了,一群人蜂拥而入抢完了剩下的 400 套。剩下几千名没有拿到的人在现场和工作人员争论剩下的 400 套去哪里了,甚至一度发生了"暴力"事件,混乱场面一直持续到下午 5 点才告一段落。最终,北京场又追加了 500 套才勉强解决冲突。一周后,这个"延年益兽包"的价格已经超过了 1500 元。虽然"延年益兽包"给游戏带来了巨大的影响力,但是很多玩家都认为这是游戏没落的开始,因为这款礼包严重打破了游戏的平衡性,让相当多的核心玩家颇有微词。

2002 年 4 月 20 日,《石器时代 3.0》上线,增加了"伊甸新大陆";2002 年 9 月 13 日,4.0 版上线,增加了"新 9 大家族";2003 年 1 月 20 日,5.0 版上线,增加了"宠物融合"系统;2003 年 6 月 10 日,6.0 版上线,增加了"海贼王遗迹";2003 年 12 月 15 日,7.0 版上线,增加了"石头就业所";2004 年 9 月 15 日,7.5 版上线,增加了"精灵的召唤";2005 年 6 月 8 日,

8.0版上线，增加了"宠物装备"系统。在此期间，游戏不停地做着非常积极的更新，但是玩家数据却持续走低，主要原因就是外挂横行和华义着急变现的运营风格。最明显的一点是4.0版之后开始疯狂推出的可以直接用人民币获得提升的宠物包和装备包，严重影响了游戏的平衡性。从3.0版本之后，游戏的制作团队JSS就把游戏的全部源代码转交给了华义，之后的内容其实基本都是由华义主导开发的，和原有公司已经没什么直接的关系了。这就是从4.0版本以后付费点越来越多、越来越生硬的原因。

随着《石器时代》一步步走低，华义的财务状况也越来越糟糕，直到金山在2005年底收购了华义简体中文版游戏的业务，也顺势接管了《石器时代》。金山介入开发修改后的《新石器时代》作为一款全新的免费网游于2006年3月9日上线，但仅仅两年半以后，就于2008年10月20日宣布了停运。对于当时游戏的运营状况，人们普遍认为"惨不忍睹"和"不值一提"。这次停运前因为有老玩家希望能够多给一些时间和这款游戏道个别，所以实际停运时间还晚了一个月。

2010年5月21日，胜思网络宣布签约日本Digipark获得《石器时代》8.5版的简体中文版独立运营权，让这个已经离开中国玩家主流视野多时的游戏又一次登上了游戏媒体的头条。但因为游戏本身已经远远落后于这个时代，这次重新签约没有引起丝毫实质性的波澜。2011年8月，为了吸引老玩家回归，游戏运营方推出过双版本同时运营——一方面8.5版使用道具收费，另一方面2.5版采用时间收费。2016年4月8日，胜思网络宣布正式停运《石器时代》。

（二）《魔力宝贝》

2002年1月，《魔力宝贝》上线。自上线第一天起，人们就频繁地拿它和《石器时代》比较，一是因为都是日本游戏公司的作品，二是因为都是可爱风格的画面，三是因为都是回合制的战斗模式。从各个角度来看，这两款游戏都太像了，而这个"像"是由于二者为同一个团队开发的。

虽然《石器时代》在 3.0 版本之后就把源码交给了华义，但原团队 JSS 并没有闲着，而是立刻用《石器时代》的引擎开发了《魔力宝贝》，甚至连画面都是 256 色的，没有半点改变。这一次，JSS 找到了一个比华义大得多的靠山——当时日本 RPG 行业巨头的艾尼克斯[①]，其运营权也交给了大宇和艾尼克斯成立的合资公司网星艾尼克斯，《魔力宝贝》也是网星艾尼克斯唯一一个成功运营的游戏。

和《石器时代》不同，《魔力宝贝》选择了更加"普世"的游戏背景设计——充斥着剑与魔法的欧洲中世纪世界，这是一个非常日系的 RPG 设定。游戏的玩法和《石器时代》如出一辙，除了一样的 30 秒回合战斗方式外，包括组队和宠物等玩家喜爱的模式也都继承了下来，这让《魔力宝贝》在一开始就吸引了非常多的《石器时代》的玩家。而正是在《魔力宝贝》上线以后，《石器时代》在中国遇到了一个非常严重的问题——外挂。

说起《魔力宝贝》成功的原因，有一点不容忽视，这款游戏为我国早期网游市场做了非常好的表率——对外挂绝不手软。《魔力宝贝》出来的时机其实并不好，因为之前的《石器时代》已经坐稳了同类游戏的头把交椅，而同时期韩国游戏也大张旗鼓地进入中国，更重要的是相较《石器时代》没有太明显的进步，甚至在技术上都明显落后于同时期的其他游戏。其之所以能成功，根本原因就是通过限制外挂吸引了大量《石器时代》的玩家"叛离"。那时，经常有一整个家族的成员一同从《石器时代》逃离到《魔力宝贝》的世界里。当然，在《魔力宝贝》上线初期，运营方网星肯定是没有想这么多的，因为最早服务器命名直接使用十二星座，也就是最多只有十二组服务器。随着人气如潮，不断开服，很快用完了星座名字，才开始使用各种

---

① 这个时候艾尼克斯和史克威尔还没有合并。

地名。

2002 年 7 月 1 日,《魔力宝贝》2.0 版《传说中的勇者》上线。这个版本推出前,《魔力宝贝》同时在线人数突破了 7 万人,总注册用户达到 300 万人。这个版本的更新突出了日本网络游戏的一个显著特色,就是对剧情和探险两大要素的狂热。《传说中的勇者》里非常难得地制作了一个完整的游戏主线剧情,而且剧情设计得十分巧妙,到 3.7 版《龙之沙漏》则完结了这个史诗般宏大的故事。出乎玩家意料的是,游戏设计了一个巨大的反转,随着游戏推进,玩家会突然发现自己最早进入游戏时所背负的"传说中的勇者"的使命不过是一个阴谋和骗局,游戏里每一次以正义为名战胜邪恶其实都是在被利用,玩家一步步解除阿尔杰斯第十三神李贝留斯的封印后,还要用自己的双手再次封印李贝留斯以弥补自己的过失。对于这种精妙的剧情,有玩家感叹这才是艾尼克斯的作品。

2004 年 4 月 28 日,4.0 版的《乐园之卵》上线,和《石器时代》一样,原团队从这时起放弃了开发,交给了新的小组制作,而游戏直接变成了 3D 的。也是从这个版本开始,玩家流失非常明显。

2005 年 12 月 1 日,《魔力宝贝》的运营权从网星史克威尔艾尼克斯网络科技(北京)有限公司转到了 SE(史克威尔艾尼克斯)中国旗下。自此大宇和 SE 正式分手,而游戏内容也在平稳推进,只是游戏玩家数量呈现出断崖式的下跌。到 2007 年 7 月 17 日《魔力宝贝》6.0 版《和谐之曙光》上线时,游戏的月活跃玩家已经只剩几十万人。

《魔力宝贝》在中国的没落过程中有件事非常值得注意,就是在 4.0 版本以后,网星史克威尔艾尼克斯独立运营阶段,游戏的服务器质量一直有问题,游戏延迟极大。有统计显示,这个过程中至少有过半的玩家直接选择了放弃,而这种低级失误出现的原因至今没人讲得清楚。因为服务器问题损失大量核心玩家,也算是中国网络游戏史上"独树一帜"的事件。事实上,即便到今天,网络服务堪忧也是日系网游最大的命门,因为日本互联网行业普遍发展缓慢，所以网络游戏行业也招不到足够数量的优秀工程师。更重要的是日本的"终身雇佣制"[①]严重影响了员工的流动，造成大部分公司的技术自成一套，并且发展缓慢，对于技术更新换代极快的互联网行业来说，这是致命的硬伤。到了2018年，日本互联网行业的技术选择至少比中国落后3年以上，而中国和美国之间并没有多大差距，甚至很多方面更先进。

史克威尔艾尼克斯的齐藤在《魔力宝贝》十周年时说过："就《魔力宝贝》而言，在当时的日本，网游并不是主流，引入中国也仅仅是希望中国的玩家能体验到这款游戏的乐趣。说实话，当时确实没有想到能得到这么多玩家的喜爱。说出来可能大家不相信，在日本基本没什么人找我要签名的。在中国，有很多玩家找我要过签名，这在我心里留下了非常深的印象。"

在《魔力宝贝》和《石器时代》之后，日系厂商的游戏在中国几乎再没有成功的案例。

2004年，上海天游宣布拿下了世嘉的《莎木》网络版开发权，但没多久，世嘉不满联合开发方JC Entertainment的工作，就宣布终止合作，交由铃木裕亲自监督。2006年，这款游戏在ChinaJoy提供过一个试玩版本，但自此之后再也没了消息。

2006年，世嘉在中国推广自己的休闲游戏平台，但数据惨淡。2007年5月31日，世嘉中国解散了网游部门。

2006年2月28日，《信长之野望Online》由盛宣鸣引进，但游戏数据惨淡，同时在线玩家甚至不到1000人。

2006年3月15日，史克威尔艾尼克斯在中国推出了网游《树世界》，但仅仅5个月后就选择了停服。

[①] 终身雇佣制是指从各类学校毕业的求职者，经企业正式录用直到退休始终在同一企业供职，除非是因为劳动者自身的责任，否则企业主都会避免解雇员工的雇佣制度。但其实终身雇佣制并不是一个纯粹法律层面的规定，更多是由企业自身要求和社会文化组成的。终身雇佣制最显著的问题是相比有工作经验的，日本企业更喜欢招收应届毕业生，按照自己的企业文化从头培养，结果导致有工作经验的人反而不一定好找工作。当然，随着近些年日本经济状况越来越糟糕，采用终身雇佣制的企业也越来越少。

2006年9月28日,《机动战士敢达在线》由号称一直代理单机游戏的"国家队"中视网元代理上线,2007年6月15日因合同到期停止运营,有网友评论这款游戏"体验非常差"。

2006年11月16日,《大航海时代Online》由盛宣鸣引进,之后因为盛宣鸣管理层突然失踪,这款游戏和《信长之野望Online》全都没了下文。

2007年初,史克威尔艾尼克斯宣布在中国推出《魔力宝贝2》,但随着10月31日史克威尔艾尼克斯中国部门宣布解散,这款游戏的命运变得扑朔迷离。2008年2月1日,久游网正式引进了《魔力宝贝2》,但游戏口碑惨不忍睹,4年后这款游戏几乎在所有市场一同下线。

2007年4月23日,史克威尔艾尼克斯中国还推出了一款《幻想大陆》,只是游戏性平庸,玩家很少。

2007年10月,久游网从万代手上拿到了《SD敢达Online》代理权,数据还是一塌糊涂。

2007年底,上海天希网络宣布获得了光荣《真·三国无双Online》的代理权,但是游戏近乎单机,并且硬伤较多,骂声一片。

之后还有一些日系游戏厂商曾经试水中国市场,但结果都草草收场。在进入手机游戏时代后,日系游戏曾经有过反扑的趋势,但也没有形成规模。

日系网络游戏衰落有4个原因:一是日系游戏厂商长期以来不重视非主机市场,包括PC游戏;二是日本互联网产业整体水平不高,相关开发人员水平堪忧;三是日本游戏公司由大量"老人"把守,使得网络游戏这种新鲜事物很难在公司内部被广泛认同;四是日本游戏在中国"水土不服"。比如《魔力宝贝》和《石器时代》,都有着强烈的日系厂商风格,最鲜明的特色是强化游戏的故事线和世界观。相比之下,韩国网络游戏更强调游戏的爽快感,比如突出PK的快感,尤其像《传奇》这类早期在中国成功的更是如此。日本虽然是个游戏强国,但本身开发游戏的思路并不适合中国市场,当然,也可能不适合其他国家的网络游戏玩家。

（三）《仙境传说》

2003年1月1日，《仙境传说》开始在国内测试。游戏改编自韩国漫画家李命进的同名漫画，英文名 RO 是 Ragnarok Online 的简写，Ragnarok 指北欧神话里的"诸神黄昏"，是神族和巨人族间最后的战争。这场战争双方两败俱伤，世界毁灭，世界之树燃烧，九重世界动荡，是北欧神话新世界的开始。游戏年代设定于诸神黄昏后，故以 A.W.（After War）纪年，大量使用了北欧神话的元素，这种欧式背景的卡通风格吸引了一大批日系游戏的爱好者，毕竟这曾经是日系游戏的标志性风格。

2003年5月20日，《仙境传说》国服开始收费，先推出了时间计费点卡，之后又加入了包月卡。因为价格太高，被相当多的玩家抨击"黑心"，但游戏质量极其出色，所以也没太影响到游戏的发展。到了6月18日，游戏的同时在线人数已经达到16万人。

对于《仙境传说》的早期玩家来说，吸引他们进入这款游戏的除了可爱的画风以外，更重要的是游戏巧妙地结合了 2D 和 3D 效果。这种结合让游戏所需的配置远远低于纯粹的 3D 游戏，这让大量玩家有机会尝试这款游戏，而不是直接在配置需求上就将大部分玩家挡在门外。《仙境传说》与其他卡通风网络游戏最大的区别是选择了在当时接受度相对更高的 ARPG 模式，使得游戏的节奏明快很多。

2003年7月10日，《仙境传说》国服上线了"宠物情人"版本，追随当时的主流风向加入了宠物系统。有媒体笑称，一款可爱风游戏只要宠物系统做得好，那游戏就成功了一半，这是未来游戏行业屡试不爽的一件事。2003年9月10日，游戏开放了"爱情竞技场"，其中最重要的是加入了 PVP 系统，让玩家可以直接 PK 其他玩家。以这个版本为转折点，《仙境传说》开始大量加入地域特色鲜明的地图，比如中国风的"昆仑"和"洛阳"、泰国风的"哎哟泰雅"……这些各具特色的内容留住了一大批核心玩家。

《仙境传说》最重要的一次更新来自 2003 年 11 月 6 日的"梦幻之岛"，这个版本开放了一个全新的专职职业群，渐渐地游戏的总职业数量累计接近 50 种，除了剑士、魔法师这些常见职业以外，还有机械工匠和基因学者等高级职业。这个复杂的职业体系让《仙境传说》成了网络游戏史上最大的异类，更让人佩服的是，在增加职业的同时游戏的可玩性并没有降低，每个职业在游戏内都有自己存在的价值。这个版本推出一周后，游戏的同时在线人数就突破了 50 万人，一举成为中国游戏市场排名前几的网络游戏。之后几年，《仙境传说》一直在更新，质量不错，游戏玩家数也相对稳定。

2005 年 5 月，《仙境传说》在中国的运营权交给了盛大。之后因为私服和外挂泛滥，该游戏的玩家数出现断崖式下跌。人们对外挂无可奈何，甚至出现了可以不用客户端就能帮你挂机的可笑现象。此外，很多私服因为了解游戏本身，所以弥补了大量游戏的设计缺陷，反而更被玩家喜爱，让人哭笑不得。

2006 年 6 月，《仙境传说 2》曾经有过一段测试，但由于种种原因被迫回炉重做，直到 2012 年才开始公测，口碑也是惨不忍睹。

2011 年 11 月 1 日，盛大网络发布了《仙境传说》的停运公告。

《仙境传说》最火的那段日子，几乎横扫了整个亚洲市场：在韩国市场仅次于《天堂 2》，稳居第二；在日本市场则和《最终幻想 11》分庭抗礼；在中国台湾地区是名副其实的王者。从这个角度说，《仙境传说》是第一款真正意义上在亚洲几个主要的游戏市场都获得成功的网络游戏。

之后《仙境传说》系列尝试过很多其他类型的开发，但都没能再贡献出特别亮眼的作品。不过，《仙境传说》对中国游戏玩家的影响显而易见，有《仙境传说》的玩家说："现在偶尔还会找个 RO 的私服登上去看看，回忆一下我的校园时光。"

五、中国原创网络游戏的起步

（一）网易的诞生

当我们用着 200MB 的宽带上网时，可能很难想象 20 年前的人是怎么使用互联网的。20 世纪 90 年代初，一般网民浏览 BBS 的方法是，用户登录到 BBS 后下载所有的新帖，然后断开服务器慢慢看，如果想要回帖，也需要在本地编辑好，连上 BBS 发了帖子后再断开。之所以需要这样做，除了宽带价格高以外，还有个重要的原因是当时所谓的服务器相当一部分都是家用计算机，使用的是电话线，一次只能一个人使用。其中最早的网络服务协议叫 CFido[①]，也叫中国惠多网，当时一批 BBS 都属于 CFido 协议下。广州有一个叫作"新月"的 CFido 站，是当时最火的站点之一。有一天，几名网友建议另外一名宁波的网友来广州看看，因为这里思想更开放，机会更多。这些话让在宁波的网友产生了一个念头，而念头这个东西来得容易去得难——他想去广州。

这名网友叫丁磊。1995 年，丁磊跟宁波电信局的领导说要辞职，领导表示，从来没有大学生辞职，拒绝了丁磊的辞职要求。后来丁磊干脆"一不做，二不休"直接走了。临走前他跟领导说："我明天不来了。"之后，宁波电信局发了一份文件，丁磊因旷工两周被除名。

到广州的丁磊漂泊了两年，在 1997 年 5 月正式注册了网易公司。但要做什么，丁磊其实还没有完全拿定主意，当时只是想到大洋彼岸的 Hotmail 做得如火如荼，自己也可以做个类似的，但做完以后发现，根本没钱运营，于是跑了很多家公司想卖掉这个邮件系统，但没人搭理他。终于，到了年底，广州电信有了兴趣，网易便卖掉了这套系统，还送了一个 163.net 的域

---

① CFido 网络是美国人 Tom Jenning 于 1984 年创建的一种网络协议，在 TCP/IP 协议大规模使用前，主要应用在 BBS 等服务上。中国最早的 CFido 站点是 1991 年在北京定居的台湾人罗依创建的"长城"。

名。日后丁磊回忆道:"这一送,我也知道里面的价值含量有多少。销售第一套软件的时候,我们几乎没有赚钱,但是公司有了发展的资本。当时对方购买 163.net 的时候,连硬件只用了 100 多万,而其中的硬件和数据库系统占了 75%,我们除去税后,利润很少。"

1998 年 2 月 16 日,国内第一个全中文的免费邮件系统 163.net 上线,火爆程度超出所有人的预期,半年以后注册用户突破了 30 万人,那些曾经对丁磊冷眼相待的人也主动找上了门。丁磊的第二套系统卖给了首都在线,10 万美元,之后包括金陵在线、国中网等都陆续使用了网易的系统。1998 年 9 月,网易把自己的主页改成了门户网站。到 1998 年底,网易的收入超过 400 万元,成为当时中国利润最高的民营互联网公司之一。但同时网易又是那一批中国互联网公司里较"土"的一个,和有国外资本支持的搜狐与新浪不同,网易什么都没有,甚至公司里连股份的概念都没有。关于这一点,丁磊解释过原因:"1998 年网易还没来北京,还没想到 Internet 会有这么高的价值。一开始和我一起干的人并不能看到前景,他们更看重手中的工资。网易的全部投资是我的 50 万元,靠不断地编软件、卖软件赚钱养这个公司,这种情况不可能有股份的事情啊。一个才十几个人的公司,怎么可能有股份的事情?他们和我一起开发软件,我付工资而已。"那时丁磊就是公司唯一的股东,日后在丁磊融资的时候,有人问过他"你的竞争力是什么",丁磊说"我公司就我一个股东"。

1999 年 1 月,中国互联网络信息中心公布了新的中国互联网企业排名,第一名为网易,得票 6029 票,第三名和第四名是网易的邮箱系统 163.net 和 263.net,分别为 5019 票和 4883 票,同为门户网站的新浪当时只有 1469 票。

两个月后,丁磊在北京长城饭店宣布北上。丁磊选择北上就两个原因:一是离媒体更近;二是离钱更近。这之后丁磊的重心放在了融资上,但融资的结果非常糟糕,只拿到了 100 万美元的投资,是其他两家的零头,更可怕的是其本质上还是一笔贷款合同,只有网易落实了之后的融资,这笔钱才能转化为投资，否则丁磊还要想办法还这100万美元。事实上，当时网易的流量和另外两家相当，邮箱业务更是中国老大，现金流和利润也不比其他家差，之所以没人愿意投资，原因就是丁磊的团队没有光鲜亮丽的背景，只有丁磊这一个"土鳖"。时至今日我们知道，那些背景光鲜亮丽的人在中国创业的成功率并不比"土鳖"高。

1999年7月，中国互联网络信息中心又一次公布了排名，网易跌到了第五，当时普遍认为是丁磊在融资上投入的心思已经超过了网站本身。

1999年底，网易终于拿到了一笔像模像样的投资，上千万美元，占股10%。这时丁磊依然在严格把控公司的股份。对于这一点，丁磊自己解释道："我认为如果互联网公司个个都有来自海外的风险投资，那么这个新兴行业很可能就会全部掌握在外国人的手里。"

2000年2月4日，搜狐向纳斯达克提交了一份招股说明书，引起了不小的轰动。当时大家都有一个疑问，类似搜狐这种"信息服务公司"，能不能在海外上市？怎么在海外上市？我国在1993年就明确了外国企业，包括在中国的外资企业和个人，不得经营通信运营业。1995年对外贸易经济合作部的投资目录里也明确了电信业属于外资禁止投资行业。这时，不只是搜狐，包括新浪和网易都在研究怎么合理地在海外上市。

2000年2月25日晚，搜狐耗资400万元，请了不少演艺明星，在首都体育馆办了一场免费演出，而前一年搜狐的年收入不过161.7万美元。这被张朝阳称为"眼球经济理论"，只要吸引到人就行。这时已经有人意识到事情不对了，事实上，这一年宣传预算超过5000万元的互联网公司已经超过15家，而这一年收入超过5000万元的公司屈指可数。

2000年3月3日，由田溯宁创建的亚信在纳斯达克上市，股价首日上涨287.5%，达到93美元，盘中曾经一度超过111美元。但亚信本质上是一家美国公司，虽然主要业务是帮助中国建设商用骨干网，但一直是美方在出钱，所以它的上市有积极意义，却缺少可借鉴性。前后脚上市的还有UT斯达康和在香港二板上市的"裕兴电脑"。

2000年3月9日,纳斯达克综合指数较前日攀升了3.1%,历史上第一次突破了5000点,以5046.86点报收。一周后,纳斯达克综合指数跌破了4500点,为4483点。4月12日,纳斯达克综合指数跌破4000点,以3769.61点收盘。一天后,新浪在纳斯达克挂牌。又一天,纳斯达克综合指数狂跌超400点,收于3319.33点,被称为纳斯达克的"黑色星期五"。这时《商业周刊》的编辑曼德尔说道:"如果老式经济是一辆汽车,新经济就是一架飞机。在汽车里如果发生了不可预测的事情,正确的反应就是刹车。但是像飞机需要一定的空速才能飞行一样,新经济也需要较快的增长才能够使创新活动中的高风险投资产生价值。"意思就是互联网创新必须保持增长,如果有一脚刹车,那就是整个行业的坠机。

2000年3月28日,丁磊邀请媒体到网易北京的新办公地嘉里中心,媒体到了以后丁磊并不在,由公司员工先招待了记者们吃饭,一直到晚上9点吃完饭丁磊还是没有出现,这期间公司员工一直在给丁磊打电话,结论都是"再等一会儿"。终于到了10点多,丁磊现身了。他对外就说了一件事,自己已辞去公司CEO的职位,改任CTO,原因是"做CEO非我所长",新CEO为毕业于宾夕法尼亚大学、曾经在雷曼兄弟担任副总裁的黎景辉。但大家心里都明白,这是网易为了去美国上市铺路,毕竟丁磊这个"土鳖"的符号不利于在美国推广网易。第二天,网易在北京长城饭店又组织了一次更加正式的媒体见面会,现场关于管理层任免以及对上市的种种质疑接踵而至,甚至有媒体人回忆现场言辞激烈,场面一度紧张到近乎失控。在这次见面会上,有记者问黎景辉:"技术开拓市场,但市场决定技术,当技术与市场发生冲突时,谁决定谁?"中文不好的黎景辉听完翻译后,已经明白这个问题是在问谁才是网易的一把手,他直接指向了丁磊。

见面会结束后这些媒体才知道,原来就在同一时间,网易已经提交了上市申请。

2000年4月12日，谢霆锋的一则"4月18日，谁让我心动？"的广告牌出现在北上广三地的街头，除了广告词和谢霆锋外，什么内容都没有，大家都没看懂这到底要干什么，大部分人还以为谢霆锋要在4月18日这一天开一场演唱会，而演唱会的具体信息无人知晓。而且因为谢霆锋实在太受欢迎，广州甚至丢了20多个广告牌。到了4月18日这一天，原先的那些广告都变成了"真情互动 FM365.com"，FM365是联想的门户网站。从此，网易除了新浪和搜狐外又多了一个竞争对手，当然，这个竞争对手实力之差也是出人意料。

2000年4月13日，新浪首先拿到了"绿卡"，率先上市，股票从开始的17美元涨至20.8美元报收。

2000年5月28日，丁磊给全国网民发了一封信，内容为：

> 这些天来，很多网友致信或电子邮件，询问网易成立快三周年了，又值中国互联网络信息中心（CNNIC）将举行第六次全国互联网发展情况统计调查，网易将会举行什么活动……三年过去了，网易已成长为中国最大、最受网友欢迎的互联网站，CNNIC也已成为中国最权威的官方互联网调查评估网站。今天，网易将再一次联手CNNIC进行调查……在这个关键时刻，我想告诉大家，我们不会大张旗鼓地搞庆祝活动，我们的"活动"始终只有一个……欢迎大家来参加CNNIC的联合调查，同时不忘投我们网易一票。

一天后，这封信又重发了一遍，因为"网易将再一次联手CNNIC进行调查"这句话不是很准确，改为"网易将再一次配合CNNIC进行调查"。

那时，网站的选择渠道和入口都很少，CNNIC的排名很大程度上是网站推广自己的最好选择，并且因为对网站的评价标准不一，CNNIC的排名甚至是风险投资筛选一家公司值不值得投资的标准。在网易发出这封信以后，我国出现了最早的刷榜事件，一部分互联网公司雇用大学生刷投票，还有一部分干脆找到 CNNIC 投票系统的漏洞写程序刷。

这一年，中国的网站总数达到 27 289 个，网民数达到 1690 万人。

2000 年 6 月 30 日，网易在美国纳斯达克上市，用了和新浪一样的方法。广州网易是全中资公司，运营网易中国网站，由丁磊和丁波兄弟持股 80% 和 20%，而上市的是技术服务公司和广告代理公司。

上市当天公司股价从 15.5 美元下跌到 12.125 美元，下跌 21.77%，被媒体戏称为"流血上市"，甚至还被调侃"岂止是流血，简直是大出血"。当时市场对网易的质疑和那个阶段对中国所有互联网公司的质疑是一模一样的：你怎么赚钱？这个怎么赚钱的问题，牵扯出日后网易更大的问题。

2001 年 1 月，很多人已经看出市场不妙，这时新浪的王志东说道："现在并非每个人都能看到产业的发展，很多人在迎合泡沫，想做个局，编造个故事，然后把它甩给别人，这很危险。70% 的网站年底将死掉。"最后虽然没有死掉 70% 那么夸张，但这一年对整个中国互联网行业来说绝对算得上是寒冬。

丁磊的日子过得也不好，有一次中层员工开会，丁磊突然冒出来一句："大家快去看大猩猩。"这句无厘头的话让大家一头雾水，等到员工走出会议室后明白了，原来 CEO 办公室门口一直站着一位保镖。其实丁磊曾经报警想要赶走这个保安，但是黎景辉认为按照公司条例自己可以有保镖，之后丁磊便不厌其烦地见到人就说："你们见过保镖吗？King（黎景辉）找了一个，我这么有钱都没有，他找了一个，你们快去他房间里看看。"这在一定程度上说明了丁磊和黎景辉的矛盾已经不小。

2001 年 5 月中旬的一天，每位网易员工的办公桌上都放上了一封名为《告网易全体员工书》的公开信，这封信来自时任 CEO 黎景辉。信的主要内容是抱怨丁磊权力过多并且滥用权力，处处掣肘，令他无法正常工作。半个小时后，这封信的所有复本都在丁磊的授意下被回收了。当时公司的人都知道，这两个人必须走一个了。

2001年6月5日，人们又看到了黎景辉的保镖，只不过这次是看到他帮助黎景辉把一个大箱子拖出了嘉里中心。6月12日，网易宣布两项重大决定：一是黎景辉和陈素贞已经分别辞去首席执行官和首席运营官的职位，辞职自当天起生效，网易董事长丁磊将代理首席执行官和首席营运官的职责；二是黎景辉同时辞去网易公司董事的职位。对此，丁磊表示："董事会感谢黎景辉和陈素贞对网易公司所做的努力和贡献，我们希望他们在其他生意上的发展获得成功。"

黎景辉出局的原因有4个：一是黎景辉担任CEO期间曾经付给广告公司盛世长城一大笔费用，但是没获得什么效果，而黎景辉在来网易前就是盛世长城中国区的CEO，这让人浮想联翩；二是黎景辉的中文相当糟糕，和员工沟通主要依赖翻译，这使得他本人和员工的沟通不多，而丁磊作为大部分员工心目中公司的精神支柱，有不少员工仍会给丁磊汇报工作，丁磊也会在重大决策上指指点点，这让黎景辉有所不悦；三是香港九龙仓下面的有线宽频通信等公司对收购网易有明确的兴趣，在这件事上丁磊和黎景辉矛盾极大，当时丁磊其实是想卖掉网易的，但因为黎景辉而告吹；四是黎景辉在任时网易发生了一件非常严重的事——财报造假。

财报造假并不完全是黎景辉的责任，网易在上市前，就从贝尔斯登挖来了何海文担任CFO，何海文又带来了自己的老公关国光担任企业发展总监。在网易内部，很长时间里都存在何海文和黎景辉两个派系，但在事发时，何海文已经被丁磊先行清理，责任自然就要落到黎景辉身上。

2001年9月3日，丁磊接到了纳斯达克的通知，被要求立刻停止网易股票在纳斯达克的交易，同时需要如实填写一份关于网易假账问题的问卷。两天后，在北京朝阳公园西门山水之间酒吧，丁磊感叹："如果在中国能够上市，我绝对不会跑到纳斯达克去。"一年前，丁磊在北京另一个酒吧说过相反的一句话："正因为有了纳斯达克，中国企业才能够在一开始就和国际资本市场接轨。"这次造假事件源自 2001 年 5 月，网易对外宣布要推迟发布财报，因为发现上一个季度的财报"有问题"。最终在 2001 年 8 月 31 日，网易发布公告，对外承认共虚报了 420 多万美元的业绩，等于网易在 2000 年的一半业绩都是虚报的。这一年，海外投资者基本认定中国互联网就是一个大泡沫：王峻涛离开了 8848；第一家在纳斯达克上市的中国互联网股票中华网被股东集体诉讼；新浪更惨，股价从上市时的 17 美元跌到了 1 美元，王志东辞职。

孙德棣到网易更像是一个救火队员，曾经在贝尔斯登做常务董事的他于 2001 年 9 月到任，职位是代理 CEO。孙德棣一方面要收拾黎景辉留下的摊子，另一方面也要继续给美国投资者讲网易有美国团队的故事。孙德棣在此期间一直在华尔街游说，最终成功让网易复牌。这一次丁磊也留了一个心眼，孙德棣的职位自始至终都是代理 CEO，一直没有转正。2005 年 9 月 20 日，孙德棣因病辞世，享年 38 岁。虽然孙德棣后期多少也被牵扯进公司的派系斗争中，但整体上外界对其评价极高：一是通过自己游说帮助网易成功复牌；二是自己担任代理 CEO 期间发掘了短信和游戏两大业务，让公司得以快速发展；三是在任期间公司没有出现过任何严重的经营问题。

孙德棣病逝后，丁磊就再也没有进行过放权，网易也迎来了真正的高光时代——网络游戏时代。

（二）中国原创网络游戏的常青树

作为中国最大的门户网站之一，网易一直紧盯着网络游戏这块最大的"蛋糕"，最终在 2001 年这个算是自公司创建以来最困难的年份进入了网络游戏市场。其他门户网站也不甘寂寞，新浪联合 NCSoft 引进了在韩国本土火爆的《天堂》，搜狐引进了 Wizgate 的《骑士》。当时没人会想到把更多精力放在原创游戏上的网易会是最后的胜者。一直到 2004 年，依然有大量主流媒体认为网易应该花更多精力引进韩国游戏，并且称赞盛大引进韩国游戏的做法，认为盛大是一家"成熟的、商业化的公司"，而网易开发原创游戏的做法是"意气用事"，甚至"刚愎自用"，网易现有游戏的成功是"不可复制的偶然"。然而，十几年后胜负一目了然，坚持原创的网易虽然没有成为国内游戏业的老大，但远胜于早已掉出第一阵营的盛大。

网易是一家很早就动过网络游戏念头的公司，丁磊说过："当时很多人在玩文字 MUD。2000 年，刚好我们公司 IPO，作为一个工程师，我就和 EA 公司联系，看看有没有可能同他们在图形 MUD 方面有所合作。他们拒绝了我。"

对于网易游戏，故事要从另外一家公司说起。1991 年，热爱游戏的吴锡桑（吴渔夫、Fishman）考上了暨南大学计算机科学系，三年后其开发的《南粤多媒体开发平台》获得了广东省高校杯软件比赛的第一名。又过一年，离开校园的吴锡桑创办了广州飞鹰电脑公司，主要产品为《飞鹰多媒体创作工具》，但因为和公司资方有矛盾，1998 年他离开了公司，远赴美国读书。

1999 年，看好网络游戏市场的吴锡桑联系到了身在加拿大的好友梁宇翀，开始了《天下》的开发，最早的开发方向是图形 MUD，也是国内最早的图形 MUD。2000 年 1 月，加上好友陈仲文，三人一起组建了广州天夏科技有限公司，决定开始公司化运作。

2001 年 3 月，自身无力支撑公司运作的天夏科技决定卖身于网易，这批人进入网易后立刻投入到了另外一款游戏的制作中——《大话西游》。①

《大话西游》在很大程度上借鉴了当时最火的《石器时代》，同样是回合制，同样是 Q 版风格，但整体质感要好不少。

游戏上市前，网易在广州天河电脑城做了一场类似发布会的活动，参与过这场活动的人认为那是一出彻头彻尾的闹剧。《大话西游》为了防止名字有侵权问题，干脆直接请来周星驰做代言。周星驰也如约出席了这次活动，

---

① 对游戏《大话西游》的故事有兴趣的读者可以看一下云风老师在博客上连载的《那些日子》，看看亲历者是怎么讲述那段故事的。

因为星爷的到来，场下的观众基本都是他的粉丝，几乎没人是冲游戏去的。活动开始时，有个牙膏厂的老板作为赞助商上台，但是立刻被场下的观众起哄轰了下去，观众就想看星爷。更悲剧的是，活动进行到一半就被强行叫停。《大话西游》就是在这样的发布会后上线了，之前甚至都没有公测。

《大话西游》上线那段时间是网易最困难的时候，财报被质疑造假，公司在纳斯达克被停牌，雪上加霜的是，《大话西游》上线后的数据也非常不好。这是因为网易对游戏开发没什么经验，游戏本身也有非常多的问题，比如《大话游戏》一开始嵌入了一个 IE 浏览器，本来是为了省事，结果却让游戏客户端频繁崩溃，并且类似的问题从来没停止过。

这时丁磊面对的压力可想而知。困局之下，丁磊做了两手准备：一方面继续开发《大话西游 2》，对团队的要求是一定要稳定；另一方面去韩国看看有什么合作的机会。

从韩国回来的丁磊带回来 3 款游戏，分别是《仙境传说》《奇迹》和《精灵》。丁磊很不幸做了最错误的选择，放弃了两款后来在中国市场大红大紫的游戏《仙境传说》和《奇迹》，只选择了《精灵》。而《精灵》也成为中国游戏史上非常"有趣"的一款游戏，因为它拿外挂实在没办法，玩家甚至发现因为数据存储问题，用一些单机游戏的修改器就能修改部分游戏信息。当然，《精灵》虽然没有取得很好的成绩，但也绝不是一无是处，《精灵》帮助网易做活了网易一卡通，成功把网易的点卡渠道铺开，为之后《大话西游 2》的收费做了最好的准备。在 2006 年 6 月的"第二届游戏产业年会"上，丁磊曾经提及《精灵》对网易加大原创游戏投入的影响："网易曾经代理过一款韩国游戏，但是在拿到 100% 的源代码之后，发现该游戏品质很差，因此对游戏进行了淡化处理，没有做任何宣传。"[①]

---

① 引自龙兵华的文章《雷军欲成就网游国际化，丁磊继续专注国内》（搜狐网）。

图 3-11　周星驰在北京出席大型网络游戏《大话西游 2》发布会
图片来源：cnsphoto；拍摄者：陆欣

2002年6月,《大话西游2》公测。起初数据并不好,丁磊就开始逐张翻手头上的名片,看谁懂营销就问他们有什么建议,其中最重要的建议来自步步高的段永平。段永平给丁磊说了两点:一是定价要高于市场上其他游戏的价格,别人3毛一小时,你就4毛一小时,对于真玩你游戏的人他们不在乎这1毛,但对于你来说,就等于涨了33%的收入;二是不做短期利益的事情,不做包月,让玩家在玩游戏的过程中保持理性,这样游戏的生命周期就会加长。这两条建议实实在在地帮助了《大话西游2》,游戏数据一飞冲天。这期间其实段永平还给过丁磊更重要的建议,当时丁磊打算卖掉网易再做一家公司,但段永平跟他说:"你现在不就在做一家公司,为什么不做好呢?"

2002年8月15日,《大话西游2》正式运营。2002年11月15日,《再世情缘》资料片推出,游戏中加入了洛阳城、转生和宝宝这三个《大话西游2》中的重要元素。

到了2003年,随着《大话西游2》的火爆,网易的股价也一飞冲天,达70美元,而丁磊也成了中国首富。丁磊在接受采访时表示:"现在为网易股价上扬而找出许多理由,给我排什么中国第几富第几富,将来有一天网易股价掉下来,又找出一堆理由,又说我从第几富掉到第几富。这不无聊吗?"

2005～2006年,网易陆续推出了《月光宝盒》《大闹天宫》《两小无猜》三部资料片,毁誉参半。

2006年末,坊间传出了网易要求《大话西游2》集体转档《大话西游3》的消息,制作方认为"既是一次传承,又是一次升华"。之所以要转档,最大的原因是在开发《大话西游2》时技术不健全,扩展性越来越差,其中主要体现在游戏的数值设计上。因为早期考虑不够全面,造成游戏内的数值系统出现了很多自相矛盾的地方,可能很多玩家不觉得,但开发团队已经发现了大量数值错误的地方,而要修改这些数值便近乎要推倒重做。权衡再三后,网易决定干脆做一款新游戏直接替代。网易方面还提供了详细的"移民"方案。

这让老玩家十分失落，他们激烈地反抗网易的这一决定。最终，这些反抗是有用的，网易不仅没有放弃《大话西游2》，反而还增加了投入。在之后的运营过程中，该游戏的开发团队还一步步修正了游戏的数值问题。

图3-12 《大话西游2》

到了2012年8月19日，《大话西游2》已经运营了10年，其同时在线人数突破126万人，而《大话西游3》一直"半死不活"。

对于《大话西游2》的成功，全程参与了游戏开发的技术总负责人云风做过如下总结。

第一，有完整的美术资源。这些从第一版遗留下来，不需改动就可以使用。这避免了美术方面的工作拖累程序的开发进度。

第二，程序底层稳定，关键模块都已经完成，并通过了前一版的公众检验。少数底层的bug，经过大量的用户被动测试，都找了出来。我们在编写上层代码的时候非常放心，几乎不会出现bug位置难以判定的情况。

第三，事先有技术上的合理规划，有了充分的准备才开始动手。而且期望值不高，有明确的目标：复制原有的功能。

第四，有更强的技术力量支持。

第五，漫长的测试期，并没有在制作基本完成后匆匆上市。

这几条看似不复杂的经验在日后网易的所有游戏里都得以贯彻,成为网易游戏的品质保证。

对于《大话西游》的火爆,《家用电脑与游戏》的小马评价道:"《大话西游》的流行与被接受,其实是一代游戏人成长起来的标记。当这一代人成为社会'主流'时,游戏或可登堂入室,只愿那时的游戏不会被过度'艺术化'与'职业化'才好。"

以后,网易最重要的产品就是《梦幻西游》了。

2003年11月,《梦幻西游》正式上线。2004年3月14日,同时在线人数突破10万人。

2005年12月25日,同时在线人数突破100万人,成为网易同时在线人数最高的游戏。

2006年7月7日,一场围绕《梦幻西游》的风波发生了。有玩家发现《梦幻西游》建邺城衙门内有幅画非常像日本国旗,便认为这是网易在"七七事变"这一天故意换上来讨好日本人,而在7月4日网易还封停了一个名称为"干死小日本"的账号,一系列事件让很多网友浮想联翩。当时有一条在QQ群广为传播的消息:"网易老板丁磊在7月7日把(《梦幻西游》)游戏的经营权卖给了日本人,而日本人在买下游戏的半小时之后就在游戏的衙门里面插上了日本的太阳旗,日本人在这一天买下这个游戏明显是有政治阴谋的。(他们)在1937年7月7日攻打中国没有取得成功,现在却在2006年7月7日把日本的太阳旗插在了中国游戏的衙门里面,是何居心大家可想而知。在这里说这么多就是告诉那些玩《梦幻》的人们不要再玩《梦幻》了,你们买一张梦幻点卡就是在帮助日本人积攒资金买弹药武器打中国,希望现在在玩《梦幻》的朋友和知道别人在玩的人,大家以后见了都要竭力劝阻。希望看到的朋友把这条消息发给自己QQ的每一个群里,让我们大家一起来抗日。"

第三章 白银时代——网络游戏 377

图 3-13 《梦幻西游》中的"海水朝日图"

很快，在 7 月 12 日网易就发布了一份官方说明，文中写道：

传言所指的所谓"日本国旗"，其实是中国古代官府中常见的"海水朝日图"，在民间也称其为"日出东方图"。它作为中国古代的公堂背景，象征着官员"清如海水，明似朝日"的风骨，通过互联网上的很多权威资料都可以证实。"海水朝日图"这意蕴深刻的设定，代表着我们对于中国文化的坚持和严谨求实的态度，这种坚持体现在游戏中的一梁一柱、一草一木之间。而认为建邺衙门的石狮略有猪态，则是我们的美术设计师为了让游戏中有多种不同的造型，也为了让游戏画面更Q、更可爱、更符合我们游戏整体风格所做的努力。至于说这些图案是"七七"当天更换则过于荒诞，这些图片早在 2003 年我们游戏内测时就已经出现了，从未更换。一些人以讹传讹，用根本就不存在的事情来推断网易媚日，实在是没有依据。

网易的答复有理有据，但风波并没有就此平息，反而愈演愈烈，网友普遍表示这个解释不能接受，认为太"苍白无力"。11月网易公布第三季度财报，其中在线游戏收入4.68亿元，比上个季度下降3.7%，丁磊在解释财报时明确表示下降的原因和"太阳旗事件"直接相关。

彼时的网易，除了要处理《梦幻西游》的一系列风波外，还面临着一个更大的挑战。当时其他的游戏公司几乎都是网易的竞争对手，而这些对手们普遍都采用免费游戏的模式，即"免费时间，道具收费"。丁磊一直反对这种模式，于是坚持按时间收费的《梦幻西游》成了当时市场上的另类存在，和《魔兽世界》一起牢牢地占据着这块市场。那时有一款和《梦幻西游》十分相像的免费游戏《问道》，成功分流了很多不接受时间收费的《梦幻西游》玩家，其运营方着实体验了一回闷声发大财的感觉。

2006年12月22日，网易在广州组织了一场"《梦幻西游》玩家代表大会"，被玩家调侃为"梦幻一大"，包括丁磊在内的游戏主创悉数到场，倾听玩家们的意见。这是网易的典型运营案例，网易非常乐于在游戏运营过程中收集玩家对于游戏的看法，然后对游戏做各种微调，这也是其赢得众多玩家青睐的原因之一。

2008年4月27日，《梦幻西游》同时在线人数突破200万人，成为全世界有史以来同时在线人数最多的MMORPG，这个数字之后又被网易自己的游戏刷新了好几次。

2008年6月，网易推出了《天下2》，这是网易的第一款免费网游。丁磊也反思了自己当年反对免费网游的错误观念："网易曾在游戏设计上走过极端路线。"2012年，《梦幻西游》同时在线人数突破271万人。2013年，网易重制部分《梦幻西游》的内容后改名《梦幻西游2》，之后又因为移动版的推出，改成了《梦幻西游电脑版》，但一直是同一款游戏。直到2017年，《梦幻西游》上线14年以后，依然是全世界收入前十的网络游戏之一。如果说《传奇》是游戏史上最大的"传奇"，那《梦幻西游》也绝对可以称得上是游戏史上最大的"梦幻"了。

图 3-14　网易公司在游戏展上推介《梦幻西游 Online》
图片来源：cnsphoto；拍摄者：杨明静

进入手游时代，网易还制作了《阴阳师》《荒野行动》等非常优秀的原创手游，和腾讯一起成为中国游戏市场真正意义上的领军公司。

六、改变中国网络游戏市场格局的海外游戏:《魔兽世界》

（一）《魔兽世界》的第一家代理：第九城市

和那个年代的大部分游戏公司相似，第九城市最早的主要业务也是虚拟社区，开始叫 GameNow，后改名"第九城市"（The 9 City），但和当时所有做类似社区产品的公司一样，运作十分不顺利，即便有用户也不赚钱。这种游戏社区模式现在来看其实非常糟糕，一方面对网络消耗非常大，成本很高；另一方面当时根本没有支付渠道，所有收入都依赖广告，但微薄的广告收入不可能覆盖成本。

2000年，第九城市获得来自晨星创投410万美元的投资，但投资进来了，公司并没有走上巅峰，反而深陷泥沼。2001年九城亏损1600万元人民币，到2002年亏损达到了2630万元人民币。直到2002年代理了 MU 才让九城从这个无底洞里彻底挣脱出来。

Webzen 是一家比九城还要晚成立的韩国游戏公司，2000年4月正式注册，一开始只有十几名员工。和大部分韩国网络游戏公司一样，Webzen 最早的模仿对象也是暴雪的《暗黑破坏神》，只不过 Webzen 直接把游戏做成了3D 效果，游戏所呈现的炫目的视觉效果在当时独树一帜，让游戏脱颖而出。这款游戏就是 MU。

2002年9月，九城以200万美元的价格获得 MU 的代理权，中文名为《奇迹》。同时，九城与 Webzen 各出资150万美元在香港成立第九城市娱乐公司，负责《奇迹》中文版的运营业务，其中九城占股51%，Webzen 占股49%。这一系列条件争议很大，因为价格高得离谱，以至于曾经和 Webzen 有过接触的网易也嫌贵，没有同意这个条件。日后九城还从 Webzen 引进了 Sun，中文名为《奇迹世界》，并且顺应当时潮流将该游戏的收费模式改为道具收费。

2003年2月5日，《奇迹》正式收费运营，并且获得了意想不到的成功，到年中已经为九城带来了2.7亿元人民币的收入。如果说《奇迹》给九城带来的是奇迹的话，那《魔兽世界》给九城带来的就是一个新世界。

2003年初，《魔兽世界》正在寻找中国代理公司的消息传开了。奥美是第一家进入暴雪视线的公司，因为和暴雪有长期合作，大部分媒体和玩家都认为奥美会理所应当地获得这款游戏的代理权，而奥美的市场部人员也明确表示过："奥美在全力争取，出于多年的合作关系，机会还是比较大的。"但因为《孔雀王》项目的失败，奥美引进游戏变成了不可能完成的任务，一方面《孔雀王》带来的巨额亏损让奥美无力支撑新游戏，另一方面暴雪也不再信任奥美的能力。在奥美失败以后，人们普遍认为《魔兽世界》的代理运营权不是归盛大就是归九城，而盛大也曾在内部明确表达过对《魔兽世界》有极大的兴趣。

　　2003年4月，一家原本在游戏行业没有什么话语权的公司天图科技进入了大家的视野。天图科技称："世界三大著名投资集团不约而同正式投资天图科技，联手打造网络游戏新王国。"这三家投资集团分别是美国的成为创业、蔓聂舵创业和上海联创。一个月后，天图科技对外声称已经获得《魔兽世界》在中国的运营权，并解释道："蔓聂舵创业和维旺迪集团之间可以说早就有合作意向了，真正的谈判应该是从今年初开始的。""奥美运营《孔雀王》的业绩非常不理想，被暴雪排除；盛大因企业形象不良和其对《新传奇》的绝对重视而不能专心经营《魔兽世界》被排除；九城在代理《奇迹》的时候向韩国开发商转让了部分股权，其在实质上已经是一家'中韩合资'的公司，被排除；欢乐数码也因为有韩资背景而被排除。""暴雪明显不想让中国的公司去做整个游戏的代理，而比较倾向于找一个自己信任的合作伙伴来做，同时暴雪希望对游戏有控制权，那么选择有合作伙伴关系的天图正是最好的解决方案了。"但是，天图最终没有拿到游戏的运营权，主要原因是《魔兽世界》的代理费被炒到了上千万美元的天价。

　　在天图之后，盛大也放弃了对《魔兽世界》的竞争。对于放弃的原因，陈天桥解释道："现在的游戏开发商有这么一个毛病，他们都希望一次性地把开发成本收回。未来的分成费，能赚多少赚多少，这样的话就是所有的苦都是运营商一个人扛。由于对方公司非常强势，他要求把服务器按照自己的要求来安排，要求服务器投入非常大。战略上又要求全球同步，不允许中国单独运作。这个事情，就像是你有一条好领带，然后你要买一件新的衬衣，到最后把钱全花光了。我们知道什么时候该刹车，所以我们说'对不起，我们不要了'。况且用户对一款游戏的期望那么高，这不是一件好事情。期望太高一定会有失望的，到时候再挽回玩家的信任，是非常难过的日子。慢热型的游戏才是最好的。"

但是，陈天桥日后承认自己判断失误了，认为盛大犯了一个"战略性错误"。

2004年2月3日，九城的一家子公司C9I和维旺迪环球签订协议，获得《魔兽世界》四年的代理权。在经历一番波折后，九城取得了最终的胜利。

除了《魔兽世界》，九城还尝试布局了其他内容。2004年4月，九城以400万美元获得了目标软件20%的股份，对这家中国老牌游戏公司的投资，被认为是九城想要进军原创游戏最重要的一步，但结果并不成功。

2004年12月15日，九城在美国纳斯达克正式挂牌，比盛大晚了半年，股价首日收盘于21美元，比发行价17美元增长了23.53%。其1.03亿美元的融资额度相比盛大的1.524亿美元低了不少。

图 3-15　为行业奠定诸多标准的《魔兽世界》

2005年,九城的董事长朱骏是游戏行业的超级明星,除了有钱外,让人印象深刻的还有他和陈天桥之间的对比。《魔兽世界》上线后,陈天桥表示:"九城现在的势头让我想起了三年前的盛大,(但)作为竞争者,(九城)还有很长的一段路要走。"而朱骏则表示:"盛大应该想想三年后,想想这三年要干什么,相信三年后盛大想到我们会承认我们是市场中的第一。"

(二)《魔兽世界》代理权易主

拿到《魔兽世界》代理权的九城没有停下扩张事业的脚步,在引进游戏上频频出手,累计花费上亿美元代理《卓越之剑》《激战》《暗黑之门》等游戏,其中《暗黑之门》的代理费高达3500万美元。九城之所以这样做,就是不想让公司的命运绑在《魔兽世界》一款游戏上,同时也忌惮于竞争对手拿到赚钱的游戏争夺市场。

然而,不幸的是,九城既没有新的游戏能够摊薄《魔兽世界》在公司收入中的占比,也没有阻止竞争对手,甚至还让自己丢了《魔兽世界》的代理权。九城不仅没有捡到芝麻,还丢了西瓜。

事实证明,九城那些疯狂的代理投资其实是在自掘坟墓,那两年整个游戏行业的代理费就是九城一家公司给炒起来的。在这种情况下,别的游戏公司会认认真真地算经济账,而算来算去,这些公司发现与其跟九城抢新游戏,不如直接掐住九城的命门更合适。

当时动过这个念头的公司有不少,但行动最快的是盛大和网易,两家都数次接触暴雪,希望能够获得《魔兽世界》的后续代理权。两家公司除了《魔兽世界》外都有同时在线人数在百万以上的游戏,并且都有明显强于九城的渠道和市场能力。更重要的是,在做好《魔兽世界》这件事上,这两家公司表现出来的积极态度也远超九城。但当时有媒体爆料,说九城认为暴雪肯定会把《魔兽世界》的后续代理权给自己,甚至九城内部员工以及高管私下还嘲讽过盛大和网易。但最终是网易拿下了《魔兽世界》的后续代理权。

图 3-16 《魔兽世界》代理权即将易主
图片来源：cnsphoto；拍摄者：吴芒子

《魔兽世界》代理权的易主有 4 个原因：一是网易虽然在收入上和九城是同一量级，但是在对待游戏的态度上要明显认真得多；二是九城引入了 EA 作为公司的股东之一，这让暴雪感到不安；三是上线问题，在这个问题上暴雪对九城十分不满，因为其效率太低；四是经常被忽视的一点，九城总裁陈晓薇认为暴雪的续约条件太苛刻，所以主动选择了放弃。陈晓薇曾经表示："放弃'魔兽'是明智选择。"因为这个表态，日后很多玩家和行业内人士都认为是陈晓薇毁了九城。

九城在丢掉《魔兽世界》当天，市值缩水了三分之一，而拿到《魔兽世界》的网易巩固了自己在中国游戏市场第一阵营的位置。这个时候明眼人都知道，九城的时代结束了。

兴高采烈的除了网易，还有玩家。玩家们终于不用跟九城运营带来的问题做斗争了，比如时不时卡一下的服务器，怎么也找不到的客服，经常5个小时以上的全服维护……

九城的故事结束了，但《魔兽世界》没有。

《魔兽世界》进入中国后遇到的问题和其他网络游戏一样，相比较市场和技术，社会舆论和行业环境上的压力更大。

2006年6月2日，中央电视台的《大家看法》栏目报道了"铜须门"，事件并在最后讲道："不管是我们现在所说的'铜须门'事件，还是在这之前的'虐猫门'事件，已经有越来越多的人意识到：在网络上大肆进行讨伐本身是一个更应该被讨伐的行为。"

对于暴雪这家公司，社会和媒体的态度非常暧昧。比如媒体曾经把"《魔兽世界》视听·交响音乐会"搬上荧幕，而同一时间又在《战网魔》里把《魔兽世界》抨击成"电子海洛因"，甚至认为是"邪魔之音"。

《魔兽世界：燃烧的远征》于2007年1月16日晚在欧洲、北美发行，一天内发行240万套。2007年1月17日该游戏于澳大利亚、新西兰、南非与新加坡发行，一月份总计世界销量达到350万套。2007年2月2日该游戏在韩国发行。2007年4月3日该游戏在中国港澳台地区推出，在中国大陆的发行日期为2007年9月6日。

2007年8月，"暴雪嘉年华"公布了《魔兽世界：巫妖王之怒》的消息。2008年11月13日，《巫妖王之怒》在北美、欧洲地区，以及墨西哥、阿根廷、智利发售。在该游戏发行后的第二天，游戏中就出现了第一个80级玩家；在发行后的第四天，游戏内的所有首领级怪物都被击杀了至少一遍。2008年11月18日，该游戏在韩国发行，中国港澳台地区也在同一天发行该游戏。

2008年12月9日，《魔兽世界》的国服上线了作为《巫妖王之怒》前奏的3.0版本《末日的回响》，国服玩家相信"巫妖王"就在眼前。

2009年4月5日，《魔兽世界》中国的代理权从九城到了网易手里，《巫妖王之怒》依然没有消息。4月17日，网易表示资料片已经翻译完毕，就差审批通过。

《巫妖王之怒》上线延期有两个原因：一是代理权易主，因为九城和网易之间对代理权的争夺造成严重的衔接问题；二是关键的审批问题，老版本因为更换代理公司需要重新审批，包括《魔兽世界：燃烧的远征》也需要重新审批，而《燃烧的远征》过审以后才可以轮到《巫妖王之怒》。

《巫妖王之怒》迟迟无法过审也是当时九城丢掉代理权的原因之一，暴雪对九城在审批过程中的工作十分不满，但严格意义上来说这其中最大的问题源自暴雪本身。在代理运营期间，九城并没有拿到《魔兽世界》的源代码，所以全部修改工作必须由暴雪完成。九城很早就提供了修改意见给暴雪，但暴雪几个月都没有修改，因为暴雪不想为了一个市场单独修改程序。在网易接手后，暴雪终于明白了一意孤行是毫无意义的。

在《魔兽世界》的新版本陷入上线延期的旋涡期间，游戏圈曾发生过一起非常恶劣的事件。2009年6月底，有一条消息传遍了《魔兽世界》玩家的论坛和QQ群，内容是："7月1日下午，三大服务器24个公会将集体冲击网易旗下第一主打游戏《梦幻西游》，只需要浪费你几分钟的时间建立一个小号，停在出生点即可（建ID免费），角色名称前面请加上'WOW'。希望看到此帖的玩家们相互转告！……"

2009年6月29日，5000名《魔兽世界》的玩家同时涌入《梦幻西游》，导致《梦幻西游》的部分服务器瘫痪。这次事件有两个较大的疑点：一是对于百万玩家同时在线的《梦幻西游》来说，5000名用户的影响应该可以忽略不计，所以除了5000名玩家以外，其实还有其他针对《梦幻西游》的攻击；二是绝大多数攻击者根本说不清楚为什么被攻击的对象是《梦幻西游》。也就是说，这很有可能是一次打着《魔兽世界》玩家名义的针对《梦幻西游》的攻击行为，玩家被当枪使了。

2009年在ChinaJoy的高峰论坛上，第一个发言者是丁磊。丁磊提到，中国网络游戏行业在高速发展的同时，一些人性的贪婪也体现了出来，必要的竞争是必需的，但是现在的一些竞争已经是恶意竞争范畴了。台下的人都明白丁磊说的是九城，因为在交接《魔兽世界》时九城用了很多"暗招"。不知道是不是组织方刻意为之，丁磊讲完后接着就是九城的总裁陈晓薇发言，而这时丁磊居然直接离场。陈晓薇的发言也是火药味十足，明确指出："网易与暴雪的合资公司是公开的不合法行为（因为我国不允许合资公司运营游戏）。九城可以在这里很明确地说，暴雪、网易、九城三家公司都是上市企业，上市企业的账没有一笔是可以暗着算的，都必须明着算。九城向政府举报网易与暴雪成立合资公司是实名举报，而相关消息却被某些网站拿掉，这的确是丁磊先生前面发言的最好例证。我一直在想，是什么样的利益驱使手足同胞之间互相攻击。"当陈晓薇讲完以后，丁磊回到场内，两人在场下完全没有交流。九城的这次举报在当时非常"敏感"，触动了很多人的利益，有人指责九城是"不计后果""坏了规矩"和"耍小孩子脾气"。因为在当时，无论九城怎么举报，游戏的归属已经改变，《魔兽世界》不可能再由九城运营，而这种举报行为只能理解为是纯粹的报复，但这种报复又有可能误伤大量其他公司。

2009年9月28日，相关部门明确表示凡是未经前置审批就上网运营，或审批后擅自改变内容的网络游戏，都将被责令停止运营服务。

在相关新闻稿里，相关部门又提到了以下5点。

第一，进一步完善相关法规制度，制定出台网络游戏管理办法。

第二，年底前对网络游戏前置审批和运营情况进行一次全面清理，凡未取得具有网络游戏经营范围的互联网出版许可证的企业，一律不得从事网络游戏出版运营服务。

第三，进一步完善进口网络游戏审批管理制度，对清理工作中发现的未经审批进口的境外网络游戏，或在境内为境外网络游戏提供运营推广服务的，坚决予以取缔。

第四,严格履行国产网络游戏出版运营的备案管理制度。

第五,加强对已履行审批或备案手续的网络游戏的动态监管,防止新增添的不健康网络游戏内容和功能的传播,同时加强对网络游戏企业防沉迷系统的评测和检查,发现问题,坚决查处,绝不手软。

2009年11月2日晚,相关部门通知终止《魔兽世界》的审批,要求其"立即停止违规行为,纠正错误,停止收费和新账号注册",并"将视情况依法对其做出相应的行政处罚,包括停止其互联网接入服务"。

2009年11月3日凌晨3时,《魔兽世界》宣布停服维护,玩家群里一片哀号,不少人认为《魔兽世界》可能会就此下线。8个小时后,《魔兽世界》奇迹般归来。

2010年4月9日,丁磊在博鳌亚洲论坛接受采访时无奈地表示:"目前玩家们仍需耐心等待,我和你们的心情是一样的。"

2010年8月31日,《巫妖王之怒》终于正式上线。《巫妖王之怒》的上线过程在一定程度上为游戏玩家解答了关于游戏审批的诸多疑问,算是一次不错的科普。

讲完了《魔兽世界》的故事,我们再回头看一眼丢掉代理权的九城。

2010年,九城收购了美国游戏公司Red 5,这家公司是由《魔兽世界》前开发团队成员组成的,最早的投资方就是和九城有千丝万缕联系的Webzen。[1]朱骏对这个团队给予了极高的期待:"4年,我让申花起来,现在

---

[1] Red 5公司的联合创始人也是《魔兽世界》60级前的开发主管,在2007年接受《家用电脑与游戏》采访时,他对西方公司如何进入东方市场发表了一句很经典的评论:"西方的游戏开发商还会陷入'矫枉过正'的误区,他们试图开发'东方人的游戏'。要知道,在开发'东方人'的游戏上,你永远做不过亚洲本地的开发团队,他们比你更准确地了解当地玩家的需求。所以对于那些想进入亚洲市场的欧美公司来说,成功的关键在于做一款既能吸引亚洲人又能保持西方风格的游戏。在开发《魔兽世界》的时候,很多人向我指出《魔兽世界》和《天堂2》之间的种种区别,他们担心《魔兽世界》过于西方化,无法在亚洲流行。而我的回应是坚持自己的风格,把注意力集中在自身优势上,而不是一味地向市场妥协。"这句话非常值得日后我国原创游戏出海时参考,现在有太多公司关注"西方玩家喜欢什么",而不是"怎么把游戏做好做得有特色"。

有了 Red 5，九城复兴从产品推出起一年够了。"2013 年，Red 5 开发的《火瀑》开始内测；2014 年，九城和奇虎 360 的投资公司 System Link 宣布以 1.6 亿美元购得《火瀑》的代理权；2015 年，Red 5 传出经营困难，并在年底进行了一次裁员；2016 年，Red 5 的核心成员悉数离职；2017 年，Red 5 起诉 System Link 未能支付 1.6 亿美元的代理费。而直到本书出版，我们也没看到这款游戏正式运营。

2013 年，九城代理了索尼制作的多人对战网游《行星边际 2》，不同于《火瀑》，这款游戏本身质量相当高，游戏画面优秀，游戏性也好，在欧美口碑相当不错，但国服在 2016 年就停运了。原因是在 2014 年 6 月，游戏更新了一个补丁，随后玩家发现游戏有闪退的情况，就一直在等九城解决这个问题，结果一直到游戏停运，九城都没有解决。虽然闪退的问题国外服务器也出现过，但是立刻就解决了，只是中文版因为汉化补丁有兼容问题，所以要做特殊处理。索尼没有把代码交给九城，就只能由索尼修改，但索尼提出这种新增的工作量表示需要加钱，九城又不愿意多出钱，于是双方就这么一直僵持到该游戏停运。

2014 年下半年，九城净营收为 3690 万元人民币（约合 590 万美元），比上半年的 2740 万元人民币（约合 440 万美元）增长了约 34.7%，比上一年同期的 5870 万元人民币（约合 950 万美元）下滑约 37.1%；归属于九城普通股股东的净利润为 3420 万元人民币（约合 550 万美元），上半年和上年同期分别净亏损 1.414 亿元人民币（约合 2290 万美元）和 2.444 亿元人民币（约合 3940 万美元）。这样的成绩表明，九城必将走向没落。

七、中国网络游戏本土商业模式的起点

（一）巨人网络的诞生

1962年，史玉柱出生在安徽省怀远县城里。日后史玉柱在回忆自己的童年时光时说："其实我生长于一个很普通的家庭，父亲是一个普通的公安干警，后来当了县公安局副政委，母亲是一个工人。当警察的父亲家教极严，他经常告诫我'即使别人打你，也不许还手'。我曾经被一个比我小比我弱的孩子打哭了，可我也没还手。"史玉柱小时候有一个特点是极富冒险精神："我还配制过炸药，一硝二磺三木炭，还真炸了。别看我在跟同伴拼力量时显得软弱，在另一方面我可出奇胆大，同学们都叫我'史大胆'。大概小时候的这种意识，对我后来的冒险精神和创业精神有一定影响。至于我是否具有冒险性格和创业意识，我没有理性而系统地分析过。"

1980年，在"陈景润热"的背景下，史玉柱报考了浙江大学数学系，并被录取。至于学数学的原因，史玉柱自己解释道："恰好中学教我们数学的老师特别喜欢陈景润，几乎每节课他都会讲陈景润是怎么怎么攻破数学界的难题'1+2'的，还逼着我们读了好几遍《哥德巴赫猜想》。那时科学家的地位特别高，所以我当时特别想攻'1+1'，这也是高考后填志愿时我选择浙江大学数学系的原因。"但在浙江大学数学系过了一个学期以后，史玉柱就放弃了做下一个陈景润的梦想："上大一的时候我就知道了，'1+1'不是那么简单的，那是非常难的，因为（刚）上大学我就到图书馆去借《数论》看了。不光是我，估计整个中国学数学的都在研究和想方设法地去证明、解答这个问题，（'1+1'）已经被别人研究得太多了。"另一方面，史玉柱也发现了竞争的压力："尤其是长江以南的，成绩好的并不想上清华、北大，都去上浙大，所以，我们那个班里聪明人太多，学习好的也太多了。"

数学理想破灭后的史玉柱开始喜欢跑步，从浙大跑到灵隐寺，风雨无

阻地坚持了4年，最终"硬着头皮读完了数学，大学毕业时成绩只是中等偏下"。

1984年，建立经济特区的政策得到进一步推进，坚定了特区人民改革开放的信心。这一年史玉柱毕业，只是他当时可能没有想到改革开放会和自己日后的生活息息相关。

史玉柱的第一份工作是在安徽省统计局，原因是："听说我是学数学的，统计局就是搞数字加减的，所以，就把我分到了统计局。"当然，史玉柱并不认同这种粗暴的分类："数学不是加减乘除，数学主要是逻辑，是大脑体操。"在统计局期间，对史玉柱影响最深的是他接触到了一台IBM的计算机，并且给统计局开发了一套分析软件，还获得了嘉奖。其间史玉柱用自己的软件做数据，写了一篇分析农村经济问题的文章，被深圳大学的客座教授杨纪珂看中，正巧这位教授在招研究生。就这样，史玉柱作为第三梯队预选干部被送到深圳大学软科学管理系进修研究生。

史玉柱不擅长交际的问题在大学时就已经凸显："在深圳大学里读研究生时，我整天泡在图书馆，与社会几乎没有接触，在深圳待了两年，竟然听不懂广东话。不擅长人际关系一直是我的弱点，朋友不多，就连创办巨人后必须维持社会关系，我也不愿做这事。像政界、金融界，包括新闻界，我都没有走得特别近的朋友。"但很多接触过史玉柱的人认为那不过是他在妄自菲薄而已，毕竟未来史玉柱翻盘靠的就是一群信得过他的朋友。

1984年，万润南等几名中科院的科研人员抛弃了"铁饭碗"下海创业，创办了四通公司。史玉柱毕业前，万润南在深圳大学做过一次讲座，这次讲座对史玉柱影响极深："他（万润南）的讲座对我的触动非常大。他谈论如何创办四通，他的题目大意是，泥饭碗比铁饭碗更保险，意思是，四通这个泥饭碗可以变成金饭碗。从那时起，我才有了准备创办企业的理想。"

1989年1月，史玉柱从深圳大学毕业，直接选择了创业，这让当时周围的人很不理解。对于这一点，史玉柱自己总结说还是因为时代背景："任何人的故事都有所处的时代、历史做背景。我从一个出生在县城的学生，到有机会读名牌大学，去当时中国改革开放的窗口——深圳；从开发软件到开始做企业，到今天拥有一点成就和对办企业的认识，其中的沉沉浮浮、悲欢艰辛，都有深深的时代和历史烙印。无论如何，都应该感谢发轫于1978年的改革开放。（改革开放）给我们带来了巨大的机遇。正是因为中国社会的大转型，制造了无数的机会，才让年轻人有可能在历史潮流中实现自我价值。"像史玉柱这种书生下海创业的，在当时并不算太多，对于这一点，史玉柱也解释道："我感受到现在商界最有前途的是知识分子，而不是改革初期占尽天时地利的渔民、农民和一些个体户。时代确实不一样了，我并没有刻意去改变知识分子的形象，而是保持住知识分子应有的东西。知识分子在改革向深层次发展的今天，有了用武之地。一代新型的商界人物将从知识分子阶层中产生。以前的那些个体户，他们文化程度不高，没有深厚的功底，也没有后劲，他们只是凭着天时地利和胆子大敢于闯海而已。知识分子虽然胆子小，下海晚了点，但知识就是力量，知识就是财富，知识分子起点高、思路宽、档次高、后劲足，一旦干起来，增长速度是最快的，也能上规模，并且符合社会发展的大方向和大趋势。"史玉柱的预测完全正确，在之后的20年里，出现了一代靠着知识闯出一片天地的创业者，为中国经济现今的成就打下了坚实的基础。

决定创业的史玉柱从朋友那儿借来了一台IBM计算机，闭关半年开发了"M-6401桌面排版印刷系统"，这套系统要远优于市面上简单的汉卡系统，甚至要比当时的四通打字机都要优秀得多，这让史玉柱的M-6401迅速占领市场。金山的WPS此时还没有出现，史玉柱很有可能成为中文办公领域的引领者，事实上真的就只差一口气而已。

在那个特殊年代，史玉柱的创业经历并非一帆风顺，甚至非常曲折。首先是怎么销售的问题，史玉柱找到了深圳大学的一个老师，同时也是天津大学深圳科贸发展公司的员工，这位老师给史玉柱提供了极大的帮助。史玉柱说:"因为我没有营业执照,就专门给我成立了一个电脑部,赚了钱都是我的,但是我每个月要上缴管理费,当时也不多,大概一个月交一两千元钱,就这样开始有这么一个摊位卖软件。"当时史玉柱空有摊位,连一台展示用的计算机都没有,于是纯粹靠着一张嘴找卖计算机的老板借了一台,条件是卖出软件以后给他加一千块。

这时候史玉柱又想到卖东西至少要打个广告,但自己又没钱,就干脆到《计算机世界》报社的广告部,把自己的软件给当时的广告部主任贺静华看。贺静华看了以后决定先给史玉柱打三期 1/4 版的广告,同时史玉柱以软件的版权做抵押,承诺半个月后支付广告费。1989 年 8 月 2 日,第一个产品广告刊登,未来中国广告业的巨人史玉柱就是从这一刻迈出了第一步。在脑白金第五期的干部培训班上,史玉柱回忆道:"当时只做了一个广告,在计算机报上,做了 1/4 版,当时密密麻麻将版面全都排满了,主要都是文案,题目是'M-6401 桌面印刷系统——历史性的突破',下面就讲自己产品如何好。当时这个广告其实问题很多,当时也不是很懂,只是觉得如果有任何的空白都是浪费,所以将每一个地方都塞得满满的。第一次做广告文案,不懂,但也清醒地认识到自己不懂,所以花了很大的工夫,当时大概写了 300 多字,花了整整一个月的时间进行修改,最后自己觉得一个字也不能删不能加了,该说的都说到了,才把这个广告登出去。"

但毫无疑问,这是一次豪赌,史玉柱的钱只够付一半广告费,当时他的打算是如果广告没有效果就直接跑路。付款期限是 15 天,在广告见报后的第 12 天,史玉柱还没有收到一份订单,最终在倒数第 3 天时,史玉柱终于收到了三份汇款,分别为 8820 元、3500 元和 15 820 元,解了燃眉之急。

1989 年 8 月,史玉柱的收入达到了 4 万多元,9 月达到 16 万元,到了 10 月超过 100 万元。史玉柱拿到这些钱以后也没干别的,一股脑地全都投到《计算机世界》的广告里。从这时起,史玉柱和广告结下了不解之缘,未来史玉柱的所有创业都建立在广告的基础上，反过来，史玉柱也对中国广告业产生了深远的影响。

事业刚有了起色，史玉柱就碰到了股权的大问题。在史玉柱把 100 万元投入广告时，仅有的两名员工提出了分股份，两人各想得到 25% 的股份。但史玉柱强烈反对，最终三人闹翻，史玉柱甚至在办公室里摔了一台计算机，之后那两名员工便没了踪影。这种内斗是当时很多公司死亡的共同原因，即便时至今日，依然建议创业者早期一定要有一个人对公司有绝对话语权，很多时候内部斗争远比走错方向后果更严重，当然所有事情都有个度，权力没有约束是更可怕的，这一点史玉柱自己很快就见识到了。

之后两年史玉柱的发展称得上一帆风顺。1991 年 4 月，巨人新技术公司在珠海注册成立，注册资金 200 万元，员工 15 人。在公司成立大会上，史玉柱表示："珠海市委、市政府科技兴市的经济发展方针，将使我们如鱼得水，我们已决定将公司总部设在珠海。"对于这个名字，史玉柱解释道："IBM 是国际公认的蓝色巨人，我用'巨人'命名公司，就是要做中国的 IBM，东方的巨人。"

1992 年 7 月 21 日，史玉柱正式带领巨人全面转移到珠海，在这之前公司的主要办公人员依然集中在深圳。两个月后，"巨人新技术公司"改名为"珠海巨人高科技公司"，注册资金 1.19 亿元人民币。

1992 年底，巨人集团主推的 M-6403 汉卡年销售 2.8 万套，销售总产值 1.6 亿元，实际纯利润 3500 万元，成为当时全国最大的科技企业之一。

1993 年，除了汉卡以外，巨人还推出了"中文手写电脑"，成为中国仅次于四通的第二大民营科技企业，当时全中国都觉得巨人会成为中国的 IBM。这一年，史玉柱还做了一件改变了他人生走向的事，他在筹措 8 亿元用来兴建 70 层高的巨人智能大厦。没有人能够改变史玉柱的想法："巨人集团设立了董事会，但那是空的。决策由总裁办公会议做出。决策方式是大家先畅所欲言，然后我拍板。这个总裁办公室可以影响我的决策，但左右不了我的决策。基本上，我拍板定的事，就这么定了。"

1993年是中国计算机行业的灾难之年，随着西方16国组成的巴黎统筹委员会的解散，西方国家开始可以向中国出口计算机，这一年康柏、惠普、IBM和AST等公司大规模进入中国。这一年，中国总共销售了45万台计算机，国产的只有8万台。这一年底，史玉柱注册成立康元公司，开始进军保健品行业。

之后，巨人被那栋70层的楼拖垮了。史玉柱自己回忆道："现在回头来看，这倒还是一个好事，因为本来痛苦是很漫长的，但一瞬间一下就不痛苦了，所以我一下就能下决心放弃了，因为那时候可以感觉到巨人集团我们已经救不活了，与其救不活，在这耗着时间，干脆就放弃它算了。"

日后，史玉柱又创造了脑白金，在保健品行业重塑了他的辉煌，而史玉柱做游戏，也是在通过脑白金重塑江湖地位之后的事情了。

（二）"免费游戏"模式的集大成者：《征途》

史玉柱从小就是个游戏玩家，在2008年接受《东方早报》采访时他就说过："1996年的时候我就开始玩PC游戏。玩游戏是在另外一个社会里，别人不知道你是谁，大家混在一起，都是平等的，大家一起去打架，一起去打怪，这种平等的感觉很好。我最喜欢扮演的角色是独行侠，朋友需要帮助的时候，拔刀相助。"

2004年，史玉柱第一次接触网络游戏，甚至有些上瘾，在玩《传奇世界》时，史玉柱的名字就叫"收礼只收脑白金"，这种无处不在的广告也非常符合人们对史玉柱的印象。在玩过市面上的游戏后，史玉柱对当时大部分网络游戏的制作质量非常不满："发现自己没有用武之地，国内没有一款像样的产品，60分的也就一两款，多数只能打45分，不记得。"技术出身的史玉柱这下知道自己要干什么了："自己搞一个好的，圆个梦。"

对于当时市面上的游戏，史玉柱最不满的其实并不是游戏性，而是游戏的收费模式。让史玉柱产生做游戏念头的是一件事："谁都可以欺负我，一刀就能杀死我，于是我就看这个区里谁级别最高，发现他是70级的玩家，是温州一个网吧的老板。这个老板是以在网吧里白玩为条件，找3个人为他24小时练下的账号。我花了3000块钱把这个账号买了下来，找分公司经理直接把钱送过去。"这次买账号的行为让史玉柱明白现有游戏的收费模式有问题，至少说是有改进的空间："运营商为什么不改变一下收费模式呢？普通玩家不收费，少数想要高级别待遇，又没时间打怪练级的玩家，通过收费达到目标，如此一来不是皆大欢喜？"

有了做游戏的念头，也知道要做什么游戏，剩下的就差人了。2004年，史玉柱从盛大那边得到一个小道消息，就是开发了《英雄年代》的团队和盛大非常不合，双方关系在破裂的边缘。10月，史玉柱投入2000万元挖来了《英雄年代》的团队，日后《征途》100人的开发团队里就有这次挖来的20名核心人员。《英雄年代》这款游戏虽然并不出名，但游戏团队却十分厉害，包括天才程序员林海啸。林海啸16岁就从浙江大学计算机系少年班毕业，并开始创业，第一桶金源自《网络三国》，当时他的团队是《网络三国》最大的外挂开发团队，短短的一两年就让林海啸赚了上百万元，之后《英雄年代》的团队就是以林海啸为中心打造的。《英雄年代》成绩不好并不是因为游戏的问题，而是因为当时盛大的重心已经转向盛大盒子，在网络游戏方面资源给得很少，此外就是盛大对自己团队的原创游戏本身重视度就不高。

多年以后陈天桥评价这次被挖角时说过："讲实话，《征途》最初从盛大挖人，我是有意见的。后来一看《征途》做得这么好，我没法对你有意见了，我对公司的人说，这些人留在盛大能做出这么一款高在线人数的游戏吗？做不到。既然做不到，人家走就没错。"

2005年1月19日，因为无力偿还拖欠银行的债务，曾经引导史玉柱走向创业道路的四通决定拍卖自己的商标还钱。至此,曾经影响了整个中国科技行业的"两通两海"(四通、信通、科海、京海)均退出了历史舞台。这四家公司死亡的原因很像,都是在赚到第一桶金以后,把更多的精力放在了"做生意"而不是"做东西"上,最终产品被淘汰,"生意"也没赚到钱。这为之后中国的科技公司提了个醒,无论你是卖东西,还是卖服务,都不能忘了本。

图 3-17 意气风发的史玉柱
图片来源:cnsphoto;拍摄者:博芽影像

2005年8月,《征途》正式对媒体公开,游戏实行"免费模式"。

因为内部人员走漏消息,所以盛大率先使用了"免费游戏"这个概念,这件事让史玉柱一直耿耿于怀。

免费游戏这个概念就是区分了游戏玩家的层级,一部分玩家不花钱也可以玩游戏,但是想要获得更高级的"道具"和"技能"等,就必须花钱,而且花得并不少。当然,花钱以后在游戏里享受到的成就也是远高于免费玩家的,日后很多人形容这种模式是大部分玩家赚吃喝,少部分玩家养公司。《征途》非常成功的一点是,它没有简单粗暴地让玩家直接去购买高级装备,而是选择了更有游戏性的一种方法:"我们没有直接卖装备,卖装备会让玩家感觉不好,所以我们卖材料,打造装备时需要的一种材料。为了公平起见,非人民币玩家(免费用户)通过打怪、到矿区采矿也可以获得这个材料。只不过人民币玩家(付费用户)省了这个时间,本来要花5个小时的,花20元节省了这个时间。但在级别上面,花钱的人收益不是很大。"

时至今日我们反思所谓的"免费游戏"模式,会发现绝大多数的付费点是在"出售时间"。比如开箱子是让玩家能够在更短的时间内获得更高级的道具;比如手游时代有一个很常见的"体力值"设定,意为玩家每天只能有有限次的行动,通过付费增加行动次数也是在提高每天的可用时间;比如玩家可以通过付费在短时间内重复完成某些任务,这也是在节省等待时间……这种把时间效率和付费绑定在一起的做法是中国游戏从业者最天才的设计,日后页游时代曾经有过一类"你的时间很宝贵"的游戏就把这种模式发挥到了极致,玩家其实什么都不用做,花钱就好了。

《征途》上线后受到的追捧远远超出同行和公司本身的预期,上线当天,仅10分钟在线人数便突破1万人,3小时突破3万人,大量玩家都挤不进去游戏,以至于有玩家在论坛里发泄:"你那么多钱烧哪去了?为什么不多开几个通道,多开几个区?"

尽管《征途》上线后取得了不错的成绩,但仍然有不少游戏从业者和媒体人认为免费游戏的模式不可持续，是"摧毁游戏市场"的行为。与此同时，盛大开始"永久免费"后，第一个季度财务数据大幅下跌，更让人咬定这种模式存在先天弊端。

有游戏厂商在接受《大众软件》采访时表示："网络游戏崛起的时候，就以一种既利用了互联网的优势，又有效地规避了游戏盗版因素的合理、有效的收费方式赢得了利润，打消了投资人对于互联网泡沫的疑惑，也让人们看到了游戏业未来美好的前景。现在我们看到的网络游戏的收费模式，主要是以销售时间（点卡）的形式进行的，而一些所谓的'免费游戏'其实仅仅是换了一种收费的方法，以虚拟物品的销售作为利益来源。作为一种市场的补充，无可厚非，但如果商家过分强调，就有误导消费者的嫌疑了。"

很多人提到巨人或者《征途》时，经常会关注它的经营模式，而忽视游戏性。事实上，无论游戏性还是游戏质量，《征途》在当时都是佼佼者，而史玉柱也一直都十分关注游戏的质量："做网络游戏和做保健品一样，你真正赚钱的要靠回头客。靠广告砸钱能让第一批人进来，但这些人进来实际你是不赚钱的，因为你的投入很大。回头客靠什么？靠你的产品有没有效。做游戏也是一样，首先游戏性怎么样，能不能吸引住他。"在很多玩家心中，《征途》本身就是好玩，和收费模式无关。

因为脑白金取得了极大的成功，史玉柱对游戏事业也是毫不吝啬："前面研发就花了4000万，大部分都花在薪水上，200多人在干活，这些人，没有八千一万养不起。服务器投资在千万以上，足够30万人同时在线。全国主要省份都建立分公司了，后面要往二级城市、县城踏实做下去。海报刚刚印了80万份，这两天在路上。"他更是喊出了"1亿美金直接投进去，1亿美金做储备"的口号，这让行业里的人多少有点恐惧。

那时，大部分游戏公司考虑的都是以小博大，但游戏行业是越不舍得花钱越难挣钱，史玉柱也是最早看清这件事的人："这个行业没有别人想象的那么激烈，有钱人非常有钱，丁磊30亿现金在那儿放着，但是大部分的公司开发一个游戏，拿两三百万出来都紧巴巴的，后期根本跟不上。""投资在500万以下的成功率不到10%，投资在2000万以上的没有失败的。"

2006年，史玉柱又推出了一个堪称神来之笔的制度——给玩家发工资，对符合条件的60级以上高水平玩家发等值于100元人民币的工资，体现形式是游戏点卡。之所以这么做，是因为史玉柱认为"人气越旺就越能吸引那些花钱的玩家，我们会拿出总收入的20%用来补贴玩家"，最终效果要达到"挣有钱人的钱，让没钱的人撑人气，如此，大家皆大欢喜"。

2006年9月1日到7日，达到标准的玩家陆续收到了网络游戏史上的第一份工资。很多人表示这种"工资"的设计非常复杂，容易打破游戏内的经济平衡，但史玉柱也是经过了严密的思考，并不是拍脑袋做的决定："免费游戏是有学问的，要有对经济学的研究。马歇尔、萨缪尔森的经济理论我在大学里就读过。（免费游戏）既不能因为时间一长，玩家游戏收入积累得多了造成通货膨胀，也不能（出现）通货紧缩（的现象）。游戏也需要宏观调控，怪物的爆率、各项服务的收费、税率的多少、货币的整体投放量……都需要运筹帷幄。"

在之后的运营中，《征途》又调整了游戏内的经济体系，这个新体系更加复杂。"这次正式版在以前给玩家发'工资'的基础上进一步挖掘，上一次发工资还是发相当于人民币的代用券给他们，这次（发工资的）重点还是非人民币的玩家。让每一个非人民币玩家在游戏里面，尤其是游戏币非常富裕。一般的游戏都不敢让玩家过度地富裕，一般过度地富裕必然会导致通货膨胀。所以80%以上的玩家都是非常穷的。后来《征途》在游戏里找到了解决的办法，就是搞多货币组织，把现代经济的很多东西都用到里面。比如说工资、游戏币、分多重游戏币等多种方式。现在《征途》做到了让每个玩家在游戏里面都不会是穷人。这看起来很简单，但是事实上要做到很难，因为这涉及一个很庞大的经济系统。目前能做到的游戏还没有一款，因为所有的经济系统为了自己的利益都必须让大部分人穷，我们现在做到了人人富裕。每一位玩家每天有固定收入，固定的游戏币收入，这一点是相当大的突破。"日后这种在游戏内区分货币，同时每天给玩家发放一个最低游戏内货币工资的做法为行业普遍采用，尤其是在页游和手游时代几乎成了每款游戏的标配。这种专门为了激励玩家而设定的货币一般被称为参与货币（Engagement Currency）或者软货币（Soft Currency），这种货币必须严格和游戏内可以用金钱兑换的货币区分开来，否则很容易拖垮游戏内的经济体系。

除了挑战经济模式外，史玉柱在游戏的营销上也颇有新意。相较当时大多数游戏公司主攻北京、上海等一线城市市场，史玉柱把关注点放在了二三线城市，甚至是县级市里。在史玉柱看来，那里人口更多，机会更多。此外还有一点史玉柱没有提到的原因，就是越是经济情况不好的地方，就越有一些人希望通过游戏这种相对廉价的方式找社会存在感。[①] 这种状况在一定时期左右了中国网络游戏的发展方向，很多人认为中国游戏过于迎合玩家的虚荣心，针对的就是这部分群体，谁花钱多游戏公司就讨好谁，这事正确得简直不能更正确。这一点其实也是中国玩家和欧美玩家一个明显的区别，比如日后"免费游戏"模式在欧美也不少，但在对待付费这件事上欧美玩家和中国的玩家有本质的区别，在页游和手游时代这种差异更明显。在欧美，游戏里是绝对不能让人看出某个玩家是付费玩家的，因为在欧美玩家眼里，靠付费提升游戏水平是一种"可耻"的行为。而在中国正好相反，大部分游戏都会突出某个玩家是付费玩家，比如给付费玩家设置专门的等级、付费玩家有专门的显示方式、名字的颜色更加花哨或者有特殊的头像框等。

2006年，史玉柱就有了超过2000人的地推团队，在全国有1800多个分支机构，这个规模哪怕在10年以后也基本没有其他公司能够做到。10月，史玉柱接受采访时还表示，希望3年内公司的营销队伍能够扩展到2万人的

---

① 相较买豪车和奢侈品，网络游戏的整体开支还是要低得多，而且更容易普及。

规模。史玉柱的这种方法来自当年做脑白金的启示："(巨人网络)这个(终端销售)和脑白金非常类似。脑白金有终端的规范，同样，虽然网络也有自己的规范，但管理是一模一样的，没有任何区别。不同的是这个网络重点是服务于网吧，核心的工作是与网吧网管进行沟通，通过他们影响玩家，玩家在游戏中遇到的问题也可以通过他们解决。这是个细活、慢活，每天(也许只)能够带来几百或上千的增长，但是(却是)很稳定的增长。"

眼看着《征途》越来越成功，一直反对免费游戏的丁磊表示："迫于市场压力，网易已开始在《大唐》平台开发免费游戏。"只不过《大唐》也是一款比较失败的游戏。对于丁磊的态度转变，史玉柱分析过："丁磊，从过去的言论上看，他的确是抵制免费游戏。但是为什么现在放弃了他的观念呢？还是上市公司的压力。从业绩上看，他(网易)一直徘徊不前。为什么呢？他也发现了免费游戏在抢玩家，使他(的业绩)再往上的难度非常大，如果他再不与时俱进会有点麻烦。我估计这是第一个原因。第二个原因就是在《魔兽世界》之后，中国市场上去年(2006年)一年没有一款收费点卡游戏获得成功。我们可以看到，所有的收费点卡游戏全部失败，包括网易的两款。这可能是他修正自己看法的一个原因吧。"从史玉柱说出这句话10年以来，除了《剑侠情缘网络版叁》外，中国市场再也没有出现任何一款成功地采用点卡收费模式的新游戏。

2006年12月，《征途》在中央电视台综合频道和体育频道投放了一则广告，现在看来这不是什么稀罕事，但在当时是整个游戏行业里的大事件。因为早在2004年，PC游戏投放电视广告就被明确禁止，此后唯一称得上成功案例的只有《魔兽世界》和可口可乐合作的一次，但并没有明确提及游戏内容，本质上还是可口可乐的广告。而《征途》的广告也很另类，只是让一个红衣少女在计算机屏幕前笑得前仰后合，之后"征途网络，网络征途"八个字淡入画面。

这则广告引起了极大的社会争议，很多媒体和名人都认为这种广告对社会的危害极大，而史玉柱只是解释："烟草都能做（品牌）广告，我们网络游戏为什么不能做广告？我觉得网络游戏可能形象比烟草还好一些。"这种只提品牌不提商品的广告风格就是从烟草行业学来的。在此之后，其他公司开始试探着在传统媒体上投放游戏广告，到手游时代，已经基本形成常态。

2007年7月，史玉柱在第五届ChinaJoy上表示："网游是我了解的所有行业中最保守的领域，韩国人制定的游戏规则并不是法律，并不是不可违背的，《征途》正是无视了这些规则，打破了这些僵化的规则，才会成功。"

在这次ChinaJoy上，史玉柱还说了很多颇有意思的话："有人整天发《征途》的举报信，有的甚至每天发5000份举报信，一个月下来就是15万份。""我们做过调查。玩家喜欢法杖还是手枪？大多数玩家选择了手枪。过去很多厂商不敢碰现代题材，而《巨人》就敢做。""《巨人》有世界网游史上的11条创新，将远远超越《征途》。""别人学不来我们的是拼搏精神，《征途》开发团队的成员一周回一次家，困了就拉开铺盖卷睡一觉，两年中一直如此。""我说《征途》甘做'三级'游戏，不代表它比别的游戏更不健康，而是希望未成年人不要接触这类游戏。成年人嘛，就不要管他了，这是自制力的问题。"

2007年8月11日，史玉柱宣布以免费网游出名的《征途》推出点卡收费区，也就是《征途》变成了一款免费和时间收费两种模式共存的游戏，这种做法又引起了极大的争议。史玉柱在接受《南方都市报》采访时说："《征途》的收费收入其实是个增量，在免费模式的基础上我们的成本很低，所以这一（再收费的）做法可能再度被对手视为搅局。"

2007年9月21日，史玉柱在《巨人》内测发布会上宣布，上海征途网络正式更名为上海巨人网络。"巨人"这两个字对史玉柱来说是荣耀，也是耻辱，史玉柱重新用回这个名字用意也十分明确，就是要一雪前耻。史玉柱自己表示："团队一直想重回 IT 行业，前两年做了网游，发展很顺利，所以才敢重新启动'巨人'这个牌子。"

2007 年 11 月 1 日，巨人网络在美国纽约交易所上市，当晚史玉柱说道："我觉得失败了之后可能有两种人，一种人是精神上被打击得太狠了，一蹶不振，另一种是失败了，但是精神还在，顽强的精神还在。只要精神还在，完全可以再爬起来。我一直有一个概念，失败是成功之母，成功是失败之父。"当然，上市还给史玉柱带来了巨大的财富。他说："刚做这家公司的时候，业内同行都看不起我们，到现在我们已经成为这个行业市值第一大的公司了。"

这一年《征途》年收入达到了 15.5 亿元，巨人以此成为继盛大和网易后的中国第三大游戏公司。

2008 年 4 月，《征途》同时在线人数达到顶峰的 210 万人，成为中国网络游戏史上仅次于《梦幻西游》和《传奇》的 MMORPG。这里《传奇》还包含了多个版本的游戏，如果只算单一版本，《征途》就是中国 PC 网络游戏史上同时在线玩家第二多的 MMORPG。

2008 年 7 月，史玉柱在第六届 ChinaJoy 上又总结了自己的成功："近三年，这个行业得到了加速的发展。这三年的加速发展，主要原因是依赖于这个行业商业模式的转换。免费模式的发展，使得这个行业除了三个比较老的企业继续做得比较好以外，又诞生了一批新的企业。伴着这个商业模式，很多老的企业也发展起来了。这个商业模式的威力的确大。"正如史玉柱说的一样，相较《征途》和《巨人》在游戏本身上的成功，更重要的是确立了一套适合中国市场的商业模式。

对于这一阶段的成功，可以用史玉柱挂在嘴边的一句话概括："得人民币玩家者得天下。"这句话也对整个中国游戏行业做了一次精准的总结。

2009 年，史玉柱突然站出来否定了自己一次，宣布推出《绿色征途》。对此，他自己解释道："当我们公司在美国纽约证券交易所上市之后，我们一直在思考一个问题，就是《征途》的成功除了它的游戏性很强，公司在线的人数很多，每个区比较好玩之外，其中一个很重要的因素就是，虽然我们不是第一家做免费网游的企业，但是我们是第一个做到这么大的企业。从传统的收费模式转为现在很广泛的免费模式。我们探索出的这个商业模式具备较强的竞争力。但是随着时间的推移，大家都在使用这个模式，我们的优势就逐渐没有了。经过我们研讨，我们认为需要模式再造，这个革新重点要靠向非付费玩家全面倾斜。所以我们就提出一个口号，得非人民币玩家者得天下，以这个作为我们的基本指导思想来进行探索。在这个探索过程中我们也遇到一些问题。我们总是想在老的《征途》上面进行一些非人民币玩家的利益倾斜，从去年7月份到现在我们老的《征途》停止增长了。这是我们付的学费，就是不该在老的基础上尝试。做得不彻底，做了之后还有危害，我们有教训。在内部的讨论中我们曾激烈争论过这种改变对不对，但后来还是统一了认识，这种做法是对的，非付费玩家毕竟是整个游戏虚拟生态的构成基础。但那种修修补补的做法不能完全达成我们的目的，所以我们干脆另起炉灶，做了《绿色征途》，我们希望它能够提供一个精彩的、和谐的、宽容的虚拟社会系统。"

对此，有网友评论："老太婆抹一层粉冒充大姑娘。"

2011年，史玉柱为了《征途2》做了一场"网游下乡"的活动，还打出了"玩网游送化肥""村村通点卡、镇镇有礼包"的广告语。但活动上线后就引来一片骂声，被迫暂停。史玉柱解释暂停的主要原因是农村地区未成年人不好监管："现在社会关注度很高的留守儿童问题。很多农村父母外出打工，孩子留在家中缺乏有效监管。有些监护工作由家里老人承担，老人并不懂计算机和网络。这只是我想到的例子之一，类似的复杂因素在农村市场会遇到很多。这些问题如果得不到有效解决，将有悖我们坚决不让未成年人进网游的立场。"

图 3-18 《征途 2》的媒体广告

史玉柱对游戏市场的理解并没有错。最近几十年，随着土地政策的变动，中国农村的公共生活极速变化，农村的业余生活变成纯粹以家庭为中心。而城市里，人们的娱乐活动呈现出明显的往外走的特点，除了电影院、餐厅、咖啡馆等，商人们一直在发明让人们参与其中的娱乐模式。因为这种差异，农村里大部分人的业余时间主要都贡献给了电视，对于他们来说，网络游戏所创造的虚拟空间是极具诱惑力的。这里面涉及的道德问题确实如史玉柱所说，只不过留守儿童的问题，不仅仅是一个网络游戏的问题，而是一个社会问题。

2013年11月25日，在中国风生水起但不被西方投资人认可的巨人网络提出了私有化交易，并于2014年3月17日签订协议，7月14日在特别股东大会上获得批准。根据该协议，所有符合条件的巨人网络股东都将获得每股普通股12美元，或每股美国存托股份12美元的收购费用。7月21日，巨人网络宣布其已经完成了2014年3月17日与巨人投资全资子公司Giant Merger Limited签订的并购协议，以及2014年5月12日签订的增补协议。根据该协议，巨人投资有限公司以约30亿美元的现金收购了巨人网络。巨人网络正式完成了私有化。

2016年，巨人网络的上市壳公司世纪游轮实现营收23.24亿元，同比增长17.6%，归属于上市公司股东的净利润为10.69亿元，同比增长338.15%；2017年上半年实现营收约14.03亿元，同比增长33.61%，归属于上市公司股东的净利润为6.97亿元，同比增长39.55%。在顺应移动化的潮流方面，巨人网络非常成功，除了制作了有3亿用户的《球球大作战》外，和腾讯合作的《征途》手机版流水也超过了《征途》PC版。

史玉柱在总结自己的几次成功时说道："创业时要有简单、清晰的商业模式，还要有不断努力的毅力和面对各种问题超强的意志力。创业中可能会遇到的失败，对一个人来讲是难得的财富，成功是在对失败经验的积累中获得的，只要善于总结经验，就会少走很多弯路。"

八、中国网络游戏的没落身影

（一）胎死腹中的新浪游戏业务

在新浪靠着微博成为中国互联网行业最有影响力的公司之一时，人们都认为它是一个毫无疑问的胜利者，但其实回顾新浪的历史会发现，新浪由于自身原因丢掉了一个更大的市场——网络游戏。

1993年8月13日，王志东离开了自己参与创办的北京新天地技术公司。与此同时，作为国内最早一批科技公司之一的四通刚刚在香港上市，打算投资一些有潜力的项目，就找到了的王志东。起初王志东是拒绝的，在沟通后，王志东提出了四个要求：首先，公司的投资力度要大；其次，只做高科技，除此之外一律不做；再次，管理上要独立，所有权和管理权分开；最后一点是希望公司在分配体制方面有所突破，能给公司的技术人员和管理人员一定的股权。四通真同意了，彼时民营企业制度尚处于襁褓之中，这些要求能全部被同意无疑是一个奇迹，连王志东自己也没想到。

王志东回忆这段往事时说："在身无分文、只是有一点儿技术的毛头小伙子的时候，我居然从段永基那儿要了500万港币。"最终，王志东在新公司占股20%。事实上这并不是一次标准的风险投资，而这次投资也为日后王志东和新浪埋下了相当大的隐患。

1993年12月18日，北京四通利方信息技术有限公司注册成立，办公地在中关村西边的万泉小学，王志东在这儿直接租了一栋十年期的楼，后来这栋楼的所有入口都插上了新浪网的标志。1994年3月20日，四通利方第一个产品中文平台Richwin上市，但成绩不佳。当时Windows时代已经来临，这些中文平台基本已经失去了市场，Richwin调整了一下经营策略，改为和微软合作，制作了Richwin for Win等定制产品，但销量依然平平。

1995年1月，王志东受竞争对手微软之邀前往美国硅谷。之后的一年里王志东又去了三次美国，其中第二次是在1995年7月，当时是受到惠普的邀请，这一次王志东经朋友介绍知道了给网景做上市的摩根士丹利。摩根士丹利的高级员工问王志东有什么想法，王志东回答："我想上市，像苹果的乔布斯一样。""你现在没法上市，要先经过几个步骤：融资、战略调整，等等。""那你们能帮我吗？""你的公司请不起我们。"

毕业于北京大学的王志东绝不是一个土包子，就像他在《硅谷热》这本书里读到的一样，这时候他清楚地知道公司需要资本层面的支持。于是，王志东开始了一条筹募资本的道路。只是在当时并不容易，甚至连公司内部都很怀疑王志东的做法。他说："那时，除了我老婆，公司内外没有人相信我，他们都不明白我在做什么。"

1996年1月，王志东正式聘请了有资深融资经验的罗伯森·斯蒂芬作为公司的投资顾问。2月，王志东又去了一趟美国，这时候随着网景上市，美国第一轮互联网热潮已经到达巅峰，颇具眼光的王志东意识到一股不可阻挡的历史潮流即将到来，当即决定互联网就是公司未来的发展方向。

只是这时，四通利方已经穷得快发不起工资了，所幸那时候连续接到了两个项目，一个是科委高科技园区发展办公室的火炬计划项目，另一个是北京市经贸委的"九五"技改项目。这两个项目并没有实际配套的资金，但给四通利方提供了2000万元的银行贷款额度，在很大程度上解决了当时的资金问题。这一年，四通利方的中文网站"利方在线"上线。

与此同时，四通利方也在一步一步进行着融资。当时全世界风险投资市场都不如今日这般火爆，而王志东也不熟悉这个圈子，能做的就是在罗伯森·斯蒂芬的带领下一个一个去见。但融资非常不顺利，罗伯森·斯蒂芬建议王志东："你压一压价，软件、盗版，这些因素加在一起，你们公司的风险太大了,我是投资专家,你听我的没错。"王志东扭开了头,不听。

王志东的坚持起了作用,最终四通利方从华登国际、RSC、艾芬豪国际三家一共拿到了650万美元的投资。没钱的时候想要钱,拿到钱以后怎么花这笔钱就是一个新问题了。

图 3-19　新浪总裁王志东在中国互联网大会
图片来源:cnsphoto;拍摄者:邹宪

1997年,四通利方先后完成了两个重要的项目,分别是国家863计划中的Internet/Intranet平台开发项目和与Sun公司共建Java实验室。这两个项目都为日后四通利方进入互联网奠定了基础。1997年和1998年两年里,王志东又去了三趟美国,期间通过华登国际投资集团WIIG的副总裁茅道临见了

20多家各式各样的公司，这其中就包括华渊（SRS Net）。1998年8月，王志东第一次见到华渊，当时觉得两家公司非常像，便想着怎么在互利合作的同时避免竞争。一个月后，王志东开始和华渊的首席执行官姜丰年谈合作，一个月的时间里，从合作一直谈到了合并。

这时的四通利方虽然不被重视——毕竟那个时代没有人懂互联网，但他们自己心里清楚这块业务非常值钱，因为到1997年底，四通利方的点击量已经超过了90万次，而雅虎上市一年半时的点击量是100万次。这时候王志东找到负责利方在线的汪延，让他给一个发展规划，汪延说半年之后盈亏平衡，王志东笑道："拉倒吧！自负盈亏的话我还找你呀！我投1万元，你要给我挣出100万元才行。"一年后，虽然汪延没有赚到100倍，但公司的成长已经让四通利方意识到互联网的价值。在1998年世界杯期间，在线广告收入突破了18万元，期间四通利方还招来了陈彤做主编。当时的互联网公司完全无法理解，你一个科技公司为什么要一个主编？日后陈彤成为新浪网的副总裁，2014年成为小米副总裁，2016年成为一点资讯总裁兼任凤凰网联席总裁。

1998年12月1日，经过几个月的谈判，利方在线和华渊正式合并，谈判过程其实一波三折。当时王志东孤身一人在华渊的美国总部跟人家谈，人生地不熟，英语也不好，以至于日后自己回忆起这段往事时说："当时特别担心，这要是吵翻了，人家一生气不来开车送我，恐怕就要一个人客死在美利坚新大陆了。"这次合并最终能够成功有两个人功不可没。一是背景非常好的茅道临对合并表示极力支持，相比当时一穷二白的王志东，茅道临的态度显然要让人踏实得多。二是姜丰年的让步非常重要，当时来看，华渊无论公司的实际规模还是资本估值都大于四通利方，但姜丰年还是决定同意由四通利方主导合并后的公司。最终华渊以1股换四通利方0.38股的方案并入四通利方，合并之后姜丰年出任董事局主席兼CEO，王志东出任总裁，其余重要高管都来自四通利方。这里有段小插曲，那时美国的报道里写的都是华渊收购了四通利方,对此四通利方和王志东都没有表态。合并后的网站最早打算以华渊的英文 SINA 取名"赛诺",但王志东想了一晚上,决定叫"新浪"。对于这个名字,茅道临表态:"你可以过三四个月再来看一看,你会发现大不一样,新浪这个名字好,网络时代的竞争,是和时间赛跑,我们要每隔三个月就在网络上冲出一道新浪!"

确定合并后,利方在线的公告对外宣称:"在互联网作用不断扩大的今天。占全球人口五分之一的华人拥有了一个如此跨国度、跨地区、用户众多的网站,这一事件对全球华人来讲是意义重大的。四通利方是中国流通量最大的网站,而华渊则在北美等地拥有广大的使用群;两公司合并可结双方之长,补对方之短,创造全球最大的中文网站。所以合并无论对四通利方还是对华渊来说,都是只有好处,没有坏处。合并之后,新浪网将一如既往地提供软件、新闻资讯等各种服务,大力发展中文 Internet 软件技术,组建中文 Internet 门户和虚拟社区,力争成为全球最大的华人网站。希望广大网友能够像支持四通利方(利方在线)网站一样支持新浪网,新浪网也将更加努力、勤奋、一丝不苟地为网友提供最优质的网络服务。"

这时候,才算真的有了新浪,而与此同时,搜狐张朝阳已经成为新的科技宠儿,网易丁磊的事业也渐渐有了起色。1999 年 1 月,投资了新浪的茅道临成为新浪的第一位 COO;3 月,新浪又获得了 2500 万美元的投资;4 月,曾经在网景担任副总裁的沙正治自掏腰包 20 万美元入股新浪,同时和姜丰年一同担任联席 CEO,没多久改为沙正治担任 CEO,姜丰年担任董事长。这时的新浪拥有了中国互联网行业最光鲜亮丽的一支团队。

但这支团队没有维持太久,1999 年 10 月,沙正治带领一批"硅谷精英"集体离职,而这次集体离职很大程度上是因为沙正治自己。沙正治带领团队期间,做的最主要的事情就是一个一个踢走了四通利方创业团队的"土鳖"成员,替换为有硅谷背景的"精英",甚至技术骨干严援朝也被排挤出去。这种极端的做法惹恼了公司内部不少人,但获得了来自美国方面的肯定,很多美国投资人和媒体都认为这是新浪在走向成熟，创业团队就是创业阶段用的，创业完成后需要成熟的职业经理来管理团队，而来自硅谷的团队肯定是最优秀的。1999 年 9 月 3 日，新浪发生了一次人事变动，王志东担任公司 CEO，沙正治改任董事长，姜丰年降级为副董事长，而茅道临已经被沙正治踢出了管理层。仅仅半个月以后，沙正治就离开了公司，姜丰年重新成为董事长。

1999 年，有关部门曾表示：电信及其增值业务不得有外资进入。事实上更早之前就有类似的规定，我国 1993 年就明确外国企业，包括在中国的外资企业和个人不得经营通信运营业；1995 年外贸部的投资目录里也明确了电信业属于外资禁止投资行业。

1999 年 7 月 1 日，《中华人民共和国证券法》正式生效，其中明确规定：具有外资背景的互联网公司，到境外上市必须事先审批。之后新浪调整过一次框架，由王志东和汪延成立一家全内资公司经营 ICP 业务，而四通利方作为这家公司的技术服务公司。10 月，新浪提交了上市材料，几天后，因为中美开始加入 WTO 的谈判，其中电信开不开放是最重要的议题，在这个节骨眼上，相关部门建议新浪暂停上市进程。看到新浪的遭遇，张朝阳那边直接对主管部门表态说自己是一家纯海外公司，而丁磊则注册了一家百慕大公司，打算通过这家公司上市。但主管部门表态，只要服务器在中国，就必须接受监管。

这是个难题：要在美国上市就是引入了外资，而在美国上市必须有中国互联网公司这个概念。对此，最上心的还是王志东。那段时间王志东几乎每天都在相关部门的会议室里跟工作人员一起画公司的组织架构图，研究怎么调整架构才能解决这个难题，同时让美国投资人满意。这段时间的付出是有价值的，甚至可以说改变了中国整个互联网行业的进程。有一天，王志东突然想明白了一件事，假如一家公司做不成，两家公司也做不成，那干脆做三家公司。于是新浪又改组为三家，第一家是北京新浪互联信息有限公司，做 ICP，注册资本 100 万元人民币，王志东占股 70%，汪延占股 30%。这家公司是纯内资企业，一点儿海外背景都没有，所有的网络内容都归该公司经营。由此出现了一个非常有意思的情况，当时的新浪网号称是全球最大的华人网站，但是注册资本只有 100 万元，没有董事会，只有王志东一名执行董事。第二家公司是新浪互动，这是一家合资公司，但业务和互联网完全无关，是一家广告公司，为新浪网提供广告代理服务，所有新浪网的广告都由这家公司投放，钱也是交给这家公司。最后一家是四通利方，作为一家纯粹的技术服务公司，给新浪提供技术服务，当然这个技术服务费用非常高。总之就是新浪互联制作网站同时负责网站运营，新浪互动负责收钱，但收的钱不给新浪互联，而是直接给四通利方作为技术服务费，然后把新浪互动和四通利方打包上市，这样就解决了之前的难题——虽然新浪互联这家中国的 ICP 不在美国上市，但美国人看到的这两家公司和中国的互联网行业直接相关。

2000 年 3 月中旬，新浪拿到了上市的批文。

2000 年 4 月，新浪上市。一开始本来是由高盛负责这次上市工作，但高盛临时反悔了，一方面是高盛不认可这种特殊的架构模式；另一方面是原先沙正治的硅谷团队已经退出，高盛不相信现存的管理团队。所幸还有人相信，摩根士丹利接下了这次工作，两周的时间内为王志东团队准备了一百多场路演，飞行距离可以绕地球一圈，但因为时机不好，新浪上市后的日子并不好过。

2000 年 4 月 13 日，新浪股票上市，从开始的 17 美元增至 20.8 美元报收。从 2000 年第三个季度开始，中概股迎来了一阵惨跌，新浪也一度成为"垃圾股"。

2001 年 6 月 4 日，新浪网宣布王志东辞职，这在中国互联网圈子里如同晴天霹雳。

2001 年 6 月 25 日，北京的记者接到了一个电话："半个小时之后，北京西三环京都信苑酒店二层澳门厅。王志东要开新闻发布会。"这次发布会就说了一件大部分记者已经心知肚明的事情：王志东不是辞职的，是在毫不知情的情况下被董事会解职的。虽然华渊和风险投资的进入让新浪获得了不小的帮助，但与此同时也带来了非常复杂的利益关系，王志东的下台其实只是新浪内斗的开始。相较张朝阳之于搜狐、丁磊之于网易，新浪长期以来一直缺少一个在公司内部有绝对话语权的精神领袖，这种非常"现代化"的公司架构为新浪带来了机会，也为其带来了种种弊端。关于这些利益纠葛，本书就不再提及，我们还是把重点放在游戏上。

前文提到过，虽然韩国网络游戏对中国游戏市场的影响很深远，甚至可以说改变了中国游戏市场的格局，但中国和韩国游戏市场并不是完全对等的。其中在两国影响力差异最大的两款游戏，一款是在中国红得发紫但韩国无人问津的《传奇》，另一款则是在韩国红得发紫但中国无人问津的《天堂》。

1998 年，NCsoft 推出《天堂》，彻底改变了韩国游戏市场，日后的游戏，包括《传奇》在内，大部分都有对《天堂》的借鉴。从 2001 年开始，《天堂》又先后打入美国、日本，以及中国台湾、香港市场，同样人气火爆。到 2001 年底，《天堂》全球会员数达到 1 亿，同时在线人数超 100 万，年收入超 2 亿美元，成为全世界最赚钱的网络游戏，甚至可以说就是《天堂》的成功才让韩国在一段时间内掀起了游戏产业的创业潮。

但《天堂》唯独少了一个最重要的市场——中国。

NCsoft 对《天堂》进入中国这件事早就有想法，但由于中国市场的特殊性和自己不愿意过多让出利润等，一直无法付诸实践。2002 年，NCsoft 突发奇想，在韩国架设了三组针对中国玩家的服务器。只要在中国玩过韩服的玩家，应该都清楚直接连接海外服务器的延迟有多么夸张，而在当时只能比现在更糟糕，所以在这种情况下，毫无疑问，根本没人玩。NCsoft 看着另外一边赚得盆满钵满的《传奇》，当然不甘心。

2002年年中，NCsoft开始接触中国互联网公司，最终选择了门户网站新浪作为合作方。同年11月，NCsoft和新浪正式对外宣布联手进军中国网络游戏市场，这在当时是个重磅新闻，两家公司的实力在各自领域都是佼佼者，被游戏媒体认为会彻底改变中国游戏市场的格局。

2003年1月8日，新浪和NCsoft对外宣布成立合资公司——新浪乐谷，总部放在当时盛大和九城所在的上海，并在中国正式推出《天堂》。担任新浪乐谷CEO的新浪总裁汪延在接受《北京现代商报》专访时表示，新浪要在两年之内成为国内网络游戏市场的领头羊。新浪的野心也确实不小，为了让《天堂》在国内一炮打响，开始四处挖角，包括网易在线游戏事业部总经理杨震在内一批行业内最出色的人才空降新浪乐谷。

新浪之所以选择合资，而不是直接代理游戏，是因为参考了另外两家公司的情况。一是盛大代理了Wemade的《传奇》，但双方正在打官司；另一家九城和Webzen成立合资公司运作《奇迹》却相安无事。当时的新浪CEO茅道临这么评价："同居毕竟不如结婚，共同利益会把我们紧紧捆绑在一起。"

结果，这次合资什么共同利益都没换来。

《天堂》因为上线时间早，即便后来修修补补，依然有相当多的技术缺陷。2003年在中国上线时，《天堂》已经可以说是落后于时代的新游戏了。与此同时，同类游戏里《传奇》已经站稳了市场，还有《奇迹》等其他游戏搅局，《天堂》本来就在打一场艰难的战斗。更严重的是，因为战斗太惨烈，内部人员之间的关系也开始出现裂痕。

最早合作《天堂》时，韩方因为不信任中方人员，所以要的权限极大。一开始新浪默许这种行为，但后来因为早期游戏数据糟糕，双方矛盾激化，互相指摘，甚至在自己的权力范围内限制对方的工作。一家游戏公司硬生生变成了小说中的清朝后宫，宫斗不断，俨然一出大戏。就是在这种背景下，新浪开始昏着儿频出。

在盛大和 Wemade 斗得不可开交时，新浪乐谷做了一次堪称中国游戏史上最愚蠢的营销。2003 年 3 月 7 日，新浪乐谷宣布推出"沙巴克城主大募集"[①]活动，活动内容为前 2000 名提出申请加入《天堂》的沙巴克城主，能够获得一个《天堂》的 50 级账号以及一套随账号赠送的高级装备和 50 万天堂币，这在当时的《天堂》里相当于是一笔巨款。

这种行为带来了 4 个直接后果：一是引起盛大和当时国内主流游戏媒体的强烈抨击，他们斥其没有商业道德；二是《传奇》玩家认为这种竞争手法太"下作"而集体抵制《天堂》；三是《天堂》玩家认为这种做法怠慢了原有玩家，甚至影响了老玩家的利益，对老玩家是赤裸裸的伤害，进而抨击新浪乐谷，甚至也开始抵制行为；四是对于没有玩过《天堂》的路人玩家来说，也给其留下了新浪乐谷是一家不负责任的游戏公司的印象。这次同时得罪所有利益群体的事件让《天堂》在国内的口碑彻底跌入谷底。

最终，《天堂》的同时在线人数最高仅有 2 万人，长时间只能维持在 1 万人上下，这个成绩在当时的中国游戏市场惨不忍睹。

NCsoft 在 2002 年就已经制作完成了《天堂 2》，所以大家普遍认为《天堂 2》会交给新浪乐谷代理。但因为《天堂》的经营太差，双方的关系也日趋紧张，加之又有其他公司想要介入，传闻游戏橘子也有过代理意向，所以关于谁会代理《天堂 2》的新闻出现在人们的视野之中。一直到 2003 年 7 月 9 日，《天堂 2》正式在韩国公测；9 月，新浪 CEO 汪延对外透露，新浪乐谷已经获得了《天堂 2》的中国运营权。

[①] 沙巴克是《传奇》里的场景，游戏中的"行会"以占领该城池为至高荣誉。

图 3-20 新浪隆重推出《天堂 2》
图片来源：cnsphoto；拍摄者：史利

因为本地化和《天堂》烂摊子收尾等问题，《天堂 2》的正式上线时间拖到了 2004 年 8 月。《天堂 2》最大的优势是有当时市场上最好的游戏画质，NCsoft 曾经表示，游戏的画质是吸引玩家的第一要素，如果画面差得看不下去，游戏本身也不会有人玩。但这个理念最终坑了 NCsoft，日后 NCsoft 在画面上花了过多的精力，是它没落的主要原因。《天堂 2》除了游戏画质，其他可圈可点的地方真的不多，以至于玩到游戏的玩家纷纷表示失望。

那时真正成功的 3D 游戏只有欧美的几款，像《奇迹》之类的游戏只是用 3D 画面做了一款 2D 玩法的 RPG 而已，所以《天堂 2》面临的是一个空白的市场，要自己摸索在新的玩法下怎么吸引玩家。《天堂 2》是不幸的，日后 3D 网游的霸主《魔兽世界》不偏不倚在 2005 年上市，这个时间对于《天堂 2》而言十分尴尬，如果它早一点儿上市，《天堂 2》还有所参考，如果晚一点儿上市，留给《天堂2》占有市场的时间还多些。

《天堂2》的上线，就好像把一把沙子扔进了撒哈拉，将一碗水倒进了太平洋，没有掀起任何波澜。一方面是《天堂2》的失利，另一方面，新浪因为股权结构分散带来很多复杂的问题，其中最大的问题就是管理层不稳定。新浪公司最大的危机出现在2005年，盛大收购新浪19.5%的股份，而新浪通过"毒丸计划"进行了反击。这让原本就混乱不堪的新浪雪上加霜，自然无暇顾及下属游戏公司的死活。

2005年第三季度开始，新浪的财报就不再公布游戏收入。2006年3月24日，NCsoft宣布以200万美元收购新浪所持有的新浪乐谷51%的股份，改名为上海乐谷，而NCsoft中国团队改组成NCsoft China。因为外资不得直接运营网络游戏，所以《天堂》和《天堂2》继续交由新浪运营。2007年，盛大投资NCsoft China，次年《天堂》和《天堂2》交由盛大运营。

之后，新浪又尝试过进入手游和页游领域，但都以失败告终，新浪就此结束了自己的游戏事业。

新浪对于整个中国互联网产业的影响是不可忽视的。在Web 2.0时代，新浪靠着博客迎来了自己的辉煌，日后又靠着微博迎来了第二春。时至今日，新浪仍是稳定在世界前二十的互联网公司。

（二）错失好局的搜狐畅游

张朝阳是我国互联网大佬里比较另类的一个，互联网虽然是科技行业，但像张朝阳如此高学历的反而是少数。1981年，17岁的张朝阳考上了清华大学物理系，这时张朝阳的梦想还是做个科学家。在那个时代，科学家确实是符合时代审美的职业，相比纯粹赚取财富，能够创造社会价值看起来更加崇高。1986年，张朝阳拿到了李政道奖学金，到美国麻省理工学院（MIT）攻读博士；1993年博士毕业，留校继续做博士后。

1995年7月,张朝阳以MIT亚太地区中国联络负责人的身份陪同校长回国。在去北大参观时,负责接待的是刚刚当上北大副校长的陈章良,陈章良只比张朝阳大3岁,这让张朝阳触动很大,开始重新考虑自己的未来,思考回国发展是不是机会更多。

这时的张朝阳已经有了创业的想法,在他的第一份创业计划书上写了一句话:"Riding the waves of our times, one is the coming of age of the information super highway, another is the mergence of China as a global power."(顺应我们这个时代最伟大的两个潮流,一是信息高速公路时代的到来,另一个是中国作为全球大国的崛起。)

1995年10月,张朝阳正式决定回国创业。临走前一天他参加了MIT校友聚会,前来送行的包括与上海科委合作创建了中国第一家风险投资机构IDG中国的熊晓鸽,日后中国第一家拿到风险投资的软件公司前导软件就是熊晓鸽投资的。这一天,熊晓鸽给张朝阳唱了一首《送战友》。

张朝阳刚回国时是作为ISI公司的代表,一直到1996年都是在给人打工。第一次出现转机是在1996年4月,当时张朝阳回到匹兹堡参加ISI公司的一次会议,期间以自己在ISI的业绩去游说一些投资人。第一个对张朝阳有兴趣的是MIT的教授爱德华·罗伯茨(Dr. Edward B. Roberts),但他有个附加条件,他自己不单独投,张朝阳必须找到另外的投资人一起投,这个人要投资5万美元。张朝阳又找了MIT的学生邦德,他表示愿意出这5万美元。几年后,罗伯茨教授到访中国时,提到了投资搜狐的原因:"在1996年我给搜狐公司前身爱特信公司投资的时候,中国的互联网发展几乎还是一片空白,但作为一个西方人,我依然毫不怀疑互联网作为新经济所蕴含的巨大爆发力。搜狐公司在后来几年的成功发展,中国市场所发生的前所未有的变化,证明了中国互联网良好的发展趋势。尽管目前整个国际大环境错综复杂,投资界对中国概念缺乏充分了解而心存疑虑,但是我坚信在中国,这个创造了一个伟大国度和灿烂文明的地方,依然能成就互联网新的奇迹。"

1996年7月，张朝阳注册了公司ITC，全称为Internet Technologies China，中文名叫爱特信，听起来很像当时电信领域的巨头爱立信。除了罗伯茨和邦德的投资，这期间张朝阳还拿到了一笔更加重要的投资，来自MIT媒体实验室的创办人尼古拉斯·尼葛洛庞帝。

其实，爱特信开张后要做什么张朝阳自己心里也没谱，一开始只是承接一些网页制作的工作，同时也因为没什么宣传噱头，在中国市场并不为人所熟知。公司的第一次转机是1997年初，尼葛洛庞帝访华。

1996年12月3日，海南出版社三位驻京编辑邀请当时的京城书界名流聚会。海南出版社的人提到他们要请一名叫作尼葛洛庞帝的人来华参加一场活动，现场的人都不知道那是谁，出版社的人说是《数字化生存》的作者，请他来的原因有两个：一是为了宣传这本书，现场的人表示理解；二是为了发起一场数字化运动。日后和雷军一起创办卓越网，同时还是凡客创始人的陈年也在现场，活动结束后陈年只说了四个字："一帮骗子。"多年以后陈年回忆这件事时认为，这件事为中国的未来埋下了太多的伏笔，不管是风云人物张朝阳、张树新，还是幕后的美国风险投资商。

尼葛洛庞帝这次访华实际的接待公司是张树新的瀛海威。当时《数字化生存》正火，媒体出身的张树新看准这个噱头打算顺势炒作一下，于是组织了一支40多人的接待团队。在尼葛洛庞帝的第一次公开演讲上，张朝阳一开始只是一个观众，在发现翻译人员水平不行以后，就充当了翻译。演讲结束后，有媒体提了个问题：尼葛洛庞帝为什么来中国？尼葛洛庞帝回答，因为他投资了一家由张朝阳创建的爱特信公司，想来看看，而张朝阳就在他身边当翻译。第二天，张朝阳就成了中国互联网领域的又一位巨星，风头甚至盖过了张树新。

最早爱特信的产品叫赛博空间，之后叫指南针，后来改成了搜乎，为了模仿雅虎又把"乎"改成了"狐"，就有了现在的搜狐。

图 3-21 "中国互联网高层发展战略会议"上的张朝阳
图片来源：cnsphoto；拍摄者：邹宪

1998年，搜狐是中国科技公司里当仁不让的超级巨星。这一年，写着"中国人离信息高速公路还有多远？向北一千五百米"的牌子依然还在，但张树新和一批高管已经从瀛海威离职，中国互联网行业迎来了第一次更新换代。这一年，李彦宏被张朝阳问过想不想回国做互联网，马化腾也听过张朝阳的讲座。1998年年底，美国《时代周刊》"年度风云人物评选活动"将张朝阳评为"50位全球数字英雄"之一，位列第45，是入榜的第一个中国人。张朝阳还是全球经济峰会"99《财富》全球论坛"特邀嘉宾，是那一年唯一受邀的中国企业家。这时的张朝阳在年轻人心中的地位不亚于摇滚明星。

1999年，网易和新浪崛起，和搜狐一起形成三大门户网站鼎立的局面，未来一直到腾讯入局，这个格局才开始发生改变。2000 年，新浪、网易和搜狐相继上市，进而开启了中国互联网行业的资本时代。

2000 年 2 月，搜狐先提交了上市申请，但最后不了了之。

2000 年 5 月，张朝阳在其广州分公司成立的新闻发布会上表示，暂时没有上市计划。而这时的新浪已经解决了架构问题成功上市，网易也即将上市。仅仅两个月后，搜狐就急匆匆地启动了上市进程。外界普遍认为搜狐的上市时机选得很糟糕，一方面，之前上市的网易股票没有一飞冲天，在谷底持续挣扎，证明美国市场现阶段对中概股普遍不看好；另一方面，当时上市的中概股已经有几支了，此时上市其实是在摊薄整个盘子，毕竟愿意投中概股的资金是有限的，这对其他公司和自己都不见得是个好选择。2000 年 7 月 13 日，搜狐在纳斯达克上市，以 13.125 美元开盘，收盘于 12.0625 美元，跌破发行价。

搜狐和游戏行业的关联可以从一家游戏资讯网站说起。2003 年，搜狐做了一次相当成功的收购。当时福建福州有一家叫作网龙的公司，这家公司的主要业务是做一些行业性网站和为政府做电子政务网站。2001 年，网龙为了推广自己的游戏《幻灵游侠》顺手创建了一个游戏咨询网站 17173。无心插柳柳成荫，不多时，17173 就成为国内最大的游戏咨询网站。门户网站出身的搜狐深知媒体的价值，就以 2050 万美元买下了 17173。对于这次收购有两种截然不同的观点，游戏行业内的人和网龙的资方 IDG 都认为这笔交易亏大了，但网龙自己觉得很赚，主要原因是他们认为这笔钱足够做自己的游戏。拿到钱的网龙把这笔钱投到自己的下属游戏开发公司天晴数码，之后陆续开发了《魔域》和《征服》等游戏，进而成为我国游戏市场最重要的成员之一。

这时候的搜狐虽然有 17173 这个游戏门户，但对比来说，显然做自己的游戏肯定更赚钱，搜狐也不会放过这个机会。说到这儿，就不得不提搜狐旗下的游戏公司搜狐畅游。

搜狐畅游的故事要从一个人讲起，这个人就是王滔。王滔，福建南平人，生于1975年，他的青年时期正是福建游戏产业最发达的时候，包括外星科技在内一大批红白机的游戏公司都在福建，王滔毕业后第一份工作也是去了其中一家，但没多久又去了目标软件，参与了目标软件《傲世三国》等几个重要项目的开发。2001年，王滔加入天人互动担任副总裁，在职期间引进了《魔剑》，但就是这款游戏最后拖垮了天人互动。离开天人互动的王滔加入了新浪乐谷，但很不幸，新浪乐谷也命运多舛。2004年，王滔又加入搜狐，这在当时看来像是刚从一个坑里爬出来，又毅然决然地跳到另一个坑里。

王滔进入搜狐以后，主要的工作就是负责一款原创游戏的开发。2007年5月，搜狐畅游历时三年开发的武侠角色扮演网游《天龙八部》开启公测，并在2009年创造了同时在线人数超80万人的纪录。搜狐2008年的财报显示，搜狐在线游戏的总收入为2.108亿美元，《天龙八部》贡献了1.889亿美元。2009年一年，《天龙八部》一款游戏的收入占搜狐整个公司的54%。这时的王滔一度被认为是中国游戏产业又一个天才制作人，但此后口碑急转而下。

《天龙八部》以后，王滔又牵头开发金庸的另一部小说《鹿鼎记》的网游。这款游戏耗费了8000万美元的开发成本，但在历时三年多且期间几经跳票，最终艰难上线后，却引来一片骂声，最终数据非常糟糕，之后搜狐畅游的财报甚至都不曾专门提及。王滔还尝试过复活《魔剑》，但并没有进行下去，最终不了了之。

中国互联网公司都有一个心结，就是游戏业务这么赚钱，如果分拆上市会不会是一个更好的选择？腾讯考虑过，没有做；网易考虑过，没有做；最终做了的是搜狐。2009年4月2日，搜狐将旗下游戏公司畅游分拆上市，后续金山也跟进把游戏部门分拆上市。从当时的角度来看，相比公司发展，拆分上市更重要的作用是平衡内部员工的利益关系。

2013年2月，盛大发布了上一年第四季度财报，这份财报让盛大黯然心伤，但让畅游乐开了花。盛大游戏该季度营收为1.72亿美元，环比持平，同比下滑25.9%；而畅游那边营收达到1.735亿美元，环比增长5%，同比增长26%。也就是说，畅游成功超越盛大，成为中国网络游戏市场的第三名，仅次于腾讯和网易。但畅游欢呼得太早了。

图3-22　搜狐附属游戏公司畅游在美国纳斯达克上市
图片来源：cnsphoto；拍摄者：潘旭临

2013年5月2日，搜狐畅游宣布和第七大道有限公司所有少数股东签订协议，以约7800万美元固定现金总对价收购少数股东持有的28.074%的第七大道股权。同时，原第七大道CEO、国内页游金牌制作人曹凯辞职。此后，第七大道的《弹弹堂》和《神曲》也成为畅游除《天龙八部》外最主要的营收来源，但事实上从被畅游收购开始，第七大道就一落千丈。2014年11月3日，搜狐和畅游共同宣布，王滔由于个人原因，辞去畅游CEO职务。

同时，董事会任命搜狐总裁余楚媛与畅游总裁陈德文为畅游公司联席 CEO。余楚媛兼任搜狐 CFO，产品、技术方向的把控就落在了陈德文身上。陈德文放弃了平台战略，出售第七大道，此外还一度有传闻称他要出售旗下游戏门户网站 17173。

畅游的裁员从 2014 年第四季度开始，CEO 张朝阳在 2015 年 2 月透露，畅游减少了 1000 人。反映在财报里的变化是，2015 年第一季度开始，畅游结束了前一年的微利乃至亏损局面，净利润从 2014 年的每个季度 100 万美元左右直接飙升至 4000 多万美元。但净利润的飙升不是营收增长所致，而是成本收缩，营收还一直在下滑。2017 年第一季度，畅游的运营开支仅为 4900 万美元，相较于 2014 年第一季度的 1.715 亿美元，已经缩水 71%。

2016 年，畅游总营收为 5.25 亿美元，同比下降 31.1%，这个数字即便与 2012 年相比，也下降了 15.8%。不要说赶超腾讯和网易，就是保持现有的排名也变成了不可能完成的任务。完美世界、三七互娱两家公司的营收超过 40 亿元人民币，分别为 47.04 亿元和 46.2 亿元，把畅游踩在了脚下。而巨人、游族、恺英、昆仑、金山五家公司的收入也超过了 20 亿元人民币，畅游压力不小。更让畅游焦虑的是，在同行纷纷进入手游时代时，畅游在手游方面依然十分乏力，2016 年全年手游收入占比只有 20%，而占比最高的居然还是已经运营了 10 年的端游《天龙八部》。

对于畅游的滑铁卢，只要看财报就一目了然。畅游从 2014 年开始明显减少了研发投入，2014 年在产品研发上的费用为 1.941 亿美元，2015 年为 1.71 亿美元，而 2016 年为 1.22 亿美元。与此同时，销售和市场推广的费用也在明显减少，2014 年为 2.413 亿美元，2015 年为 9200 万美元，到了 2016 年只有 5700 万美元。那么关键问题来了，钱去哪儿了？

2016 年 10 月，搜狐和畅游签署了协议，搜狐新媒体将不定期从畅游最多借款 10 亿元人民币（约合 1.484 亿美元），年利率 6%。搜狐计划利用这笔资金来支撑公司运营，但不包括畅游和搜狗业务。也就是畅游一直在用自己的钱支持搜狐的运作，给搜狐输血，这种做法严重影响了畅游本身的运作，投入减少带来的更严重的问题是员工信心的丧失，大批员工纷纷离职。

曾经的三大门户网站中，搜狐是活得最不好的一家，到了 2020 年中，市值只有 3.5 亿美元，退市前的市值已低于 6 亿美元。作为关联公司的搜狗市值也只有 15 亿美元，更悲哀的是，搜狗第一大股东是腾讯，占股 45%，超过搜狐的 38.35%。对比新浪和网易，搜狐没落得过于快且彻底了。

九、中国网络游戏市场中的异类：休闲网游

（一）《泡泡堂》《跑跑卡丁车》和世纪天成

世纪天成在中国市场非常另类，如果只看作品的影响力，它绝对是一家一线游戏公司，但奇怪的是鲜有人知晓这家公司的情况，堪称中国游戏玩家"最熟悉的陌生人"。

世纪天成的这种低调是有原因的，它本质上并不是一家中国公司，而是韩国游戏公司 Nexon 在中国的子公司。当时的国内不允许外资进入游戏运营领域，但 Nexon 找到了方法。Nexon 在中国先成立了韩资独资的游戏开发公司乐线软件开发有限公司，然后由乐线软件参股中国国有企业中国普天旗下的上海邮通科技有限公司，世纪天成为上海邮通科技有限公司下属的一个运营品牌。

在世纪天成之前 Nexon 就已经进入了中国，最早是在 2002 年，通过盛大把他们的两款游戏引入中国，分别是《泡泡堂》和《破碎银河系》。后者是 Nexon 在那个时代的主打游戏，被称为第一款"万人线上实时战略游戏"，无论画质还是开发质量当时都属于佼佼者，但因为游戏性一般，盛大本身也不够上心，所以没有取得很好的成绩，2006 年 3 月 28 日就宣布停服，而其实停服前很久日活跃用户就不过万人了。

相较而言《泡泡堂》则成功得多，最高同时在线人数超过了70万人，是中国第一款同时在线人数超过20万人、50万人和70万人的休闲游戏，这个数字甚至时至今日也是休闲游戏里前几名的成绩。

《泡泡堂》对整个游戏市场而言有非常积极的作用，但凡对游戏史有了解的玩家都知道这款游戏是在模仿哈德森的经典系列游戏《炸弹人》，这让网络游戏行业的人突然明白以往的街机游戏和主机游戏是个大宝库，里面可以借鉴的东西有很多。当然，光模仿也不行，《泡泡堂》并不是最早进入中国的模仿《炸弹人》的游戏，早在2001年就有一款类似的叫《嘭嘭帮》的游戏在中国运营，但因为服务太差，且时机不好，反响平平。

《泡泡堂》一开始没有受到业内太多的关注，因为在当时看来，《泡泡堂》相比较《传奇》等MMORPG确实不算赚钱，一方面是免费游戏还没有摸索到未来那些稳定的付费点；另一方面是这类"休闲网游"的爆款仅此一家，大家不清楚这个市场到底如何。

2005年，世纪天成接下了《跑跑卡丁车》和《洛奇》两款游戏。《洛奇》是在2005年年初签下来的，虽然数据不错，但对玩家的吸引力一直不强，最高同时在线1.5万人，这个成绩在中国游戏市场显然无法让人满意，因为《洛奇》在韩国市场同时在线人数曾经超过10万人，一直是Nexon的"印钞机"。但从游戏质量上来说，《洛奇》是被严重低估的，无论游戏性还是游戏内涵都属于优秀作品，更值得一提的是，《洛奇》还是最早一批做卡通渲染的游戏。《洛奇》在中国没火起来只能归结为两个直接原因：一是世纪天成的宣传太差了，在主流媒体上几乎没见过这款游戏的广告，当时世纪天成把所有的精力都放在了《跑跑卡丁车》上；二是《洛奇》出现的时候碰巧遇到了《魔兽世界》，一对比，《洛奇》也确实没有优势，所有和《魔兽世界》同时诞生的游戏都是生不逢时。

《跑跑卡丁车》的命运要好得多，在上线前就因为使用了和《泡泡堂》一样的人物形象而备受期待。和《泡泡堂》一样，《跑跑卡丁车》也是一款仿制游戏,是模仿的任天堂的《马力欧赛车》。关于这一点,其实在《跑跑卡丁车》上市之前宫本茂就说过:"网络是近来人们一直在讨论的话题。我想当时机成熟时,我们会进入这一市场。《马力欧赛车》是一款非常合适的游戏,它可以用 4 台 GBA 联机玩,也可以用分割屏显示的形式玩。这是人们非常熟悉的游戏方式,并且很容易带入网络。当网络成为可靠的商业模式,这类游戏是很容易制作的。"[1]

非常可惜的是,任天堂错过了这么大的市场,反而成全了韩国人。

2005 年 12 月 12 日,世纪天成顺理成章地拿下《跑跑卡丁车》的中国代理权。2006 年 1 月 10 日,《跑跑卡丁车》内测,2006 年 3 月 17 日正式公测,3 天后同时在线人数突破 12 万人,10 天后突破 20 万人,开启了一个全民漂移的时代。这个成绩已经足够挤入中国游戏市场的第一阵营,然而这还只是个开始。

2006 年 4 月 22 日,《跑跑卡丁车》首届 K1 上海争霸赛冠军产生,个人竞速赛前三由 JOY 车队包揽,CN 车队则获得了团队道具赛的冠军。从这时开始,《跑跑卡丁车》有了电子竞技游戏的雏形。

2007 年 2 月 25 日,《跑跑卡丁车》同时在线人数突破 80 万人。2008 年,《跑跑卡丁车》在中国成立了 POP 联赛,这是中国第一个由官方公司组织的单款游戏的电子竞技职业联赛,奖励为每个月联赛前三名的车队和个人各可以获得 1000 元、500 元、300 元。虽然金额很低,但也掀起了一股热潮,一大批玩家开始希望成为"职业车手"。不过,后来《跑跑卡丁车》的

---

[1] 岩田聪日后又提到过很多关于网络游戏的消极看法,比如:"从网络业务上盈利极可能是好几年以后的事了。仅仅因为是如今的热点就贸然进入这一行业,既不能盈利又无法满足消费者。所以这(网络游戏)仅仅是任天堂战略的一部分,而不是主流,正如所有其他公司一样。对于所有准备投身这一行业的公司而言,那里依然存在很多的障碍。""作为一个游戏设计师,我对它(网络)很感兴趣,不过任天堂是不会考虑网络游戏的所有市场可能性的。我们希望将精力更多地用于我们的竞争对手并未考虑到的其他领域,我们认为并不需要盲目跟随人们所追求的目标。"宫本茂也提出过类似的看法:"网络游戏需要我们花费时间设立主服务器以及各种网络服务,另外还有日常的维护。更何况原本投入产出比就已经很低的网络游戏受众面却不及普通游戏的 5%……每当想起这些,我就会对网络游戏犹豫不决。"

所有联赛做得都虎头蛇尾。

从 2008 年开始,《跑跑卡丁车》的数据一落千丈,一方面是 2008 年《QQ 飞车》上线,抢走了大量玩家;另一方面也和世纪天成自己的不作为直接相关。

和《QQ 飞车》相比,《跑跑卡丁车》的消费非常低,基本上在《QQ 飞车》里买一辆一年期限的车的钱,在《跑跑卡丁车》里够买一辆永久车。《跑跑卡丁车》无法竞争过《QQ 飞车》的原因很简单,因为腾讯的做法太接地气了,比如降低游戏难度,让玩家更容易参与;比如加入大量新鲜的游戏模式和社交系统……《QQ 飞车》上线半年日活跃用户就超过了 500 万人,到 2017 年《QQ 飞车》依然有不少玩家,最高月活跃用户超过 4000 万人。

此外,《跑跑卡丁车》的没落也和世纪天成的效率低下有直接关系。相比《QQ 飞车》,《跑跑卡丁车》(包括韩服在内) 后期更新本身就更慢,再加上中文版的引进迟缓,使得老玩家觉得该游戏没有新东西加入十分无聊,进而集体"叛逃"。2012 年暑假,《QQ 飞车》的同时在线人数突破了 300 万人。

在《跑跑卡丁车》运营期间,Nexon 一直在把自己的人安插进世纪天成。慢慢地,世纪天成完全由韩国人掌握话语权。但这并没有给游戏本身带来任何质变,反而因为高管频繁更换,且高管多为不懂中国市场的韩国人,对游戏造成了严重的负面影响。

这是当时韩国游戏公司在中国逐渐败走的一个缩影,过于迷信自己的影响,忽视了本土公司的成长。2010 年有媒体采访过韩国两大游戏公司 Nexon 和 NCsoft 的高管,他们那时还认为中国游戏公司无法和韩国公司相提并论。

世纪天成在《跑跑卡丁车》之后还陆续代理了很多游戏,其中最值得一提的是中华网的"烂摊子"《EVE:星战前夜》。《EVE:星战前夜》是一款在全世界游戏市场都非常难定性的游戏,其游戏性很强,但学习成本非常高;其玩家数一直不多,但全是核心玩家;其在游戏圈子口碑一直非常好,但在任何市场都没有赚到过太多钱。世纪天成运营这款游戏更像是为了打造自己的品牌形象。

2008年，世纪天成代理了《反恐精英Online》，这个Valve的经典品牌并没有在中国取得好成绩，虽然同时在线人数曾一度超过50万人，但并没有持续多久。一方面是游戏本身质量平平，运营不善；另一方面是游戏不光不像传统的《反恐精英》，反而更像腾讯的《穿越火线》。也就是说，《反恐精英Online》对自己进行了"降维打击"。[①]

2011年，世纪天成又代理了《洛奇英雄传》，这款游戏的质量在当时看来基本上是亚洲网游的极致，但该游戏在中国的成绩和《洛奇》一样惨淡。一方面，世纪天成在宣传上十分不用心，相当多玩家根本不知道有这么一款游戏；另一方面，世纪天成对外挂等行为熟视无睹，又逼走了一批老玩家。

如果单独说Nexon，这是一家资本运作能力非常优秀的公司，除了在中国大陆通过间接控股的方式让自己直接运营游戏以外，在中国台湾地区也靠着入股游戏橘子拓展了当地资源。但事实上后来的事情证明，在当地成立分公司来运作所赚取的利润并不一定比直接交由当地大公司运作更高。这些年Nexon在中国市场开始做出改变，包括《自由足球》、*FIFA Online 3*都交给了腾讯运营。世纪天成也渐渐结束了它在中国的历史使命。

（二）劲舞团和非主流文化

音乐游戏是游戏行业里非常特别的一个分支，因为从有音乐类游戏开始，它的受众就有两个鲜明的特色：一是女性玩家非常多，二是大部分音乐游戏的核心都是比反应速度。

1998年，科乐美制作了一款叫*Dance Dance Revolution*的街机游戏，游戏创新性地把用手操作换成用脚踩上下左右四个键来控制游戏，玩家看起来就像是在跳舞。之后这款机器被国内的厂商看中后引入，称为"跳舞机"。

---

① 《穿越火线》和《反恐精英Online》这两款游戏在近些年一直互相"借鉴"，腾讯凭着运营能力和极快的反应速度肯定对这种行为喜闻乐见，但对于Nexon来说就绝对不是了。

之后日本人在街机上做过很多有意思的音乐游戏尝试，最出名的就是《太鼓达人》。这款游戏更注重"节奏"，让玩家不用顾虑对于方向的判断，由此形成了音乐游戏的两个分支，一种只是打节奏，另一种需要判断方向，不过这并不代表只需要打节奏的就更简单。

图 3-23　最早版本的 *Dance Dance Revolution*
图片来源：维基百科；拍摄者：True Tech Talk Time，基于 CC BY-SA 4.0 协议

韩国游戏公司对音乐游戏市场的影响毋庸置疑。1999 年，韩国 Hanseul Soft 公司推出了一款叫作 *VOS*（*Virtual Orchestra Studio*）的 PC 端音乐游戏，游戏的操作界面是七个钢琴按键，对应键盘上的按键，当屏幕中的音符下落至游戏界面下方的线时，通过按对应的按键便可弹奏出该音符。虽然这并不是 PC 端上最早的音乐游戏，却是那时音乐游戏中完成度最高的。之后，Hanseul Soft 推出了 *VOS* 的网络版 *Canmusic*，于 2004 年交由韩国 Lemonball

公司代理，更名为 *New Canmusic*。这款游戏最大的亮点是玩家可以编辑自己的 MIDI 音乐文件与全世界的玩家一起分享，但由于种种原因这款在韩国爆红的游戏并没有在国内正式商业运营。

2003～2004 年，韩国市场突然冒出来很多音乐游戏。有些读者可能比较熟悉 *DJMax*，由街机音乐游戏 EZ2DJ 开发组制作，于 2004 年上线 PC 平台。2006 年，该开发组还制作了 PSP 版 *DJMax Portable*，次年制作了续作 *DJMax Portable 2*。这两款 PSP 游戏光在韩国市场就卖出了超过 10 万套，全球市场超过 30 万套，是掌机平台销量最高的两款韩国游戏，在音乐游戏市场销量也算是第一阵营。盛大曾经代理过 *DJMax*，但错过了最好的时间点，在运营上也不上心，相当多玩家甚至根本不知道 *DJMax* 有国服。

第一款引爆中国市场的音乐游戏是《劲乐团》，英文名为 *O2JAM*，为 O_2（氧气）和 Jam（即兴演出）的组合词。这款游戏的游戏方式非常像中国计算机用户比较熟悉的打字游戏，就是屏幕侧方会滚动出现按键提示，玩家根据提示敲键盘就可以。2003 年 6 月，《劲乐团》在韩国推出，没过多久就由久游网带到了中国。游戏最大的特色是曲库的歌曲量非常丰富，有数百首之多，这在当时的中国玩家间掀起了一阵音乐游戏热，只是久游网在 2006 年初就对游戏停止了更新。

在《劲乐团》的生命周期里，有一件事非常值得一说。2004 年和 2005 年，久游网给《劲乐团》铺天盖地地投放过一段时间的线下广告，尤其是地铁广告，这种行为在当时的游戏行业实属罕见。一方面，线下广告的效果难以评估，一般公司不敢尝试；另一方面，不确定监管部门对这种投放线下游戏广告的行为是否认可。但《劲乐团》证明了这是可行的。2017 年，当我们看到上海地铁徐家汇站里《崩坏 3》相当震撼的广告时，不能忘了当年游戏公司投放广告时的心情。

图3-24　风靡一时的《劲乐团》

中国音乐游戏的真正颠覆者是《劲舞团》。

2005年5月12日,《劲舞团》开始公测,当天的同时在线人数就突破了8万人,注册用户超百万人。

2005年7月20日,经认定,久游网旗下的《劲舞团》正式成为第一批适合未成年人的绿色网络游戏产品。

2005年9月6日,1.4版"超级秀场"上线,除了游戏内容的更新外,更值得注意的是游戏请了韩国女星李彩代言。当时国内刮起一阵韩流,这次请韩国女星代言吸引了一批从来不玩游戏的玩家,尤其是女性玩家。尝到甜头的久游网在2006年2月24日又宣布由当时靠着《浪漫满屋》火爆全亚洲的Rain代言游戏,直接登上了所有娱乐媒体的头条。

2007年3月,《劲舞团》同时在线人数突破了80万人。

图 3-25 《劲舞团》里的时装

2007 年 7 月 4 日,《劲舞团》韩国方面的开发商 T3 Entertainment 和运营方 Yedang Entertainment 对外宣布和《劲舞团》中国运营方的谈判正式破裂。这条消息直接导致本来打算在 7 月 12 日赴日本上市的久游网被迫于 7 月 10 日宣布暂停上市进程,对此,大批中国玩家纷纷表示:这集我看过。

韩国方面有趁火打劫的嫌疑,最明显的一点是因为需要加入"防沉迷系统",韩方直接要价 600 万美元,久游虽然心有不快,但还是支付了 400 万美元。

2007 年 7 月底,九城对外宣布向《劲舞团》的开发公司 T3 Entertainment 支付不少于 4300 万美元的费用以获得《劲舞团》在中国市场的独家授权。听闻消息时,大家都在感叹久游网就这么丢掉了一台"印钞机"。但两个月后,久游网又对外宣布成功续约《劲舞团》,只是未来两年收入的 30% 需要支付给韩方，并且保底收入为 4500 万美元。这时候大家才明白，九城不过是 T3 Entertainment 找久游网抬价的筹码而已。

解决了代理问题后，《劲舞团》重新回到既定的轨道。其在中国的火爆，很大程度上是因为很好地揣摩了玩家的一些小心思。《劲舞团》成功把握住了一部分特殊群体的消费需求，比如最大限度地突出时装的意义，刺激了一批想要通过虚拟消费炫耀自己的玩家。相比现实中的时装，游戏里怎么也要便宜得多，并且达到的炫耀效果可能更好，毕竟是在网上，接触的人更多。

《劲舞团》因为玩家群体十分特殊，所以一直遭受着相当多的社会争议，其中人民网就发表过一篇讨论文章——《〈劲舞团〉类游戏到底是不是畸形情感的温床》。

《劲舞团》运营过程中碰到的最大的事故出现在 2008 年 5 月 12 日，汶川发生大地震，举国哀悼之际多数游戏公司也响应号召，在 5 月 19 日至 21 日国家哀悼日停止游戏运营，其中包括《劲舞团》。只是一件极其可悲的事情发生了。在"劲舞团吧"中，大量《劲舞团》玩家对停服表示愤怒，认为地震不应影响其玩游戏，甚至出现了大量对受难同胞的侮辱性言论。这让网民异常愤怒，一开始是一部分人和《劲舞团》玩家在贴吧争吵，之后大量网民参与其中，"劲舞团吧"一时间涌入了数之不尽的"爆吧者"。争议的顶峰出现在 21 日，一名张姓女孩发布了一条幸灾乐祸的视频，很快主流媒体开始跟进此事，该名女孩也被警方依法拘留。

对于这次事件，《劲舞团》的运营方久游网表示背后有竞争对手恶意操纵，并且强调一定会揪出"幕后黑手"，原因有三：一是女孩在录音开始的时候说"你叫我再录一遍干什么玩意儿？骂你一遍你就是没够是不是？那行，姐再跟你说一遍"，很像是受人教唆；二是这个女孩的久游网账号并没有激活任何游戏；三是这段视频最先发布在 YouTube 上，而久游网方面认为《劲舞团》玩家"不会掌握在 YouTube 上传视频的技术"。

这件事情让日后《劲舞团》的运营蒙上了一层拨散不去的阴影，游戏口碑从之前的毁誉参半直接变成一边倒的恶评，玩家数量也一落千丈。

后来的连续的几起负面事件后，《劲舞团》彻底回天乏力。但我们不得不反思，究竟是游戏激发了人性恶的一面，还是《劲舞团》这款游戏因为定位恰巧把心中有恶的玩家聚集在了一起？或者对于一款有千万级别活跃玩家数的游戏来说，这种事件发生究竟算不算正常？

在《劲舞团》之后，中国市场最成功的音乐游戏是《QQ炫舞》。这款游戏一如既往地发挥了腾讯"后发制人"的优势，在保留竞争对手优点的同时，做得更炫、更接地气，宣传也更好，取得的成绩对手们也只有羡慕的份。《QQ炫舞》的最高同时在线人数在2012年突破了260万人。

未来，*Love Live!* 让音乐游戏在中国手游市场再现辉煌，当然这是后话了。

如果仔细观察中国游戏市场，会发现一件有趣的事，就是随着整个市场的发展，休闲游戏在端游市场的占比逐步走低。中国游戏玩家呈现出明显的重度化特征，更加倾向于复杂的MMORPG和电子竞技类游戏。因此，哪怕进入了页游和手游时代，随着市场发展游戏内容也越来越重度化。这在全世界游戏市场里都是比较另类的。

十、中国网络游戏的巅峰之作：《剑侠情缘网络版》

（一）金山游戏业务的探索

早在1995年，雷军就沉迷于早期的文字网络游戏MUD，并说过："我非常喜欢那种虚拟世界中的高度自由，（这种自由）可以实现在现实世界中无法达成的想象。我们坚信游戏的发展会日益蓬勃，因为游戏是人的天性。"

回顾金山的发展，在刚刚进入21世纪的时候，开发网络游戏这件事可以称得上是顺其自然,甚至是浑然天成。这是因为在整个20世纪90年代,金山都在和盗版做斗争,虽然金山在办公软件方面突破了盗版的围剿,但在游戏方面必须要想办法突围。

2001年7月,雷军亲赴韩国考察韩国网络游戏的发展状况,在看到韩国游戏产业一片繁荣后,雷军决定回国启动《剑侠情缘网络版》(简称《剑网》)的开发工作。几个月后,在《计算机世界》的"IT财富年会"上,雷军表达了对网络游戏市场的信心:"网络游戏业越来越热门,在韩国已非常明显。在中国,明后年会有一个蓬勃发展的生机。"

2002年6月,雷军拜访盛大,而盛大也极为重视,在公司门口挂了一个"热烈欢迎金山公司领导莅临指导"的横幅。不知当时的盛大是否想到,这次拜访的人会成为未来的竞争对手之一。

相比单机游戏,网络游戏需要更高的投入,无论资金还是技术。对于将要面临的风险,雷军早有预期:"当时我们做了最坏打算。2003年5月,我们账上的钱加上银行贷款,大概有8000万人民币。我告诉员工,8000万足够我们打两仗,如果输了一仗,我们还可以再打一仗。孤注'两'掷一定能成功!我们要拿出砸锅卖铁的决心,全力以赴转战网络游戏!"同时,裘新也认为在技术上有着不小的障碍:"这是西山居第一次做网络游戏项目,包括我在内的所有人,都大大低估了做网络游戏的技术难度和复杂度。和单机游戏不大一样,网络游戏不仅在客户端要有很好的体现,还要有高效稳定的服务器技术、稳定的数据库技术、网络安全技术、便捷的聊天系统、反外挂的设计考虑,以及《剑网》中需要的多服务器系统,工作量和技术难度难以想象的大。另外,为了适应尽可能多的低端网吧的机器配置,客户端要尽可能地小,系统资源占用要尽可能地低,这也给设计带来很多的掣肘。""开发网络版《剑侠》最大的困难在于没有经验,不管人力资源的准备还是项目规划上都体现了很大的盲目性,还有很多技术,比如网络传输、服务器逻辑、数据库管理、网络协议的规划对西山居都是全新的,缺乏测试也是个大问题。"

这样的结果必然会产生大量的设计从头推翻重做。"

  2003 年,在"非典"的疫情中,金山正式开始开发《剑网》。

  西山居对《剑网》的重视度非常高。当时西山居只有 30 多名技术人员,同时在开发三个项目,但为了保障《剑网》的开发,西山居叫停了《中关村启示录》续作,也压缩了《天王》的项目组。在开发后期西山居为了保证游戏品质,又从金山其他部门累计抽调了 150 人,甚至连 1997 年就已经离开的副总裁王全国也被请了回来,而雷军更是亲自披挂上阵。雷军说:"我自己到珠海督阵并担任项目经理,此外还抽调了 8 个技术总监中的 5 个来研发网络游戏,所有人对我负责。"日后跟着雷军去了小米的尚进回忆道:"那时,西山居研发了近三年的《剑网》即将开始内测,也是金山的网游战略正式拉开序幕亮相的时候。我当时在金山北京研究院任一个项目的技术总监,带着队伍在北航校园里进行长时间的封闭开发。'非典'之后,我正在为北京恢复繁华感到庆幸,雷军突然找我,告诉我公司所有技术总监自行挑选骨干带队进入《剑网》项目,职务全部降为程序员以支援《剑网》原有研发人员,一周内到岗。雷军之所以采用这样的非常措施,是因为当时国内游戏开发和运营人才都处于非常紧缺的状况,想要在这个市场上迅速站稳脚跟,就必须有自己拿得出手的绝活——金山庞大的研发和市场资源就是雷军能拿出来的绝活。事后证明,这个非常措施非常有效,《剑网》项目的力量得到空前加强,所有"援军"在一个月内整合完毕,很快《剑网》顺利开始了内测。不久,公测取得了 6 万人同时在线的成绩,大家都松了一口气。很多同事也撤回到了原来的事业部,但我不想走了——游戏就是有这样的魔力,没有人能逃过它的感染。"[1]

  整个金山的人都被调用到了这款游戏上,金山副总裁葛珂就曾提到过整个公司对游戏的投入:"刚开始做网络游戏的时候,雷军有几个月基本上白天

---

[1] 引自网络文章《站在幻想的顶端——透视金山〈封神榜〉》(新浪游戏网)。

工作，晚上通宵玩游戏，哪个游戏最火就玩哪个。在《剑网》上市前，雷军布置了一个硬性指标，每个高层管理者必须在游戏里练成一个30级的人物。那是我平生第一次打网络游戏。"

游戏内测时，数字娱乐市场部总监刘阳号召全体金山员工玩《剑网》，为了将这一想法落到实处，甚至要求人力资源部每天检查，以至于公司出现了每天下午四五点全公司集体玩游戏的壮观场面。

雷军在2003年游戏上市前夕接受搜狐采访时，对中国网络游戏和海外网络游戏竞争的话题表达过自己的观点，而日后国产网络游戏辉煌的原因也确实如其所说。

第一类就是题材。网络游戏不仅仅是游戏，还是一个虚拟社会，如果从虚拟社会的角度来看，题材的选择，选择中国玩家到虚拟社会以后最熟悉的题材，这是我们的优势。大概没有人想去做中世纪的欧洲，我们一定会选择中国。五千年的文明史可挖掘的题材太多了。

第二个优势是原创的优势，我们可以和玩家一起玩，一起交流。韩国的厂商会不会跟玩家一起交流呢？我在网上看到韩国骂公测的人非常多，但这表明了他们的参与度。韩国的人有人提意见吗？谁会在意呢？没有人在意。这是原创游戏最大的优势，可以解决外挂的问题，可以解决持续研发的问题。

第三，原创厂商对中国市场的理解很深刻，对中国市场的营销把握得也非常好。我非常担心欧美厂商的加入。韩国只是比我们略微领先两年左右，我们是赶得上的。但是如果欧美的游戏同时加入的话，我们的技术差距还是非常大的。比较起来，游戏是虚拟社会，所以我一样认为哪怕打不过欧美游戏也会拥有自己的空间。

关于研发这款游戏的困难，求伯君说："就像中国的历史，就像一个侠客,总是要经历痛苦与挣扎之后才可以来到成功的起跑线。"

2003年7月26日,上千名古代侠客装扮的人齐聚涿州影视城。这不是某部电影的拍摄现场,而是《剑网》的发布会。大场面的发布会让媒体纷纷报道金山的第一款网络游戏。趁热打铁的金山又招募了一批人,身着古装在各个城市的街道上向路人发放9月20日"剑侠群英会"的英雄帖。可以说金山的成功从来都离不开两点:一是不错的游戏质量,二是出色的炒作能力。

图3-26 "剑侠"助阵武侠网络游戏(《剑网》)发行
图片来源:cnsphoto;拍摄者:秦淮

2003年8月26日，连邦软件以4000万元的天价成为《剑网》的全国总代理，打破了国产网络游戏的销售纪录，即便火爆全国的韩国游戏《奇迹》也只不过是450万美元的价格。

2003年12月8日，《剑网》开始正式收费。当时这款游戏在普通玩家里口碑并不算太好，一是游戏制作完成度比不上同时期的韩国游戏，二是游戏的平衡性饱受质疑。但金山发挥了其不服输的精神，在游戏运营中根据玩家的反馈不停调整，最终取得了相当不错的成绩。

2004年5月，《剑网》已经有超过13个游戏专区，34组服务器，总计注册玩家1000万人，最高同时在线15万人。这时金山CTO王涛在面对美国《商业周刊》记者时，就很有底气地说："我们希望成为网络游戏市场的领先者，让其他公司来模仿我们。"

2004年6月30日，智冠科技董事长王俊博和金山公司董事长求伯君共同宣布《剑网》登陆中国台湾地区，这是第一款在台湾地区正式运营的大陆公司的网络游戏。

2004年10月10日，金山制作的第二款网络游戏《封神榜》上线，制作方并不是已经家喻户晓的西山居，而是金山在北京新成立的游戏制作组"烈火工作室"。游戏的发布会地点定在了北京的建外SOHO，代言人请到了高圆圆，主题曲《多情人间》由沙宝亮演唱，作家郭敬明也现身现场。这种明星代言增加曝光机会的做法，金山在日后的游戏推广中一直沿用。

一个月后，《封神榜》的代理权以6000万元人民币的价格卖给了当时国内最大的游戏渠道商骏网。12月16日，游戏正式上线，靠着铺天盖地的广告，仅仅20天后，同时在线人数就突破了15万人。这时的金山已经找到了网络游戏的门道：保证游戏质量至少合格；针对目标群体大规模推广；持续优化游戏。这是大多数国产游戏成功的共性。

《封神榜》在一件事上显得非常有远见，就是把网游的关注点从网吧转移到了家庭，金山也凭此开始了网络游戏家庭化的革命。

2005年,雷军接受《家用电脑与游戏》采访时如下解释过网络游戏家庭化的原因。

> 网吧曾经造就了盛大的成功。当年,在遍布全国的网吧里,网吧用户找不到合适的产品来使用,网吧业主没有盈利点,聊天、浏览都只能短时间里提供很少的消费。盛大的《传奇》可以说是填补了这个产品空白,所以才能受到网吧业主的欢迎,迅速推广开来。到了今天,想再次成功的话,如果仍然走网吧这条路,付出的代价将是巨大的,因为所有人都看到了网吧这个市场。就以金山为例,我们在网吧推广方面的投入是惊人的。我给你说几个数字,会比较直观一点:金山在40个城市设有办事处,在超过100个城市签约了推广总代理,总计起来,金山在网吧地面推广的队伍超过了1000人,可以用'人海战术'来形容。但是,即使是这样的投入,我们想要超过先行者,仍然有很大的困难。所以,我们就在寻找,要完成超越的点在哪里?我们看到了'家庭网游'这个机会。其实,在韩国,在日本,包括在中国台湾,网游早在三年前,就以家庭娱乐为主了。如果你到台湾去上网吧,会发现他们都比较冷清。我想,再过两三年,我们这边的网吧肯定也不会维持今天这么火爆的态势,市场一定会发生转移。以上说的是第一个考虑。第二个考虑就是,今天的中国社会对网游的理解,还停留在'小孩子玩的'阶段,而我认为网游是一种'全社会'的新型娱乐方式,对于成年人来说,网游同样有很大的娱乐价值。而对于大部分成年人来说,在家庭消费网游的可能性会更大。第三个考虑,就是从中国国情考虑,基于网吧带来的一系列社会问题,整顿网吧势在必行。与此同时,在家上网玩游戏会成为主流的网游形式。

雷军的这段话道出了当时游戏行业遇到的两个非常明显的问题:一是早

在 2005 年，游戏的推广成本就已经明显提高，甚至超出了很多游戏公司的承受范围，渠道之痛至今都是中国游戏公司最大的痛；二是网络游戏的主战场随着宽带普及，开始从网吧逐渐转移到家庭。而这种转变，正是那一批游戏公司都在争夺的先机。在《封神榜》上线前后，盛大也提出了"家庭休闲网游"的未来发展线路，只不过很可惜的是，在这次角逐中，最终胜者既不是盛大，也不是金山。这两家公司都是找对了市场，但没有做对事。

2005 年，西山居 10 周年庆典的主题为"见证中国游戏 10 周年"，虽然听起来让人觉得多少有些张狂，但有底气说出这句话的公司也确实寥寥无几。20 世纪 90 年代最早的一批游戏公司死的死、残的残，金盘、前导、腾图、尚洋等曾经对中国游戏举足轻重的公司几乎都黯然收场，像西山居这样坚持做游戏的已经屈指可数。在这次活动上，求伯君回顾了风雨十年："我们的国产游戏在先天严重不足的情况下，在一个盗版泛滥的行业环境里，十年内的进步是巨大的。国产游戏需要关注，但是更需要我们的激励和支持，还有我们这批热爱游戏的人、制作游戏的人的执着精神。我希望不管是以什么原因离开或加盟，曾经为金山或现今为金山的，只要你是西山居的一位成员，西山居的辉煌记载着大家的努力，我们永远会记得你们！"

在这次活动上，雷军预测了未来游戏产业的三大发展方向：第一，产业变化，国产游戏经过 10 年的历练，伴随着一系列优秀国产游戏产品走出国门，争夺海外市场将成为国内厂商下一个 10 年目标；第二，观念变化，下一个 10 年，中国游戏产业将进入全面的大众商业运营阶段，游戏将成为中国用户不可缺少的一种娱乐文化形式，同时中国游戏厂商在这 10 年中将担负起更多的社会责任；第三，主流游戏题材变化，以中国文化题材为代表的东方文化题材将得到全球游戏产业的喜爱和认可。

游戏产业日后的发展证明，雷军说的基本都正确。2006 年，《大话西游》为网易开辟了国产 Q 版游戏市场，和《梦幻西游》一起为网易创造了超过 10 亿元的收入。除了《大话西游》，当时最让人期待的另一款 Q 版游戏就是

《水浒Q传》。

2003年，吴锡桑离开网易成立火石软件，在被中信泰富投资后并入其旗下光通公司。2006年，火石软件融资赎身，脱离光通，并向外界展示了自己正在开发中的《水浒Q传》。《水浒Q传》的代理权最先口头交给了盛大，但因为盛大负责对接这个项目的人离职而不了了之，这才让金山"乘虚而入"。

"金山在介入这款游戏的代理权争夺后，表现得非常积极，再加上求伯君一直是我的偶像，以及他对研发方面的理想，双方很容易达成一致。求总、雷总都曾经帮过我，所以我信任他们。因此最终决定把游戏给金山来代理。"吴锡桑这么说。

2006年7月11日，金山软件与火石软件宣布成为合作伙伴，《水浒Q传》也一度和《梦幻西游》正面竞争，但后继乏力，最终落于下风。

"在四川美丽的稻城，有一个被神山三面包围的地方——亚丁，那里被誉为梦开始的地方、最后的香格里拉。亚丁工作室的名字便是取自稻城亚丁。工作室于2004年5月在成都建立，是继珠海、北京之后，金山在全国的另一研发基地。亚丁工作室专门从事休闲卡通类网络游戏的开发，目前已拥有数百名经验丰富的研发人员，首款研发作品为《春秋Q传》。"金山亚丁工作室的宣传册上是这么介绍自己的。

雷军多次公开表达过自己非常欣赏《梦幻西游》的策划徐宥箴，因为其构建了一个并不是纯粹打打杀杀的游戏环境，让上百万玩家能够和谐地生活在一起，这是之前的网络游戏不曾做到过的。受此启发，雷军提出了网络游戏要创造"和谐社会"的理念，让每个玩家在游戏里都有"被需要"的价值感，有"街道大妈"的乐趣。日后徐宥箴从网易单飞，拿的正是金山的投资，成立了金山多益，后独立为多益网络。2007年，雷军在ChinaJoy演讲时提到了岩田聪的演讲《玩者之心》[①]，认为游戏就应该回归其有趣的本质，

---

① 本书正文最后摘录了这篇文章。

《春秋 Q 传》就是在这种背景下应运而生的。

金山为了《春秋 Q 传》投入了数千万元资金和 219 名工程师，投资规模打破了金山以往游戏的纪录。但是，《春秋 Q 传》并未取得预期的成绩，反而成了我国游戏史上知名的跳票案例。雷军说："这是一款力臻完美的游戏，数次跳票的目的只有一个，就是为了玩家能够喜欢。"2007 年 9 月 20 日，经历了 9 次跳票的《春秋 Q 传》终于公测，很快同时在线人数就突破了 10 万。但这款游戏同样后继乏力，日后的成绩乏善可陈。

2007 年，雷军在第三届游戏产业年会上说过的两句话一直被行业里的人津津乐道。第一句是："《大长今》的故事就是一个平凡的人做了不平凡的事，是用一颗纯洁认真的心去做膳食、医道而获得了成功。做网络游戏如果能像大长今那样，用一颗纯洁认真的心和完美主义者的态度去开发，一定能获得成功。"这句话在游戏圈子里被称为游戏业的"大长今精神"。第二句是："中国网络游戏市场现在已经由产品奇缺的年代进入了产品过剩的年代，每年发布的新产品有 100 余种。但类似《魔兽世界》的震撼之作凤毛麟角。长达四五年的研发周期，数千万美元的研发投资，和换回的超一流的产品品质形成呼应。"这句话被总结为中国网络游戏行业的"大片时代"即将到来。

这两句话准确预测了之后中国游戏产业的一个发展方向。对于大部分公司来说，像撒沙子一样做几款甚至十几款游戏效果非常差。因为玩家的精力是有限的，所以游戏市场必然是一个符合"二八法则"的市场，或者更极端一点是一个 0.1% 对 99.9% 的市场，只有最好的头部游戏才能赚钱，剩下的游戏连吆喝声都赚不到。从公司角度来说，不如把精力集中在少部分游戏上，通过做精品让自己在市场竞争中生存下来，从而赢得一城一池。

而金山自己的"大片"，也是一路从失败走向成功的。

2002 年，华义开发了一款叫作《铁血三国志》的游戏，这是华义有史以来投资最高的游戏，但华义因为本身的经营问题没有完成开发。2005 年，金山和华义结盟，台湾漫画大师郑问带领"铁血工作室"加入金山，成立"三国工作室"。金山在收购北京华义后，决定重组开发团队，让《铁血三国志》于 2008 年面市。

《铁血三国志》在推出前就被媒体和玩家寄予了极高的期待。一方面，该游戏由漫画大师郑问负责，郑问曾以《阿鼻剑》创下武侠漫画新典范，成为第一位在日本讲谈社连载作品的中国漫画家。1991 年，郑问获得日本漫画家协会颁发的"优秀奖"，是 20 年来第一位非日籍得奖者，被日本漫画界赞叹为 20 年内无人能出其右的"天才、鬼才、异才"，更被誉为"亚洲至宝"。时至今日，郑问的作品依然在日本漫画和插画行业有着极高的地位。另一方面，金山在宣传中提到了很多诱人的字眼，比如全 3D 游戏、虚幻引擎、数千万美元投资，等等。在官网上，工作室的人如此寄语："作为伴随游戏长大的一代，我们从小就被日本化的三国游戏所冲击，日本公司甚至替我们重新树立了三国的形象。每当我们看到屏幕上的三国人物说着陌生的片假名时，心中总会有一种莫名的伤感，究竟何时才能玩到最纯正的中国产三国游戏？恐怕大家也都有一个梦想，做一款真正属于中国人的三国游戏。三国工作室所有员工都是怀着这个梦想走到一起的，也正是为了完成这个梦想，大家才能在过去的日子里多次面对悲欢离合，几经痛饮苦酒，最终坚持下来。"

2017 年 3 月 26 日，郑问因心肌梗死过世，享年 58 岁，他至死都没有看到这款游戏。《铁血三国志》的胎死腹中也被认为是金山游戏最大的遗憾之一。

2007 年 10 月 9 日，金山软件在香港联交所上市。作为中国软件行业的活化石，金山最终上市也算是众望所归。两年后，金山拆分了游戏业务。

2008 年 11 月 12 日，在北京北郊的春晖园酒店里，金山组织了一次纪念金山软件成立 20 周年的活动："中国软件 20 年，知识英雄再聚首"。求伯君说道："与其说这是一次高峰论坛，不如说是一次老朋友的聚会。我邀请的多是早一代的程序员，都是以前的老朋友。但我们会越来越忙，越来越没有时间相聚，这次聚会也是想和老朋友们回忆往日时光，和大家叙叙旧。" 6 天后，在北京国家会议中心，金山公布了另外一款已经传言多年的游戏——《剑侠情缘网络版叁》（简称《剑网叁》）。

（二）中流砥柱：《剑网叁》

2004年4月，《剑网叁》在珠海的金山总部会议室里正式立项。据说现场求伯君还题诗一首激励大家，只是当时可能没人想到日后的开发过程是如此曲折。

《剑网叁》最早的开发团队只有四个人，一个美术师、一个策划、一个程序员和前《金山毒霸》的项目负责人陈飞舟。这会儿与其说是开发，不如说是做一下尝试。游戏一开始并没有考虑清楚到底要做一款什么样的成品出来，而是做了很多底层工作，开发了相当多的底层开发工具，这些开发工具陆续应用在了金山日后的很多游戏里。

2005年4月，《剑网叁》制作团队完全推翻了之前的想法，决定要制作一款全3D的大制作游戏。与此同时，西山居研发的3D引擎也获得了国家"863计划"的支持，只是多数媒体对金山这种豪赌一款游戏的做法依然有些怀疑，主要问题就是不确定中国的游戏开发商能否制作出这么一款大制作的3D游戏，而这些疑问在第二年的ChinaJoy随着西山居公布实景画面一起烟消云散。在ChinaJoy上，看到现场演示的玩家最后都不约而同地发出惊叹，原来国内的游戏公司也能做出如此惊艳的效果。不过这次演示也为西山居自己挖了个坑，之后很长时间里，玩家的焦急等待为公司带来了不小的压力。

一直到2008年11月20日，《剑网叁》才开启了首次技术性封测，这款游戏被求伯君形容为"金山历史上投资最大、历时最长、人力最多"，事实上即便在中国游戏史上也是数一数二的。但让西山居稍微有些焦虑的是，最早一批玩到游戏的玩家并没有像想象中的那样给出一致好评，甚至还有知名媒体指出游戏存在严重缺陷。可能是因为出现了很多批评的声音，最终游戏一直到2009年8月才开始公测。《剑网叁》公测当天收获了150万注册用户，也算是给西山居的团队打了一针强心剂。

《剑网叁》正式运营后，金山做出了一个让人震惊的决定，就是在"免费网游"已经成为绝对主流的中国市场，选择了按时长收费的模式，让相当多玩家觉得不能理解，但也收获了足够多玩家的认同。《剑网叁》刚上线时口碑相当糟糕，包括太像《魔兽世界》、配置要求高和收费模式太坑等相关言论不绝于耳。但这款游戏运气很好，上线时间碰巧是《魔兽世界》代理权交接和遇到上线问题的时期，大量《魔兽世界》玩家转投到《剑网叁》的怀抱。

2008年，金山还开发过一款网络游戏《剑侠世界》，虽然游戏本身并没有太多值得讨论的地方，但有一件事却非常值得注意。这款游戏作为一款大型客户端游戏，尝试了之后在页游和手游市场很普遍的联运模式，先后和盛大、新浪等公司联合运营，虽然结果称不上多成功，但也算是给同行提供了一种借鉴。

2010年5月20日，《剑网叁》的首部CG短片推出，相比国内多数游戏公司，西山居对《剑网》整个品牌的经营非常值得肯定。4天后，首部资料片《藏剑山庄》上线。在此前后，同名电视剧《剑侠情缘之藏剑山庄》发布，由谢霆锋和蔡卓妍主演，但和《仙剑奇侠传》电视剧不同，这部剧迎来近乎一边倒的骂声。该剧让人颇有微词的地方有3点：一是这部电视剧拍摄质量相当糟糕；二是剧中内容看不出来和《剑侠情缘》系列有什么关系；三是它居然是部穿越剧。

2011年，《剑网叁》遭遇了一系列运营事故。首先是推出"太白仙鹿"，因为这只鹿的画风明显偏奇幻，一时间出现大量玩家抨击《剑网叁》的武侠不纯粹了，有人调侃说《剑网叁》变成《轩辕剑叁》了。之后在同年7月份，《剑网叁》推出了电信六区——美女专区，还没等到玩家愤怒，一些游戏论坛上就出现了大量《剑网叁》女玩家的大尺度照片，这彻底激怒了大批玩家。一直以来《剑网叁》都是按时间收费，玩家相对"高端"，大部分玩家都不认同低俗化的游戏推广方式。在争议声中，西山居被迫出来道歉。

2012年春节，《剑网叁》的玩家相关数据均破纪录。至此，《剑网叁》才真正成为我国游戏市场的头部游戏。

2014年，《剑网叁》的最高月流水突破1亿元，连续5年增长。这与西山居在过去10年时间里对一款游戏持之以恒的投入直接相关。谈及期间遇到的困难，制作人郭炜炜说："其实《剑网叁》的项目早在2003年就提出来了，直到2009年才完工推出，这期间整整6年的时间都在不断更新完善，人换了一批又一批，我却一直在这里坚持着。这期间发生过很多事情，《剑网叁》也遭遇到了两次重大的危机。第一次危机是赵青的离开。2003年《剑网叁》立项，这个项目就是赵青带着做的，后来他带着一批人去了网易，着手去做《大唐豪侠》，其实《大唐豪侠》就是最初《剑网叁》的立项雏形，定位几乎一模一样。赵青的离去直接导致《剑网叁》项目推倒重做，他不仅带走了这个项目，也带走了十几号西山居的老人，要知道当时西山居总共也就三十多个人，还包括十几位新人，可想而知这个打击有多大。""第二次危机是2005年底到2006年初的时候，那时候游戏基本上快要有型了，但我们总感觉这个项目做得不够优秀，没有脱离老游戏的影子，因为它是固定视角的。最后我们做了一个艰难的决定，把固定视角改成全视角，这样之前的所有项目几乎全部推倒重做，这一做就又是3年。""毫无疑问，进入西山居是改变我人生的最大契机。我特别喜欢，也想去做游戏，整个做《剑网叁》的过程虽然艰辛，但很快乐。而金山里面对我影响最深的莫过于邹涛，跟我接触最多的人并不是他，以前甚至一年也就见个一到两次，但给我最大帮助的人却是他。2006年的时候整个《剑网叁》项目组几乎停滞，他舍不得放弃这款产品，也认为我比较有想法，而且动手能力比较强，在项目中有一定管理能力，于是我成了《剑网叁》的主策划。2009年《剑网叁》推出之后，其实成绩并不是很好，跟我同期的很多人都走了，他扛着巨大的压力，继续支持我把这个项目做下去。你也知道端游这玩意儿，人数一下子冲上去了就是好产品，一旦冲不上去就很难活下去了。在业内很少有网游能够后来居上，很庆幸《剑网叁》做到了。"

虽然不少玩家对《剑网叁》颇有微词，但在中国游戏史上，一款按时间付费的游戏，能够在8年的时间里一直稳定在第一阵营，绝对是不可多得的奇迹。

2015年8月，西山居对外宣布将要制作《剑侠情缘之谢云流传》。和《剑网叁》不同，这是一款单机游戏。这是西山居在《天王》后，时隔13年又一次开发单机游戏。西山居对外表示这款游戏的投资超过4亿元人民币，这个资金规模在网络游戏里也算不小的。西山居明确表示就是要做一款中国的3A大作，只不过时至今日这款游戏也没有过测试，因为开发过程非常不顺利。在公布《谢云流传》后，西山居决定重制《剑网叁》，更换游戏引擎，并且重新绘制美术素材，这占用了大量资源和精力，这在整个游戏史上都是非常罕见的行为。最终，《剑网叁》的重制版于2017年上线。

2016年6月，交由腾讯代理的《剑侠情缘》上线App Store，仅1个月便贡献了5.07亿元流水。中国游戏史上两个时代的王者碰撞出了火花，也正式开启了《剑侠情缘》这个品牌的手游时代。西山居早在2012年就开始做手游，早期主要为轻量级休闲游戏《糖果忍者猫2》《酷酷厨房》《幻想纪元》《怪好玩》等，但都不是很成功。其原因一方面是确实不懂手游市场，另一方面是没有找到腾讯这种高水准的合作方。邹涛在接受采访时表示："今年我们和腾讯合作的《剑侠情缘》现在月流水稳定在3个亿左右，但刚开始腾讯不要。武侠是我们的老本行，腾讯也是超级大牛，但是两家做的时候依然磕磕碰碰。我和腾讯的负责人说，到了这个节骨眼上数据不重要了，以腾讯之地、西山居之名做了25年武侠做不起来的话，就没有天理了。所以腾讯和西山居上上下下都是一个信念：这款产品必成，到最后就看谁这一口气挺得住。《剑侠情缘》的月流水最高达5亿元，但并不是说我们有多牛，也不是说腾讯是个神话，实际上大家本质上是一样的。西山居也曾经有弥漫着'完蛋,西山居牌已经打光了'的局面,每人都是一肚子苦水,谁都是扛过来的。"

2017年4月24日,腾讯以1.43亿美元入股西山居,占股接近10%。

和大宇的"两剑"相比,《剑侠情缘》系列没有任何断代,虽然可能从来没有登上过游戏产业的最高殿堂,但一直保持在第一阵营中。

关于西山居,游戏圈子里普遍认可一句话:西山居就是中国的暴雪。

十一、中国网络游戏的活化石:完美世界

1996年,几名清华大学的毕业生聚在一起说要做游戏,但对想做什么、要做什么其实都不是特别清楚,也没有明确的公司概念,只觉得自己是一个兴趣小组而已。在做了点儿东西后,几人拿着一段3D游戏的视频找到了同样毕业于清华大学的校友,洪恩教育CEO池宇峰,希望获得帮助。

对游戏十分有兴趣的池宇峰提供了20万元支持这款游戏的开发,但这几名学生因为缺乏项目管理经验,游戏最终没有成型。游戏失败后,几人干脆加入洪恩,成立了祖龙工作室。"祖龙"这个名字源自英文单词Acso,意思是一种史前的蜥蜴,算是恐龙的祖先,而为了让这个名字更加中国化,就用了"祖龙"这个翻译。中国古代其实一直也有祖龙这个说法,最早指的是秦始皇。当时中国游戏产业依然处于混沌初期,这个名字颇有带领中国游戏产业走向辉煌的意思。

对于池宇峰和洪恩来说,成立游戏工作室多少有些风险。当时游戏行业的口碑很不好,对于冠以"开天辟地"之名的教育软件洪恩来说,这种行为更像是"弃明投暗"。

祖龙小组早期颇有精英团队的味道,最早的11名员工基本都是清华背景,这让当时的玩家非常期待这么一支豪华团队能做出什么样的游戏来。

1999年,洪恩制作的《自由与荣耀》上市,这款游戏是国内第一款3D

即时战略游戏，除了在国内取得了不错的口碑和销量以外，还打入了韩国市场，并且销量相当好。同时，这款游戏也是除金庸系列的游戏以外，在单机游戏时代唯一进入韩国主流游戏市场的中国游戏。

2001年，洪恩集团业务调整，祖龙工作室独立出来，成立了欢乐亿派科技有限公司，虽继续由洪恩控股，但独立运作。这么做的主要原因是洪恩当时自身状况并不理想，所以希望祖龙工作室可以独立融资、自己造血。

祖龙工作室制作的《大秦悍将》于2002年7月5日正式上市。整款游戏的正式开发就耗时14个月，全职开发人员40人，还有30余人先后参与过开发，是第一款应用大量中国场景的第一人称射击游戏（FPS）。游戏的广告上有这么一行大字："中国人自己的FPS，在广大玩家的殷切期盼中，即将横空出世，圆中国玩家骄傲的梦想。"但这句宣传口号却成了游戏上市前后最大的黑点，因为但凡对中国游戏史有所了解的玩家，都会记得曾经有一款号称"中国的《命令与征服》"[①]的游戏给他们带来的巨大失望，这种让玩家产生不好联想的效果很大程度上影响了游戏的推广，称之为糟糕的宣传一点也不为过。

《大秦悍将》游戏本身的优点和缺点一样明显。好的地方是游戏的画质在当时的国产3D游戏里一骑绝尘，甚至并不逊色于国外3D游戏，中国特色场景的融入也非常独树一帜。缺点主要有3点：游戏内没有任何引导说明，新手玩家完全不知道如何上手，必须要自带厚厚的一本教学书来辅助玩游戏；二是游戏难度非常大，加之操作感不佳，很难让玩家体会到游戏的乐趣；三是游戏经常出现一些莫名其妙的漏洞。

无论如何，《大秦悍将》在2002年是一款整体质量说得过去的国产游戏，只是当时单机游戏市场急剧萎缩，再好的游戏也难以在这个市场里生存。游戏最终销量只有1万套左右，而游戏的开发成本超过300万元，亏损巨大。

---

① 就是《血狮》。

在《大秦悍将》之后，祖龙工作室没有放弃游戏开发，又陆续制作了《自由与荣耀2》《抗日：血战上海滩》和《抗日：血战缅甸》等游戏，只是口碑毁誉参半，销量一直平平。

2003年，池宇峰先带人去韩国转了一圈，看了看韩国的游戏行业，回来后感叹："世界一流也不过如此嘛，我有信心，完全可以研发出更适合中国人玩的网络游戏！"

2004年，池宇峰将欢乐亿派中祖龙工作室的原班人马悉数召回，创立了北京完美时空网络技术有限公司，计划进军网络游戏市场。在最开始，完美时空就坚定了要走原创的道路，甚至险些一条路走到黑，走到死。池宇峰后来回忆起那段时光时说："后来网游出现了，我们有点儿迟钝。曾有韩国人拿着网游找到我们，问要不要代理。我们的同志一心只做开发，说不考虑代理。我听说这事后非常恼火，我说你们头脑要灵活，想自主研发的话，至少看一下别人的网游是什么样的。"

对于从单机到网游的转变，祖龙主策划李青说："说实话，我们之所以叫'祖龙'就是立志要做中国最好的游戏开发团队。但在团队最初成立的时候，我们对游戏的理解、市场的定位还不太成熟。我们有当时最先进的技术，但这些技术似乎有些超前。我们从即时战略、第一人称射击到现在的MMORPG，游戏风格一直在不断地转变，最终导致了创作思路的转变。其实从2000年我们就开始制作3D引擎了，本来是用于单机游戏的，2001年我们筹划制作网络游戏，于是把主要力量放在了3D引擎的改进上，使之更符合国内用户的系统要求，这也算是一种积累吧。我们一直认为，做游戏，稳定的积累比热情更重要。"主程序员贺迪也解释了3D引擎的重要性："众所周知，游戏引擎是一款游戏的核心技术所在。我们可以把游戏的引擎比作赛车的引擎。大家知道引擎是赛车的心脏，决定着赛车的性能和稳定性，赛车的速度、操纵感这些直接与车手相关的指标都是建立在引擎的基础上的，游戏也是如此。玩家所体验到的剧情、关卡、美术、音乐、操作等内容都是由游戏引擎直接控制的，它扮演着中场发动机的角色。把游戏中的所有元素捆在一起，在后台指挥它们有序地工作。简单地说，引擎就是'用于控制所有游戏功能的主程序'，其开发成本是相当昂贵的，即便在网游开发相当兴盛的韩国，一般的游戏制作公司也不可能拥有自己的引擎，而是由韩国科技振兴院负责购买国外优秀的引擎，再以非常低廉的价格转让给游戏公司。我们祖龙工作室拥有完全由国人独立开发的各项性能都非常先进、完善的三维引擎 Angelica。也正是在这套引擎的基础上，我们开发出了多款质量上乘的经典游戏作品。之前开发过远销韩国的真三维即时战略游戏《自由与荣耀》两代、中国第一款可联网对战的 FPS 游戏《大秦悍将》等，在玩家中的口碑相当好，至今仍有不少痴迷者在战网上玩畅销美国和我国台湾地区的《大秦悍将》以及销往东南亚的《抗日》。我们也一直致力于专业 3D 游戏引擎与建模的开发、优化与应用。今天，相对于目前国内其他众多的新生开发团队来说，祖龙可以说是一支具有雄厚技术与经验优势的开发团队了。"

之后的一年，完美时空好像凭空消失了，低调到让人难以置信。对于低调的原因，池宇峰解释说："我们想最终呈现给广大玩家一款有所不同的优秀游戏，所以一直坚持埋头开发，而没有去宣传自己。"

他们埋头开发的游戏叫《完美世界》。这款游戏的前期投资超过 3000 万元人民币，这个规模在当时的国产游戏里属于中上。只不过在《完美世界》上线前，制作方把所有的精力都放在了宣传游戏引擎多么厉害上，这让一些人感到十分不安。许多媒体人纷纷表示：这种宣传方法是不是表示对其他部分心虚？

2005 年 11 月，《完美世界》正式公测，打消了大家的疑虑。

2006 年，《完美世界》国际版首次登陆日本，并且拿到了 200 万美元的签约金，这是继目标软件的游戏后成功出海的最有代表性的国产游戏，日后《完美世界》在亚洲其他国家也取得了不错的成绩。完美时空是一家非常注重海外市场的公司，在之后很长的时间里都是中国游戏海外出口额最高的公司，到 2009 年，完美时空的游戏海外授权收入超过整个中国市场的 30%。

2006 年，由沙溢、闫妮主演的章回体古装情景喜剧《武林外传》播出。《武林外传》的热潮席卷了大街小巷，一时间成为家喻户晓的电视剧。完美时空很快买下了《武林外传》的游戏改编权，并于 2006 年 9 月 27 日就推出了同名端游。这个速度让大家觉得非常离谱，其实这款游戏本来名为《梦世界》，跟《武林外传》毫无关系，只是在拿到授权后添加了相关元素，改了名字。但这不妨碍《武林外传》成为中国游戏史上最早和最成功的影游联动案例，游戏大篇幅借鉴了当时已经获得成功的韩国免费网游《热血江湖》，并且借鉴得非常成功。

图 3-27　和电视剧《武林外传》画风迥异的游戏《武林外传》

这时的完美时空迫切需要更多的游戏，为其上市做准备。

2005年，《诛仙》成了最火的网络小说之一，正在开发《完美世界》的完美时空立刻买下了这部小说的游戏改编权。

2007年3月，在《诛仙》上线前，完美时空宣布由任贤齐代言游戏，并且制作了一支《诛仙·我回来》的MV。

2007年5月28日，《诛仙》正式开始公测，谁也没想到完美时空这么快又做了一款游戏。在这款游戏上线后，完美时空所有游戏的同时在线人数突破了100万人，其中《完美世界》突破了44.6万人。

2007年6月14日，《诛仙》里举行了一场非常特殊的婚礼。游戏中"天缘公会"的副会长"天缘V往事如烟"于2007年6月8日凌晨5点5分因车祸不幸身亡，年仅21岁。游戏里的伴侣希望和"她"在游戏里举行婚礼，便通过完美时空官方的支持，于2007年6月14日晚7点30分，在《诛仙》网通一区——天狼服务器的7线完成了这场亦真亦幻的婚礼。

2007年7月26日，完美时空在纳斯达克挂牌交易，股票发行价16美元，开盘价17.5美元，融资约1.88亿美元。这是继盛大和九城上市以来，又一家上市的中国网络游戏公司。

上市后，完美时空继续扩充产品线。

2008年3月，完美时空推出了舞蹈休闲类网游《热舞派对》。

2008年4月，完美时空美国全资子公司设立。

2008年7月，卡通风格的《口袋西游》上市。

2008年10月，《赤壁：横刀立马》上市，和完美时空其他的游戏一样，这款游戏的画质在当时看来异常出色，但游戏性一般。大约在同一时期，完美时空购买了台湾游戏开发商昱泉国际旗下的网络游戏《流星OL》，并获得了基于《笑傲江湖》所开发网络游戏之发行权、销售权的独占许可，同时还获得了使用昱泉跨平台游戏开发引擎的许可。同年12月，完美时空又购买了昱泉国际的全部股份。

2009年4月，完美时空正式宣布与美国计算机平台娱乐软件开发商Runic Games达成协议，获得其旗下游戏《火炬之光》的全球独家发行权。

2010年5月，完美时空公司的财报显示，完美时空大约以840万美元的价格获得Runic Games的多数股权，斥资支持《火炬之光2》等新项目的研发。

2010年8月中旬，北京完美时空网络技术有限公司正式宣布更名为完美世界（北京）网络技术有限公司。

2011年，完美世界旗下欧洲全资子公司在5月份宣布与Atari[①]签署协议，收购其旗下工作室Cryptic Studios 100%的股权，这也意味着该工作室旗下的众多知名游戏，如《星际迷航Online》《无冬之夜OL》《英雄之城》《冠军Online》等的开发权归完美世界所有。

2012年10月，完美世界宣布与Valve达成协议，代理国服的DOTA 2。但是，完美世界对DOTA 2的代理堪称失败的典范，甚至一开始就犯了大错。有一篇揭示完美世界内部斗争的文章里提到，DOTA 2在测试时发生过一件事："取消激活码的宣传活动不知道是'完美'哪位领导拍脑袋想出来的，在未能与Valve充分沟通，产品尚未准备好，服务器都没准备够的情况下，'完美'搞了一个新闻发布会，宣布DOTA 2取消激活码。期待已久的玩家们蜂拥而至，迫不及待地想要体验一款尚未完成的产品（这也是当时DOTA 2需要激活码的原因之一）。大批量的玩家涌入直接导致服务器宕机24小时，这是一次彻底失败的推广，也使DOTA 2元气大伤。其玩家流失率据说超过90%。'完美'这一愚蠢的市场行为使得DOTA 2现在尚未能恢复元气。类似的运营事故在DOTA 2里频繁出现。

---

① 这个雅达利是一家位于法国巴黎的公司，拥有雅达利的商标和欧洲的一些游戏工作室。雅达利这个品牌在21世纪牵扯过很多公司，包括孩之宝、Infogrames Entertainment和万代南梦宫都持有该品牌的部分使用权或者产品的销售权。

图 3-28　洛杉矶 E3 电子娱乐展完美世界展台

图片来源：cnsphoto；拍摄者：毛建军

2015年1月2日,在纳斯达克上市的完美世界宣布,接受公司董事长池宇峰于2014年12月31日提出的每股20美元的私有化提议。至此,完美世界成为继盛大和巨人之后第三只私有化的网络游戏中概股,但这个价格比2009年9月出现的最高价48.1美元跌了将近六成。上市公司想要私有化的最主要原因无非是觉得被低估了。有数据显示,完美世界净现金余额20亿元,加上办公楼,价值超过40亿元,而且其网络游戏业务的现金流非常健康,但市值仅为50多亿元。这种被低估是中国游戏公司在海外市场的症结所在,海外投资人看不懂中国游戏行业的现状,同时也认为中国游戏公司盈利过于不稳定。

完美世界被低估还有一个原因,从2013年开始,其利润明显下降。之所以利润下降,一是完美世界投入了大量精力研发手机游戏;二是收购了不少公司。完美世界先后收购了电玩巴士、766、太平洋等游戏网站,并通过与百度多酷换股,取得了口袋巴士的实际运营权。此外,更重要的是完美世界对影视行业的投入,完美世界以大约1.1亿元投资北京鑫宝源影视投资有限公司,以8230万元购买上海宝宏影视文化传媒有限公司多数股权。鑫宝源和宝宏主要经营影视拍摄、制作和发行,主要作品包括观众熟知的电视剧作品《奋斗》《我的青春谁做主》《像雾像雨又像风》。2011年8月,完美世界以3.6亿元的价格对外出售旗下影视文化子公司,这距离2010年7月完美世界收购影视公司仅仅过去一年。接盘者是北京快乐永久影视文化有限公司,这家公司的实际控制人正是完美世界的董事长池宇峰。在完美影视从上市公司剥离之后不久,2011年11月,这家公司主投的《失恋33天》上映,并收获票房奇迹——3.5亿元的总票房,成为当年最卖座的小成本电影。日后完美世界在影视方面取得的成绩已经不逊色于游戏领域。

从单机游戏时代一直做到网络游戏,完美世界堪称中国游戏行业的"活化石"。

十二、中国网络游戏的巨无霸：腾讯

（一）腾讯的创业和 QQ

中国的商业圈有非常强的地域属性，在某个地区会集中出现商人经商，像中原地区有晋商和徽商，而在南方地区，潮汕商帮广为人知，其中佼佼者有李嘉诚，但有一个人经常被忽视，这个人就是马化腾。

马化腾虽是潮汕人，但几乎没怎么在潮汕生活过。1984 年，13 岁的马化腾从海南跟着父母到了深圳。

1989 年，马化腾参加了高考。最终，马化腾取得了 739 分（满分 900 分）的优异成绩。这个成绩足以去清华大学，但马化腾的父母不想让孩子去北方，于是马化腾最终选择了深圳大学。

1983 年才建校的深圳大学是一所非常新的学校，没有什么传统，但因为位于深圳，所以能接触到很多新鲜的东西，比如当时深圳大学的计算机系就非常好，而马化腾在学校期间就展现出了其在写程序方面的天赋。

大学四年级的时候，马化腾来到深圳黎明电脑网络有限公司实习，这是中国第一家以"电脑网络"命名的企业，也是中国证券电脑网络的首创者。实习期间，马化腾开发了一套股票分析软件，被公司以 5 万元的价格买下。这笔钱相当于马化腾 3 年的薪水，也是他的第一桶金。

毕业后的马化腾进入了一家叫作润迅的新公司，这家公司的主要业务是现在已经基本无人使用的寻呼机的寻呼台服务。20 世纪 90 年代，寻呼机是整个电信市场最大的"印钞机"，润迅鼎盛时一年的营业额能达到 20 亿元，在香港联交所上市后进入了恒生指数。马化腾在这家公司期间也见证了这个行业从诞生到鼎盛再到没落的过程。

在润迅工作期间，马化腾接触到了最早的互联网形态慧多网，并于 1995 年 2 月创办了自己的慧多网 Ponysoft。当时整个中国的慧多网活跃用户也就几千人，而对于这种小圈子产品，马化腾却投入了血本，一共配备了 8 台计算机、4 条网线。这个配置堪称豪华，总共花掉了马化腾 5 万元。除了金钱的投入，马化腾更是把自己大部分的业余时间都放在了网上。2011 年 5 月，马化腾参加了第六届中国互联网站长年会。回忆起第一次看到慧多网的情景时，他说："那时候，我们所有计算机软件编程人员都以为所有的编程都是在本地进行的。第一次通过远程的站台，看到屏幕上吐出文字的时候，非常激动，感觉像是开启了一扇新的大门一样，我觉得这是当时网络的开端。"

在创办 Ponysoft 时，据说马化腾接待过一个来自宁波的年轻人，这个人叫丁磊。未来，这两个人携手成为中国网络游戏行业的两大巨头。这在当时是完全无法想象的。1997 年，丁磊用 50 万元积蓄成立了网易，和华南理工大学二年级的学生陈磊华一起开发了第一款中文免费电子邮件系统。这套系统以 119 万元的价格卖给了广州电信下属的飞华网。之后，全国各地的电信网站都开始找丁磊采购这套系统，于是丁磊靠着每套 10 万美元的价格，成了中国互联网时代最早的富豪之一。

马化腾听说这件事后，也开始考虑创业的事情。1998 年春节后，马化腾找到了自己的大学同学张志东，跟他说："我们一起办一家企业吧。"

从这之后，马化腾和张志东便开始了自己的创业之路。最早马化腾决定做寻呼台的软件系统，第一单业务来自河北电信。1998 年 5 月到 7 月期间，马化腾连续 4 次跑到石家庄谈合作，最终整个项目收入 20 万元。这是马化腾做寻呼机业务时最大的一单生意，只是当时寻呼机业务已经进入"夕阳"阶段，难以继续创造更多的价值。

关于马化腾的创业，还要从另一家本来毫无关系的公司讲起。

1996 年，三名以色列年轻人维斯格、瓦迪和高德芬格决定开发一种交流软件，让人与人能够在互联网上快速直接交流。软件开发出来后，取名 ICQ，即"I SEEK YOU"（我找你）的意思，支持在网上发送消息和传递文件等功能。基于这款软件，三人成立了 Mirabilis 公司。ICQ 的火爆也超出了大部分人的预期，推出 6 个月后，ICQ 便成为当时世界上用户量最大的即时通信软件。在第 7 个月的时候，ICQ 的正式用户达到 100 万。1999 年 3 月，ICQ 被美国在线以 2.87 亿美元收购。

互联网最大的特点就是加快了信息的传播，而且也让很多人找到了新的商机。对于中国商人而言，只要找到中国和海外互联网产品的时间差，"模仿"国外的产品就能获得成功。这在未来很多年都是中国互联网行业创业的铁律，也成就了一大批中国的互联网公司。ICQ 的第一个中文模仿者来自台湾资讯人公司，名为 CICQ，次年资讯人公司推出了简体中文版的 PICQ。几乎前后脚，两位南京的年轻人成立了北极星公司，推出了"网际精灵"，也是 ICQ 的模仿产品之一。

马化腾在润迅期间就注意到了 ICQ，但因为主管觉得不赚钱，也就不了了之。1998 年 8 月，马化腾偶然看到一条招标新闻，内容是广州电信想要做一款类似 ICQ 的中文即时通信软件。马化腾和团队商量后，觉得难度不大，决定参与一下，但是这个标早就内定给了广州电信旗下飞华公司的 PCICQ。

虽然没有拿下这个标，但马化腾还是决定把这个项目做下去。

1998 年 11 月 11 日，这个未来中国电商行业的狂欢日里，腾讯正式注册，注册资本 50 万元人民币，团队成员包括马化腾、张志东、陈一丹、许晨晔和曾李青。据说最早的办公地在一间舞蹈教室，头顶上还有个迪斯科舞厅里的那种大灯球。

1999 年 2 月 10 日，腾讯 OICQ 的第一个版本 OICQ 99 beta build 0210 正式发布。改变世界的事情总是在不经意间发生，这一天，腾讯没有任何庆祝活动，当事人们也没有留下太深刻的记忆。在正式放号前，马化腾预留了 200 个号码，因为"前 200 个号留给我们自己，当时想，200 个预留号足可满足未来十年八年工作人员数量增长的需求了"。十年以后，腾讯员工超过了 7000 人，到 2020 年已经超过了 5 万人，并且依然在增长中。

很多人提到腾讯的时候，总是会把"抄袭"之类的字眼与这家公司联系起来，但当时市面上有大量公司都在模仿 ICQ。据统计，在 2000 年以前，中国就有超过 20 款模仿 ICQ 的软件，而 ICQ 本身也可以在中国正常使用，但腾讯成了最后的胜利者，这样的成就不是"抄袭"就能取得的。

首先，OICQ 早期最大的优势是对中国市场特殊情况的理解。ICQ 进入中国时所面临的最大问题是，用户信息和好友列表都保存在本地，用户只要更换计算机就会丢失好友列表，这使得 ICQ 在中国的推广遇到了巨大的障碍，因为当时中国人使用互联网基本都是在网吧和办公计算机上。针对这一点，OICQ 做了一个非常有创新性的调整，把所有用户信息和好友列表都保存在了服务器上，这让用户在任何地方都可以随时登录，日后这一点也成为聊天软件的标配。

其次，当时中国的网络下载速度非常慢，而 ICQ 的程序大小达到了 4MB 以上，甚至几乎所有 ICQ 的复制者也都在 1MB 以上。腾讯意识到，如果想要大规模推广，必须缩小程序。在张志东和早期技术人员吴宵光的努力下，腾讯对程序进行了最大程度的优化，第一个版本只有 220KB，为 ICQ 的 1/20，这让 OICQ 在推广上有了巨大的优势。

除此以外，OICQ 在功能上还做了极大的创新。早期的 ICQ 只能给在线的好友发送信息，而 OICQ 可以给离线好友发送消息，好友下次登录时就可以看到留言；ICQ 的用户头像只有几何图形，而 OICQ 加入了卡通头像供用户选择[①]；OICQ 还加入了提示音，用户在有消息的时候第一时间就能听到。这个提示音源自寻呼机，也一直保留至今。现在的年轻人知道这个提示音来自 QQ，但不知道寻呼机是什么，这也算是 QQ 成功的佐证。

这些创新几乎都是腾讯首创，一直被沿用至今。有人形容 OICQ 的胜利就是源自这些"微创新"，但这话只说对了一半，这些是创新但并不"微小"，大部分公司的胜利都是赢在细节上，而在改善用户体验层面的创新是

---

① 最开始是一些知名卡通人物头像，没过多久就因为版权问题换成了最经典的 QQ 默认头像。

最大的创新。

早期 OICQ 用户增长非常快，有一段时间每 90 天就能增长 4 倍。当时中国最大的软件下载网站"华军软件园"的创始人华军回忆道："OICQ 一上线，我们就把它挂在了站点上，不到半年，它就成了所有软件里下载量最大的，它的下载速度快，用户口碑很快就建立了起来。"但因为用户增长迅速，服务器的压力越来越大，这也成了腾讯早期遇到的最大障碍。

1999 年，腾讯的 Logo 从寻呼机换成了现在大家所熟知的小企鹅。在那两年，不论计算机杂志还是报纸，甚至很多传统媒体都会有一个交友栏目，每个人写一两句话的介绍，然后留一个 OICQ 号码。这说明中国是一个陌生人社交欲望强烈的社会，为日后腾讯做社交这件事的成功提供了非常重要的土壤。

很多人说起腾讯的 1999 年时，会认为这是腾讯最成功的一年，但其实这一年腾讯的糟心事并不少。这一年年底时，OICQ 的用户数就超过了 100 万人，遥遥领先所有竞争对手，但问题是，腾讯没钱了。

于是，马化腾决定以 300 万元的价格卖掉公司，只是谈了一圈下来发现没人对腾讯感兴趣，大部分接触的企业都嫌价格太贵。在那时我国企业的认知里，衡量一个公司有没有价值，一是看有没有固定资产，二是看能不能赚钱。而这时的腾讯，固定资产就是一些桌椅和计算机，并不值钱；至于赚钱就更不用说了，不仅腾讯没有赚钱，当时中国的互联网公司也没人敢说自己能赚多少钱。

1996 年，IDG 派王树到深圳寻找项目，但当时风险投资在中国完全是个新鲜的事物，企业没听说过，也不信任，所以 IDG 早期的投资并不顺利。在腾讯最困难的时候，王树通过朋友了解到有一家叫作腾讯的公司在融资，而且已经有了几百万用户。

对于投资 OICQ 这件事，IDG 非常认可马化腾及其团队的能力，也对 OICQ 几百万的用户数十分感兴趣，但王树只有一个已经重复了千百遍的问题：如何赚钱？庆幸的是，在世界的另一边，ICQ 以 2.87 亿美元的价格卖给了美国在线，这让 IDG 的人觉得这个产品至少是有价值的。这也是未来很长时间内中国风险投资行业的一个投资方向，有些公司自己无法赚钱，但是可以帮助别的公司赚钱，投资这种公司后想办法卖掉就好。

在和 IDG 商谈期间，曾李青找到了创办盈科的李泽楷，想拉他一起进来投资。最终，商量的结果是腾讯估值 550 万美元，出让 40% 的股份，IDG 和盈科各出资 110 万美元，分别占股 20%。至于为什么是 220 万美元这个数字，没有任何财务依据的马化腾只是答道："因为我们缺 200 万美元。"

如今回顾这段历史，腾讯当时几乎真的可以说是"命好"。1999～2000 年是全世界互联网行业的第一次大喷发。2000 年 3 月 9 日，纳斯达克指数突破了惊人的 5000 点，相比两年前增长了近三倍。但从 2000 年 4 月中开始，纳斯达克突然崩盘，在之后半年多的时间里暴跌了 78%。腾讯的投资协议，就是在纳斯达克暴跌的前几天签署的。在互联网泡沫破裂的那几年，全世界的风险投资企业都缩小了投资规模，甚至很多机构干脆不投资，在资本本就十分匮乏的中国情况更加严重。也就是说，如果腾讯当时签协议有些犹豫，也就不会有现在的腾讯了。细细想来，每一家成功的公司，运气这回事虽然难以总结归纳，但也是如影随形。

查尔斯·金德尔伯格（Charles Kindleberger）在他 1978 年出版的《疯狂、惊恐和崩溃：金融危机史》里讲到了经济泡沫出现的过程。在新旧交替时，有新事物出现可以极大地改善某个行业的前景，于是就会出现一批通过这个机会赚钱的人。而事情发生改变的原因是出现了投机者，这些人只是希望通过快速转手赚取差价，并不打算长久经营。当投机者增多，市场的支付能力无法满足投机者需要的利润，加之欺诈行为泛滥时，就会引起短期的恐慌性抛售，造成泡沫破裂。对于很多行业来说，泡沫破裂并不是坏事，反而有一点好处是可以筛去那些投机者，让行业重新回到踏踏实实做事的人手上。对于腾讯来说，这可能就是个机会，缺的是一个伯乐。

腾讯早期在花钱这件事上非常节俭，尤其在美国互联网泡沫破裂以后，腾讯没有肆意扩充团队，没有去买办公楼，没有在媒体上大肆炒作自己，几乎把所有钱投入到了服务器和技术人员身上，但钱依然不够用。陈一丹回忆起那段时光时说："没有'烧钱'是因为，那时候虽然我们心里也担忧互联网未来的出路是什么，但我们不会慌，我们从一开始就不是只想赚一笔钱的公司。所以冬天来的时候，我们很务实，大不了再找股东借钱或者融资，也许这个时候融资，公司的价值会被低估，但我们想，钱可以被别人赚，公司起码别死。"正是在这种背景下，快花完钱的腾讯决定继续融资。

2000年底，腾讯对IDG提出希望增加投资的想法，但那时IDG之前的其他投资并不成功，所以便想帮腾讯卖身，一方面能解决腾讯的财务问题，另一方面也可以给自己套现。IDG先后找过新浪、雅虎中国、金蝶、联想的门户网站FM365.com，另一个资方盈科也为腾讯找到了自己控股的TOM.com和中公网，但没人愿意买，而当时的报价只有几百万美元。日后马化腾回忆道："在互联网业内的技术人员看来，腾讯的活，他们自己都能做，干吗要花几百万美元去买呢？而且当时纳斯达克的股价'嗖嗖'地跌，大家谁也不敢轻举妄动。"

现在的风险投资行业里有一种投资就是投用户规模，当有用户基数以后，哪怕当时不能变现，但以后总归能找到变现的方法或者平台。但这种想法在此前很长一段时间却很难被认可，因为在当时的大背景下，互联网公司还没有找到一套可复制的盈利模式，既没有移动梦网也没有网络游戏，赚钱是个遥不可及的梦想。2000年底，腾讯的用户数已经接近1亿人，并且仍在以每天50万人的速度快速增长。从用户数的角度来说，腾讯不仅是在中国，在全世界也是用户数最多的互联网公司之一，但即便如此，也差点被几百万美元拖垮。

在腾讯为钱困扰的时候，一名中文说得非常流利的老外拜访了腾讯，他自称是MIH中国业务部的副总裁，叫网大为，原名David Wallerstein。整个腾讯没人听说过这家公司，更没人听说过这个人。这是一家南非的投资集团，同时运营了南非最大的付费电视。

网大为说起第一次接触OICQ的情景："我每到一个中国的城市，就会去当地的网吧逛逛，看看那里的年轻人在玩什么游戏。我惊奇地发现，绝大多数网吧的计算机桌面上挂着OICQ的程序。我想，这应该是一家伟大的互联网企业。在2000年底，我接触了几家想接受投资的公司总经理，发现他们的名片上都印有自己的OICQ号码，这更让我激动，我想要看看这是一家什么样的公司。"

2000年11月，QQ2000正式发布，OICQ正式更名为我们现在熟知的QQ。网大为在此期间正式接触马化腾，他后来回忆说："刚接触腾讯的时候，我发现这个小公司的老板在网站首页上没有写手机号码，没有电子邮件，只有一个QQ号码，感觉特别过分。而且我经常找不到这个老板，为了他我必须装这个软件，当时我并不熟悉QQ，很害怕里面有病毒。"

网大为对腾讯表现出了极高的兴趣，谈判很快进入了实质性阶段。MIH方面希望成为腾讯第一大股东，并用MIH所持有的世纪互联的股份来换，这让腾讯难以接受，但MIH开出的条件里有一条让腾讯异常兴奋——MIH对腾讯的估价达6000万美元。

首先表态的是IDG，北京总部立刻表示希望出让全部的20%股份，但在深圳的王树反对了这种做法，最终IDG出让12.8%，保留7.2%。另外一方盈科的态度比较暧昧，马化腾和曾李青曾前往香港想要和李泽楷面谈，但当时业务繁忙的李泽楷并不重视，也就没谈出个所以然来。2001年6月，盈科因为收购香港电讯造成持续性亏损，表示愿意卖掉持有的腾讯20%的股份，套现1260万美元。

就这样，MIH以32.8%的股份成为腾讯第一大股东，并且帮助腾讯渡过了短期危机，而此期间网大为在腾讯跑上跑下，以至于公司的人都认为他已经成了腾讯的一员。

在MIH购买腾讯股份期间，腾讯还在一定程度上解决了所面临的如何盈利的问题。2000年4月，中国移动从中国电信剥离出来，当时社会上普遍不看好这家专攻移动市场的公司，以至于早期进入公司的员工基本都是在电信负责边缘业务的年轻人，但也正是因为年轻，所以更容易接受新鲜事物。8月15日，腾讯和刚刚成立的深圳移动签署"即时通——移动OICQ"业务的试运行协议，实现了OICQ和移动短信之间的信息互通。4个月后，中国移动正式推出了"移动梦网"业务，简而言之就是通过短信业务实现付费功能。

2001年6月，即MIH正式成为腾讯大股东的这个月，马化腾在公司内部宣布，依靠移动梦网业务，腾讯实现了盈亏平衡。到了年底，腾讯营业额达到5000万元，利润超过1000万元。几个月前还不被看好的腾讯，转眼间成了中国互联网行业里第一家真正盈利的公司，而日后中国互联网行业的第一次盈利高潮，也基本都源自移动梦网。《人民邮电》报在2005年评价移动梦网："移动梦网无疑是21世纪之初伟大的商业创新模式之一，它拯救中国互联网业功不可没，发展速度屡屡使最大胆的预测都显得保守。"

可能是看到腾讯赚到了钱，也可能是因为看到腾讯开始尝试付费业务而损失了一部分用户，一时间大量互联网公司涌入即时通信领域，包括UC、网易泡泡、新浪聊聊吧、搜狐我找你、雅虎通等，一窝蜂地与腾讯展开竞争。但现在来看，这些公司的竞争反而逼迫腾讯不断优化产品和服务，最终让腾讯打败了所有竞争对手。

2002年，腾讯先后推出Q币、QQ群和QQ秀，其中QQ秀成为腾讯另一个重要的盈利产品。之后一年，腾讯又开始了另外一块重要的业务，即游戏。

盛大在网络游戏市场做得风生水起的那段时间里，中国绝大多数互联网公司一窝蜂地扎入了网络游戏行业，希望能够分得一杯羹，腾讯也不例外。只是当时因为腾讯公司的财务状况并不是非常理想，同时QQ随着用户的增长还要不停地增加投入，腾讯内部对于是否进入网络游戏有很大的分歧。

2002年5月，马化腾和曾李青到美国洛杉矶参加E3电玩展，看到大洋彼岸的游戏行业一片火热后，便决定让腾讯开足马力进入网络游戏市场。

同年10月，上任不久的腾讯游戏运营事业部总经理王远给腾讯的管理层递交了一份71页的文档——《对腾讯公司进入国内游戏市场的可行性研究》，文中指出："影响业务的因素有多种，包括文化、界面、核心技术等方面。判断一个游戏是否有生命力，单独选取其中任何一个因素都是片面的，用户不会理解背后的任何辛苦和付出，他们只关心这个游戏给他们带来的综合用户体验效果，并据此做出买单与否的决定。我们也应以最终形成的用户体验为唯一的核心标准。用户体验包括感官体验和心理体验。一个苍白的体验，即便由天才如爱因斯坦提供，他们也会置之不理；一个给某个特定群体带来满足体验的游戏，无论多么简单和幼稚，他们都会蜂拥而至。"事实上，这就是未来中国游戏行业的一个缩影，游戏本身的品质并不是最重要的，让用户能够上瘾并花钱才是第一要务，虽然听起来并不像是一件好事，但确实是依靠这个思路，中国游戏和互联网产业才迎来了自己的辉煌。

现在回头去看腾讯进入网游市场的决定，自然而然地会联想到《星际争霸》里面核武器落地前的提示："Nuclear launch detected."（检测到核弹发射）但事实上腾讯的网络游戏道路并不是一帆风顺。

（二）腾讯在网络游戏市场的初期尝试

2003年，腾讯代理韩国游戏《凯旋》，低调地进入了网络游戏市场。当时腾讯超过70%的收入来自移动梦网，在游戏方面完全是新人，不要说跟盛大、网易比，就连很多二线公司都没法比。媒体普遍也并不看好腾讯在游戏市场的前景，评论集中在两点：一是从聊天软件到游戏跨度极大，腾讯没有能力在这个领域施展拳脚；二是当时腾讯自身问题依然很多，整个公司的收入都靠移动梦网，而移动梦网业务已经明显开始走下坡路，腾讯没有实力做游戏。

对于引进《凯旋》的原因，负责游戏技术方面的李海翔回忆道："我们当时觉得，要引进就引进最好的。开发《凯旋》的韩国团队是亚洲技术水平最高的专家组合，游戏采用了 3D 引擎中最为强悍的 Unreal II（虚幻 2）引擎来开发。我们第一次看到游戏时，都为画面的华丽程度而震撼，甚至可以说，直到 2005 年也少有其他的 3D 游戏能超越其水平。"

在推广《凯旋》的时候，为了做地推，腾讯特地组织了一场名为"凯旋'秋之精灵秀'"的代言人选拔活动。在重庆的复赛现场，主持人邀请台下观众做互动游戏，参与者尽可能多地抱可乐，跑到终点时谁剩下的可乐最多就获胜。一位矮胖中年男性走上了舞台，看起来并不像是腾讯的用户。当主持人问他参加比赛的原因时，他羞涩地回答说，因为奖品是 QQ 公仔，自己的女儿很喜欢，所以要给女儿赢一个。最终，这位父亲成功拿到了 QQ 公仔。这件事也让腾讯意识到好产品应该蕴含情感。

从结果来说，《凯旋》毫无疑问是一款非常失败的产品，在中国游戏市场没有引起丝毫波澜，甚至大部分玩家不知道有这款游戏。最重要的原因是，因为游戏画质过于出色，致使对玩家的计算机配置要求极高，甚至很多网吧的计算机也带不动，想玩也玩不了。这次失败让腾讯在未来把引进游戏的关注点放在了游戏的可玩性上，而不是纯粹看技术。

虽然《凯旋》的结果并不理想，但一度反对进入游戏市场的张志东此时也接受了游戏："公司所有的产品都是从用户的需求出发，只要有用户需求、用户价值的事情我们就会去做。当时已经看到游戏市场还是有很多需要做的，因为游戏的需求应该是大众化、多元化的需求，最早就是因为这个简单的原因去开发了游戏平台。"腾讯内部全面接受游戏还受到了一个趋势的冲击，在 2003 年，中国网络游戏玩家数量激增，可以预见地将要超过 QQ 的用户数，这让腾讯十分不安。

腾讯游戏的历史要从一个人说起。2000 年 1 月，在腾讯最煎熬的日子里，任宇昕以程序员的身份进入了腾讯。早在一个月以前，任宇昕拿着一款棋牌游戏找到腾讯，希望腾讯买下它。腾讯最终并没有买下那款游戏，却留下了做游戏的人。从 2002 年开始，任宇昕的主要工作是在增值服务部门当技术开发经理。因为《凯旋》在内测时数据不理想，所以甚至没有等到日后公测，马化腾便打算留一个后手，他首先想到的是需要找一个懂游戏、喜欢游戏又信得过的人负责这块业务，那个人就是任宇昕。

对游戏十分热爱的任宇昕毫不犹豫地接受了这个安排，他日后回忆说："在主管游戏业务之前，我只是一个游戏爱好者，对于怎样运营一款游戏毫无概念。整个团队也是凑合而成，我们被安顿在飞亚达大厦的六楼，对前途一无所知。"而对于团队内部架构，任宇昕也做了调整："当时有盛大模式和网易模式之争，盛大将开发与运营分开来，一个团队专事开发，一个团队专事运营，而网易则合二为一，实行的是项目制。后者的模式在一开始很困难，因为负责团队的头儿往往是技术出身，对运营一窍不通，可是长远看，就可以倒逼出一批有运营头脑的技术主管。我选择了网易模式。"对于游戏的方向，任宇昕更是改变了方针："反思《凯旋》的失利，我认为在当时的情况下，腾讯没有运营大型在线游戏的经验，因此最可靠的战术是，由易入手，边打边练。我决定主攻棋牌和小型休闲游戏，当面之敌便是联众。"

当时的棋牌游戏市场是联众的天下，2003 年，联众的月活跃用户就超过了 1500 万人，占据 80% 以上的市场份额，是毋庸置疑的王者。

2003 年 8 月 13 日，QQ 游戏大厅发布了第一个版本，联众总裁鲍岳桥派人去玩了一下，得到的答复是："都是我们的仿制品，不用怕。"然而，彼时的联众还没有意识到腾讯的后发制人是多么可怕。

仅仅一年以后，QQ 游戏大厅的同时在线人数就超过了 100 万人，把联众打得再也爬不起来了。QQ 游戏大厅之所以能够在这么短的时间内逆袭，原因有三点。一是腾讯的产品和联众非常像，这让很多联众玩家可以完全无障碍地去玩 QQ 游戏。二是在相似的情况下，腾讯又做了很多非常优秀的优化,有玩家评论"虽然联众和QQ游戏很像,但QQ游戏总是在小细节上做得更好"。(任宇昕总结过自己做游戏的经验:"优化用户体验,取决于很多细节,也不是一下子就能让用户感觉到非常满意的,是一步一步逐渐完善的。腾讯并没有说要做超前型的、完全靠自己意志和行为的转变,我们更多的是以学习和再优化的方式,借他人的力量,自己再慢慢突破。")三是QQ游戏上线了一个撒手锏般的功能,就是在QQ上显示好友在玩什么游戏,这一下子把2亿QQ用户全都吸引到了QQ游戏上。其中第三点成为日后腾讯最大的护城河,任何产品只要和QQ生态捆在一起,别人就很难超越,包括QQ音乐和QQ浏览器都是靠这种方法做到行业前列的。

任宇昕认为这种"QQ+游戏"的做法实际上是一种游戏社交的衍生:"我们游戏的最大特点就是和多个产品链接在一起,形成大的游戏社区,比如在游戏里获得的道具、宠物等,可以在'QQ秀'上反映出来,同时游戏中的好友也可以在QQ上自动生成一个'群',这样就优化了其他游戏必须要进入游戏才能见到好友的弊病,玩家也能在游戏之外和玩伴交流。我们设计的网游游戏,内部是一个社区,QQ是更大的一部分,我们就希望游戏内的小社区在QQ这个更大的社区能够有很好的互动,这点应该说是我们的特点,这种内外互动,其他厂家没有,我们后面会花更大的力气去做。"在两年后的"中国游戏产业高峰论坛"上,马化腾也说过类似的话:"腾讯并不是一个单纯的游戏制作公司,它是一个大的社区。一直以来,腾讯都在以各种形式为用户提供娱乐,可以说腾讯并不是一个单纯的游戏制作公司,腾讯本身就是一个大社区。"

腾讯的这种后发制人,然后靠着小细节和资源取胜的做法被互联网行业的对手们大肆抨击。那时无论公司是大是小,都会担心要是自己的产品被腾讯"抄袭"了该怎么办,以至于很长时间以来,投资人在投资一个项目的时候都会问被投公司:"如果你的项目被腾讯抄袭了你有什么办法?"当然,其实腾讯也不是做什么都能成功的,比如在Web 2.0时代先后错过了博客和微博两个产品，在企业级服务上也没什么建树，这些都是腾讯做过但是没有成功的。所以其他公司的产品只要质量好，打败腾讯也不是完全没可能。

2004年是互联网泡沫破裂后中国公司在海外上市的大年，6月16日，腾讯在香港挂牌上市，发行价每股3.7港元，市值62.2亿港元，上市当天每股价格最高达4.625港元，但午后跌至4.075港元，上市当天换手率高达104%，也就是说大部分购买腾讯股票的人都选择当天抛售。当时几乎所有媒体都认为腾讯是一家不值得投资的公司，因为其主要业务已经因为社会影响恶劣而被调查，而其他业务又没有盈利的苗头，游戏市场上《凯旋》更是数据惨淡。甚至有知名分析师表示腾讯的上市就是一场赤裸裸的商业诈骗，是为了圈股民一笔钱就跑。相对温和的评价来自吴晓波，他称腾讯是有海量用户数据但"被边缘化"的即时通信服务商。

在腾讯上市期间，马化腾结识了刘炽平。刘炽平当时在高盛负责腾讯的IPO，马化腾对其出色的表现极为欣赏。2005年，刘炽平正式加入腾讯，出任首席战略投资官，负责公司战略、投资、并购和投资者关系。2006年2月，刘炽平开始担任腾讯总裁，日后被人称为腾讯的"二号人物"。在刘炽平刚加入腾讯时，大多数人认为这个投行出来有留学背景的商科生要代替马化腾面对媒体，就像唐骏之于盛大。但在很长一段时间里，刘炽平其实比马化腾还要靠近幕后，他更像是腾讯的一个指路人，像大规模进入移动互联网都是其在背后推动的。

2004年底，盛大的《泡泡堂》同时在线用户数突破了70万人，成为全世界同时在线人数最高的休闲游戏，这引起了腾讯的注意：一是《泡泡堂》相对低龄的用户特征和QQ用户群体十分相似；二是相比传统的大型网络游戏，《泡泡堂》的开发难度更小；三是《泡泡堂》的运营难度也相对较小。腾讯需要一款类似的产品作为过渡来进入大型网络游戏市场。

不管对腾讯看法如何，不得不承认的是，它是中国互联网公司里效率最高的一家，这一点在游戏市场体现得淋漓尽致。2004年6月，任宇昕带领团队开始开发《QQ堂》，三个月后就开始内测，年底便正式公测。不要说原创游戏，就算是代理游戏，都很少有公司能做到这个速度，这是腾讯游戏之所以成功的最关键的一点。

面对腾讯的强势崛起，盛大当然不愿意看到自己的市场被蚕食，就在背后推动《泡泡堂》的开发公司Nexon起诉了腾讯，2006年9月正式立案。Nexon认为："无论从游戏画面、操作方式、道具设计、背景颜色还是背景布置的具体细节上，《QQ堂》均与《泡泡堂》相同或者实质性相似；而腾讯以'堂'命名游戏，明显是在利用《泡泡堂》在中国市场上的影响力，甚至在游戏中采用相同的道具或实质性相似的名称和图形，是对游戏玩家的一种误导，使玩家误以为两款游戏存在关联。"Nexon希望腾讯停止运营《QQ堂》，并公开道歉，赔偿50万元人民币，而Nexon最在乎的肯定是前者。但是，其实《泡泡堂》也是借鉴了日本游戏公司哈德森的《炸弹人》，所以正如当时不少媒体和法律人士认为的那样，对于Nexon而言，这场官司并不好打。最终，在2007年3月，法院驳回了Nexon的所有诉讼请求。

日后任宇昕回忆起在"借鉴"《泡泡堂》时走过的一些弯路时说："当时我和团队一起花了很多时间来对比《QQ堂》与《泡泡堂》两个产品的差异，把细节全部罗列出来，一项一项地对比，他们是怎么做的，我们要怎么做，能否有一些改进和创新。比如，我们觉得《泡泡堂》的地图设计得很单调，于是就开发了一些看上去很酷炫的地图。再比如，《泡泡堂》的角色在地图上行走时，只有手和脚会动，我们加入了头部晃动，这样就显得比较可爱。然而，游戏上线之后却发现，这都是一些很糟糕的创新，地图做得太花哨了，用户玩着玩着就眼花了，而不断晃动的脑袋更是让用户产生了游戏不流畅、卡机的错觉。"

除了《QQ堂》，腾讯同时还在谋划一款大型非休闲网络游戏，即《QQ幻想》。2005年3月，《QQ幻想》开始内测，10月25日公测。《QQ幻想》是腾讯游戏史上一款非常尴尬的游戏。它是腾讯第一款自主研发的大型网游,在 2005 年 11 月 26 日公测没多久,同时在线人数就达到了 66 万,表现非常惊艳,当时甚至有论调称《QQ 幻想》会成为下一款全民游戏。

马化腾也很看好这款游戏,在发布会上表示:"今年腾讯在努力结合自己的特点和优势来做网游,我们在金字塔的底端用两年的时间建立了网络游戏的基础,在这个基础上开始发行我们的中型网游,就是我们的《QQ 堂》,再上面是我们花了两年时间自主研发的《QQ 幻想》,这是从低到高稳步前进的金字塔。腾讯以《QQ 幻想》为起点,将开启在大型网游中的征程。作为互联网平台,腾讯游戏走的是平台化的策略,通过自主研发、代理运营、合作开发等多种形式,发展平台上的游戏产品种类和数量,相信腾讯公司的网游可以越发展越好。"

然而,出乎很多人意料的是,这款游戏如此高开低走,几个月后同时在线人数就腰斩,一年后甚至已经不足 10 万人,这对于一款新游戏来说,几乎是等于直接判了"死刑"。游戏的问题是显而易见的,首先是游戏漏洞非常多,极大地影响了玩家的游戏体验;其次是游戏内容相对比较乏味,使得玩家很容易就感到枯燥。压死《QQ 幻想》的最后一根稻草是盛大和征途先后提倡的免费游戏模式,这让按时间收费的《QQ 幻想》彻底没了吸引力。

《QQ 幻想》最早在游戏公测时,有大量同时在线用户其实并不完全是游戏玩家。在游戏上线时,腾讯做了一个很吸引用户的设计,即 QQ 用户成为《QQ 幻想》的玩家会在用户介绍面板上显示一个"幻"字,非常炫目。日后大部分腾讯游戏都采用了这个设计,《QQ 幻想》就有大量非游戏用户只是为了点亮这个图标而登录游戏,但是发现游戏质量平庸后就放弃了游戏。

这其实是腾讯利用固有资源推广游戏的一把双刃剑,虽然能给自己的游戏带来更多的曝光机会,但也很容易因为游戏品质不好造成恶评的反扑,更重要的是,会让团队内部对游戏的运营状况产生不准确的预期,自己的内部人员也不知道游戏长期运营状况到底如何。这一点在《QQ 幻想》上体现得非常明显，因为早期用户数量激增，团队便盲目添加服务器、扩充游戏分区，反而带来了不小的负面效应。这说明渠道优势要建立在游戏质量基础上才能最大程度地发挥作用。

或许因为《QQ幻想》成绩不佳，马化腾自己也表示过对游戏市场的消极看法，在2006年5月接受《南方都市报》采访时他说道："在我们看来，互动娱乐可能在2～4年内会有增长，但基数到一定规模后增长肯定会放缓，甚至有可能不增长。所以长期的、稳定的收入模式还应来自企业付费和广告收入，包括搜索付费和电子商务。"时至今日，我们知道这是马化腾的一次错误预判，即便10年以后，游戏市场依然保持着极高的增速，游戏业务成了腾讯的"印钞机"。

（三）腾讯的调整与巅峰的到来

《QQ幻想》的失利让腾讯内部对是否进军网游产生了分歧，最终任宇昕做了一个决定，改变了腾讯游戏的未来：将重点从传统的MMORPG转向枪战、赛车、格斗、飞行射击和音乐舞蹈类游戏，与此同时引进和自己研发并行。时至今日我们知道，这类游戏的相似之处是趋向现在中国游戏公司追的热潮——电子竞技。

任宇昕做出决定后，腾讯的第一款游戏是引进自韩国Seed9公司开发、Neowiz公司代理的*R2Beat*，中文名为《QQ音速》。从结果上来说，《QQ音速》的成绩并不算多么出色，但好在腾讯对游戏行业的信心一直很坚定，这才让腾讯能在端游市场稳扎稳打，并有了日后成就辉煌的三款重量级游戏：《地下城与勇士》《穿越火线》和《英雄联盟》。

除了调整游戏业务的方向，腾讯还低调地收购公司。从腾讯日后的发展来看，其成功和收购直接相关。从2006年开始，腾讯在游戏行业累计收购了超过30家公司，总花费超过300亿元。第一个成功的收购案例是永航科技和其旗下的《QQ炫舞》，这款游戏上线1年同时在线人数就突破了100万人，在腾讯有《英雄联盟》前，所谓的"三大游戏"就包括《QQ炫舞》。另一个成功案例来自越南的Vina Games，它是当地市场占据龙头地位的代理商，正是通过它，腾讯游戏才打开了东南亚地区的市场。

日后腾讯还陆续收购了开发《英雄联盟》的Riot Games、开发《部落冲突》的Supercell等公司，并且还控股了开发虚幻引擎的Epic，一举奠定了其在全世界游戏领域的王者地位。

在此期间，腾讯迎来了另一位对其日后业务产生重要影响的人——姚晓光。

在进入腾讯前，姚晓光已经是游戏圈子里很有影响力的制作人，早在上学期间就为一家上海的创业公司开发过一款叫作《网络炸弹狗》的游戏。这款游戏的委托方就是盛大，当时陈天桥想找人开发一款游戏推广自己公司的虚拟形象小狗"史丹莫"。这款游戏非常类似于日后的《泡泡堂》，但因为刚刚创业的盛大没有钱，最终没有商业化运作。毕业后的姚晓光进入北极冰，也就是日后的亚联游戏，开发了《网络侠客行》，但因为资金问题游戏也没有坚持下去。虽然屡屡受挫，但姚晓光没有放弃自己的游戏梦想，又去创意鹰翔开发了一款单机RPG《碧雪情天》。

2001年，姚晓光成为福州天晴数码的第一名员工，负责开发中国第一款回合制网络游戏《幻灵游侠》，但在《幻灵游侠》上线后，姚晓光回到北京，和创意鹰翔的陈承、张晓明成立了"全星工作室"，开始开发一款3D的暗黑类网络游戏《暗黑在线》。这款游戏因为资金问题并不成功，于是在2003年2月，姚晓光带着为《暗黑在线》开发的3D引擎加入了盛大，以制作人的身份开发了国内最早的3D MMORPG《神迹》。

2006年，姚晓光加入腾讯，负责琳琅天上、天美艺游及卧龙三大工作室的产品研发和运营。日后以制作人身份制作了《QQ飞车》《御龙在天》和《逆战》，进入微信游戏时代又带领团队开发了"天天"系列手游。2014

年，琳琅天上、天美艺游和卧龙三个工作室合并为天美工作室群后，姚晓光任总裁，旗下的天美 L1 工作室开发了有超过 5000 万日活跃玩家的《王者荣耀》。

截至 2018 年初，腾讯运营中的客户端网游超过 50 款，其中包括全世界营收最高的三款：《英雄联盟》《穿越火线》和《地下城与勇士》。而在手游市场，腾讯一家公司占了整个中国市场将近一半的份额。

（四）腾讯在网游市场的"功臣"：《穿越火线》《地下城与勇士》

腾讯代理《穿越火线》时完全没有竞争对手：一方面，市场对这款非常像《反恐精英》的游戏明显信心不足；另一方面，因为游戏质量不好，大部分公司也看不上眼。但《穿越火线》的代理成功，让宣告腾讯成为世界游戏霸主"三板斧"中的第一斧尘埃落定。

《穿越火线》刚上线时只能称得上是一个半成品，既没有后来被玩家熟知的独特模式，游戏的漏洞也非常多，严重影响玩家体验。基于这两个原因，在游戏上线初期，行业里的人对它没有什么太高的期待，甚至腾讯内部的期待也不是很高，但腾讯坚持着自己做游戏的态度。

首先，腾讯又表现出了以往那种抠细节的精神。最早韩国方面把游戏内的弹道和枪支特性做得非常接近真实枪支，但在腾讯的要求下韩国方面修改了这部分内容，因为"真实"的效果会让节奏不够明快。日后也有第一人称射击游戏宣称自己的弹道和枪支设计比《穿越火线》真实得多，但结果就是游戏性大打折扣，完全不如《穿越火线》。

其次，腾讯还和 Smile Gate 合作，开始逐个修复游戏既有的问题，到游戏公测时，玩家惊奇地发现，游戏完全变了个样，像新游戏似的。公测时，玩家印象最深的就是新增了一个女性角色"猎狐者"，这个角色也成为游戏中第一个"土豪玩家"的象征，是第一代"游戏女神"。

2009年,《穿越火线》加入"生化来袭"模式。在一款相对严肃的竞技游戏中加入一个几乎纯粹娱乐性的项目,在当时看来算是一个相当有想法的创新,虽然并不是独创。在之后的几年时间里,《穿越火线》几乎占领了中国同类游戏的全部市场,不光《反恐精英》的玩家少了,其他所有射击游戏都笼罩在《穿越火线》的阴影下。

2016年3月5日,《穿越火线》同时在线玩家数突破600万人。2017年,《穿越火线》的注册用户超过5亿人,手游端日活跃用户数也超过了1300万人。

从一开始被普遍不看好,到悄无声息地迎来辉煌,《穿越火线》可以说是中国游戏史上的一个巨大的奇迹,而这个奇迹的发生有力地证明了一件事,即腾讯在中国市场卓越的运营能力。

《地下城与勇士》的火爆同样出乎大部分人的预料,游戏的开发商Neople在韩国本土可以说是名不见经传,在游戏正式上线前也没有掀起过什么波澜。《地下城与勇士》之所以上线后能立刻席卷韩国本土市场,同时在欧美也取得不错的口碑,主要原因有三点:一是游戏填补了当时很少见的横版动作游戏这个门类;二是游戏的整体品质非常优秀,无论是平衡性、美术还是完成度都相当出色;三是游戏对计算机的配置要求极低,基本是台计算机就能玩。

2006年,中国游戏市场的局势非常明朗,一方面九城的《魔兽世界》和网易的《梦幻西游》《大话西游》收割了最核心的MMORPG玩家,另一方面像盛大的《传奇》等也依然有着稳定的用户群体。在这种背景下,其他游戏公司要破局就必须有拿得出手的大作,于是在中国有过成功经验的韩国游戏便成了兵家必争之地。《地下城与勇士》就是在这样的时代背景下与中国玩家见面的。

从2006年年中开始,国内大多数能叫得出来名字的游戏公司纷纷和Neople接触,由此Neople开始坐地起价,代理价格也就水涨船高。当时传出的第一个消息是关于腾讯的,传言 2007 年 1 月腾讯就可以和 Neople 签订协议,但双方因为价格问题没有谈拢。随着腾讯和 Neople 谈判破裂,其他游戏公司也知难而退,包括九城和 17Game 都放弃了对《地下城与勇士》的竞争。

2007 年 10 月,腾讯重新开启了和 Neople 的谈判。11 月 8 日,腾讯的技术人员开始对《地下城与勇士》评估。一周后,在韩国 Neople 总部,腾讯的产品引进团队和商务部门与韩方开始讨论合同细节。11 月 16 日,在腾讯深圳总部,腾讯正式签约《地下城与勇士》。12 月 13 日,腾讯对外公开了这则消息,历时一年多的代理争夺战最终以腾讯的胜出告终。

可能是因为谈判过程拖了太久,腾讯在这款游戏上的测试效率高得惊人。2008 年 3 月 12 日,国服就已经开始测试,要知道此前还有春节假期的影响。

2008 年 6 月 15 日,腾讯在上海卢湾体育馆召开发布会,宣布《地下城与勇士》即将正式公测。腾讯总裁刘炽平、韩方代理三星电子常务权康铉、游戏开发方 Neople 的 CEO 许民及 CFO Jeffy 均到场。媒体普遍预测这款游戏会在中国取得现象级的成绩,一方面是游戏本身品质相当出色,另一方面大家明白腾讯要发力了。

2008 年 6 月 19 日,《地下城与勇士》正式公测,虽然腾讯早有预期,但仍然低估了玩家的热情,服务器一整天都处于爆满状态,很多玩家都在论坛上抱怨道:"我等了 3 个小时还没进去!"最早一批进入游戏的玩家也给予了游戏极高的评价,有玩家称:"《地下城与勇士》拥有 Capcom 的攻击判定、SNK 的连击、Sega 的游戏设定、Square 的编剧、Blizzard 的装备系统、Nintendo 的游戏娱乐精神……"这种褒奖显然过于夸张了。同时也有另一种极端的评论认为《地下城与勇士》作为一款韩国产动作游戏,和日系动作游戏相比有极大的差距。上线十多年后,我们客观去看,这款游戏的动作部分和日本格斗游戏巅峰时代的作品确实有明显的差距,但作为一款网络游戏,它解决了联网对战等最重要的问题，同时在装备、人物和游戏剧情上的设置也可圈可点，这十几年再没有第二款同类型游戏能够挤占主流市场。从这个角度来说，《地下城与勇士》绝对是一款优秀的作品，贬低它是不合适的。

2008年7月10日，韩国游戏巨头Nexon收购了Neople。这次收购后，很多人猜测《地下城与勇士》的运营权可能会发生变动，毕竟Nexon在中国还有一个实质上的子公司世纪天成，只是后来的事证明玩家多虑了。不过，日后的一些调整还是引起了很多中国玩家的不满。

2008年10月11日，第一届《地下城与勇士》全民格斗大赛总决赛于上海举办。从这次活动能够看出腾讯日后在游戏经营道路上无往不利的两个原因：一是游戏6月才开始公测，7月组织地方分区赛，10月总决赛，整个过程无论速度还是质量都无懈可击；二是腾讯非常重视游戏的竞技性。

2008年12月12日，公测将近半年后，《地下城与勇士》的同时在线人数突破了100万，成为中国同时在线人数最快突破100万人的游戏。

2009年初，《地下城与勇士》的第二章上线，除去重新平衡了几种职业、增加了公会系统、开发了新的地图外，还有一件事更值得注意，大量《地下城与勇士》的外挂制作者被抓，这也象征着腾讯开始重视外挂对游戏产生的消极影响。

2009年5月4日，《地下城与勇士》的同时在线人数突破190万人，2011年突破260万人，2012年突破300万人，2016年6月17日突破500万人。

最让人惊讶的是，《地下城与勇士》竟然成了韩国济州岛的支柱产业，2015年济州岛总出口产值为10亿美元，其中一半来自Neople，而Neople超过90%的收入都来自《地下城与勇士》，而其海外收入基本都来自中国。

（五）有史以来最成功的电竞游戏：《英雄联盟》

2008年是中国游戏市场风云变幻的一年，这一年盛大全年游戏营收

34.23 亿元，稳居中国游戏市场的第一。腾讯靠着《穿越火线》和《地下城与勇士》全年游戏收入达到了 28.38 亿元人民币，从第六一下子升到了第二，超过了曾经第一的网易。于是有人不禁猜想，腾讯什么时候能够超过盛大？答案来得比任何人想象的都要快，2009 年第二季度，腾讯的游戏收入达 1.816 亿美元，而盛大为 1.72 亿美元，腾讯实现了反超。到了年底，腾讯已经占有中国游戏市场超过 20% 的份额。2009 年各大游戏全年活跃用户的排名里，《地下城与勇士》《穿越火线》和《QQ 炫舞》分列前三位，《QQ 飞车》排在了第七位。此时，外界对腾讯的评价相比前两年也截然不同，几乎所有人都认为腾讯已然不可阻挡。2010 年第一季度，腾讯游戏的市场占有率达到了 25.3%，到年底，网易凭借《魔兽世界》的代理在收入上超过了盛大，成为中国游戏市场的老二。自此以后，前两名的位置再也没有变过。

2009 年 4 月 11 日，腾讯在北京召开新品发布会，会中提到一款叫作 *League of Legends* 的游戏。对于这款号称由 *Dota Allstars* 原班人马开发的游戏，媒体主要有三种看法：第一种是认为它会成为网络游戏市场的生力军；第二种是不看好这款美国游戏在中国市场的前景；第三种言论最多，就是一笔带过，并没有任何评论，或者说干脆不屑于评论。那次新品发布会上，媒体更关注的是《QQ 仙侠传》《战地之王》《大明龙权》《幻想世界》《封神记》等游戏，但是这几款游戏大部分玩家后来根本没有听说过。

那时的 *League of Legends* 还没有一个正式的中文名，直到 2010 年 1 月 7 日才被确定为《英雄联盟》，而关于《英雄联盟》背后的故事也很传奇。

Riot Games 的两位创始人马克·梅里尔（Marc Merrill）和布兰登·贝克（Brandon Beck）[①] 都是毕业于美国南加州大学的商科学生，两人是室友，毕业以后一直在华尔街搞金融。两人除了工作以外，还有一个共同的爱好，就是玩游戏。

2006 年，两人决定"下海"做游戏，那一年两人的年薪都将近 50 万美

---

① 游戏里的"蛮族之王·泰达米尔"和"流浪法师·瑞兹"就是照着两位创始人做的，虽然不怎么像。

元,放弃待遇优厚的工作去加州创业做游戏被认为是不可理喻的,但他们真的做了,并为公司取名 Riot Games。公司 Logo 上有一个拳头,因此被国内玩家称为"拳头公司",而两位创始人想做的事就是要颠覆游戏产业。

在前两年,Riot 本质上就是一家独立游戏公司——在行业里没有任何资源也没有钱,甚至连要做什么都不太确定。该公司花了两年时间终于做出来一个 Demo,两位创始人靠着金融行业的背景拿到了一笔 700 万美元的投资,这笔钱在游戏行业非常尴尬,做 3A 游戏肯定是不够的,但是做小项目又不赚钱。这时就不得不提 Riot 的第三个关键人物——史蒂夫·费克(Steve Feak),可能更被玩家熟知的名字是 Guinsoo。

Guinsoo 是《魔兽争霸 III》的业余地图设计师,2004 年发现了一个名叫 *Defense of the Ancients: Allstars* 的地图,一般玩家简称 *DotA*。这张地图本来是《星际争霸》上的名为 *RoC DOTA* 的地图,作者为 Eul,在 Eul 把地图移植到《魔兽争霸 III》后就没有再更新。Guinsoo 在 2004 年 3 月到 2005 年 3 月期间成为 *DotA: Allstars* 的主要维护者,其对整个 *DotA* 系统最大的贡献是添加了野区里需要团队击杀的怪物 Roshan,而这个名字其实是他保龄球的名字。Guinsoo 还为 *DotA* 系统添加了配音,更重要的是,Guinsoo 一直在不遗余力地拉人一起完善 *DotA*,也就是在很长时间里 Guinsoo 在充当着"传教士"的角色。Guinsoo 之后,*DotA* 系统的主要维护者就是 IceFrog,即玩家们所说的冰蛙,是未来 *DOTA 2* 的设计者。

早期《英雄联盟》的核心玩法就是由 Guinsoo 设计的,这期间 Riot 还做了一件非常天才的事情,他们定义了一种特殊的游戏类型,叫作 MOBA[①] 类游戏,事实上就是 *DotA* 的游戏类型,但是为了防止别人说他们抄袭,所以干脆通过其他渠道向大众普及 MOBA 是一种专门的游戏模式,而且他们成功了。

---

① Multiplayer Online Battle Arena,多人在线战斗擂台游戏。

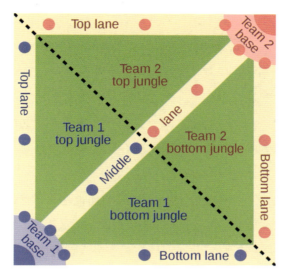

图 3-29　MOBA 游戏分上、中、下三路，有专门野区
图片来源：维基百科；制作者：Raizin

　　Riot 团队的技术一开始其实并不好，甚至可以说很糟糕，他们也没有考虑过未来产品能做到多高的程度，早期开发都是基于 Adobe Air。大家对于这个名字应该比较陌生，但对 Flash 肯定很熟悉，是的，早期《英雄联盟》就是拿 Flash 写的。参与过美国公测的玩家应该会记得，那时《英雄联盟》甚至有一个网页版。这套框架为 Riot 挖了很多"坑"，直到 2014 年被完全替换。

　　2008 年 10 月 7 月，Riot 正式公布了《英雄联盟》这款游戏，却引来一片骂声。2009 年 4 月 10 日，《英雄联盟》正式开始测试，继续引来一片骂声。玩家之所以骂，也只是因为一点：和 DotA 太像了。

　　2009 年 10 月 27 日，《英雄联盟》正式上线。大多数游戏媒体给出了比较正面的评价，其中 IGN 给出了 8.0 的分数，5 年后 IGN 承认低估了这款游戏，把分数改为了 9.2 分。

　　2010 年 4 月 22 日 12 点，《英雄联盟》国服首次对外技术测试开启。7

月 20 日上午 10 点起至 8 月 10 日，开放第二次技术测试。8 月 12 日中午 12 点开启封闭测试。9 月 2 日停机更新后，在封测服务器中启动"压力测试"。12 月 8 日 0 点开启经典内测。此次内测第一周，开放的 15 个免费英雄有艾瑞莉娅、艾希、安妮、布里茨、崔丝塔娜、弗拉基米尔、盖伦、黑默丁格、库奇、莫德凯撒、努努、瑞兹、慎、索拉卡、塔里克。2011 年 8 月 10 日，所有既有服务器更名：电信一区变为艾欧尼亚、电信二区变为祖安、电信三区变为诺克萨斯、网通一区变为比尔吉沃特。

和国外一样，《英雄联盟》国服在运营初期也是骂声连连，甚至大多数主流媒体都是一片唱衰的声音，几乎没有一家媒体认为《英雄联盟》能够成为中国游戏市场的头部游戏。当时还有相当多人认为韩国公司 Neocat 开发的 *Chaos online* 要比《英雄联盟》更有前景，这款游戏是用另一张 *DotA* 的地图"DOTA-Chaos"改编的游戏，但这款游戏宣布由浩方代理后就没了音讯。

《超神英雄》也是当时《英雄联盟》的主要竞争对手，这款游戏早期由冰蛙亲自操刀，但在冰蛙去 Valve 开发 *DotA* 后，原团队便只是勉为其难地完成了后续工作，上市后成绩也不尽如人意。而且这款游戏的国服也是由腾讯代理，腾讯自己代理一方面总好过被竞争者抢先，另一方面也巩固了自己 MOBA 游戏的产品线。

《英雄联盟》早期在游戏设计上其实有相当多的问题，比如在 S1 的时候，游戏内的道具"日炎斗篷"的伤害可以一直叠加，于是就出现了好多玩家所有装备全都出"日炎斗篷"，这样自己既不容易死，还能给敌人带来每秒上百点的伤害。更极端的是，有玩家发现英雄"恶魔小丑萨科"的分身技能也可以叠加"日炎斗篷"的伤害，于是就出现了穿了一身"日炎斗篷"的小丑满屏幕追着敌人跑的场面。再比如装备"黑色切割者"的伤害也是可以无限叠加，导致在物理伤害型英雄面前，所有人都脆如薄冰。当然，这些设计上的缺陷很快就被陆续修正了。

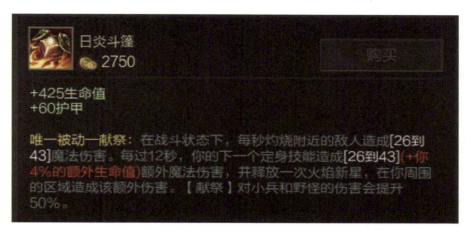

图 3-30 "日炎斗篷"的效果描述

在 S3 之前,《英雄联盟》的排位系统只分为单人排位和战队排位(战队排位也分为 3V3 和 5V5),并且只显示段位分数,评判玩家水平高低只能依据这个分数。1200 分是初始分数,但是究竟多高算高,多低算低?对于分数高低并没有明确的划分。S3 赛季的重大更新便是排位系统的革新,引进了一个全新的联盟系统。联盟系统中每一个联盟都由来自同一阶级的 250 名召唤师组成,每个阶级都由技术水平接近的玩家构成,每个阶级内部都有很多联盟,在排位赛中赢得胜利便能晋升到下一个段位。

在将排位分数改为段位之后,段位能更直观地反映玩家的水平并促使玩家向下一段位冲击,同时赛季末的段位奖励也大大提升了玩家的积极性。

后来,《英雄联盟》还上线了预选位置的功能,防止出现玩家被迫玩自己不熟悉位置的情况,每位玩家都可以先选择自己的擅长位置和补位位置,然后再进行匹配。

《英雄联盟》能够取得今天的成绩,主要原因有以下 3 点。

第一,《英雄联盟》是最早一批做出了脱离《魔兽争霸 III》框架的 MOBA 游戏,靠着腾讯投入的大笔资金,获得了持续更新的动力,而同时期其他的MOBA游戏大部分都死于"穷"。腾讯对Riot的帮助，除了为他们打开了中国这个庞大的市场外，就是那一笔钱了。

第二，降低了玩家的参与门槛，但和大多数人理解的不同，《英雄联盟》本质上并没有降低游戏的难度，只是玩家更容易参与了。DotA因为长时间没有像《英雄联盟》这种按照玩家水平排位的机制，所以参与门槛极高玩家也能接受，或者说正因为门槛高，使得愿意玩下去的玩家水平都不差。而《英雄联盟》直接降低参与门槛，不可避免地会出现低水平玩家和高水平玩家完全混在一起的情况，所以靠等级、段位、积分甚至免费英雄，强行区分了低水平玩家和高水平玩家。《英雄联盟》的这种机制在很大程度上吸引了更多玩家参与，同时不耽误高水平玩家游戏。日后有很多MOBA游戏虽然降低了游戏门槛，但同时也降低了游戏难度，造成高水平玩家很容易碰到"天花板"，削弱了游戏性。类似的设计还包括新手任务、前期强制的人机对战、为新手准备的装备推荐。

第三，实现了完全电子竞技化。这里要专门提一下冰蛙。冰蛙对整个MOBA类游戏起着至关重要的推动作用，他为这类游戏加入了Ban&Pick模式，意思是在比赛前双方互相看着对方选择英雄，同时可以禁用一些英雄，这个改动一下子增强了MOBA对战的仪式感，让其从一款游戏完美过渡成一款电竞产品。除了Riot和Valve以外，同时期所有开发MOBA游戏的公司，都没有明白一场重要赛事对游戏的影响有多大。这两家公司的产品之所以能够聚拢如此多的粉丝，也正是基于对赛事的成功运营。

2005年之前，几乎没有网络游戏有太广泛的国际影响力，大部分游戏的市场局限性较强。第一款真正在全世界产生影响力的网络游戏是2006~2012年的《魔兽世界》，第二款就是从2012年开始至今的《英雄联盟》。这两款游戏分别在这两段时间内成为全世界主要市场最受欢迎的游戏。

2014~2020年,《英雄联盟》风靡中国市场,在各地大大小小的网吧里随处可见玩《英雄联盟》的玩家,有些网吧甚至经常出现几百台计算机的显示器画面都是《英雄联盟》的盛况。可以说,《英雄联盟》的影响力已经超出了游戏本身。在《英雄联盟》实现现象级火爆的同时,DOTA 2在中国的现象级萧条也随之而至。2020年,《英雄联盟》还经常出现晚上需要排队登录游戏的情况,而2015年以后,DOTA 2国服的日活跃玩家数再也没有超过15万人,2019年DOTA 2的全球日活跃玩家一度暴跌到50万人以下。

图3-31 《英雄联盟》2012年全球总决赛
图片来源:维基百科;拍摄者:artubr,基于CC BY 2.0协议

不能说DOTA 2输了,毕竟它是电子竞技市场最火的游戏之一,但《英雄联盟》的成就更高。DOTA 2最高同时在线126万人,1300万月活跃玩家,最高月收入4000万美元;《英雄联盟》最高同时在线750万人,日活跃玩家2700万人,月活跃玩家超过1亿人,最高月收入超过2亿美元。①

根据Superdata的数据,2017年全世界收入最高的3款PC网络游戏为《英雄联盟》(21亿美元)、《地下城与勇士》(16亿美元)、《穿越火线》(14亿美元)。此外,在免费游戏收入榜里,"腾讯系"的游戏还有《剑灵》(1.78亿美元)和FIFA Online 3(1.63亿美元)。

---

① 其实从活跃用户的平均消费来看,《英雄联盟》非常低,尤其是在腾讯系的游戏里。

图 3-32 《英雄联盟》2016 年全球总决赛
图片来源：维基百科；拍摄者：Patar knight，基于 CC BY-SA 4.0 协议

然而腾讯也并不是完全没有问题，其端游业务对《英雄联盟》《地下城与勇士》《穿越火线》这三大游戏过于依赖便是问题之一。2014 年，腾讯旗下量子工作室开发的《斗战神》上线，这是腾讯在有了"三大"后第一次把核心资源给了自己的原创游戏。但《斗战神》的运营数据非常糟糕，让腾讯彻底打消了通过原创来打造下一款现象级端游的念头，而把重点放回寻找新的游戏代理上。2017 年，腾讯拿下了《绝地求生》，很大程度上缓解了其对"三大"游戏过度依赖的状况。

腾讯的成功在中国企业史上有着非常重要和深远的意义。1989 年，中国银行进入《财富》杂志的"世界 500 强"排行榜，这是中国企业第一次入榜。到了 2019 年，这份榜单上的中国企业达到了 129 家，超过了美国的

121 家。而纵观中国入榜的这 129 家企业，有五家非常特殊，即第 61 位的华为、第 139 位的京东、第 182 位的阿里巴巴、第 237 位的腾讯和第 468 位的小米，这五家公司都是真正意义上的科技公司，纯民营背景，在世界市场上也各有值得一提的创造性革新。在整个"世界 500 强"榜单上，只有 6 家互联网公司，除了中国的 3 家外，剩下的 3 家是亚马逊、Google 的母公司 Alphabet 和 Facebook，从这个角度来说，中国的互联网市场开始和美国平起平坐了。

十三、网络游戏时代的主要曝光渠道

（一）世界上的游戏展会

1995 年 5 月 11 日至 5 月 13 日，第一届 E3 在洛杉矶会展中心成功举办，总参观人数高达 3.8 万，E3 未来能成为行业翘楚在那时便已经出现苗头。那一届 E3 上，索尼的 PlayStation 和世嘉的土星主机都在现场开了发布会，其中 PlayStation 及首发的《山脊赛车》和《铁拳》获得了极好的口碑，土星则毁誉参半。此外，可能已经被很多玩家遗忘的 3DO 主机也在这次展会上亮了相。在展会上进行重量级产品首发成了 E3 之后主要的发展方向，即做最有话语权的行业展会。对于看客来说，每年的 E3 是看几家大型游戏公司正面交锋的最佳战场，组织方也对这种吸引玩家口水战的活动喜闻乐见，以至于几乎每次 E3 展会，在洛杉矶会展中心的南馆都会出现当时最热门的两台主机打擂的场面。从这个角度来说，E3 的历史就是游戏主机战争史的最佳索引。对于游戏公司来说，E3 是展示自我的最佳舞台，一次成功的演示可能让一家小工作室一飞冲天，表面和谐且欢快的场馆内不知道藏着多少明争暗斗的故事。

1997 年，第三届 E3 改在亚特兰大举行，并且推出了一个由主流游戏媒体评选的"E3 游戏批评家大奖"（Game Critics Awards: Best of E3），但这并不是官方的评奖活动。

第四届 E3 上，Voodoo II 和 TNT 的 3D 显卡技术推出；微软宣布进军游戏业；世嘉喊出了要靠 Dreamcast 夺下市场的口号……对于中国玩家而言，我们在这次活动上见到了目标软件的《傲世三国》。

第七届 E3 上，Xbox、PlayStation 和 Nintendo GameCube 三款主机悉数发布，微软、索尼和任天堂三足鼎立的局势基本形成。任天堂的 GBA 做了上市前的最后一次宣传，媒体对这款机型究竟如何都抱有一丝疑虑，但事实证明媒体多虑了，虽然该机型有一堆问题，但还是一款相当成功的产品。

2007 年，E3 在经历了前一年的火爆态势后，希望改变经营策略，缩小规模，成为一个更加纯粹、精简的游戏行业内部展，是论坛（Summit）而不是展会（Expo）。除了大规模减少参展厂商和观众外，更是搬离洛杉矶，来到圣莫尼卡的机库里，史称"停机坪 E3"。这种极端的转型使得其行业形象一落千丈，很多公司开始放弃 E3 而选择其他展会做产品首发。2008 年的 E3 非常冷清，虽然搬回了洛杉矶会展中心，但因为组织方的限制，只有不到 5000 人观看展会。在一片骂声中，组织方于 2009 年重新把 E3 做回了行业内展商和游戏玩家其乐融融的展会，观众也达到了 4 万人。从 2015 年开始，E3 第一次公开发售针对游戏玩家的行业外门票。到了 2017 年，E3 的观众数超过 7 万人，是目前观众数最多的一年。

1997 年，第一届东京电玩展（TGS）顺利举办，当时还是春秋各一次。到 2000 年秋，东京电玩展的观众数已经达到 13.7 万人，成为世界上观众最多的游戏展会之一。日后东京电玩展也发展成大部分日系游戏厂商的主战场，更重要的是，东京电玩展还是最早拥有 Showgirl 的游戏展会，为未来 ChinaJoy 的 Showgirl 提供了非常好的借鉴。

除了 E3 和 TGS 这两个大型游戏展会外，欧洲的德国游戏展也是游戏厂商的必争之地，而美国、日本和欧洲，正好是曾经三个最大的游戏市场。当然，时至今日，随着中国成为世界上最大的游戏市场，我们也有了自己的游戏展会——ChinaJoy。

（二）中国的游戏展会与 ChinaJoy

1987 年，北京举办了首次"国际娱乐设备展览"。这次展会让《家用电器》杂志开辟了"娱乐器具"的专栏，进而诞生了由《家用电脑与游戏》创办人孙百英等人开创的中文游戏媒体时代。比较可惜的是，这次活动虽然是中国最早的游戏行业相关展览，却没有激活游戏展会市场。

1993 年，一场名为"北京·93 跨国公司与中国"的会议在北京国贸召开，有超过 50 家跨国企业的代表到场。以这次事件为转折点，在之后的几年陆续有海外企业主动到中国寻找机会，而为了迎合这些企业，也出现不少展会邀请海外公司参展。

1994 年，北京举办了"首届中国多媒体展览会"，会上已经可以看到零星的游戏公司。同年，在北京农展馆组织了一场"94 日本电子娱乐机北京展"，主办方为日本东方综合研究所，展示内容基本为街机，吸引了一大批玩家前往参观。主要展商科乐美在现场打出标语："'把愉快带给世界上每个人'——这是我们的承诺"，这让中国玩家十分激动。

1996 年初，坊间传言中国要有本土专业的大型游戏展会了，名字为"中国国际电子游戏机博览会"，举办地点在北京，举办时间是 1996 年 4 月 5 日至 8 日，主办方是金鹏公司，由天吉星展览公司承办。但这次展会险些落空，原因是日方企业不想来参展，包括任天堂、世嘉、南梦宫在内的大部分日本游戏公司都认为中国市场无利可图而放弃了这次活动，并且因为游戏机过于敏感，也遇到了一些阻力，活动被迫延期。

20 天以后，北京国际会议中心组织了"96 北京国际多媒体技术与应用博览会"。此次展会展厅面积达15000平方米，是"中国国际电子游戏机博览会"的改良版，而因为调整了参展公司，改了名字，被媒体称作首届中国多媒体展览会的延续，并不是纯粹的游戏展。不过，北京至少也算办了一次大规模的游戏展会。在这次展会上，大量台湾地区的游戏公司参展，带来了《仙剑奇侠传》《大富翁3》《金庸群侠传》《吞食天地III》等口碑颇好的游戏。《电子游戏软件》报道过这次展会，标题为 Dreams Comes True，标题虽然有语法错误，但我们明白它想说什么——美梦成真。

1996年，北京连续办了两次"家用电脑及软件展示展销会"，在7月的第二届展销会上出现了大量游戏公司，甚至成了全场焦点。除了前导的《官渡》、光谱的《运镖天下之四大镖局》、金盘的《成吉思汗》、大宇的《大富翁3》等国产游戏外，更是出人意料地出现了《毁灭战士II》和《雷神之锤》等国外游戏。这些游戏主要是现场硬件厂商做演示用，但也吸引了相当多的玩家驻足围观。

1997年开始，游戏类或者包含游戏元素的展会突然大批量出现。这一年，SNK在上海的上海商城举办了"Asia Live Tour 97"，现场展示了大量新款主机，其中包括正在开发中的《侍魂64》。1997年1月23日，中国电子进出口总公司和北京海淀区科技计算机商会主办了"97北京家用电脑及软件展览会"，整个活动历时5天，吸引了近万名观众到场。展会期间，《大众软件》组织了一场《命令与征服》的四人连线对战，吸引了大批观众围观。1997年2月25日，"97世界计算机博览会（中国）"（COMDEX China 97）在中国国际展览中心举办，会上微软主导展示了一批Windows平台的游戏产品。1997年4月3日，北京的中国国信信息总公司、台湾地区台北县电脑商业同业公会和台湾软件工业五年计划工作室，在北京新世纪饭店举办了"海峡两岸软件技术交流会"，现场两岸公司展示了各种游戏软件……自此以后，我国小型游戏展会一个接一个，但一直都没能做成规模，大多数都是办了一次就没了后文，直到ChinaJoy的出现。

ChinaJoy本来计划命名为"中国国际游戏展览会",但因为怕"游戏"的社会争议过大,直接放在名字上有可能引发舆论问题,就没有使用,最终确定为"中国国际数码互动娱乐产品及技术应用展览会",后改名为"中国国际数码互动娱乐展览会",但大部分观众记住的名字还是ChinaJoy。

图3-33 中国国际数码互动娱乐产品及技术应用展览会在北京开幕
图片来源:cnsphoto;拍摄者:欣人

第一届ChinaJoy本打算于2003年7月25日至27日在北京召开,但因为正好赶上"非典"肆虐,所以被迫推迟到2004年1月16日到18日,票价20元。多年以后很多人都认为,ChinaJoy其实就是中国游戏行业的一次大考,游戏好不好,总要放在ChinaJoy上给人看看。

相较如今的ChinaJoy,第一届ChinaJoy显得有些"寒酸"。大部分游戏本身的看点少得可怜，除了《魔兽世界》和《天堂 2》两款海外游戏大作外，国产游戏只有《大话西游 2》和《刀剑》勉强能吸引一部分观众。同时，整场 ChinaJoy 最大的亮点也并不是游戏本身，而是网易请来了周星驰站台，以至于日后大家回忆第一届 ChinaJoy 的时候，提到最多的就是周星驰，仿佛当时根本没发生其他事情一样。

不过，第一届 ChinaJoy 还是有些亮点的。比如维晶科技的 Showgirl 孙婷突然爆红，成为中国最早的"网红"，而那一年组织方连正经的 Cos 服装都没有，她穿的是自己设计的一套白色蕾丝花边裙子。在突然走红后，孙婷代言了《天方夜谭 Online》，要知道在此之前游戏公司请的代言人全都是有名气的明星。孙婷从 2006 年开始淡出这个圈子，2014 年的 ChinaJoy，她又出现在了网易的展台上，给玩家不小的惊喜。从这一届开始，之后几乎每届 ChinaJoy 都会有几个 Showgirl 被网民捧红，这也成为 Showgirl 参加 ChinaJoy 最大的动力。

2004 年 10 月 5 日，第二届 ChinaJoy 移师上海，并将上海定为永久举办地。在上海新国际博览中心，无论是 W 系列馆还是日后的 N 系列馆，1 号馆都是兵家必争之地，能够进入 1 号馆，就代表你的公司成了国内一线游戏公司。这一年，九城在 ChinaJoy 上空放了一个《快乐西游》的飞艇，这个阵仗在日后的游戏展会里都不多见。盛大的展位上有一个巨大的 LED 屏幕，上面滚动播放着"盛大网络游戏世界同时在线人数"，这个数字从来没有低于 200 万，为玩家展示了当时中国最牛网络游戏公司的气场。不用过多的文字描述，这个数字就是最好的说明。相比较而言，第一次参展的腾讯则要低调得多，毕竟刚刚进入游戏市场，没什么东西拿得出手，但几年后，这两家公司的情况就对调了。

第三章 白银时代——网络游戏

图 3-34　世界第三大电玩展 ChinaJoy 永久落户上海
图片来源：cnsphoto；拍摄者：井韦

在这一届 ChinaJoy 上，韩国游戏产业开发院摆了一个不小的展位，展出了大量韩国本土游戏，虽然当时没有引起太多人注意，但是日后这种展位越来越多地出现在了中国的各种游戏和电子展上，成为中国游戏展会国际化的标志之一。

因为 ChinaJoy 第一届周星驰和第二届古巨基的到场带来的影响力超出了展商的预期，2005 年这届展会就一窝蜂地出现了一大批明星，包括周星驰、杨千嬅、张韶涵、水木年华、张娜拉、元华、萧蔷等一众明星来到现场，俨然是一次娱乐圈盛会，各大娱乐媒体都做了专题报道。

在这一届 ChinaJoy 的现场，中央电视台也带来了一家游戏公司——中视网元。更让人觉得惊喜的是，中视网元一直在宣传单机游戏，并且代理了

EA的大量游戏，以至于一度被认为是单机游戏市场的救星，吸引了相当多的关注。

不过第三届ChinaJoy的明星还是盛大盒子，展会后大部分媒体用过半的篇幅来讨论盛大盒子的生与死，其中不看好的占大多数，事实也确实如此。

这一届ChinaJoy有两个趋势值得注意。一是因为国产网游开始崛起，这届展会上展出的国产游戏数量第一次超过了海外游戏，而且之后越来越多。二是这届展会上出现了大量手机游戏，但和海外展会比还是落了下风。这一年无论TGS还是E3，手机游戏的占比都超过了15%。有媒体感叹，本来以为能弯道超车的手机游戏行业还是落了下风。但今天，中国已经成为世界上最大的原创手机游戏开发国，同时也是世界上最大的手机游戏市场，甚至把美国和日本都甩出了一个身位。

2006年第四届ChinaJoy的现场观众人数达到了12.6万人，因为观众太多以至于第二天不得不增派保安限制人员入场，而这个观众数也让ChinaJoy成了仅次于TGS的世界第二大游戏展会，比E3还要多。不过，这一届ChinaJoy上最受关注的展商并不是中国公司，而是索尼。索尼的展位上排起了全场最长的队伍，大家都在等PlayStation 3，但对于索尼来说多少有些尴尬的是，因为游戏机禁令，索尼的游戏机只在上海的展会里具有合法性，一旦带出场馆就是非法的。另外，此前并不为人注意的《天龙八部》突然在现场爆红，吸引了大批观众围观，观众数量之多和简陋的展位形成强烈对比，而未来《天龙八部》也成了搜狐游戏最成功的作品。

也是在这一届ChinaJoy，盛宣鸣为了推广《大航海时代Online》直接在现场搭了一个非常气派的帆船舞台，成了当场最亮眼的展商，之后盛宣鸣还在黄浦江上举办了众星熠熠的游轮派对。但日后盛宣鸣的结局有些不幸，还没有等到自己的游戏宏图大展，公司就轰然倒塌，淡出人们的视野。

2007年，第五届ChinaJoy的观众人数暴增，达到了17.3万人，但这一次，到场明星明显减少。对于观众来说，这届ChinaJoy最让人兴奋的无疑是《魔兽世界：燃烧的远征》。此外，完美世界推出的《诛仙》也为自己赚了不少口碑，而《诛仙》也让完美世界从一家游戏公司完美过渡为一家大游戏公司。但从行业的角度来说，这是相对没什么内容的一届，除去高峰论坛上关于 2D 和 3D 游戏孰优孰劣的讨论，就只有盛大接连提出"20 计划"和"风云计划"等一系列希望拉拢优秀游戏人和游戏团队的计划，还算是为数不多的亮点。

2008 年，因为第五届 ChinaJoy 缺乏看点，第六届 ChinaJoy 的观众数首次出现下滑的情况，只有 10 万观众到场，和 2005 年那届相当。此次参展的游戏公司吸取了上一届的教训，再次邀请大量明星助阵，包括胡歌等当红的明星都来为游戏公司站台。

这一届 ChinaJoy 增设了 B2B 商务洽谈区，为游戏厂商提供了对接业内资源的机会。同时，首届"中国游戏开发者大会"（CGDC）也在此召开，而 CGDC 日后也成为全世界最有影响力的游戏开发者大会之一，从而让 ChinaJoy 也有底气说自己是一家世界级的游戏展。

此次展会上，最受关注的游戏是《剑网叁》。金山特意在现场布置了一个环幕来展示作品，十分震撼。当然，金山的游戏无论是画面还是整体水准，在当时确实代表了国内游戏公司的最高水平。

2009 年第七届 ChinaJoy，被《魔兽世界》上线问题折腾得焦头烂额的网易成了焦点，无论是观众还是媒体，都一窝蜂地涌向网易的展台。媒体是为了要一手消息，而玩家则是为了试玩《巫妖王之怒》。可是到了网易的展台后大家傻眼了，现场一台试玩机都没有，只有几张早已看腻的背板，而网易的工作人员也拒绝回答媒体的任何问题。

失望的媒体和观众在现场发现了完美世界。完美世界的展位有一个蓝色的地球，代表自己要把游戏卖到世界各地的雄心，而完美世界也确实是第一家同时独立参展过 ChinaJoy、E3 和 TGS 的游戏公司。

继第六届 ChinaJoy 上召开了游戏开发者大会后，这届 ChinaJoy 的组织方整合了多个论坛资源，召开了"中国游戏商务大会"（CGBC）。日后，这个会议更名为名头更大的"国际游戏商务大会"。

2010年第八届ChinaJoy上，曾经辉煌的九城显得有些落寞。因为失去了《魔兽世界》的代理权，九城的展台显得空空如也。对此，人们纷纷感慨游戏行业的风云变化，一家公司的成败真的只在一瞬之间。

也是在这一届ChinaJoy，向来兵家必争的1号馆出现了一家大家都不熟悉的公司，而且这家公司仅靠一款游戏便占据了最大的展位，现场布置的奢华程度让很多大公司都为之惊叹。这家公司叫深红网络，展出的游戏叫《猎国》。然而一年后，《猎国》正式上线时，因为质量平平，反响一般，并未产生任何影响，而深红网络这家公司也就此被玩家遗忘，和当时展会上的豪华场面形成强烈的反差。

2011年第九届ChinaJoy，人们来到展会现场后发现，九城回来了，不过换了种形式，不是以九城的名义。2010年，九城收购了美国游戏公司Red 5，这家公司由《魔兽世界》前开发团队成员组成，这个噱头极具话题性和关注度。九城便是以这家公司的名义参展，参展的游戏是《火瀑》。按照当时的宣传，这是一款"好莱坞大片级"的射击类硬科幻网络游戏，极具话题性和关注度，并且无论展台的搭建，还是现场《火瀑》的演示，都给玩家和媒体留下了深刻的印象。但现实很残酷，时至今日，《火瀑》也没有正式运营。

基本上就是在2011年以后，提起世界三大游戏展，人们大多会说是E3、TGS和ChinaJoy。这一年ChinaJoy的观众数达15.6万人，参展的游戏和公司也是当时世界游戏展会中最多的，包括很多海外游戏公司。

2012年被认为是页游市场的元年，因为这一年火了一款《神仙道》。在当年的ChinaJoy上，《神仙道》的展位面积最大，但因为只有一款游戏，多少让人觉得有些空荡荡的。现场的测试机全是苹果计算机，同时招聘墙上贴出来的高薪招聘广告也让人们见识到这个行业多么疯狂，只是页游市场的好日子并不长。

图 3-35　ChinaJoy 上的 "秀" 场

盛大对于 ChinaJoy 的意义非常特别，因为盛大为 ChinaJoy 奠定了很多"游戏规则"。盛大是第一家把 Showgirl 摆到最重要位置的公司，也是第一家弄出几十名 Showgirl 镇场子的公司，而在其他公司开始比拼 Showgirl 时，盛大在 2012 年又找来一大批 Showboy。盛大是第一家在场馆内赠送纸袋的公司，并且把纸袋变成展示公司文化之物。更让人叫绝的是，盛大后来还做过一个超大纸袋，足够装下其余所有展商的纸袋，而在比拼纸袋乏味后，盛大在 2009 年还送过小车。盛大是第一家给媒体和观众大量赠送物料包括视频资料的公司，并且还曾包下电影院给 ChinaJoy 的参会媒体播放游戏视频。盛大是第一家把娱乐节目搬上展会的公司，2010 年在现场做了一场 "非诚勿扰"……盛大在 ChinaJoy 上投入如此多的心血，甚至让人觉得比对游戏本身的投入还多。

到了 2015 年，大部分公司已经把游戏的焦点放到了手游上，同时这一年有两个字母被提到了极高的位置上——IP，所有游戏公司都在说，我们有什么IP、IP多值钱等。

在2015年ChinaJoy前，河南省实验中学的一名女教师提交了一封辞职信，只有一行字："世界那么大，我想去看看。"这句话一下子火爆了整个互联网，一群生活在大城市的"蚁族们"仿佛突然找到了生活的意义，纷纷表示想要出去看看。这种情绪仿佛也感染了ChinaJoy，一批从业者表现出了不小的迷茫和困惑。大家都想走出去看看，但能看到什么没人说得清。

2016年，ChinaJoy的重点又发生了改变。现场最让人印象深刻的是那些VR厂商又大又奢华的展位，只是这些厂商在一两年后又都没了踪影。此外，因为"移动电竞"飞速发展，所有公司都想分一杯羹，这届ChinaJoy的现场也突然出现了各种电竞比赛。所以有心的玩家可以发现会场里到处都是主播，稍不留意就会撞到一个面前放着手机的主播。

2017年，ChinaJoy的展厅面积达17万平方米，到场观众总计34.2万人次，其中7月29日单日入场高达12.1万人次。值得注意的是，N2馆参展的游戏主要是《DOTA 2》《CS:GO》《球球大作战》《英雄联盟》《王者荣耀》等，一眼看上去全是电竞游戏，让N2馆成为名副其实的电竞馆。E6馆里基本都是和动漫相关的，泛娱乐化也是这一年游戏行业最主要的话题。这届ChinaJoy上，还有很多和游戏看似无关的话题被提到了重要的位置，比如人工智能。

2018年，ChinaJoy的观众累计35.45万人次，再次刷新纪录，其中8月4日的13.39万人次创历届ChinaJoy单日入场人次之最。这次ChinaJoy彻底变成了互联网行业的狂欢：西瓜视频搭建了一个1000平方米的场地；小米在现场开起了发布会；小霸王也推出了自己的"游戏电脑"，向中国玩家宣告王者归来。其间还发生了一段小插曲，也是日后被玩家讨论最多的，因为正好赶上了台风，本来树立在展馆门口的屠龙刀被吹断了，有人开玩笑说："这意思不就是《传奇》要完蛋了吗？"

图 3-36　2020 年的 ChinaJoy
拍摄者：金迪

因为游戏展会的热度逐渐走高，衍生出了很多现场颁奖的活动。2017 年全年大概有超过 50 个游戏类的奖项，平均每周一个。说是给游戏颁奖，其中很多其实是另类的商业模式。

十四、网络游戏内的黑色及灰色地带

在人类文明的早期没有成文的法律和规章作为依据，人们约束自己及监督他人主要依靠道德、舆论和习俗等，其作用范围多仅限于一定区域内的部落团体。随着人类生活范围的不断扩大，这种约束力逐渐无法满足因经济发展、人口流动等造成的日趋复杂庞大的社会管理的需要，于是出现了方方面面的规章制度及权责明晰的政府机构，来规范不当行为，维护秩序，以保证社会的正常运转。网络游戏里聚集了全社会各个领域、年龄段的玩家，必然需要专门的团队依照相应的规则来运营管理，而游戏中那些违反规则的行为也必然受到处罚，甚至其中一些行为还会违反现实社会中的法律，导致更为严重的后果。

（一）盗号

偷盗是人类社会最原始的违法行为之一，按照中国的说法，"不告而取谓之窃"。这种以不正当的方式占有他人财物的行为是对私人财产最直接的侵犯，而惩罚偷盗人也是对私人财产最基本的保护。

网络游戏内的盗窃行为从网络游戏诞生的第一天起就一直存在，但长期以来我国涉及虚拟财产的官司都很难打，最主要的原因是《消费者权益保护法》《物权法》《民法通则》甚至和信息安全及软件出版相关的所有法律，针对网络游戏在多个角度上都有解读空间，这使得各方完全可以自说自话，甚至能够自圆其说。就拿各方矛盾最尖锐的游戏内财产属于谁这件事来说，一方面，这些游戏内的财产，包括账号和道具名义上都由玩家支配，所以看起来这些财产属于玩家；另一方面，这些东西都储存在游戏公司的服务器里，于是又有不少人认为这些财产本质上属于游戏公司，只不过交由玩家使用而已。所以，在一段时间内，网络游戏相关的账号盗窃案到底由谁来起诉成了最大的一个问题。如果玩家起诉，被诉方会举证说游戏的数据归游戏公司所有，但这些内容还储存在游戏公司的服务器里，游戏公司也很难举证被盗窃。更何况从情理上来说，玩家在游戏里丢失了财产，游戏公司有不可推卸的责任，所以日后那些无法找到直接盗窃者的案件，游戏公司就成了直接被告。美国曾经就有一家名为 Black Snow 的公司，专门雇用墨西哥玩家在《网络创世纪》和《亚瑟王宫的阴影》两款游戏里打金，然后在 ebay 上销售。游戏公司发现后封停了他们的账号并且没收所有游戏内的财产。Black Snow 一气之下起诉了游戏公司，结果法院判 Black Snow 败诉，这说明法院认为虚拟财产的所有权归游戏公司所有。当然，日后也出现过截然相反的判决结果。

值得欣慰的是，无论美国还是中国，关于虚拟财产的法律都在逐步完善。2002 年 9 月 16 日，《关于对＜关于如何处罚盗用他人网上游戏账号等行为的请示＞的答复》中明确指出："行为人直接或间接盗用他人网上游戏账号以及利用黑客或其他手段盗用游戏玩家在网络游戏中获得的'游戏工具'等，属未经允许，使用计算机信息网络资源的行为，违反了《计算机信息网络国际联网安全保护管理办法》（以下简称《办法》）第六条第一项之规定，可在查明事实的基础上，依据《办法》第二十条进行处罚。"

2003 年 2 月 17 日，玩家李宏晨发现其在游戏《红月》中的大量虚拟装备不翼而飞，便立刻将游戏的运营公司北极冰告上了法庭。这个案件的审理周期超过了半年，最终法院还是判原告胜诉，要求运营公司恢复其游戏内的虚拟装备，返还其购买 105 张暴吉卡的花费 420 元，同时赔偿交通费等费用 1140 元。这是中国第一起虚拟财产失窃的起诉案。

2003年底，成都玩家赵先生因为自己的游戏账户被盗，来到四川省消费者协会进行投诉咨询，当时接待赵先生的工作人员许志民对这次投诉的反馈是："在对虚拟财产保护方面，我国目前还没有一部明确的法规，因此这样的投诉省消协还是第一次遇到。"但许志民还是建议赵先生整理整个丢失过程和与盛大的沟通经过，出具一份书面文件，以作参考。因为这次事件，12月25日，由成都10名律师共同起草了《保护网络虚拟财产立法建议书》，这成了日后虚拟财产立法的重要案件参考。

从游戏公司的角度来说，对虚拟财产立法其实是一件非常两难的事情：一方面，游戏公司希望有相关法律条款可以参考，以便再次遇到类似事件时至少有法可依；另一方面，游戏公司对虚拟财产立法也非常恐惧。假设我国认定了游戏内财产的价值，相对应的就是游戏公司有保护玩家虚拟财产的义务，这对于游戏公司来说是个巨大的负担，因为其中涉及相当多的衍生问题。比如一款游戏如果因为持续赔钱要选择停服的时候，玩家的虚拟财产依然在游戏中，这种情况下要如何处理，是直接告知玩家让他们放弃其虚拟财产，还是给玩家经济补偿？现在多数公司都选择前者，但这并不代表这么做是完全合法的。

从经济体系来看，虚拟财产立法也是一件需要斟酌的事情。假设游戏内的虚拟财产，比如游戏币有了现实的货币属性，那会严重冲击国家的经济体系。最简单的例子，假如Q币可以像现金一样作为一般等价物对大宗产品进行支付，那就相当于腾讯又开了一家发行货币的银行。

正是因为这其中的复杂性，一直到2017年，对于虚拟财产的立法才真正有了动作。2017年3月15日，《中华人民共和国民法总则》获得通过，于当年10月1日起施行。其中，第127条规定："法律对数据、网络虚拟财产的保护有规定的，依照其规定。"这是我国法律第一次认定虚拟财产具有合法性，但还有两个重要问题至今没有明确。一是如何界定虚拟财产，游戏内的装备、账号及游戏硬盘内的数据等究竟算玩家的还是游戏公司的？这个问题至今没有一个详细的解释。二是网络虚拟财产是物权、债权，还是其他特殊权利？是适用物权保护、债权保护还是其他方式的保护？对此，《中华人民共和国民法总则（草案）》一审稿第104条的表述为："物包括不动产和动产。法律规定具体权利或者网络虚拟财产作为物权客体的，依照其规定。"草案二审稿将"虚拟财产作为物权客体"删除，把数据和网络虚拟财产保护单列为第124条："法律对数据、网络虚拟财产的保护有规定的，依照其规定。"最终通过的《中华人民共和国民法总则》第127条，延续了草案二审稿中有关网络虚拟财产保护的表述，但对其法律性质、保护方式未做规定。尽管仍不完善，但虚拟财产的保护在我国终于有了专门的法律依据。

2021年5月28日，《中华人民共和国民法典》正式颁布，其中的第127条规定"法律对数据、网络虚拟财产的保护有规定的，依照其规定。"鉴于虚拟财产的多元属性，网络虚拟财产的法律属性界定，仍然是一个需要继续研究的问题。

（二）私服

私人服务器（Private Server），简称私服，如果仅看字面意思和游戏行业并不相关，但如今这个词一般指由个人架设的网络游戏服务器，并且多为非法架设。早在《网络创世纪》时代，私服就已经存在，而且情况非常严重，我国最早一批《网络创世纪》的玩家中有相当一部分都是通过私服入门的，只是那时因为网络游戏产业整体盈利不高，同时欧美玩家一般也比较少接触私服，所以整个行业没有意识到私服的问题。

2002年9月，《传奇》在意大利的服务器程序被泄露，这让《传奇》成了世界上第一个受私服严重影响的游戏。关于这次程序被泄露的原因众说纷纭，至今都没有一个权威的解释，而这次程序泄露事件也打开了私服产业的潘多拉魔盒，造就了一个违法的产业及一批通过这个违法产业赚到钱的人。

有人估计,仅仅中国的私服产业每年就有数十亿元人民币的产值,可谓是一块相当诱人的蛋糕。

在《传奇》私服出现后,除了专门的私服运营团队,相当多的网吧老板也直接建设私服服务自己网吧的玩家。据统计在2003年,网吧的《传奇》私服普及率接近100%,那会儿大部分网吧里要么有自己架设的私服,要么预装了其他私服。

《传奇》私服是那个时代知名的造富机器,平均一个服务器可以轻松做到年收入10万元人民币以上。那时,《传奇》私服还形成了一条非常完善的产业链,从最上游完善私服程序,到帮人销售和搭建私服程序,再到运营和宣传,都有专人负责,这也是日后盛大想打击私服但心有余而力不足的主要原因。也有一批当时的私服从业者日后开始自己开发网游,转而洗白成为合法且正当的从业者。从这个角度来说,《传奇》私服对中国游戏产业的影响不亚于《传奇》本身。

对于玩家而言,选择私服的原因很简单:一是私服有更高的自由度;二是私服降低了高水平玩家的门槛,满足了一部分玩家的需求;三是某些按时间付费的游戏,私服基本是免费的。

2004年3月,"深入开展打击'私服''外挂'专项治理工作会议"在上海召开。会议确定了下一阶段专项治理工作重点及打击目标,建立了各有关部门联合查处机制,出台了具体查处办法。会议指出,要以抓大案要案为重点,依法严厉打击"私服""外挂"等违法行为,关闭一批"私服""外挂"网站,追究不法分子的责任。对违反行政法规的,要给予行政处罚;对触犯刑律的,要移送司法机关定罪。要在更大范围内推进专项治理工作,以保护我国网络游戏出版业健康发展的环境。

这次会议规格之高在网络游戏行业前所未见,也反映了相关部门对这类违法行为的重视程度。因为这次会议,很多私服都选择了关停。

对于私服犯罪,有一个和《传奇》私服相关的典型案例。2007年4月,蔡文组建"黑夜攻击小组"租用服务器,采取 DDoS(Distributed Denial of Service,分布式拒绝服务)攻击的方式进攻拒绝为自己提供广告代理权的发布站,从而低价拿到广告代理权。当时有一个名为"骑士"的私服在圈内十分有名,因此蔡文不久又将黑客小组更名为"骑士攻击小组"。靠着这种非法手段,骑士攻击小组拿下了大量私服网站的代理权。到 2008 年底,通过垄断代理权,蔡文已经获利 1000 万元,后因为涉嫌非法经营罪被依法查处。

2011 年 7 月 24 日,这个横行一时的黑客团伙被依法抓捕。这次事件背后的利益链超出很多人的想象,其中甚至包括与盛大稽核部关系甚密的卧底陈荣锋。

2009 年 12 月,陈荣锋因为比较了解《传奇》私服市场而被盛大稽核部吸收成为线人,主要职责是与稽核部专员联系,为盛大稽核部提供《传奇》私服发布站的侵权信息。几乎同时,陈荣锋也接触到了蔡文,进而开始了两人的合作。2010 年 6 月 22 日,盛大稽核部以盛聚网络为名成为一家独立的公司,专业打击私服外挂等侵权行为,原稽核部负责人是法人代表。

盛聚网络确实在做相关的事情。2011 年 5 月,盛聚网络向警方报案,称有人利用互联网,擅自架设《传奇》系列游戏私服,并通过第三方网络支付平台及 QQ、MSN 等通信软件与游戏玩家联系,非法提供游戏加速、出售游戏虚拟货币"元宝"牟利,严重侵犯了盛大公司对《传奇》网络游戏享有的著作权,要求警方进行打击。这个案件涉案金额超过 3000 万元。

早在 2010 年 12 月,与盛聚关系密切的陈荣锋便通过其个人成立的江苏千存网络科技有限公司拿到了盛大授权的《传奇》私服运营及推广平台授权书,与此同时和骑士攻击小组的合作升级为一种看似合法的模式:骑士攻击小组的私服广告发布站在千存网络经营平台上发布《传奇》私服广告,每月利润的 43%~45% 分给千存网络。其中,盛大公司获得 20% 的利润,千存网络留下剩下的利润。

陈荣锋于 2011 年 3 月自首，后被取保候审。

2012 年，曾被警方破获的《传奇》私服"吉祥传奇"主动联系盛聚寻求合作，盛聚在与盛大沟通并取得同意备案后，于 7 月初开始尝试与"吉祥传奇"的授权合作，但仅仅 1 个月之后，盛聚被举报"侵犯盛大公司知识产权"。随后盛大发表声明称盛聚不存在侵权行为，也没有举报过盛聚。这次事件的举报人正是陈荣锋。

《传奇》私服还有一件让人震惊的事件，对于私服，受影响最严重的盛大有自己的看法。陈天桥在 2002 年接受采访时曾经表达过两点看法："第一，关于他们的利益驱动点在哪里，理论上来说，一个公司没有利益的驱动，是不会做出这样的事情来的。但目前我们发现私服主要出现在网吧中，可能这些网吧希望架设私服以提供免费的《传奇》接入服务来吸引用户，由此来提高他们的上座率，从网吧的接入收入当中获得补偿吧。第二，我们判断它有组织，这只代表盛大本身的看法，并不代表政府有关部门最后的定性。我们完全有理由相信，一个产品的保密程度如此之高却被盗出，而且进来中国后需要有人组织汉化——我再次强调，这是个英文版或韩文版的服务器端程序——汉化完成以后，还不断地提供升级版在网络上发布，这不是一个人可以做到的，这完全可能是有组织的行为。"

（三）外挂

在单机游戏时代，当玩家因游戏难度过高而觉得难以完成游戏时，其实是有解决办法的，当时有个东西叫作"修改器"。

在没有 Windows 95 时，DOS 时代最出名的 3 款修改器是 Game Buster、Game Wizard 和来自中国台湾地区的李果兆开发的 Fix People Expert（FPE）。当然，也有更高端的玩家会用磁盘管理工具 PCTools 来修改游戏。那时修改游戏的最大难题是难以在游戏内存里动态修改，这让修改游戏成了一项门槛非常高的技术。有了 Windows 95 以后，对多任务的支持加强，同时有了多窗口，为玩家修改游戏提供了方便。

动态修改是单机游戏玩家非常熟悉的一种方式。假设游戏里的生命值为 99 点，用户此时启动修改器在这个程序的内存里查找 99 这个数字，可能有 10 万个搜索结果。不用怕，进入游戏，让血量发生变动，比如降低到 97 点，再回到修改器，在既有结果里查找 97，搜索范围就大大缩小了。如果结果还是太多，就继续重复这样的操作，直到确定你的生命值所在之处，然后修改这个数字就行。

当时的几个修改软件只有 FPE 顺利活到了 Windows 时代，而在 Windows 时代最出名的四款修改器，除了 FPE 外，还有金山的《金山游侠》、Game Master，以及和金山打了很多年对台戏的实达铭泰的《东方不败》。①

进入网络游戏时代后，这种改变游戏平衡性的工具依然存在，但相较独自取乐的单机游戏，这种工具对网络游戏的伤害更大。

这就是"外挂"。

在 MUD 时代就有类似外挂的东西存在，只不过严格意义上来说应该是"辅助程序"，在当时一般叫作"机器人"。这些机器人程序帮助 MUD 程序改善显示效果，或者帮助玩家完成一些重复性工作，比如劈柴赚钱等。当时最出名的程序叫 Zmud，基本上完善了相当多 MUD 不好操作的地方。这些辅助程序的危害性相对较低，一方面是游戏本身的内容相对简单，所以对游戏整体平衡性虽然有影响，但没有严重到破坏游戏玩法的地步；另一方面是当时的 MUD 基本都是非商业化运营，大家也不太关心。但网游进入图形化时代以后，事情就变了个样。

第一款受外挂影响较大的国产游戏是《金庸群侠传 OL》，这款游戏因为部分数据存储在本地，所以外挂可以做的事情很多，从无视地图距离的"神

---

① 《东方快车》对应《金山词霸》，《东方影都》对应《金山影霸》，这两家公司一直有大量产品是——对应的。

行千里"到挂机刷装备各种功能一应俱全。像网金伴侣、网金苦力、网金也疯狂、网金精灵和网金狂人等数款外挂甚至已经做到了商业化,当时的中国游戏产业根本无力招架。因为外挂越来越猖獗,在《金庸群侠传OL》的生命后期,运营方自己甚至耿直地卖起了外挂,还附赠游戏里的高级道具,比如可以复活一次的"替身娃娃"。

当时的网络游戏玩家已经明白,如果有个程序能够帮助玩家重复地点击鼠标和键盘,让玩家在不使用计算机的时候依然可以挂机练级,那么这就是最大的帮助。这方面真正的"佼佼者"是中国团队于2002年开发的"按键精灵",时至今日"按键精灵"甚至已经演变为一类专业的外挂程序。

早期的网络游戏有一个很明显的技术缺陷,就是网络传输基本都是明文,意思是网络游戏的客户端在和服务器交换数据时所有内容都没有经过加密,这使得用户完全可以用其他程序模拟客户端给服务器端发送数据。当时普遍使用的程序是WPE(Winsock Packet Editor),这本来只是一款编辑封包的软件,但被网络游戏玩家用来修改游戏数据。首当其冲的是《龙族》,当时有外挂甚至可以让玩家的普通攻击变成附带超高伤害的魔法攻击。之后《传奇》也受困于这个问题,出现了好几次大规模的刷钱行为。

《石器时代》也难逃外挂的打击。外挂起初只是游戏的辅助工具,但随着功能越来越强,逐渐影响了游戏的可玩性和平衡性,而游戏运营方对此的态度十分暧昧,因为即使玩家使用外挂也是在消费游戏时间,是在给游戏公司送钱。因此,究竟要不要打击外挂,游戏公司也拿不定主意。不过,外挂摧毁游戏平衡是客观事实,而只要平衡被打破,一定会有玩家选择离开。游戏公司经常忽视这方面的影响,所以有很多游戏确实毁于这种短视思维,这其中就包括《石器时代》。

《石器时代》早期的外挂主要是台湾人霓虹开发的《LiLiCoCo-莉莉可可》和CHS开发的SaDe,这两款外挂为《石器时代》日后的外挂功能奠定了基础,包括遇敌和加速的设置等。此后又有一款叫作阿贝外挂的程序,它是中国最早的商业化外挂之一，在当时就赚了上百万元，这对于还在起步期的中国网络游戏产业来说，简直可以称得上是个天文数字。因为有钱，反过来程序开发和推广做得也很好，所以阿贝外挂的市场占有率一度超过了50%，甚至不少人认为《石器时代》至少有一半的玩家都用过阿贝外挂。

图 3-37　阿贝外挂

和《石器时代》同一时期的卡通风格网游《仙境传说》也备受外挂的折磨，甚至还出现了脱机外挂，玩家根本不用登录客户端就可以自动挂机。这批外挂基本都是修改自一款外国人开发的开源外挂 Kore。同时因为《仙境传说》的游戏内容相对较少，判断外挂十分困难，游戏后期甚至出现了满屏全是外挂的"壮观"景象。

2002 年 4 月 8 日，暴雪一次性封停了超过 7000 个《暗黑破坏神 2》的账号，原因是这些账号使用了一个叫作 Chest Hack 的外挂，这个外挂可以无限次地在游戏里打开箱子。这次封号也是暴雪第一次大规模地抵制外挂行为。

2004 年 8 月 23 日，网易的《精灵》停运，这款品质极高的游戏之所以停运就是因为外挂。不过，指责外挂的同时，不可否认的是，《精灵》的程序十分糟糕，以至于外挂怎么堵也堵不住。网易自己也意识到了《精灵》的程序问题，在宣传中逐渐弱化了这款游戏。

日后，绝大多数中国网络游戏遭遇过外挂的侵害，影响或大或小，以至于大部分公司都要设置专门的部门来处理外挂的种种衍生问题。比如玩家A使用外挂获得了特殊装备，这个装备交易给了玩家B，那游戏公司是不是能删除这个特殊装备？大部分公司都会选择删除，但这也引发了很多玩家和游戏公司之间的矛盾。

《英雄联盟》最早因为用Flash开发，框架非常复杂，同时游戏的大部分数据都经过服务器，所以外挂制作非常困难。自信满满的腾讯索性发布了一个悬赏令，悬赏1万元人民币求外挂，后来可能觉得不够刺激，又加码，改成了5万Q币。在S2时期，一名叫"发呆"的玩家偶然发现游戏的"天赋"页面数据存储在本地，便尝试用《金山游侠》修改了一下，发现居然真的可以改，就干脆修改"天赋"页面，把所有的30点天赋都加到了冷却召唤师技能上，于是就出现了无限使用闪现和治疗等技能的召唤师。激动的"发呆"把这个漏洞举报给了腾讯的客服，但腾讯的客服发现后却置之不理，坚信游戏不会有这种漏洞，甚至还删除了"发呆"举报的帖子。愤怒的"发呆"决定证明给腾讯看，便和好友"面条"开始双排，使用无限治疗一路从1400分段冲上了2000分，甚至击败了大量职业玩家。当时国服第一积分是2300分，"发呆"和他的朋友已经十分接近了。这时"发呆"继续举报漏洞给腾讯，腾讯依然不予理会。怒不可遏的"发呆"一番研究后发现，游戏的商城数据也存储在本地，便又用《金山游侠》修改，然后使用1金币购买了所有皮肤。腾讯发现后迅速下线了商城，半个小时就修复了这个漏洞，但修改天赋符文的漏洞依然没有处理。这时大家突然明白了，原来只要不涉及收入，腾讯就不闻不问。"发呆"直接公布了这个漏洞，一时间国服乱作一团，只要高端排位总是能遇到无限治疗的召唤师。据称一晚上就有超过5000人使用这个漏洞排位，其中电信一区艾欧尼亚就有超过1000人，整个游戏的数据被彻底打乱。大量职业俱乐部下发内部通知，要求旗下职业玩家不要在这时候打游戏，否则容易影响到排位数据。实在忍无可忍的 WE 俱乐部决定正面对抗外挂，打野"夜尽天明"和中单"若风"准备拦截"发呆"的上升趋势，结果可想而知，比赛 7 分钟就结束了。

两个世界顶级的职业选手惨败。

就在这一夜，"发呆"这个在业余选手里都算不上高手的玩家，打穿了有无数职业选手的电信一区艾欧尼亚。

这时腾讯终于开始处理这个漏洞，对所有使用了外挂的基本都封号一年，总共封禁了超过 5000 个账号，是《英雄联盟》规模最大的一次一次性封禁。同时，腾讯给没有使用外挂，但输给过外挂使用者的账号赠送了瑞兹的皮肤"至死不渝"，共送出 5526 个，这是《英雄联盟》国服里最稀有的皮肤之一。

这次事件以后，Riot 开始大规模修改游戏，修改后几乎所有数据都要经过服务器验证，从此《英雄联盟》再也没有遇到过类似的严重外挂事件了。

曾任网星史克威尔艾尼克斯总经理的姚壮宪对处理外挂问题的迫切性发表过自己的看法："在外挂和私服的问题上，厂商能做的都已经做过了，厂商对此是被动防御的，而且是防不胜防。我们呼唤公众权力的介入，呼唤政府部门的干预。外挂在中国已经出现大规模的收费趋势，它就像是网络游戏产业的寄生虫，如果不加限制地任其发展下去，最后的结果就是和宿主一起灭亡。当然，公众权力的介入需要一段准备时间，要做各方面的铺垫工作，我们希望这个过程能够尽量快一些。而私服就是网络游戏产业的盗版，我不同意一些人拿服务为借口，似乎只要正规的网络游戏厂商提高服务水平，私服就会自然而然消亡。这样的对比根本就是不公平的，也是不合逻辑的。哪家私服需要承担高达 30% 的权利金？哪家私服需要承担渠道销售成本？哪家私服需要对外分账？哪家私服需要向国家纳税？因此私服当然可以提供比正规网络游戏运营商更优惠的条件，这个道理就和盗版一模一样，不知道为什么还会出现那样的错误认识。其实作为游戏开发者，我最遗憾的是中国有那么多技术人才，论实力绝不比别人差，可是却都在忙着编写外挂、测试私服这是一个恶性循环，长此以往，我们研发的根基何在？这种状况实在让我痛心。"

外挂对一款游戏的打击也让游戏公司把抵御外挂作为运营工作的重中之重。《魔兽世界》在中国测试时，九城就在7天内连发3篇公告抵制外挂行为，同时封号超过3万个。通过这种强硬的手段，九城很大程度上"镇压"了游戏内的外挂，只是《魔兽世界》的外挂并未就此消失。

2007年，一家公司处理外挂的做法让人眼前一亮，魔力游封停了旗下游戏《惊天动地》里超过12万个使用外挂的账号后，又推出了一项公益活动，号召被封号的玩家去无偿献血，并且承诺只要参与无偿献血其被封停的账号会在3个工作日内解封。

2017年底，全世界玩家在《绝地求生》里见识了一场外挂盛宴。第一人称射击游戏很容易出现外挂泛滥的情况。这是因为一方面外挂可以轻易地实现比较好的辅助功能，比如自动瞄准等；另一方面第一人称射击游戏因为对即时性要求很高，所以大量的处理工作都是在本地完成，很容易被外挂钻空子。《绝地求生》又因其两个特点放大了外挂的生长空间：一是《绝地求生》里多为百人混战，玩家对外挂并不是非常敏感，而《反恐精英》这样的游戏用没用外挂一眼就能看出来，《绝地求生》真的不太好判断；二是《绝地求生》在半成品阶段就已经上线，本身一直没有太好的防外挂措施。《绝地求生》的外挂俨然比游戏本身还有趣，最早是辅助瞄准的外挂，然后是跑得极快的"凌波微步"挂，后来又有了可以让玩家四肢伸长或者变得巨大的外挂，等等。外挂之于《绝地求生》就好似恶魔果实之于《航海王》。

2017年9月29日至10月12日期间，《绝地求生》一共封禁了超过10万个账号，到了2018年2月，总共封禁了超过250万个账号。2017年12月22日，腾讯游戏安全中心宣布配合警方破获了首起《绝地求生》的外挂软件制作、传播案件。

可以预见的是，外挂仍将长期出现于玩家的视野之中，而围绕外挂产生的问题也是游戏厂商和玩家需要共同面对的。

（四）游戏公会[①]和工作室

游戏公会和工作室本质上并不是一种损害游戏规则的存在，却在很大程度上影响了游戏的秩序，当然这种影响有消极的意义，也有积极的意义。

网络游戏公会和游戏本身几乎是同时而生的。在早期《网络创世纪》时代，因为对 PK 机制没有太好的设计，在游戏里 PK 赢了不会有什么奖励，输了也不会有什么惩罚。这就导致一批人组成了专门的恶意 PK 组织，不图什么，就是纯粹取乐。对此，又有一些玩家组成了反 PK 组织，即早期游戏公会的雏形。早期比较知名的公会是 Sunny Land。Sunny Land 是一家创立于 1999 年的《网络创世纪》网站，后来渐渐演变成了我国最早的跨游戏公会组织。

在中国第一个图形 MUD《笑傲江湖》里，有一批人组建了一个公会，日后这批人又去玩了《万王之王》，并且将公会名前面加了"网络"二字，成为中国早期最知名的游戏公会。这个公会对整个游戏公会的发展最大的影响是使公会不会随着玩家改变所玩游戏而解散，所有玩家是以公会为中心聚拢在一起，而不是以游戏为中心。

这个公会的影响力一度渗透到了游戏公司内部。2003 年 2 月 22 日，《无尽的任务》的战神服务器中，该公会的成员在和一条冰龙展开作战。这本来根本不会引起任何人的注意，结果却引爆了整个玩家社区，原因就是公会的队伍里面混入了一个游戏客服，帮助公会将这条冰龙定住了整整 1 个小时，让公会成员顺利将其击杀。事后来看，这个客服的行为可能只是自己临时起

[①] 此处的游戏公会并不是指游戏本身提供的功能，而是指具有社会属性、不依托于单一游戏的公会。相较游戏公会，工作室多数情况下以盈利为目的。

意，因为该公会对这种行为也不是很开心。

真正让大家见识到机制健全的公会设置，还是在火遍中国的《传奇》中。《传奇》内自带的行会功能可以帮助玩家非常方便地在游戏内创建公会，而且行会的设定非常像东方文化里的大家族，有明确的阶级划分，内部管理严格，一致对外。《传奇》最值得称道的设计"沙巴克城"存在于游戏的每个服务器中，谁控制了沙巴克城，谁就相当于控制了服务器的经济命脉，也即权力和地位的象征，这让所有公会的终极目标都是沙巴克城。沙巴克城的存在，刺激了游戏行会之间的斗争，也反过来提高了游戏玩家的活跃度。

从《传奇》时代开始，中国的网游公会呈现出一个比较有特色的地域化特征，很多公会成员来自同一个城市、同一片区域甚至同一个网吧。

网络游戏公会的另外一座高峰来自《魔兽世界》。《魔兽世界》中有大量需要40人以上的玩家配合才可以战胜的怪物。因为这种怪物的存在，游戏内的公会成了非常重要的元素。由此，《魔兽世界》也出现了最早的商业化公会。只是当时公会的盈利模式还比较单一，比如为网游加速器打广告、出售点卡和游戏内道具等。其中最有特色的盈利模式是 Bus 团，就是为一些等级和装备不好的玩家提供保姆式服务，从带刷声望、赠送戒指到全程跟随、装备优先购买一应俱全。但是，因为当时公会管理松散，这些盈利模式都很难长期持续。

在很长一段时间里，网游公会的利益其实很难保障。2007年7月15日，在 ChinaJoy 上，来自唐朝、新势力、DG 龙盟三家公会的人员来到了《特种部队》所属公司 CDC Games 的展位，并且举出牌子"众公会抵制网络欺诈"，原因是游戏公司在公会网站上投放了广告，但并未付钱，而涉及的欠款只有几千元。此次事件后，有人开始关注公会方面的利益问题。虽然随后很长时间里网游公会的利益保障并没有什么显著的改观，但进入网页游戏和手机游戏时代后，情况发生了巨大的改变。

网页游戏和手机游戏时代有不少中小公司加入，但游戏的推广渠道有限，于是有游戏公司发现可以通过网游公会推广。合作方式非常简单，公会帮助游戏拉玩家，拉来的玩家只要在游戏里充值，游戏公司就给公会返点。也就是说，公会成了游戏的地推渠道。不少公会发现有利可图后都选择进入，到2017年，出现了不少成员多达几千人的公会，而这些公会就是在频繁地和新游戏合作。

游戏公会对游戏的帮助有明显的两面性，一方面可以迅速帮游戏拉到不少的玩家；另一方面公会成员流动性很强，当有别的游戏返点更高的时候，这批成员就一窝蜂地去了另一款游戏的公会。

除此以外，公会的价格战在2017年也打得水深火热。因为游戏公司对公会有返点，公会为了拉用户就把返点作为折扣分发给会员，致使公会的利润也越来越低。有些公会吸引到的玩家一个月的充值总数虽然有三五百万元，但公会的实际利润只有五六万元。

在手游和页游时代，一些游戏公会会和游戏公司一起做一些数据方面的工作。不少游戏公司会和公会协议刷游戏的财务数据，一般做法是，游戏公司通过某些渠道给公会一部分钱，公会再用这笔钱去充值游戏。假设公会充值了500万元到一款游戏里，游戏内有充值返现的活动，便会显示名义充值的数字是1000万元，然后游戏公司根据协议再把500万元返点给公会，公会留下自己的利润，把剩下的钱还给公司就好。虽然这里面需要扣除给游戏开发公司的分成，但能使数据快速上升，并且难以被发现，这也是市面上会出现很多没几个人听说过但是一个月流水达几千万元的游戏的原因。

和游戏公会类似，有一类组织也在游戏里聚集了一大批玩家，但让游戏公司十分厌恶，即打金工作室。事实上，当网络游戏的虚拟物品有了价值以后就出现了打金工作室。在《传奇》时代已经有了收入颇丰的工作室，后来在《梦幻西游》和《魔兽世界》里甚至成了常态。欧美最早的网游金矿是*Second Life*，这款游戏的游戏性不强，只是纯粹让玩家获得一个虚拟身份，在里面建造、经营、挣钱。其中就有一名叫作爱林的玩家，靠着在游戏内做不动产交易赚到了 10 万美元。对此，当时《大众软件》的记者 Littlewing 评论道："10 万美元是个什么概念？足够在北京为一个三口之家买一处可以安居的房产——而这只是游戏中虚拟的地产换来的。"

绝大多数游戏公司在用尽全力对抗打金工作室，因为打金工作室破坏了游戏内的经济平衡性，并且也影响了游戏公司的收益，本来应该由游戏公司赚到的钱被工作室赚走了。除此以外，大部分打金工作室都会使用外挂辅助，这也是游戏公司绝对无法容忍的。暴雪曾经就一次性将国内打金工作室的数百个账号同时封禁，让这些工作室损失了至少上百万元收入。

2015 年 2 月，腾讯配合警方成功捣毁了《地下城与勇士》最大规模的打金工作室，缴获用于打币的计算机上万台，包括外挂作者、工作室负责人、工作室核心人员在内的 10 名犯罪嫌疑人被刑事拘留。这件事后，有一大批打金工作室放弃了国内游戏，因为担心自己也会落得相同的下场。

参考文献

[1] 陈庆亮. 网络网易：丁磊生意经 [M]. 北京：中国画报出版社，2010.

[2] 刘世英，主编. 陈天桥和他的"蓝海"之路——盛大传奇 [M]. 北京：中信出版社，2007.

[3] 林军. 沸腾十五年——中国互联网：1995～2009 [M]. 北京：中信出版社，2009.

[4] 吴晓波. 激荡三十年：中国企业1978～2008（上）[M]. 北京：中信出版社，2014.

[5] 吴晓波. 激荡三十年：中国企业1978～2008（下）[M]. 北京：中信出版社，2014.

[6] 成时. 史玉柱传奇——巨人网络教父的激荡创业史与财富人生 [M]. 北京：中国经济出版社，2009.

[7] 阿伦·拉奥，皮埃罗·斯加鲁菲. 硅谷百年史——互联网时代 [M]. 北京：人民邮电出版社，2016.

[8] 天宇. 搜索张朝阳：张朝阳与搜狐、搜狗的故事 [M]. 北京：世界知识出版社，2006.

[9] 阳光. 搜狐传奇 [M]. 沈阳：辽宁人民出版社，2000.

[10] 吴晓波. 腾讯传——1998～2016 [M]. 杭州：浙江大学出版社，2017.

[11] 《腾讯十年》创作组. 腾讯十年 [M]. 深圳：深圳报业集团出版社，2008.

[12] 刘立京. 盛大为什么 [M]. 北京：现代出版社，2010.

[13] 郑峰. 盛大创业内幕 [M]. 杭州：浙江人民出版社，2012.

[14] 刘健. 电玩世纪：奇炫的游戏世界 [M]. 天津：百花文艺出版社，2006.

[15] 赵旭，王雪峰，于东辉. 烧.com：21世纪中国最大经济泡沫内幕纪实 [M]. 北京：光明日报出版社，2001.

[16] 许晓辉，刘峰，魏雪峰.梦想金山——一个坚持梦想的创业故事[M].北京：中信出版社，2008.

[17] 冬石.百万游戏销量狂想曲.家用电脑与游戏[J]，2003（9）：22-23.

[18] 杨晓峰.韩国网络游戏产业纵览.家用电脑与游戏[J]，2003（8）：24-27.

[19] 冰河.答案在风中飘荡——中国互联网十周年回顾（上）.大众软件[J]，2004（10）：35-40.

[20] 本刊编辑部.歧路——中国网络游戏的未来之书.家用电脑与游戏[J]，2004（12）：72-81.

[21] Dagou.网络角色扮演游戏中的法治.家用电脑与游戏[J]，2002（10）：30-31.

[22] Racer.盛大网络发展传奇——陈天桥谈话实录.家用电脑与游戏[J]，2002（12）：230-232.

[23] Littlewing.中国游戏产业10年.大众软件[J]，2005（15）：132-147.

[24] 大漠小虾.历史与现实——网络游戏备忘录.大众软件[J]，2005（15）：165-171.

[25] 黎怡兰.遥望太极虎——韩国网络游戏产业透视.大众软件[J]，2004（3）：107-113.

[26] 石子.金山的革命——网络游戏家庭化.家用电脑与游戏[J]，2005（2）：58-59.

[27] 冰河，生铁.旧金山，新金山——一个典型中国IT企业的上市之伤.大众软件[J]，2008（5）：11-17.

[28] 生铁，冰河，FLY，蓝星.革命？变革？三家国产游戏公司的网络化之路.大众软件[J]，2004（20）：114-121.

[29] 小猫.地下城与勇士公测一周年——中国网游惊喜标本.家用电脑与游戏[J]，2009（6）：72-75.

[30] 本刊编辑部.盛宴——2003～2012 ChinaJoy十年记录.家用电脑与游戏[J]，2012（9）：50-67.

[31] Littlewing.虚拟的游戏，真实的利润.大众软件[J]，2005（14）：125.

[32] Racer.较量——盛大网络VS Actoz.家用电脑与游戏[J]，2003（3）：144-145.

[33] 鸭嘴兽. 楚汉相争·三足鼎立·四国大战——Wemade 公司韩国新闻发布会纪实. 大众软件 [J]，2003（19）：117–118.

[34] 心鹰. 网络游戏开发小组系列之二十："先驱"还是"新人"——访北京完美时空"祖龙"工作室. 大众软件 [J]，2005（3）：164–165.

[35] 冰河. 崩于 7 月 4 日——《劲舞团》背后的中韩游戏企业纷争. 大众软件 [J]，2007（17）：93–94.

[36] 冰河. 变脸——价格战的阴影. 大众软件 [J]，2004（22）：30–35.

[37] 冰河，小明. 顺流逆流——ChinaJoy 2009 掠影. 大众软件 [J]，2009（9月上）：96–103.

[38] Dagou. 一枚"戒指"的自白——Red 5 总裁柯志达专访. 家用电脑与游戏 [J]，2007（5）：20–21.

[39] 记者组. 2007 中国电脑游戏产业报告. 大众软件 [J]，2008（1）：14–29.

[40] 沈常，浪子韩柏，夜行八百. 日系网游的中国困境. 大众软件 [J]，2008（11）：103–105.

[41] 北京子路. 修改快乐——一个人眼中的游戏修改器简史. 大众软件 [J]，2008（4）：13–21.

[42] 冰河. 史玉柱和他的"乖孩子". 大众软件 [J]，2009（12月上）：106–107.

[43] 生铁. 游戏之都——韩国游戏业亲历. 大众软件 [J]，2001（17）：107–114.

04

第四章
黄金时代

网页游戏和手机游戏

一、游戏市场的美好意外：网页游戏

（一）早期网页游戏

网页游戏（简称页游）不能算是一个新概念，事实上自从有了互联网，类似网页游戏的模式就一直存在。九城早期的 Gamenow 社区就是一个比较成熟的网页游戏框架，玩家可以在里面生活、耕种。那个时代有很多类似的公司以网络社区的名义在做类似的事情。那时人们把互联网视作现实社会的一种投影，希望在网络上实现一些现实社会中的事情，至于这些事情有没有意义并不是那么重要。但因为这种模式缺乏娱乐性，同时在当时的网络环境下，互联网的功能还不健全，所以这个模式并没有火太久。

20 世纪 90 年代末期，有一种"江湖"类页游非常流行。这类页游大体上来看就是一个聊天室，玩家可以互相交流，也可以互相切磋，甚至打怪升级，只是所有内容都以文字的形式呈现。因为有现成的开源程序，这类页游架设起来非常方便，所以当时出现了非常多类似的站点，甚至有商业化公司参与运作。但这类页游因为找不到合适的盈利模式——至少广告收入是不足以负担服务器开支的，所以也没有持续太久。

网页游戏的概念正式进入中国玩家视野是在 2005 ~ 2006 年，在此期间中国的一些核心玩家接触到了两款网页游戏《银河帝国》和《部落战争》。

《银河帝国》是一款宇宙背景的 SLG，这款游戏几乎包含 SLG 的所有缺点，比如游戏相对沉闷、缺少惹眼的效果，无论如何也算不上是一款好的网页游戏。但是它为之后的网页游戏做了一个很好的铺垫，其中一项功能基本上是日后网页游戏的灵魂之一，即在玩家离线时，游戏会继续在后台进行。比如玩家要在游戏里建造建筑，这个建造过程需要时间，但并不需要玩家一直在线上等待，玩家下线以后，建造时间依然还在计算。这种方式在很大程度上缓解了 SLG 本身的沉闷感，玩家每天只需登录几次游戏就可以,而不用一直在线上盯着。日后这种模式越做越成熟,甚至做出了一种挂机游戏。

《部落战争》和《银河帝国》非常相似,只是相较宇宙背景,《部落战争》把故事设定为高卢人、日耳曼人和罗马人三大阵营之间的战争,更加现实一些。对比《银河帝国》,《部落战争》在时间的设计上发挥到了极致。玩家会惊奇地发现每天的资源其实半个小时以内就能耗完,在这种情况下不下线好像也没事可做了。设计者之所以这么设计就是为了不让玩家对游戏产生疲劳,从而培养玩家每天登录的习惯。这一点在手游时代演变成了一个硬性付费点,玩家如果想要继续游戏就要花钱买"体力"。《银河帝国》和《部落战争》都曾经通过上海维莱先后进入中国,但数据相对一般,所以非核心群体也不大知道这两款游戏。

图 4-1 《部落战争》的阵营分布

我国的页游早期有很多三国背景的策略游戏,而之所以会出现这种情况,就是因为大部分游戏直接模仿了《部落战争》的代码或者机制。厂商们为了省事干脆直接使用《部落战争》三个阵营的设置,而用三国故事简直浑然天成。

同时期国内成功的网页游戏还有猫扑网的《猫游记》，但因为这款游戏的设计里使用了大量猫扑网的元素，导致对外部用户十分不友好，所以在猫扑网用户之外几乎没有影响力。此外，盛大在 2007 年还上线了《纵横天下》，这可以说是第一款有"大作范儿"的网页游戏，也是游戏史上第一款月流水破千万元的网页游戏。从这个层面说，《纵横天下》在真正意义上开启了我国页游行业的"大航海时代"，但这款游戏火的时间其实也并不长。比较可惜的是，盛大作为一家最早进入页游领域的公司，却没能站稳脚跟。盛大的页游产品虽然有不少赚钱的，但质量乏善可陈，未能做出有行业影响力的爆款。

网页游戏从一开始就是一种非常"别扭"的游戏形态。玩家通过浏览器就可以玩，不需要下载任何其他的程序，相较现在随随便便就十几 GB 大小的游戏有很明显的优势，比如换台计算机也可以玩。但是网页游戏的表现力有限，而且喜欢玩这种游戏的玩家究竟能有多少也难以把握，所以只能靠对需求和市场的一步步摸索来发展。

在网页游戏圈子里一直有一个没有放到明面上的争论点：在社交产品里加入游戏，还是在游戏里加入社交功能？说起在社交产品里加入游戏，可能大家比较熟悉"校内网""开心网"及脸书的 Hot or Not 这些曾经爆红的游戏模式。

就游戏载体而言，可以说，中国人在网页游戏这个分支上的贡献是全世界所有国家里最突出的，甚至可以说中国人完全改变了这一行业的进程。2008 年 6 月，有一家叫作"五分钟"的公司开始在国内的社交平台上开发游戏。公司取名"五分钟"，寓意自己专做让人们每天花五分钟来玩的游戏。一开始，"五分钟"尝试的都是移植在计算机上已经有点影响力的小游戏，但是并未取得效果，后来团队突然意识到，社交媒体上的游戏最重要的应该还是基于社交，于是就制作了一款主题非常另类的游戏——《开心农场》。

（二）网页游戏社交化的开始：《开心农场》

《开心农场》先后在校内网（日后的人人网）、开心网、QQ 空间等平台上线。

2008 年 12 月 16 日，为了配合圣诞节主题，《开心农场》更新了版本，当天日活跃用户规模冲到了 10 万人，很快又突破了 100 万人。与此同时，"五分钟"还制作了几款道具尝试付费模式，在上线当天就收到了 8000 元。这个数字证明付费模式是可行的。

又过了几个月，《开心农场》的日活跃用户规模突破了 500 万人，总用户超过 2000 万人；上线一年后日活跃用户规模达到了惊人的 1600 万人，进而掀起了全民"偷菜"热潮。

虽然《开心农场》获得了现象级的成功，但"五分钟"作为一家非常有开创性的公司过得并不好，2012 年底就倒闭了。原因主要有以下几点：一是社交游戏的技术门槛极低，很多平台都可以自己开发，没必要只跟一家合作；二是社交游戏的生命周期极短，甚至在社交网站上玩游戏这件事本身就没有火太久，而"五分钟"一直没能成功转型；三是团队盲目扩张，在最后几个月的时间里，"五分钟"团队的人数一度超过了 300 人，同时开发数款手机游戏和网页游戏，结果每款游戏质量都很糟糕；四是公司内部矛盾明显，CEO 郜韶飞曾经被逼让位，在公司的最后几个月里，他把大部分精力放在了在办公室里打坐上。还有一点原因可能更重要，"五分钟"工作轻松，不用加班。可能听起来比较残酷，但整个互联网行业一直遵循的是唯快不破的原则，有时候加班真的是突围的唯一武器。

除了《开心农场》外，还有《抢车位》这样的页游模式，都是相对轻量级，尽可能利用用户之间的关系。其实，这种利用用户之间关系的游戏很多时候充满了人性考验，比如在《抢车位》里你可以把自己的车停在别人的车位里赚取收益，但别人只要对你贴条就会有惩罚措施，相应地，你也可以通过给别人停在你车位的车贴条来惩罚别人为自己赚取收益。

(三)网页游戏商业模式的确立

2007年,我国约有250万网页游戏用户,三年后这个数字超过了6500万。那是网页游戏最好的几年,但凡能做点东西出来的公司,要么能赚到钱,要么能拿到投资,但具体的商业模式一直不成熟。

中国网络游戏自诞生以来,用户一直以中低收入群体为主。早在2002年,《第一届艾瑞网民网络习惯及消费行为调研》中就写道:"中国收费网络游戏用户还是以中低收入用户居多,其中1000元收入以下的低收入用户占50.7%,1000~4000元中等收入用户占43.5%,而4000元以上的高收入用户仅占5.8%。"游戏公司的主要收入来源其实一直是占少数的那部分高收入群体,从端游时代就是如此,到页游时代更是这样。

这种现象被称为"图钉原理",玩家就像图钉,大部分都是钉冒,钉尖永远是少数。这种现象的产生是由特殊的付费模式导致的,少部分头部用户非常热衷于充钱开宝箱,但绝大多数用户从来不花钱。相比端游,页游属于轻量级,很难有长时间的沉浸式体验,常规小额付费用户不会太多。曾经就有过一款二战主题的页游,整个游戏只靠两个用户养着,这两个用户一个每月充值10万元左右,另一个每月能充值30万元以上,而剩下的几十万用户每个月加起来只有30万元左右的充值额。为了更好地服务这两个用户,公司甚至安排了专门的客服全程陪同两人玩游戏。当然这并不是中国独有的现象,海外的页游也是如此。5th Planet的CEO Robert Winkler在2012年的"Game Developers Conference Online"(游戏开发者在线大会)上提到,旗下 *Clash of the Dragons* 有40%的收益是来自2%愿意为游戏花费1000美元甚至更多钱的玩家。

游戏行业的图钉原理其实回应了很多人对中国游戏行业的一个误解,即中国玩家整体付费能力非常强。这句话没错，但是整体付费能力强并不代表每一个都强。相反，实际上中国的现状是大部分玩家不花钱，真正愿意花钱的只是少部分玩家，只是相比欧美市场来说，那少部分玩家太能花钱了。游戏行业有一句非常出名的言论：在免费游戏里，你不花钱就不是用户，而是产品，你存在的价值只是为了让付费用户找到快感而已。

网游的付费自始至终都是围绕金钱和数据展开的，最简单的便是玩家之间的PK。假设玩家A和玩家B在游戏内PK，一般情况下，按照正常数据玩家A只有10%的概率战胜玩家B，但玩家A可以选择通过付费来提高获胜概率，包括购买装备等。比如A支付了100元人民币后把获胜概率提高到了50%，但玩家B依然有可能战胜玩家A。在这种模式下，游戏公司如何设计付费和胜率的关系就是决定一款游戏的平衡性的关键。

页游时代有一个重要的环节就是联运。游戏公司开发完游戏后，交由各个联运平台一起运营。2008年，乐港的老板靠着SP[①]行业的背景和充足的人脉，找到了由SP行业转到页游领域的91wan、4399、要玩、趣游，采取联合运营的方式，让自己的《热血三国》取得了60万用户同时在线和数千万元月流水的成绩。这是国内第一个联运成功的案例，也让这种模式逐渐成为页游行业的常态。

这种模式有它科学的一面，即让所有平台的资源都得到了最大化利用，但也有非常消极的一面，即让行业整体变得纯粹以资源为主导。在该模式下，只要有流量就能赚钱，而游戏质量反而变得没那么重要，至少相对于资源来说如此。

页游有明显的资源导向性的特点，这使得游戏公司对游戏的可玩性等品质不太看重。于是，就有一批公司发明了一种非常简单的游戏制作模式，先开发一款游戏，然后只要更换美术资源和文字内容就成了一款新游戏，即所

---

① Service Provider，服务提供商，一般指的是移动梦网时代提供内容的服务平台。

谓的"换皮"。换皮一度堂而皇之到了肆无忌惮的程度，市面上甚至有公司专门制作换皮程序，游戏公司只要制作美术资源和文本内容，就可以通过换皮程序自动生成一款页游。有一批公司靠着做这个赚了不少钱。

为了更快地赚钱，页游公司又创造了另一种模式，被行业内的人称为"洗用户"，意为"洗掉"那些不花钱的用户，不让这些用户空占游戏资源。洗用户的原理就是尽可能凸显付费的好处，让花了钱的用户在游戏中发生质的变化。这种行为非常短视，但对于很容易复制的网页游戏来说反而非常合适——游戏公司上线一款游戏，在短时间内压榨游戏价值，没人玩以后再立刻上线下一款。在那段时间，很多页游的生命周期只有一两个月，和一部院线影片差不多。

因为网页游戏的开发相对简单，所以更容易互相借鉴，甚至有开发者会把上一款游戏的代码用到下一款游戏，这种乱象使得页游时代游戏同质化非常严重。[①] 进入手游时代后，这种状况略有缓解，但并没有从根本上得到解决。

页游行业有一副很有意思的对联，上联是"一游戏二代理引得三方运营导致四分五裂，六测字七试名字八更九改看我七十二变"，下联是"十游戏九抄袭编的八卦连天尽是七情六欲，五湖四海玩家三心二意哪能从一而终"。从赚钱的角度来说，这些"小聪明"确实让一些游戏公司赚到了快钱。虽然有玩家说国内的游戏公司"骗钱"，但其实这更像是游戏公司为单机游戏时代没有赚到钱所进行的"报复"。大多数游戏公司对盈利都有强烈的欲望，但因为没有销售拷贝赚取利润的模式，也就别无选择。

不过，页游时代还是有一些好游戏和好公司脱颖而出。2007 年，曾经担

[①] 山寨游戏并不是中国独有的，即便在日本和欧美市场也是由来已久。在雅达利时代山寨游戏差点毁了整个市场，即便在有约束的 Famicom 时代也无法完全杜绝山寨游戏。比较知名的案例是 1987 年 Rainbow Arts 发行的《伟大的吉娜姐妹》，该游戏非常像《马力欧兄弟》，这款游戏的 Commodore 64 版本甚至在封面上印了一句话——"兄弟已成为历史"（The Brothers Are History）。对于这种公然抄袭的行为，任天堂肯定不会坐视不管。这款游戏上市一个月后便下架，成为游戏史上公认的最短命的游戏之一。

任金山软件市场总监、品牌部总监的刘阳创办了51wan,这是最早的网页游戏平台之一,当然最早也就意味着最难做。2008年,51wan获得了来自红杉资本的风险投资,这是中国页游公司第一次拿到风投,而当时51wan的同时在线玩家已经突破了5万人。虽然51wan最后没有成为一家现象级的公司,但是一直是我国页游行业重要的组成部分。2014年,A股上市公司四川圣达以5亿元人民币收购了51wan。

2009年是页游行业一个重要的转折点,这一年,《天书奇谈》《魔力学堂》《乐土》三款游戏的月流水全都达到了300万元以上,其中《天书奇谈》更是多达2000万元。这几款游戏都是用Flash开发的,正是从这时开始,游戏公司不再纠结技术选择,一窝蜂地开始招聘Flash相关开发者,让这项一度被认为已经没落的技术在中国迎来了第二春。

2010年10月,腾讯的《七雄争霸》月收入过亿,同时在线玩家超过60万人,是页游时代的第一个爆款游戏。这款游戏号称"种田、摘菜、治国、平天下",从收入来说,这款游戏超过了《征途》,是2010年度收入第七高的国产网络游戏。

2006年,在新浪iGame休闲游戏平台担任营销总监的张福茂,被自己曾经在金山的上司尚进"忽悠"到了一个创业团队去做总经理,这个团队叫"游戏谷",主要开发网页游戏。张福茂回忆起第一天工作的内容时说:"我记得我卖可乐瓶子就卖了三十多块钱。我加盟团队的第一天就是打扫卫生,卖掉所有人的可乐瓶子,再帮大家买几箱新可乐回来。"公司的第一个转折点出现在2007年。这一年,陈天桥在ChinaJoy上喊出了"盛大18基金"扶持早期项目的计划,没多久就联系到了游戏谷。在张福茂和陈天桥的谈判中差点出了乌龙事件。张福茂说:"对面就说'你觉得多少钱合适',我还以为他要买我们公司,就说'怎么也得100万美金吧'。陈总(陈天桥)说'行,你先回去想想,我们也想一想'。过了一周,他跟我讨价还价说'不行,100万美金太贵了,我们希望300万(人民币)左右吧'。就这么来回拉锯，最后定到 500 万人民币。签合同的时候，我才发现他们要买的根本不是这个公司，而是产品。我说'应该可以，本来一开始我理解的是买我们公司需多少钱'。就是这款产品——我们的第一款产品以 500 万卖掉了，卖给了盛大，再合作分成的模式。这是我们的第一桶金，公司就这样起步了。"这第一款新产品便是《英雄之门》，在 2008 年成绩相当不错。之后游戏谷又开发了《华山论剑》，靠着这款游戏拿到了启明创投和迪士尼旗下 Steamboat 基金的联合投资。

这时页游行业发生了一个天翻地覆的变化，渠道的价值变得越来越大，于是张福茂想到了和腾讯合作。这次合作没有谈成，但张福茂在上海腾讯里偶遇了一个新组建的团队，对方正好也打算制作网页游戏，双方一拍即合。张福茂后来回忆说："这支团队希望能做好一款网页游戏，也恰好特别敬业。后期一直到现在，我们都为这个团队感动。我们之前也和很多公司做过联运，都没有这种感觉。和腾讯签了《七雄争霸》，和这个运营团队合作以后才发现，他们很专业，而且我认为他们比研发团队更敬业一些。你会发现一天 24 小时，时刻都有人在。这件事情一直让我们很感动，我觉得这也是后来《七雄争霸》能够成功的关键原因之一——有一支敬业的团队在后面给你'灭火'。"

2010 年 9 月，腾讯收购了游戏谷部分股权；2012 年 3 月，腾讯以 1.35 亿元人民币增持，游戏谷估值 8.99 亿元；2013 年 10 月，博瑞传播拟募资 10 亿元收购游戏谷 70% 的股份。

腾讯在页游时代的成绩其实说不上突出，虽然游戏平台的用户数非常多，流水也不少，但腾讯自身的收益并不好，最大的问题是赚钱的游戏都不是自己的。腾讯一开始就把页游业务做成了一个纯开放式平台，让自己的内部团队和外部开发者公平竞争。但实际情况是，内部团队不可能和外部开发者竞争，毕竟外部开发者是拿自己的钱创业，赚的钱也是自己的，而内部团队只是提升公司业绩，动力完全不能一概而论。在手游时代，腾讯没有重蹈覆辙，但也被人认为是在利用垄断优势。可以说公司做到腾讯这种规模，做什么都会有人指责。

网页游戏时代最重要的爆款是心动游戏的《神仙道》。《神仙道》由光环游戏研发，心动游戏代理发行，于2011年4月26日开启首次封测，在5月12日14时30分正式开启首个收费服务器，当时充值数额为21 447元人民币。截至2015年4月30日，《神仙道》页游和手游版创造的总产值合计超过25亿元人民币。其中，网页版《神仙道》联运平台达380个，几乎包揽了市面上大大小小的页游平台，2012年3月当月流水突破1亿元人民币，成为当时游戏圈子里最热门的财富传说。截至2015年，《神仙道》国内开服数已达到25000组左右，而在线人数也创造了页游界的神话——历史定格在2012年5月20日21时1分15秒，《神仙道》最高同时在线人数达到473 969人。

《神仙道》是中国页游市场的一条分界线，正是从《神仙道》开始，大家才摸清楚页游赚钱的门道。日后《神仙道》也有了一大批追随者。

心动游戏的CEO黄一孟在知乎上回答过"VeryCD是如何让《神仙道》大获成功的"，在回答里他提到了自己运营的另外一款游戏《天地英雄》的成功经验：

第一，我们游戏的服务器运维架构从第一天起就和千万级用户量的互联网站做得一样，保证了强大的扩展性和最低的运维成本。

第二，我们深知自己只擅长产品和技术，而不是运营推广，所以从一开始就确定了以联运为主的策略，并且直接给了所有联运合作伙伴最好的分成比例，不分大小，没有阶梯。

第三，我们把游戏完全看成一个互联网产品，把研发期作为产品周期中的一小部分，把更多的精力放在了产品上线后的调整和改进上，用互联网产品的方式进行统计和分析，结合用户的反馈和自己的切身体验，合理地规划产品后期的发展方向。

这三条看起来很简单的道理，当时多数页游公司都没有想明白。

事实上，后来心动游戏的几款游戏都无法复制《神仙道》的成功，也在一定程度上反映了页游时代的一个特点——想要成功运气必不可少。因为当时的页游受浏览器条件限制，很难在质量上领先别人，所以除了渠道和资源，唯一的优势可能就是运气了。

到了 2012 年，月收入过亿的页游产品已多达五款，分别是《七雄争霸》《弹弹堂》《傲剑》《神曲》《神仙道》。这一年，第七大道连续两款产品月营收过亿，奠定了其第一页游研发公司的地位；37wan 凭借《龙将》《神曲》《秦美人》一跃成为中国最大的页游公司之一；腾讯则成为最大的受益者，其页游平台的游戏所占市场份额达到了 50%。

那几年是我国页游投资最火热的时期，大量只有十来个人（甚至更少）的公司拿到投资后，用 3 个月的时间开发一款页游，然后迅速让游戏上线。没赚到钱的想办法继续找投资，赚到钱的买车买房。谈论页游市场的人比比皆是，彼时的页游市场就像是一锅可以随时沸腾的热水，大家眼巴巴地等着开锅。

有两件事推波助澜。一是从 2007 年 2 月开始，美国次贷危机爆发，一直到 2008 年达到高潮，进而引发波及全球的金融危机。这一年 10 月 16 日上证指数从 6124 点直接坠落式下跌，加之房地产市场遇冷，经济迎来寒冬。二是从 2008 年开始，企业的经营成本开始上升。因为这两件事，中国相当多传统"资本"一时间不知道该如何投资，此时页游市场的崛起让他们看到了曙光。于是，一大批传统行业的人，从开矿的到做房地产的，都拿着钞票去投资网页游戏。

页游市场的好日子并没有持续太久，2014～2016 年页游市场的产值分别为 202.7 亿元、219.6 亿元、187.1 亿元，2016 年下降了 14.8%，到 2020 年，页游市场的产值已经下降到只剩 98.7 亿元，呈现出崩盘的态势。另一个可怕的数字是，到 2016 年，整个页游市场的推广费用超过了 40 亿元，在之后的几年虽然有所下降，但依然是一个相当高的数字，这种情况绝对可以说是畸形。就像前文提到的一样，页游是一种非常别扭的游戏模式，玩家使用场景不明晰，加之开发门槛不高，容易造成纯粹资源导向的局面。2016年以后，页游的开发和用户获取成本已经无法支撑新团队进入，其中开发成本都在 1000 万元以上，甚至 2000 万元也不算夸张，而且每个用户的获取成本也超过了 100 元。

因为成本激增，有相当多页游公司开始请明星直接在宣传页面上大喊游戏口号，就像电视销售一样。最早代言页游的明星是林子聪，之后高额的代言费吸引了更多明星代言页游，进而出现了"新视觉污染系四大天王"：兄弟来战陈小春、雷霆战神张卫健、传奇霸业林子聪、时间值钱张靓颖。后来在《打天下》里，这种宣传有过之而无不及，甚至和精神污染无异。

请明星宣传的"巅峰"之作还属《贪玩蓝月》，这款游戏请到了陈小春、古天乐、张家辉、孙红雷等明星，近乎疯狂地在所有渠道砸广告，但其本身只不过是一款模仿《传奇》的网页游戏而已。这类游戏在页游市场一直存在，目标消费者主要是当年玩过《传奇》的那一批玩家，这批玩家有很多，付费能力也很强，《贪玩蓝月》在 2017 年的月流水已经突破 2 亿元。然而，2018 年 1 月，《贪玩蓝月》被监管部门点名批评。

网页游戏直到今天都是游戏市场中非常另类的组成部分，其核心玩家有很多非常特殊的习惯，比如进入游戏时不喜欢通过复杂的流程，必须要快速进入游戏，否则游戏再好也不玩。所以大部分网页游戏都是点击一次就可以进入游戏，甚至不少网页游戏连用户注册的流程都省了，直接给玩家随机生成账号。

二、中国游戏产业的黄金时代：手机游戏

（一）手机游戏的初级阶段：Symbian 时代

提到手机游戏，不可避免地要提到智能手机，而整个智能手机领域可以简单地归纳为两个时代和三个系统：诺基亚的 Symbian 时代，以及苹果的 iOS 和谷歌的 Android 的新智能手机时代。①

Symbian 的历史其实比大多数人知道的要长，其源自一家名为 Psion 的公司。Psion 成立于 1980 年，创始人为 David Potter，是欧洲第一批 PDA 厂商。1998 年 6 月，Psion 联合诺基亚、爱立信、摩托罗拉组建了 Symbian 公司。作为一个开放式平台，任何人都可以为支持 Symbian 的设备开发软件。2004 年 2 月，Psion 出售其持有的 Symbian 公司 31.1% 的股份，经各方认购后，诺基亚持有约 47.9% 的股份，爱立信 15.6%，索尼爱立信 13.1%，松下 10.5%，三星 4.5%，西门子 8.4%。日后诺基亚靠着对 Symbian 的支持成为手机市场一个时代的王者。2006 年第一季度，基于 Symbian 60 平台的手机销量占据了所有智能手机销量的 54.1%，而基于 Symbian 操作系统其他系列的产品（Series80、Series90 和 UIQ 等）占据了 22% 的市场份额，累计 76.1% 的市场占比让人很难想象还有什么公司能够撼动诺基亚的地位，这时候你要是跟别人说诺基亚几年后会濒临破产，别人一定会以为你疯了。

诺基亚和手机游戏颇有渊源。1997 年，诺基亚发布了 6110 型手机。在开发这个机型系统的时候，诺基亚发现居然有剩余的存储空间，于是决定利用一下这些存储空间，稍微增加一些有趣的东西，这时就有人提到了 Hagenuk MT-2000 上的《俄罗斯方块》。诺基亚并没有直接在自己的 6110 上再弄一个《俄罗斯方块》，而是开发了一款原创游戏《贪吃蛇》。由此，《贪

---

① 一般情况下，很少有人认为诺基亚的 Symbian 时代属于智能手机范畴，但是 Symbian 毕竟是一个独立的操作系统，满足基本的智能手机的功能，比如安装独立应用、用户可以自主地设置自己的手机等，所以本书在此将它列入智能手机范畴。

吃蛇》这款游戏成为诺基亚手机里的常驻游戏，相应地，诺基亚也给这款游戏带来了数以亿计的玩家，让其成为游戏史上玩家数最多的游戏之一。

Symbian 时代游戏的推广很大程度上依赖渠道。当时的渠道主要有两个：一个是 SP，另一个是手机预装。不只是中国，海外市场也是如此，最早一批芬兰手游厂商的崛起就离不开和诺基亚相关部门的接触。因为这种渠道的限制，大部分游戏公司都把游戏大小控制在 10MB 以内，超过这个容量的就属于大制作。反过来又因为这些游戏大小有限，所以表现力一般，更加突出了渠道的重要性，形成了一个纯粹由渠道主导市场的闭环。在这种情况下，手机游戏开发公司的日子并不好过，一般做法就是直接把游戏打包卖给某家 SP，能跟渠道讨价还价的公司并不多，那时的游戏公司基本上完全受制于他人。

诺基亚深刻认识到手机游戏大有可为，并在 2003 年 10 月发布了专门的游戏手机 N-Gage。N-Gage 在一些环节上的设计是相当先进的，比如 N-Gage Arena 平台。这是一款类似于苹果 Game Center 的产品，在这个平台上，诺基亚还开发了一款手机 MMORPG——《口袋王国》(*Pocket Kingdom*)。要知道这是在手机网游爆红十年前的事情，可见诺基亚有非常长远的眼光。但 N-Gage 也是一款十分失败的产品，主要原因是诺基亚选择了一条任天堂式的发展道路（以尽可能降低成本，让更多的人可以用上自己的产品），而忽视了手机功能（手机并不完全是掌机，它毕竟还有常规的手机使用需求）。加之整个 N-Gage 产品线相关产品的设计都很糟糕，最终 N-Gage 的销量很一般。[1] 诺基亚的时代也随着 N-Gage 的黯然退场而渐渐落幕。

Symbian 游戏时代有一家对中国游戏影响深远的公司——Gameloft，中文名叫"智乐"。这是一家隶属于育碧的专门制作手机游戏的公司，2000 年

---

[1] 包括 N-Gage 在内，诺基亚的设计风格一直不像北欧公司的产品。传统的北欧设计都是以实用性为主，配色干净、构图极简、线条流畅，但诺基亚的设计一直有为了设计而设计的感觉，经常为了强调设计感而严重降低了实用性。反而日后的苹果更像是北欧公司的产品，当然诺基亚时代这种另类的设计很大程度上丰富了手机的外观选择，而到了苹果时代，手机外观几乎丧失了辨识度。

正式进入中国，到 2004 年员工规模接近 200 人，包括《雷曼》《波斯王子》和《细胞分裂》在内的相当多知名游戏的手游版本都是由这家公司的中国研发部门开发的。Gameloft 就是那个时代中国手机游戏公司的写照。曾经担任 Gameloft 中国区市场部经理的叶立江在接受《家用电脑与游戏》采访时提到育碧进入中国市场的原因："Gameloft 目前在多个国家有分支机构，包括美国、加拿大、法国、英国、德国、意大利、西班牙、罗马尼亚和中国。其中有商务办事机构，也有游戏制作团队。我比较自豪的是，现在你看到的这个中国团队是最大的，也是主要的开发团体。至于为什么把主要的手机游戏开发这一块放在中国，育碧当时第一是出于成本考虑，第二是因为看到中国已经有了一代成长起来的游戏制作人，有了足够的、优秀的人才来做符合国际水准要求的游戏。我们需要做很多的游戏，而在中国市场又能找到大量的、合格的、能做游戏的人才。"此外，叶立江也解释了 Gameloft 对中国游戏市场的判断："中国的手机用户大约已经有 3 亿人，但与欧美相比，其中可能下载手机游戏来玩的玩家比例还是相当低的。尽管如此，因为用户的基数非常庞大，所以这个群体的绝对数量还是非常可观，甚至可以说是有优势。基于这种判断，我们把中国市场放在与北美、欧洲市场同等的优先级上。当然，目前中国市场的优势还没有体现出来，在 Gameloft 游戏的下载数量上，中国大概与法国、西班牙这样的国家相当——但是这两个国家都只有五六千万的人口。在中国，Gameloft 感觉在发展手机游戏方面还是有很多的限制，感觉'发力'很难，例如手机游戏平台的不统一、消费观念的问题等。如果这些瓶颈没有了——例如中国移动可以利用它的主导地位来影响手机生产商提供统一平台的手机——我相信中国的手机游戏下载量会大大超过很多欧洲国家。我们看重中国市场，并非因为它现在的利润而是看到了它的未来。"

在那次采访中，叶立江还特别提到了当时中国游戏市场中的"骗点"问题。"骗点"游戏指的是那些名不副实的游戏，它们让你误以为是你需要的游戏而去点击购买，而这类游戏时至今日一直存在于中国的游戏市场中。叶立江说道:"这个是我们深恶痛绝的事情,而且,现在很多问题不仅仅是在于盗版。目前,很多手机游戏里,有许多'误导'消费者的现象,比方说很多游戏加上'3D'的标注,而事实上,相应的手机在硬件上根本不可能真正实现 3D 功能。另外一个非常严重的现象是给游戏起一个与实际内容完全不搭界的非常'大牌'的名字,譬如说前段时间我看到的所谓《红色警报》《真侍魂》……"

这种"骗点"游戏的存在,也从另一个角度证明了中国游戏市场渠道的价值有多大,只要有展示机会,加上一个吸引玩家下载的理由,哪怕这个理由是虚假的,也能赚到钱。一位专门制作"骗点"游戏的开发者说:"一款游戏的开发成本只有几千块,随便找素材凑一凑传上去,轻轻松松就能赚个几万块。"

Gameloft 的好日子没能持续太久,尤其是在中国市场。2012 年 4 月,Gameloft 上海工作室关闭;2015 年 4 月,深圳工作室关闭;2015 年 8 月,成都工作室关闭。其中深圳工作室在关闭前,Gameloft 中国的第一款大型原创游戏《西游圣徒》刚刚开发完,但这款开发时间超过两年的游戏,最终因为质量平平收益非常惨淡。

因为游戏规则的变化,一批 Symbian 时代的手游公司随着诺基亚一同没落。2009 年,LG、索尼爱立信等厂商宣布退出 Symbian 平台,转投 Android 阵营。2010 年,三星宣布退出 Symbian 转向 Android。至此,Symbian 仅剩诺基亚一家支持。2012 年 2 月 27 日,诺基亚在 MWC 世界移动通信大会上发布了 4100 万像素的 Symbian 拍照手机 808 PureView,这是最后一款 Symbian 手机。

手机游戏也进入了下一个时代。

（二）iPhone 和 Android 带来的新智能手机时代

2007 年 1 月，时任苹果首席执行官的史蒂夫·乔布斯发布了第一款 iPhone，正式开启了智能手机时代。之后伴随着第一台 Android 手机 HTC G1 上市，一大批手机公司一窝蜂地生产 Android 手机，进一步扩大了智能手机的受众人群。

伴随着智能手机用户的增加，智能手机游戏的时代也正式开始。

智能手机游戏经历了三个非常明显的阶段：休闲游戏、重付费游戏、电子竞技及大型游戏。

第一个阶段的代表游戏是《愤怒的小鸟》。

《愤怒的小鸟》的开发公司 Rovio 是一家从诺基亚时代就存在的公司，三名创始人曾经参加过诺基亚为 N-Gage 组织的游戏开发比赛并且获奖，但是随着 N-Gage 的陨落没有机会大展身手。很快，随着 iPhone 的上市，Rovio 找到了自己的用武之地。

《愤怒的小鸟》靠着简单的触屏交互、清新的画风和复杂多样的关卡立刻吸引了全世界的玩家，而 Rovio 也成为智能手机时代的第一个财富神话。

这个时期中国休闲类手机游戏最早的代表性作品是凯罗天下的《保卫萝卜》。《保卫萝卜》自 2012 年 8 月上线，在数十个国家进入下载量总榜前五，总玩家数达上亿人。2014 年，凯罗天下和开发了《神仙道》的光环游戏合并，成立了飞鱼科技。2012 年，北京神奇时代推出《忘仙》。这是第一款把端游玩法带到手机上的游戏，虽然现在看起来很不成熟，但这种尝试给之后的公司提供了不小的参考。

尚洋曾经的经理、后来创建了数位红的吴刚还创建了一家叫作顽石的手游公司。2011 年，顽石靠着《二战风云》和《契约 OL》月收入超过 500 万元人民币，是第一个取得这个成绩的国产手机游戏公司。由此，吴刚一度被称为"中国手游行业的教父"。吴刚是中国手游行业里少有的在诺基亚和

iPhone两个时代都做过顶级产品的游戏公司老板，但可悲的是，时至今日大家提到吴刚时还是经常说到那款失败的作品——《血狮》。

此时，腾讯已经开始尝试进入手机游戏市场，并且取得了相当不错的成绩，"天天"系列和"全民"系列游戏都在一段时间内霸占了中国游戏市场。

智能手机游戏第一个阶段的主要特征是大规模利用了触屏手机的特性。在此之前，手机游戏的控制主要依赖上下左右四个方位键，而触屏完全突破了方位的限制，给了开发者更自由的发挥空间。但受限于手机硬件和网络能力，这时候的游戏还是以休闲游戏为主，重度游戏的开发十分困难。

智能手机游戏第二个阶段的代表游戏是《部落冲突》。

Supercell也是一家来自芬兰的公司，于2010年正式成立，启动资金来自创始人伊卡·帕纳宁自己及芬兰政府支持的50万欧元。

Supercell开发的第一款游戏是名为Gunshine的页游，但因为玩家的留存率不高，尤其是上线两个月后玩家数大幅度下跌，所以Supercell直接放弃了这个项目，转而开始了新项目的研发。到2012年，Supercell一共有5支团队在研发游戏，但最终只上线了两款游戏，一款是《卡通农场》，另一款是《部落冲突》。这是Supercell相对其他公司来说比较特别的一点，在那个跑马圈地的时期，手游公司普遍追求大量推出新作品，竭尽所能让公司不停有新东西出来，而Supercell宁可把接近开发完成的项目砍掉，也绝不希望有质量相对较差的作品流入市场。

日后Supercell又陆续开发了《海岛奇兵》和《部落冲突：皇室战争》两款游戏，年收入超过20亿美元，总日活跃用户超过1亿人。2016年，Supercell被腾讯以86亿美元的价格收购，这打破了移动游戏业并购的纪录。

同时，中国的游戏公司开始尝试重度游戏，即那些非买断制、靠游戏内付费的游戏。从这时开始，手机游戏到第三个阶段，该领域也成了中国公司的主场。

2007年1月，乔布斯第一次向世人展示了iPhone。iPhone上市4个月后，苹果对外宣称自己正在制作一个软件的开发包，让开发者可以为 iPhone 开发应用。2008 年，苹果首次对外发布 SDK，让 iPhone 有了成为游戏平台的可能。为了直观地阐释 SDK 的功能，苹果通过一款飞行射击类游戏《触控战机》展示了通过 SDK 进行 iOS 游戏开发的过程。此外，苹果还推出了 App Store。

相比传统的主机游戏和 PC 游戏，iPhone 游戏的特点很鲜明：开发耗时短、成本低。此外，所有游戏都统一通过苹果的 App Store 发布，理论上不需要第三方发行公司（从日后的情况看，第三方发行公司还是很重要）。而收入方面采取营收分成模式，开发商占 70%，苹果占 30%，这个分成比例比其他渠道要高（即便今天看来，苹果也显得贪得无厌）。

App Store 的出现引发了手机游戏领域的一场革命。在 iPhone 以前，阻碍手机游戏发展的原因主要有三点：一是手机的显示效果；二是手机的待机时间；三是操作方式。时至今日，其实除了第一点外，其他两点并没有什么改观，而显示效果还是不太重要的一环，毕竟在 Symbian 时代，手机的显示效果就不比同时代的掌机差多少。手机游戏之所以崛起，最重要的两个原因一直被忽略：一是 App Store 提供的展示位；二是 App Store 更加方便快捷的支付方式。App Store 上线之初仅有 500 个应用，但三个月后便激增至 3000 个，下载量很快突破 1 亿次。2008 年底，App Store 的应用数量达到 5000 个。2009 年 4 月，应用下载量突破 10 亿次。

iPhone 的火爆给远在大洋彼岸的中国开发者带来了机会，只要一台计算机、一根网线就可以为全世界的玩家开发游戏。游戏开发和发行的成本从来没有如此之低，这为一大批中国最底层的开发者描绘了一幅美好的蓝图。在平等的机会面前，这些开发者中有很多都收获了成功的事业和可观的财富。并且，iPhone 打开了移动互联网和手机游戏产业的大门，为未来中国游戏产业在全球市场大放异彩提供了非常坚实的基础。

2003 年 10 月，安迪·鲁宾（Andy Rubin）等人创建了安卓公司，并组建了安卓团队。安迪·鲁宾曾供职于苹果，并且在职期间主导开发了桌面系统 Quadra，可以说安卓的诞生和苹果也有一定渊源。

2005 年 8 月，Google 正式收购安卓。2007 年 11 月，Google 与 84 家硬件制造商、软件开发商及电信营运商组建开放手机联盟共同研发改良安卓系统。随后，Google 以 Apache 开源许可证的授权方式，发布了安卓的源代码。这是一件非常有眼光的事情，当时的 Google 已明白了两个道理：一是纯粹的封闭系统推广起来难度很大，面临的阻碍极多，如果把代码开放出来让每家公司都可以定制自己的系统，等于是在帮自己推广产品；二是进入智能手机时代，大部分手机公司都想分一杯羹，与其自己做，不如联合其他所有厂商一起做。

2010 年 10 月，获得官方数字认证的安卓应用数量达到 10 万个。2011 年第一季度，安卓在全球的市场份额首次超过 Symbian，跃居全球第一。2013 年第四季度，安卓手机的全球市场份额达到 78.1%。2013 年 9 月 24 日，全世界采用安卓系统的设备数量达到 10 亿台。2014 年第一季度，安卓平台占所有移动广告流量来源的份额达 42.8%，首度超越 iOS。

安卓的火爆对于中国市场有非常特殊的意义，它提供了一种较低成本的手机开发模式，而且正好是中国手机公司最不擅长的系统部分。对于硬件生产能力异常强大的中国来说，如果能解决操作系统的问题，剩下的都是小问题，这让一大批中国的手机厂商找到了机会，其中的佼佼者就包括游戏行业的老朋友雷军。

从 2014 年开始，中国就有一批本土游戏公司把开发重点放在了安卓上，因为用户基数大，竞争也相对小一些。但是，安卓手机在很长时间里也一直折磨着中国的手机游戏开发团队，因为硬件差异极大，开发者需要让游戏适配各种型号的手机，这是相当复杂的一件事情，甚至一款手机游戏经常有一半的开发时间都是在做适配。

手机游戏有着非常强的社会学意义。在 2010 年以前，很多研究游戏的学者认为游戏本质上是一种在青少年间流行的亚文化产品，具有非主流和边缘性等特征。但是随着手机游戏的普及，从三四岁的小孩子到六七十岁的老人都开始捧着手机玩游戏时，我们应该能明白，游戏从来不是亚文化，而是一种顺应人性的主流文化产品。

（三）手机游戏时代的灰色地带："刷榜"和不稳定的市场

虽然手机游戏行业如今风生水起，但其过往也并非一帆风顺，甚至可以说是一路荆棘。2011 年，成都卡尔维靠着《战神之怒》月流水达数百万元人民币，同时获得了清科创投 100 万美元的投资，到 2013 年又靠《战神之怒 3》拿到了 500 万元人民币的签约金，是当时成都游戏圈子最大的黑马之一。但仅仅到 2014 年，成都卡尔维就开始大量裁员，几个月后直接破产，并且还有数十人集体讨薪。类似的事件在手机游戏行业时时刻刻都在上演，几乎每个月都有曾经赚了几千万的公司破产的消息。

这背后主要有两个原因：一是游戏行业整体的随机性非常强，成功的机会成本极高，到 2018 年，整个手游市场能重复成功的公司屈指可数；二是手游的成本上升很快，包括人力成本、营销成本和渠道成本等在内的所有成本每年都在激增，就像扼住游戏公司咽喉的一双手。

因为渠道成本的增加，行业里衍生出很多特殊的环节，其中就包括"刷榜"——通过付费来伪造高下载量，以获得苹果 App Store 内更好的展示位。

"刷榜"真正意义上的规模化运作是从 2012 年年初开始的，之所以是这个时候，最主要的原因是中国手机游戏在此时出现了第一批"印钞机"游戏。这些游戏在赚了一大笔钱以后，自然要考虑之后的事情。同时中国有一大批风险投资公司大举投资移动 App 公司，那些拿到了投资或者想要拿到投资的公司，有不少也在通过"刷榜"来"做业绩"给投资人看。相比其他行业，游戏公司对"刷榜"的依赖度更高，毕竟对应的是实实在在的金钱。

针对"刷榜",苹果也并非坐视不管,而是一直在尽力打击。

人人游戏是人人网旗下的游戏团队,最早是以开发页游为主,进入手游时代后占得了先机,在 2012 年上线了几十款手游,是当时市场上最火热的手游公司之一。从 2012 年年中开始,大家发现人人游戏明显在大规模"刷榜",前五十的榜单里经常出现一片人人游戏的手游,到了 2012 年年底,前十名甚至一度全是人人游戏的手游。2012 年第 3 季度,人人游戏收入为 2420 万美元,较 2011 年第 3 季度增长了 120.2%,占人人网总体营收的 48.0%。

当时的人人游戏并不担心"刷榜"的后果,他们觉得苹果是一家做平台的公司,如果苹果认为"刷榜"严重也只会调整算法,到时他们再适应算法调整"刷榜"方法就好了,同时他们也觉得苹果不敢处理人人游戏这种规模的公司。

2012 年 12 月 15 日,人人游戏的所有游戏被苹果强制下架。之后,加之各种原因,整个人人游戏业务彻底崩盘,2013 年年初员工还有 1600 多人,到 2015 年年末时只剩下 76 人。

人人游戏的倒台并没有阻止游戏公司"刷榜"的热情,但各公司理智了不少,不再像人人游戏那么夸张。大部分公司尽可能只给一两款游戏"刷榜",同时尽量避免刷的是最惹眼的那一个。

到了 2013 年,整个市场上的"刷榜"公司有上百家。在北京、上海一些主要以游戏公司为主的孵化器或者产业园里,几乎每天都能见到各种游戏营销人员到各个公司推广,他们主要就是做"刷榜"的。虽然"刷榜"行业此时已经异常火爆,但其实真正做"刷榜"业务的公司并不多,甚至只有屈指可数的几家,这些公司被称为"源头公司",其他的都是源头公司的代理而已。到 2016 年,如果想进入免费游戏榜中国前十,需要支付 20 多万元,这个价格只保证到榜,能不能维持还是要看自己游戏的质量。

除了刷下载量排行榜,"刷榜"公司还找到了很多可以刷的地方,比如搜索页面的热门搜索榜。如果想让游戏的名字出现在这个榜单里,最贵的时候要好几百万元。为了避免引来苹果的惩罚，还出现过很多另类的刷法，比如在游戏中加入"吃了吗""好的"等没有任何意义的词语，玩家搜索时真能搜出来一些游戏。

因为"刷榜"行为，苹果 App Store 的榜单从 2015 年开始几乎没有什么说服力了，除了网易和腾讯等公司的少部分大作可以靠自己的实力上榜外，榜单中剩下的全是"刷榜"刷上去的。在 2017 年年中，免费榜前 50 名的游戏里，只有 10 款左右的游戏没有明显的"刷榜"痕迹。付费榜更加严重，因为苹果允许游戏定价 1 元，作为公司来说，一次下载多付出三角钱的成本是可以忽略不计的，而刷付费榜也比免费榜便宜得多。

"刷榜"严重影响了正常的市场竞争秩序。在整个苹果平台上其实只有 3 种公司：第一种是腾讯和网易，这两家公司有自己的游戏渠道，不用担心受其他公司的影响；第二种是有钱"刷榜"的中等公司，这种公司基本也已经固化，在整个市场上数量比较固定；第三种是没有钱"刷榜"的公司，这种公司被前一种公司彻底堵死了上升道路。也就是说在这种状况下，第二种公司不可能威胁到腾讯和网易，还帮腾讯和网易挡住了其他公司。① 而对第二种公司来说，"刷榜"几乎是每款游戏的标配，相比花上千万元请明星代言、做电视广告，刷榜是相对便宜的营销方式。

从 2016 年开始，中国出现了一批进军独立游戏领域的公司，制作一些质量较高且小众的游戏。这么做的最重要的原因就是为了回避"刷榜"问题，因为苹果的编辑非常愿意推荐这类游戏，并把绝大多数推荐位都留给了这类游戏，这就让这些公司可以靠做这类独立游戏增加在 App Store 内的曝光机会。对于小团队来说，这其实不失为突围的好办法。

2017 年 9 月 20 日，苹果更新了 iOS 11 和全新改版的 App Store。因为更

---

① 不只在中国，其实海外市场也是，甚至不只是游戏行业，如果宽泛地说，全世界的移动市场主要由三家公司瓜分资源，分别是腾讯（微信、QQ、《王者荣耀》……）、Google（Gmail、Google Maps、YouTube……）、Facebook（Facebook、What's App、Instagram、Messenger……）。还有一些地域性很强的公司，比如网易之于中国，Naver 之于韩国。显然这是不太健康的。

改了展示效果并强化了 App 打开时间对排名的影响,极大地打击了"刷榜"行业。苹果明显在打击"刷榜",一些疑似"刷榜"的游戏甚至直接被屏蔽,在首页的免费榜单上完全看不到,只能在详细的免费榜单上看到。

2017年11月4日,《中华人民共和国反不正当竞争法》做了修订,首次将"刷榜"行为单独列出来,并将最高处罚金额提高到200万元,甚至可吊销营业执照。

除了"刷榜"以外,还有一种典型的推广模式是积分墙广告。传统的积分墙广告是指玩家在游戏内点击广告可以获得积分,而这些积分可以用来兑换游戏内的道具或者关卡。比如玩家在玩到第十关时,游戏内会弹出一个提示,玩家观看某个广告,或者下载某个 App 以后才可以继续玩。后来又有了一种新形式的积分墙广告,是用积分兑换其他商品,比如玩家在点击广告后获取的积分攒到一定程度后,可以兑换某个电商平台的产品或者优惠券。在这个过程中电商平台会支付广告费用给积分墙平台和游戏运营方,而电商平台本身也可获得曝光,看起来是一个多赢的模式。这种模式一度非常受欢迎,但很快又消失了,主要是遇到了三个方面的问题:一是大部分平台都把这种行为定义为诱导下载,进而开始限制使用积分墙广告的游戏;二是积分墙广告的转化率不高,大部分玩家下载以后不会持续使用;三是积分墙广告给游戏带来的收益十分有限,同时游戏市场基本还遵循着赚钱的游戏都没有广告这个规律,所以开发者也不愿意把积分墙接入自己的游戏里。事实上之所以"刷榜"一直存在,就是因为其他的推广模式算下来都不如刷榜的回报率高。

不只是"刷榜",数据"美化"也是游戏行业严重的乱象之一。数据"美化"在端游时代就有,页游和手游时代更加普遍,不仅玩家数据可以"美化",就连游戏充值金额都可以"美化"。

当然,游戏公司也因为数据"美化"倒过霉。2011年,大量中国手游公司发现自己的游戏有很多收入没有到账,被苹果取消了,这就是当年影响恶劣的"黑卡"事件。所谓"黑卡"指的是盗刷的信用卡，有些玩家用他人的信用卡购买App，信用卡的主人发现后取消了这笔交易，结果就是苹果也取消了这笔给开发商支付的钱。但是苹果的App Store没有自动取消的机制，也就是苹果虽然把交易取消了，但是并没有自动让开发商取消已经产生的游戏内消费。那时淘宝上出现了一大批代充值的公司，都是这么做的。那一段时间，国内不少游戏公司因为黑卡产生的坏账率超过20%。

三、早期中国手机游戏成功的创业者

（一）中国手机游戏最早的服务者：CocoaChina和触控

陈昊芝的故事是一段真正意义上的普通人逆袭之旅。陈昊芝初中时学习成绩不好，家里也不宽裕，毕业后去了一所职业高中。对于陈昊芝而言，这并不是一个好的选择，陈昊芝自己也清楚："学历越高，成功率越高，这是我由衷的感觉。你到美国上过哈佛、上过斯坦福，名校出来以后，你很容易就能就职于知名的金融机构、创投公司。做知名企业和外企的高管，成功率是很高的，因为这些人本身就有非常好的教育背景、语言能力，还有好的学习方法和工作方法，还有人脉，人脉很重要。所以如果你上了哈佛，会发现你的同学都在非常重要的机构里面。而像我们这些没上过大学、学历不高的人，只能慢慢熬出来。"

1996年，从职高毕业的陈昊芝进入了北京市电话局，而因为这份工作他很早就接触到了互联网。1998年，当时还在金山做总经理的雷军联系到陈昊芝，两人沟通之后陈昊芝用自己的个人网站作价入股雷军创立的"卓越网"，即现在的亚马逊中国。只不过陈昊芝还没有熬到2004年亚马逊收购卓越网，就因为与领导合不来离开了金山，以15万元的价格卖掉了手上的股份。离开卓越网后，陈昊芝先是创办了一家电商网站，但没坚持多久就失败了，之后又去了联众做点卡销售。2001 年陈昊芝从联众离开，创建了自己的点卡销售网站。

2003 年，陈昊芝买了第一辆车，在逛汽车论坛时，他偶遇了多年未见的朋友张京秋，相谈一番后，两人便决定做一个汽车行业的垂直网站——爱卡汽车网。为此，陈昊芝卖掉了之前做的点卡销售网站。爱卡汽车网比汽车之家的成立要早两年，刚开始是国内最大的汽车行业垂直网站之一，后来被汽车之家和易车网超越，但一直稳定在前五的位置。2006 年，因管理层矛盾激化，同时融资不顺，爱卡汽车网被卖给了美国 CBSi 集团，陈昊芝又选择了离开。因为这件事，陈昊芝受到了相当大的打击："我们小时候开玩笑，说一个人如果不听话就把他送到安定医院去，终于有一天我自己跑到安定医院就诊，被确认是中度抑郁症。"

自此之后很多年，陈昊芝几乎没有做对过一件事。首先是花了数百万元投资的社交网站失败，血本无归。2007 年又创建了译言网，用众包的方式为国内用户提供翻译，一时间聚拢了相当多高质量的用户和内容。两年半的时间里，译言网累积了 9 万个注册用户、5000 个译者、3 万多篇译文，在 Web 2.0 时代，译言网也是中国的明星网站之一。2008 年，陈昊芝离开译言网，投资并进入了盛世收藏网。这家网站创建于 2005 年，是国内收藏爱好者的垂直门户网站和电商平台，但没多久陈昊芝就发现自己其实是被忽悠了。2009 年，陈昊芝离开盛世收藏网回到译言网。但没过多久，译言网就被关闭，日后重新开放也没了往日的风采。

2009 年，被命运折磨了多年的陈昊芝终于看到了一点光明，他遇到了 CocoaChina 社区网站的创建者刘冠群。Cocoa 是苹果公司为 Mac OS X 创建的一套开发接口，在 iPhone 推出后还针对 iPhone 开发了 Cocoa Touch。CocoaChina 是一个专门针对苹果的中文开发社区网站。在和刘冠群仅仅交流了 40 分钟后，陈昊芝就决定给他一笔 30 万元的投资，而他认定这笔投资有价值是因为："CocoaChina 社区已经做了两年，其中有一些非常好的团队已经做到了冠军的位置,这个社区的用户质量很高。我本人做的译言或者爱卡都是社区起步的,所以我自然而然觉得社区是有价值的。"后来CocoaChina成了"触控科技",叫这个名字的原因很简单:"我们从第一天开始就是在做触摸屏上的产品和社区,所以我和合伙人为公司起名叫'触控',在工商局查了一下居然可以注册,我们很开心。所以它就这么诞生了。"

此时的陈昊芝再次走进人们的视野,他头发已经苍白,就像李宗盛的歌里写的那句:"越过山丘,虽然已白了头。"

CocoaChina对整个中国游戏产业的影响其实被严重低估了,这个社区的存在为最早期的那一批手游开发者提供了三个最重要的渠道:一是为最早一批iOS开发者提供了最好的技术消息来源,除了网友们撰写和翻译的大量技术文章外,还有相当多国外第一手的新闻,对于英语不好的开发者来说其重要性不言而喻;二是促成了相当多早期的创业团队,包括大量游戏团队;三是成了很长时间内我国iOS圈子里最重要的招聘渠道,在这里发招聘帖子比任何招聘网站都有效。截至2016年6月,CocoaChina的注册用户超过80万人,论坛帖子数超过300万条,是全世界最大的iOS游戏开发社区之一。

陈昊芝回忆创建触控科技时说道:"2010年4月份注册公司的时候,我们依然不知道能用社区内容做些什么,但是我们觉得这个事肯定有价值,因为它毕竟是在苹果的平台上做事,至于将来能够真正做出什么来,我们不确定。所以当时中间有过很多尝试,我们甚至还想过帮一些图书公司做图书出版,想着做一些小游戏,我们想了很多事情。""一年前或者一年多以前的时候,我们都没想过要做游戏,从某个角度而言做游戏其实是被逼的。因为你有一个开发者社区,而且很多都是做游戏的开发者,你想让大家信任你,除了你是这个社区的管理者之外,还要证明你在这个行业有运营能力,或者有开发能力,所以要证明自己的时候,就一定要做一个游戏。所以我就跑去找吴刚问:'你看我做游戏做什么呢?'""当时吴刚出了一个主意,我们就做了。吴刚还是我们第一任游戏制作人,做完了这个游戏就火了。这个过程中完全没有思考的余地。做的时候没有想过它会火，火了以后也没有想说再做其他游戏，反而想的是我先把这个游戏做好。所以不存在高瞻远瞩地看到游戏市场是移动市场最大的空间这回事，而是一定要做游戏。"

2010年11月，在公司组建完成后没多久，触控科技就拿到了北极光的A轮融资。

2011年，触控科技的第一款游戏《捕鱼达人》正式上线，在20个小时后跃至App Store中国区免费榜第一。4个月后，该游戏的注册玩家数超过了1000万人；一年以后，该游戏的注册玩家数超过了1亿人。这一年，《捕鱼达人》成为中国第一款年流水破10亿元的手机游戏。

2012年，中国的手游公司开始大规模入局，一批满腔热血的小团队在近乎疯狂的状态下做手机游戏，生怕错过了这趟装满了黄金的列车。触控的成功算是给这批创业者打了一针强心剂。根据国际数据公司（IDC）的数据，这一年全球智能手机出货量达7.17亿部，同比增长45%，其中中国出货量1.82亿部，稳居世界第一。这为中国手机游戏行业日后迎来爆炸式发展奠定了极好的基础。

到2013年，中国季度收入破亿元的游戏发行商已经有5家，分别是中手游、飞流游戏、昆仑游戏、热酷游戏和触控科技。不过，这五家公司的命运在未来迥然不同。

2014年，触控差点在美国上市，但最终放弃了，具体原因陈昊芝自己在"2016中国数字娱乐产业年度高峰会"的演讲中解释过：

> 2014年的时候，触控成立三年半，我们准备赴美上市。三月份我们做了第一次上市路演，当时估值是12亿到15亿美元，等我们正式到香港启动路演的时候，中概股有一个暴跌，我们新拿到的价格只有6亿美元的估值。这不是重点，我们实际上是因为另一个原因不上市了，而不是因为估值低。第二季度的时候，我们给美国资本市场的一

个预期是我们当年在第二季度能有4.6亿（美元）的营收规模，但我们自己预测只能做到4.2亿到4.3亿（美元），差这3000万（美元）当时让我们很纠结，是直接上还是怎么样，直接上最大的担心是我们上美国资本市场，不仅仅代表中国的中概股，也代表中国企业的信誉。我们因为这个原因没有上市，想给自己更多的时间。今天来看这是一个很大的遗憾，但实际上，在今年和投资人聊天的时候，投资人还说当初支持我们的考虑，因为我们不仅代表中国投资的企业，更代表中国上市企业的信用。所以，我第一个想说的是，资本市场是一个非常聪明的市场，在那个时间点我们对它产生了敬畏的心理。再回头看两年前，2014年，当时是中国汇率兑美元最高的一个节点，也是中国手游人口红利的一个顶点。所以当时，我们只是看到了估值不理想，但是从今天来看，美国的资本市场对于整个市场趋势的判断是没有错的。中国这两年的手游市场整体压力过大，竞争过于激烈，用户成本提升，包括汇率和人民币持续贬值，都是一些影响估值的元素，再回头看2014年我们没有上市的核心原因是对资本市场有敬畏之心。

触控对整个中国游戏行业有3个贡献：一是CocoaChina为中国的一批开发者提供了很好的交流空间；二是《捕鱼达人》给整个市场讲了一个好故事；三是最重要的一点，就是投资了一个名为Cocos2d-x的游戏引擎。

2008年2月，阿根廷程序员Ricardo Quesada开发了一款名为Los Cocos的游戏引擎，这个名字源自他写程序的城市——位于阿根廷的科尔多瓦省，是个非常小的城市，小到只有1000多户居民。一个月后，这款游戏引擎发布了第一个正式版本，并且改名为Cocos2d。在早期的iOS中，Cocos2d的iPhone版本是最受欢迎的游戏引擎之一。

2010年，曾经做过游戏、当时在做手机系统的王哲突然意识到，如果能够把iOS系统上的游戏移植到自己的系统上，那就方便多了。于是王哲就有了做跨平台游戏引擎的想法,在开发初期他联系到 Ricardo Quesada,并得到了不少支持。很快王哲就在 Cocos2d 的基础上开发了一个名为 Cocos2d-x 的游戏引擎,可以同时开发 iPhone 和安卓游戏。

Cocos2d-x 刚出来时收到的反馈几乎是一片骂声,原因有两点:一是不少开发者觉得 Cocos2d-x "抄袭"了 Cocos2d,当然这个"抄袭"指责非常牵强,因为两个引擎都遵守了 MIT 的开源协议;二是不少开发者从情感上看不上中国人做的东西,这也不可避免,因为之前中国人做的游戏引擎确实还不够好。

但陈昊芝对 Cocos2d-x 非常感兴趣,先是让王哲做了 CocoaChina 的一个版主,又给王哲投了一笔钱,让他继续做下去。

到 2013 年,Cocos2d-x 在手机游戏市场势不可挡。那一年,国内累计有 47 款月收入超千万元的手游,其中 32 款是基于 Cocos2d-x 开发的。在国产手游前 10 名里,有 8 款是用 Cocos2d-x 开发的。即便在美国市场,前 30 名的游戏也有超过 10 款使用了 Cocos2d-x。到 2014 年,美国、中国和日本这三个最主要的手游市场中,前 100 名的游戏有一半以上用的是 Cocos2d-x。最终就像王哲说的那样:"我们重新定义了 Cocos。"

Cocos2d-x 是中国第一个国际化的游戏引擎,只是因为 MIT 协议,引擎不能直接变现。之后王哲的团队做了很多尝试,比如开发支持 Cocos2d-x 的相关工具,但效果不佳。

Cocos2d-x 的故事很短,到 2018 年,已经很少有新团队在用了。不只是 Cocos2d-x,整个 Cocos 系的开发工具都很少有人用了。

导致这个结果的核心原因有 4 点。

第一,把过多精力放在了拓展新功能而不是稳定现有功能上,以至于很多版本更新不仅没有解决老问题,反而带来了很多新问题,无形中提高了开发成本。这个问题 Cocos 就有,而 Cocos2d-x 粗放的开发风格更是放大了这个问题。甚至到 2017 年，Cocos2d-x 居然都没有做好一份完整且详细的开发文档，很多开发者要依赖市面上不多的图书、论坛的帖子，或者阅读别人的代码。

第二，Unity3D 的兴盛加速了 Cocos 系引擎的没落。相较 Unity3D 成熟的开发工具，Cocos 系引擎一直没有一条良好的工具链，而是不停地出新的没有实用性的开发工具，无论 Cocos Builder、Cocos Studio 还是 Cocos Creator 都是虎头蛇尾，开发进度慢、不好用、漏洞多，甚至半路被莫名其妙地放弃。有开发经验的人都清楚，手机的性能会随着版本更迭明显提升，绝大多数情况下影响一个项目的都是开发进度，所以好的引擎一定要保证开发效率优先，而 Cocos 完全没有做到。

第三，项目方向上遇到了严重的问题。Cocos2d-x 的核心用户群一直以写 C++ 和 Lua 为主，但触控曾经考虑强推 HTML5 和 JavaScript，使得一大批原有用户流失。

第四，随着手机性能的提升，3D 游戏开始占据主流市场，Cocos2d-x 的技术优势荡然无存，而老牌游戏引擎 Unity3D 和 Unreal 积累的技术优势被无限放大。

回顾这段历史会发现，有一个好的开发工具和社区，是中国游戏公司占领市场的主要原因，所以触控对中国游戏市场的贡献绝对不能忽视。

陈昊芝总结自己的成功经验有如下 3 条。

第一，我们这个团队非常优秀，我们自信在今天国内移动互联网界我们是一流的技术团队，而且这个一流我想至少是前三名。

第二，我跟合伙人有非常丰富的经历。阅历是不可跨越的。举个最小的例子，你可以做出一个同样好的产品，但是你可能很难在它真正需要推广、真正需要公司融资、真正需要有更好的团队进入的时候把握好节奏,这些实际上更多的是依靠阅历和积累。

第三,我们之前从来没有做过游戏。《捕鱼达人》来源于吴刚给我出的一个主意,后来我和他的员工都不断问他为什么给我出了这个主意。其实,吴刚自己也很清楚,如果同样的产品由他自己的团队去做的话,可能不会是今天这么一个效果或者这么一个状态。原因是吴刚原来做游戏做得很成功,但是公司是要求游戏的回报的,只有像我们这种完全不懂的人,才会不求回报,只要用户量。结果没想到用户量变成第一以后,它的价值反而被体现了出来。

(二)中国卡牌游戏的风靡与争议:《我叫MT》和《刀塔传奇》

手机卡牌游戏是游戏类别中一种特殊的分类,大部分所谓的手机卡牌游戏其实都和卡牌本身无关,这类游戏的特点就是玩家可以通过某些方式获取一些"卡牌",然后升级"卡牌"或者消耗"卡牌",卡牌仅仅是一种展现形式,不用这种形式也完全没有影响。但在手游的发展过程中,大家渐渐地默认了这种形式,于是就有了手机卡牌游戏这个分类。

手机卡牌游戏源自日本市场。一方面,日本一直以来就是一个实体卡牌游戏大国,除了有《游戏王》以外,还有相当多的二三线卡牌游戏,日本手游公司使用卡牌这种展示方式更加得心应手;另一方面,现在卡牌游戏的主要盈利点,一般叫作Gacha,也是一种非常日本化的付费模式。

Gacha本身是日本玩具厂商万代的一个注册商标,原意指转动玩具售卖机上的曲柄时发出的声音,现在作为一个专有名词被广泛使用,一般指扭蛋(ガチャ)。扭蛋诞生于1920年前后的美国,1965年由一家叫作"ペニイ商会"的公司引入日本。万代在20世纪70年代开始进军扭蛋行业,现在以超过60%的市场占有率稳居行业第一,累计售出了数十亿个扭蛋,便利店、商场和游乐园等都设置有机器。玩家可根据机器前的宣传材料知道里面是哪个系列的玩具，但是不能指定，只能随机获得一款。只要投入硬币，然后扭动机器的曲柄，就会从售卖机下方的出口掉出圆蛋型胶囊，打开胶囊就可以看到随机的玩具，而圆蛋型胶囊通常称作扭蛋。也就是说，这是一种靠运气来购买产品的模式，但单价较低，所以很受欢迎。

　　日本主机游戏时代的游戏中就有很多类似扭蛋的设置，但将其彻底发扬光大还是在进入手机游戏时代以后。中国端游时代也有类似的设计，当时被称作"开箱子"，但同样在进入手游时代后才被普遍使用，而且还深挖了很多细节。

　　不过，扭蛋和开箱子还是有一些显著的差异。首先，开箱子和扭蛋这两个名字其实就能说明问题的关键。在大多数游戏里，宝箱的获得方式很多样，主要是游戏内奖励；而扭蛋就相对纯粹得多，就是花钱去扭蛋。所以这两种不同的名字和不同的展示效果，就是在给玩家不同的心理暗示。这说明了为什么扭蛋在游戏中对应的是卡牌的展示形式，因为日本的实体卡牌游戏，像《游戏王》，是通过盲袋等设定随机抽取卡牌的。甚至日本的不少卡店也有专门的卡牌扭蛋机，这种通过扭蛋获得卡牌的模式非常容易被日本玩家接受，是线下卡牌游戏的一种延续。从玩家心理层面来说，开箱子和扭蛋各有优势。开箱子的好处是能让玩家有通过好好操作游戏而非花钱的方式获得一样物品的成就感，但假设开箱子开出来的东西比较差，玩家也会有较强的不满情绪。而如果通过扭蛋获得的东西比较差，大家都能接受，因为大部分日本玩家都被线下的实体卡牌培养了消费习惯——抽到坏卡是常态，抽到好卡是运气好。

　　这就是中国玩家觉得日本的手游"氪金"方式非常生硬的原因，其中包含文化差异和消费习惯的因素。中国手机游戏玩家的平均付费率非常低，甚至几乎是主要手机游戏消费国家里最低的，远低于美国和日本。中国手机游戏主要是靠很少的"鲸鱼玩家"支撑起来的，这部分鲸鱼玩家的付费能力极强，但要让这部分玩家付费，必须要有"小白玩家"来衬托，而要想留住小白玩家，又必须让这些小白玩家可以通过不花钱的方式获得游戏成果，这就是游戏宝箱存在的意义。日本游戏的平均付费率几乎是全世界最高的，有相当多平均付费率在40%以上，甚至80%以上的也有，数倍于中国游戏的付费率。在这种情况下，日本游戏并不需要太多的"小白玩家"去衬托这个市场，只需要一套相对平衡的付费模式，让所有人都能通过花钱收获游戏成果即可。当然，日本现在的手游为了让玩家习惯扭蛋也会设置一些做任务获得的日常扭蛋，比如每日登录或者游戏内奖励，但还是故意做了区分，花钱与否所获得的扭蛋收益通常有质的差异。中国和日本的游戏公司在研究玩家付费心理方面是全世界最用心的，远远领先于所有欧美公司。

最早走进主流玩家视野的国产卡牌手游是2012年初上线的《三国来了》。这款游戏上线没多久就成为App Store畅销榜第一名，并且霸榜超过2个月，月流水很快就突破了1500万元，成为第一款流水突破1000万元的国产卡牌手机游戏。2012年底上线的《大掌门》是中国卡牌类手游的又一个爆款，2013年2月该游戏的月流水就超过了2500万元，每个玩家月平均贡献300元。这些数字非常夸张，因为那时游戏业内对手游的普遍认知还是以休闲的轻付费游戏为主，完全没想到玩家的付费能力这么强。日后，《大掌门》的月流水一路走高，顺利突破了3000万元。

2012年5月7日，乐动卓越以300万元的价格从纵横中文网购买了《我叫MT》的游戏全球改编权，协议内容包括《我叫MT》的动漫形象、音乐、音效等。当时这个价格是我国原创IP中最高的。一部分媒体认为这部作品能够为我国原创IP市场开辟一条康庄大道，但也有一部分媒体认为这个价格实在是虚高。

手游版《我叫MT》的投资约400万元，研发周期7个月，这两个数字在同期游戏中并不特别出彩，只能说是中上水准。2013年1月，《我叫MT》手游正式上线。

2013年4月2日，《我叫MT》总用户数突破600万人，日活跃用户数

100万人，活跃用户比例之高称得上罕见。2013年6月18日，《我叫MT》总注册用户数突破2100万人，日活跃用户也达到230万人，是中国第一款日活跃用户数超过200万人的手机网游。

《我叫MT》早期有一个非常赚口碑的运营策略，虽然不是首创，但确实做到了极致。《我叫MT》游戏内的整体物价在当时的手游里属于平均水平，6元60符石，30元330符石，但多了一个重要的运营奖励：卡机送符石，卡一次送200符石。也就是每卡一次，就相当于给了你20元人民币，虽然这笔钱取不出来。更重要的是，《我叫MT》基本上每天都会卡，也就是每天登录都能有符石拿。当时不少玩家都觉得这个公司肯定是脑子坏了，但慢慢地大家发现，这其实是一个"阴谋"。这种早期送钱的策略其实只有一个目的，就是让玩家习惯在游戏里消费，当玩家发现每天送的符石不足以满足自己的需求后，就开始充钱了。这本质上就是"给玩家发工资"的升级版，"工资"照发，还给你补偿。类似的策略在后续的运营中运用得越来越频繁，逢年过节发符石、突破多少用户就发符石、有更新发符石，而这些也都被日后的手游学了去。

《我叫MT》的几款续作虽然质量都不错，但都没有成为市场的头部作品。因此，《我叫MT》可以作为手机游戏市场不确定性的一个例证，乐动卓越CEO邢山虎自己在微博上就说过："这件事情，现在就是一时热闹。稍不留意，就兵败如山倒。"

《我叫MT 2》的开发过程多少能够反映乐动卓越在思路上的一些问题。在《我叫MT》第一代成功后，市面上紧接着出现了《刀塔传奇》，乐动卓越就立刻调整了开发计划，将《我叫MT 2》做成了一款非常像《刀塔传奇》的游戏。但《我叫MT 2》当然也不想被人说是抄袭《刀塔传奇》，于是在玩法上做了很多"微创新"，比如新的装备系统及一套非常详细的VIP系统等。可毁掉这款游戏的反而就是这些微创新，它们完全毁掉了原有的数值系统，玩家在一段时间后流失严重。

《我叫MT》成功后，市场上出现了很多类似的游戏，于是邢山虎在接受采访时表示："山寨游戏要想获得成功还是有难度，除非命好。那些'山寨'的兄弟们可能还没想明白，于是先'山寨'再说。"《我叫MT 2》上市后再看这句话多少有点讽刺。从此，乐动卓越成了国内游戏行业的负面典型。事实上，大家都在互相"借鉴"，但借鉴得如此糟糕的也仅此一家。这是游戏开发过程中借鉴其他游戏时会遇到的窘境。一款游戏之所以好玩是整体设置比较完美，而改动其中一环必然会造成一连串的变动。如果只是没头没脑地动了其中一环，剩下的却完全不顾，那还不如不借鉴。

《我叫MT 2》之后，乐动卓越又做了《我叫MT 3》。最早，乐动卓越把《我叫MT 3》交给了自己投资的一家叫作豹风网络的公司开发，但因为进度问题最终还是由乐动卓越自己做。《我叫MT 3》的开发速度非常快，一共只花了几个月的时间，出乎很多人的意料。游戏上线后，玩家才恍然大悟。2016年6月，网易连续举报《我叫MT 3》抄袭其旗下《梦幻西游》手游。事实上确实如此，无论按键、界面排版还是游戏数值，两款游戏都过于相似，甚至有玩家调侃说这是"像素级"抄袭。面对网易的指责，乐动卓越专门开了一场"紧急媒体说明会"。在说明会上，老板邢山虎指出市面上同类游戏大多很相似，所以谈不上谁抄袭谁。他还说："任何一家游戏开发商都不要把玩家当傻子，玩家才是最聪明的，你对玩家好，玩家自然会对你好；你开始黑玩家的钱，玩家一定会知道。如果《我叫MT 3》对玩家不好，在黑玩家的钱，不用任何人去起诉，玩家会用脚投票，离开游戏；友商有打官司的精力，不如反思一下，玩家为什么会抛弃你，为什么会在苹果商店留下大量有关于梦幻、大话黑钱的评论。真的不要把玩家当傻子！"

在说明会之后，乐动卓越还向苹果举报了网易的《梦幻西游（互通版）》，认为其"违反了苹果应用商店的开发者规则，试图在游戏内通过隐藏的充值方式诱导玩家绕过苹果公司的充值系统，盗取本应属于苹果公司的收入"。

《我叫MT 3》除了和《梦幻西游》相似，和另一款游戏也有诸多相似之处。有玩家在翻看《我叫MT 3》的文件时，偶然发现了一些名为anranxiaohunzhang（黯然销魂掌）、bamendingxing（八门定星）、banmasuo（绊马索）、budongchan（不动禅）的音效，而这些音效看名字就知道肯定不应该出现在《我叫MT 3》里。大家比对后发现，这些音效应该是来自完美世界开发的《神雕侠侣》。不只是音效，在一番深挖后，大家还发现《我叫MT 3》中有大量素材和配置文件都出现了《神雕侠侣》的素材，甚至程序的结构都十分相似。可以肯定的是，《我叫MT 3》一定在不少地方使用了《神雕侠侣》的代码。这时大家突然明白了，因为早在《神雕侠侣》上市时，就曾经被指责抄袭《梦幻西游》，也就是《我叫MT 3》可能真的没有抄袭《梦幻西游》，而是直接用了《神雕侠侣》的代码。

一款端游的开发非常复杂，通常都是几十人的技术团队做一个项目，大部分程序员都没法接触到全部代码。同时，因为代码价值比较高，所以公司的管理也更加严格。进入页游和手游时代以后，开发团队一下子小了很多，公司的节奏也更快，管理也不够严格，造成代码严重流失，这也成为整个中国游戏产业的普遍现状。

暴雪对整个中国游戏产业的影响非常深远，甚至进入手游时代后依然影响着中国游戏产业。中国第一款爆款手游《我叫MT》是对《魔兽世界》的"二次开发"，第二款爆款手游《刀塔传奇》也和暴雪的《魔兽争霸》有着不小的关系。

2013年3月31日，一名知乎用户提出了一个问题：怎样创建一家很"酷"的公司？

一个多月前，我和几个大学同学从工作了4年的腾讯上海分公司离职，准备创建一家很酷的手机游戏公司。我们用一个月的时间做出了demo，写了一份商业计划，并且很顺利地找到了天使投资（我只见了一位朋友推荐的天使投资人，只谈了3个小时就确定了投资）。

我的投资人对我说，给我两倍于商业计划书里的资金，希望我创建一家很"酷"的公司，公司里人不要多，但每一个人都需要很强，做出来的东西一定要酷。我想请教各位知乎前辈，如何吸引这样的人才？怎样才能创立一家很酷的公司？我以下的这些想法可行吗？

1. 每个月从公司的收入里拿出一个固定比例来分成，这个比例对所有员工透明。控制公司规模在10人以下。

2. 鼓励创新，坚持"24小时不反对"原则：任何人只要提出一个想法，并且以"我有一个 idea"开头，那么其他人在24小时内就不能提反对意见，只能提修改意见。新的 idea 好像婴儿，刚出生时非常脆弱。但谁也不知道这个婴儿日后会长成巨人还是怪物。所以我们给所有 idea 24 小时的"孵化时间"，看它究竟是个巨无霸的苗子，还是有可能长成怪物（实际上我们的 demo 中很多 idea 就是这么来的）。

3. 公司选址在上海徐家汇，尽管租金巨贵，但是周边环境不错，交通方便。

4. 请位阿姨给我们做午饭，因为每天去外面找吃的，不卫生且不好吃。

不知道这些做法能不能吸引到有完美主义倾向的程序员、有天马行空想象力的美术师和极富创造力的策划？请各位前辈指教，谢谢！

2014年2月25日，在这个问题提出接近一年以后，提出问题的这名知乎用户创办了一家很"酷"的公司。这名用户叫王信文，他的公司叫莉莉丝，公司的代表作品叫《刀塔传奇》。

前 IDG 投资经理、博派资本的合伙人郑兰回忆投资莉莉丝的情况时说："这里交代一下背景，在见他之前，大约谈了380多个手游团队，投了一个。当时对于核心玩法、战斗题材多少有些审美疲劳。信文准时到了地方，第一印象特别好，就是特别得体、大方。点过菜之后，他拿出手机，给我演示战斗,大致就是上线后的样子。我眼前一亮,但作为投资人又不能过多表露情绪(心机 girl),于是和他探讨一些细节,也问问团队的情况。到现在我都记得,他谈论的内容、语气让人能够体会到遭遇了很多挫折但仍坚持的那种霸气。虽然讲话柔声细语的,骨子里却很骄傲,一直等着懂的人出现。我们很快达成了口头协议,后来他去了办公室,把两个搭档也叫来。在楼下咖啡厅,我用计算机改协议,他们继续讨论。"

那时,《我叫MT》等游戏爆红,证明了这种模式的可行性,以至于大部分游戏公司都在疯狂地换皮。但莉莉丝笃定要做原创游戏,这使得它非常另类,也成功脱颖而出。对于这一点,王信文在《刀塔传奇》上线一年后的一次演讲里解释了原因:

> 如果第一款游戏不创新,也许之后就再也没有机会了。为什么?假设我们做的第一款产品是一个山寨产品,如果我们成功了,那团队就会想之后继续"山寨"好了,因为这样风险低又能赚钱;另一种可能是我们失败了,那更没有办法说服团队做创新了,团队里会有人说:"我们连'山寨'都做不好,凭什么去做创新?"这样的两条逻辑决定了一开始就做山寨产品的团队很难转型去做创新。所以我们决定赌一把,做一款创新的产品。现在回顾我们的创业经历,我觉得创新的成本、赌的成本其实并不是那么高。
>
> 创新也有快乐。最大的快乐就是发现自己成了独一无二的那一个。市面上大部分游戏可以被一个由题材加玩法的二维数组定义,比如说"这是一款三国版的《我叫MT》",或者"这是一款星际版的COC",听完就知道这游戏是什么样了。但是做创新游戏不同,我可以告诉别人我们做的东西非常不一样。这种"不一样"也会带来很多益处:首先,可以赢得朋友和同行们的尊敬;其次,在吸引创业伙伴的时候,我的出发点不会局限于"这个市场很热"或者"我们可以赚很多钱",

我还可以向我想吸引的人"振聋发聩"地提问:"待在××公司做山寨产品,还是加入我们一起做一款别人都没做过的游戏?"用这种方法,我们吸引到了很多一流的人,而且大部分都是降薪,工作也比之前苦得多。但我们很享受创造的快乐,我们的团队也会因为做了全新的游戏而非常自豪。

在《刀塔传奇》以前,以《我叫MT》为主的卡牌游戏战斗模式非常单一,玩家甚至都不用控制游戏操作,主要都是自动战斗。《刀塔传奇》在战斗环节加入了不少玩家操作的内容,包括大招释放和技能打断等,这提高了玩家的参与度,也让玩家可以真正通过自己的操作去挑战更高的难度,而不是纯粹看纸面实力。除了玩法的创新外,游戏的整体完成度也相当高,一度是市面上整体品质最高的卡牌游戏。

2014年2月25日,《刀塔传奇》正式登陆App Store,几天后便冲至苹果畅销榜TOP5,最高更升至畅销榜TOP3,风头一度盖过了微信系的强势手游。3月19日登陆安卓平台,上线当天就冲至360网游下载榜榜首,次日更是以单平台46万次的日下载量跃升至360平台总下载榜榜首,成为首款登顶360下载榜的手机网游。安卓版上线3天后,《刀塔传奇》下载量累计达200万次,两个月后日活跃用户数突破150万人。2014年7月18日,《刀塔传奇》的日流水突破2000万元人民币,成为手游时代最新的财富传说。

不过,创业这件事总归不会一帆风顺。2014年,莉莉丝CEO的妻子发布了一篇博文,说她近日接到腾讯通知,被开除了。她在腾讯互娱工作已两年,此前任职天美艺游《天天酷跑》的游戏策划。而被开除的原因是《刀塔传奇》和腾讯的微妙竞争关系,毕竟在《刀塔传奇》之前,腾讯靠着微信游戏在市场上确立了压倒性的竞争优势。文章最后写道:"我还没有任何的打算。这是我自从8年前失恋之后遇到的最大的伤害。我付出的心血太浓稠,而生活给的耳光却太响亮。我为了这份工作披星戴月、披肝沥胆、披头散发,换来的不过是生活一笔一划为我写了一个'滚'字。"如果说这还算是"家庭问题"的话,之后的问题则复杂得多。

2015年初,莉莉丝在美起诉UCOOL的 Heroes Charge 侵犯了《刀塔传奇》的游戏版权,并放出视频证据,其中可以看到 Heroes Charge 的部分代码直接抄袭自《刀塔传奇》。在微信朋友圈里,王信文说道:"我们接受玩法的借鉴,但不代表连恶意抄袭也能容忍。海外的诉讼之路必定艰辛而漫长,但如美国大法官休尼特所言,正义也许会迟到,却从不会缺席。莉莉丝赴加州法院起诉美国游戏公司,是为莉莉丝的成人礼。"

2015年3月24日,暴雪认为《刀塔传奇》涉嫌未经授权而抄袭《魔兽世界》的多个知名角色及部分经典游戏场景,违反著作权法及商标法等,并提起诉讼,起诉《刀塔传奇》在中国台湾地区的发行商乐檬线上科技有限公司。5月14日,DOTA 2 的游戏开发商 Valve 宣布,已经起诉《刀塔传奇》开发商莉莉丝科技和其发行商中清龙图,诉其商标和版权侵权及不正当竞争。

在短短的两个月时间内,《刀塔传奇》遭遇了混乱的连环诉讼案件。

事实上这时的《刀塔传奇》已经有了明显的衰退趋势,6月就已经跌出了各个排行榜的前20,这是一个非常不好的信号,但屋漏偏逢连夜雨,莉莉丝未能扭转颓势。2015年7月,《刀塔传奇》从 App Store 下架。2016年5月13日,龙图、莉莉丝、Valve、暴雪四方达成和解。2016年9月23日,《刀塔传奇》正式改名为《小冰冰传奇》。

从《我叫MT》到《刀塔传奇》,基本确定了日后很长一段时间内我国卡牌游戏的一些鲜明特色,包括以下几点。

第一,游戏有明确的目标。这些类似的游戏都把游戏的目标明确为两点:一是完成游戏副本;二是和其他玩家PK。在这两点设定下玩家会尽可能地提升自己卡牌的等级,激发自己玩游戏的动力。

第二,每日登录奖励。玩家每天登录游戏都会获得大量奖励,而这些奖励其实就是培养玩家每天登录游戏的习惯，多数玩家登录游戏后至少都会玩一会儿，而在这一会儿的时间里就可能产生消费。类似的设置还有月卡，玩家在支付一定费用后的一个月时间里，每天会获得很高的固定奖励。

第三，体力和定时活动。和每日登录奖励相似，体力和定时活动本质上也是为了让玩家养成登录游戏的习惯，玩家不想浪费剩余体力，而定时活动也会吸引玩家在某一特定时间登录游戏。同时，体力对于重度玩家来说还是一个刺激消费的点。

第四，开宝箱和随机掉落共存。一方面，玩家可以通过游戏内的掉落获得更高质量的卡牌，但难度极大，一般掉落的只是碎片，需要大量碎片才能合成一张卡牌；另一方面，怕麻烦的玩家可以通过付费开宝箱随机获得卡牌。这是之后很长时间里手机游戏最主要的收入来源。

第五，降低战斗的复杂度。有相当一部分手机用户是在碎片时间玩游戏的，所以战斗参与门槛越低越容易留住玩家。因此甚至衍生出了自动战斗的模式，彻底解放了玩家的双手。

第六，不停的活动和停机补偿。本质上来讲，所有给玩家的活动补偿或者停机补偿都是为了两点：一是让游戏的制作方看起来很大方；二是以这种名义合理地给玩家一点好处，让玩家在游戏里体验到有钱带来的快感，进而进行消费。

日后，纯粹的卡牌游戏开始逐渐没落，背后的核心原因是随着手机配置的提升和网络状况的改善，手机游戏的表现方式越来越丰富。当然这也不是绝对的，2015年上线的《少年三国志》在3年后依然能有超过60万人的日活跃用户，累计流水41亿元。游戏好才是最根本的。

四、中国手机游戏走过的一条弯路：棋牌游戏

（一）从联众到 QQ 游戏

古往今来，中国人对棋牌的热爱从未改变。而谈论网络游戏也无法回避关于棋牌游戏的话题，这是一个产业，一个巨大的产业。

鲍岳桥，生于 1967 年 4 月 4 日，是中国游戏行业的第一代人。鲍岳桥上大学时，学校里有两台 VAX 大型计算机，因为资源稀缺，所以无论老师还是学生，使用时间都十分有限。对计算机满怀热情的鲍岳桥为了更多地接触计算机，索性应聘了学校计算机房的管理员。1989 年，鲍岳桥从浙江大学数学系毕业进入杭州橡胶总厂电脑室工作。有一天一位中层干部路过，在门口打量半天后进来小心地问了一句："我能摸一下吗？"这件事让鲍岳桥记忆犹新。这也是那一代创业者们共同面临的问题，大家都知道这是一座金矿，但尚未有人认识到其中的价值，更没人知道怎么去挖矿。

鲍岳桥是最早一批研究怎么"挖矿"的人。工作期间，鲍岳桥先后开发了一个 FoxBASE 的反编译程序和普通码中文输入程序 PTDOS。鲍岳桥挖矿的第一件事是在《计算机世界》上发布了一条广告，1/8 版，共 1000 元。那一年，鲍岳桥一个月的工资 80 多元，也就是相当于用近一年的工资发了一条广告，可谓是一次豪赌。但结果是美好的，靠着这条广告鲍岳桥很快就赚到了 2 万多元，成了名副其实的万元户。

喜出望外的鲍岳桥把 PTDOS 改名为 UCDOS，并把版权赠送给了北京希望电脑公司。1990 年 11 月，中国科学院高技术企业局认定："超级组合式汉字系统 UCDOS 设计思路新颖，属国内首创，达到了国际先进水平。"

1993 年 10 月，UCDOS 推出 3.0 版，没多久又推出了 3.1 版。次年总销量就超过了 6 万套，成为第一款销量突破 5 万套的国产软件。一直到 1997 年，鲍岳桥带领的团队把 UCDOS 开发到了 7.0 版，在此期间，包括 WPS 在

内相当多的国内软件靠着和 UCDOS 的超强兼容性获得了相当不错的销售成绩。但随着 Windows 时代的来临，这批软件也和 UCDOS 一样遇到了不小的困境。

1998 年，鲍岳桥离开工作了五年的北京希望电脑公司，也和相伴多年的 UCDOS 分手，与自己的前同事中国龙汉字系统和 UCSDK 的作者简晶及王建华，拿着从"中国杀毒软件之父"、江民科技的创始人王江民手上借来的 50 万元，创建了一个网络棋牌游戏平台——联众，开启了自己的创业之旅。

鲍岳桥是个老游戏玩家，关于游戏这件事，他自己回忆道："对我影响最大、真正使我着迷的游戏是《俄罗斯方块》，起初在 FC 游戏机上看到这款游戏时，简单的操控、极具想象力和挑战性的游戏方式立刻吸引了我。后来的 PC 版更是催生了大学时代的我对计算机的浓厚兴趣，当时为了努力突破游戏中 9 级的挑战，可谓挖空心思，玩《俄罗斯方块》的水平也在那一段时间内飞速提高。我曾经一度标榜自己'《俄罗斯方块》水平比编程水平更高'。毕业后，我被分配到杭州一家国有大型橡胶厂的计算机房工作，工作之余，《俄罗斯方块》依然是我的最爱。"

联众刚上线时，鲍岳桥、简晶、王建华三人整天在网站上挂着。三人各使用了三个 ID，为的就是有用户上来时能够立刻玩起来。为了让早期极其匮乏的用户能够匹配在一起，联众甚至发布过一个说明："希望大家集中在中午过来，这时人比较多，我们自己也在。"

1998 年 6 月 18 日，东方网景发布了联众的第一条广告。发现效果较好后，鲍岳桥、简晶、王建华三人就开始在各个 BBS 发各种广告帖子。1998 年年底，联众的同时在线人数突破了 1000 人，当时类似的网站里只有微软围棋要高于这个数字。之后的几年里，大量棋牌网站陆续冒出来，包括潘恩林和同事创建的地方特色浓郁的游戏茶苑、曾经号称"北联众、南中游"的中国游戏中心、边锋四少做的边锋棋牌游戏世界，其中游戏茶苑和边锋都被盛大集团收入囊中。

2000年，联众开始收费，此时联众的注册玩家数突破了70万人，同时在线9000人，公司也发展到几十人的规模，不再需要三位创始人每天趴在计算机前等人上线。一年后，联众的注册用户突破1800万人，其中付费用户有17万人之多，成为全世界最大的网络休闲游戏平台，这时的联众俨然成了中国互联网行业的巨头。

棋牌游戏的搅局者QQ游戏于2003年8月13日上线。凭借着QQ的影响力，QQ游戏在上线一年后就成为和联众平起平坐的休闲游戏平台。意识到危机的鲍岳桥曾经找过腾讯谈合作，但被腾讯直接拒绝。这一年的11月3日，联众的同时在线人数已经达到50万人以上，这是联众最辉煌的一年，只是此刻的辉煌也意味着黯淡即将到来。联众的竞争对手过于强大，强大到超出大部分玩家和从业者的预期。

图4-2 联众游戏大厅

到 2006 年，QQ 游戏的最高同时在线人数已经达到 256 万人，联众的同时在线人数则下降到 25 万人，败局已定。一度拥有八成用户的联众，最终的结果是在创建 16 年后赴港黯然上市。

上市是一些公司辉煌的起点，但对于联众来说，却是自己时代的终点。2014 年 7 月 25 日，联众以 3.82 港元开盘，最终以 3.75 港元收盘，股价下跌约 1.83%。以收盘价 3.75 港元计，联众市值约为 29.4 亿港元，甚至低于很多刚成立两三年的手游公司，而同年腾讯市值超过 1 万亿港元。

（二）棋牌游戏的涉赌问题

在 QQ 游戏平台出现后，很多人认为棋牌市场将会被 QQ 游戏完全垄断，但事实上依然有公司在夹缝中找到了一线生机。慢慢地大家发现，这岂止是一个生存机会，俨然就是一座金矿。

得州扑克 20 世纪初出现于得克萨斯州洛布斯镇，当地人为了消磨时间，就发明了一种可以让很多人同时参与的扑克游戏，于是得州扑克诞生了。1925 年，得州扑克第一次传入得克萨斯州的达拉斯，后来又传至拉斯维加斯。自此，得州扑克得到进一步发展，成为世界赌场上最重要的娱乐形式，甚至还出现了"世界扑克系列赛"（World Series of Poker）这一奖金达上千万美元的赛事。

随着得州扑克进入中国的时间越来越长，得州扑克在中国的火爆也带动了一系列游戏公司的发展，其中博雅互动是最大的赢家。2004 年，博雅深圳刚刚成立，只是一家网络聊天室；2008 年推出了得州扑克游戏；2010 年开始尝试在海外市场推广；2013 年 11 月 12 日，博雅互动开市报每股 6.75 港元，较招股价 5.35 港元上升 26.17%，市值达 49.8 亿港元。

中国的棋牌游戏有突出的地域特色，很多三四线城市都有自己的玩法，比如内蒙古打大 A、浙江双扣、山东保皇、安徽掼蛋、湖南跑胡子等，各具特色。这成了很多棋牌公司的主力战场。2014 年以后，一些地方棋牌游戏公司逐渐出现，到 2016 年呈现出明显激增的态势，而这背后也是一系列财富神话。例如昆仑万维于 2016 年底宣布耗资 10.2 亿元收购地方棋牌领军企业闲徕互娱 51% 的股权。据昆仑万维有关公告，闲徕互娱 2～6 月并表收入 6.59 亿元，实现净利润 3.22 亿元。2017 年 7 月，杭州边锋拟以自有资金出资人民币 10 亿元收购深圳天天爱 100% 的股权。这两年间 10 亿元以上规模的收购多达数起。

除此以外，苹果 App Store 免费榜前 100 名一度有 20 到 30 款棋牌类游戏在榜，而且大部分国内的安卓平台也有同样的规模。就游戏类型而言，这个比例相当夸张。

但是，繁荣的背后有一件事不得不提，就是涉赌问题。

一款棋牌类游戏是否被定义为赌博，可以从 3 个方面判断：筹码是否可以反向兑换人民币；运营者是否按固定比例抽水；下注总额和次数是否不封顶。但真正判断起来并不简单，绝大多数棋牌游戏里都有一种玩家叫作"银商"，指的是专门靠兑换游戏货币和现实货币赚取差价的人。比如银商玩家以 90 元人民币购买价值 100 元的游戏币，之后再以 95 元卖给其他玩家。对于其他玩家来说，充值便宜了 5%；而对于卖出货币的银商玩家来说，则可以直接将游戏币兑换成现金。这让棋牌游戏和赌博游戏的界限模糊了。类似的情况还在一类所谓的"房卡"游戏平台里出现。

2016 年开始，"房卡"棋牌游戏突然走红，到 2017 年已经形成不小的产业链。所谓"房卡"棋牌就是游戏和微信配合，通过微信的群组功能组局，参与者需要缴纳少量费用购买"房卡"参与游戏，结束后通过微信红包发报酬。因为涉及的金额一般较小，同时在微信内交易，相对不容易被发现。为了尽可能快速地发展这种模式，大部分团队还选择了加盟代理。一些公司甚至靠这种方式一年赚取上千万元。2017 年 11 月 28 日，"龙港麻将"被查处。

12月19日，"约战"棋牌平台被查处。这些平台涉嫌赌博犯罪的原因，一是组织方为参与赌博的人提供了结算服务，二是组织方在明确知道有玩家使用其平台赌博后没有进行阻止。

除了涉赌的棋牌游戏，还有很多涉嫌违法的手机游戏。2017年，有一类游戏突然出现在人们的视野中，类似传统的牧场类游戏，只是玩家可以在里面获得实实在在的"真金白银"，被人戏称为"理财游戏"。这种游戏模式本质上就是标准的庞氏骗局[①]，玩家充钱以后发展下线，从下线那里分充值的钱，在短时间里能赚到不少钱。这类游戏的游戏模式本身是完全不重要的，其核心意义就是让用户加入游戏充钱，再发展下线。2017年5月11日，游戏媒体曝光《英伦大厦》涉嫌传销，该游戏曾一度到达App Store付费榜第3名；2017年5月16日，《钱多多牧场》被媒体曝光涉嫌诈骗；2017年9月4日，媒体曝光农场游戏《魔幻农庄》涉嫌诈骗，有超过30万人因《魔幻农庄》崩盘被骗共计2亿元。

五、中国手机游戏时代的里程碑式作品

（一）"大制作式"的手机游戏：《阴阳师》

2011年，网易推出了自己的第一款智能手机端游戏《翻书大作战》。当时国内的游戏公司都在这个市场摸索，这款游戏也是网易的试探性作品，没有耗费太高的成本。

2013年，卡牌游戏开始逐渐占领市场。网易上线了一款《迷你西游》，游戏早期数据不错，但没过多久就"猝死"了，这次耗费的成本明显高多了。

---

① 由意大利投机商人查尔斯·庞兹（Charles Ponzi）"发明"。本质为"拆东墙补西墙"或"空手套白狼"，就是利用新投资人的钱向老投资者支付利息和短期回报，以制造赚钱的假象，进而骗取更多的投资。

这时的网易多少有点焦虑，一方面，自己的主打端游还是几年前的《梦幻西游》和《魔兽世界》，新游戏一直没有做出爆款；另一方面，手游市场的浪潮已经不可阻挡，但自己还没有拿得出手的作品。于是，网易在内部组建了数十支手游开发团队，进入了漫天撒网式的开发模式。但量多不等于低质，丁磊对内部的要求是每款作品必须是精品，平均每款的预算都给到了 2000 万元人民币以上。2013 年一年，网易就立项了超过 20 款手游。

2014 年，网易最早的两款爆款手游上线，分别是《天下 HD》和《乱斗西游》。其中，从《乱斗西游》的开发过程能看出网易对待游戏的态度：美术重构 3 次，主角人物有 382 个预设模型，淘汰了 351 个，达到上市标准后又持续半年进行细节调整。最终这款游戏入选了 2014 年 App Store 中国区年度精选游戏，最高月流水突破 1.5 亿元。

2015 年，网易先后上线了手游版《梦幻西游》和《大话西游》，把自己的金字招牌推向手游市场，非常激进。为此，当时有很多业内人对网易的整个手游布局的影响表示过担忧。

这种担忧是有依据的，2016 年游戏《功夫熊猫 3》《天下 × 天下》《倩女幽魂》《梦幻西游无双版》和《掠夺者》先后上线，虽然其中的一些游戏成绩不错，尤其是《倩女幽魂》靠着电视剧《微微一笑很倾城》的推广获得了不错的关注度，但是依然没能突破《梦幻西游》和《大话西游》联手构建的"天花板"。这一年，网易一共上线了超过 40 款大大小小的手游，让人应接不暇，但都没达到自己"西游"品牌的高度。人们不禁觉得网易有点后继乏力，直到《阴阳师》的上线。

2016 年 9 月 2 日，网易的《阴阳师》上线 App Store，当天就获得了苹果的"编辑推荐"，并且直接进入了免费榜前二十五名；9 月 15 日，进入畅销榜前五名；9 月 18 日，日活跃用户数破 200 万人；9 月 29 日，日活跃用户数破 400 万人；10 月 2 日，同时拿下 iPhone 和 iPad 畅销榜双榜首，月流水也超越了《梦幻西游》手游；10月24日，上线五十余天，日活跃用户数正式突破1000万人大关；10月底，成为当月全世界收入最高的手机游戏。

《阴阳师》除了在用户量和收入上实现飞涨之外，在各大社交平台和资讯平台上也引起了一番轰动，一时间大家的微博、朋友圈等都是《阴阳师》相关的消息。2016年，《阴阳师》入选苹果中国区App Store"年度十佳游戏"。

《阴阳师》作为一个纯粹日本题材的游戏，却由中国公司开发，还在中国市场取得了意想不到的成功，这背后的文化融合非常有借鉴意义。

关于《阴阳师》为什么选择日式的美术风格，制作人金韬解释道："在美术方面，我曾提出过'东方幻想风'，我想找到中国文化和日本文化共通的东西，比如鲤鱼跟中国很贴切，日本也很容易接受。但这太为难我们美术同学了，所以在一次讨论中我们决定，不如直接走日本和风。和风在国内也有着较大的用户群，在开发过程中也会更主流一些，更好做一些。而事实也证明了和风元素在中国有很大一批粉丝。"

2017年初，《阴阳师》遇到了上线以来最大的运营事故。《阴阳师》推出了一个"业原火副本"，玩家可以消耗副本券和体力进入副本，刷出"六星御魂"。很快，有玩家发现存在可以不消耗副本券和体力刷出"六星御魂"的漏洞。网易处理的速度非常快，并没有因为这个漏洞对游戏造成严重的后果，但事情没有就此平息。很多玩家纷纷谴责，要求网易彻底封停所有使用过漏洞的账号。有不少玩家在微博和朋友圈转发一条消息："请封掉所有使用过BUG的号。我可以输给土豪，可以输给欧皇。让我输给用BUG的，抱歉，我办不到。如果网易这次处理不好，抱歉，网易之后的游戏我再也不玩儿了。不要想蒙混过关。我一个人的力量微不足道，但是我可以影响很多人。谢谢。"

事实上，网易已经全部回收了因为漏洞产生的"六星御魂"，这在技术上非常容易实现，也封禁了部分恶意利用这个漏洞大量刷"六星御魂"的账号,但是封停所有利用过的账号确实不太现实。

最终,这次事件随着时间流逝而不了了之了。在这次事件中,网易有些无奈,其实网易的所有处理措施都没有太大的问题。

2016年底到2017年初,《阴阳师》的最高月流水突破10亿元,一度冲击了腾讯在手游市场的地位,甚至曾经出现过App Store畅销榜前五名里有四款网易游戏的盛况,分别是《阴阳师》《梦幻西游》《倩女幽魂》《大话西游》。

丁磊在接受采访时表达了网易对待手游市场的态度:"网易在游戏行业已经是遥遥领先的业务领导者了,我们能够做出成功的作品,不只是靠偶然,还要靠我们的理念、持续经营乃至创新,所以说市面上很少有公司能把一个游戏经营十五年,像《梦幻西游》和《大话西游》,网易做到了。当然,我们不仅是在过去的成绩上迭代和创新,我们也有像《阴阳师》以及其他作品一样新开发的广受欢迎的作品。在未来三到五年乃至更久,我们绝对不只有一款《阴阳师》,我们甚至会推出三五个比《阴阳师》更成功的游戏,而且用我们过去的经营理念,也让《阴阳师》经营十年二十年。"

2017年3月4日,《阴阳师》的一名策划发布了一条微博,下面出现了大量"氪金"玩家的评论,其中大部分人对这款游戏的意见是游戏没有明确区分"氪金"玩家和"非氪金"玩家,甚至认为"非氪金"玩家能体会到游戏乐趣的行为本质上就是"白嫖"。更有甚者在表达希望策划能够重视"氪金"玩家的意见时说:"如果不是有我们这些"氪金"玩家,这游戏用什么养活员工?"

这件事正好反映了我国游戏市场最大的矛盾:大部分"氪金"玩家希望通过花钱获得明显的区分,碾压"非氪金"玩家,但这种游戏被大部分玩家所抨击,而如果增强游戏性,弱化付费点,"氪金"玩家又一定会有意见。也就是说,在中国做游戏,"氪金"与否这件事几乎没有一个完美的方案能够保证既赚到口碑又赚到钱。

2017年12月，金韬在网易游戏学院第五届公开日上分享了《阴阳师》成功的3点原因。

第一，一旦确定了产品核心需求，就不要轻易去修改它。所以尽管《阴阳师》的开发经历了将近20个月，但最早在立项的时候就确定好了《阴阳师》三个层级的需求以及隐形需求，于是我们用心去坚持做好这些部分。一级需求就是我们要以最高标准去开发创新的体验。其次，一定要寻求量变到质变之间临界的突破。再次，我们追求精进的精神。

第二，怎么去切入做一个产品。通常我们会说从玩法切入，但在我们看来，大家不要把自己框在玩法当中。

第三，前期我们会做玩家概念测试，早期会进行尖叫度测试，中期再做分类测试，到了后期的一个关键是我们做了普罗米修斯导量评估。而在整个过程中都没有间断过的，是我们针对目标用户去做细化研究。做这些事情，都是为了找到种子用户。

《阴阳师》是非常有"大公司"风格的作品，在这里"大公司"有一层褒义，也有一层贬义。褒义的地方是《阴阳师》在花钱上没有丝毫吝啬，游戏本身的美术、配乐、配音都是世界最高水准，即便在日本本土也找不到如此优秀的游戏。贬义的地方是这款游戏太追求"安全"了，游戏的创新性相当有限，甚至娱乐性都十分有限。有人笑称："《阴阳师》除了不好玩以外，别的都很好。"

这种开发思路是一种标准的"大公司"制作思路，在但凡花钱就能做好的地方做到行业最好，剩下的地方尽可能保证不犯错，结果总不至于太差。虽然这种思路多少有点偷懒，但是在现今的中国游戏市场，愿意花钱花精力把一款游戏做好已经实属难得。

图 4-3 《阴阳师》中的图鉴

（二）"腾讯式"的手机游戏：微信游戏和《王者荣耀》

关于微信的故事，要从一个人讲起。

张小龙，1969 年出生于湖南邵阳，18 岁考入华中工学院，就是现在的华中科技大学，一直读到研究生毕业。上学期间，同学们对他都没有太深的印象。

张小龙上大学时，雷军也在不远的武汉大学上学，但相较事业顺风顺水的雷军，张小龙的道路要坎坷得多。研究生毕业的张小龙放弃了到国家电信机关工作的机会，先后进入了两家互联网公司工作，但都没有取得什么成绩。

1997 年 1 月，改变张小龙命运的 Foxmail 开发完成了，这个产品带给张小龙最直接的回报是让其成了求伯君、王江民之后新的程序员偶像。当然也有媒体把他和雷军放在一起讨论，毕竟两人都是程序员修成正果。之后，张小龙的生活就和 Foxmail 绑定在了一起。

2005 年 3 月，当时已成为国内最出名共享软件的 Foxmail 被腾讯全资收购，而这已经是 Foxmail 的第二次"卖身"。第一次是在 2000 年 4 月，单打独斗的张小龙把 Foxmail 以 1500 万元的价格卖给了博大互联网技术有限公司。有传言说再早之前雷军想让金山收购 Foxmail，但没有成功。

对于腾讯收购 Foxmail 这件事，媒体的评价两极分化严重，一部分人认为 Foxmail 将成为腾讯帝国一块重要的拼图，另一部分人认为买这么一个很难盈利的软件意义不大，更何况当时邮箱业务已经划好了江湖地盘，而邮件因为有特殊的身份指代属性，很难替换。

时至今日，我们知道这次收购是十分成功的，既收购了当时最懂邮箱的团队，又招来了张小龙。

2005 年，在张小龙带着 20 多人的团队进入腾讯时，QQ 邮箱每天的访问量只有几万次。到了 2008 年第二个季度，QQ 邮箱的用户数就已经超过网易邮箱，这被认为是一个不真实的奇迹，当年靠着邮箱打天下的网易竟然会败给一个后来者，而且马化腾创业在很大程度上是源自丁磊在邮箱业务上的成功。毫无疑问，这是中国互联网史上一次伟大的逆袭。

QQ 邮箱的成功很大程度上反映了腾讯的一个态度，就是用户优先，也正是从 QQ 邮箱之后，一个职业开始真正被中国的互联网公司重视，那就是产品经理。

QQ 邮箱当时做过很多创新性的设计。比如在 QQ 邮箱之前，大部分邮箱的附件空间只有 5MB，而 QQ 邮箱的附件空间直接到了 1GB 以上；比如通过"发送状态查询"功能，用户可以知道对方有没有收到邮件。这都是优秀产品经理的功劳。

多年以后，张小龙再次为人们所关注，是因为另外一款产品——微信。

张小龙进入腾讯后，虽然做出了有几亿用户的 QQ 邮箱，但因为变现困难，所以在腾讯一直是高不成低不就的状态。而微信这款产品，是张小龙彻底的正名之作。

2010 年，一款叫作 Kik 的应用上线。这款软件从功能上来说十分简单，只不过是一款类似 QQ 的即时通信软件，但取得了意想不到的成功，上线 15 天就收获了 100 万用户。这款应用吸引了大量模仿者，其中就包括在中国软件和游戏领域呼风唤雨的雷军。

在 Kik 上线不到两个月，雷军就带领团队开发了 Kik 在中国最早的仿品——米聊。而远在广州的张小龙也带着一支不到 10 人的团队开发了另一款类似的产品。2011 年 1 月 21 日，微信上线。

Kik 在海外的火爆有特殊的市场原因。在北美，短信价格非常高，需要双向收费，接收短信也要钱。在这种情况下，一种能够替代短信的产品就很容易成功，但中国的短信价格非常低，如果是和 Kik 一样的模式几乎没有任何成功的可能性。对此，微信首先加入了支持图片的功能。2011 年 4 月，米聊参考香港的 Talkbox 加入了对讲机功能，一个月后微信也加入了这个功能。2011 年 7 月，微信加入了第一个撒手锏——查看附近的人，这个功能极大地刺激了用户的活跃度，加上之后上线的摇一摇和漂流瓶，为早期的微信带来了大量用户。

2012 年 3 月 29 日，微信用户数突破 1 亿人。至于米聊，则彻底输了这场战争。

2012 年 4 月 19 日，微信推出"朋友圈"功能。这个功能的上线宣告微信成功从聊天软件转型为社交平台。

2012 年 8 月 23 日，微信公众平台上线。日后，微信公众号和微博两款产品完全改变了中国媒体行业的形态和舆论传播的方式。

2014 年春节，微信上线了红包功能。

此后，微信完全领先了国外类似产品，Facebook 和 Line 的团队里都有专门的人负责研究微信的新功能。2014 年以后，这些国外竞品里经常有和微信"似曾相识"的功能出现。

微信可以称得上是现象级的成功，而成功背后的原因其实张小龙自己总结过。有人在知乎上问："乔布斯的成功说明了什么？"张小龙回答："说明纯粹也能成功。"

腾讯进军移动游戏几乎没人会惊讶，似乎是顺理成章的事。从内部来说，腾讯有移动 QQ 和微信两款上亿用户级别的产品，蕴藏着无限的用户红利；从外部来说，端游市场的增长速度明显放缓，而增速最快的就是移动游戏；从客观角度来说，移动游戏的整体利润率实在太高，谁看了都会心动。

说到微信游戏，要从 2005 年说起。这一年，腾讯入驻了成都高新区孵化园的数字娱乐软件园，当时华义就在离腾讯不远的地方，只是那会儿华义已经在崩盘边缘，加上公司本来对成都这块重视度就不高，使得大批员工有了离开的打算。那一年，华义有三分之一的员工离职，其中大部分优秀员工都去了腾讯。之后，这一批人成立了卧龙工作室，后来又改名为天美 L1 工作室。

2011 年，腾讯运营过一款爆款手游，叫《三国塔防魏传》，月收入有几十万美元，虽然现在看来实在不值一提，但在当时已经是非常好的成绩。

2013 年，微信决定上线游戏业务，当时触控科技的陈昊芝预测："微信游戏很可能创造月入 5 亿元的奇迹。"

微信游戏起步时，腾讯就定了最高的标准。《天天连萌》团队招聘时，应聘的人就包括另一款千万级连连看游戏《海洋连连看》的策划。这位应聘者在和《天天连萌》主策划 Atom 交流了一番后，回去给 Atom 发了一封邮件："我知道我可能选不上了，我从来没见过像你们这样去做连连看的，从想法到设计，再到对品质的要求实在太高了。"最后，这位应聘者确实没有被录取。

2014 年 5 月，苹果 App Store 中国区游戏排行榜前十里，微信游戏占据了七席，分别是《天天炫斗》《天天酷跑》《雷霆战机》《全民飞机大战》《全民打怪兽》《天天飞车》《全民小镇》，其中前四名全是腾讯的游戏，第五名是在当时最火爆的《刀塔传奇》。更重要的是，此时的腾讯已经不是在试探市场，而是基本上每两周就有一款新游戏上市，这让其他公司感到了前所未有的压力。

2014年8月，腾讯总共上线了23款微信游戏，其中22款都登顶过App Store。腾讯旗下游戏用户的游戏时间相比去年同期增加了44%，登录的用户数量上涨了104%，游戏平台支持的游戏数量增长了117%。

中国的游戏从业者终于明白了什么叫有渠道就是启动了"印钞机"。不过，这些游戏的质量都相对较差，所以生命周期并不长。尽管如此，腾讯还是靠着自身渠道与源源不断的新游戏成为手游行业的老大，并且地位无人可以撼动。

2014年10月，腾讯发布了一封"关于互动娱乐事业群组织架构调整及中层管理干部任免的决定"的全员邮件，主要内容是"打散原有的腾讯游戏8个自研工作室"。这次调整最明显的改变是减少了端游的自研投入，把公司重心放在了手游上。

《王者荣耀》的故事从2015年就开始了，这一年8月18日，腾讯测试了一款名为《英雄战迹》的游戏，但迟迟没有下文，几个月后，这款游戏改名为《王者荣耀》重新测试。而如果继续追溯，其实还要牵扯到腾讯在2012年上线的一款融合了MOBA和RTS的端游《霸三国》，《王者荣耀》团队的核心成员基本都来自《霸三国》这个项目。①《霸三国》从质量上来看是一款相当不错的MOBA元素游戏，无论是游戏性还是画质都算是当时国产MOBA游戏中最好的，但一直没能火起来。到2014年，腾讯内部基本上放弃了这个项目。

《霸三国》的开发团队加上天美工作室其他部门在移动技术上的支持，也就是说在《王者荣耀》上线时，团队的核心成员已经做了6年的MOBA游戏，还有不少人参与过数款大型手机网游的开发。《王者荣耀》团队的成员总数在游戏上线时已经超过了100人，这个数量哪怕在端游里也不算少。腾讯之所以愿意将如此多的资源投放在一款手游上，一方面是想保证游戏的

---

① 《王者荣耀》有很多三国英雄也是和《霸三国》这个项目直接相关。

开发质量；另一方面也是想抢时间尽快上线。这绝对不是一款靠"蒙对了"爆红的游戏，而是"早有预谋"的成功。

《王者荣耀》并不是上线之后就立刻爆红，而是在一次次产品迭代中一点点积累用户。当然，这些迭代一定程度上是为之前着急上线买单，因为游戏里的小问题从来不断。《王者荣耀》真正的高速增长是在上线半年以后。2016年7月23日，《王者荣耀》日活跃用户数突破3000万人，注册用户数达1亿人，其中女性玩家占比20%。3个月以后，日活跃用户数突破4000万人，注册用户数超2亿人。到2016年12月，《王者荣耀》一款游戏就占据了中国玩家全部游戏时长的14%。

2016年下半年开始，KPL（王者荣耀职业联赛）正式推出。自此，《王者荣耀》建立了完善的游戏体系，实现了从游戏本身的电竞化到专业的电竞赛事的完美覆盖。腾讯总裁刘炽平在电话会议中表示过腾讯对玩家对战游戏（PVP）的侧重："如果你仔细研究玩家对战游戏，会发现此类游戏的生命周期往往更长，可以媲美竞技类体育游戏。每次你在玩游戏的时候，游戏体验都大不相同，因此这不是一种由内容驱动的游戏类型。"

腾讯集团高级副总裁马晓轶曾在采访中表示："2016年底，腾讯游戏累计注册用户手拉手可绕地球20圈。腾讯游戏用户手指在手机屏幕上划过的距离达3亿公里，相当于在北京五环跑上300万圈。"要知道他说这句话的时候，还不是《王者荣耀》最火爆的2017年。

2016年，腾讯在中国手游市场的占比达55%，其一家公司的收入占据我国手游市场超过一半的份额。如果加上网易，这两家公司占据了中国手游市场接近80%的市场份额。

从2016年开始，《王者荣耀》已经彻底成为行业的"王者"。在春节期间，该游戏的日活跃用户数突破了8000万人，这个数字在全世界游戏史上都是史无前例的。腾讯这个"庞然大物"让游戏行业蒙受了前所未有的冲击。2017年，腾讯游戏预计收入达141.57亿美元，这个数字单独列出来仅次于中国和美国游戏市场的整体收入，甚至超过了日本游戏市场的 125 亿美元，而且腾讯的利润和市值也远高于日本所有游戏公司的总和——包括任天堂和索尼。

2017 年 1 月，《王者荣耀》仅 iOS 平台的月收入就达到了 14.7 亿元，而网易的两款主力游戏《阴阳师》和《梦幻西游》分别为 7.4 亿元和 3 亿元。也就是说，这三款手游在 iOS 平台一个月赚的钱，已经超过了 10 年前中国游戏产业的总产值。

2017 年 3 月，腾讯和宝马合作在《王者荣耀》里推出了名为"引擎之心"的赵云皮肤，这款皮肤在一天之内卖出了超过 200 万份，总销售额达 1.5 亿元。这个数字甚至比很多 3A 游戏大作的总销售额还要高。

腾讯没有在财报里公布过《王者荣耀》的实际收入，但根据第三方数据分析，2017 年《王者荣耀》的全年收入应该在 200 亿~250 亿元。相信很多人小时候都幻想过一件事，如果全国人民每人给他捐一元钱，那么他就有了十几亿元，而现在大家给腾讯的可不止一元钱。

《王者荣耀》从 2016 年 11 月 21 日第一次登顶 App Store 的畅销榜，到 2017 年 10 月 28 日上线 2 周年，在这一年里它只有 12 天离开过第一的位置，最低为第三。

极光大数据发布了《〈王者荣耀〉研究报告》。报告显示，2017 年 5 月《王者荣耀》的用户规模超两亿，渗透率高达 22.3%。其中，女性用户占比 54.1%，而同类游戏的平均比例仅为 35% 或更低。关于《王者荣耀》的高渗透率，企鹅智酷提供的数据也非常值得注意，80.6% 的女性玩家是第一次玩 MOBA 类游戏。而这些女性玩家牺牲了看影视剧（44.1%）、综艺节目（28.3%）的时间来打游戏，这很有可能对整个娱乐生态产生深远的影响。

《王者荣耀》对同类游戏的蚕食效应远远超出了行业内的预期。在之前的游戏市场上，任何一款游戏火了以后，总是能带火一些同类型的二三线游戏，但《王者荣耀》非但没有带火，反而彻底垄断了这个市场。同时期的其他游戏，包括《乱斗西游》《虚荣》《自由之战》《英魂之刃口袋版》，甚至腾讯自己的《全民超神》都丝毫没有撼动《王者荣耀》的地位，这些质量不算差的游戏甚至连 App Store 游戏排行榜前三百都很难挤进去。这可能也是电竞游戏出众的魅力所在，玩家会受周围多数人的影响来选择游戏，而没人玩的游戏就永远无人问津。

相较《王者荣耀》这款游戏本身，其带来的社会效应更值得注意。《王者荣耀》捅破了两层窗户纸：一是以往家长可以通过限制孩子使用计算机、电视等设备来禁止孩子玩游戏，但多数家长都不会禁止孩子用手机，也就没有办法从源头控制孩子玩游戏；二是好多家长玩了以后发现，自己也上瘾了。

2017 年初，有家长指出因为《王者荣耀》里的人物名字基本都有历史原型，但设计上完全"不尊重历史"，进而误导了孩子们的历史认知。媒体也点名指出游戏内被女性化的"荆轲"角色。2017 年 4 月 25 日，腾讯重做"荆轲"，同时改名"阿轲"。在这个事件前两周，《王者荣耀》上线了"历史上的 TA"栏目，在英雄故事页面的显著位置，介绍该英雄在历史上的真实事迹。

《王者荣耀》在使用历史人物时，也出现了不少让人啼笑皆非的故事。比如有一个角色是东皇太一，相当多的玩家以为他是日本人，但其实东皇太一是中国的一个神话人物。东皇太一最早出现在《楚辞》的《九歌》里："君欣欣兮乐康。"此处的"君"指的就是东皇太一，汉代王逸作注："太一，星名，天之尊神。祠在楚东，以配东帝，故云东皇。"东皇太一是楚国的最高神，之后在汉武帝时期成为主祭最高神，唐代再次成为主要祭祀对象，而现在大家熟知的玉皇大帝是在北宋以后才开始被广泛祭拜的。

《王者荣耀》并非没有问题，甚至问题还不小。《王者荣耀》的问题主要有 4 点。一是游戏为了刺激新英雄的销量，刻意强化所有新英雄，鼓励玩家短期内购买，但这种强化严重影响了游戏本身的平衡性。二是游戏的匹配模式非常奇怪，玩家如果连赢几场，或者连续拿了几场 MVP 以后，就会被连续匹配到大量低水平玩家,有玩家称此为"MVP制裁"。如此设置的原因很简单,就是为了帮助一些水平不高的玩家,但也伤害了高水平玩家。三是官方对游戏内恶意行为的惩罚措施非常松懈。四是腾讯对盈利点以外的其他事情都不够上心,有玩家戏称《王者荣耀》的现状是"用心做皮肤,用脚做平衡"。

除此以外,腾讯手游最大的问题也显而易见。腾讯的游戏业务非常依赖IP,尤其是端游改手游的IP,哪怕是《王者荣耀》也还是沾了《英雄联盟》的光。在端游IP差不多用完以后,才是真正考验腾讯的时候。

(三)"吃鸡"游戏:《绝地求生》《和平精英》

《绝地求生》里最后幸存的玩家会看到一句台词:"大吉大利,晚上吃鸡。"对应的英文是一句拉斯维加斯赌场里的口头禅:"winner winner, chicken dinner。"[①] 这类游戏也逐渐被大家称为"吃鸡"游戏。

"吃鸡"模式即"大逃杀"模式,很多影视作品里都出现过,最出名的是日本电影《大逃杀》和好莱坞电影《饥饿游戏》,都是一群人在某个有边界的空间内争夺生存资源。

某名字为H开头的末日生存游戏(后文中简称为H)是最早把这种游戏模式带到玩家面前的游戏。该游戏由Daybreak[②]开发,2015年1月15日在PS4和Steam平台上发布。

2016年,这款游戏因为游戏直播开始走红,到2017年初势不可挡,最高同时在线超过15万人,但很快就被另一款类似的游戏彻底打败。这款游戏就是《绝地求生》。

从游戏本身来说,《绝地求生》就是全方位升级的H,无论画质还是玩法都比H更加细腻。2017年3月上线以后,连续10周夺得Steam销量榜周

---

① 日文版游戏里是:"勝った!勝った!夕飯はドン勝だ。"
② 前身是索尼在线娱乐。

榜冠军。

和传统第一人称射击游戏相比,"吃鸡"类游戏主要有几个明显的优点。

第一,游戏营造了强烈的紧张感。因为只有最后的幸存者可以"吃鸡",所以在整个游戏过程中,每个人的精神都必须保持高度紧张。这一点其实也降低了玩家的学习成本,游戏唯一的目标就是"活下去"。

第二,游戏的地图极大,虽然不如部分3A游戏,但是在网络对战游戏里已经属于佼佼者。而地图越大、玩家越多,不确定性就越强,越有新鲜感。

第三,打法非常多变。每个玩家都可以按照自己对游戏的理解或者对游戏的期望去玩,没有固定打法。

第四,游戏道具多样。除了丰富的枪支以外,还有平底锅这种另类的作战道具,摩托车、汽车等交通工具也一应俱全。

《绝地求生》之所以能成功,除了这些优点以外,最重要的是借助了直播的宣传,因为游戏的紧张感非常适合直播。《绝地求生》是真正意义上把《英雄联盟》从游戏直播领域老大位置上赶下去的游戏,大批《英雄联盟》的解说转去解说《绝地求生》。

2017年6月22日,《绝地求生》销量突破400万套;8月,销量突破800万套;9月,销量突破1000万套;12月底,PC版销量已经突破3000万套,成为游戏史上单年度销量最高的游戏,全年收入约44.8亿元。更重要的是,3000万套这个数字已经超过了《我的世界》等游戏,成为PC平台史上销量最高的游戏,哪怕按照全平台计算,也进入了游戏史的前十名,而且它还在增长中。2018年初,Steam平台的中国活跃玩家数超过4000万,超过北美,成为世界第一大市场。其中不少中国玩家都是因为《绝地求生》才去下载了Steam,甚至可以说有些中国玩家就是把Steam当作《绝地求生》的启动器。此外，游戏的 Xbox One 版本上市一个月销量就突破了 400 万套，这个数字和两大主机王牌 FPS 游戏《使命召唤 14》和《战地 1》在 Xbox One 上的累计销量相当，甚至卖得还更快。在《绝地求生》蒸蒸日上的时候，H 几乎没有玩家玩了，到 2018 年 2 月，该游戏日同时在线人数只剩 1 万人左右。

《绝地求生》的火爆还让相关的外挂泛滥起来。很多玩家都在游戏中见识了什么叫作只有想不到，没有做不到。甚至还出现了为游戏主播专门定制的主播挂，就是为了让主播的操作在直播的过程中看起来水平高一些。

2017 年 9 月 29 日到 10 月 12 日期间，《绝地求生》一共封禁了超过 10 万个账号。到 2018 年 2 月，《绝地求生》累计封禁了超过 250 万个账号，这个数字在整个游戏史上也算是数一数二。

既然"吃鸡"这么火，国内的游戏公司肯定不会无动于衷。在中国的手游市场，一场"吃鸡"大战正悄然上演。有统计，仅在 2017 年下半年立项的"吃鸡"类手游就超过 30 款，其中有一家国内的游戏美术外包公司在 3 个月的时间里接到了 4 款"吃鸡"手游的外包。

最早的一批吃鸡手游里有一款十分另类，是小米的《小米枪战》。小米在 2017 年 8 月公布这款游戏有吃鸡模式，到 10 月就已经上线，这个效率让人颇为惊叹。

2017 年 10 月 27 日，网上出现了讨论如何看待"大逃杀"类游戏的文章，引发了广泛关注。

3 天后，网易发布公告称："网易将严格按照国家管理部门的指导意见，尽快对相关类型的游戏进行修改与调整，确保游戏作品传递的理念符合社会主义核心价值观，在游戏中倡导中华民族的传统文化习惯与道德规范。网易认为，游戏不仅是娱乐消费产品，更是对用户特别是未成年人具有教育引导作用的内容作品。对于未来研发的游戏作品，网易也将严格遵守国家管理部门的指导意见，关注游戏背后的文化理念和价值观导向，为用户提供美好和健康的游戏体验。"在半个月以后的网易第三季度财报电话问答里，丁磊再次强调："网易游戏是没有所谓的大逃杀的模式的，我们不赞成也不鼓励这种模式，正确的表述形式应该是沙盒模拟战术竞技类游戏，许多人把它误认为是大逃杀类游戏。"

2017年11月初，《小米枪战》发文表示："作为一款深受玩家厚爱的产品，我们坚决坚持社会主义核心价值观，倡导中华民族的优秀传统文化和道德规范。目前，游戏中广受喜爱的'实战训练'玩法，主导的也是一种平民化跨界思维，即无论身处何地，即便从零开始，通过不断的坚持和努力，也终能获得成功。"

几天后，腾讯的《光荣使命：使命行动》正式开启预约。和其他两家公司不同，腾讯并没有公开发表什么，但是眼尖的人还是发现腾讯把域名 chiji.qq.com 改成了 grsm.qq.com。

自此，"大逃杀"游戏都改成了"军事演习"游戏。

到2017年底，App Store 免费游戏榜前五名里有4款"吃鸡"游戏，为腾讯的《光荣使命》和《穿越火线：枪战王者》，网易的《荒野行动》和《终结者2：审判日》。2018年1月，在日活跃用户数方面，《荒野行动》为2331万人，位居游戏榜第三名，仅次于《王者荣耀》（6362万人）和《开心消消乐》（2740万人）。另外几款"吃鸡"游戏的日活跃用户数为《终结者2：审判日》830.2万人，《光荣使命》633.7万人，《穿越火线：枪战王者》609.1万人。2017年12月，在新增用户方面，《荒野行动》以4877.9万人的新增量紧随《王者荣耀》（5451.7万人新增）之后，《光荣使命》以2247.5万人的新增超越了《穿越火线：枪战王者》（2205.2万人）。也就是在上线的几款游戏里，腾讯突然落了下风，这是谁都没能想到的。

2018年2月9日，腾讯的两款拿到《绝地求生》授权的游戏《绝地求生：刺激战场》和《绝地求生：全民出击》同时上线。2018年初，网易的《终结者2：审判日》拿下了48个国家和地区的下载榜榜首，总玩家数超过1

亿。两家巨头公司在"吃鸡"游戏这个战场上你来我往，好不痛快。

因为"吃鸡"游戏的火爆，整个游戏产业发生了一个明显的变化。行业内的人不再去谴责抄袭者，只用游戏模式，不抄美术资源、代码和数值就不会被人说，反而借鉴得慢的会被行业里的人耻笑。更让人觉得有趣的是，不只是在中国，在美国、日本和韩国市场也是一样。

腾讯的《绝地求生：刺激战场》一直没有改为收费运营。2019 年 4 月 9 日，腾讯另外一款名为《和平精英》的游戏拿到版号。2019 年 5 月 8 日，腾讯将《绝地求生：刺激战场》的用户信息直接转档到《和平精英》内，开始收费运营。当然，从玩家的角度来看，更像是《绝地求生：刺激战场》改了个名字。

当年，《和平精英》就进入全世界手机游戏收入的五强，成为腾讯最新的"印钞机"。

图 4-4 《和平精英》

参考文献

[1] 布兰特·施兰德、里克·特策利. 成为乔布斯 [M]. 北京：中信出版社，2016.

[2] 吴晓波. 激荡十年，水大鱼大 [M]. 北京：中信出版社，2017.

[3] 吴晓波. 激荡三十年：中国企业 1978 ~ 2008（上）[M]. 北京：中信出版社，2014.

[4] 吴晓波. 激荡三十年：中国企业 1978 ~ 2008（下）[M]. 北京：中信出版社，2014.

[5] 腾讯游戏频道，夏虫，meiya. 无戏言——写给中国玩家的人生逆袭指南 [M]. 北京：清华大学出版社，2012.

[6] 赵旭，王雪峰，于东辉. 烧.com 21 世纪中国最大经济泡沫内幕纪实 [M]. 北京：光明日报出版社，2001.

[7] 蒂姆·菲尔兹. 手游与社交游戏设计：盈利模式与游戏机制解密 [M]. 北京：电子工业出版社，2016.

[8] 潘东燕，王晓明. 腾讯方法 [M]. 北京：机械工业出版社，2014.

[9] Littlewing. 中国游戏产业 10 年. 大众软件 [J]，2005（15）：132–147.

[10] 鲍岳桥. 十年 IT 路. 大众软件 [J]，1999（19）：14.

[11] 本刊编辑部. 手机游戏英雄会. 家用电脑与游戏 [J]，2004（10）：74–77.

05

第 五 章
未来世界

一、中国游戏的新市场：出海

（一）游戏出海

2002年9月12日，日本游戏研究学者中村彰宪在"游戏在中国（的现状及将来）"演讲中说："中国的游戏制作人太注重制作本土化游戏，而不是面向全世界的。"

然而，没有什么事情是一成不变的。

中国游戏行业对海外市场的态度经历过4个阶段。第一个阶段是在20世纪末，那时国内的游戏公司大部分都是小团队作战，基本都在开发纯粹面向本土市场的游戏，海外市场这个词对他们过于遥远。事实上当时的游戏从业者心里也清楚，就自己的技术实力，还不足以涉足海外市场。第二个阶段是目标软件进入海外市场，并且获得不错的成绩以后，国内有一批游戏公司开始尝试海外发行，但效果并不好，就连目标软件自己都无法复制自己的成功。第三个阶段是进入网游时代以后，大部分游戏公司完全不再考虑海外市场。不考虑除了不敢以外，很大的原因是"看不上"，因为在本国市场就能以低成本换取高收益，并且增速仍然很快，出海的性价比显得很低。第四个阶段是2014年以后，随着国内市场成本越来越高，同时腾讯、网易两大游戏公司占了绝大多数的市场份额，相当多的中型游戏公司开始在海外寻找新的机会。

在《剑侠情缘》时代，雷军就认为金山的游戏要出海："国产游戏不仅要占据中国市场的有利地位，还要积极备战海外市场。目前，还有新加坡、马来西亚、韩国、泰国等地的公司都在与我们洽谈合作事宜，而且非常顺利。相信不久之后，我们就会看到中国自己的游戏进军日韩、征伐欧美的那一天。中国网络游戏企业应该有好莱坞梦想。"金山也确实是中国最早一批成功出海的游戏公司之一，其《剑侠情缘网络版》系列在东南亚市场一直表现十分出色。

游戏出海不是一件容易的事情,所面临的实际情况非常复杂,并不只是翻译一下就会有人玩。观察一下中国、日本和美国3个国家的App Store,会发现不只是游戏不一样,连游戏类型都差异巨大。比如中国的手游基本以联网游戏为主,多为MMORPG和动作类游戏;日本的游戏有鲜明的"二次元"特征,美术风格独树一帜;美国则是休闲游戏居多,包括猜字类的脑力游戏,这在其他国家是很少见的。

在页游时代,中国就有大批公司的游戏出海并取得成功。进入手游时代以后,可复制的成功模式出现,因此不少公司把重点放在了海外市场上。

创办于2010年的涂鸦移动是少有的靠着非付费游戏在海外打出市场的公司,其四款主打游戏 *Restaurant Live*、*Dino Island*、*Fast Racing 3D*、*Monster Smash* 在全球有累计超过5亿玩家,其中海外玩家超过半数。2015年,涂鸦移动在全球iOS与Google游戏总下载量排行榜位列第4名,至2017年中,是仅次于腾讯的海外玩家数量最多的国产游戏公司。但涂鸦移动的游戏多为短平快,所以虽然玩家数量多,但盈利并不算太高。

Tap4Fun,也就是成都尼毕鲁,是最早的小公司出海成功的案例之一。2012年的《王者帝国》、2014年的《银河传说》和2015年的《银河帝国》《入侵》,都在海外取得了相当不错的成绩。《银河传说》在澳大利亚、越南和芬兰等47个国家和地区曾进入iOS畅销榜前十,其中在俄罗斯、希腊等22个国家和地区登顶过iOS畅销榜。

创立于2008年,总部位于北京的智明星通(elex),其手游《列王的纷争》在全球超过50个国家的App Store进入过前五,在超过80个国家的App Store进入过前十,其中包括中国、美国和韩国3个主要市场,此外还在23个国家的安卓官方商店进入过前五。截至2017年,注册用户数2亿人,月活跃用户数近千万人。2016年的大部分时间里,游戏的月流水都保持在3.6亿元人民币以上,主要为海外市场所得。除此以外,智明星通还有数款手游有千万级的用户基数。在页游方面，其运营的《弹弹堂》也有超过 48 个月的时间位于巴西市场前十，收入数亿元人民币。

2016 年上线的三七互娱的《永恒纪元》在海外的月流水超过 7500 万元人民币，并且在海外游戏相对不容易进入的韩国市场，也做到了在 iOS、Google Play 畅销双榜长期稳定在前十。上线一年后，游戏的累计收入达到了 26 亿元人民币。

2016 年，乐元素有三款手游在日本市场表现抢眼，分别是《偶像梦幻祭》《最后的休止符》和《梅露可物语》，甚至一度有两款产品一同进入日本畅销榜前二十。其中《偶像梦幻祭》表现最佳，最高曾到过日本畅销榜第三的位置，并在一年内保持在畅销榜前二十五左右。

2017 年上半年，我国国产游戏海外销量同比增长 130%，依然保持着极高的增长速度。

2017 年 8 月，腾讯互娱国际运营中心与瑞士游戏公司 Miniclip 联合发行了一款二战题材的空战竞技游戏 War Wings，几天后游戏玩家数突破千万人，成为同类题材玩家数最多的游戏，而这款游戏的开发公司是成都动鱼数码。

2017 年，由中国公司 KingsGroup 制作、FunPlus 发行的西方魔幻 SLG 手游《阿瓦隆之王》，登顶美国畅销榜。这一年，《阿瓦隆之王》在全球有超过 6000 万名注册玩家，最高日活跃用户数量达 500 万人，位居 43 个国家的畅销榜第一。2017 年，《阿瓦隆之王》一直都是中国出海游戏收入的前三名。这款纯粹西方化的游戏在西方市场取得成功，很大程度上说明了我国游戏公司完全有能力在别人的文化市场用别人的文化符号做受欢迎的文化产品。

2017 年，即便在最难攻克的日本市场，我国游戏公司也取得了不俗的成绩。《碧蓝航线》是中国游戏出海日本最成功的一款，上架以来无论是在 App Store 还是在 Google Play，一直稳居畅销榜前十，偶尔能进入前五甚至前三。上线 3 个月后，游戏的用户数就突破了 400 万人。在 Google Play 2017 用户票选的最佳游戏里，《碧蓝航线》也进入了前五名。2017 年 12 月 27 日，《碧蓝航线》成为第一款在日本 App Store 畅销榜排名第一的中国游戏。极高的用户量和良好的口碑带来了相当高的收益，游戏在日本市场的月收入短时间内就突破了 2 亿元人民币，迈入日本市场的第一阵营。不过，也有一些日本人不相信这款优秀的游戏是由中国公司开发的。我们小时候玩的很多游戏都是日本游戏，现在中国游戏在日本市场取得成功，有着重要的行业性意义。对于中国游戏从业者来说，日本游戏市场是一个可以证明自己的地方，一旦自己的游戏为日本市场所接纳，就像是通过一场大考，代表着游戏质量已经达到一个很高的水平。此外，日本游戏行业有很强的封闭性，不光是中国公司的游戏，甚至美国公司的游戏都很难在这里找到合适的突破口，但长期以来日本都是世界第二大游戏市场，哪怕被中国超越也是世界第三。当突破口出现以后，就意味着蛋糕有了下嘴的地方。

2018 年 1 月，由散爆网络（云母组）研发、心动海外子公司发行的"二次元"手游《少女前线》在韩国登顶 App Store 畅销榜，在此之前这款游戏在韩国畅销榜前十已经盘桓超过半年。事实上，2017 年整个韩国手游市场已经被中国游戏成功占据，无论是 App Store 还是 Google Play，前十名基本有 4 到 5 款中国手游，全年更是有接近 30 款中国游戏进入过两个畅销榜前 30 名，有 15 款进入过前十名，5 款进入过前三名。有韩国游戏玩家称韩国手游市场已经被中国公司"屠城"了，韩国本土公司"毫无招架之力"。

2017 年，一共有 9 款中国手游进入美国市场前 5 名，在该年度打入美国 App Store 游戏类单日下载榜前五的 176 款 iPhone 手游中占比约 5.1%。其中网易的"吃鸡"类手游 *Rules of Survival* 成功登顶 7 天。创智优品出品的文字类游戏 *Word Connect* 是进入下载榜前五天数最多的作品，在美国 App Store 上占据第二到第五名的位置共 56 天。*Rules of Survival* 次之，共有 38 天排名前五。

根据伽马数据发布的《2019 中国游戏产业年度报告》，2019 年中国自主研发游戏的海外市场实际销售收入达 115.9 亿美元，增长率 21%，远超国内增长速度。中国的游戏无论在欧洲、美国、日本还是韩国市场都占据了重要的地位。

（二）资金出海

相比游戏出海，国内游戏公司资金出海的故事要简单得多。直接买公司永远是最简单，而且是最省事的。和其他行业相比，游戏行业因为现金流丰富，所以其实在收购的过程中唯一的问题是外汇管制问题，有没有钱反而不算问题。

国内游戏公司对海外公司的一系列并购交易是进入海外市场最简单的选择。2004 年 11 月，盛大因为《传奇》的版权纠纷，直接以 1.06 亿美元现金溢价购买了《传奇》的版权所有公司之一 Actoz 主要股东手上的 38% 的股份，成为其最大的股东。这笔收购也被认为是盛大在《传奇》问题上的神来之笔。2010 年，盛大又以 9500 万美元收购了韩国游戏公司 Eyedentity Games，让在中国口碑颇好的《龙之谷》成为盛大的独有资产。盛大的两笔收购有着非常强烈的战略意图，均是想通过收购上游公司，保障其在国内的优势地位，本质上并不是为了出海。

在投资海外游戏公司的中国公司中，最重要以及最成功的还是腾讯。

腾讯早期和风险投资公司 Capstone Partners 在韩国进行过一系列大规模投资，先后投资了近十家韩国游戏公司，其中包括之后被盛大收购的《龙之谷》的开发公司 Eyedentity Games。其他还有制作了《战地之王》的 Redduck，制作了《QQ 仙境》的 Next Play，以及制作了《NX 飞行战记》的 Topping 等公司。

2008 年，腾讯以 800 万美元投资美国网络游戏创业公司 Riot Games。这家公司当初唯一的卖点可能就是正在开发的游戏由曾经 *DotA* 的核心开发者 Steve Guinsoo 负责。3 年后，在 Riot 开发的《英雄联盟》展露出可能成为一款现象级游戏的"气质"以后，腾讯增加了筹码，斥资2.31亿美元收购Riot的股票，持股比例达到92.78%，Riot正式成为腾讯大家庭的一员。到了2015年底，《英雄联盟》已经所向披靡，腾讯干脆收购了Riot剩下的所有股份，完全控股了Riot。这被认为是腾讯最成功的收购，累计不到3亿美元的花费，却换来游戏史上最成功的网络游戏之一，每年稳定为腾讯创造10亿美元以上的直接收益。从这个层面上说，腾讯现今的辉煌和这次收购直接相关。

2012年1月，腾讯斥资2695万美元收购了新加坡游戏公司Level Up 49%的股份，同时，Level Up授出部分期权给腾讯。如果完成期权交易，腾讯的持股比例将达到67%。收购的原因，是Level Up在巴西和菲律宾都有着不错的游戏运营渠道。

2012年7月，对技术层面有所诉求的腾讯以3.3亿美元的价格收购了拥有《虚幻》《战争机器》《无尽之剑》等品牌的美国游戏公司Epic Games 48.4%的股份，成为其最大股东，并且Epic Games也成了腾讯的联营公司。这次收购除了获得几个知名游戏品牌以外，更重要的是"虚幻引擎"也被腾讯揽入怀中。

2013年，动视暴雪开始回购媒体巨头维旺迪所持有的股份。由动视暴雪CEO Bobby Kotick和联合主席Brian Kelly牵头成立的私人投资集团ASAC II LP，以每股13.6美元的价格，出资23.4亿美元从维旺迪手中回购了1.72亿股。腾讯就是背后的重要出资方，与其他出资方共同持有动视暴雪24.7%的股份。

2016年6月21日，腾讯宣布以86亿美元的价格收购芬兰游戏公司Supercell 84.3%的股份，打破了动视暴雪以59亿美元收购King公司的纪录，成为全球以最大金额收购移动游戏公司的案例。Supercell所拥有的《部落冲突》和《皇室战争》是欧美手游中最成功的代表作，虽然这笔收购价格极高，但想必腾讯也是想要借此复制曾经收购Riot带来的成功。2017年8月，腾讯以1770万英镑收购英国唯一一家上市游戏公司Frontier Developments 9%的股份。这家公司是世界上最会做主题公园游戏的公司,中国玩家熟知的游戏有《过山车大亨》《动物园大亨》等模拟经营游戏。这笔收购被认为是腾讯布局欧洲游戏市场的开始。几天后,Supercell以5580万美元收购英国手机游戏公司Space Ape Games 62%的股份。这家公司所开发的《武士围城》是《部落冲突》模仿者中最优秀和最成功的。因为这次收购,Space Ape Games也成了腾讯大家族的一员。

2017年9月,腾讯以4亿元人民币拿到开发了《绝地求生:大逃杀》的蓝洞公司(Bluehole Studio)5%的股份。腾讯一直试图彻底买下蓝洞,但蓝洞并不想卖,于是腾讯就从蓝洞的投资方手上买到了这5%的股份。一年后,腾讯又买了蓝洞8.5%的股份。

腾讯还持有Garena 39.7%的股份,是其最大股东。这家公司于2017年10月更名为Sea Limited后在纽交所上市。曾登顶22个国家免费下载榜的"吃鸡"游戏Free Fire Battlegrounds于2018年初交由其运营,同时iOS版本更名为Garena Free Fire。Garena的游戏业务包括研发和发行,我国国内游戏的东南亚发行权都在这家公司手中。例如《王者荣耀》在越南、新加坡,以及中国台湾等地的版本,网易《阴阳师》的泰国版本,都由这家公司运营发行,它还是东南亚最大的电商之一。

2018年2月,腾讯联合蓝洞、Actoz、Netmarble以及Premier Growth-M&A PEF合计出资1400亿韩元(约8.31亿元人民币)投资韩国知名游戏运营商Kakao Games。早在2012年,腾讯就曾经以4.03亿元取得KaKao公司13.84%的股份,不过彼时KaKao还以社交软件为主,2017年才成立子公司Kakao Games开始运营游戏。

2018年3月,育碧回购维旺迪持有的27.3%的股份,腾讯作为出资方之一占有育碧5%的股份。

除了盛大和腾讯以外,其他中国游戏公司在海外也有过大手笔的投资交易。2010年，完美世界以840万美元的价格收购了独立游戏开发商Runic Games的多数股权。Runic Games所开发的《火炬之光》是《暗黑破坏神》系列最成功的模仿者，在中国和海外游戏市场享有非常高的声望。

2015年8月，三七互娱以6350万美元收购了日本知名游戏公司SNK Playmore 81.25%的股权，成为该公司的绝对控制者。自此，包括《拳皇》《饿狼传说》《侍魂》《合金弹头》等在内的知名游戏品牌都成了三七互娱的资产，而在被收购之前，SNK已经垂死挣扎了很多年。

2016年，巨人网络领衔的中国财团以44亿美元的价格收购了以色列棋牌游戏公司Playtika。除了巨人网络外，其他出资方包括马云参与创立的云锋基金、中国泛海控股集团、中国民生信托、鼎晖投资以及有联想背景的弘毅投资。Playtika是欧美最大的棋牌类游戏公司，比其后的第二到第四名加起来的规模都要大，在被收购前是北美博彩巨头凯撒娱乐最优良的资产，但因为凯撒娱乐的实体赌场经营惨淡，被强制破产重组，这部分业务最终落到了中国财团手里。即便仅从投资效益上来说，这也是一次非常成功的"捡漏"。

2016年3月，游族以8000万欧元收购德国的Bigpoint，这家公司是欧洲最大的页游公司之一。这次收购使游族拿到了Bigpoint的一系列IP页游，包括《太空堡垒：卡拉狄加》和《权力的游戏》。

2016年11月，掌趣科技以11亿元人民币战略投资韩国游戏公司Webzen。Webzen最被中国玩家熟知的游戏就是《奇迹MU》。

2017年1月24日，金科娱乐斥资10亿美元收购United Luck Group Holdings Limited旗下《会说话的汤姆猫》开发小组Outfit7 Investments Limited 100%的股权。

2015～2017年，如果按照交易总额算，全世界70%的游戏并购交易都是由中国公司发起的。中国已经成为世界上最活跃的游戏资本市场。

一向对海外市场保守，同时很少收购的网易此时也改变了态度。网易游戏副总裁王怡称:"网易游戏正在全球进行招聘,同时也在探索对外国工作室的收购或投资。希望到 2020 年网易游戏在海外获取的收入可以占到总营收的 30%。"

中国游戏成功出海在整个科技和文化领域都有着非常特殊的意义,是实打实的成功,既赚到了钱,也赚到了口碑。

二、电子游戏的全新时代:电子竞技

(一)早期的电子竞技

游戏史上最早的电子竞技比赛来自斯坦福大学。

1972 年 11 月 19 日,电子游戏刚诞生没多久,斯坦福大学的学生们自发组织了一场《太空大战》的电子竞技比赛,将其命名为"星际太空大战奥运会"(Intergalactic Spacewar Olympics),比赛地点在斯坦福大学人工智能实验室[①],这是游戏史上的第一次电子竞技比赛,也有可能是近半个世纪以来名头最大的。这场电竞比赛因为规模太小和时间太早日后被淹没在了时间的废墟里,但绝对无法否认其重要性,文明社会的每个第一步总是有价值的。而对于全世界游戏产业来说,电子竞技的出现相当于打开了一扇窗,除了游戏本身以外,经营相关的竞赛项目也是很好的机会,尽管电子竞技的繁荣在几十年以后才真正到来。

最早具备电竞雏形的游戏是雅达利于 1979 年开发的街机《小行星》。这款游戏第一次应用了积分排名系统,让玩家可以在街机上留下自己名字的简写,以供后来者挑战,之后这种竞争机制成了电子游戏最重要的组成部分。而这种以竞争为最终目的的游戏上升到体育竞技层面,就成了电子

---

① 这个地方对电子游戏行业的发展起了非常重要的作用。雅达利的创始人布什内尔也是在这里第一次见到了电子计算机和电子游戏,进而开创了一个时代。

竞技。

1980年，雅达利组织了一场名为"太空侵略者冠军赛"（Space Invaders Championship）的赛事，这是游戏史上第一次商业性的电子竞技比赛，在全美共有1万名玩家参与，引起了主流媒体极大的兴趣。但随着几年后雅达利冲击的到来，人们也就不再提起这次比赛，甚至有些人认为那只是电子游戏产业中的一个泡沫而已。

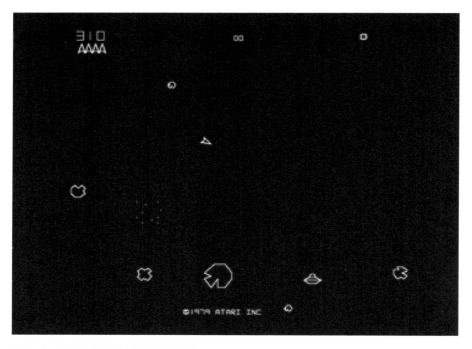

图 5-1 最早的电子竞技游戏《小行星》

1982～1984年，美国TBS电视台制作了一档名为 Starcade 的街机综艺节目。在这档节目里，经常有类似电子竞技比赛的挑战活动。这也是北美最早的电子竞技综艺节目，共制作了133期。同一时期，ABS电视台的一档名为 That's Incredible! 的节目里同样出现了专门的电子游戏挑战环节，所用的游戏机就是任天堂的 Famicom。

1987 年，任天堂举办了首届"电子高尔夫锦标赛"。这次活动在日本引起了意想不到的轰动，但任天堂却会错了意。作为游戏行业巨头的任天堂以为引起轰动的原因是网络服务，于是投入更多精力和金钱研发自己的网络协议，而不是去研究如何在现有网络状况下改善游戏体验，比如联网游戏或者网络记分牌之类能够提升竞技性的小功能。直到因为技术实力不足而放弃网络服务的研发，任天堂好像都没有意识到问题的关键。

电子竞技和 PC 游戏的兴盛直接相关。相比主机游戏来说，PC 因为系统上的技术支持要明显强大得多，所以在网络技术的应用上也更早成熟，而网络是提升对战游戏参与性最重要的因素，假设没有网络，玩家对战必须要跨越千山万水到同一个地方，这就会在很大程度上限制游戏的发展。1988 年，一款跨平台的 PC 游戏上市。这款名为 Netrek 的游戏是世界上最早的网络对战游戏，部署在世界上最早的教育网络系统 PLATO 上。这款游戏使用了大量《星际迷航》的设定，在当时是不错的噱头。游戏的基本模式是当时比较普遍的射击游戏，但创造性地支持网络联机，同时可以支持 2~4 支 1~8 名玩家的队伍。从这款游戏中可以发现包括《魔兽世界》和《英雄联盟》在内的很多 MOBA 游戏的影子。

20 世纪 80 年代末期到 90 年代初期，电子游戏竞技已经流行开来，人们对此的热情达到了第一个高峰，进而出现了以专门的电子游戏竞技为内容的综艺节目，包括英国的 *GamesMaster* 和 *Bad Influence!*、澳大利亚的 *Amazing* 及加拿大的 *Video & Arcade Top 10*，当时的收视率都相当不错。

不过这还不能称为成熟的电子竞技产业，因为少了一个非常重要的组成部分——职业选手。竞技体育项目之所以吸引人，就是因为参与的人全情投入其中，去挑战所在领域一个又一个极限，享受职业竞技的魅力。

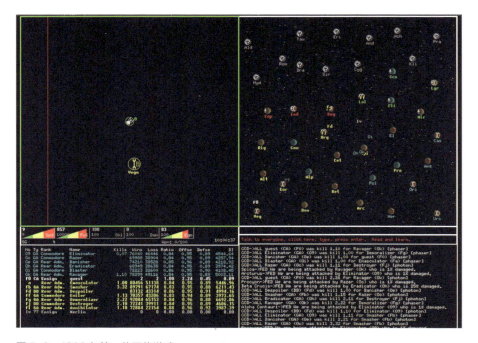

图 5-2　1988 年第一款网络游戏——*Netrek*

考虑到这个问题,电子竞技真正的大规模崛起是因为《雷神之锤》。以现在的眼光来看,《雷神之锤》的对战模式并没有太大的特色,但就是这个看似常规配置的对战模式为之后大多数电子竞技游戏提供了一个基本的雏形,包括清晰的阵营划分、联网对战和明确的获胜条件。《雷神之锤》上线后,游戏战队超过了 1000 支,这是连游戏制作方都始料未及的,《雷神之锤》就这么"凿"开了电子竞技的大门。

在《雷神之锤》早期,有大量的局域网派对,即 LAN Party,这个有点怪异的名词代表的场景是一群人凑在一起吃着比萨喝着可乐打《雷神之锤》的小规模比赛。当时的 LAN Party 数量之多放在今天也堪称盛况,基本上每所大学每周都有大型的 LAN Party,甚至还产生了类似联赛的比赛机制。

关于《雷神之锤》时代，必须单独讲讲一个华人，他叫方镛钦（Dennis Fong），1977 年出生于中国香港，曾经在北京生活过几年，后随父母移民美国，其父亲是一名惠普的工程师。17 岁时，方镛钦偶然接触到《毁灭战士 II》以后，对电子游戏的热爱就一发不可收拾，这种热情在《雷神之锤》问世后达到巅峰。当时他的玩伴有不少是科技界的大佬，其中包括 PayPal、SpaceX 和特斯拉的创始人埃隆·马斯克（Elon Musk）。

方镛钦在游戏里的 ID 最早叫作 Threshold 和 Threshold of Pain，但因为《毁灭战士 II》对游戏 ID 有长度限制，他最终将名字缩短为 Thresh。《英雄联盟》的玩家对这个名字应该很熟悉，"魂锁典狱长·锤石"，这个名字就是致敬 Thresh。

Thresh 在 CPL 第一赛季上拿到了《雷神之锤》的冠军，之后在 CPL 第三赛季，Thresh 同时报名了《雷神之锤》的团队赛、《雷神之锤 2》的个人赛和《星际争霸》的比赛，并获得了前两项的冠军，《星际争霸》比赛中也进入了 32 强。Thresh 的成名之战是在 1997 年的美国 E3 展上，Thresh 赢得了"RA 雷神锦标赛"的冠军，从现场开走了奖品——红色的法拉利 328 GTS。

Thresh 是电子竞技领域的第一个超级明星，被人称为"电子竞技领域的乔丹"。他还被吉尼斯认证为世界上第一位职业电子竞技选手，组建了世界上第一支电子竞技职业战队——《雷神之锤》的 Deathrow。他在职业生涯参加过的 FPS 游戏竞赛中，从来没有让冠军旁落他人，并且日后创业也取得了相当不错的成绩。

Thresh 对游戏行业还有一个重要的贡献。最早 3D 游戏控制前后左右的键位都是方向键，但这种操作其实很不方便，因为离鼠标太近了。Thresh 一直使用自己的一套键位设置：W= 前进、A= 向左、S= 后退、D= 向右。日后这套键位成了所有 FPS 游戏的默认设置。

（二）电子竞技进入中国

电子竞技在中国和美国有着截然不同的文化土壤。美国最早的一批电子游戏玩家要么是名校的在校生，要么是中产阶级家庭的孩子。而在中国，早期玩家上网主要集中在网吧，所以最早的一批电子竞技选手要明显"草根"得多，其中大部分来自工薪阶层甚至生活条件更差的家庭，这让中国的电子竞技文化从一开始就有很浓的平民色彩。此外，另一个电竞大国韩国其实也是如此。

1997年，亚洲金融风暴爆发，韩国经济遭受重创，当年GDP下降5.8%。在这次金融风暴后，韩国政府开始调整产业结构，扶持以IT产业、软件产业、影视及动漫产业等为主的信息和文化产业。与此同时，因为韩国失业率上升，一部分韩国人开始打游戏消遣，恰巧这时《星际争霸》进入韩国，迅速获得了超过百万的玩家，为日后韩国电子竞技行业的蓬勃发展奠定了坚实的基础。

《星际争霸》系列并不是销量最高的RTS游戏，甚至比主要竞争对手《命令与征服》系列低不少，和微软的《帝国时代》差不多[1]，但论影响力绝不逊色于另外两部。[2]

1998年4月，《星际争霸》正式登陆中国，由奥美代理。《星际争霸》的到来，也象征着我国电子竞技已经有了那么一丝星星之火。有人总结，如果说中国电子竞技行业是在摸着石头过河，那迈出第一步的就是当年玩《星际争霸》的这群人。日后电子竞技行业的很多规则，比如职业玩家的培

---

[1] 《命令与征服》系列的销量为3500万套，当然销量大主要是因为系列作品数量多，总共有超过20款游戏。《帝国时代》三部曲加资料片的总销量大概是2000多万套，具体数字一直没有公布，一般分析认为大概是2200万套。《星际争霸》系列总销量大概是2500万套，有近1000万套是被韩国人买走的，并且韩国人还买走了全世界将近一半的《星际争霸》拷贝。

[2] 但也不能太高估《星际争霸》在全世界的影响力。《星际争霸》最成功的地方在于电子竞技化运作，并不代表其作品整体的影响力。虽然在那时的中国和韩国市场一骑绝尘，但在欧洲、南美洲甚至美国市场，《星际争霸》的品牌影响力并不比《命令与征服》和《帝国时代》大多少，《星际争霸》的竞技粉丝多，但《命令与征服》和《帝国时代》的娱乐玩家也非常多。

养方式、比赛的组织方式，都是《星际争霸》时代定下的规矩，后来成了行业惯例。

1998 年 7 月，一名叫王银雄的玩家在战网上玩到《星际争霸》后，突然明白这款游戏最大的魅力是对抗，即真人玩家之间的对抗。这种对抗就是电子竞技真正的内核。在看到一群人名字前面都有一个特殊的 ID 后，王银雄意识到中国人需要有自己的战队，于是他成立了中国第一支《星际争霸》战队——China Starcraft Association（CSA），之后王银雄也有了一个更被人熟知的 ID：kulou.csa。在当时看来，"csa"多少有点不走寻常路，并不是说这三个字母怎么样，而是在《雷神之锤》时代大部分战队的 ID 有一个约定俗成的命名习惯，就是"前队名，后个人 ID"，中间以"."、"-"、"_"、"[]"之类的符号分割，但 CSA 把队伍名字放在了最后，像域名的后缀，这让当时很多玩家误以为"kulou"是战队的名字，而"csa"是玩家的名字。

除了组建 CSA 以外，kulou.csa 本身也是个顶尖的《星际争霸》选手。他在 2000 年的 CBI"全国星际大赛"上勇夺冠军，并且作为中国队队长参加了同年在韩国举行的"世界电脑游戏挑战赛"（WCGC，WCG 的试赛），成为唯一一位打进 12 强的中国《星际》选手。一年后，CSA 的成员已经超过千人，支队也超过 50 支，后来成为顶尖选手的还有 ruyueying.csa 和 pby.csa 等人。只是因为管理松散，这支中国最早的战队到 2002 年就已经名存实亡。

在 CSA 之后另一支重要的战队是 Beijing。战队成员之一的 Beijing.SMS，或者说 Sunmoonstar，是那时中国最优秀的虫族选手，靠在战网上打赢了韩国天王 InToT heRain 而成名。当时 Beijing 也是中国条件最好的战队之一，除了有个正式的官网外，更重要的是在五道口有个专门训练用的网吧——博师网吧。五道口在当时是韩国人的聚集地，这也就使得 Beijing 战队成了中国最早有外援的战队，并且还是韩国外援。只是 Beijing 战队职业化程度不高，队员也没什么自律性，1999 年《石器时代》上线以后，战队的人一窝蜂转去玩《石器时代》，这个"星际战队"也就不复存在了。真正让中国人了解电子竞技职业选手的是和 Sunmoonstar 同一时期的另一位顶尖选手——洪哲夫。洪哲夫最早成名于湖南战网，长期位居第一位。

1999 年 4 月 24 日，洪哲夫参加了新浪第二届全国《星际争霸》大赛并获得冠军。自此，电子竞技职业选手开始走入大众的视线，并引发讨论。只是当时大家讨论的焦点有两个：一是靠打游戏能不能养活自己；二是打游戏算不算不务正业。时至今日，第二点还是会有人讨论，但第一点已经没人再怀疑了。日后洪哲夫还成为中国电子体育联盟（CPGL）第一支国家队的《星际争霸》项目教练，带领中国队击败了德国队和法国队。

那几年国内《星际争霸》的知名选手还有用"人族"在美服战网肆无忌惮的 Red-Apple、写"星际战报"的寒羽良（陈宇）、日后 WCG（World Cyber Games，世界电子竞技大赛）中国区的冠军 CQ~2000、无冕之王 =A.G=MTY、中国"神族的尊严"TS 的 Shomaru……这些名字是我国最早一批电子竞技玩家的集体回忆。

1999 年 7 月 24 日，263 举办了一次《星际争霸》全国大赛，共有 2700 多名选手参赛，是当时普及率最广且战术水平最高的"星际"比赛。这时《星际争霸》的比赛在中国已经遍地开花，几乎每周都有各种名头的比赛，但随着比赛越来越多，作弊现象也越来越多。1999 年底，一群国内的高水平玩家自发组织了中国最早的战网裁判组，这个裁判组的负责人就是寒羽良。

2000 年 2 月，寒羽良在"论战高手"论坛上发了一个帖子，题目是"中国星际是否可以有职业选手"，这是中国《星际争霸》玩家最早关于电子竞技职业化可行性的讨论。讨论过后，寒羽良前往北京咨询了相关部门和一些公司，但无功而返。在几乎同一时间，另一名传奇玩家 Red-Apple 和几位朋友也在策划着一场轰轰烈烈的电竞运动，他们主要讨论了以下 5 点。

第一，成立玩家俱乐部，广泛吸引玩家参与，为大众玩家提供系统化服务。

第二，设立独立的信息服务体系，包括刊物、网站以及众多媒体的合作。

第三，建立系统的竞赛体系，使比赛成为国内首个具有固定赛程的联赛。

第四，成立完全的竞技比赛比赛网，形成全年连续的线上线下的比赛体系。

第五，为成员提供国际交流机会，并组织国际电子竞技比赛。

这5点时至今日依然受用。

2000年，YR（易冉）、jeeps（张磊）、寒羽良、MTY（马天元）、魔鬼天使（李翔）、CQZD闪电手（吴翔）成立了电子竞技俱乐部AG，AG意为all gamers。次年，YR还在成都参与建设了VA电竞馆，这是中国最早的电竞馆，而这个概念在十几年后风靡全国。

那时颇为活跃的寒羽良日后为中国游戏产业做了不少重要的贡献，只不过并不是以"寒羽良"这个北条司的漫画《城市猎人》里的名字，而是以自己的本名陈宇。陈宇日后在亚联参与了网络游戏《千年》的运作，进入腾讯负责了腾讯最早的网络游戏《凯旋》，分别以项目负责人和产品经理的身份开发了《QQ堂》和《QQ幻想》。腾讯代理《穿越火线》《地下城与勇士》，以及收购Riot的交易背后都有陈宇的身影。进入手游时代，陈宇在光子工作室作为负责人开发了"天天"和"全民"两个系列的微信游戏。陈宇是那一批电子竞技"大V"里转型最成功的一个。

1996年，越南裔加拿大人李明（Minh Lee）制作了一款名为《海豹突击队》的MOD。这款MOD在当时的市场上十分另类，因为大部分第一人称射击游戏都在追求科幻感，而《海豹突击队》则在追求现实感。1999年6月

19 日，李明和杰西·克利夫（Jess Cliffe）在《半条命》的基础上开发了《反恐精英》。2000 年 4 月，Valve 意识到这个 MOD 的价值后将其买下，几个月后打包以《半条命：反恐精英》的名字正式销售。也是在这时，《反恐精英》进入了中国。

从最早的日本格斗游戏，一直到《星际争霸》，类似的电子竞技模式基本都是单人对战，一个玩家对另一个玩家，虽然《星际争霸》也有多人模式，但还是稍显鸡肋。《反恐精英》最大的意义便是给电子竞技带来了团队协作，比《雷神之锤》更严肃一些，有常用比赛地图、更详细的战术部署、更完善的队伍建设等。同时更重要的是，在 FPS 游戏里，《反恐精英》对配置要求极低，对网络环境的要求更低，更易于上手，但难于精通。从这个角度来说，《反恐精英》是一款完美的电子竞技游戏。

在当时，《星际争霸》和《反恐精英》分别代表了电子竞技的两座高山。中国选手对这两座高山的山头也是心怀向往，跃跃欲试。

2001 年 7 月 15 日，中国第一支《星际争霸》职业战队"数字先锋"宣布成立，但仅仅几个月后就宣布解散，这对当时我国的电子竞技职业环境是一个致命打击。

2001 年暑期，包括 Grrrr 和 Byun 在内，一共 5 名韩国顶级《星际争霸》选手到访中国，其中 Grrrr 凭借着超高的人气，在中国受到了明星般的待遇。而 Grrrr 也凭借和中国选手的比赛证明了自己绝不是徒有虚名，先后赢下了包括 CQ2000、MTY、DEEP、SMS、BJ 队长、CVA 队长在内几乎所有的中国顶尖选手。但谁也没想到，在 2001 年 7 月 18 日这一天，Grrrr 输给了一位 14 岁的"小孩"，这名小孩叫作 Templer。如果大家对这个名字比较陌生，那应该听说过他日后的 ID——wNv.xiaoT，就是被称为"中国魔兽四大天王"之一、获得了 ESWC 全国总决赛冠军的"中国兽王"。

2001 年 12 月 9 日，DEEP 和 MTY 联手击败了德国选手 DKH.MMMBop 和 pG 战队的 Fisheye，获得了 WCG《星际争霸》项目总决赛的冠军，这是中国的第一个电子竞技世界冠军。两天后，中国在《FIFA 2001》双人项目中又击败了意大利代表队，拿到了第二个冠军。

2002 年，《魔兽争霸 III》推出。同年 9 月 21 日，浩方电竞平台上线，成为中国最大的电子竞技对战平台。几个月后，平台的同时在线人数突破了 10 万人，未来中国有上千万的玩家用过这个平台，浩方的时代意义不容忽视。

2003 年，时任首尔市长的李明博在 WCG 上和冠军 Ogogo 进行了一场表演赛，这让全世界的人都大开眼界，也知道了韩国这个国家对游戏产业的重视程度有多高。

2003 年是中国电子竞技最让人兴奋的一年。先是央视体育频道于 4 月 4 日开播了一档电子游戏竞技节目——《电子竞技世界》(eSports)，这是我国第一档登上央视的电子游戏相关的节目，也是主流媒体开始接纳电子竞技的信号。11 月 18 日，国家体育总局正式批准电子竞技为在中国开展的第 99 个体育竞赛项目，电竞作为体育项目首次得以正名。2011 年，国家体育总局又将电子竞技批准为我国第 78 个正式体育竞赛项目。

外部环境的改善没能缓解电子竞技职业化的困局。

2003 年，一家企业赞助了一支《星际争霸》战队。这支战队号称队内前三名选手都有全国前八的水平，可企业赞助的只有一个月 2000 元的工资和基本的上网费。即便如此，这也让同行羡慕不已，因为大部分职业选手甚至难以维持生计。

2003 年，Sky（李晓峰）第一次参加 WCG，获得了西安赛区《星际争霸》项目的冠军，但是一分钱奖金都没有。同年，李晓峰又去参加中国区总决赛，但换来的只有三天的食宿费用和火车票报销。2004 年，李晓峰代表 Hunter 俱乐部获得了 WCG 中国区总决赛的亚军，但两个月后 Hunter 俱乐部就解散了。当时参加过 WCG 中国区总决赛的一位选手说："有一次在网吧打游戏时发现连交网费的钱都没了，就跟网管聊了会儿天。网管知道我参加过总决赛以后就自己掏钱替我付了网费,又给了我两个包子,还是肉馅的,当时觉得有点儿名气也真不错。"

2004年,一场《雷神之锤3》的比赛连续两次刷爆了国内相关媒体:第一次是因为奖金有100万元,让一众媒体开始讨论电子竞技职业化的大趋势及这个行业的经济效益;第二次是因为这100万元根本没有兑现,于是又有一大批媒体开始唱衰电子竞技。

2004年2月10日,由中华全国体育总会主办,北京华奥星空科技发展有限公司、华奥星空(北京)信息技术有限公司承办的"2004全国电子竞技运动会"(2004 China E-Sport Games,CEG)宣布召开,这是第一次由国家主办的电子竞技赛事,大量体育界人士到场,其中时任中华全国体育总会副主席何慧娴告诉记者:"电子竞技运动是随着体育发展、科技进步而产生的新事物,是信息技术与体育结合的产物,它将体育从线下扩展到了线上,从现实世界延伸到了虚拟世界。举办全国电子竞技运动会,时机已经成熟,这是电子竞技运动项目健康发展的要求,也是广大电子运动爱好者和竞赛市场的呼唤。"4月17日,首届AOpen建碁杯2004全国电子竞技运动会在北京、长沙、武汉和西安四个赛区同时开幕,对这次比赛,我国主流媒体也给予了极高的评价。

CEG一开始就提倡官方支持,即希望通过政府层面的认可帮助俱乐部获得更高的社会认同,但随着赛事举办,参与的俱乐部发现了几个致命的问题。一是CEG参与成本极高,除需要缴纳50万元的管理费外,俱乐部还要按照要求在每个项目上都有签约选手,甚至像NBA和《极品飞车》等观众极少的项目都需要有选手参加,负担较大。二是收入状况不好,无论是赞助费还是奖金都无法和日后的商业比赛相比。三是和长期参加商业比赛的电子竞技战队相比,曝光机会少,也不容易吸引顶尖选手。不久,CEG名存实亡,多数俱乐部参加比赛只是纯粹为了应付工作。

2004年3月28日,在天津奥美·津科联邦CS大赛上,当地战队

Avenger 在输掉比赛后对战胜他们的成都战队 TJGL 队员朱杰大打出手,失去主力的 TJGL 输掉了之后所有的比赛,而 Avenger 的涉案成员被宣布终身禁赛。这是我国电子竞技正式比赛中的第一次暴力事件。

图 5-3　第三届中国电子竞技大会在北京落幕
图片来源:cnsphoto;拍摄者:潘旭临

2004 年 6 月 4 日,《电子竞技世界》停播,原因是"不可抗力"。日后,主持人段暄在自己的博客上回忆起那段日子时写道:

> 许多细节我依然记得很清楚。2003 年的愚人节录制的第一期,演播室是建国门一家酒店的餐吧。我不知道该如何主持,该穿什么样的衣服,于是问张斌。张斌回答,千万别穿西装,越随意越好。于是我跑到旁边的赛特买了一件毛衣,一付账竟然 2000 多块,牌子是 M 打

头的，此前我似乎从来没有买过这么贵的衣服。当时已经有一个深受玩家喜爱的节目——《游戏东西》在海南卫视播出，主要讲攻略。而《电子竞技世界》内容更广，有产业内容的报道、人物报道、赛事报道，节目包装得很炫，很好看。我们和包括WCG（World Cyber Games，世界电子竞技大赛）在内的许多赛事进行了合作，陈迪、SKY、瑞典SK这些深受玩家喜爱的选手都在节目中亮过相。节目很快得到了大家的认可。我开始成为一个玩家，并且开始关注玩家们的生活。这里面有北大清华的优秀人才，也有很多因为在现实生活中得不到认可，因此沉浸在虚拟世界的孩子们。我清楚地记得，一次去一个孩子家里采访。地点是一排破旧的平房中的一个，摄像机的出现惊动了周围的邻里。一个老奶奶说："还以为这孩子又出事了呢，原来是中央台采访，长出息了。"

段暄提到的那个《游戏东西》，是在2004年3月被停播的。

2004年6月13日是中国电子竞技史上最伟大的一天。这一天，我国有了首支电子竞技国家队，其中《反恐精英》项目队员为王丹、张争、张超、张精宇、吴润波；《星际争霸》项目队员为庄传海、张明璐、庞泰、杜今、马天元；《魔兽争霸》项目队员为周晨、王浩、孙玉伟、苏昊、尹路；*FIFA2004*项目队员为张卫伟、林晓刚、祝京楠。这些人也成了我国电子竞技项目最早的国家队成员。时任中国奥委会副主席何慧娴女士在接受《大众软件》的采访时表示："电子竞技与网络游戏有很大的区别。电子竞技采取更规范的体育规则，可以使它变得更有秩序、更健康，也能起到关爱青少年、对抗'黑网吧'的作用。"

表 5-1　职业电子竞技选手 2005 年收入调查（个人收入）

CS	
Star.EX	12.3 万元
wNv 战队（2 支 CS 分队）	6 万元
AS 战队	5.3 万元
E-Home 战队	3.6 万元
Godtel 战队	3.6 万元
New4 战队	3.6 万元
《魔兽争霸 III》	
李晓峰	9 万元
苏昊	6.7 万元
孙立伟	4.8 万元
《星际争霸》	
沙俊春	6 万元
庄传海	4.4 万元
王伟	4.2 万元
《毁灭战士 3》	
孟阳	14 万元
张喆	5 万元

2005 年，韩国星际天王 BoxeR 和 SKT1 战队签约，年薪高达 2.6 亿韩元，约 170 万元人民币，这还不包括商业活动的收入，如果加上这部分，BoxeR 的收入可能要超过 300 万元人民币。另一名韩国顶尖选手 Nada 在更早之前年薪也已达到 2 亿韩元，这让中国的星际选手羡慕不已。要知道，那

一年拿到 CPL 2004 冬季锦标赛冠军的中国选手 RocketBoy，年收入也只有不到 100 万元人民币而已，而这已经是收入最高的中国电竞选手。当然，随着我国电竞行业发展得越来越好，这种情况在不久后发生了互换。

图 5-4 《星际争霸》赛事的电视转播
图片来源：维基百科；摄影师：Kai Hendry，基于 CC BY-SA 2.0 协议分享

2005 年，第 22 期《大众软件》和 wNv 俱乐部估算过当时职业选手需要自己负责的开支：饮食费，在网吧一天的饮食消费不会低于 10 元，这还不包括零食等额外消费；场地费，即上网费，最低每小时 2 元，按每天 8 小时计，需花费 16 元，加上 10~15 元的交通费用，至少在 25~30 元；工具费，比较耐用的鼠标、键盘、手柄、耳机和鼠标垫，价值总和为 200~2000 元。如果在家里上网，一台配置达标的计算机至少需要 5000 元，宽带费用以网

通 ADSL 包月算，每月需要 80～150 元。

这笔钱对于工薪阶层来说并不是一笔小开支。wNv 俱乐部一年的投入在 80 万元人民币左右，在当时的状况下，俱乐部也很难盈利。2005 年，上海市人均收入 24 396 元，考虑到其中有大量低收入人群甚至是无收入人群，顶尖职业选手其实也不过是工薪阶层的水准。

这时的中国电子竞技行业好像走进了一个奇怪的死胡同，明明用户群体很多，关注度也很高，但就是无法盈利。

对于当时中国电子竞技行业职业化所面临的问题，洪哲夫说：

> 在三到五年之内，中国仅有极个别的队伍可以达到真正的"职业"状态，也就是可以以此为生，而且还不是很乐观，他们的未来更是堪忧。电子竞技和很多别的运动项目一样，过了 24 岁选手的反应能力就进入了衰退期。但在传统体育项目里，有一个尚可的职业体系去消化这些退役选手，比如充当教练员、管理者，国家也有一些政策，比如免试进入大学读书、退役后由组织安排工作等。但电子竞技完全没有这些政策保护，这些选手除了将来到游戏行业的最底层找个饭碗外，没有任何其他的职业前途。那些什么成为电子竞技教练、领队、解说员之类的职业前景，在这个行业的发展都步履维艰的时候，还看不到任何希望。

2005 年 2 月 20 日，在 WEG 2005 的比赛现场，中国 CS 战队 wNv 在与美国战队 GamerCo 对战时，被裁判两次判定违规而被直接判负，违规的原因是"窥屏"。另一支中国战队 AS 也被淘汰。

2005 年 10 月 15 日，在升技公司举办的"费特拉提长城 DOOM3 百万挑战赛"上，21 岁的四川小伙子孟阳（RocketBoy）击败了世界顶级 DOOM3 选手费特拉提（Fatality），赢得了 100 万元的奖金。

图 5-5 孟阳获奖后的媒体报道

前文提到的电竞选手中，Sky 对中国电子竞技产业的重要性不言而喻，无论从哪种角度来说，他都是中国电子竞技产业的第一个超级明星，不亚于任何一个影视明星，因为他让无数"网吧少年"找到了认同感，也在一定程度上为他们摘下了"坏孩子"的帽子——打游戏也可以是正经事。

1985 年，Sky 出生于河南汝州，全家五口人靠父亲一人做医生的工资生活。1997 年，Sky 第一次接触《星际争霸》。3 年后，Sky 被送出去念书，期间开始参加一些电子竞技比赛。2003 年，不想子承父业的 Sky 选择成为一名职业电竞选手，尽管他当时对职业选手并没有太多概念。与此同时，Sky 还接触了《魔兽争霸 III》，颇有天分的他只用了 3 个月就成了战网第一名。

2004 年，北京 Hunter 俱乐部邀请 Sky 加盟，待遇是一个月 1000 元的工资。与家人一番争论后，Sky 获得了最终的"胜利"，临走前父亲给了他 500 元钱，然后交代他"不要违法"。这一年冬天，Sky 拿到了 ACON4 北京赛区冠军，一战成名。

几个月后，Sky 转投当时的传奇俱乐部 YolinY 友菱电通，和 Suho、CQ2000 成为队友。2004 年年底，Sky 与 Suho 一同受邀飞往韩国，参加第一届 WEG 中韩电子竞技邀请赛。虽然最终 Sky 没有获得总冠军，但 Sky 和 Zacard 的旷世大战让所有玩家记住了 Sky 的名字。

2005 年 6 月，Sky 闯入 ACON5 世界总决赛，并从败者组里突围一路获得冠军。这是 Sky 的第一个世界冠军，20 岁的 Sky 已经成为全世界最优秀的《魔兽争霸 III》选手之一。2005 年 11 月底，在新加坡的 2005 年 WCG 世界总决赛上，Sky 与上届 WCG 冠军 Grubby 分到了一组，比赛前即使最乐观的观众也只是认为他俩的比赛可能是平局，谁都没有想到 Sky 把 Grubby 这个传奇兽王打得毫无还手之力。Sky 之后的道路更是一帆风顺，哪怕在决赛面对美国选手 ShortRoud，也没有丝毫胆怯。第一个中国的《魔兽争霸 III》WCG 冠军就这样诞生了。这次比赛后，全世界的玩家开始认同 Sky 是世界上最优秀的《魔兽争霸III》选手。次年，Sky再次获得冠军。

随着Sky拿到WCG的冠军，《魔兽争霸III》的普及率越来越高，《星际争霸》在中国市场开始走低。AOQ的Cat在《中国星际争霸历史回顾》里如下总结了《星际争霸》对游戏行业的意义。

> 无论承认与否，事实就摆在面前，《星际》的繁荣已经走到尽头，现在呈现的是一个游戏多元化的时代，每个经典游戏都有人数不等的拥护群体，《星际》作为将竞技游戏带入成熟（无论职业化还是商业化，总之正在逐步完善）阶段的过渡游戏，已经成功完成了任务，从这个意义上来讲，中国的《星际》玩家与《雷神之锤3》的玩家都是这个阶梯上的第一个台阶。很不幸我这样比喻，《星际》与广大前赴后继的《星际》玩家为中国电子竞技产业做了铺路石子，享受这个成果的是今后的游戏和玩家。

2007年，在澳门举行的第二届亚洲室内运动会上，有一个金牌选手引起了很多人的注意，这名选手是西安科技大学微电子学专业的一名在校生，名叫雷晨，而他比赛的项目是那届三大电子竞技单项之一的"NBA Live 07"。

也是在这一年，《星际争霸》选手Super（张明璐）和俱乐部Ehome发生了劳资纠纷。在合同曝光后大家才知道，原来顶尖选手的收入和工薪阶层没有太大区别，甚至没有五险一金，还有随时被拖欠工资的风险。按照《2007中国电脑游戏产业报告》里的数据，这一年仅有10%的顶级选手年收入超过25万元，25%的选手能够保持月薪在3500元以上，剩余65%的选手仅有每月2000元以下的不稳定收入。

2008年，《跑跑卡丁车》在中国成立了POP联赛。这是中国第一个由官方公司组织的单款游戏的电子竞技职业联赛，每个月获得联赛前三名的车队和个人可以分别获得 1000 元、500 元、300 元的奖金收入。虽然收入很低，但这在当时也掀起了一阵热潮，一大批玩家希望成为"职业车手"，不过这个 POP 联赛也是虎头蛇尾。

图 5-6　英特尔中国区总经理为全国电子竞技运动会获奖者颁奖
图片来源：cnsphoto；拍摄者：张勤

2009 年，中国电子竞技产业突然受到了金融海啸的冲击。联想终止已经举办了两届的 IEST 大赛，英特尔和英伟达等硬件厂商大幅削减赞助经费，致使大量电子竞技比赛一度面临经营危机。这也让一些赛事组织方开始反思这种机制的"造血"功能。

这时的电子竞技市场在等一样东西：钱。

（三）DotA 和《英雄联盟》的大时代

《星际争霸》为中国的职业电子竞技环境奠定了基础，《魔兽争霸 III》把中国电子竞技水平带到了第一个高峰，而 DotA 和《英雄联盟》则为中国电子竞技带来了最重要的一样东西——钱。

2011 年，《英雄联盟》成为 WCG 的比赛项目。同年，StarsWar 国际电子竞技明星邀请赛上，《英雄联盟》先于 DotA 登场，场下观众一片嘘声。同年，《英雄联盟》组织了第一次全球总决赛（League of Legends World Championship），地点在瑞典的延雪平，总奖金接近 10 万美元。这次比赛后，有国内知名游戏媒体人说："多蠢的人才会看 LOL 的比赛!"而事实上，这次比赛直播的最高同时在线观看人数突破了 20 万人，虽然这个数字在现在看来并不突出，但在当时已经打破了在线游戏直播的纪录。

图 5-7　第一届 DOTA 2 国际邀请赛
图片来源：维基百科；拍摄者：designducky，基于 CC BY-SA 2.0 协议

图 5-8 The International 2015 西雅图决赛现场
图片来源：维基百科；拍摄者：Zilsonzxc，基于 CC BY-SA 4.0 协议

　　这一年，Valve 也组织了第一次国际邀请赛（The International: DOTA 2 Championships），地点在德国科隆。相较 Riot，Valve 对这次活动豪爽得多，设置的总奖金达 160 万美元。只是当时大多数玩家还在玩 DotA，对于 DOTA 2 并不上心，所以这次比赛的关注度也十分有限。

　　从这一年开始，全世界的电子竞技玩家每年就多了两个固定观看的节目，《英雄联盟》的 S 系总决赛和 DOTA 2 的 TI 赛。随着这两个比赛的日益火爆，全世界电竞市场也逐渐水涨船高。

　　在经营方式上，这两个比赛采取了两种截然不同的思路。在之后的日子里，TI 的奖金越来越高，到 TI7 总奖金数已经突破 2400 万美元，而 S 赛的娱乐属性越来越强，观看人次每年都在刷新纪录。在选手的培养上，两款游戏也走上了两条截然不同的道路。DOTA 2 的选手主要靠奖金，而《英雄联盟》的选手主要靠直播和商业活动。在这个属于电子竞技的大时代下，两边的职业选手都赚得盆满钵满。其中《英雄联盟》职业战队的头部选手年收入基本都在 500 万元人民币以上，甚至 1000 万元人民币以上的也有数十位。

2016 年 4 月 19 日，周杰伦与负责旗下电竞相关事务的杰艺文创共同宣布取得《英雄联盟》S2 冠军战队台北暗杀星（TPA）的经营权，并改名 "J 战队"，由周杰伦担任队长。前 NBA 球星里克·福克斯（Rick Fox）也收购了一支北美《英雄联盟》职业战队。与此同时，包括德甲沙尔克 04 在内相当多的传统体育俱乐部也开始收购或者成立电子竞技分队。电子竞技俱乐部的价值逐渐被认可。

2017 年 5 月，LGD 战队完成了 3000 万元人民币的 A 轮融资，领投方为五岳资本（N5 Capital）。这是第一个获得第三方金融机构投资的职业电竞俱乐部。

根据《2017 年英雄联盟电子竞技赛事数据浅析》的数据：有 3.64 亿名独立观众收看了季中冠军赛，相较于前一年的 2.02 亿有显著增长；洲际赛获 2 亿观众收看，最高同时在线观众超过 830 万人；在半决赛 SKT 对战 RNG 时，观众人数达到 8000 万人；在决赛 SSG 对战 SKT 时，超过 5760 万名观众收看了赛事，比前一年总决赛的观众数多了近 1500 万人。作为对比，《英雄联盟》在世界范围内的影响力已经十分接近篮球。1998 年，NBA 总决赛第六场公牛队对爵士队，观看人数为 3589 万人，是 NBA 在美国本土历史上观看人数最多的一场比赛。而最近几届 NBA 的总决赛，如果加上海外观众，单场观看人数都在 1 亿人左右。

S7 总决赛的赞助商有传统电子竞技赞助商英特尔和罗技，以及最近几年频繁赞助电子竞技比赛的伊利，更重要的是出现了奔驰和欧莱雅两家赞助商。这两家企业之前没有赞助过电子竞技相关的领域，甚至消费群体跟国内电子竞技的主要受众也不是特别重合，但他们的加入说明了传统公司开始重视这块市场，也肯定了 S 赛的商业价值。

DOTA 2 和《英雄联盟》双雄并立的局面虽然持续了很久,但也不是没有经历过冲击。比如暴雪出品的《风暴英雄》,在 2014 年测试时就有超过 1100 万用户参与,甚至有媒体坚信《风暴英雄》会轻松地把 DOTA 2 和《英雄联盟》拉下神坛。但现实是残酷的,《风暴英雄》正式上线后 IGN 只给了 6.5 分的中等评价,是暴雪作品里得分最低的。此外,玩家也完全不买账,到 2016 年核心玩家已寥寥无几。在中国市场更是惨淡,2017 年有很多媒体盘点各个电子竞技项目中中国俱乐部的表现,但都无视《风暴英雄》。

图 5-9 "英雄联盟电竞"主题展登陆上海地铁文化长廊
图片来源:cnsphoto;拍摄者:王冈

《风暴英雄》失败的原因主要有 3 点:一是英雄更新速度极慢,测试时有 31 名英雄,但在上线两年后,还是只有 50 名英雄;二是暴雪内部的互推行为严重干扰了玩家体验,比如《守望先锋》的玩家在《风暴英雄》里进行 15 场比赛就可以获得一个源氏的皮肤,结果活动期间《风暴英雄》里出现了大量"送死"玩家，就是为了快点结束比赛凑够 15 场领取奖励；三是游戏过度强调团队配合，造成路人局匹配游戏性极差。《风暴英雄》甚至可以说是暴雪最近 20 年最大的败笔。

（四）电子竞技的未来

2014 年，中国知名魔兽选手"人皇 Sky"李晓峰又有了一个新的身份——创业者。他和几名好友创建了上海钛度智能科技有限公司，进军电竞周边，第一款产品是钛度鼠标。2015 年 7 月 23 日，这款鼠标在上海举办了一场声势浩大的发布会，凭借 Sky 的影响力，这次发布会成为电竞圈乃至游戏圈最"津津乐道"的话题。2015 年 11 月，这款"316 个日夜，387 份手绘图，28 次模型修改"的鼠标正式上市。

但是，钛度鼠标上市后和大家的预期不太一样。这位曾经是世界上最好的电子竞技选手并没有做出来一款好的鼠标，一时间网上骂声一片，从设计、品控、价格到宣传被全面诟病。

2016 年，钛度拿到了由王思聪的普思资本和汉铎投资领投的 5000 万元的 A 轮融资，进而扩大了产品线。截至 2017 年，其产品有计算机主机、耳机、鼠标、键盘、手机贴膜，只是销量很一般，口碑也不好。

在接受《电子竞技》杂志采访时，Sky 说："我的短期目标是希望能够做出好的产品，产品能有一个好的销量。未来，我希望公司能成为为中国电竞玩家打造最优装备的一个品牌。"

除了周边产品，电子竞技相关的产业正在被一点点挖掘，而且空间极大。最明显的就是各种第三方赛事，比如 NEST、NESO、CIG、CEST、NEA、ChinaTOP、中韩对抗赛……还有数之不尽的第三方公司以及地区性的相关赛事，这些比赛都会带来经济效益。

电竞本质上作为一种体育和娱乐项目，对线下产业有很强的支持能力，像各个城市纷纷建立的电竞馆，一方面拯救了奄奄一息的网吧行业，另一方面也让不少实体行业找到了新的投资契机，其发展空间比当年的网吧还要广阔。腾讯、阿里、万达、国美、苏宁都在2017年宣布进军电竞馆。因为投建电竞馆，也刺激了一批传统硬件厂商，进而整条产业链都受益。

2016年9月2日，《人民日报》发表《用鼠标键盘进行的体育项目》，该文章如下评价了电子竞技。

> 传统观念中，"体育"应该是人与人的强对抗：肌肉凸起，汗如雨下。但也不尽然，围棋不靠肌肉靠头脑，对抗性并没有减弱。台球不用汗如雨下，但丁俊晖从来就是体育明星。电子竞技与围棋、台球有些类似。鼠标键盘是它的"球杆"，互联网是它的"棋盘"，而屏幕上跳动的画面就是它的"黑白子"或"红球彩球"。选手用鼠标键盘指挥着互联网上的虚拟形象，与对手指挥的虚拟形象，通过一定规则进行竞技。它考验手眼协同、反应速度、策略和计算能力，同样只有"更快、更高、更强"的人才能取胜。

这是我国主流媒体对电子竞技的极高肯定。

从2016年开始，电子竞技的关注点聚焦于"移动电竞"。与PC和游戏主机相比，移动端用户群体更大，理论上机会也更多。

2017年7月8日，《王者荣耀》职业联赛KPL总决赛在上海东方体育中心落幕，在常规赛具有压倒性优势的QG.Happy以4∶0的比分横扫对手获得总冠军，同时获得了100万元的总冠军奖金，有超过一万名观众在现场见证了这一时刻。场馆几乎座无虚席，而售票前组织方还担心来不了多少人，结果开售当天门票就销售一空，部分黄牛票甚至被炒到了10倍以上的价格。

国内最早的电竞俱乐部Team WE的创始人、知名电竞网站Replays.net创始人、电竞产业投资基金竞远投资创始人周豪在提到移动电竞时发表过如下观点，他认为赛事的组织公司很容易变成单纯的陪衬。

说到底，赛事的本质对于游戏来说就是市场活动。所以说在前期游戏不够火的前提下，他（游戏公司）是非常欢迎你免费帮他做市场活动的，他最开心你帮他做所谓的第三方赛事，说白了就是市场活动，是推广。但一旦做起来之后，他一定会把这个权利拿回来。知识产权是他的嘛，他必然会把它拿回来。所以我就意识到这是没有结果的。换了我是腾讯，我是这个"爸爸"，等你把我的"儿子"养大，我也会把它拿回来，没有理由给你的，这本来就是我的嘛。这是"爸爸"非常大的一个特征。

周豪也如下提到了《王者荣耀》电竞化的困境。

它为什么观赏性不佳，跟 FIFA 是同样一个问题。它是《英雄联盟》的一个 copy 型手游版，它玩起来很爽，我可以没事停下来，十分钟之内就可以玩一局，但是它的观赏性是完全不如《英雄联盟》的。移动设备没有观赏性的优势，《王者荣耀》的优势在于在移动设备上可以很方便地玩，但是在观赏性上，现在通过斗鱼我可以看《英雄联盟》的比赛，也可以看《王者荣耀》的比赛，它的观赏性就完全不如《英雄联盟》了。FIFA 也是一样，它的观赏性在设备上是不如足球比赛的，不如看场球赛，所以这两点是有点儿冲突的。《王者荣耀》现在想要推电竞这一块，任重道远，也很艰难。

电子竞技产业的未来并不完全是美好的，总是有人欢喜有人忧。2018 年 1 月 23 日凌晨，"80 后"明星创业者、万家电竞 CEO 茅侃侃发了人生最后一条朋友圈："嗯，我爱你不后悔，也尊重故事的结尾。"万家电竞自成立以来支出近 7000 万元，截至 2017 年 11 月初，负债已超过 4000 万元。自 2015 年 11 月起，茅侃侃通过抵押房产等方式凑出 2000 万元左右的资金补贴公司运作，而茅侃侃去世的第二天就是开庭审理万家电竞欠薪案的日子。这是中国现阶段绝大多数电竞公司面临的问题——不赚钱。

不赚钱的背后其实还有一点值得注意。整个电子竞技产业的投资里，有极高的比例来自"富二代"，不只是万达总裁之子王思聪，还有更多不被人熟知的"富二代"，他们以非常夸张的金额投资电子竞技相关的公司，尤其是电子竞技俱乐部。其中的很多投资是完全不求回报的，但能够持续多久是电子竞技行业面临的一个巨大考验。

茅侃侃自己的书《在那西天取经的路上》里有如下一段话。

> 每一个创业者其实都是英雄，无论是非成败，就如同每一段婚姻都是美好的过往，无论是否分崩离析。然而人的心理总是这样，特别在这个信息爆炸的年代，如不冠以"神话"二字就没人会往下看。这往往需要我们读者更加理性，因为看了太多的神话，往往就会自以为是那孙悟空，却发现这个世界不是《西游记》，最后，自己成了别人眼中的笑话。

但愿这句话不会用在中国的电竞选手身上。

三、电子游戏进入大众视野的催化剂：游戏直播

（一）电视台主导下的游戏节目

游戏直播是个比较新鲜的事物，但游戏录播不是。早在 FC 时代就有游戏录播，那时日本和美国都有公司专门制作游戏的通关视频，作为视频攻略发售。其中最被玩家熟知的是日本游戏杂志《月刊 ARCADIA》主办的格斗游戏比赛"斗剧"，每年都会制作专门的 DVD，销量还一直不错。而且，欧美国家和日本一直都有不少电子游戏相关的综艺节目，所以对于欧美及日本玩家来说，在电视上看游戏并不是太新鲜的事情。

我国的电视台也做过游戏类的综艺节目。《游戏玩家》的前身是 2000 年就在上海卫视新闻娱乐频道播出的周播节目《数字地球》。更名东方卫视以后，原团队制作了《游戏玩家》，于 2003 年 10 月 24 日首播，本来是日播，后来因为东方卫视周末播《中超创世纪》，便改为周一到周五每天 17：29 播出，播出时间 20 分钟，最高收视率达 2%。

《游戏东西》于 2002 年 7 月 28 日正式在旅游卫视开播，每天下午 17：27 首播，播出时间 30 分钟，次日上午重播，最高收视率达 1.8%。不久，《游戏东西》就成了旅游卫视收视率最高的节目，约有 6000 万玩家关注，而每周观看两次的观众达到了 4000 万人，每天固定收看的人达 400 万人。2002 年 11 月，节目有了第一条广告，来自网星史克威尔艾尼克斯。到 2003 年春节以后，节目开始盈利。

《电子竞技世界》于 2003 年 4 月 4 日在央视体育频道播出，每周六上午 11 点首播，周日下午 14：30 重播。2003 年 12 月起，播出时间改为周五晚上 18：55 的黄金档期，最高收视率达 1.4%，成为央视体育频道的王牌节目之一。

《游戏任我行》于 2003 年 10 月 21 日开播，由派格太合环球文化传媒投资有限公司制作，在北京电视台青少频道播出，最高收视率达 2.1%。

《游戏东西》于 2004 年 3 月停播；《游戏玩家》于 2004 年 4 月 24 日停播；《游戏任我行》于 2004 年 5 月停播；《电子竞技世界》于 2004 年 6 月 4 日停播。

自此以后，玩家如果想要在电视上看到游戏内容，只剩下一个渠道，就是 2004 年才开播的《游戏风云》。这个节目由上海文广新闻传媒集团创办，因为是付费电视节目，所以不受限制。在之后的 10 年里，《游戏风云》为大部分中国知名游戏主播提供了养分，对此期间的游戏行业的影响不言而喻。

(二)网络技术带来的个人直播时代

游戏直播和电竞产业的发展息息相关。在亚洲金融风暴以后,韩国电子竞技产业崛起的信号就是出现了大量游戏类节目,这些节目基本为付费节目,靠着韩国发达的付费电视网络赚到了不少钱。在竞争越来越激烈后,为了提高收视率,这些节目又请了一批玩家去比赛,进而刺激了更多玩家参与其中。中国一直到网络技术可以实现直播以后,才有了真正意义上的游戏直播行业。

从 2005 年到 2006 年,PLU(游戏娱乐传媒)和 NeoTV(牛视网)都曾经尝试过网络直播电子竞技赛事,但是因为设备限制等,没有推广开来。

中国直播行业的第一个爆款是 YY。

李学凌是中国互联网行业里最出名的媒体人之一,1997 年于中国人民大学毕业以后,先后和方兴东一起做过互联网实验室,和胡延平做了《互联网周刊》,在《程序员》杂志担任总编辑,之后又做了搜狐 IT 的主编和网易总编辑。

李学凌最早创业时拿了雷军 100 万美元的投资,同时做了两个项目,一个是狗狗网,一个是多玩游戏网。前者卖给了迅雷,李学凌自己专心做后者。李学凌开始做多玩时,17173 的规模已经不小了,所以大家都不太看好多玩的前景,但靠着《魔兽世界》的公会系统和"魔兽数据库",2018 年底,多玩游戏网的注册用户超过了 1500 万人,注册公会数超过 10 万人。2009 年,多玩已经能和 17173 分庭抗礼,甚至在某些数据上已经超过了 17173。

但多玩作为一个社区,发展空间十分有限,于是就有了之后的"YY 语音"。

YY 语音诞生的原因是李学凌觉得玩游戏还要打字太浪费时间,为什么不能直接语音?尤其是在《魔兽世界》里,一二十人的副本交流起来非常困难,如果每个人都开一个语音软件就省事很多。当时市面上类似的产品已经有了 iSpeak、新浪 UC，但是这两个程序在技术上都有明显的缺陷，断线和占用资源多这两个问题让它们无法被大部分公司接受。

YY 的早期团队中有不少人都来自网易 POPO，也就是网易 POPO 没有做到的事情让 YY 先做了。网易 POPO 之所以难以开展是因为涉及公司的利益问题，网易有不少玩家登录游戏就是为了聊天，而网易的游戏当时基本为按时间付费，也就是这些玩家聊天是要花钱的，如果做了一个类似 YY 的产品，让玩家可以在游戏外聊天，那就等于少了这笔收入。

2009 年 11 月，YY 语音的同时在线人数超过 200 万人，一年后同时在线人数突破 500 万人，注册用户数突破 1 亿人。到 2011 年底，YY 语音全年总语音服务时长达 4210 亿分钟，超过了 Skype。

慢慢地，公司发现有的用户喜欢在打游戏的间歇一起唱歌或者聊天。基于这个用户行为，YY 语音又上线了 YY 直播，最早就是唱歌房的形式，之后又推出过"天黑请闭眼"和"抢板凳"等结合了直播的小游戏。这种唱歌房，或者说秀场的模式也有不少公司在做，比如六间房和 9158，都是当时的佼佼者。

2014 年 11 月，YY 直播正式更名为虎牙直播。

2013 年 1 月，国内知名"二次元"弹幕网站 Acfun 推出了直播版块"生放送"，初期主要是以《英雄联盟》、DotA 等热门游戏为主的直播以及弹幕功能被玩家所熟知。2014 年 1 月，Acfun 生放送整合为斗鱼 TV，正式从 Acfun 独立出来。独立后的斗鱼 TV 扩大了业务版块，以游戏直播为主，涵盖体育、综艺、娱乐等多种内容。

2014 年开始，DotA 和《英雄联盟》赛事火热，带动了玩家对游戏直播的关注，斗鱼 TV 赶上了最好的时机。

2014 年 3 月，斗鱼 TV 推出了"王者之路"活动。只要拥有斗鱼 TV 前缀的 ID、在斗鱼平台独家直播 70% 有效排位赛局数、最终在《英雄联盟》国服获得"王者"称号就能获得 1 万~20 万元人民币的奖励，这是游戏直播史上性价比最高的一次广告，直接引爆了整个《英雄联盟》玩家圈。

2014年10月，斗鱼签下前《英雄联盟》职业玩家若风及著名《英雄联盟》解说员小智。两笔上千万元的签约金被认为是天价，那时即便在美国和韩国市场也不曾有过身价如此高的游戏主播。2015年8月，斗鱼主播大量出走，签约龙珠等其他平台，进一步炒高了游戏主播的身价。

2015年2月，背靠知名电竞传媒PLU的龙珠直播上线。

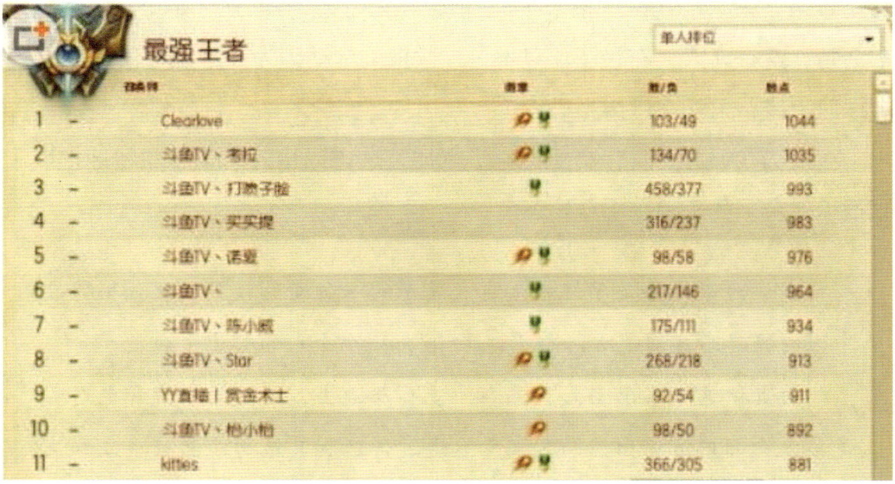

图5-10 "王者之路"比赛增加了斗鱼的曝光率

在此期间另一个直播平台也走入了玩家的视野，即万达集团董事长王健林之子王思聪的熊猫TV。2011年4月，大连DMT赛事后，王思聪收购了濒临破产的CCM战队，加上挖角LGD，直接组建了两支iG战队。2014年底，王思聪、林更新和若风在斗鱼上做了一场直播，同时观战人数超过150万；2015年9月5日，在《英雄联盟》四周年庆典上，王思聪、林更新和周杰伦等人打了一场比赛，此时的王思聪俨然成了一颗新的电竞明星，而这一切都是为之后铺路。第二天iG官微发了如下一条微博。

> 校长福利：庆祝 iG.LOL 进入 S5 总决赛，转发并关注官博即可抽奖，一等奖 1 名，柏林头等舱往返机票加五星级酒店 S5 观战双人行。二等奖 3 名，外星人 Alw17er（价值 22999 元）。三等奖 5 名，Macbook Pro15.4（价值 17488 元）。安慰奖 10 名，简单粗暴，6666RMB 直接转账！抽奖过程将在 PandaTV 直播。9.15 截止，速转。

最终，这条微博被转发了近 300 万次，关于熊猫 TV 的种种猜想一时间纷至沓来，大家都在说"狼来了"。相较斗鱼来说，"熊猫"是个新人，但谁都清楚，这个新人太有钱了。只不过这次抽奖活动因为 9 月 15 日熊猫 TV 没有按时上线，只能在微博上进行。

在熊猫 TV 上线前后接受《电子竞技》杂志采访时，王思聪特地提到了直播给他带来的乐趣，内容如下。

> 我认为做直播是年轻一代自我展示的一种新的模式，犹如微博在中国的崛起，这都是所谓的"自媒体"，一个个人的输出平台。
>
> 看直播这种娱乐形式重点在于能参与进去，传统的电视和电台都是单方向的内容输出，而直播平台通过弹幕和其他功能能让观众和主播沟通，形成一个双向的交互，这样能够让用户更加贴近主播和内容，更有参与感。

王思聪精准地点出了直播的优势：全民参与。

靠着王思聪的人际网和大笔签约金，熊猫 TV 在早期就笼络了小智、若风等一批知名主播。更重要的是，随着熊猫 TV 的入局，直播行业变成了纯粹的资本游戏，和中国大多数风险投资涉足深入的领域一样，比的是谁有钱、谁会花钱。2015 年 4 月，王思聪还投资了直播平台 17。在这个平台直播，每千次观看就有一美元的收入，这让不少人彻底癫狂。在之后的几个月里，这个平台上充满了淫秽内容。2015 年 9 月 30 日，17 直播被强制下架。

2016年3月,斗鱼获得来自腾讯的1亿美元融资。

2016年8月,斗鱼获得来自腾讯和凤凰资本的15亿元人民币的融资。

2016年11月,龙珠直播宣布获得来自苏宁集团旗下的聚力传媒超过20亿元的投资。

2017年5月,虎牙直播宣布获得A轮融资,由中国平安保险海外(控股)有限公司领投,高榕资本、亦联资本、晨兴创投、欢聚时代董事会主席李学凌、虎牙直播CEO董荣杰参投,共计7500万美元。几天后,熊猫TV也宣布获得了新一轮融资,共计10亿元人民币,由兴业证券兴证资本领投,汉富资本、沃肯资本、光源资本、中冀投资、昌迪资本、明石投资跟投。

图5-11 虎牙上市

图片来源:cnsphoto;拍摄者:钟欣

其间也有其他科技公司打算入局，比如乐视。2014年，央视知名体育解说员刘建宏加盟乐视，负责乐视体育，并特别强调了乐视将要进军电竞行业。在谈及电竞时，刘建宏说：

> 电竞需要被"正常"化，让大家以一种"正常"的态度来看待。如若一直被大家妖魔化和误解，在公众的心目中就会永远是这样，所以其实需要有电竞的普及，不光是电竞赛事、产业，还要有电竞文化、科技、内涵等全方位的传播。我们愿意做这样的一个平台，全方面地传播电竞。说起来，其实大家都习惯将新鲜事物进行"妖魔化"理解，就像当年的摇滚乐进入中国一样，世人的误解也很深，但后来发现，摇滚乐也是一个很美好、积极的音乐形式。所以我们不光要发展电竞，还要宣传电竞，让大家更好地了解电竞。

但随着乐视的凋零，其电竞业务也就没了后文。

直播行业的繁荣也在反哺电子竞技，甚至可以说中国这些年电子竞技职业选手收入激增和游戏直播的繁荣息息相关。现今电子竞技选手最重要的出路就是做游戏主播，相当一部分工资都是来自直播平台。假设俱乐部以100万元签约一名选手，这家俱乐部一般还会立刻找一家直播平台谈一个直播协议，从中获得的收益很有可能直接覆盖签约选手的成本，这个链条持续了很长一段时间。

直播行业繁荣的背后也有非常突出的问题。比如"数据泡沫"问题，一些直播平台的数据存在"水分"。

虽然直播在中国非常火爆，但一些客观情况其实并不利于发展直播业务。首先是过高的宽带费用，欢聚时代的财报曾经披露，其直播业务的宽带费用每个月都在5000万元以上。到2018年，中国直播平台每个月的宽带和服务器费用已经超过1亿元。

直播行业还面临着很多法律和社会问题。2014年，网易起诉了YY。网易认为涉案电子游戏《梦幻西游》属计算机软件作品，游戏运行过程中呈现的连续画面属于类似电影创作的作品，被告窃取了其原创成果，损害了其合法权益。但 YY 认为网易公司并非权利人，涉案电子游戏的直播画面是玩家游戏时即时操作所得，且游戏直播是在网络环境下个人的学习、研究和欣赏，属于个人合理使用。这个案件看起来有些奇怪，因为大部分玩家都认为直播是在帮助游戏宣传，但网易起诉也有自己的考虑。第一，YY 和网易自己的产品网易 CC 有明显的竞争关系，之前有 YY 的女主播到网易 CC 直播，YY 将其在自己的平台上封杀，同时再三强调旗下主播不得去网易 CC 平台直播。第二，丁磊说过："这是因为这家公司在直播网易的《梦幻西游》时，中间插播了大量广告，而且通过广告将观看《梦幻西游》直播的用户导流到一个网页游戏上。在交涉未果后，我们就启动了起诉程序。"基于这两点，YY 被起诉也可以说是咎由自取。

最后，法院对该案做出一审判决，判决 YY 直播停止通过网络传播游戏画面，并赔偿网易经济损失 2000 万元。这个案件虽然不具备延伸性，毕竟不是所有公司都和网易结了仇，但还是在很大程度上把一件事放到了明面上——直播平台的命门掌握在游戏公司手里。

YY 所属公司欢聚时代的董事长兼代理 CEO 李学凌在财报分析师会议上认为这个判决和行业的发展趋势背道而驰："如果说 3 年前，直播行业更像是游戏产业的周边行业，3 年后，直播行业已经变成游戏行业核心战略的一环。"

2015 年初，一名玩家通过游戏内自带的观察者功能把韩国知名电竞选手 Faker 的比赛放到了 Twitch 上直播，而 Faker 的直播协议属于 Azubu。Azubu 很快就以违背《数字千年版权法》（Digital Millennium Copyright Act，简称 DMCA）为由，要求这名用户停止直播，Riot 官方也配合工作停掉了这名玩家的直播，但 Riot 总裁及联合创始人马克·梅里尔并不认同 Azubu 给出的理由："Azubu 以 DMCA 为由终止 Twitch 上的直播并不合法。与 Riot 不同，游戏内容不属于 Azubu。"之所以仍然选择停掉的原因是："（这名玩家的行为）不仅损害了 Faker 本人的利益，还损害了职业选手们直播合作的前景，而直播合作是韩国电竞生态系统的基石。"

2016 年初，一个新人主播阿怡突然走进了玩家们的视野。这时距离她刚开始做主播也就一年的时间，其在斗鱼的订阅量超过了中国最早的《英雄联盟》女主播小苍。这背后的故事让人啼笑皆非。

2016 年 2 月 3 日晚上，在连续玩了 58 个小时的游戏后，阿怡登上了《英雄联盟》的王者段位。这时新赛季刚开始，整个国服的王者不到 10 人，阿怡作为一个不知名的女主播站到了顶端让玩家们十分震惊。阿怡进阶王者后，给远在东北的母亲打了个电话，哭着说道："我上王者了！"这为阿怡圈了一大批粉丝，而粉丝也给了阿怡不小的回报。5 月，阿怡在参加某节目时就表示自己已经年收入上千万。几天后，名为"LOL 小鸿"的主播在微博上声称有人为阿怡代打，王思聪点了赞。又过了一周，龙珠 TV 的解说 wolf 称阿怡就是从他这里买的账号，还邀请过他代打，七煌电竞的孙亚龙也对此点了个赞。

5 月 30 日，阿怡露手直播希望证明自己没找人代打，但连败几场，数据也非常糟糕，反而更让人认定就是有人给她代打。几天后，阿怡承受不住压力终于对外道歉，承认自己买账号和找人代打。之后，《英雄联盟》官方宣布将阿怡的账号封号十年，并且禁止阿怡以任何形式参加官方活动。

2017 年 4 月 1 日，CCTV5 播出了一段对国家男子足球队后卫冯潇霆的采访，期间聊到了很多关于中国足球的话题。其中有一段聊到了冯潇霆玩 *FIFA Online 3*，这是《电子竞技世界》停播以后央视第一次直接在节目里播出游戏相关的内容。

2017 年 8 月初，原企鹅电竞的《王者荣耀》第一人气主播张大仙选择单方面违约，跳槽至斗鱼直播。这一行为为他带来了巨大的舆论压力和口碑危机，而常常被拿来与之比较的主播嗨氏在事后也发表了自己的看法："我做人做事都有自己的原则和底线！"然而，短短二十多天后，嗨氏连续被曝出学历造假、画手事件等负面消息，加上虎牙主播楚河及画手不断施压，嗨氏苦心经营的人设轰然崩塌。随后嗨氏做出和张大仙同样的选择，跳槽至斗鱼。在嗨氏单方面违约的第二天，虎牙直播官方宣布，其4970万元资产将被冻结。

4970万元，这对绝大多数粉丝来说是个巨大的数字，甚至比中国电子竞技市场最早的3款王者游戏《星际争霸》《反恐精英》和《魔兽争霸Ⅲ》在中国的销售额都要高。

自从嗨氏跳槽以后，几乎每周都会发生主播违规甚至违法跳槽的新闻。2017年11月4日，号称《英雄联盟》国服第一贾克斯的虎神宣布从虎牙跳槽至熊猫TV，虎牙第一时间起诉虎神，3个月后，虎神被判赔偿虎牙直播500万元违约金。2018年初，张大仙违约案一审宣判，判决张大仙向腾讯支付违约金419 973.26元，并赔偿腾讯经济损失300万元，同时在和腾讯合同期剩余一年内不准在任何平台直播。2017年12月7日，和斗鱼直播有协议在身的韦朕开始在虎牙直播，斗鱼第一时间起诉，要求韦朕赔偿3000万元，一同起诉的还有同样跳槽至虎牙直播的许雷，要求赔偿1392万元……之所以会出现这种情况，主要是因为大部分主播完全没有法律意识，一方面没有认真阅读过合同，另一方面从内心深处觉得粉丝是自己的，不担心平台打压。

在各大平台的混战中，逐渐形成了双寡头的局面。2020年第一季度，虎牙收入24.12亿元，同比增长48%，净利润为2.63亿，连续10个季度盈利，活跃用户1.51亿。而斗鱼营收22.78亿元，同比增长53%，净利润2.545亿元，连续五个季度盈利，活跃用户1.581亿人。

而这一切的热闹都和曾经的挑战者无关。

直播行业的战争中并不缺少牺牲者，但最引人注意的是熊猫TV。2019年3月，熊猫TV对外宣布破产，到2020年中还在进行资产清算。在过去的5年时间里，熊猫TV不仅花光了约20亿元人民币的融资，还欠下了约2亿元的债务。这其中产生的损失则由王思聪来承担。

直播行业的兴盛为电子竞技带来了好成绩。2018年，电竞作为表演项目进入了亚运会。在万众期待中，中国选手参加了6个项目中的3项，获得了两金一银的成绩，在"恐韩症"最严重的《英雄联盟》比赛中也击败了韩国队。亚运会期间，新华网转载了两篇文章，一篇是《亚运"电竞首金"背后：从被误解到千亿市场》，其中写道："电竞，过去被多数人误解为和不务正业、玩物丧志画等号，如今作为一项运动进入了亚运会表演赛，今后将成为正式项目。这让电竞业内兴奋不已，行业冀望亚运会能给电竞发展带来深远的影响。"另一篇是《"国家队"出征亚运会，电竞"出圈"为自己正名》，文中写道："电竞'大神'们脱下了印有各自俱乐部标识的T恤，穿上了白底的国家队队服。左胸口印着五星红旗，背后是大大的'China'，这是一次'为国出征'。"对于中国电竞代表队，主流媒体已经给出了最高的评价。

2018年11月，中国俱乐部iG夺得S8冠军，成为《英雄联盟》世界总决赛历史上第一个来自中国的冠军俱乐部。在决赛打完后，所有社交媒体上一眼望去都是iG的名字，中国各地高校的学生高呼着iG，那一刻，仿佛iG的选手就是中国最大的明星和年轻人心目中的超级英雄。获得总决赛MVP的哈尔滨男孩高振宁（Ning）在采访中说："这一切像是做梦一样，还没有醒……"

2019年11月，中国俱乐部FPX再次夺得S9冠军。中国俱乐部连续两年获得《英雄联盟》世界总决赛冠军，而总决赛MVP给到了山东男孩高天亮（Tian）。他在上学时是优等生，所以也被玩家们戏称为"清华打野"。

2020年，《英雄联盟》季中杯，3支中国俱乐部进入前四名，最终由5名中国选手组成的TES俱乐部夺冠。欧美和韩国媒体纷纷表示，从来没有见到过在电子竞技领域韩国俱乐部面对中国俱乐部时会如此绝望。年底在上海举办的S10总决赛，中国俱乐部错失冠军，但我们有理由相信中国俱乐部可以再次登顶。

中国电竞实力的崛起是商业化成功带来的，是包括游戏直播、电竞赛事主办、赞助活动等在内的一系列环节共同造就的结果。

至少在竞技体育项目里，金钱并不是邪恶的，而是可以创造奇迹的。

四、主机游戏市场在中国的命运

（一）早期主机游戏在中国市场留下的空白

主机游戏市场比较特殊的一点在于，和 PC 网络游戏、网页游戏及手游相比，主机游戏是相对稳定，甚至是整个游戏产业中最稳定的市场。对于主机的开发商来说，只要占有了市场，之后就有源源不断的权利金入账；对于游戏开发公司来说，只要游戏质量好，销量总不会太差。也就是说这本质上是一个相对缺乏机遇和风险的市场，主要比的就是产品本身。而这也是中国游戏公司最不熟悉的市场模式。

1994 年，有家天津的公司收购了一家制作 Amiga 2000[①] 的美国游戏主机生产厂，希望通过美国的技术制造中国自己的游戏主机，但项目最终流产。当时这家公司找过一些国内游戏公司合作，但对方刚有意向就破产了，于是没了下文。

1996 年，国内出现过一台引人注目的游戏主机，叫作 A'CAN，由联华电子生产、其子公司敦煌科技发售。这台主机的名字具体叫什么可能只有敦煌科技自己知道，因为有些渠道用的是 A'CAN，有些渠道用的是 Super A'CAN，还有的地方用的是 F16。从最早公布的配置上来说，A'CAN 相当亮眼，甚至可以和世嘉、索尼的主流机型抗衡，但因为缺少游戏支持，公布的游戏也不过是当时我国台湾地区游戏厂商的一些移植游戏，而且多数都是计划开发，并没有实际实施，可想而知这台主机也就很快没了下文。[②]

---

① 这是 Commodore 公司于 1987 年推出的个人计算机兼容机，是为了抗衡 IBM PC 的一个机型，但它并没有获得预想中的效果。
② 直到这台主机停产，该平台上一共只有 11 款游戏。

图 5-12　A'CAN 当时在电子游戏软件上投放的广告

1997 年，北京四通国际贸易公司正式代理世嘉的土星主机。同一年，香港万信代理了任天堂 Game Boy 在内地的销售业务，并请到红极一时的郭富城拍了一则广告。再早之前万信还拿到了 SFC 的代理协议，但万信代理的时间并不长，大约四五年后就被任天堂单方面取消了协议，原因有两点：一是任天堂认为万信打击盗版不力，但这件事根本不是万信的问题，换哪家代理结果都是一样；二是任天堂认为万信推广不力，销售情况不好，但实际上正版 Game Boy 在中国卖出了 100 万台，这个数字可能无法和海外市场相提并论，但在中国市场来说也算是个天文数字了。其实万信当时的本土工作做得相当好，正版 Game Boy 的铺货渠道非常完善，甚至二三线城市的电玩店里也有现货和海报。

2000 年 6 月，《关于开展电子游戏经营场所专项治理的意见》发布，文件中写道："自本意见发布之日起，面向国内的电子游戏设备及其零、附件生产、销售即行停止。任何企业、个人不得再从事面向国内的电子游戏设备及其零、附件的生产、销售活动。"

2002 年，任天堂通过神游又一次进入中国，但神游的本土运作远不如万信做得好。归根到底是任天堂对中国市场不够了解，事实上即便时至今日，相比索尼和微软，任天堂对中国市场的了解依然不够。

2006 年 12 月 28 日，微软在北京召开了一个很小的媒体发布会，会议内容主要是向国内媒体介绍 Xbox 360 和 Xbox Live 业务。但到场的记者都清楚，这个介绍只能听听而已。

2014 年 1 月 6 日，《国务院关于在中国（上海）自由贸易试验区内暂时调整有关行政法规和国务院文件规定的行政审批或者准入特别管理措施的决定》正式发布，其中第 32 条明确表示，在上海自贸区内"允许外资企业从事游戏游艺设备的生产和销售，通过文化主管部门内容审查的游戏游艺设备可面向国内市场销售"。"游戏机禁令"在真正意义上解除了。

2014年ChinaJoy上，微软和索尼同台打擂，虽然这不是两家公司第一次参加ChinaJoy，但都是第一次在中国合法销售这一代游戏主机。

2016年，一共有超过70款国行主机游戏发售，这是自中国游戏产业诞生以来，正版主机游戏发售最多的一年。2016年，国行PlayStation VR的供货量仅次于日本，销量远超预期；2016年，新版PS4和Xbox One S进入中国市场；2016年，《最终幻想15》国行简体中文版全球同步发售，国行独占限定主机同步推出，至12月底，中国PS4版游戏销量在亚洲仅次于日本。整个中国主机游戏的大市场已经初具规模。

图5-13　2014年ChinaJoy上，玩家们正在体验新的游戏主机

（二）中国本土公司的失败尝试

除了微软和索尼的入局，还有些本土公司也盯上了这块蛋糕。

2011年，联想控股企业北京联合绿动推出了 iSec 游戏主机，类似于当时微软研发的 Xbox + Kinect，是带有体感功能的游戏主机。日后这家公司还推出过名为 CT510 的主机，但无论哪款主机的销量都一塌糊涂，一方面是价格太高，另一方面是游戏太少。

2014年6月，斧子科技开始正式组建团队，由蓝港互动集团创始人、前金山软件高级副总裁王峰任 CEO，原华为游戏主机 TRON 主要负责人张晓威担任总裁，曾经在英伟达任职的张嘉担任 CTO。之后，中国知名游戏编辑多边形也加入了团队。靠着这个豪华的团队，斧子科技很快拿到了1500万元的天使投资，2015年10月又拿到了6000万美元的 A 轮投资。斧子科技员工最多时超过200人，其中工程师超过100人。但对于研发游戏主机来说，无论是这笔钱还是工程师人数，都只是杯水车薪，以至于在斧子做主机的消息流出以后，行业始终没有给出过积极的看法。一位曾经在 Xbox 项目组待过的工程师转发了斧子科技做主机的消息，评论道："如果这都能做出来主机，我立刻从微软辞职，微软实在太烂了，居然花上百倍的成本才做出来。"

2016年5月10日下午2点，在数万玩家的期待下，斧子科技"战斧F1"发布会召开，中国"第一台国产家庭互联网娱乐游戏机战斧F1"正式发布。畅玩版899元、精英版1499元，正式上市后没多久就取消了畅玩版。这个价格比索尼的 PlayStation 4 和微软的 Xbox One 只便宜了一点点，可以说没什么价格优势。[1] 相较价格，更让人颇有微词的是配置，战斧F1 的 CPU 使用了 Tegra K1，这本来是一款用在智能手机上的处理器，而且已经上市接近两年，即便在智能手机里都不算是旗舰机的配置。更重要的是，大家惊讶

---

[1] 国行 PlayStation 4 最早的最低售价是2899元，在战斧F1上市的时候已经降为2199元，部分渠道甚至降到了1999元。Xbox One 最早国行售价是3699元，在战斧F1上市的时候已经降到1600元左右。但是这两台主机哪怕最低配置，也要比战斧F1的配置高得多，更不用说支持的游戏多了多少。

地发现，战斧 F1 本质上就是一台使用安卓系统的机顶盒——是的，战斧 F1 使用的就是安卓系统，和智能手机一样。多边形在 2014 年 10 月 23 日发微博称："救命啊，目测一大波国内厂商抱着各种各样的安卓盒子加个手柄冲过来说要改变电视游戏产业了啊！"2015 年 4 月 30 日，他在转发"爱范儿网"的文章时评论："妄图用个廉价的安卓盒子就想'颠覆电视游戏市场'的人们，你们醒醒！"也就是说，多边形肯定知道安卓盒子的不靠谱和做游戏主机的难度有多大，之后多边形在知乎上做了如下解释。

> 安卓本身是个开源系统，手机上用得多，所以人们想当然地认为这就是个轻量级的东西，但这个系统可挖掘的潜力远不止在手机上看到的那些。坦白说，我们采用安卓系统最大的原因，是为了降低开发商的进入门槛，作为一个初创的游戏主机公司，且不谈我们有没有足够的能力在短时间内去开发一套类似 PS（PlayStation）或者 Xbox 那样的独立的、封闭的主机操作系统，更重要的是你在一台机器都还没有卖的情况下，凭什么要求开发商们去给你这个新兵蛋子一样的一套全新系统来开发游戏呢？

最后，开发商也没有给安卓机顶盒开发出什么游戏。事实上，安卓在开发初期没有考虑过大型游戏的问题，如果对游戏显示效果要求较高，开发难度是相当大的，也就是在安卓上开发游戏本身就是一件容易做但做好难的事情。

战斧 F1 的宣传主要集中在了《真·三国无双 7：猛将传》《刺客信条：编年史》《苍穹默示录》和稻船敬二的《神力九号》4 款游戏上，前 3 款并非独占，在战斧 F1 上市前别的平台已经发行了至少一年以上，后一款制作人的名声要远远大于游戏本身。而这些已经是战斧 F1 推广宣传里最值得一提的游戏了。

然而，《真·三国无双 7：猛将传》的实际效果之糟糕，可以说是近几年所有新主机里最差的，效果甚至比不上 2000 年左右的主机。这在很大程度上反映了战斧 F1 的配置和优化有多糟糕。关于优化，一位参与过 Xbox 开发的工程师说："优化从某种角度来说是游戏主机开发最难的一件事，一方面，你要尽最大可能了解游戏需要的效果，并且尽最大可能做到；另一方面，你要让游戏公司明确知道，当做了什么效果以后游戏就不流畅了，就是要给游戏公司一个看得到的'天花板'。这里其实微软靠着天才工程师做了相当多的黑科技。"在开发 PlayStation 2 时，索尼做过一个很有意思的开发工具，可以让游戏开发者直观、清楚地看到自己的程序占了多少内存，显示效果是一堆方格随着开发的推进会被逐步占满，如果完全占满就代表可用内存已经没了。精确到每添加一张图片都能清晰地看到内存的变动，可见精确度之高。只要控制在显示的有效范围内，实机调试就不会遇到内存不足的问题。这就是所谓的"看得到的天花板"。

除此以外，战斧 F1 还有很多让人无法接受的地方：游戏手柄的设计和 Xbox One 几乎一模一样，同时按键的手感很差；系统明显借鉴了索尼的 XMB（Xross Media Bar），乍一看真的分不清；主机的卡顿和掉帧非常严重，这在主机游戏里几乎是致命的问题；首发游戏就有大量让游戏无法进行下去的漏洞。

战斧 F1 的宣传也很不用心。2016 年的 ChinaJoy 上，为了统一品牌改名为蓝港科技的原斧子科技给战斧 F1 布置了一个不小的展台，还精心策划了一场粉丝求婚活动，媒体公关稿内容如下。

> 求婚的男玩家本身是一位主机玩家，而战斧 F1 则是他送给女友的一份礼物。在收到战斧 F1 之前，女友对其每天玩游戏比较反感，两人也因此发生过多次争吵。而女友收到战斧 F1 之后非常开心，特别喜欢战斧 F1，每天都会花上一些时间跟他一起玩游戏。为了能给女友一个

最大的惊喜和最难忘的回忆，同时也为了让女友回忆起他们一起畅玩战斧F1的快乐时光，这位男生找到了蓝港科技展台，希望能够配合他求婚。而蓝港科技展台听了他们的故事，被这位男生的浪漫想法和对女友真挚的爱所感动，同意帮助他求婚。为此，蓝港科技展台特意推迟了今天的舞台表演，专门为这个男生预留了时间。

之后这篇公关稿刷爆了媒体，但是大部分稿件关于主机本身一句都没提，这种愚弄玩家的宣传方式引来一片骂声。

从战斧F1的发布会也能看出斧子科技的种种问题。当时发布会现场嘉宾的名单有两份，一份是一些游戏行业的知名大佬，内容如下。

Ubisoft亚太区总裁Aurelien Palasse、Crytek中国区总经理Adam Lang、《洛克人》之父稻船敬二、《真·三国无双》制作人铃木亮浩、KOEI TECMO执行役员小林英圣、意弟游数字娱乐大中华区总经理Thomas Rosenthal、《苍翼默示录》导演兼制作人石川良辰、西山居"三剑客"之一和《剑侠情缘》单机版主策划李兰云。

还有一份完全看不懂的名单，内容如下。

乐视云计算董事长杨永强、乐视O2O销售总裁张志伟、暴风科技CEO冯鑫、锤子科技CEO罗永浩、易道用车CEO周航、秒拍CEO韩坤、熊猫TV副总裁庄明浩、毒药APP创始人侯小强、蓝港互动集团总裁廖明香、搜狐畅游CEO陈德文、巨人网络总裁纪学锋、昆仑游戏CEO陈芳、众思科技CEO刘江峰、乐相科技CEO陈朝阳、创业邦CEO南立新、易观国际董事长于扬、复兴文化产业集团董事总经理钱中华、极客帮创投创始合伙人蒋涛、时尚集团总裁苏芒、导演陆川、导演王岳伦、歌手王铮亮、歌手周晓鸥、周杰伦旗下电竞团队、作家马伯庸、歌手爱戴、演员莫小棋、歌手潘辰、演员何琢言。

无法否认这些嘉宾的影响力，但很难想象这是一场游戏主机的发布会。如果之前大家对战斧 F1 还存有一些期待的话，这次彻头彻尾失败的发布会则完全搞砸了整个产品的口碑。除了主机本身让人失望以外，演讲质量也相当糟糕，表述能力暂且不说，演讲重心完全偏离，一直在讲并不出彩的配置真是让人匪夷所思。发布会结束后，社交媒体上的谩骂声铺天盖地。

斧子科技的网站上有一句话："你可以保持偏见，但不能回避我们的成长与爱。"可惜的是，围观群众既没有看到成长也没有看到爱。

战斧 F1 开放预购的首日只有不到 100 台的预订量。斧子科技巧妙地避开了所有正确的选择，全做错了。

2016 年 7 月，斧子科技最早的 4 名合伙人一同向王峰请辞；2016 年 8 月，最后一名合伙人多边形离职；2017 年 3 月，斧子科技的战斧 F1 停止了网络服务，传言已经人去楼空，这种"跑路"行为让网友甚是愤怒。

斧子科技的失败为中国主机行业的后来者挖了一个大坑，但凡之后想涉足主机游戏行业的公司都绕不开斧子，一方面要跟资方解释为什么自己能比斧子做得更好——当然这可能并不难，因为斧子做得确实太差了；另一方面还要让用户相信中国公司是有可能做好主机的——这个很难，因为玩家的容忍性是最差的。

除了斧子以外，还有其他公司在尝试进入游戏主机这一产业，其中就包括曾经的王者——小霸王。2016 年 6 月，据中山市政府网站的消息，小霸王文化发展有限公司与美国 AMD 公司正式签订合作协议，双方共同投资 4 亿多元定制一款由 AMD 独家授权的芯片，进军文化教育市场。据称，该芯片为一款虚拟现实（VR）游戏主机芯片，综合性能将超 PS4 两倍，为 VR 技术提供全面优化支持。因为这款芯片的出现，很多人都说，小霸王回来了。

小霸王其实从未真正离开。中国的本土游戏机公司做过很多夸张的事，甚至可以说是黑科技：在 FC 上加入 HDMI 接口；做成掌机大小的 FC 游戏机；同时支持 GB 游戏以及 FC 游戏，甚至还同时支持 HDMI 输出；同时支持 GB 游戏、FC 游戏及 HDMI 输出外，还有一个 5 英寸的大屏幕，而且就卖 500 元不到。小霸王这些年一直在做这类游戏机产品，针对中国的农村和乡镇市场，并且销量一直不错，虽然并不主流，却是这十几年里中国游戏机行业不多的参与者之一。2018 年的 ChinaJoy 上，小霸王发售了玩家们期待已久的新品，但这款新品并不是一台传统意义上的游戏主机，而是一台"游戏电脑"，售价 4998 元。在关于这台"游戏电脑"的讨论中，有大量被战斧摧毁信心的玩家在抨击国产主机游戏厂商。这怪不得他们，因为他们确实在情感上受到过伤害，小霸王的这支团队里也确实有当年战斧的核心成员。

2015 年，腾讯推出了专门的安卓游戏机系统 miniStation。腾讯首先和联想推出了乐檬 miniStation，售价 699 元，之后又和创维推出了第二代。2016 年底，Sky 的钛度科技发布了和腾讯合作的钛度 miniStation 主机，这款主机的外形要远好于之前的两款，只是一个很小的正方体，但很漂亮。但这款主机的实际销量比战斧 F1 还要糟糕，除了媒体外，几乎没什么人见过这台主机。这款主机因为成本问题没有大规模量产，之后 miniStation 这个品牌也被腾讯放弃了。

连中国最有钱的游戏公司腾讯都放弃了这个市场，这可以说明很多问题了。

我们去看其他公司成功的经验，做一款成功的主机基本要做好五个环节，任何一个环节做不好都很难成功。

第一，开发游戏主机的投资是巨大的，需要一套专有的硬件框架、一套合适的操作系统。这两点配合起来还要保证几年内都能给玩家呈现出效果相当不错的游戏，并且还不能太贵。索尼和微软在有相当强大的技术积累的前提下，开发团队也有上千人的规模。

第二，除了做一台好主机外，更重要的是要找到足够多的游戏在主机上运行。哪怕是移植游戏，游戏公司也要付出不低的成本，更不要提独占游戏了。按照现在的标准，一款游戏5000万到1亿美元都是正常的投资。必须要让游戏公司看到有利可图，这个有利可图的背后要么是能给游戏公司保证销量，要么是干脆自己出资让游戏公司做。曾经微软在拓荒时期，这部分投资都是以十亿美元为单位花出去的。

第三，游戏主机有相当高比例的芯片是订制开发，同时对于CPU和GPU的性能要求较高，这就使得需要保证有稳定的配件货源，并且还要保证代工厂或者自有生产厂能够提供稳定的产出。事实上，时至今日生产问题依然是主机厂商最难攻克的难关之一，哪怕是微软、索尼和任天堂都拿生产没办法。一直到2018年，任天堂的Nintendo Switch依然受产量问题困扰。战斧F1在生产时也遇到了因为芯片订单太少，被英伟达直接无视的情况。

第四，主机的销售策略是非常复杂的，一方面需要做好口碑运营，另一方面还要做好销售渠道，这在很大程度上是需要靠时间积累的。同时，销售还涉及补贴的问题，现在主机基本都是亏损销售，靠后期的游戏收入补贴这部分亏损，这种情况下就需要主机的开发公司有非常强大的现金流，毕竟要倒贴钱卖主机。战斧F1的售价就低于成本，也是在卖一台亏一台。

最后，也是现有情况下最难做的一点，大部分游戏玩家对主机的选择都有明确的品牌认知，甚至是明确的站队行为，因此新公司要培养自己品牌的忠实用户可能至少需要一代主机的时间。

其实，游戏主机这个行业从来就不是创业公司能轻易立足的，甚至很多科技行业的人都认为游戏主机的制造门槛不低于造车。

与中国游戏公司已经进入的端游、页游和手游市场相比，中国想要攻克主机游戏市场是很困难的。无论在欧美还是日本，主机游戏都是其游戏产业的"主食"，这些国家把最精干的力量集中在主机游戏的开发上。中国游戏公司已经成功进入的那些游戏领域属于新兴行业，而且他们遇上了好的时间点，这并不代表以同样的策略与手段进入一个固化市场也能够取得成功。中国游戏公司进入主机市场的难度远超从前。

但对于中国游戏公司来说，主机游戏市场是一个值得投入的市场，或者说中国游戏公司早晚会进军主机游戏市场。在长达十几年的时间里，主机游戏行业的缺失让中国的游戏产业留出了空白地带，这是盲区，也是机会。

对于中国游戏公司而言，当下游戏市场跑马圈地的局面不可能持续太久，在市场增长减速以后，主机游戏就是一个非常好的市场，虽然很难有页游和手游的超高盈利，但是市场相对稳定，只要产品好，赚钱总归不会太难。

《2017年中国游戏行业发展报告》里提到，2017年，家用游戏机（包括配套游戏消费）的销售收入约为38.8亿元，同比增长15.1%；家用游戏机全年销量约为89万台，同比增长12.0%。增长的原因主要有4点。

第一，随着人民生活水平普遍提高，社会对游戏的态度更加包容，玩家对优质游戏体验更加看重，家庭对家用游戏机消费的意愿和能力均有所提高。

第二，国内小霸王等中低端主机市场表现良好。

第三，国内主机游戏内容的销售收入偏低，进口主机国服的游戏相比外服，数量偏少、价格偏贵，国内用户取得外服游戏的渠道较为畅通，大量用户倾向在外服消费。

第四，微软第四季度发布了国行新机型。

2019年，亚洲游戏市场研究和咨询公司Niko Partner的报告显示，中国游戏机玩家总数已达到1100万人，预计2024年将达到1915万人；中国的主机游戏市场在2019年创造了9.97亿美元的收入，预计将在2024年达到21.5亿美元。两个数字均在高速增长中。

五、中国游戏产业的未来在哪里

（一）风险投资在中国游戏市场扮演的角色

1999年，《电子游戏软件》上的《只要叫了，就是乌鸦！》一文中写道："游戏业发展的根本需要是资金。资金初期来源于投资者，但这样的投资是建立在预期回报的基础上的，也就是说必须有高额的回报，才能刺激投资者再次出手，并吸引更多投资。"对于中国游戏行业而言，繁荣与否的最大差异就在于是否能投入足够多的钱，而钱，很大程度上又是由风险投资带来的。

我们所谓的风险投资广义上是私募基金的一种，对冲基金也属于私募基金。和公募基金相比，私募基金多为非公开募集，出资人少，主要针对高净值人群。一家基金公司首先会有内部的管理人员，其中基金的实际管理者被称为一般合伙人。多数基金不止有一个一般合伙人，这些合伙人共同管理一个基金，而一般合伙人不需要出太多钱，大多数基金的一般合伙人的出资范围在3%~10%，有些基金的一般合伙人甚至可以不出钱。和一般合伙人对应的是有限合伙人，有限合伙人最通俗的解释就是出资人，整个基金绝大多数的资金是有限合伙人投入的，但是有限合伙人本身的权限是受限的，他们只能出钱但是没有对投资项目的话语权。有的有限合伙人把这种情况戏称为

"鼓掌权"，意思是投资以后唯一的权利就是鼓掌了。也就是说，基金的运作模式本质上就是有限合伙人把钱给一般合伙人打理，等赚钱以后再按照比例分成。这个分成比例一般为 20% 和 80%，即净收益部分 20% 为一般合伙人收入，80% 为有限合伙人收入。除此以外，一个基金还需要管理费来维持基金的正常运作和开支，一般每年需要基金总额的 2% 作为管理费开支。

一般风险投资基金会投入一部分资金，并以此获得被投公司的一部分股份。根据投资的不同阶段，风险投资分为种子、天使、A 轮、B 轮、C 轮等。之后，在某个合适的时间点，被投资公司被收购或者上市以后，风险投资基金就可以套现获得收益。

风险投资就像它的名字一样，风险非常大。时任美国财政部部长，后担任哈佛大学校长的劳伦斯·萨默斯（Lawrence Summers）于 1999 年 9 月 8 日在纽约经济学俱乐部上说："创业者还没买到自己的第一身像样的服装之前就能够筹集到第一笔 1 亿美元，这样的经济还是第一次出现。"这句话直白地解释了风险投资的风险有多大，它是在把钱投给一群从来没有赚过这么多钱，甚至从来没见过这么多钱的人。不少知名投资人都表达过类似的观点。曾经投资了苹果计算机、雅达利、甲骨文、思科、雅虎的红杉资本的创始人，被称为"硅谷风险投资之父"的唐·瓦伦丁（Don Valentine）形容过风险投资和传统投资行业最大的区别，是要做很多类似保姆的工作：

> 大多数风险投资家不得不为那些新人创办的公司提供投资。这些新手 20 来岁，之前没有管理经验。投资家们要让年轻的 CEO 或创始人知道如何管理公司、租办公楼、选择健康的保险计划、发现销售前景、广泛地使用各种基础服务。①

绝大多数风险投资基金是按照这个基本原则运作的，只是实际操作起来

---

① 事实证明决定一家投资机构好坏的，是这些所谓的"投后管理"做得如何。

可能多少有些差异。

　　风险投资对中国游戏行业的积极作用是毋庸置疑的。2000年在接受《游戏批评》杂志采访时，中国最早获得风险投资的前导软件的创始人边晓春说过如下的话。

> 目前最缺乏的，还是资金，因为这是必不可少的"第一推动"。现有的游戏制作水平虽然一直在进步，但与国外现金水准相比，同时差一个节拍。即，我们正在制作的产品，即使做得好，也只能大致相当于市场上正在卖的国外产品。

　　张朝阳也曾经在20世纪90年代如下表达过自己对风险投资的期待。

> 风险投资模式对高科技企业的发展是非常重要的，在美国可以说是整个信息产业大厦的基石。40年来，这种投资体制创造了众多的奇迹。像苹果、微软、康柏、网景直到今天的雅虎，一系列的"辉煌"反复证明了这种体制在发展高科技行业上所蕴藏的巨大能量。整个美国的硅谷就是凭借这种投资机制才得以发展成为今天流金淌银的"聚宝盆"，这也是在信息产业方面美国遥遥领先欧洲和日本的根本所在。
>
> 风险投资是一件非常本土化的事情，跨越太平洋到美国或别的国家去融资，可以说是难如上青天，每个投资者都宁愿看到自己投钱的公司在眼皮底下长大。所以只有培育风险投资文化、发展本国的投资模式，让它在中国生根立足，中国的互联网行业以及众多的中小科技企业，才能不再患"贫血症"，持续长足地发展。但"风险投资"机制在中国，至今仍然是人们谈论而非实践的对象，原因有很多，但根本是一个文化问题。风险投资犹如赌博，要么全失，要么大得。每一笔风险投资的背后，必须有反复的权衡和严格的评估。所以风险投资只

能由直接和切身利益紧密相连的民间资本来运作，而不能靠我国这样的由国家设立的各种孵化基金来实现。我得知不久前联想公司给金山软件公司以风险投资的形式注资后非常高兴，这实在是个新气象，我们要鼓励国内公司之间进行融资。

资本确实在很大程度上推动了中国游戏产业的进步，几乎所有大中型游戏公司背后都有风险投资的参与。中国的游戏公司能够赶超韩国，离不开背后的投资支持。而中国互联网行业有两大优势，一是有大量网民，二是有非常完善的风险投资系统。

游戏行业的风险投资在整个科技领域是比较另类的一部分，不只是中国，海外也是如此。早在 2005 年，美国娱乐软件协会就发出感叹："今天，游戏的开发模式只有两种：一种是发行商投资给内部工作室，另一种是发行商投资给外部工作室。注意，这里的关键词只有一个——'发行商'。这是个很现实的问题，现在除了发行商外，没人肯投钱给游戏公司。"十多年以后，状况依然没有明显的改善，甚至有愈发恶化的趋势。而之所以传统投资公司不敢投资游戏公司，主要有 4 点原因：一是游戏的投资规模越来越大，如果做 3A 级游戏，几千万美元是正常的投资规模，传统投资公司很难有魄力拿出这笔钱投一款游戏；二是无论在中国还是美国，渠道对于游戏的价值举足轻重，而资方并没有优良的渠道资源，这就使得这种纯粹投钱的行为反而比运营商的风险更高；三是游戏虽然也是开发程序，但是品类太过于特殊，熟悉游戏行业的投资人并不多，一般对游戏行业有所了解的基本都是从业者或者前从业者，这其中去做投资的人也不多；四是一个游戏项目里的不可控因素太多，机会成本极高。曾经就有投资者在提到游戏行业时说："游戏行业投资的不确定性比医药行业还高，几乎是科技领域里最像买彩票的了。"关于风险投资，行业里有两句话值得每个人铭记在心：一是"风险投资是锦上添花，而不是雪中送炭"；二是"笑，全世界便与你同声笑；哭，你便独自哭"。

（二）中国游戏产业取得了什么成绩？

中国的经济在过去十几年取得的成就是世界经济史上的一个奇迹。吴晓波在《激荡十年，水大鱼大》的序言里如下总结了从2008年到2018年中国经济取得的成就。

> 在这十年里，中国的经济总量增长了2.5倍，一跃超过日本，居于世界第二，人民币的规模总量增长了3.26倍，外汇储备增加了1.5倍，汽车销量增长了3倍，电子商务在社会零售总额中的占比增长了13倍，网民数量增长了2.5倍，高铁里程数增长了183倍，城市化率提高了12个百分点，中国的摩天大楼数量占到了全球总数的七成，中产阶层人口数量达到2.25亿人，每年出境旅游人口数量增加了2.7倍，中国的消费者每年买走全球70%的奢侈品，而他们的平均年龄只有39岁。
>
> ……在《财富》世界500强（2017）的名单中，中国公司的数量从35家增加到了115家，其中，有4家进入了前十大的行列。在互联网及电子消费类公司中，腾讯和阿里巴巴的市值分别增加了15倍和70倍，闯进全球前十大市值公司之列；在智能手机领域，有4家中国公司进入前六强；而在传统的冰箱、空调和电视机市场上，中国公司的产能均为全球第一；在排名前十大的全球房地产公司中，中国公司占到了7家。全球资产规模最大的前四大银行都是中国的。

中国的游戏市场，是一个"水大鱼大"的故事。

早在1996年，叶伟给《电子游戏软件》写的一篇叫作《不可低估的魅力》的文章里就写道："拥有12亿人口的中国，无论对什么产品来说，都是浩瀚无比的市场。电玩也是如此，哪怕我们的电玩族只有百分之一的比例，也足有 1200 万之巨。这简直就是堆在我们面前的一座金山。"回顾这段话，我们能够确定的是，叶伟老师还是低估了中国的游戏市场。

根据中国互联网络信息中心（CNNIC）发布的第 45 次《中国互联网络发展状况统计报告》，截至 2020 年 3 月，我国网民规模为 9.04 亿，较 2018 年底新增网民 7508 万人，互联网普及率达 64.5%，较 2018 年底提升 4.9 个百分点；我国手机网民规模为 8.97 亿人，较 2018 年底新增网民 7992 万人，网民中使用手机上网的比例为 99.3%，较 2018 年底提升 0.7 个百分点；我国网络游戏用户规模达 5.32 亿人，较 2018 年底增长 4798 万人，占网民整体的 58.9%；手机网络游戏用户规模达 5.29 亿人，较 2018 年底增长 7014 万人，占手机网民的 59%。2019 年全球用户支出排名前 10 的网络游戏中，我国的《王者荣耀》《梦幻西游》和 *PUBG MOBILE* 分列第 2 名、第 7 名、第 9 名。全球月活跃用户排名前十的网络游戏中，也有 4 款为国产游戏。

根据中国音数协游戏工委（GPC）和国际数据公司（IDC）联合发布的《2019 年中国游戏产业报告》，2019 年中国游戏市场实际销售收入 2308.8 亿元，同比增长 7.7%。从细分市场观察，移动游戏占整体营销收入近七成，处于主导地位；客户端与网页游戏占比分别降至 26.6% 和 4.3%。其中 2019 年电子竞技游戏营销收入 947.3 亿元，同比增长 13.5%。与之相应，用户规模从 2015 年的 2.2 亿人翻了一番，达到 2019 年的 4.4 亿人，已连续 5 年保持增长。另外，2019 年中国自主研发游戏海外市场营销收入 115.9 亿美元，折算成人民币约为 825 亿元，同比增长 21%。

根据 App Annie 的数据，App Store 中国区在 2017 年 7 月的总收入达到了 8.94 亿美元，相比往年同期大涨 90%，超过美国和日本跃居全球 App Store 市场份额榜单首位。而中国、美国、日本三大市场也占了全世界市场的近 80%。

表 5-2 App Store 收入前五名

排名	市场	2017年7月（万美元）	市场份额（%）	2016年7月（万美元）	同比增长（%）
1	中国	89400	27	47100	90
2	美国	83000	25	63100	32
3	日本	81000	25	73300	11
4	英国	8400	3	8700	−3
5	韩国	7900	2	4900	61

而根据 App Annie 的《2019 年移动市场报告》，可以看出市场这两年依然在发生着翻天覆地的变化，尤其是中国市场。到 2019 年，中国市场总移动用户支出占全世界 40% 的市场份额，而游戏支出占全世界 74% 的份额。App Annie 在 2020 年发布的全球 52 强移动游戏发行商里，中国公司有 11 家，其中全球第一和第二名分别是腾讯和网易，第四名是腾讯控股的 Supercell，第九名是巨人网络持股的 Playtika。

这些数字表明，中国游戏市场就是一座金矿。

虽然网易和腾讯两家巨头公司的市场占有率很高，但并未占满全部的生存空间。网易和腾讯之外的游戏公司在 2014 年、2015 年、2016 年的产值为 599 亿元、669 亿元、668 亿元，也就是说虽然 2016 年出现了 1 亿元的萎缩，但依然有超过 600 亿元的市场，单独拿出来也是世界第四大游戏市场，仅仅略低于日本而已。在这种情况下，作为中国的游戏公司，把目标放在本国也是理所应当的。虽然出海有出海的好处，但对于小团队来说，如果对国外市场完全不了解，如果连熟悉国外市场的资本都没有，就直接说要出海，那无异于丢了西瓜捡芝麻。游戏毕竟是文化产品，而不同市场的文化差异要远远超出很多人的想象。

最后，中国的游戏从业者经常妄自菲薄，觉得别的国家的游戏做得多么好,而事实上,从端游到手游,中国的游戏这些年在各个方面已经达到了世界级的高度。在大部分开发者眼中,中国之所以没有做高技术水准的 3A 游戏并不完全是技术问题,只是因为相较手游传统端游的投资回报率太低而已,而只要想做技术上其实不会有太大的障碍。现阶段学虚幻引擎的人少也是因为项目少,如果几家大公司都大规模制作 3A 游戏,大家也会一窝蜂地去学。一些国外的从业者也认为中国的游戏产品在技术上并没有明显的劣势,只是在游戏内容策划上可能更加"本土化",而不是更接近欧美、日本的传统游戏,但这更多是源自市场的差异,而不是技术瓶颈。

(三)未来做什么游戏?

中国游戏市场的竞争是残酷的,除了腾讯和网易,剩下的份额也有大量上市公司盯着。根据 TalkingData 的数据,2017 年上半年,国内移动游戏供应商规模达 3.4 万家,增速放缓至 0.2%,但依然在增长中,也就是竞争还在逐年加剧。在这种状况下,游戏市场里最容易"死掉"的就是缺乏差异化的公司,而恰巧中国的游戏公司很容易陷入同质化的陷阱。

2015 年,网易的《率土之滨》上市,这是一款策略类手机游戏,在当时以卡牌游戏为主的市场环境下比较罕见。这款游戏的生命周期很长。一直到 2020 年,这款游戏还一直位于榜单前列。对于生命周期整体偏短的手机游戏来说,这个成绩堪称奇迹。

2017 年底,《恋与制作人》上线,两个月以后月收入破 3 亿元,这是一款卡牌 + 文字养成类游戏,游戏方式是独树一帜的大杂烩。在此之前,大部分游戏开发者并不看好文字类游戏,认为这类游戏在中国没有市场。而几乎同一时间,一款名为《旅行青蛙》(旅かえる)的日本游戏突然间引爆了中国互联网,大家开始在游戏里"养孩子"——虽然是一只青蛙。这款游戏几乎所有内容都是随机的,所以也被戏称为"佛系"游戏。一个月以后,《旅行青蛙》的下载量突破 1 亿次，在苹果 App Store 上更是冲到第一名。

2019 年，一家名为鹰角网络的创业公司推出手游《明日方舟》。这款游戏采用"二次元"画风，战斗方式又偏向塔防，另类的搭配和极高的游戏完成质量迅速爆红，首月收入突破 2 亿元，之后连续数月月收入保持在 3 亿元以上。作为一家创业公司，取得这个成绩是非常鼓舞人心的。

这几款现象级的游戏其实向中国的游戏公司说明了一个问题：玩家已经玩腻了现有的游戏，手机游戏行业需要有新的游戏类型和内容。与此类似，页游和端游市场基本停滞，而停滞背后的主要原因并非玩家不玩了，而是玩家觉得没什么可玩了，游戏同质化实在太严重。在这种情况下，对于大公司来说，试错成本很低，把钱和团队投入新的领域虽然不一定可以赚钱，但有可能获得新的机会；对于小公司来说，进入已经被大公司占据的领域，很难正面竞争，那么选择一些冷门的领域做游戏或许有非常不错的机会。有时候，现在冷门的领域只是玩家还没发现，不代表未来也没人玩。

（四）独立游戏和 3A 游戏的前景

从现实情况来说，现在的"独立游戏"和传统意义上的独立游戏有着本质的区别。传统意义上的独立游戏一般指的是没有外部资本和大型游戏发行商介入，由小团队开发的游戏。但现在这么定义独立游戏就很不合适了。首先，现在很多独立游戏开发团队规模并不小，一些商业游戏的开发团队反而很小。其次，现在相当多的独立游戏开发团队都有外部资本投入，这些资本中就有不少来自大型游戏发行商。现在的独立游戏更多的是指那些小众和艺术化的游戏。

1999 年，一位叫石璐的年轻人开发了一款名为《平原惊雷》的游戏，这款游戏类似于《炸弹人》，完全由其一人独立开发，是国内最早的独立游戏。之后石璐曾经尝试和目标软件合作，但合作得并不愉快。

2004年，方顺从天图辞职，决定回家做点自己喜欢的事情。在家待着的方顺先后尝试开发了《梦幻坦克》《梦幻格斗》《梦幻战争》3款游戏，但都没有开发完。2004年12月，他第一次开发完成了一款游戏，叫作《梦幻战争2》。这是一款画面十分出色的第一人称射击游戏，虽然游戏长度很短，但还是刺激了不少国内的游戏玩家。

2005年，清华大学在校学生柳晓宇开发了自己的第一款游戏《黑暗圣剑传说》，是用日本公司制作的RPG的开发工具RPG Maker制作的。制作完成后，柳晓宇意识到好像没有地方发布，就又做了一个名为66RPG的网站，专门让玩家来分享自己通过RPG Maker开发的游戏。在之后至少十年时间里，66RPG都是国内独立游戏开发者最主要的聚集地，有不少玩家用RPG Maker这个看似简单粗糙的工具做了相当多不错的游戏。2012年，柳晓宇在66RPG的基础上成立了北京六趣网络科技有限公司，这家公司更被玩家熟知的名字是橙光游戏。橙光游戏提供了一个文字游戏制作工具和发布平台，在之后几年吸引了数十万的业余游戏制作者。

从1999年石璐开发中国第一款独立游戏，到66RPG转型为橙光游戏，这十几年的时间里，中国的独立游戏一直缩在一个极小的圈子里。一是因为中国游戏市场整体相对困难，不要说独立游戏，连商业游戏公司都是一个接着一个破产；二是当时的通用游戏引擎发展情况比较糟糕，大部分游戏都需要开发者从头开发直至完成，这对于个人开发者来说难度太大了；三是开发独立游戏意味着要长时间没有经济来源，收入没有保障，开发者难以维持生计。众筹模式的出现一度解决了第三个问题。2013年，一款名为《水晶战争》的游戏在美国众筹网站Kickstarter上众筹，预期众筹金额为32 000美元，最终得到了来自3348名出资人的95 574美元。这款游戏的开发由一个中国团队完成，名叫傲逆，创始人叫周鲁。但最终，这款游戏只有一个20分钟的付费试玩版，且已在2016年停止更新。在项目的运转过程中，各种问题层出不穷：制作团队没有成熟的开发经验，游戏的演示就是一个Flash

动画，一开始就承诺了一个绝对完成不了的开发时间。可能团队的初衷是筹到钱以后好好做游戏，但没有做游戏的能力就拿钱本质上是一种诈骗。因为《水晶战争》的失败，之后很长时间里中国的独立游戏开发公司都无法说服玩家和投资人。

随着 Steam 等平台用户的增长，独立游戏的开发者迎来了一个非常好的机会，可以更加便利地向全世界的玩家展示自己的游戏。2017 年，Steam 上销量超过 10 万套的单机国产游戏已经超过 10 款，基本都是独立游戏。其中《归家异途》《符石守护者》和 ICEY 三款游戏都超过了 20 万套，ICEY 的全平台销量更是超过了 120 万套。此外，2018 年上线 Steam 的《太吾绘卷》的销量已突破 200 万套。

此外，国内也有一些夹在独立游戏开发者和 3A 大制作游戏开发商之间的团队。

曾经在美国 THQ 等公司任职的吴自非 2010 年回到国内创业，但和大部分海归不同，他没有选择北上广，而是到了重庆，团队名叫帕斯亚工作室。2014 年，团队的第一款游戏《星球探险家》在 Steam 上线，总销量突破 30 万套，收入超过 3000 万元人民币。值得一提的是，这其实是一款面向海外玩家的游戏，中国玩家只有不到 10%。2018 年初，团队的第二款游戏《波西亚时光》上线，一周销量突破 5 万套，进入 Steam 周榜前十。

中国一定会有一批类似的团队，为全世界的玩家做好游戏！

如果不出意外，未来的中国游戏行业会出现两条进入 3A 游戏的道路：一条是大型游戏公司在人口红利疲软后，开发 3A 游戏保证相对稳妥的收益；另一条是现在的这些独立游戏团队，在开发过程中不断增加游戏投入，进而开发出真正意义上的 3A 大作。

（五）技术革新：VR 和 AR 市场

日本学者中岛诚一在自己的作品《触觉媒体》里归纳了媒体的不同阶段：最早的媒体是报纸、图书、杂志等视觉媒体；之后出现了收音机、电话、唱片等听觉媒体；在这个基础上又出现了电视、电影、视频等视听觉媒体。游戏这种形态被称作触觉媒体，它是以"视觉、听觉、触觉"这 3 个维度传递信息的媒体，这说明游戏是一种相对更为高级的媒体形式，而在游戏行业内部也一直存在着"触觉"上的交互变革，谁掌握了这种变革，谁就可能成为那个时代的引领者，至少能赚到不少钱。游戏史上比较知名的几次变革有：米罗华奥德赛用一个盒子把手柄和电视连接在一起；任天堂在 Famicom 上做了一个变形的控制器——光枪；科乐美的跳舞机、《太鼓达人》和《吉他英雄》的仿真乐器交互。最近的一次游戏交互方式的变革经常被人忽视，就是 Wii 和 Kinect 推广开来的家用体感游戏机，让游戏玩家从此"站"了起来。下一个变革是什么？是 VR 或者 AR。

VR 是 Virtual Reality 的简称，译为虚拟现实。AR 是 Augmented Reality 的简称，译为增强现实。简而言之，VR 是用户通过眼镜看到的纯虚拟的东西，而 AR 是用户通过眼镜看到的在现实基础上增加了虚拟的元素。

1968 年，哈佛大学教授、图灵奖获奖者伊万·萨瑟兰（Ivan Sutherland）做了一个名为"达摩克利斯之剑"的头戴式显示设备。这套设备的显示装备被放在用户头顶的天花板上，通过连接杆和用户的头戴设备连接，用户可以调整头戴设备控制显示内容的方向。这两个产品是现在多数 VR 和 AR 设备的雏形。在之后的几十年时间里，VR 技术缓慢地发展着。

1995 年 7 月 21 日，任天堂推出了一款 VR 产品，名为 Virtual Boy（VB），首发准备了 70 万台主机，每台售价 15 000 日元。这是任天堂的第一次 AR 产品尝试，但效果非常糟糕，发布仅仅四周后就崩盘，大量经销商打折出售，并且拒绝新增订单。面对这种情况，任天堂也无能为力。最终这款"鸡肋"产品在日本的销量为 14 万台,北美 63 万台,而上市前的预期为第一年卖出 300 万台主机及 1400 万套游戏。这说明,新技术的运用并非易事。

2012 年 8 月,19 岁的 帕尔默·洛基(Palmer Luckey)把 Oculus Rift 放到了众筹平台 Kickstarter 上筹款,1 个月后获得了 9522 名消费者的支持,获得 243 万美元众筹资金,这款产品得以顺利研发。2013 年 8 月,约翰·卡马克(John D. Carmack II)宣布以兼任的身份加盟 Oculus,担任 CTO,之后甚至离开了自己 22 年前创办的 id Software,正式成为 Oculus 团队的一员。两年后,Oculus 被 Facebook 以 20 亿美元收购,这让很多人看到了希望。以这件事作为分割线,此后大量创业者和投资公司开始进入 VR 领域。

和 VR 相比,AR 技术看起来没有那么受关注,但 AR 的爆款产品要来得更快。2016 年 7 月,*Pokémon GO* 正式上线。1 个月内下载量达 1.3 亿次,收入超过 1 亿美元,3 个月后收入超过 6 亿美元,成为 2016 年整个游戏产业中的超级爆款。*Pokémon GO* 可以让玩家在现实世界里看到"小精灵"并选择捕捉。但这款游戏也说明没有好的游戏模式,光靠 IP 和噱头并非长久之计,因为一年以后,*Pokémon GO* 流失了 90% 的玩家。从技术角度来说,*Pokémon GO* 的 AR 效果并没有太大的难度,这之后也没有主流游戏再尝试这种显示模式。

2014—2016 年,因为 VR 和 AR 概念的火爆,中国和美国都出现了一批相关的创业公司,同时也出现了一批专门投资这类项目的公司。但到了 2017 年,无论是公司数量还是投资额都骤然减少,主要原因就是整个 VR 和 AR 行业都缺少可以"讲故事"的成功案例,这几年这个领域并没有出现任何一家平台级的公司,让投资者丧失了信心。而这背后还是受限于技术和成本,比如 VR,无论是显示屏幕还是陀螺仪,成本都居高不下。这些技术和成本问题目前没有任何一家创业公司能够解决。

根据《2019 年中国游戏行业发展报告》,VR 游戏营销收入 26.7 亿元,同比增长49.3%，用户规模830万人，同比增长22%；AR游戏营销收入0.7亿元，同比增长64.3%，增速较快，用户规模约140万人，同比增长虽接近15%，但用户基数仍然相对较小。

2017年底，《毁灭战士VFR》《辐射4 VR》《上古卷轴5：天际VR》《黑色洛城：VR档案》《塔罗斯的法则VR》等知名IP的VR版本游戏陆续上市，2020年《半衰期：爱莉克斯》横空出世，多少刺激了玩家购买相关设备的欲望。

VR和AR技术虽然尚不成熟，在中国市场也缺乏成功案例，但都不妨碍这两项技术为中国的游戏硬件提供方和游戏开发者提供足够多的想象空间。有朝一日，相信中国一定会有本土的VR和AR游戏公司，开发有明确中国文化符号的游戏。

（六）中国会有雅达利冲击吗？

现在的中国游戏市场确实和当年的北美游戏市场有些相似，也有不少从业者认为可能会爆发中国版的雅达利冲击。但事实上，就现在中国游戏产业的构成来说，有可能会出现小范围的衰退，但绝对不可能出现像雅达利冲击那样的行业性崩溃。原因有以下几点。

第一，中国经济依然在增长期，即便游戏有超出经济水平的支撑极限，也绝对不至于严重到需要硬着陆来进行行业性调整的地步。也就是说，只要中国经济整体依然还在稳定有序地增长，那么中国的游戏产业至少有一个稳定的下限做保障。

第二，中国现有游戏市场的核心是手机游戏，和北美当时的主机游戏不同，手机游戏相对刚需，游戏消费时间主要在通勤、闲暇等时。因此，不会出现因同质化而没人玩手机游戏的情况，也就是玩家群体是相对稳定的。当然，假设中国大部分人的碎片时间都用来阅读，那真的是一件远比玩游戏更有意义的事情。

第三，中国游戏整体工业水平远比20世纪80年代的美国要健全得多，无论是整体制作水平还是产业链的完善程度。有一点很明显，现在游戏市场里头部游戏的质量依然十分出色，哪怕有同质化，但也绝对不至于低质化。

第四，中国游戏产业的海外占比越来越高，假设国内市场出现一定程度的衰退，游戏公司也会从海外市场寻找增量弥补这部分的问题。只要不是全球性的衰退，中国游戏公司总能在海外找到机会。

第五，游戏的延伸性比当年要强得多，从端游、页游到手游，甚至到最近几年的VR和AR，游戏公司一直在拓展新的产业形态，而只要有新的形态出现，总是会消化掉原有的过剩产能。同时，游戏的整个产业链也开始延伸到影视、动漫、衍生品等其他行业，而且增长速度喜人。这些产业链的延伸也在为游戏行业筑起一条护城河。

第六，中国现有的资本环境良好。即便是在美国，20世纪80年代的风险投资环境并不好，而现在中国的资本环境足以保证多数头部公司度过一段艰苦期。

第七，随着游戏媒体和渠道越来越发达，游戏公司需要在数以万计的公司中脱颖而出。在这种情况下，中国游戏公司的学习和创新态度在明显增强，绝对不会出现行业性自掘坟墓的事件。

真正需要注意和考虑的是成本问题，因为随着整个游戏市场的火爆，对于中国的游戏公司来说，根本谈不上还有成本优势。游戏行业也是如此，虽然现在看起来这些成本在一款游戏的投资里并不算太高，但如果成本上涨的趋势不停止，那总归会有被压垮的一天。

六、我们做错了什么

张爱玲说:"人总是在接近幸福时倍感幸福,在幸福进行时却患得患失。"

1990年6月,黄佶在中国第一本游戏出版物《电子游戏入门》中写下了如下内容。

> 对于电子游戏的光辉前景,我从来没有怀疑过。随着电子技术的发展,游戏机的功能将越来越多,图像质量也会越来越高,价格却会不断下降。同时,游戏节目也将越来越丰富。① 电子游戏机在家庭电子系统中的地位,必将越来越重要,它一定会成为每个家庭,甚至每个人不可缺少的生活伴侣。

最早看到这段话时,我感触极深,原因很简单,这份最早的游戏出版物对未来的期许里没有说这个行业能够赚多少钱,也没有说会有多少上市公司,而是将所有的期望都放在游戏本身上,希望看到游戏成为生活中的一部分。作为游戏从业者,说了很多与赚钱相关的事情之后,我发现我们有离初衷渐行渐远的趋势。

2000年第5期的《游戏批评》第一页写了如下几行字。

> 乌鸦知道自己讨人嫌,想变成人见人爱的鸽子,于是把自己染成白色。鸽子看见它白里透黑,把他赶走。乌鸦们看见它黑里透白,也把他赶走。

也许我们应该重新认真地考虑一下自己做的到底是什么。

知名游戏人席德·梅尔(Sidney Meier)在提到游戏性的重要性时说过如

---

① 一直到20世纪90年代中后期,还是有很多老玩家使用"游戏节目"这个说法,其实这种说法就很能体现Famicom时代游戏的特色,跟电视剧和综艺一样,是一种在电视上的客厅娱乐方式。

下的话。

我很怀念过去的日子，那时评价一个游戏的好坏全在于它的可玩性如何。现在我们周围都是一片"技术"的喧嚣声，我很担心那种以技术含量来评价一个作品的趋势，那种东西虽然能蒙混一时，但最终你会发现我们失去了游戏业。如果我们的游戏失去了可玩性，那我们还有什么资本与其他娱乐业竞争呢？论画面，我们超不过电影；论音效，我们不及音响。我们的与众不同全在交互性上，失去它我们将一无所有。

2016年中，我有一个月连续参加了三四场游戏相关的会议，听了很多关于行业的高谈阔论，但会议散场后我并不开心，反而十分失落。这些会议的演讲嘉宾有投资方、版权方、影视公司、上市公司高管，却没有一个参与过游戏制作环节的人。话题讲得越来越大，从行业发展到中国国情，从VR、AR到行业并购，话题千奇百怪，但就是没有人讨论怎么做好游戏和游戏为什么好玩。最让人不安的是，其中一个以游戏开发为主题的论坛只在一个分会场给了部分一线游戏策划和开发人员一点儿发表自己观点的时间，却没有邀请他们参加会议后的用餐环节。游戏行业的所有论坛和会议已经成了一个既定的套路，会议上一些大佬和商务人员讲未来和自己的游戏多么成功，下来互相换名片和微信，晚上一起组局吃饭发朋友圈。这些人中，有一些根本不了解游戏制作的基本常识，有人甚至都不玩游戏，这个现象可能不是错误的，但我相信也一定不是正确的。

这种会议事实上就是中国游戏行业整体现状的体现，游戏一线人员的话语权被严重压缩，行业的发展变成了纯粹以资本为导向。很多从业者并没有把游戏当作一种艺术品，甚至不是商品，而是一种金融衍生品。从经济效益角度来说这没错，我作为游戏从业者曾经也有过这种想法，但这并不是长久之计，玩家总有不耐烦的一天。假如中国的游戏行业真的遇到什么变故，资本家就会去做别的，反正都是钱生钱的买卖，只是可怜了那些游戏从业者们。

我真切希望游戏行业能够回归本心。

我在游戏行业的那几年经常听到有人说"中国只有卡牌游戏能赚钱，别的类型都赚不到钱""现在做卡牌游戏太晚了，要做动作游戏才能赚到钱""策略游戏没人玩的""未来三年赚钱的都是SLG"这类话，这些言论其实都忽略了游戏最重要的一个因素——游戏品质。

我曾经见识过一个非常"诡异"的手游项目，这个项目花400万元买了一个日本的IP，然后花120万元年薪挖来一个商务总监，前后又花费大概50万元做推广，但给游戏开发的成本只有200万元，而且该游戏的开发，还是从之前一个卡牌游戏做"换皮"。最后这个项目虽然没赔，但也没赚多少。这种项目并不是个例。

这就是把游戏金融衍生品化了，大量游戏靠着倒腾IP和渠道赚钱，根本不去关注游戏品质本身。值得庆幸的是，2016年因为《阴阳师》等一些高品质游戏的火爆，在一定程度上让从业者开始重新认真考虑游戏品质。腾讯和网易两家占有最多行业资源的公司，还愿意挑战更高的品质而不是纯粹通过渠道赚钱，这件事非常难得。

我希望这并不是个例，而应该是中国游戏行业的常态，公司之间靠游戏质量来拉拢用户，而不是纯粹依赖渠道和收费模式。

关于对游戏行业的反思，已经去世的任天堂前总裁岩田聪在2005年GDC大会上发表过一篇叫作《玩者之心》的演讲，在此摘录部分内容，作为本书正文的结尾。

> 在我的名片上写着，我是一个公司的总裁。
> 在我自己来看，我是一个游戏开发者。
> 在内心深处，我实际上是一个玩家。

作为一名已经在视频游戏领域工作超过20年的人，我今天早上非常愿意来到这里回答两个大家经常提到的问题。

第一个问题是："作为一个拥有二十多年工作阅历的开发者，这些年来什么发生了变化？"

第二个问题是："什么没有发生变化？"

我想告诉大家，第一种"没有也将不会发生变化的"就是我们娱乐的天性。与其他媒体一样，我们游戏业为了获得成功同样需要创造一种"情感响应"。笑声、恐惧、愉悦、感动、惊讶，等等。最后，我们的产品能否引起玩家的"共鸣"将作为判断产品成功与否的标准。与此同时，这也是"度量"成功的最低线。

第二种不变的，就是我们需要对游戏中设定的挑战以及回报对玩家产生的影响进行权衡。不同的玩家能够接受的程度各异。一个"重度"玩家可以接受更多的挑战，但是一个普通玩家能够承受的则相对较少。我们认为开发出适合所有玩家的游戏是任天堂的责任。当然，我在这里所提到的"所有玩家"也包括现在还不曾玩过我们游戏的朋友。

第三种不会改变的就是创意的"重要性"。当然，这也包括为已有的游戏提供一个新的开发思路。但是，最难能可贵的就是能够提出一个全新的游戏创意。我确信，今天台下的听众中就有这样的天才。我们游戏产业需要的就是这种天才！

第四种，也是永远不会改变的，就是"依靠软件贩卖硬件"的销售模式。人们买游戏是为了玩到他们喜欢的游戏。在这一点上，我同意苹果公司总裁史蒂夫·乔布斯（Steve Jobs）关于"软件就是使用者的体验""软件不单单将推动计算机技术的发展，它将推动整个消费电子产业的发展"的看法。

最后不会改变的就是知识产权的价值。如果"依靠软件贩卖硬件"

的销售模式是正确的话，那么"知识产权贩售软件"的正确性将更加毋庸置疑。当开发商用"超人""詹姆斯·邦德"以及"NFL Football"这些品牌创造商业奇迹的时候，我们应该为能够使用自己创造的这些品牌来制作最好的游戏而骄傲。

再来说说，我是如何看待"什么发生了变化"的。

一个字眼立刻"跳到"我的脑海之中，那就是"更大"。

在西半球，游戏产业变得"更大"。在北美，仅游戏零售店的价值就已经接近170亿美元。去年，美国的游戏销售再次获得了8%增长。现在游戏无处不在。它在你的起居室里、你的办公室里、你的PDA里、你的手机里，当然还有你的NDS里。许多媒体的报道都显示，现在的年轻人用在玩游戏上的时间远远超过了看电视。

与此同时，游戏本身也在不同的方向上变得"更大"。依次是，更大的开发团队、更大的开发预算以及面临发售期限时更大的挑战。此外，"更大"也意味着原先大型的开发公司，通过毁灭相对较小的同行，而变得"更大"。我们都非常清楚，下一代游戏的开发预算将至少是现在的3倍以上。随便一款游戏的开发成本都将达到8位数。如此巨额的预算也只有那些"更大"的开发商才能承受得了。

开发商在重点游戏上"更大"的投入将会为他们带来更多的利润。这在所有人看来都是非常正常的。但是，不知道大家注意到没有，开发商提供给每个消费者的书、电影以及电视节目都是千篇一律的。为此，我们任天堂将做出自己"不落窠臼"的风格。在游戏中，我们将帮助玩家完成自己的梦想、创造自己的精彩结局。

另一方面，更明显的是产业的"缩小"趋势。

现在，我们所能遇到的风险越来越小。我们越来越容易对"什么是视频游戏"做出定义。游戏的类型也非常清楚：射击类、体育类、益智类，等等。不过，谁还记得我们上一次创造出新的游戏类型是什么时候？而且，更重要的是我们用来诠释游戏的方式也越来越少。"赛道""音轨""老怪"（Bosses），还有"英雄"。不同的游戏制作得越来越相似。《泰戈·伍兹》（Tiger Woods）和《马力欧高尔夫》（Mario Golf）都是非常成功的游戏大作。但是两款同样以"高尔夫"为主题的游戏，却属于截然不同的两种游戏类型。这种多样性在现今越来越少见了。

现在，我们也越来越容易定义游戏的开发取向。增加游戏的"真实性"，并不是提高游戏性的唯一办法。在这一点上，我曾经做出险些被大家误解的风险举动。还记得吗？我曾经开发过一款没有网球选手的网球游戏。如果有人非常欣赏图形效果，最应该的就是我了。但是，我的意思是图形效果能够对游戏有所改善。我们需要找到其他的方法。游戏性的"改进"应该有更多的定义。

最后，我非常关心玩家的想法。

当我们花费更多的时间和金钱来满足玩家的时候，我们是否遗漏了其他一些玩家？

我们开发的游戏是否适合每一个人？

是否你有朋友和家人不玩游戏？那他们喜欢做什么？

我会提问"在座的所有人"：你曾经是否为了一款自己都不愿意玩的游戏而挑战自我、辛苦开发呢？

我想这些问题对于在座的所有人来说都是一个非常重要的挑战。

……

我们的游戏开发标准可以形象地用4个"I"表示。

第一个"I"——真正的创新（Innovative）。在我们的游戏中具有此前所没有的东西。

第二个"I"——直觉（Intuitive）。在游戏开发的时候如何自然地控制角色，如何定位游戏性，都来自直觉。

第三个"I"——游戏的魅力（Inviting）。什么会使你肯为游戏花费时间呢？那就是游戏的魅力。

最后一个"I"——界面（Interface）。什么样的界面才能吸引玩家呢？玩家能否以一种全新的形式开始游戏呢？

实际上，在游戏业界几乎没有几款游戏能够同时在这四方面做好。但是，这确实是我们要求自己的标准。

……

下面，我想用剩下的时间来解答下一个问题，那就是"任天堂将向哪里发展"。

请允许我用一张图来解答这个问题。

在互动娱乐产业的"宇宙"之中，有一颗"行星"叫作"视频游戏"。这一点大家都很清楚。但是，它不是唯一的一颗"行星"。如同我们所在的宇宙中存在许多其他的行星一样，在"游戏产业"这片小星空中，还有很多不同类型的游戏"行星"亟待人们去探索。

基于这一观点，任天堂形成了自己的两个努力方向。

一方面，我们辛勤工作要把"视频游戏"做得更好。我们要让玩家们得到他们梦想中的游戏。与此同时，我们还在专心寻找这个领域中能为我们所用的其他资源。

我们的另一个方向就是为玩家提供一些他们不曾想象得到的新东西。得到很多玩家喜爱的Pokémon，就是基于这个理念而开发出来的。就游戏来说，Pokémon是非常好的RPG。但是，它的意义不仅限于此。在游戏中，玩家可以收集和交换Pokémon。而这可能和你小时候收集交换瓶盖和棒球卡的方式一样。

所以，Pokémon把RPG扩展到了此前未曾涉及的领域。

……

即便我们来自世界的不同地方，即便我们说着不同的语言，

即便我们吃着不同的食品或者饭团，即便我们在游戏中有不同的体验，

但今天，我们在座的每个人有一个非常重要的相同点。

这个相同点就是我们都拥有同样的"玩者之心"。

谢谢大家。

参考文献

[1] BBKinG. 中国电竞幕后史 [M]. 武汉：长江文艺出版社，2015.

[2] 腾讯游戏频道，夏虫，meiya. 无戏言——写给中国玩家的人生逆袭指南 [M]. 北京：清华大学出版社，2012.

[3] Littlewing. 中国游戏产业 10 年. 大众软件 [J]，2005（15）：132-147.

[4] 阿伦·拉奥，皮埃罗·斯加鲁菲. 硅谷百年史——互联网时代 [M]. 北京：人民邮电出版社，2016.

[5] 本刊编辑部. E3 expo. 新玩家 [J]，2005（6）：1-17.

[6] Littlewing. 平凡人的终极战队. 大众软件 [J]，2004（13）：118-123.

[7] Magicboy. 足球电竞之路. 大众软件 [J]，2006（15）：179-181.

[8] 生铁. 广电部停播网络游戏节目事件回顾. 大众软件 [J]，2004（15）：108-113.

[9] 冰河. 电子竞技选手的退役绝境. 大众软件 [J]，2005（20）：33-38.

[10] Sir，William. 亡秦的三户——职业电竞俱乐部的生存环境. 大众软件 [J]，2005（22）：108-114.

[11] Magicboy. 电竞名人堂——电子竞技史上最具影响力的七位人物. 家用电脑与游戏 [J]，2005（11）：118-121.

[12] 本刊编辑部. 电竞这十年. 新玩家 [J]，2007（12）：1-11.

[13] 李楷平. 代打事件折射出直播平台的尴尬. 电子竞技 [J]，2016（7）：10-13.

后记

  一本书（我相信）是某种有开始有结尾的东西（即使不是一本严格意义上的小说），是一个空间，读者必须进入它，在它里面走动，也许还会在它里面迷路，但在某一个时刻，找到一个出口，或许是多个出口，找到一种打开一条走出来的道路的可能性。

——伊塔洛·卡尔维诺

  与其相濡以沫，不如相忘于江湖。

  上一次看到把这句话放到题记里的是《大众软件》五周年时杂志社编辑的一本书，叫作《写在杂志边上——大众软件五周年》。在我刚开始写本书时，《大众软件》正好在众筹休刊前的最后一期实体书，写作期间，《大众软件》宣布复刊，而在本书完成之际，《大众软件》已淡出人们的视线。所以，我把这句话放在本书的最后，算是给这个时代一个交代。

一

  在筹划写本书时，我本来是考虑写一本专业性相对强一点的书，分析中国游戏行业每个案例中的成与败，但真正动笔后发现这种想法太不成熟。任何一件事的成与败都无法通过几千字描述清楚，如果仅凭结果臆想其过程和意义，那写出来的东西毫无价值。于是，我打算从单纯的角度写这些年中国游戏行业经历的风风雨雨。

刚开始，我花了很多笔墨去渲染成功者的伟大，但在我重新读的时候，发现过于极端，一些地方读起来就像是强力兴奋剂，为不了解中国游戏产业的读者凭空建造了一座不属于中国游戏行业的海市蜃楼。修改后，我把注意力更多地放在尽可能冷静地去梳理中国游戏产业这些年到底发生了什么事上，至于其成败，又是否伟大，文章千古事，各位读者可以自己评价。

二

"学编程，就是为了写游戏。"关于学编程是为了什么，我问过很多周围的程序员，答复都是类似的。

我学编程的契机挺奇怪的，最早是喜欢游戏，但从来没想过要做游戏。我出生在保定徐水石油物探局的大院里，小时候听老一辈人说这里出过一个特别厉害的程序员，他赚了好多钱，这个程序员叫求伯君。我后来看比尔·盖茨写的《未来之路》(The Road Ahead)看得热血沸腾，觉得自己能再造一家微软，至少也可以再造一家金山。这是我最早学习编程的原因，在不谙世事的年纪里就莫名其妙地被金钱蛊惑了，并不是一个好的开始。

我中学时在石家庄河北科学院的院子里生活过很多年，当时听院子里的人说邻居家的女婿搞了一款游戏，赚了好多钱。后来知道这个人叫陈天桥，那款游戏就是《传奇》。身边的成功案例又一次给予我无比巨大的刺激。

我第一次写所谓的游戏还是在小学的时候，当时用GW-Basic写了一个类似《小蜜蜂》的竖版射击游戏，只有一个敌人，也只有一个关卡。因为没有写最后的提示语，结果无论胜负游戏结束后都直接闪退。在这之后，我又用Flash做过几款小游戏，但因为没有美术基础，ActionScript学得又不好，所以基本上毫无游戏性可言。这些小游戏我都上传到了几个网站上，结果引来一片骂声，还好我内心强大，梦想没有被轻易击碎。

我第一次真正做相对成熟的游戏是在 Facebook 上，这款游戏在美国爆红。开心网和校内网刚刚开始占领中国市场的时候，我还是个中学生。那时国内用户数最多的论坛程序 Discuz! 出了一个类似的平台，可以让用户半自动化地搭建自己的社交网站，我就用这个程序建了个针对中学生的社交网站，找了很多本地的学生社团加入，一度积累了不少用户。那时我看开心网上的抢车位很有意思，也照着做了一个，先是放在自己的网站上，然后又本着开放的原则做了个插件上传到论坛上，之后就没怎么去管。记不清过了多久，我突然收到一封邮件，问我那个插件能不能更新一下，因为论坛升级后用不了了。我到这人的网站看了一眼，发现居然是个有十几万用户的地方论坛，Alexa[①] 排名也非常靠前，令我大吃一惊。

我第一次创业时，iPhone 还在起步期，刚刚放出 SDK 没多久。我和室友朱昱一起做了个 iPhone 的社交 App，叫 *Popic!*，是一款兴趣导向的社区产品。但无奈那时 SDK 的功能有限，技术也不成熟，成品不及预期，而且因为太想挑战交互方式上的创新，所以交互设计之复杂我现在回想起来都觉得心有余悸。

我第二次创业时，Kiip 在北美市场已经有非常广泛的影响力。Kiip 的模式其实非常简单，大概就是用户取得一定积分后，会在不中断游戏体验的情况下弹出一个广告条，告诉用户达到某种成绩后留下邮箱地址就可以换取一个实际的奖励。对于广告主来说，可以收获一个长期的展示效果，在游戏里不停地刷存在感；对于游戏开发者来说，可以获得广告收益；对于玩家来说，玩游戏还能有奖励，很有意思。我的创业项目就是一个针对游戏行业的广告平台，但游戏广告投放在中国非常尴尬，因为真正赚钱的游戏都是没有广告

---

① 美国一家专门发布网站世界排名的网站。

的。游戏公司害怕插入广告后虽然多赚了一点儿钱,但是大大增加了游戏崩溃的不可控成本。我靠着这个项目拿到了投资,虽然最后失败了,但对我个人而言,这反而是一个契机,让我接触了大量游戏行业的人。那段时间我每天奔走在各种游戏公司里,向他们推荐自己的产品,也交流关于游戏的看法和心得。

2014年,我和我的团队做了一个游戏社群App,叫"闷瓜爱游戏",这是我第三次创业。对于这次创业,我从一开始就否定了即时通信类的应用,原因是我认为聊天是一种最原始的"阅后即焚",群组则把聊天的时效性延长了。社群真正有意义的应用场景,是将聊天应用于有某种迫切需求的场景,是更接近熟人或者将要成为熟人社交需要的场所。所以我的想法是,让玩家可以在App内讨论游戏的新闻和玩法,从而沉淀内容。但这个项目最后还是失败了,原因很简单,并不是什么太微观的体验,只是手机游戏生命周期太短了,用户无法沉淀内容,所以做这件事可能本来就是个糟糕的选择。截至本书写作完成,移动端做文字内容能够沉淀内容的App依然非常罕见,在移动端真的能沉淀内容的也只有图片和视频。

在做"闷瓜爱游戏"期间,我们还做了一个自媒体叫"闷瓜电台"。当时就是想写一系列关于中国游戏行业的文章,给自己十几年的游戏时光一个交代,但因为公司杂事太多,列了个提纲就被无限搁置了。

创业对我的影响非常大。我没有读完本科,以至于每次填学历的时候都会感到十分窘迫。如果我继续读书,要么可能去美国西海岸某个电影学院认真地读一个电影方面的硕士,电影是我游戏以外最大的爱好;要么可能去某所不错的计算机院校读个博士,当年和我一起搞信息学竞赛的同学们走的基本都是这条路。要说不遗憾是骗人的,但我对现在的生活还算满意,我也不确定换个选择以后还能不能像现在这样对生活保持一份相对的从容。

写作本书期间发生了很多让我记忆深刻的事情。2017年初,我和一个做投资的朋友聊到我正在写一本关于游戏行业的书，他激动地跟我说："一定要写写《传奇》啊！"然后他又跟我多聊了一个小时当年在《传奇》里驰骋沙场的故事。2017年中，我去美国参加圣地亚哥动漫展，场地里有几台《超级马力欧：奥德赛》的试玩机，排在我前面的是一对父子。父亲对儿子说："当年我和你妈打赌，如果我《超级马力欧兄弟》能一条命通关，她就做我女朋友，最后我做到了。"男孩盯着正在试玩的机器不为所动，反而我被这一句话带出了万千思绪。2017年底，我去日本出差，晚上一个人晃悠到史克威尔艾尼克斯的楼下，遇到一个行色匆匆从楼里跑出来的上班族。我突然脑子一热拦住他，用英语问他是不是史克威尔艾尼克斯的员工。他用英语说"是的"。我问他有没有参与过《最终幻想》的开发。他说"有的"。我说我是《最终幻想》的粉丝，希望你们好好加油。这时他突然哭了，一个人嘟囔了好多，说了一堆我完全听不懂的日文。我至今不知道这位史克威尔艾尼克斯的员工叫什么，但是祝愿他工作一切顺心。

从创业的角度来说，我是中国百万游戏创业者中失落的那一群人之一，庆幸的是我这样的人肯定还挺多的，不至于太孤单。失落的总归是绝大多数。

在决定写本书时有很多人问我，为什么游戏圈子很少有人写书。我只能无奈地回答，肯定大家都在忙着赚钱，没人有心情总结，这种不赚钱的事情要不是闲到一定程度没人愿意干。从个人角度来说，我最希望看到Dagou老师来写一本关于中国游戏产业的书，事实上，我在写作本书期间大量使用了采访Dagou老师的资源，那些第一手的消息靠我的渠道是真的问不到。Dagou老师是对我影响最大的游戏行业的写作者，我非常喜欢他文字里面流露出来的强烈人文气息。

我是个纯粹的理科生，中学时成绩最好的科目全是数学相关的。大学学的是计算机科学，写作对我来说本身就是件相当挣扎的事情，可想而知写作本书的过程中我遇到了多少难题。这期间我得到了很多媒体行业朋友的帮助和指导，非常感谢。

杜拉斯说："写作是一种暗无天日的自杀。"说得真好。

三

最后，我重新梳理一遍中国游戏产业的三个问题：过去在拓荒时期走过的弯路、现今繁荣下的隐患和未来我们究竟何去何从。

中国游戏产业在拓荒时期的最大问题是盗版问题，甚至现今很多乱象都源于此。关于盗版，我印象最深的一件事还是在美国念书时。某次期末考试后我去一位教授的家里聚会，教授的家明显坐落在富人区，一共有两层加阁楼，有五间卧室和一个小游泳池。按照中国人的算法，套内面积少说有 400 平方米，车库里还停着一辆保时捷 911 和一辆奔驰 GLS。我记忆中美国大学教授一年的收入不过 20 万～30 万美元，这位教授的消费能力显然已经超出收入范围。晚饭过后我找了个机会打趣地问教授为什么这么有钱。他说自己一直在维护一个共享软件，另外还写过两本书，所以有些不错的外快。如果知识产权无法得到保护，那么创作者的利益就很难得到保障。

对于中国游戏而言，无数往日的逐梦者因为盗版而深陷泥沼，难以脱身。盗版对中国游戏产业最大的伤害是什么？是摧毁了从业者对市场的信心和耐心，而这个打击需要几十年的时间和一系列措施去弥补。有一种很奇怪的观点，认为没有当初的盗版也不会有现在游戏市场的繁荣。这种思维非常符合弗洛伊德对受虐狂的解释，他认为一些受虐狂的产生是因为这些人生活在无力改变的痛苦之中，渐渐地会爱上痛苦，把痛苦视为快乐，只是潜意识里为了自我感觉更好一些。

盗版问题这两年多少有些改善，让人看到一丝曙光，毕竟相当多玩家已经接受从 Steam 上买正版游戏，但从玩家比例来说，对整个行业的影响依然只是杯水车薪，彻底解决盗版问题任重而道远。

当下的中国游戏产业正值最好的时光，游戏产业总规模早早超过了日本，2015年也超过了美国，只是2016年因为人民币汇率下跌又被美国反超了几亿美元，2017年又超了回来。不管怎么说，行业里是现金遍地，只是一片欣欣向荣的外表下隐藏的隐患绝不会比很多人想象中的少。一是渠道成本越来越高。虽然总产值在逐年增加，但增量并没有流向制作公司，反而被中间很多并不参与创造价值的渠道吃掉，这些渠道蚕食利润已经严重影响了产业的健康发展。二是腾讯和网易两个巨头占有了游戏行业过多的资源，中小公司生存空间越来越窄，在红海里突围显得异常艰难。三是游戏作品同质化愈发严重，玩家对市场开始逐渐失去耐心。四是一线创作人员在逐渐丧失行业话语权。因为这些问题的存在，不少从业者对这个行业多少有些失望甚至厌恶的消极情绪。

"我们做错了什么？"这是所有从业者在向未来前进时需要认真思考的问题，因为这些事中有很多给行业带来了永久性的重创。即便弥补起来很难，但也不要遗忘。毕竟回顾我们的游戏历史，能够明显地看到，早期我们没有钱更看重情怀，而后来眼里就更多去关注钱了。

文明社会有个很糟糕的惯例，就是成果往往会使人"异化"，带来新的问题。就像曾几何时人类无比渴望飞翔，但到今天"飞翔"这件事虽然方便，却也有和预期不同的体验，很多时候我们完全享受不到"飞翔"带来的快乐，而只会觉得十几个小时的飞行太累了。这就是一件事被赋予了兴趣以外的功能后会出现的结果，游戏行业也有点儿这个趋势。

1918年11月7日，原清朝民政部员外郎、学者梁济问自己的儿子，后来是知名思想家和哲学家的梁漱溟："这个世界会好吗？"梁漱溟答道："我相信世界是一天一天往好里去的。"梁济留下一句"能好就好啊！"便离开了家，三日后在积水潭投水自尽。很多人就中国游戏产业问过我类似的问题，表达对未来的担忧。我总担心他们哪天会投水自尽，但现在看是多虑了。关于中国游戏产业的现状，我觉得用一句话来总结很恰当：可能我们的生活不是自己想要的，但至少是我们自找的。

对于中国游戏行业存在的问题，要承认客观存在，但也没有必要太悲观。我们回头看一眼在20世纪90年代做游戏的那批人，面对90%以上的盗版率，朝不保夕食不果腹不也扛过来了。中国游戏行业做到今天这个规模，从来不是靠着别人的帮助，而是在最艰苦的环境下靠着一批一批的从业者打拼出来的。

男儿志兮天下事，但有进兮不有止，言志已酬便无志。

四

有个非常重要的事情需要强调一下。我希望读者通过本书能够对中国游戏产业有一个大体的理解，而不是"熟知"或者成为"专家"。所以本书只是一个行业概述，写得并不详细，如果真的要深入去写，里面每个章节的内容都足够单独成书。

看完全书的有心的读者可能会注意到我对最近几年的事情写得不是很详细，一方面是时间越近收集素材越困难，另一方面是很多事情还没有盖棺定论，尤其是电子竞技和直播相关的事情，尚无法给出一个合适的评判。

我在写作过程中，有意采访了很多公司的普通员工，以期通过他们的视角来了解当年那些风云事件背后不为人知的一面。

最后，书中关于各个游戏的销量和收入，可能多少会有误差。在写稿过程中我尽量保证每个数字都有明确的来源，但很不幸，有些数字即使经过一番查证也还是无法保证绝对准确。比如某款游戏的销量，我咨询过相关公司市场部门的员工、公司高层、前项目负责人，同时找到了两篇媒体通稿，但得到的 5 个数字完全不同，出现误差的原因可能是宣传口径或者统计方式不同，甚至就是记错了。这个问题很难规避，我只能选取其中我觉得相对更真实可靠的那一个。总之，如果有读者能够提供更准确的数字，欢迎指正，万分感谢。

最重要的事情不能忘。感谢当年陪我一起做"闷瓜爱游戏"的王琦、朱昱、陈秋琳、刘馨宁、张津铭、徐湘楠、韩晓珊，我当年没有写出来这本书，实在抱歉。我还清晰地记得每天早上在政通路上买了早点，穿过江湾体育场到创智天地，走到孵化器里跟大家说早安的日子。除此以外，还要感谢我的父母和朋友对我写作的帮助，以及 AKB48、乃木坂 46 和欅坂 46 的歌给我的激励，让我最终完成写作。哦，对了，还要感谢 Nintendo Switch，《塞尔达传说：荒野之息》和《超级马力欧：奥德赛》真好玩，*Splatoon 2* 的"11 区"的玩家太厉害了！

玩《塞尔达传说：荒野之息》的时候，有一件事让我印象深刻。在游戏后期，我花了几个月的时间收集游戏里的物品，比如找到 100 多座神庙、900 个克洛格的果实。在我收集这些物品到快崩溃的时候，一个朋友偶然间问了我个问题："为什么你还不去救公主？"我回答，因为这些物品还没收集齐啊（这些物品其实完全不影响我去救公主）。朋友感叹道："但是公主在等你啊！"

是啊，塞尔达公主在游戏里等了林克 100 年了。

我在写作本书时接触了很多第一代游戏玩家。这些人基本都已经超过了 40 岁，甚至孩子也将要步入社会。很多人甚至被社会摧残得没了年轻时的锐气，其中大部分人也不再有精力整晚地打游戏，但当和他们聊及游戏时，他们依然会一脸幸福地回忆那段峥嵘岁月。

胡塞尼说时间会吞噬所有的细节，但显然吞噬不了对游戏的爱。

我想这就是游戏的意义。

孤独总是以疯狂为伴。这我知道。人们看不见疯狂。仅仅有时能预感到它。我想它不会是别的样子。当你倾泻一切，整整一本书时，你肯定处于某种孤独的特殊状态，无法与任何人分享。你什么也不能与人分享。你必须独自阅读你写的书，被封闭在你的书里。

——杜拉斯

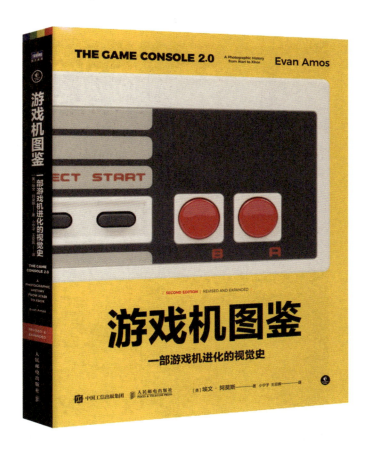

游戏机图鉴：一部游戏机进化的视觉史
[美] 埃文·阿莫斯 著，小宁子 王亚晖 译

本书是对游戏机的全景式梳理与回顾。书中以时间为线索，用极具艺术性的高清摄影图片呈现了 120 余款游戏设备的珍贵影像，全面记录了从第一世代到第九世代（1972—2020）的游戏机发展历史。此外，本书还收录了游戏机的硬件配置信息、周边设备、销售数据、游戏发售数据、相关商业史以及幕后趣闻，不仅是一场游戏机进化史的视觉盛宴，更是一部硬件视角下的游戏行业兴衰史。

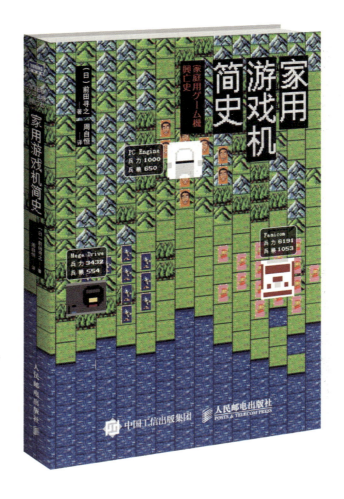

家用游戏机简史
[日] 前田寻之 著,周自恒 译

本书以时间为轴,重新厘清了 30 余年游戏主机的成长历程,梳理了游戏产业的发展脉络。从幕后开发、技术变革、游戏策略等多重角度,解读五次游戏机领域的交锋,记录游戏机背后不为人知的秘闻与趣事,分析行业兴衰成败的启示。